Les grandes décisions du Conseil constitutionnel de la France

フランスの憲法判例

フランス憲法判例研究会編
編集代表　辻村みよ子

Association d'Études sur la jurisprudence
constitutionnelle française

信山社

PRÉFACE

Depuis l'ouverture du Japon au monde occidental, les relations entre les juristes japonais et français n'ont cessé de s'affermir. Grâce à une lignée prestigieuse de grands comparatistes qui ont su tous s'inspirer de leurs expériences respectives, l'influence réciproque des deux pays l'un sur l'autre a pu se développer harmonieusement.

Les rencontres et échanges ont été nombreux. Des amitiés personnelles solides ont pu se former.

La France reste présente au Japon, comme le Japon en France.

La connaissance qu'ont les juristes japonais du droit français est considérable. Les français, de leur côté, publient — chaque fois que l'occasion leur en est donnée — en langue française les articles et travaux de leurs collègues japonais. Le Centre français de Droit comparé et la Société de législation comparée ont fait paraître ensemble récemment sous le titre "Leçons de Droit japonais" deux tomes importants consacrés à l'étude des différents aspects du droit japonais.

C'est dans cette perspective d'une compréhension toujours renforcée que s'inscrit aujourd'hui la publication en langue japonaise de ce remarquable "Recueil des décisions du Conseil Constitutionnel".

Cet ouvrage a une importance considérable car c'est la première fois que, d'une manière systématique et significative, sont traduites et commentées par d'éminents universitaires japonais les décisions rendues par le Conseil Constitutionnel français.

Le signataire de ces lignes tient à remercier, au nom de l'ensemble de la communauté juridique française, tous ceux qui — sous l'inspiration et la conduite du Professeur Miyoko TSUJIMURA — ont participé à cette œuvre capitale qui fait honneur à leur pays et renforce encore les liens d'affection profonde qui nous unissent à lui.

Professeur Jacques ROBERT
Ancien membre du Conseil Constitutionnel
Ancien directeur à la Maison franco-japonaise de TOKYO
Président du Centre français de Droit comparé
Membre de l'Académie du Japon

序　文

　日本が西欧世界に国を開いて以来，日仏の法律家たちの関係は，たえず強固であり続けてきた。互いの経験から着想を得るすべを知り尽くしていた偉大な比較法学者たちの貴重な学問的系譜のおかげで，これらの2国間では，相互の影響力を調和的に発展させることができた。

　両者間の集会や研究者交流は数しれず，個人的な友情関係もしっかりと築くことができた。

　フランスは日本において存在感があり続けているし，フランスにおいて日本もまた同様である。

　日本の法律家のフランス法に関する知識は相当なものである。一方，フランス人の側も，フランス語で書かれた日本の同僚たちの論文や著書を，機会あるごとに出版してきた。フランス比較法センターと比較立法協会が協力して，最近，「日本法研究」というタイトルの日本法諸分野の研究に寄与する重要な2巻本を出版した。

　さらに，今日，この注目すべき『フランス憲法判例集』が，日本語で執筆され出版されるに至ったのも，以上のような緊密な相互理解の展開のなかに位置づけられる。

　本書は，限りなく重要な書物である。なぜなら，それは，日本ではじめて，体系的かつ意義深い方法で，フランス憲法院の諸判決を，すぐれた日本の大学教授たちが翻訳しコメントしたフランス憲法判例集だからである。

　この序文の筆者は，フランスの法律家集団全体を代表して，この重要な編著書に――辻村みよ子教授の着想と尽力のもとに――参加されたすべての執筆者の皆さんに対して，感謝のことばを述べなければならない。それは，この業績が，日本にとって名誉であると同時に，我々を日本に結びつける深い友情の絆を，いっそう強固にするものだからである。

2002年4月2日

ジャック・ロベール

（パリ第2大学名誉学長・名誉教授，元憲法院判事，元東京日仏会館館長，

フランス比較法センター長，日本学士院会員）

〔辻村みよ子＝山元一訳〕

はしがき

　本書は，日本ではじめてのフランス憲法判例集である。それは，フランス第五共和制憲法（1958年憲法）で創設されたフランス憲法院（Conseil constitutionnel）の重要判例を選抜し，その意義や論点を解説した体系的な判例集である。同時に，日本のフランス憲法研究者数十人による，総合的な共同研究の成果でもある。

　冒頭の解説「フランス第五共和国憲法と憲法院」でも概観するように，フランス憲法院は，その40年余の活動のなかでしだいに人権や共和国原理を擁護する憲法裁判所としての機能を強め，多くの重要な判例を蓄積してきた。現行第五共和国憲法に体系的な人権規定が存在しないことから，今日では憲法院の解釈が一層大きな意味をもつに至っている。とくに，1990年代以降は，欧州統合と分権化の動向を背景にフランスはたび重なる憲法改正を余儀なくされたが，その憲法改正を促す契機となったのは，いずれも，憲法院の違憲判決であった。このように，今日では，憲法院の判例がフランス憲法と憲法学の展開の鍵を握っているといっても過言ではない。

　日本でも，これまで多くの憲法研究者がフランス憲法判例について詳細な研究を行ってきた。昨今では，日仏間の研究交流もますます盛んになり，インターネットを利用して最新情報を蒐集できるようになったことから，判例研究の質も量も飛躍的に拡充されたといえる。すでに刊行されているドイツ憲法判例集やアメリカ憲法判例集と並んで，フランス憲法判例についての体系的な判例集を世に問うのに，まさに，機は熟したということができよう。

　幸いにも，本書に対して，フランス憲法学界の重鎮であり，元憲法院判事のジャック・ロベール先生から「序文」を寄せて頂くことができた。そこにも記されているように，本書は，日本とフランスの間の長年にわたる緊密な法学研究交流の成果である。それゆえに一層，本書が，今後のフランス憲法研究や比較憲法研究の発展に寄与することが期待されている。さらにそれは，フランス憲法判例やフランス憲法理論の単なる解説書ではなく，同時に日本の憲法理論研究に資するものでなければならない。なぜなら，国民主権や基本的人権などの日本の憲法原理にとって，主権原理と人権原理の母国フランスの憲法理論と憲法判例が，たえず不可欠の研究素材を提供し続けてきたからである。

　そこで本書では，判例の選択や構成に際して，日本の憲法学や世界の最新の憲法理論を念頭においておいて編集した。また，それぞれの判決の解説に先だって共同研究会による議論を重ね，各判決の意義や背景についての理解を深めたうえで，日本との相違や日本の憲法問題との関係をもふまえて執筆するものとした。単なる憲法判例集よりむしろ，フランス憲法判例の研究書・フランス憲法理論の研究書として，信頼のおける内容をめざしたためである。

　他方，初の憲法判例集である以上，資料的価

値を重視することが不可避である。また，フランス憲法研究者以外にも，一般に広く利用して頂けるような工夫も不可欠である。そのため，最初に，フランス憲法院の組織・機能・特徴やフランス憲法判例の種類等について解説した上で，さらに，本書全体を，Ⅰ欧州統合と主権，Ⅱ人権総論，Ⅲ人権各論，Ⅳ統治機構，Ⅴ地方自治・地方分権，Ⅵ憲法院の審査機能と判断手法，という6つの章にわけ，各章の冒頭にその章の編集責任者である編集委員と判例委員（編集協力者）の協議をふまえた解説を付して読者の便宜に供することとした。また，本書では概ね2000年前半までの判決を中心に選択して2001年末まで研究会等で検討を重ねた。各判決を担当する執筆者は，フランス憲法研究者のうち新進気鋭の40代・30代中心の49人とし，今後の憲法院判例の蓄積による改訂にも対応できるように配慮した。さらに，これらの判例解説に加えて，資料として，巻末に第五共和国憲法略年表，憲法院判事の一覧，判例索引・事項索引，主要参考文献等を付した。

このように，今日の日本のフランス憲法研究者が総力を結集して取り組んだ本書が，日本初で唯一のフランス憲法判例集の名に恥じないものとなり，日本の憲法学の発展に寄与するとともに，多くの読者の期待に応えるものとなることを，執筆者一同心から願っている。

なお，本書の編集は，下記の12人の委員が，それぞれⅠ－Ⅵ章を分担し，協力して行った。

最後に，フランス憲法学・フランス法学研究の先達として，本書の執筆者たちを指導し支えて下さった故野村敬造先生，長谷川正安先生，山本浩三先生，深瀬忠一先生，山口俊夫先生，杉原泰雄先生，清水睦先生，山下健次先生，樋口陽一先生，中村睦男先生，高橋和之先生，中村紘一先生，浦田一郎先生，滝沢正先生をはじめ学恩を賜った多くの先生方に対し，執筆者一同，心よりお礼を申し上げる。また，本書の企画に賛同して快く出版の労をおとりくださった信山社の渡辺左近氏と斉藤美代子さんに衷心より感謝申し上げたい。

2002年8月30日
フランス憲法判例研究会一同を代表して
　編集代表　辻村みよ子(東北大学教授)

　編集委員　糠塚康江(関東学院大学教授)
　　　　　　山元　一(東北大学教授)
　　　　　　只野雅人(一橋大学助教授)
　　　　　　大津　浩(東海大学教授)
　　　　　　今関源成(早稲田大学教授)
　判例委員　鈴木眞澄(山口大学教授)
　　　　　　建石真公子(愛知学泉大学助教授)
　　　　　　清田雄治(愛知教育大学教授)
　　　　　　福岡英明(高岡法科大学助教授)
　　　　　　長谷川憲(工学院大学教授)
　　　　　　蛯原健介(明治学院大学専任講師)

目 次

はしがき ……………………………………………………〔辻村みよ子〕…ii

解説：フランス第五共和国憲法と憲法院 ……………………〔辻村みよ子〕… 1

I 「一にして不可分の共和国」と欧州統合

〔編集委員：辻村みよ子，判例委員：鈴木眞澄〕

解　説………………………………………………〔辻村みよ子，鈴木眞澄〕… 7

A 欧州統合と国家主権・国民主権

1 直接普通選挙による欧州議会選挙の合憲性 …………………〔水鳥能伸〕…13
　（1976年12月30日憲法院判決）

2 シェンゲン協定付加条約の合憲性 ……………………………〔水鳥能伸〕…18
　（1991年7月25日憲法院判決）

3 欧州連合条約（マーストリヒト条約）の憲法適合性
　　──マーストリヒト第1判決 ……………………………〔辻村みよ子〕…24
　（1992年4月9日憲法院判決）

4 欧州連合条約（マーストリヒト条約）のための憲法改正と憲法院
　　──マーストリヒト第2判決・第3判決 …………………〔山元　一〕…30
　（1992年9月2日憲法院判決，1992年9月23日憲法院判決）

5 アムステルダム条約の憲法適合性 ……………………………〔鈴木眞澄〕…36
　（1997年12月31日憲法院判決）

B 国際化と地域化

6 欧州人権条約──死刑廃止 ……………………………………〔大藤紀子〕…42
　（1985年5月22日憲法院判決）

7 国際刑事裁判所規程の憲法適合性 ……………………………〔建石真公子〕…48
　（1999年1月22日憲法院判決）

8 欧州地域語・少数言語憲章と共和国原理 ……………………〔糠塚康江〕…54
　（1999年6月15日憲法院判決）

II 人権総論（基本的権利・平等）

〔編集委員：糠塚康江，判例委員：建石真公子〕

解　説……………………………………………〔糠塚康江，建石真公子〕…61

A　外国人の憲法上の地位

9　外国人の憲法的地位——移民規制法判決 …………………〔光信一宏〕…67
　　（1993年8月12・13日憲法院判決）

10　ドブレ法の憲法適合性——宿泊証明書判決 ………………〔光信一宏〕…73
　　（1997年4月22日憲法院判決）

B　幸福追求権・個人の尊厳・プライヴァシー

11　人工妊娠中絶法における「生命の尊重」と「自由」………〔建石真公子〕…79
　　（1975年1月15日，2001年6月27日憲法院判決）

12　生命倫理法と人間の尊厳 ……………………………………〔小林真紀〕…87
　　（1994年7月27日憲法院判決）

13　監視ビデオ判決——プライヴァシー ………………………〔江藤英樹〕…93
　　（1995年1月18日憲法院判決）

14　婚姻外カップル立法化の合憲性
　　——連帯民事契約（PaCS）法判決 …………………………〔齊藤笑美子〕…98
　　（1999年11月9日憲法院判決）

C　法の下の平等

15　平等原則と違憲審査——職権課税判決 ……………………〔多田一路〕…105
　　（1973年12月27日憲法院判決）

16　ENA へのアクセスの「第三の道」判決……………………〔植野妙実子〕…110
　　（1983年1月14日憲法院判決）

17　国土整備振興判決——地域による差異・積極的差別是正措置 ……〔大藤紀子〕…116
　　（1995年1月26日憲法院判決）

18　選挙におけるクォータ制の違憲性と「政治的選挙」
　　——クォータ制判決 …………………………………………〔武藤健一〕…122
　　（1982年11月18日憲法院判決）

19　パリテ——違憲判決をのりこえるための憲法改正と憲法院 ………〔糠塚康江〕…128
　　（2000年5月30日憲法院判決）

III 人権各論（基本的権利・自由）

〔編集委員：山元　一，判例委員：清田雄治〕

解　説 ……………………………………………〔山元　一，清田雄治〕…135

A　精神的自由

20　憲法院の人権保障機関へのメタモルフォーゼ
　　——結社の自由判決 ………………………………〔山元　一〕…141
　　（1971年7月16日憲法院判決）

21　教育の自由と良心の自由——ゲルムール合憲判決 …………〔小泉洋一〕…147
　　（1977年11月23日憲法院判決）

22　表現の自由——新聞法判決 ……………………………〔矢口俊昭〕…153
　　（1984年10月10・11日憲法院判決）

23　放送の自由と独立行政機関 ……………………………〔大石泰彦〕…159
　　（1989年1月17日憲法院判決）

24　表現の自由とフランス語保護法の憲法適合性 ……………〔小原清信〕…165
　　（1994年7月29日憲法院判決）

25　コミュニケーション（インターネット）の自由 ……………〔清田雄治〕…171
　　（2000年7月27日憲法院判決）

26　大学の自由 ………………………………………〔成嶋　隆〕…177
　　（1984年1月20日憲法院判決）

27　地方公共団体の私学助成——ファルー法改正違憲判決 …………〔小泉洋一〕…183
　　（1994年1月13日憲法院判決）

B　経済的自由

28　国有化法違憲判決——財産権の憲法的保障とその制約 ………〔田村　理〕…189
　　（1982年1月16日・2月11日憲法院判決）

29　民営化法合憲判決——「憲法的公役務」・「公的財産権」 ………〔田村　理〕…195
　　（1986年6月25・26日憲法院判決）

30　タバコ・アルコール中毒対策法 ……………………………〔多田一路〕…200
　　（1991年1月8日憲法院判決）

C　身体的自由

31　治安と自由 ………………………………………〔佐藤修一郎〕…205
　　（1981年1月19・20日憲法院判決）

32 個人的自由と司法権——自動車検問判決 ……………………〔高作正博〕…212
  (1977年1月12日憲法院判決)

33 無罪の推定・刑罰の一身専属性・犯罪の主観的要素
    ——交通安全法判決 …………………………………………〔石川裕一郎〕…218
  (1999年6月16日憲法院判決)

D 社会権

34 ストライキ権の憲法規範的価値とその限界 ………………〔北川善英〕…225
  (1979年7月25日憲法院判決)

35 労働者の参加権と法律事項 …………………………………〔石崎　学〕…231
  (1994年8月3日憲法院判決)

36 住宅への権利——生存権と国・公共団体の責任 …………〔丹羽　徹〕…234
  (1995年1月19日憲法院判決)

37 家族手当の普遍性 ……………………………………………〔藤野美都子〕…238
  (1997年12月18日憲法院判決)

38 医療費支出の統制 ……………………………………………〔藤野美都子〕…244
  (1998年12月18日憲法院判決)

39 第2次35時間法の憲法適合性 ………………………………〔今野健一〕…250
  (2000年1月13日憲法院判決)

IV　統治機構　〔編集委員：只野雅人，判例委員：福岡英明〕

解　説 ………………………………………………〔只野雅人，福岡英明〕…257

A 国民主権と普通選挙

40 国民主権・平等選挙と選挙区画定 …………………………〔只野雅人〕…261
  (1986年7月1・2日，1986年11月18日憲法院判決)

41 政党に対する国庫助成 ………………………………………〔永山茂樹〕…267
  (1990年1月11日憲法院判決)

42 元老院議員選挙における選挙権の平等 ……………………〔大山礼子〕…272
  (2000年7月6日憲法院判決)

B 議会の組織と権能

43 政府が国会議員に委託した任務に対する免責特権の保障
    ——「議員特権に関する法律」違憲判決 ……………………〔新井　誠〕…278
  (1989年11月7日憲法院判決)

44 国民議会規則の憲法適合性 ……………………………〔勝山教子〕…282
(1959年6月17・18・24日憲法院判決)

45 予算法律の審議・評決手続 ……………………………〔小沢隆一〕…290
(1979年12月24日，1979年12月30日憲法院判決)

46 元老院規則と立法手続 …………………………………〔横尾日出雄〕…296
(1990年11月7日憲法院判決)

47 実験的法律の合憲性 ……………………………………〔福岡英明〕…302
(1993年7月28日憲法院判決)

C 司法と権力分立

48 裁判官の独立性と身分保障 ……………………………〔横尾日出雄〕…306
(1967年1月26日，1970年7月9日憲法院判決)

49 法律による追認 …………………………………………〔福岡英明〕…312
(1980年7月22日憲法院判決)

50 行政裁判所の憲法的地位および行政処分を受ける者の
防御権 ……………………………………………………〔永山茂樹〕…318
(1987年1月23日憲法院判決)

V 地方自治・地方分権　〔編集委員：大津　浩，判例委員：長谷川憲〕

解　説 ………………………………………………〔大津　浩，長谷川憲〕…323

A 地方自治・地方分権の本質

51 地方分権の本質——地方分権法判決 …………………〔大津　浩〕…330
(1982年2月25日憲法院判決)

52 コルシカ地方公共団体の地位に関する法律の合憲性 …〔佐藤寛稔〕…336
(1991年5月9日憲法院判決)

53 自由行政原理による自治権の制度的保障とその限界 …〔大津　浩〕…342
(1984年1月20日，1990年5月29日憲法院判決)

B 海外県・海外領土

54 フランス本国と「海外県・地域圏内」の制度の同一化と
「特別の状況・適応措置」（憲法73条）——「ガドゥループ，
ギィアンヌ，マルチニークおよびレユニオン海外地域圏に
関する権限法律」に関する判例 ………………………〔長谷川憲〕…348
(1984年7月25日憲法院判決)

55 ニューカレドニアに関する特例措置の合憲性と地邦法律の
審査 ……………………………………………………………〔南野　森〕…355
(1999年3月15日，2000年1月27日憲法院判決)

VI 憲法院の審査機能と判断手法

〔編集委員：今関源成，判例委員：蛯原健介〕

解　説 ………………………………………………〔今関源成，蛯原健介〕…365

A 選挙・レフェレンダムの審査と緊急権発動の諮問

56 選挙関係争訟における憲法院の審判領域 ………………………〔中村　英〕…371
(1958年12月12日暫定憲法委員会判決)

57 選挙関係争訟の手続と無効判断の基準 …………………………〔中村　英〕…375
(1959年1月5日暫定憲法委員会判決)

58 レフェレンダムに関する争訟における憲法院の権限 ………〔井口秀作〕…379
(1960年12月23日憲法院判決)

59 レフェレンダムによって承認された法律に対する
違憲審査 ……………………………………………………………〔井口秀作〕…383
(1962年11月6日憲法院判決)

60 大統領選挙の適法性審査 …………………………………………〔岡田信弘〕…387
(1969年5月17日憲法院判決)

B 権限の調整（37条・41条関係）

61 憲法院判決の既判力──農業指針法事件 ……………………〔矢島基美〕…391
(1962年1月16日憲法院判決)

62 法律事項と命令事項──憲法34条にいう基本原則とその適用 ……〔村田尚紀〕…397
(1959年11月27日憲法院判決)

C 諮問事項（16条関係）

63 非常措置権発動のための必要条件
──諮問機関としての憲法院 …………………………………〔南野　森〕…402
(1961年4月23日憲法院意見)

D 憲法判断の方法と基準（61条関係）

64 通常法律の最初の違憲審査 ………………………………………〔武居一正〕…408
(1960年8月11日憲法院判決)

65　審署後の法律に対する「事後審査」
　　　　——ニューカレドニア緊急事態判決 ……………………………〔蛯原健介〕…414
　　（1985年1月25日憲法院判決）

66　解釈留保——地方直接税判決 ………………………………………〔蛯原健介〕…420
　　（1968年1月30日憲法院判決）

67　明白な過誤の法理
　　　　——「ニューカレドニアの制度変更に関する法律」判決 …………〔今関源成〕…426
　　（1985年8月8日，1985年8月23日憲法院判決）

資　料　（1）　フランス第五共和国憲法略年表
　　　　（2）　歴代憲法院判事一覧
　　　　（3）　憲法院年別判決件数
　　　　（4）　判例索引（事項別・日付順）
　　　　（5）　事項索引
　　　　（6）　主要参考文献一覧

<凡　例>（略語表）

A.F.D.I.	Annuaire français de droit international.
A.I.J.C.	Annuaire international de justice constitutionnelle.
A.J.D.A.	Actualité juridique (droit administratif).
A.N.	Assemblée nationale.
C.C.	Conseil constitutionnel.
C.C.P.	Commission constitutionnelle provisoire.
C.E.	Conseil d'État.
D.	Recueil Dalloz.
GD.(GDCC)	L. FAVOREU, L. PHILIP, Grandes décisions du Conseil constituionnel, (2001, 11e éd.)
G.P.	Gazette du Palais.
J.C.P.	Jurisclasseur périodique (La Semaine juridique).
J.O.	Journal officiel (lois et décrets).
L.P.A.	Les petites affiches.
Rec.	Recueil des décisions du Conseil constitutionnel.
R.A.	Revue administrative.
R.D.P.	Revue du droit public et de la science politique.
R.E.D.P.	Revue européenne de droit public.
R.F.A.P.	Revue française d'administration publique.
R.F.D.A.	Revue française de droit administratif.
R.F.D.C.	Revue française de droit constitutionnel.
RJC.	Recueil de jurisprudence constitutionnelle (L. Favoreu).
R.T.D.E	Revue trimestielle de droit européen.
Sén.	Sénat.

執筆者紹介 (五十音順)

新井　誠	ARAI　Makoto	釧路公立大学専任講師
井口秀作	IGUCH　Shusaku	大阪産業大学助教授
石川裕一郎	ISHIKAWA　Yūichiro	麻布大学・白鴎大学非常勤講師
石埼　学	ISHIZAKI　Manabu	亜細亜大学助教授
今関源成	IMASEKI　Motonari	早稲田大学教授
植野妙実子	UENO　Mamiko	中央大学教授
江藤英樹	ETO　Hideki	明治大学専任講師
蛯原健介	EBIHARA　Kensuke	明治学院大学専任講師
大石泰彦	ŌISHI　Yasuhiko	関西大学助教授
大津　浩	ŌTSU　Hiroshi	東海大学教授
大藤紀子	ŌFUJI　Noriko	聖学院大学助教授
大山礼子	ŌYAMA　Reiko	聖学院大学教授
岡田信弘	OKADA　Nobuhiro	北海道大学教授
小沢隆一	OZAWA　Ryūichi	静岡大学教授
勝山教子	KATSUYAMA　Michiko	同志社大学助教授
北川善英	KITAGAWA　Yoshihide	横浜国立大学教授
清田雄治	KIYOTA　Yūji	愛知教育大学教授
小泉洋一	KOIZUMI　Yōichi	甲南大学教授
小林真紀	KOBAYASHI　Maki	愛知大学専任講師
小原清信	KOHARA　Kiyonobu	久留米大学教授
今野健一	KONNO　Kennichi	山形大学助教授
齊藤笑美子	SAITŌ　Emiko	一橋大学大学院博士後期課程
佐藤寛稔	SATŌ　Hirotoshi	東北大学大学院博士後期課程
佐藤修一郎	SATŌ　Shūichiro	金沢大学助教授
鈴木眞澄	SUZUKI　Masumi	山口大学教授
建石真公子	TATEISHI　Hiroko	愛知学泉大学助教授
高作正博	TAKASAKU　Masahiro	琉球大学助教授
武居一正	TAKESUE　Kazumasa	福岡大学教授
多田一路	TADA　Ichirou	大分大学助教授
只野雅人	TADANO　Masahito	一橋大学助教授
田村　理	TAMURA　Osamu	福島大学助教授
辻村みよ子	TSUJIMURA　Miyoko	東北大学教授
中村　英	NAKAMURA　Hideru	東北学院大学教授
永山茂樹	NAGAYAMA　Shigeki	東亜大学助教授
成嶋　隆	NARUSHIMA　Takashi	新潟大学教授
丹羽　徹	NIWA　Tōru	大阪経済法科大学教授
糠塚康江	NUKATSUKA　Yasue	関東学院大学教授
長谷川憲	HASEGAWA　Ken	工学院大学教授
福岡英明	FUKUOKA　Hideaki	高岡法科大学助教授
藤野美都子	FUJINO　Mitsuko	福島県立医科大学教授
水鳥能伸	MIZUTORI　Yoshinobu	安田女子大学助教授
光信一宏	MITSUNOBU　Kazuhiro	愛媛大学教授
南野　森	MINAMINO　Shigeru	九州大学助教授
武藤健一	MUTŌ　Kennichi	フェリス女学院大学非常勤講師
村田尚紀	MURATA　Hisanori	関西大学教授
矢口俊昭	YAGUCHI　Toshiaki	神奈川大学教授
矢島基美	YAJIMA　Motomi	上智大学教授
山元　一	YAMAMOTO　Hajime	東北大学教授
横尾日出雄	YOKOO　Hideo	名古屋短期大学教授

解説：フランス第五共和国憲法と憲法院

1 フランス第五共和国憲法の特徴と憲法院の意義

現行のフランス第五共和国憲法は，1958年10月4日に審署され，翌日公布・施行された。ドゥ・ゴール（Ch.de Gaulle）の基本構想に基づいて起草され，人民投票を経て制定されたこの1958年憲法は，次のような特徴をもっている[1]。

第1は，第四共和国がわずか12年で命脈を絶ったことへの反省から行政権の強化が企図され，大統領に強大な権限が与えられたことである。憲法制定当初は，議院内閣制と大統領制との中間形態と解されていたが，1962年の憲法改正による直接公選制導入等により，しだいに大統領の権限が強化され，半大統領制（le régime semi-présidentiel）という見方も有力となった。

第2は，憲法3条で「国民（＝国家）の主権 (la souveraineté nationale) は，フランス人民に属する」と定められて「人民（プープル）主権」が標榜され，人民投票が導入されて，いわゆる半直接制（le régime semi-direct）が採用されたことである。

第3は，憲法のなかに体系的な人権規定をおかず，その前文で，1789年の人および市民の権利宣言によって定められ1946年憲法前文で確認され補充された，人権（droits de l'homme）に対する愛着を厳粛に宣言するにとどめたことである。このほか，1条で法律の前の平等を保障し，66条で司法機関が個人の自由の守護者である旨を定めてはいるが，人権に関する詳細な規定をおいてないことは，実際の人権保障の上で大きな制約となっている。このため1970年代以降，フランス憲法院が積極的に憲法解釈を展開し，人権保障機関として重要な機能を果たしてきた。

このような憲法院の展開をみた1980年代には，人権論の復権や憲法訴訟論の進展が認められ，État de droit（法治国家）論が進展した[2]。これによって，フランス憲法学も従来の政治学的傾向から脱して，いわゆる「憲法学の法律学化」が認められた。この傾向は1990年代以降も強まったが，反面，憲法院の憲法解釈の正統性のほか，違憲審査制（立憲主義）とデモクラシー，広くは憲法と政治の緊張関係をめぐる本質的な問題が表面化し，憲法院の課題が山積している。

また，1958年憲法は，2002年5月までの43年半の間に，合計15回の憲法改正を経験した[3]。

このうち最初の5回が，1976年までにドゥ・ゴール大統領とジスカール・デスタン大統領の時代に実施され，残りの10回が，1992年以降，ミッテラン大統領とシラク大統領の時代に実施された。この10回の中には，国内の制度改革に関する改正（1993年7月27日の高等法院改革等の改正，1995年8月4日のレフェレンダム拡大等の改正，2000年10月2日の大統領任期短縮のための改正など）が含まれるが，それ以外の5回は，欧州統合と国際化・分権化に関連するものである。この欧州統合と国際化・分権化に関連する5回の改正のうち3回（1992年6月25日，1993年11月25日，1999年1月25日改正）が欧州連合条約に関するもの，1回（1999年7月8日改正）が国際刑事裁判所に関するものであり，主権の制限や憲法改正の限界問題など「統合と国際化のなかの主権問題」を提起した。また，ニュー・

カレドニアの自治をめぐる1998年7月20日改正は，主権の不可分性や人民の一体性に関する議論を呼び起こし，「分権と地域化のなかの主権問題」を提起した。そのほか，公職の男女平等（パリテ）をめぐる1999年7月8日改正でも，主権原理を定めた憲法3条の解釈が焦点となった。

総じて1990年代の統合と分権のなかの改正には憲法院判決が先行し，憲法改正に対する違憲審査の限界や憲法改正の限界という実定法解釈上の論点と結びついて，憲法院の役割が再検討されるようになった。以上のように，フランス憲法の運用上，憲法院がきわめて重要な意義をもつに至った。

2 憲法院の構成と職務[4]

(1) 構 成

フランス憲法院は，1958年憲法第7章に基づいて，フランス憲法史上はじめて創設された機関であり，同56-63条および54条を根拠規定とする。憲法院の組織は1958年11月7日のオルドナンス（1959，1974年に続き，1995年1月19日の組織法律で改正）によって規定され，その構成員の義務と事務局については1959年11月13日のデクレによって定められている。憲法院は，司法裁判所や行政裁判所の機構からは独立しており，最高裁判所の地位はもっていない。

憲法院は，9人の構成員（membres）から成る。各構成員の任期は9年で再任されえず，3年ごとに3人づつ改選される。構成員9人のうち3人は共和国大統領により，3人は元老院（上院）議長，3人は国民議会（下院）議長によって任命される（憲法56条1項）。

このほか，元共和国大統領は，法上当然に終身の憲法院構成員となりうる（同条2項）が，兼職禁止規定により，大臣または国会議員の職を兼ねることができない（57条）ことなどから，現実には，憲法院に籍をおく元大統領はいない。憲法院の構成員は，自らの意思によって辞職することができ，兼職あるいは身体的な故障により罷免される。また，憲法院院長は，共和国大統領により任命され，可否同数の場合の裁決権をもつ（56条3項）。

(2) 職務権限（compétences）

憲法院は，所定の申し立て（提訴・付託）行為に基づいて任務を開始し，常に全体会（大法廷）で採決を下す。その定足数は7人であり，審議の内容等は公開されない。

憲法院の職務権限は，裁判的職務権限と諮問的職務権限の2つに区分される。

(A) 裁判的職務権限（une compétence juridictionnel）

(a) 通常の審査（法律等の合憲性審査）

＊組織法律（lois organiques）は，その審署（promulgation）前に，議院規則はその施行前に，必要的に憲法院の審査に付され，憲法院はそれらの憲法適合性について裁定する（61条1項）。

＊通常法律（lois ordinaires）は，その審署前に，共和国大統領，首相，国民議会議長，元老院議長，60人以上の国民議会議員または元老院議員によって（任意的に）憲法院の審査に付されることができる（61条2項）。

＊国際協約（engagements internationaux）については，その批准または承認の前に，共和国大統領，首相，国民議会議長，元老院議長，60人以上の国民議会議員または元老院議員によって（任意的に）憲法院の審査に付されることができる（54条）。

これらの場合に，憲法院は1ヵ月以内に裁定しなければならない。ただし，緊急の場合には政府の請求によってこの期間は8日間に短縮される。

(b) 選挙および人民投票に関する審査

憲法院は，共和国大統領選挙および人民投票の適法性を監視し，その結果を公表する（58条，60条）。また，国会議員選挙について，選挙資格，被選挙資格，兼職禁止規定抵触問題等について争訟がある場合には，その選挙の適法性を裁定する（59条）。

(B) 諮問的職務権限（une compétence consultative）

憲法院は，憲法16条の非常事態措置が共和国大統領によって採られる場合に，必要的に諮問され，職権により裁定する（16条3項）。また，憲法院は，共和国大統領の障碍事由の認定や選挙の実施に関して，政府により付託をうける（7条4－10項）。

3 憲法院判決の効力と性格

憲法院のすべての裁決（décisions，以下判決と訳す）は，すべて同一の形式で下され，裁判規範，付託の趣旨，適用すべき原則等について考察を加え，判決の理由を（considérant que……のように）示した上で，付託（saisine）に対する回答を提示する形をとる。

(1) 判決の種類

判決には以下のような種類があり，それぞれ記号で区別されている。

(a) 選挙争訟に対する判決は，国民議会の場合はAN，元老院の場合はSを付けて区別し，選挙区ないし県名を付す。

(b) 立法権と執行権の権限分配に関する判決には，L（déclassement législatif）またはFNR（fin de non recevoir）を付す。

(c) 法規の憲法適合性に関する判決は，DC（décisions de conformité à la Constitution）に区分される。（本書で取りあげる判例の殆どは，このDCの範疇に入る。例外として，Lやavis等にあたるものが，第Ⅵ章に含まれている。Ⅵ C 61 ・ 63 参

照）。

(d) 兼職禁止に関する判決は I （imcompatibilité），失権に関する判決はD（déchéance）を付す。

(e) Loi du pays（地邦法律ないし邦法律）に関する判決にはLPを付す（第Ⅴ章，Ⅴ B 55 参照）。

(2) 判決の効力と公表

憲法院判決の効力は，すべての公権力に及んで行政機関や司法機関を拘束し，判決への不服申立ては認められない（62条）。既判力（l'autorité de la chose jugée）は，判決主文（dispositif）のみならず，その必要な支柱を構成する判決理由（motif）にまで及ぶ。

もっとも，選挙争訟については，憲法院は誤記修正等の救済を承認している。

また，全体または一部について違憲と判断された規定は，審署も施行もされない（同条2項）が，それは審署・施行前であるため，規定の無効を意味するものではない。もっとも，選挙争訟については，判決の効力は，投票の無効や選挙の実施の無効に至ることがあり，候補者の被選挙資格の停止や当選者の免職の宣言を含むことができる。

憲法院判決は，当事者に伝達され，場合によっては議会の付託文とともに，官報によって公表される。

4 憲法院の展開と諸課題

フランスでは，第三共和制下の議会中心主義および法律の優位という伝統のもとで，違憲立法審査制を排斥し続けてきたため，この機能を担う固有の憲法機関や司法機関は伝統的に存在してこなかった。しかし，第五共和制憲法下で創設された憲法院は，憲法制定当初は大統領選挙の裁定等を主な任務とする政治的機関と解されていたが次第に政治的な最高裁判機関ないし

権力分立維持を目的とする憲法裁判機関として捉えられるようになり，さらに1971判決以降，違憲審査機関・人権保障機関としての役割を演じはじめた。すなわち，結社の自由の侵害として届出制を違憲とした1971年7月15日判決（⇨ⅢA⑳）の後，憲法院は，職能課税に関する1973年12月27日判決（⇨ⅡC⑮），市町村議会選挙候補者の性差別に関する1982年11月18日判決（⇨ⅡC⑱）など，自由権や平等原則に関する注目すべき違憲判決を出した。とりわけ1974年の憲法改正によって，憲法院への付託（提訴）権者が，60人以上の議員に拡大されて以後は，審査件数が飛躍的に増大し，人権原理に関する多くの違憲判断を提示してきた。

こうして憲法院は人権保障に使える憲法裁判所としての機能を強めてきたが，その違憲審査権行使時期が，法律の審署前ないし組織法律の施行前に限られるため，立法過程において重要な役割を果たすことになる。そこで，ルイ・ファヴォルーは憲法院に「消極的立法者」の位置づけを与え，ドミニク・ルソーは裁判作用でなく立法作用を行う立法的性格を重視した。さらに，憲法院構成員の任命手続からしても，憲法院の立法機能参与の民主的正統性が問題にならざるをえない。とくに，革命期以来の「法律（一般意思）優位の原則」から違憲審査制を否認してきたフランスの憲法伝統と対立するため，違憲審査制と民主制の両立可能性をどう根拠づけるかが憲法学上の課題として存在し続けることになる。この点，ファヴォルーは任命権者自身の民主的正統性をあげ，トロペールは，憲法院自体が1789年人権宣言6条の一般意思表明者であることを根拠とするが，必ずしも十分に説得的であるとはいいきれないように思える。

そこで，人権保障目的をもつÉtat de droitの正統化によって憲法院の機能を容認する論調が定着し，その後も，憲法改正限界論や憲法制定権力論が復権するなかで⁽⁵⁾，違憲審査の正統性をめぐる議論が続いている。

さらに，フランス型の違憲審査制には，事前審査にとどまって一般市民の提訴が認められない等の制度的な限界があり，これを克服するための改革論が1990年代に提示されたが実現には至っていない⁽⁶⁾。さらに，憲法典のなかに人権規定をもたないため，根拠とする憲法規範の確定や解釈の基準，解釈に際しての政治性の問題など，次にみるような多くの難題が伴っている。

まず第1に，根拠規範としての「憲法ブロック」（bloc de constitutionnalité）の拡大の問題がある。1971年7月16日判決で(i)1958年憲法前文を根拠規範に挙げて以来，(ii)1789年人権宣言，(iii)1946年憲法前文，(iv)共和国の諸法律によって承認された基本原理の4つが，まず憲法ブロックを構成する憲法的規範として認められた。(iv)では，結社の自由や教育の自由等の自由のほか，新たに，国籍についての権利と刑罰からの復権等の権利が認められた。その他，最近では「憲法的価値をもつ一般原理」を憲法ブロックに加えることが一般化した。また，生命倫理法に関する1994年7月27日の判決（⇨ⅡB⑫）は「あらゆる形態の隷従と侵害に対する人格の尊厳の救済」という原理にも憲法的価値を認めた。

第2に，憲法院の審査の困難な課題として，憲法ブロック内の諸規範の間の序列や，相互の矛盾・抵触の問題がある。前者については「超憲法的性格（supra-constitutionnalité）」の認定をめぐって議論があるが，憲法学の通説では，憲法ブロック内では序列化を認めないことが原則と解している。後者の憲法規範内の抵触については，1789年宣言の財産権規定と1946年憲法前文との対抗などが不可避的な課題として一般に指摘されてきた。

実際にも，国有化法や新聞法の合憲性審査では，これらの規範のいずれを重視するかで正反対の結論が得られることになり，憲法解釈のあり方が重要な論点となった。憲法院は，根拠規範の衝突や諸権力機関の権限対立の調整をはかりつつ，人権保障機関として機能することをめざしたが，その憲法解釈の困難さは否定できない。そこで，人権規範同士の衝突の際の人権保障の限界について，憲法院は「憲法的価値をもつ目的（les objectifs à valeur constitutionnelle）」の議論を確立した。例えば，1982年7月27日判決（82-141DC，本書161頁参照）は，1789年宣言11条の情報伝達の自由と対比すべき原理として「憲法的価値をもつ目的」をあげ，その具体的な内容として，(i)公の秩序の保護，(ii)他人の自由の尊重，(iii)社会的・文化的表現の多元性，を列挙した。憲法院は，ほかにも，脱税を防除する目的を同宣言13条に根拠づけて企業の自由の制約を説明したり，また，住居を整備し生活手段をえる権利，人格の尊厳を保障する目的等を1946年憲法前文から導く判決を下している。(これらの調整原理について，各判例解説を参照されたい)。

第3に，憲法院の政治的傾向や裁判官政治の危険なども問題となる。これは，9人の構成員の任命方法からして，憲法院の判断が政治的色彩を帯びるという危惧に由来する。実際に，政権交代やコアビタシオン（大統領と政府の間の保革共存）によって議会内多数派の意思が大きく変わる場合には，その限界と困難さが一層明らかになった。例えば，1986年のコアビタシオンの時期には，新聞法の展開過程で，意思の多元性を重視して与党社会党が制定した1984年法が，1986年のコアビタシオンの後に新たに多数派を形成した共和国連合（RPR）・フランス民主主義連合（UDF）によって廃止された。これに対して，憲法院は，1984法を廃止した1986年法の一部を違憲とし1984年法を支持した（ⅢA22判決の解説参照）ため，コアビタシオン前の左翼政権を支持したと考えられた。また，国有化法など政治的議論の渦中にあった法律の審査についても，憲法院の価値判断には政治的態度決定が不可避であるとしてその限界が指摘された。1993年の第二次コアビタシオンの時期にも，移民の制限に関するパスクワ法を憲法院が同年8月13日に違憲判決を下した（⇒ⅡA9判決）ことで，政府が公然と憲法院を批判する場面があった。結局，憲法院の違憲判断が憲法改正に結びついて決着したが，政治と違憲審査の関係をめぐる議論を再燃させることにもつながった。実際には，憲法院を構成する九人の賢人（ヌフ・サージュ）への一般的な信頼が厚く，また彼らが（任命権者の政治的立場とは関わりなく）憲法裁判官としての職業倫理に基づいて行動していることで，現実の批判論はさほど大きくない。しかしなお，裁判官政治への警戒が不要になったわけではないといえよう。

以上のように，多くの課題を抱えながらも，憲法院と憲法判例は，フランス憲法史上きわめて重要な機能を果たし続けている。本書では，そのような憲法院判例の全貌を，主要な67件の判決・意見についての具体的検討によって明らかにする。

※なお，本書では判決文の翻訳にあたって，必要と思われる限りで訳語を統一するにとどめ，各執筆者が固有の訳語を採用する場合等には原語を付記することとした。

※判決文は（初期のものを除いて），殆どすべて同一の形式をとり，判決理由をconsidérant que……という形で列挙した上で，判決主文を短く記している。本書では「判旨」の訳出にあたり，原則

として［Con. 1］,［Con. 10～15］のように記して判決理由中の所在を示すことにした。

(1) フランス第五共和国憲法の最新の条文は，辻村訳・解説（樋口陽一＝吉田善明編『解説世界憲法集（第4版）』三省堂（2001年），原文は，Constitution du 4 octobre 1958 (à jour), http://www.conseil-constitutionnel.fr/textes/constit.htm 参照。邦訳には，ほかに（2000年の憲法改正以前のものとして）阿部照哉・畑博行編『世界の憲法集（第2版）』有信堂（1998年）（和田進＝光信一宏訳）がある。

(2) 憲法院の展開につき，辻村「憲法学の『法律学化』と憲法院の課題」ジュリスト1089号（1996年），ジャック・ロベール（辻村訳・解説）「フランス憲法院と人権保障」法学教室185号（1996年），同（辻村訳）「基本的人権の擁護者としてのフランス憲法院」日仏法学21号（1998年），同（山元訳）「少し距離をおいて見た憲法院の9年間」日仏法学22号（2000年）のほか，矢口俊昭「フランスの憲法裁判」芦部編『講座憲法訴訟（第一巻）』有斐閣（1987年），山元一「フランスにおける憲法裁判と民主主義」山下健次他編『フランスの人権保障』法律文化社（2001年），蛯原健介「憲法裁判と政治部門・裁判部門による人権保障」山下他編同書89頁以下，ルイ・ファヴォルー（山元訳）『憲法裁判所』敬文堂（1999年），および以下の各判例解説末尾に掲載されている多数の研究がある。憲法院に関する基本文献については，巻末資料442頁参照。

(3) 最近のフランス憲法改正につき，前掲解説（前注(1)）のほか，辻村「統合と分権のなかの主権問題」法律72巻2号（2000年），辻村『市民主権の可能性』有信堂（2002年），滝沢正「フランスにおける憲法改正」北村一郎編『現代ヨーロッパ法の展望』東京大学出版会（1998年），横尾日出雄「フランス憲法改正と統治構造の変容（1・2完）」法学新報108巻3・4号（2001年）参照。

(4) フランス憲法院のホームページに掲載された解説, Présentation en français du Conseil constitutionnel, http://www.conseil-constitutionnel.fr/français/fra1.htm および前注(2)の諸文献参照。

(5) 最近の憲法制定権力・主権の再登場につき，樋口陽一「近代理性主義擁護の最後のモヒカン？－憲法学にとっての20世紀」法律時報73巻1号（2001年），山元一「最近のフランスにおける『憲法制定権力』論の復権」法政理論29巻3号（1996年），同「『憲法制定権力』と立憲主義――最近のフランスの場合」法政理論33巻2号（2000年），前掲拙著『市民主権の可能性』76頁以下参照。

(6) 辻村「ミッテラン時代の憲法構想」日仏法学19号（1995年），辻村『人権の普遍性と歴史性』創文社（1992年）205頁以下，今関源成「挫折した憲法院改革」高柳信一先生古稀記念論集『現代憲法の諸相』（1993年）参照。

（辻村みよ子）

I 「一にして不可分の共和国」と欧州統合——解説

1 欧州統合とフランス憲法原理の「揺らぎ」

　グローバリゼーションを背景にした「国民国家の揺らぎ」は，国家主権・国民主権をはじめとする憲法原理に変容をせまり，21世紀に多くの理論的課題を残した。欧州統合に揺れるヨーロッパでは欧州連合条約による国家主権の制限や移譲が重要な憲法問題となった。フランスでも，欧州統合が進展した1990年代に8回もの憲法改正が実施された。そのうち4回が統合と国際化に伴う国際協約（条約）の国内法化をめざす憲法改正であり，これらは，主権の制限や憲法改正の限界問題などを提起した。また，統合と同時に，分権化・地域化も進展した。ニュー・カレドニアの自治をめぐる1998年7月20日の憲法改正やコルシカ問題に関する憲法院判決等は主権の不可分性や人民の一体性に関する再検討を促した⑴。このほか，フランス共和国の基本原理としての，共和国の不可分性と世俗性，人権と国民主権原理の普遍主義などが，多文化主義や少数者の権利（差異への権利）の主張などによって挑戦をうけている現状がある。最近のイスラムのスカーフ事件，移民問題，少数者言語問題，コルシカ問題，パリテ（男女平等参画）問題などのすべてが，このような共和国の不可分性や普遍主義等の「揺らぎ」を示している⑵。

　このようなフランスの現況は，「伝統的な自国の国家観を表明した憲法と，統合を促進する条約との不整合に直面し」⑶憲法改正を行いながら条約批准手続きを繰り返している状態と評することができる。実際，欧州連合条約や国際刑事裁判所設立条約等の批准について憲法54条に基づいて憲法院に憲法適合性の審査が付託され，条約が憲法と抵触するとして違憲判断が出されたことで，憲法改正が余儀なくされた。また，これらの憲法院判決では，主権の制約に関する違憲審査基準論など判例理論の展開が注目された。

　そこで本章では，欧州統合と国際化に関連して，共和国の不可分性や国民（＝国家）主権が問題となった憲法院判例をとりあげる。そのうち欧州連合条約に関連する5つの判決〔⇒ⅠA①—⑤判決〕をAに区分し，欧州人権条約のなかで死刑廃止が問題となった1985年5月22日判決〔⇒ⅠB⑥判決〕，国際刑事裁判所設立条約の批准に関する1999年1月22日判決〔⇒ⅠB⑦判決〕，1992年に締結された地域言語・少数言語に関する欧州憲章の憲法適合性をめぐる1999年6月15日判決〔⇒ⅠB⑧判決〕の3つをBに区分して，本章で扱うことにする（「一にして不可分の共和国」の揺らぎをもたらした前述の諸問題のうち，移民問題やパリテは人権総論に関するⅡ章で，コルシカなど地域化の問題は地方自治・分権化に関するⅤ章で扱うことにする）。

　なお，主権論の母国フランスでは，18世紀フランス大革命期の主権論を基礎に第3共和制期の憲法学によって，国民主権（souveraineté nationale）の理論が体系化され，日本の憲法学にも大きな影響を与えてきた。ここではその内容に立ち入ることはできないが，フランス1958年憲法3条が「souveraineté nationale は，フラン

ス人民に属する」と規定するその「souveraineté nationale」は，「国内における主権 (souveraineté dans l'Etat)」としての国民主権と，「国の主権 (souveraineté de l'Etat)」としての国家主権との両面をもっていることを，ここで確認しておくことにしよう⁽⁴⁾。日本語では国民主権・国家主権のように区別されるが，フランスでは，この両者は表裏一体のものとして捉えられ，いずれにも「souveraineté nationale」の観念が当てられる。そこで，本章では，その訳語は，原則として，国民（＝国家）主権のように記すことにする（ただし，各判例解説執筆者が異なる訳語を付する場合がある。その際は原語を付記することにしている）。

2 欧州統合に関する憲法院判例の展開

欧州統合に関する条約の憲法適合性について憲法院はたびたび付託をうけてきた。初期の判例には，(1)ＥＣ設立に関するローマ条約を修正する1970年協定の合憲性を判断した1970年6月19日判決，(2)欧州議会選挙手続に関して判断した1976年12月30日判決〔⇨ⅠＡ①判決参照〕，(3)欧州人権条約の死刑廃止に関する追加議定書について判断した1985年5月22日判決〔⇨ⅠＢ⑥判決参照〕，(4)1990年のシェンゲン付加条約についての1991年7月25日判決〔⇨ⅠＡ②判決参照〕があるが，憲法院はいずれも合憲判断を下していた。主権制約の合憲性については，(2)の1976年判決では「主権の制限」と「主権の移譲」とを区別して，前者は1946年憲法前文にしたがい相互主義の留保下に認められるのに対して，後者は違憲であるという基準を採用していた。しかし，マーストリヒト条約に関する1992年4月9日判決〔⇨ⅠＡ③判決参照〕は，この区別論を抛棄して「主権行使の本質的条(要)件の侵害の有無」という審査基準を確立し，欧州市民の地方参政権等について違憲判断を導いた。さらに，アムステルダム条約に関する1997年12月31日判決〔⇨ⅠＡ⑤判決参照〕でもこの基準に則して審査し違憲判断を下した。そして違憲判決に続いて憲法改正が実現した結果，欧州理事会に法案が提出された後直ちにフランスの国民議会と元老院に草案が送付されフランス国内の主権者による主権行使の手段が確保されることが，憲法に定められた。ここでは移譲される権限の内容よりむしろ権限を移譲する場合のその手段が，憲法3条の趣旨にそったものになるかどうかが問題とされた。

こうして1990年代以降のフランスでは，欧州連合条約の批准による国民（＝国家）主権の制約が問題となり，条約批准のために憲法改正を繰り返した。そこで，憲法改正の限界をめぐって，憲法制定権力について議論がおこり，マーストリヒト第2判決と呼ばれる1992年9月2日判決〔⇨ⅠＡ④判決参照〕が重要な意味をもった。この判決では，(a)憲法改正作用は憲法制定権力の発動であること，(b)憲法制定権力は主権的であるため，適切と評価する形式の範囲で憲法的価値をもつ規定を廃止・修正することは許されること，(c)憲法制定権力には，憲法上の手続的・時期的・内容的制約が存在することを明らかにした。さらにマーストリヒト第3判決とよばれる1992年9月23日判決で，憲法院は，人民投票によって採択された法律（loi référendaire）に対して審査権限を持たないことを宣言した。（これらの問題をめぐる憲法学上の議論については，ⅠＡ④判決解説を参照）。また，1985年のシェンゲン協定の適用に関するシェンゲン補足条約の庇護権の規定に1993年に憲法改正が行われたが，この改正には，移民制限法（通称パスクワ法）に対する1993年8月12―13日の憲法院違憲判決が先行していた（この判決は，外国人の地位に関す

る重要な内容を含むため，ⅡA①で検討する）。

　以上のように，欧州統合をめぐる違憲判決からは，憲法規範の内容（憲法ブロック）に国際協約が含まれないことを前提に，国際協約（条約）に対する憲法の優位を確認し，憲法原理に照らして国際協約の合憲性を判断していることが理解できる。しかし，条約に違憲性が認められるときは憲法改正した後でなければ批准し得ないと定める憲法54条の文言どおり，条約批准の目的達成のために憲法を改正せざるをえない事態が続いた。もはやその実態は，あたかも条約優位が原則となっているがごとくである。また，憲法改正の手法についても，条約と抵触する憲法の基本原理には全く手を着けず，条約の内容に則した具体的規定を追加させる手法をとっている。これによって，憲法のなかに，憲法院が矛盾を指摘した内容を併存させる解決方法を甘受することになったが，欧州統合や国際化の波がこのような傾向を余儀なくさせたと解することができる。そこで，以下では，欧州統合の意義と特質，欧州連合条約の展開と条約の国内的効力，違憲審査と条約をめぐる問題等について，検討を加えておくことにする。

(1)　詳細は，辻村「統合と分権のなかの主権問題」法律時報72巻2号（2000年），辻村『市民主権の可能性』有信堂（2002年）第2章2・3節を参照されたい。
(2)　山元一「〈一にして不可分の共和国〉の揺らぎ」日仏法学22号（1999年），三浦信孝編『普遍性か差異か――共和主義の臨界，フランス』藤原書店（2001年），建石真公子「非キリスト教徒移民の統合をめぐるフランス人権論」憲法問題13号（2002年）参照。
(3)　樋口陽一「西欧憲法学の相互認識」杉原古稀記念論文集『21世紀の立憲主義』勁草書房（2000年）12頁参照。
(4)　主権について，辻村「国民主権と国家主権」前掲『21世紀の立憲主義』，前掲辻村『市民主権の可能性』第1章1・2節を参照されたい。

（辻村みよ子）

3　欧州統合の歴史とフランスの役割

(1)　欧州共同体の成立と展開(5)

　中世まで遡るといわれる欧州統合の理念は，第2次大戦後，人権と民主主義による欧州統合を目指した1949年5月の欧州審議会（Conseil de l'Europe）で一つの成果を見るが，未だ国家（政府）間協力組織にとどまった。これに対し，フランスの欧州統合論者ジャン・モネが構想したシューマン・プランに基づく欧州石炭鉄鋼共同体（Communauté européenne du charbon et de l'acier. CECA）は，欧州の平和と安定の鍵を握る仏独和解のために両国間の石炭および鉄鋼業をヨーロッパ全体で共同管理する超国家的組織であった（仏，西独等6ヵ国による51年4月調印のパリ条約。52年7月発足）。以来フランスは西ドイツをその経済力に頼みながら欧州統合に取り込むことによって，戦後ヨーロッパの政治的盟主を追求することになる。続いて朝鮮戦争の勃発，東西冷戦の進行の過程で浮上した西独再軍備問題に対応するため超国家的な欧州軍を創設する欧州防衛共同体（Communauté européenne du défence. CED）構想を提唱する（52年5月上記6ヵ国により調印）が，欧州政治共同体設立草案まで準備されたこの構想は，朝鮮戦争の終息や国内ナショナリズムの台頭によって国民議会が審議を拒否し，頓挫した。それ以降，この欧州統合の流れは経済統合へ方向転換し，57年3月上記6ヵ国により関税同盟と共同市場（Marché commun）を創設する欧州経済共同体（Communauté économique européenne. CEE）条約および原子力の共同利用を目的とする欧州原子力共同体（Communauté européenne de l'énergie atomique. CEEA）条約が締結された（ローマ条約。1958年1月発足）。その際3共同体中の各国議会代表からなる総会（Assemblée）と裁判所が3共同体の共通機関となる。しかし，第五共和制憲法の下でドゥ・ゴールは，超国家性の進行を阻止すべく「諸祖国からなるヨーロッパ」を唱え，66年の所謂「ルクセンブルグの妥協」によって全会一致方式の恒常化を目指した。3共同体は67年，閣僚理事会と，CECAの最高機関（Haute Autorité），CEE・CEEAの委員会と各々共通機関となり（65年締結の機関併合条約），欧州共同体（Communautés européennes．「広義のCE」）と総称されることになる（ただし3共同体は各々存続）。イギリスの加盟を2度にわたって拒否したドゥ・ゴールが69年辞任した後，73年1月イギリス，アイルランド，デンマークが加盟，その後81年1月ギリシャ，86年1月スペイン，ポルトガルが加盟する。81年大統領に就任したミッテランは，一転して欧州統合の推進によるフランス中心戦略に転換する。85年フランスのジャック・ドロールが委員会委員長に就任し，域内市場白書を発表し，これにより86年2月単一欧州議定書（Acte unique européen）が調印され（87年7月発効），93年1月，物，人，サービス，資本の自由移動を確保する域内市場（Marché intérieur）が創設された。

(2) 欧州連合の成立と展開

80年代後半の東欧の民主化，89年の冷戦終結宣言，90年の東西ドイツ統一，91年ソ連崩壊という国際情勢の激動の中，欧州共同体諸国は，新たに経済通貨連合（UEM）に加えて政治連合を追求すべく，92年2月欧州連合（マーストリヒト）条約（Traité sur l'Union européenne/Traité de Maastricht）を締結する。しかし同年6月デンマーク国民投票で同条約が否決され，フランスでは憲法院の4月9日違憲判決により〔⇨ⅠA ③判決〕，6月憲法改正が行われ，ミッテランの決断で行われた9月のフランスの国民投票でも48.95％が反対し，93年11月漸く後述の欧州連合（Union européenne）が発足した（CEEが単独で欧州共同体（Communauté européenne）と改称された。「狭義のCE」）。UEMはその後，欧州通貨機構（IME），欧州中央銀行（BCE）の創設を経て，11ヵ国による単一通貨ユーロの法定通貨導入の後，2002年1月英，デンマーク，スウェーデンを除く12ヵ国によりユーロが完全導入された。欧州連合条約は97年10月締結のアムステルダム条約（Traité d'Amsterdam）で改正されたが，フランス憲法院は12月31日同条約に違憲判決を下し〔⇨ⅠA ⑤判決〕，99年1月憲法改正が行われた（同条約は99年5月発効）。欧州連合条約は2001年2月締結のニース条約（Traité de Nice）により再度改正され，東欧諸国の加入（27ヵ国体制）に備え若干の機構改革と政策決定過程の民主化・効率化が盛りこまれた。フランスは憲法改正もなく6月早々に批准を終えた[6]が，同月アイルランド国民投票で同条約が否決された。12月のラーケン欧州理事会はジスカールデスタン元フランス大統領を議長とする「欧州連合の将来像を検討するための諮問会議」（Convention）の創設と2004年の10ヵ国加盟を決定した。「諮問会議」の成果は法的拘束力を持たないが，EU憲法の制定問題も検討事項とされており，EU統合は新たな段階を迎えている。

4 欧州連合の法的構造

欧州連合とは，「広義のCE」に「共通外交安全保障政策」（欧州連合条約第5編）および「司法内務協力」（同第6編。アムステルダム条約で「警察・刑事司法協力」と改称）を加えた「3本の柱構造」と言われる総称的な国際組織であり（欧州連合条約1条3項），それ自体に国際法人格は

ない。欧州連合の共通機関は，欧州議会（Parlement européen. 旧総会），閣僚（欧州連合）理事会（Conseil de l'Union européenne），欧州委員会（Commission européenne），裁判所（Court de justice）（第1審裁判所を含む），会計検査院（Court des comptes。以上，同条約4条）の他，政治的最高意思決定機関の欧州理事会（Conseil européen，同条約5条）である。また構成国国民は欧州連合市民権として，居住地における欧州議会選挙および国内地方選挙の選挙権・被選挙権の他，一定の政治的権利を付与された（CE条約17条以下）。

欧州連合の管轄（政策）事項が「国民（＝国家）主権行使の本質的要件」を侵害するとして憲法上問題となる（ⅠA③判決の共通通貨発行や居住地地方選挙参政権等）のは，その組織構造の「超国家性」[7]（supranationalité）故である。ただ政治連合の分野である共通外交安全保障政策および警察・刑事司法協力は，組織次元で法制定は行わず，裁判所の権限も極く限られているから，未だ政府間協力の組織である。問題となるのは一定の経済政策の立法権限と裁判権限を構成国から委譲された「広義のCE」，とりわけ規模・実質において圧倒的な「狭義のCE」であるが，その設立時にフランスは第4共和制憲法の下にあり，同憲法前文15項（相互主義による平和の組織と擁護のための主権制限 limitations de souveraineté に対する同意）や憲法裁判の不存在，また共同体自体の小ささ等によって深刻な論争には発展しなかった。しかしその後，とりわけ狭義のCEが拡大と深化を続けたことにより，各国で憲法適合性の問題を惹起した[8]。

狭義のCEの超国家性は，共同体に付託された諸政策に関して共同体レヴェルで法規範（二次法[9]，派生法）が制定され，設立条約等とともに構成国の国内で直接的かつ優先的に適用され（直接効果 effet direct および優位性 primauté[10]），その実施過程を欧州委員会（や閣僚理事会）が監督し，さらにCE法の解釈，適用を確保する共同体裁判所により広範な裁判類型[11]を通した規範統制が行われる点にある。CE二次法の主たる立法機関は，各国の政府閣僚による合議機関で最終決定機関の閣僚理事会（CE条約203条），身分と行動の独立性が保障された20人の委員による法案提案機関の欧州委員会（213条），79年の選挙以来各国国民の直接選挙〔⇨ⅠA①判決参照〕により選出される欧州議会（189条。行動は国家横断的政党単位）である。CE二次法の立法手続には，閣僚理事会と欧州議会との関与態様により，欧州議会が最終的な拒否権を発動できる共同決定手続（251条。欧州連合条約で導入），閣僚理事会の結論に欧州議会が修正提案できる立法協力手続（252条，単一欧州議定書で導入），従来からの諮問手続，同意手続がある。また閣僚理事会の議決方式には，単純多数決，特定多数決[12]，全会一致がある。漸次，共同決定手続と特定多数決の適用分野が増加し立法過程の超国家性が高まっているが，各国行政権力が主要な立法機関を構成する一方，欧州議会の権限が小さく，各国議会の関与も二次的・補充的に過ぎないところから，CEの「民主主義の赤字」（déficit démocratique）が指摘されてきた。

しかし，狭義のCEは国家のような包括的統治団体ではなく，一定の経済政策に限定された統治組織に過ぎず，その基本構造は常に全当事国の批准を要する条約に依拠し（CE条約313条，欧州連合条約44条3項），しかも重要な政治的決定は欧州理事会の全会一致による決定に拠る。具体的な二次法の立法過程でも，欧州委員会に対する閣僚理事会の事前の提案要請（CE条約208条），各国の大使ないし高級官僚の合議機関である常駐代表委員会による法案の事前選抜

(207条)が行われ，欧州議会も拒否権以上の立法関与はできない。さらに閣僚理事会が欧州委員会に履行権限を委任する場合(202条3項，211条4項)も，各国官僚からなる多数の小委員会が欧州委員会を包囲する (Comitologie)。

フランスでは，憲法3条に触れることなく，部分的な違憲判決と憲法改正が繰り返されている。これをめぐって，主権概念の多義性を前提に，CEに委譲されているのは主権自体ではなく主権を構成する個別の権限 (compétence) であるとの一般的な理解に対して有力な疑問も提起されているが[13]，こうした議論の背景には現状のCEでは上述のように超国家主義と政府間主義がせめぎあっていることも影響していよう。ただ，欧州議会の権限強化や連合市民権の拡大は，CEにおける「民主主義の赤字」の解消要素に見えるが，連邦化の促進要素であるから，潜在的には常に「一にして不可分の共和国」を前提とする国民主権論と衝突する危険性を孕んでいる。CEの組織構造はこのように錯綜した内実を含むのであり，憲法院の違憲審査基準である「国民(＝国家)主権行使の本質的要件」の侵害の有無の認定は，実際にはさほど容易ではない。こうした欧州統合の展開をめぐって，フランスでは，憲法制定権力論，憲法改正限界論，supra‐constitutionnalité論，さらには市民権論や民主主義論等が複雑に交錯するところとなっている。

(5) 欧州統合一般につき，細谷千博＝長尾悟編『テキストブック ヨーロッパ統合』有信堂 (2000年)，*Joël Rideau, Droit Institutionnel de L'Union et des Communautés Européennes*, 3e éd., L. G. D. J, 1999. 等。

(6) Loi n° 2001‐603 du 10 juillet 2001 autorisant la ratification du traité de Nice, *J. O.* du 11 Juillet 2001 p. 11027. 10月19日批准書寄託。

(7) 超国家性とは，身分と行動の独立性が保障され9人の個人からなるCECAの最高機関 (現欧州委員会。モネが初代委員長) の職務の性格が「超国家的」 (supranationale) と規定されたことを嚆矢とするが (ただし65年の機関併合条約で削除)，一般には，機関の意思決定の構成国 (国民) に対する法的拘束性，機関の権限と身分の構成国からの独立性，政府間主義機関の多数決原則性が要件となろう。最上敏樹『国際機構論』東京大学出版会 (1996年)，204-208頁参照。

(8) 欧州統合と各国の主権の関係につき，辻村みよ子「主権論の新地平―『国民国家の相対化』と国民主権論の展望」『法学』65巻3号，9-24頁。なお「特集 EU法の発展と展望」法律時報74巻4号，4-58頁に多角的な検討がある。

(9) 二次法には，①すべての構成国において直接適用され，その全体が法的拘束力を有する規則 (Règlement)，②達成されるべき結果のみ構成国を拘束するが，その実施方法の手段は構成国の選択に委ねられている命令 (指令。Directive)，③名宛人に対してのみすべての点で拘束する決定 (Décision) がある (CE条約249条。その他，法的拘束力の無い勧告，意見がある)。

(10) CE条約の直接適用性につき，CJCE, 5/2/1963, Van Gend en Loos, aff., 26/62, Rec., 1969, p. 3. 二次法のそれはCE条約249条。CE法の優位性については，CJCE, 15/7/1964, Costa, aff., 6/64, Rec., p. 1141.

(11) CE条約226条以下。なお裁判所は判例法により，基本権保障を共同体の「法の一般原則」(les principes généraux de droit) として位置付け発展させている。欧州連合条約6条2項参照。

(12) 特定多数決とは，構成国の規模等によって付された投票割合 (仏，独，英，伊が10票，最小国ルクセンブルクが2票) を基礎とする多数決をいう (205条2項。ニース条約で配分が改正)。

(13) 辻村・前注(8)論文，9頁以下参照。

(鈴木眞澄)

ⅠA ① 直接普通選挙による欧州議会選挙の合憲性

1976年12月30日憲法院判決
Décision n° 76-71 DC du 30 décembre 1976
Journal Officiel, Lois et Décrets du 31 décembre 1976, p. 7651
Rec. 15, RJC I-41

水鳥能伸
（安田女子大学助教授）

〔事　実〕

　1952年から1979年まで，欧州議会（le Parlement européen）（「欧州議会」と称せられるようになったのは1962年からであり，それ以前は「欧州総会（l'Assemblée européenne）」と呼ばれていた）は，条約加盟国のそれぞれの議会から選出された議員で構成されていた。1976年9月20日の欧州理事会決定とその付属議定書は，1979年以降，欧州議会議員の任命は，各国の国民による直接普通選挙（l'élection au suffrage universel direct）で行われるべきことを定める1975年12月1日・2日の理事会決議の適用を決めた。これに対して，当時フランスでは，直接普通選挙によって欧州議会を選挙することは，憲法3条の規定する国民主権の原理に反し，ひいては欧州主権を創設することに通ずるとの強力な主張が，とりわけM.ドブレに指導される議会与党の一部によってなされた。こうした主張は，直接普通選挙は，国民主権の表明に奉仕するためにしか用いることはできないとの論拠に依るものであった。当時のジスカール・デスタン大統領は，大統領として初めて憲法54条の規定に基づき，欧州理事会の決定等が憲法に反する条項を含んでいるか否かを問うために，憲法院への付託を行った。この付託には，中道・保守連合によって構成されていた当時の大統領多数派内における欧州連合推進派のジスカール派と懐疑派のシラク派の与党内対立に一応の終止符を打つために憲法院の裁定を求める政治的意図が存在していた。付託を受けた憲法院は，1976年12月30日，同理事会決定および付属議定書は，憲法に反する条項を含むものではないとの判断を下した。

〔判　旨〕

　憲法院は，憲法・憲法院に関する組織法についての1958年11月7日のオルドナンス・欧州石炭・鉄鋼共同体を創設する1951年4月18日の条約・欧州経済共同体を創設する1957年3月25日の条約・欧州原子力エネルギー共同体を創設する1957年3月25日の条約・欧州諸共同体の共通機関に関する1957年3月25日の協定・欧州諸共同体の統一理事会および統一委員会を創設する1965年4月9日の条約・欧州諸共同体を創設する諸条約および欧州諸共同体の統一理事会および統一委員会を創設する条約の予算条項の修正に関する1975年7月22日の条約・1976年9月20日の欧州諸共同体理事会決定およびその付属議定書を検討し，次のように判断を下した。

　「1976年9月20日の欧州共同体理事会の決定

およびその付属議定書は，共同体に集結する加盟国の諸人民［国民］の議会への代表者（les représentants à l'Assemblée des peuples des États）は，普通直接選挙で選ばれることを規定し，また，この選挙の諸条件を定めることを唯一の対象としている。［Con. 1］

1958年憲法の前文によって確認された1946年憲法の前文が，相互主義の留保の下に，フランスが平和の組織と防衛のために必要な主権の制限に同意すると規定しているとしても，憲法的性質のいかなる条項も，たとえどのような国際組織であろうとも，その組織に対して主権の全部または一部の移譲を認めてはいない。［Con. 2］

憲法院の審査に付された議定書は，欧州共同体，特に条約加盟国によるその代表者に対して，条約の文面の中で，限定的に帰属せしめられている権限および権力を修正したり，こうした加盟諸国の人民［国民］のおのおの（chacun des peuples de ces États）の代表者から構成されるにとどまっているこの議会の性質を修正することを対象とするいかなる条項も含んではいない。［Con. 3］

欧州議会への条約加盟国人民［国民］の代表者の直接普通投票選挙は，主権を創設する効果も持たなければ，その性質が国民主権の尊重と両立しないような組織を創設するものでもないし，ましてや共和国の諸組織，とりわけ議会の権限と権能に侵害をもたらすものでもなく，また，変更と例外はすべて，憲法61条と同様に第Ⅵ章に登場する諸条項の適用を生ぜしめ得る条約の新たな修正からしか生じ得ない。［Con. 4］

1976年9月20日の国際協約（l'engagement international）は，欧州共同体総会へのフランス代表の選挙に対して，その原理が憲法2条で再確認されている共和国の不可分性を問題とするような性質の様式を定めるいかなる条項も含んでおらず，憲法院に付託された議定書7条に言及されている「単一選挙手続き（la procédure électorale uniforme）」という文言は，この原理に対して侵害を及ぼすことを認め得るものと解釈されることはできず，また，一般的に，この議定書の適用に関する法文は，憲法的価値を有する他のあらゆる諸原理と同様に，上述の諸原理を尊重しなければならない。［Con. 5］

フランス共和国憲法3条に定義されている主権は，その根拠と同様に行使においても，国民的なもの［国家的なもの］（national）でしかあり得ず，また，共和国の諸制度の枠内で選挙されるフランス人民の代表者のみが，この主権の行使の参加者とみなされ得る。［Con. 6］

以上述べられた理由から，1976年9月20日の議定書は，フランス共和国の制度的秩序に属しない議会のメンバーの選挙に関するものであり，国民主権の行使に参画するものではなく，更には，憲法院に付託された国際条約の憲法適合性は，国民主権の行使に参画する諸組織に関する権限と手続きの修正に関わる憲法23条および34条に照らして評価されるべきではない。［Con. 7］

したがって，以下のように判示する。
1．1976年9月20日付けの欧州諸共同体理事会決定およびその付属議定書は，憲法に反する条項を含んでいない。
2．本判決は，共和国大統領に通告され，フランス共和国官報に掲載される。
（1976年12月29・30日審議）（憲法院院長　ロジェ・フレイ）」

〔解　説〕

(1)　**本判決の意義・特徴**

憲法院は，一般的に法的問題の付託を受けてきたが，本判決は同院にフランスの対外政策，

より具体的には欧州政策の本質にかかわる政治的問題の解決をいわゆる仲裁者として裁定する役割を担わせるものであった。憲法院は，以後，欧州統合をめぐる重大な政治的局面の中で判決を下すのであるが（シェンゲン条約〔ⅠA②判決参照〕，マーストリヒト条約〔ⅠA③およびⅠA④判決参照〕そしてアムステルダム条約〔ⅠA⑤判決参照〕），そこには常に，欧州建設と国民［国家］主権の原理との両立性の問題に関する憲法論争，更にはデモクラシーと国民主権と相互の捉え方に関わる根源的な論争が存在しているのである。

本判決は，量的には少ないものの，内容的には極めて重要な意義を持つ。本件で問題とされている理事会「決定」が，憲法54条によって憲法院の審査の対象とされている「国際的取決め」なのかどうか（つまり，同「決定」が「国際的取決め」にはあたらず，「共同体決定」とされるならば，共同体司法裁判所だけが唯一判断を下す権限を有することとなる——CEE条約164条）という同院の権限に関する入口での問題もあるが，同院自身それには沈黙していることもあり，以下では直接判決で触れられた事項に関わる論点の中で主要なものにつき検討を加えることにしよう。

(2) 国民主権の原理と直接普通選挙との関係
——国民主権の原理の限定的解釈

憲法院は，憲法3条に規定されている国民主権を，「その根拠と同様に行使においても」国家的なものであると述べ，この国家的枠組みの中で選挙さるフランス人民の代表者のみが国民主権の行使に参加できるとすることで，欧州議会議員の任命は，たとえフランス人民の直接普通選挙によるものでも，国民主権の原理に違背しないと判断した。それは，国民主権と普通選挙とを切り離し，普通選挙による政治的意思の表明は，必ずしも国民主権の表明と同視されるべきものではないとの理論を示したものといえる。

いいかえれば，欧州議会は，憲法に根拠付けられたフランス共和国の組織ではなく，国際条約によって創設されたものであり，したがって国民主権に関わらない以上，それへの侵害もなく，普通選挙による欧州議会議員の選挙は，国民主権を表明するものではない，ということである。国民主権論は，歴史上，国民代表論と結び付いて展開されてきたことを考えると，たとえば，1791年憲法が，国王もまた国民の代表であると規定していた（第3章3条）ように，選挙過程の枠外でも国民主権は表明されたし，逆に，人民［国民］投票が必ずしも国民主権の表明ではなかったことを考えあわせると，直接普通選挙で選ばれたからといって，国民を代表するものではないのである。それ故に，憲法院は，普通選挙は，代表の民主的性質を示し，国民主権の現代的表明の重要視された一つの手段としているものと評されている（後掲⑧教科書，p.312）。

憲法院は，1992年4月9日の判決〔ⅠA③参照，以下，マーストリヒトⅠと呼ぶ〕においてこの判決に依拠し［Con.32］，共同体加盟諸国出身の国内居住外国人，すなわち，欧州市民に居住国での欧州議会選挙の選挙権および被選挙権を付与しているマーストリヒト条約8－A条2項は，この選挙が国民主権の表明にかかわるものでないが故に，憲法3条に違背しないとの判断を下したのであった［Con.33］。

更に，「共和国の諸制度の枠内」における「国家的［国民的］なもの（nationale）」である3条の国民主権を，「国レヴェル」の諸制度と位置づけ(後掲⑦注釈p.157)，あるいは同条の規定する「代表者」を国民議会議員，元老院議員および大統領を指すものとして，地方議会議員は，「国民の代表者」に含めて考えない（後掲⑨論文）という限定的な解釈も可能となってくる。このように考えてくると，地方組織に関する政治的選挙

（市民が市民としての資格のみに依拠して参加する選挙で，労働者や学生というような特別な資格に基づいて行われる選挙とは区別される）に外国人を参加させることも憲法上可能であるとの解釈も成り立つわけであったが，憲法院は，国民主権の行使にかかわる元老院議員を市町村会議員が選出していることに着目し，こうした解釈を採用しなかった〔ⅠA③参照〕。近時わが国においても外国人の地方選挙権論議が活発であるが，その中心は「国民」概念ないしは「住民」概念をめぐるものである。外国人選挙権を論じる場合には，この議論に加えて，国民「主権」概念の議論をも視野に入れ，それを限定する方向性も模索され得よう。その点でも，本判決は参照に値するものと思われる。

(3) 欧州議会の法的性質

マーストリヒトⅠ判決中の欧州議会議員の任命方法に関する部分〔Con. 30〜35〕は，当然ながら，本判決との比較を必要とする。憲法院は，マーストリヒトⅠ判決の中で，同条約8－A条2項が，憲法に違背しないと判断するために，欧州議会の法的性質に言及しているが，両判決間における欧州議会の法的性質の変更は，合憲性判断の分岐点となり得るからである。

まず，両判決間には，欧州議会の構成に関する一つの相違が明らかとなってくる。欧州経済共同体創設条約は，共同体組織の中に，共同体に集結する加盟諸国の人民〔国民〕の代表から構成される総会を加え（137条），「すべての加盟国に統一した一つの手続きに従って」普通選挙で選ばれるものとしていた（138条）が，統一した手続きを効果的に創設することができないために，憲法院の審査に付された議定書は，それに代える形で，総会の代表は，直接普通選挙で選ばれるべきことを規定した。

本判決で，憲法院は，欧州議会は依然として，加盟諸国の「人民〔国民〕のおのおのの代表者」から構成されることには変更は加えられておらず，また，この選挙は，欧州共同体議会へのフランス代表を選ぶものであるが故に，議会の性質は修正されていないと述べた。しかし，この論理が1992年においても維持されているとすれば，マーストリヒト条約がフランスに居住するフランス国民ではない欧州市民に，フランス代表の選挙への参加を認めていることは，欧州議会への加盟諸国の人民〔国民〕のおのおのの代表を確保するという観点とは相容れないこととなる。というのは，憲法院は，1991年のコルシカの地位に関する判決〔Décis. n° 91-290 DC, 9 mai 1991, *Rec.* 50〕の中で，「フランス人民（le peuple français）」の概念に共和国の不可分性と結び付くものとして憲法的価値を認めいたからである。憲法院は，マーストリヒトⅠの中で，欧州議会は「別個に捉えられた各人民〔国民〕（chaque peuple pris isolément）」によって構成されていると述べたが，これは，本判決でいう「加盟諸国の諸人民〔国民〕」を代表するというよりはむしろ，「欧州人民（le peuple européen）」を代表するにことに行き着くであろうと指摘されている（後掲⑩論文, p. 23）。

次に，欧州議会の権限であるが，これを立法権限に限定してみてみると，共同体組織内におけるいわゆる「民主主義の赤字（le défict de la démocratie）」批判に対応する形で，既に欧州単一議定書によって理事会との共同決定権を行使できる領域が拡大されていたものの，議会の阻止権能は部分的なものであり，最終的決定権は，依然として理事会に帰属している。

憲法院にとって，マーストリヒト条約は，欧州議会の性質を変更する効果を有するものではなく，同議会は，「一般的権限を付与され，国民主権の行使と競合する資格を有する主権的議会

(une assemblée souveraine)」を構成するものではなく，また，加盟諸国の法システムに結び付けられるものの，「フランス共和国の制度的秩序に属さない固有の法秩序に属している」のである［Con. 34］。

(4) 主権の「制限」と「移譲」

先に〔判旨〕でみたように，本判決は，1946年憲法前文15項に依拠して，憲法上許容される主権の制限（la limitation de la souveraineté）と許容されない移譲（le transfert de la souveraineté）とを区別した。そして，欧州議会を直接普通選挙で選ぶことは，欧州共同体の諸組織の権限と権力を修正するものでないこと，諮問機関としての欧州議会の性質を変更するものでないこと，欧州主権を創設するものでないこと，を理由として合憲と判断したものであった。ここで問題となるのは，どこまでが主権の制限で，どこからが移譲かという限界設定である。これには，たとえば，主権を有する国際組織に最終的放棄を伴う授権が行われる場合（後掲⑦注釈，p. 160 et s.）や決定が全会一致でなされない場合（後掲⑪論文，p. 302）には主権の移譲が存在すると両者の限界を設定する主張と，移譲のない制限などあり得ず，両者を区別する議論を非論理的として退ける見解（後掲⑫論文，p. 1504）が存在していた。

憲法院が，こうした「主権の制限―移譲」の区別基準によって国際条約の合憲性を判断するのは，1991年7月25日のシェンゲン協定付加条約判決〔ⅠA②判決参照〕にはみられるものの，欧州市民による欧州議会選挙の合憲性について判断したマーストリヒトⅠ判決では言及されおらず，この判決の中では新たに「権限の移譲（le transfert de compétences）」基準が採用されている。憲法院が，「主権」の移譲という表現を避け，「権限」の移譲という表現を用いたのは，1946年憲法前文15項にある「主権の制限」という定式にならいつつ，政治的はより中立的で，法的には共同体司法裁判所の *Costa / E.N.E.L.* 判決（C.J.C.E.15 juill. 1964, *Rec.*, p. 1159）（共同体への「主権の移譲」に言及している）に沿うという二重の利点を有するものであった。仮に両判決に継続性があるとするならば，権限の移譲は必ずしも主権の移譲ではないということになろう。但し，この新基準によっても，あらゆる権限の移譲が合憲とされるわけではない。憲法院は，国際条約が，憲法に反する条項を含んでいる場合と国民主権の行使の本質的諸条件に侵害をもたらす場合（この準則は，1970年6月19日判決 Décis. nº 70-39 DC, *Rec.* 15 の中で初めて用いられ，その後1985年5月22日判決 Décis. nº 85-188 DC, *Rec.*, 15〔ⅠB⑥判決参照〕にも登場している），の2つ準則を立てている［Con. 14］。

〔参考文献〕

① J. Bouloius, *Cahiers de droit européen*, 1977, p. 458；② L. Hamon *D*, 1977, J. p. 201；③ L. Favoreu et L. Philip, *GDCC*, 5ᵉ éd., 1989, p. 334；④ C. Franck, *JCP*, 1977, II, p. 18704；⑤ P. Avril et J. Gicquel, *Pouvoirs*, nº 1, 1977, p. 212；⑥ G. Vedel, Les racines de la querelle constitutionnelle sur l'élection du Parlement européen, *Pouvoir*, nº 2, 1977, p. 23；⑦ L. Favoreu et L. Philip, *RDP*, 1977, p. 129；⑧ D, Rousseau, Droit du contentieux constitutionnel, 4ᵉ éd., 1999；⑨ J. Robert,《l'Europe et le droit》, *Le Monde*, 21-22, nov., 1976；⑩ J. Rideau, La recherche de l'adéquation de la constitution française aux exigences de l'Union européenne, *RAE*, nº 3, 1992, p. 23；⑪ L. Hamon, La souveraineté nationale, la Constitution... et les négociations《européennes》en cours, *D*. 1991. 43, p. 301；⑫ F. Luchaire, L'Union européenne et la Constitution, *RDP*, 1991, p. 1499；⑬拙稿「フランスにおける欧州議会選挙に関する一考察——憲法院判決の評価を中心に——」広島法学20巻2号（1996年）117頁以下．

ⅠA ② シェンゲン協定付加条約の合憲性

1991年7月25日憲法院判決
Décision 91-294 DC du 25 juillet 1991
Journal Officiel, Lois et Décrets du 27 juillet 1991, p. 10001
Rec. 91, RJC I-455

水鳥能伸
(安田女子大学助教授)

〔事　実〕

　フランス，ドイツ，ベルギー，ルクセンブルグそしてオランダによって1985年6月14日ルクセンブルグのシェンゲンで締結された協定は，共域圏内における人の自由な移動を促進するために，その内部的国境 (les frontières communes) の撤廃を目指すものであった。この協定は，諸原理にとどまり，協定締結国は，数年内に国境の撤廃と警察・司法に関する協力条件・様式の明確化を求められていた。かくして，1990年6月19日同一場所で締結されたのがシェンゲン協定付加条約 (la Convention d'application de l'Accord de Schengen) である。

　142か条からなる同条約は，内部的国境における検問の廃止をはじめ詳細な規定を置いた。憲法52条および53条にしたがい，大統領により付加条約の承認法案が議会に付された。この法案は，両院それぞれ第一読会で採択された。これに異議を唱える60名の国民議会議員は，「主権の移譲」が生じ得ることを根拠に，憲法61条2項の規定にしたがって，同法を憲法院に付託した。これに先立つ法案審議でコンセイユ・デタは，同条約の創設する執行委員会 (un comité exécutif) によってアレテされる決定は，加盟諸国内で直接効力を有さないこと，同委員会の行為に対する裁判的コントロールの創設は憲法の要請であること，という限定的解釈を施して同法案を審議・採択していた。付託を受けた憲法院は，7月25日，職権でこの解釈を追認した他異議のすべてを退ける判決を下した。

〔判　旨〕

　「憲法院は，憲法ならびにベンルックス経済連合諸国，ドイツ連邦共和国およびフランス共和国政府間の協定の公表に関する1986年7月30日のデクレを参照し」，付託者から違憲と主張されている諸条項につき検討し，そのいずれも退け，最後に，シェンゲン協定付加条約の承認法（実質的には，付加条約自体）の合憲性を判決している。そのうち，

　・内部的国境における検問の廃止と人の移動とに関する第Ⅱ章2条は，(1)共和国の諸制度の尊重，(2)国民生活の継続性，そして(3)市民の権利と自由の擁護を確保する国家の責務をそれぞれ侵害しているが故に，国民主権の行使の本質

的諸条件に侵害をもたらしているとの主張されているが，まず，(1)について，「シェンゲン協定付加条約2条は，人の移動について国境を廃止することによって，共和国の諸機関の作用を変化せしめており……と主張されるが，人の検問が確実に執行されることなく国境を通過することは，法的次元において，国家の領域的権限を限界付ける国境の廃止または修正と同視できるものではなく，主張される異議は，事実を欠き，退けらるしかあり得ない。」[Con. 10～11]

次に，(2)に関して，「付託によれば，同条約2条によって提示された原理は，移民の流入の統制と同様に，フランス国籍の取得様式に対する跳ね返りによって，国民生活を問題にしているとされるが……同条約は，フランス国籍法典の諸条項には何ら修正をもたらしてはおらず，特に，国籍法典の適用のために，フランス以外の条約加盟国の一つにおける居住または在留を，フランスにおける居住と同視するものではない。……2条1節には，……短期滞在ビザに関する共通制度が規定されているものの，3ヵ月を越える在留ビザは，……国家ビザである。以上の事柄から，国民生活の継続性への侵害に根拠付けられた議論付けは根拠のないものであることが引き出される。」[Con. 12～15]

続いて(3)に関して，「同条約2条1節によって提示される原理は，特に人身の保護の確保を含意している公の秩序の擁護という憲法的価値を有する目的に違背するものとは考えられ得ず……移動の自由の原理には，条約締結国の外部的国境での検問手段が伴われており，同条約2条2節は，公の秩序または国家の安全保障上必要とされる際には，限定的期間，自国の国境で再び検問を設けることを条約締結国に承認しており……同条約の上記の諸条項の侵害から引き出される抗弁は，効果的なものではない。」[Con. 16～18]

・亡命申請の取扱いに関する諸条項に関して，「29条3節の規定によって，同条約1条の意味する外国人（欧州共同体加盟諸国の出身者以外のすべての者——著者）は，いずれの加盟国であろうともその国に，亡命を申請し，一当事国のみがこの申請の取扱いに責任を負う。……1946年10月27日憲法前文4項によれば，『自由に資するその行動によって迫害を受けたものはすべ共和国の領土内において亡命権を有する。』亡命申請の取扱責任国の確定は，同条約30条に規定されている客観的準則から生じており，32条によって，その取扱いに責任を負う条約加盟国は，自らの国内法に従って取扱いを確保するのであるが，29条4節は，『とりわけ国内法から生ずる特別な理由から』，たとえ取扱責任が他の一加盟国に帰属する場合であっても，あらゆる加盟国に申請の取扱いを確保する権利を留保しており，この条項は，1946年憲法前文4項によって亡命権を享有する可能性のある者のために適用されることが求められている。」[Con. 27～32]

・越境追跡（la poursuite transfrontalière）および監視（l'observation transfrontalière）の規制に関して，

「40条によって対象とされる越境監視権は，……司法相互扶助による事前申請の受入に服しており，……特別な緊急事態の場合で，それを求めることができなかった場合でも，監視の行われる国が終了を求める時や国境の通過後最大

で5時間経てば終了しなければならないことが明示的に規定されており，同条は国民主権行使の本質的諸条件に侵害をもたらすものではない。……越境追跡手続は，一般的なものでもなければ，自由裁量的なものでもない。……追跡側の係官は，いかなる場合においても，不審尋問権 (le droit d'interpellation) を行使せず，住居および公衆のアクセスできない場所に入ることは禁止されている。よって，越境追跡手続は，その行使様式を理由として，『主権の移譲』をなすものではない。」［Con. 33～39］

・シェンゲン情報システムについて，

「第Ⅳ章は，条約加盟国にアクセス可能な情報検索ファイルを創設しており……付託者によれば，……このファイルの『相互接続』を禁止する条項を欠いていることを理由に，『個人的自由』の尊重を確保していないと主張されるが……第Ⅳ章第Ⅲ節は，このシステムによって収集された資料の使用・利用の際，人身の自由の尊重を確保し得る措置に関する非常に重要な条項を含んでおり……とりわけ102条は，95条から100条までの諸条項の対象とされる特定人・物の各々（犯罪人引渡目的での逮捕申請者，入国禁止対象者，失踪者，刑事手続上司法機関へ出頭召還された者，押収目的で捜索されている物――筆者）に対して言及されている目的においてしか諸資料を利用することができず……これに合致しない利用は『目的の逸脱とみなされる』とも規定しており……第Ⅳ章になされている抗弁は，事実を欠いている。」［Con. 47～51］

・「廃棄」条項を欠くことが主権の放棄をもたらしているとの主張に関して，

「同条約は，140条において，欧州共同体のすべての構成員国の加盟を条約当事国の各々の合意に服せしめており，141条は，第2節において，『締約国は，一致した同意によって，当条約の修正を決定する』ことを規定し……批准，承認または受入の必要性が留保されている。相互主義を根拠として，国内秩序への条約の導入に関する国内法規範の尊重のもとに，このように規定された修正手続に照らして，撤回条項 (une clause de retrait) を欠くことは，それ自体として主権の放棄 (l'abandon de souveraineté) を形成し得るものではない。」［Con. 56～58］

……以上の理由から，以下のように判示する。

1．隣接国境での検問の段階的廃止に関するベンルックス経済連合，ドイツ連邦共和国およびフランス共和国間の1985年6月14日のシェンゲン協定付加条約承認法は憲法に反しない。
2．本判決はフランス共和国官報に掲載される。

(1991年7月25日審議)（憲法院院長　ロベール・バダンテール）」

〔解　説〕

(1)　**本判決の意義・特徴**

1991年のシェンゲン協定付加条約は，条約中で用いられる用語の定義に関する第Ⅰ章，内部的国境における検問の廃止と人の移動とに関する第Ⅱ章，条約加盟国間における警察協力と司法相互扶助に関する第Ⅲ章，条約加盟国のみがアクセスできる情報検索システム（いわゆるシェンゲン情報システム＜Système d'information Schengen＞）を創設する第Ⅳ章，商品移動・輸送に関する第Ⅴ章，個人情報保護に関する第Ⅵ

章，同条約の適用を監視する執行委員会の創設に関する第Ⅶ章そして当該条約の修正等に関する第Ⅷ章から構成されている。こうした内容を有する同条約は，加盟諸国民の自由な域内移動を保障するかたわら，域外の外国人に対する要塞として立ちはだかる要素を持つものである。

付託書の異議は多肢にわたるものの，主権の移譲ないしは国民主権行使の本質的諸条件の侵害，個人的自由とりわけ亡命権の侵害，共和国の不可分性の侵害そして条約と共同体法との違背，という4つの理由を拠り所としていた。憲法院は，これらに依拠する異議に逐一答えつつ，曖昧さを残さず，原理的論争に立ち入らず，予断を誘発するような抽象的定式の形成を避けた形で判決理由を述べている。そこには，来るべきマーストリヒト条約の付託を前に，とりわけ国民主権に関わる原理的な問題で尚早な判断を下さず，フリーハンドを確保しておこうとの同院の意図が読み取れる（後掲⑦論文，p. 177）。本判決は，後でみるように，憲法院の判例変更の前触れとなるとともに，シェンゲン圏域の形成に憲法上の障害がないことを宣言した点で欧州政策の展開上，政治的にも重要なものである。テーマと紙数の都合上，以下では付託書の依拠する前2者に絞り検討を加えていこう。

(2) 「主権の移譲」ないしは「国民主権行使の本質的諸条件の侵害」に関して

憲法院は，付託書の異議に対応する形で，1976年12月30日判決〔ⅠA①判決参照〕で採用した「主権の制限―移譲」の基準とEC設立に関するローマ条約を修正する1970年の協定の合憲性に関わる1970年6月19日判決（Décis. nº 70-39 DC du 19 juin 1970, *J.O.* p. 5806）および1985年5月22日判決〔ⅠB⑥判決参照〕によって採用された「国民主権行使の本質的諸条件の侵害 (les atteintes aux conditions essentielles d'exercice de la souveraineté)」という基準の2つに拠って，違憲の抗弁を退ける形をとっている。そこで，まず，「国民の (nationale)」という形容の付く「主権」―国民主権（対内的主権）と，付かない「主権」―国家主権（対外的主権）が，同じ意味を有するものかどうかを見ておく必要性が出てくる。というのも，1976年判決は，フランスは「平和の組織と防衛に必要な主権の制限に同意する」と規定する1946年憲法前文15項に依拠しつつ，いかなる憲法条項も「国際機関がどのようなものであれ，その組織に対して国民主権の全部あるいは一部の移譲を認めていない」と述べ，1970年および1985年の両判決は，審査に付された国際条約が，「(1958年憲法前文および本文3条) 国民主権の行使の本質的諸条件に侵害をもたらしてはいない」ことを確認しているからである。これに対する憲法院の立場はというと，その判例のすべてにおいて，同院は国民主権をフランスの国際交渉に課される一つの憲法原理であると考えていると指摘され（後掲⑤論文，p. 1503），また，外交関係の統制権を有さない国家は主権的でないが故に，国民主権は外交関係を含んでおり，国内法において人民・国民に主権が位置付けられることと，国際法において国家機関以外のものに主権の移譲が禁じられてこととという国民主権の二面性は，密接に混ざり合うと主張されてもいる（後掲②論文，p. 302）。

次に，本判決の位置付けが問題となる。というのも，1992年4月9日のマーストリヒトⅠ判決〔ⅠA③判決参照〕では，1976年判決で採用さ

れた「主権の制限―移譲」基準ではなく，権限の移譲ならば合憲であるとの新たな「権限の移譲」基準が創り出されているからである。この点，本判決では「主権の移譲」という表現が憲法院によって用いられているものの，それは先述した判例政策上の観点から，付託書に対応しているに過ぎず，本判決は，「主権の制限―移譲」基準から，「権限の移譲」基準へのいわば「過渡的判決」として読まれる必要があるとされている（後掲⑪教科書，p. 319）。ただし，権限の移譲ならすべて合憲とされるのではなく，国際条約が憲法に反する条項を含んでいる場合と国民主権行使の本質的諸条件に侵害をもたらす場合には違憲とされ，いずれかに該当すると憲法院が判断すれば，憲法の事前的改正がなければ条約の承認はできないと指摘した〔Con. 14〕。「国民主権の行使の本質的諸条件」基準は，このように「権限の移譲」基準において整序され，以後の判決においても踏襲されている（たとえば，1997年12月31日アムステルダム条約判決〔ⅠA⑤判決参照〕，1999年１月22日国際刑事裁判所判決〔ⅠB⑦判決参照〕）。ところで，憲法院は，前述の1985年の判決で，本判決でも言及されている，共和国の諸制度の尊重・国民生活の継続性・市民の権利と自由の擁護を確保する国家の責務を侵害する条約が，国民主権行使の本質的諸条件に侵害をもたらすと述べたが，依然として漠然且つ一般的な定式に留まる。それは，この判断における自らの広い評価権限，さらには場合により関与の求められる立憲者の自由な決定への配慮からであると指摘されている（後掲⑪教科書，p. 321）。その後のマーストリヒトⅠ判決〔Con. 49〕およびアムステルダム条約判決〔Con. 30〕の中では，この基準の判断にあたって，移譲される権限の対象というよりは，全会一致か否かという共同体の決定方式に依拠していることがうかがわれる。

(3) 亡命権〔庇護権〕(le droit d'asile)に関して

憲法院は，これに関して本判決以前にも判断を下していた (Décis. n° 79-109 DC du 9 janv. 1980, *Rec.* 29 ; décis. n° 86-216 DC du 3 sept. 1986, *Rec.* 135)。憲法ブロックを形成する1946年憲法前文４項の明示的規定にもかかわらず，同院は，両判決において，同４項を直接適用せず，憲法55条の権威を伴った1951年の難民条約（いわゆるジュネーヴ条約）の適用を前提としており，この立場は，本判決および1992年２月25日判決 (Décis. n° 92-307 DC, *Rec.* 48) でも踏襲されている。そこでは，亡命権は，「亡命享受権」ではなく，「亡命申請権」に留まること，別な言い方をすれば，国家の主権的行為として捉えられていた。本判決で亡命申請の取扱責任国の確定に関する条項が違憲とされなかったのは，亡命権が申請者の主観的権利ではなく，また，国家の主権の行使として責任国の判断に関わらず亡命を付与できるとする条項 (29条４節) が存在していたことによる。その後憲法院は，移民の統制に関する1993年８月13日判決〔ⅡA①判決参照〕で，同４項に直接効力を認め，これまでの「条約上の」亡命権という枠組みを超え，「憲法上の」亡命権へと引き上げることで，ジュネーヴ条約による難民資格の申請と前文４項の亡命申請との二元的取扱へと移行した。そして後者の申請者は，フランスの機関による判断が下されるまで国内での暫定的在留権を有することを認めた〔Con. 84〕。前文４項は，その対象者を「自由の

闘志」に限定し，また過去および現在の迫害の存在に留まっている点で，ジュネーヴ条約上の難民概念よりも狭いものであるだけでなく，その保障内容も，前者が領土への受入義務に関わってくるのに対して，後者は難民の生命または自由が脅威にさらされる国への送還禁止（いわゆるノン・ルフルマンの原則）に留まるものであるという点を考慮すれば，1993年判決は，本来，両者の概念の混同を避け，憲法の規範性を高めるものであった。しかし，時の政府から域内での亡命申請取扱の「非重複性（non-duplication）」を原則とするシェンゲン条約の適用を困難にするとの批判を受け，亡命権をめぐる論争を経て，憲法改正へと展開していった（後掲⑫論文参照）。その結果，前文4項を残したまま，第5共和制憲法中に新たに53条の1が加えられた。これにより，亡命権は，再び国家の主権的権能であることが確認された。なお，前文4項の亡命権の憲法的価値はその後の判例でも確認され，審査にあたる難民無国籍保護局（OFPRA）の保持する情報の秘密性がその保障の本質的内容とされるなどの展開をみている〔ⅡA②判決参照〕。この条項に類似する規定は，たとえばドイツ連邦共和国基本法（16 a条）やイタリア憲法（10条3項）にも存在し，戦後制定された欧州諸国の憲法の特徴の一つともいえる点をみると，共通した価値観に立ちつつ亡命権に関する明文規定を欠き——前文2項第3文中には，「恐怖から免れる権利」という表現はあるが——，憲法上の議論もほとんどみられないわが国では，逆説的な意味でかの地の亡命権に関する論議や判例の展開は興味を引くものといえよう。

〔参考文献〕

① L. Hamon, *D*, J, 1991, p. 617 ; ② L. Hamon, La souveraineté nationale, la Constitution... et les négociations 《européennes》 en cours, *D*, 1991. 43, p. 301 ; ③ F. Julien-Lafferriére, *Doc. ré f. suppl.* au nº 163 des 25 octobre, 8 novembre 1991 ; ④ P. Avril et J. Gicquel, *Pouvoirs*, nº 60, 1992, p. 209 ; ⑤ F. Luchaire,《Le Conseil constitutionnel et la souveraineté nationale》, *RDP*, 1991, p. 1499 ; ⑥ X. Prétot, *RTDE*, 1992, p. 187; ⑦ G. Vedel, 《Schengen et Maastricht》, *RFDA*, 1992, p. 173 ; ⑧ P. Gaïa, *RFDC*, nº 8, 1991, p. 703 ; ⑨ P. Gaïa, *RRJ*, nº 1, 1992, p. 25 ; ⑩ D. Rousseau, *RDP*, 1992, p. 63 ; ⑪ D. Rousseau, *Droit du contentieux constitutionnel*, 5e éd., 1999 ; ⑫ O. Beaud, 《Propos inactuels sur la droit d'asile: asile et théorie générale de l'Etat》, *LPA*, nº 123, 1993, p. 16 ; ⑬拙稿「フランスにおける亡命権論議の一考察㈠・㈡」広島法学18巻4号（1995年）107頁以下および19巻（1995年）1号121頁以下； ⑭南野森「欧州統合と主権論——フランス憲法学の場合」本郷法政紀要5号（1996年）239頁以下。

I A ③ 欧州連合条約（マーストリヒト条約）の憲法適合性
—— マーストリヒト第1判決

1992年4月9日憲法院判決
Décision n° 92-308 DC du 9 avril 1992
Journal Officiel, Lois et Décrets du 11 avril 1992, p. 5354
Rec. 55, RJC I-496, GD. 45

辻村みよ子
（東北大学教授）

〔事　実〕

　1992年2月7日，欧州連合の創設に関する条約（マーストリヒト条約 le Traité sur l'Union européenne）が，オランダのマーストリヒトで欧州共同体（Communauté européenne）加盟12ヵ国によって締結された。この条約は欧州統合を一気に加速するもので，欧州統一通貨制や欧州内自由通過制のほか，加盟国内に居住する欧州連合市民の地方選挙権を認めていたため，各国で憲法との抵触を生じさせた。フランスでも同条約の憲法適合性が問題となり，当時のミッテラン大統領は，1992年3月11日，憲法54条にしたがって，条約批准のための憲法改正の要否を問うために憲法院に付託した。憲法院は，同年4月9日，欧州連合市民に地方選挙の選挙権・被選挙権を認める同条約8B条，単一通貨・単一為替政策を定めるB, G条等，第三国に対するビザの共通政策に関する100C条等の諸規定について憲法違反と判断し，憲法改正の後でなければ条約を批准しえないと判示した。

　この判決をうけて，共和国大統領はマーストリヒト条約批准のための憲法改正手続きを開始し，同年6月18日国民議会第二読会で元老院修正案が採択された。ついで6月23日の両院合同会議で，有効投票の5分の3を大幅に上回る圧倒的多数で憲法改正のための憲法的法律が採択され，6月25日の大統領審署，官報掲載を経て，1992年6月25日の憲法的法律による憲法改正手続きが完了した。さらにその後，条約批准の賛否を国民に問うためのレフェレンダムが同年9月20日に実施され，欧州連合条約の批准が承認された。

〔判　旨〕

　「憲法院は，1958年10月4日憲法，1946年10月27日憲法前文，1958年11月7日オルドナンス，欧州共同体の創設，機構等に関する1952年4月10日法，1957年8月2日法，1972年5月3日法，1984年12月29日法，〔17の法律〕……その他の法規を参照し」，(i)付託された当該国際協約の内容，(ii)欧州連合条約の意義，(iii)憲法54条に基づく審査の対象となる規範，(iv)国際協約の相互主義の要請，(v)市民の権利・自由の保障，(vi)連合市民の創設，(vii)地方選挙における参政権の承認，(viii)欧州議会選挙における参政権の承認，(ix)通貨

政策および単一為替政策の創設，(x)入国と国境通過の手段の10項目について検討して(viii)・(ix)・(x)に関して違憲判断を下し，最後に当該国際協約全体について結論をのべた。そのうち，

(iii)憲法54条に基づく審査の対象となる規範について，

「憲法規範的価値（la valeuré constitutionnelle）を有する上記諸規定〔1958年憲法前文・3条・53条，1789年人権宣言3条，1946年憲法前文14項・15項〕を検討した結果，国民（＝国家）主権（la souveraineté nationale）の尊重は，……フランスが相互主義の留保のもとに，加盟国によって同意された権限の移譲によって決定権限を与えられた永続的な国際機関……を創設する目的で国際協約を締結することに対して障害とならないと結論できる。しかし，この目的で署名された諸国際協約が，憲法に反するか，あるいは国民（＝国家）主権行使の本質的条件を侵害する場合には，それらの批准の承認のためには憲法改正が必要となる。」〔Con. 13～14〕

(vii)市町村会選挙（élections municipales）における選挙権・被選挙権の承認について，

「欧州共同体創設条約に追加された8B条第1パラグラフは，『すべての連合市民は，自らがその国籍を有しない欧州連合加盟国に居住する場合に，その居住国の国民と同等の条件で，居住国の市町村会選挙において選挙権および被選挙権をもつ』と定め，その権利は，欧州議会の諮問を経た委員会の提案に基づき，閣僚レベルの各構成国の代表によって構成される欧州理事会で全会一致で定められた形式にしたがって，行使されることを定める。……他方，フランス憲法3条4項は『市民的・政治的権利を有する両性の成年であるフランス国民のすべてが，法律の定める要件のもとで選挙人である』と定める。また，憲法24条は，間接選挙で選出される元老院は『共和国の地方公共団体の代表性を確保する』と定めており……24条および72条の規定からすれば……市町村会議員は元老院議員選挙に影響を与え，元老院は……国民主権の行使に参加する。また，前記憲法3条4項はフランス国民のみに……共和国の地方公共団体の議会とりわけ市町村会またはパリ市議会の議員選挙の選挙権および被選挙権をもつと定めることを考慮すれば，前記条約8B第1パラグラフは憲法に違反する。」〔Con. 21～27〕

(viii)欧州議会選挙における選挙権・被選挙権の承認について，

「前記条約8B条の第2パラグラフは，『すべての連合市民は，自らがその国籍を有しない欧州連合加盟国に居住する場合に，その居住国の国民と同等の条件で，居住国で実施される欧州議会選挙において選挙権および被選挙権をもつ』と定める。……他方フランス憲法3条4項は［前記のように］選挙権行使をフランス国民に限定するが，それは憲法で規定される条件下での選挙権行使に限られる。欧州議会は，1958年憲法ではなく……相互主義の留保のもとに署名された国際協約に法的基礎をもち，……すべての欧州連合市民のためにその居住国での欧州議会議員選挙権と被選挙権を認めることは，憲法3条に違反しない。さらに，……欧州議会は全体的な権限を与えられた主権的な議会ではなく，国民（＝国家）主権行使に協力する使命をもつものであること，……それはフランス共和国内の制度的秩序には属しない固有の法的機関にあたることを考慮すれば，欧州連合条約Gによって欧州共同体創設条約に追加された条約8

B条第2パラグラフは，憲法的価値を有するいかなる規範にも原則にも反しない。」[Con. 30〜35]

(ix)通貨政策および単一為替政策の創設について，

「欧州の統一貨幣政策および単一為替政策によって，各加盟国は国民（＝国家）主権の行使の本質的条件が適用される領域での固有の権限が奪われると認められる。……そのため単一通貨制を含む経済・通貨統合の創設を規定する欧州連合条約B条，欧州共同体創設条約に3A条第2パラグラフ，105条第2パラグラフ，105A条，107条，109条，109G条第2パラグラフ，109L条第4パラグラフを追加する欧州連合条約G条，欧州共同体創設条約に追加されたⅡ・Ⅲ・Ⅳ・Ⅵ章の諸規定およびこれと不可分な第3・10議定書の諸規定は，いずれも憲法に違反する。」[Con. 43〜45]

(x)入国と国境通過の手段について，

「欧州連合条約G条によって欧州共同体創設条約に追加された同100C条第3パラグラフは，〔全会一致の原則を廃棄して，1996年1月1日以降は特定多数によって加盟国の国境通過に関する共通ビザ政策の決定できることを定めるもので，国民（＝国家）主権の行使の本質的条件の侵害が認められるため〕違憲である。」[Con. 50]

(xi)憲法院の審査に付された当該国際協約全体について，

「憲法院に付託された国際協約のその他〔vii・ix・xについて違憲と判断した諸規定以外〕の条項は憲法に違反しない。以上の理由から，法律による欧州連合条約の批准の承認には憲法改正を要することを考慮し，以下のように判示する。[Con. 51〜52]

1．欧州連合条約の法律による批准は，憲法改正の後でなければ承認されえない。
2．本判決は，共和国大統領に通告され，フランス共和国官報に掲載される。
（1992年4月7-9日審議）（憲法院院長　ロベール・バダンテール）」

〔解　説〕

(1) **本判決の意義・特徴**

1992年のマーストリヒト条約は欧州連合を創設して市場統合を実現した画期的な条約であり，本判決は，この条約とフランス憲法との適合性をはじめて審査して違憲判決を下したもので，90年代の最も重要な判決の一つである。本判決は，後述のように，1992年6月25日の憲法的法律による憲法改正と条約批准のためのレフェレンダムを導いた点でもフランス憲法政治に大きな影響を与えたが，憲法院の判例理論の点でも，以下のような特徴をもっていた。

第1は，欧州統合に関する条約の憲法適合性審査においてはじめて，憲法54条にしたがって，条約の批准に憲法改正を要すると判断したことである。憲法院はすでに数回この問題で付託をうけているが，①EC設立に関するローマ条約を修正する1970年協定の合憲性を判断した1970年6月19日判決（Décision n° 70-39DC du 19 juin 1970, J. O. du 22 juin 1970, p. 5806），②欧州議会選挙手続に関して判断した1976年12月30日判決〔⇒ⅠA①判決参照〕，③欧州人権条約の死刑廃止に関する追加議定書について判断した1985年5月22日判決〔⇒ⅠB⑥判決参照〕，④1990年のシェンゲン付加条約についての1991年7月25日判決〔⇒ⅠA②判決参照〕は，いずれも条約批准前に憲法改正は必要ないと合憲判断を下した。

憲法改正を回避するための配慮が働いたことは明らかであり，そのために主権の制限と主権の移譲という区別が用いられた。

これに対して本判決は，この区別論を抛棄して「主権行使の本質的条件の侵害の有無」という審査基準を確立し，違憲判断を導いたことが第2の特徴である。

第3に，この基準に則して審査した結果，伝統的に国家主権の内容と考えられてきた通貨政策や国境管理政策（ビザ政策）に関して欧州連合条約を違憲と判断したことは，（旧来から国王の特権と見做された貨幣鋳造権など）主権の具体的な内容や，出入国管理問題の本質や移民問題との関係を理解する上で重要な意味をもった〔⇨移民問題に関する1993年8月12・13日判決・ⅡA⑨判決参照〕。

さらに第4に，欧州連合市民の居住国における欧州議会議員選挙の参政権を合憲とした点については，欧州議会の本質を理解する上で重要な意味をもった。憲法院は，欧州議会がフランス共和国の制度的秩序に従属せず，固有の法秩序に属していることを強調し，国民主権の行使に参与する任務をもつ一般的権限を付与された主権的な議会ではないとした。それによって，選挙権をフランス国民に限定している憲法3条は，憲法に規定される国内の選挙権行使にしか関わらないとみなした。しかし，欧州議会は，欧州共同体の決定権行使に参与し，1976年以降その諸権限は拡大し続けているため，憲法院の議論には疑問が提示されている（後掲コナック論文〔上〕参照）。

また，第5に，欧州連合市民の居住国における地方参政権を定めた条約の規定を違憲としたことは，国内の地方参政権の本質やいわゆる外国人の地方参政権問題にとってもきわめて重要な理論的意義をもった。以下では，紙幅の都合上，上記第2点と第5点について項を改めて検討することにしよう。

(2) 国民（＝国家）主権の制限と国際機関への権限移譲

国際協約による主権制約の問題は，前記①〜④の判決でも争点となった。とくに1976年の②判決は「主権の制限」と「主権の移譲」を区別し，前者は1946年憲法前文にしたがい相互主義の留保下に認められるのに対して，後者は違憲であるとした。しかし，この区別の基準は必ずしも明確でなく，本判決では，①および③判決でも提示されていた「国民（＝国家）主権行使の本質的条件」を侵害しているか否かという新基準が採用された。その内容は必ずしも明確ではないが，③判決では，諸機関の尊重と固有の継続性，そして，国民の生活と市民の権利・自由の保護を確保するという国家の義務と相いれない場合には，主権行使の本質的条件が侵害されたことになると判示されていた。本判決では単一通貨・単一為替政策およびビザの共通政策に関する諸規定がいずれもこの基準にてらして違憲と判断されたが，そこでは，理事会での特定多数決による決定方法が，主権行使の本質的条件の侵害とされ，後のアムステルダム条約違憲判決〔ⅠA④⑤〕にも継承された。実際，これらの違憲判決の効果として憲法改正が実現した結果，理事会に立法案が提示された後直ちにフランスの国民議会と元老院に草案が送付され，フランス国内の主権者による主権行使の手段が確保されることが定められた。このように，移譲される権限の内容よりむしろ，権限を移譲する場合のその手段が，憲法3条の趣旨にそった

ものになりうるかどうかが問題とされ，フランス人民の直接・間接の主権行使による最終決定という民主的要件を担保しようとする趣旨であると解することができる。この問題は，主権移譲の限界や憲法改正の限界論とも関連する（→(4)参照）。

(3) 欧州連合市民の地方参政権

マーストリヒト条約は，欧州連合市民権（une citoyenneté de l'Union）の観念を確立し，その内容として居住国における地方参政権を承認した。これは，欧州各国で議論されていた外国人の地方参政権問題に対する一つの解決方法を提示したものであるが，選挙権者をフランス国民に限定している憲法3条4項と抵触するため，条約の批准には憲法改正が不可欠であった。さらに，市町村会における女性の議席割当分を留保する法律を違憲とした1982年11月18日判決〔⇨ⅡC 18判決参照〕が，すべての政治的選挙の選挙権は国民である選挙人に属することを指摘していたため，判例理論を踏襲する限り違憲判断を導くことは必然的であったが，本判決は，国民以外について市町村会議員選挙の選挙権・被選挙権を承認することは，憲法24条と72条に関する限りでのみ憲法3条4項に違反するという限定的な判断にとどめた。実際，フランスでは元老院議員は95.5％が市町村会議員であるような構成の選挙人団によって選出されていたため，市町村会議員選挙の選挙権・被選挙権は，国民主権行使のために集合する元老院議員選挙に対して影響をもっていた。また，憲法院は1982年判決のように政治的選挙と非政治的選挙という区別に言及しなかった反面，国政選挙と地方選挙を対立させ，前者は必然的に国民主権行使に結びつくのに対して，後者は元老院の選挙制度を理由に付随的にそうであるにすぎないという論法をとった。したがって，今後，選挙制度が変更されれば，欧州連合加盟国以外の国籍をもつ外国人にも地方参政権を許容しうる理論が提示されたことになり，今後の展開が注目される。

さらに，欧州連合市民という市民の観念を介在させてそれを主権主体として構想し，その主権行使の権利として選挙権・被選挙権を承認するという理論は，1990年代に諸国で盛んになったシチズンシップ論や，フランスの新しい市民権（nouvelle citoyenneté）の観念を用いた外国人参政権の承認にとって，重要な意義をもつ。日本でも，国民に準じた地位や生活実態を有する永住者（とりわけ在日韓国・朝鮮人などの特別永住者）などの永住市民の参政権問題が重要な政治課題となっており，日本国憲法下の憲法理論としても，永住市民を主権者に含め，人民主権をその具体的な主権主体に着目して活性化させるための「市民主権」の理論を構築する上で重要な視角を提示するものであったといえよう。

(4) フランス憲法改正の手法と憲法改正限界問題

マーストリヒト条約批准のための憲法改正草案は1992年4月22日に国民議会に提出され，同年5月13日に「欧州共同体と欧州連合」のタイトル下に修正を施された改正案が賛成398対反対77（棄権99）の大差で可決された。しかし元老院の審議では欧州連合市民の地方選挙権をめぐって激論が交わされ，同年6月5日のデンマークの国民投票による条約批准否決の影響もあって審議が一時中断した後6月16日に修正案が可決された。この案が6月18日に国民議会第二読会で賛成388対反対43で採択されたが，RPR派に属する125名が棄権した。ついで6月23日

に，憲法89条3項にしたがって両院合同会議が開催され，賛成592反対73棄権14で憲法的法律が採択された際も，RPR派議員が退場した。(6月25日の憲法的法律は Loi constitutionnelle nº 93-554 du 25 juin 1992 J. O., Lois et Décrets, du 26 juin 1992, p. 8406.)

このようにマーストリヒト条約の批准には根強い反対があり，同年9月20日のレフェレンダムの結果も有効投票の51.05％が賛成，48.95％が反対という僅少差であった。さらに，これに先立つ8月14日に条約の憲法適合性をめぐってパスクワ(Pasqua)議員ら60人以上の議員による再度の憲法院付託がなされ，9月2日に合憲判断が下されるという経緯があった〔マーストリヒト第2判決⇒ⅠA④参照〕。

以上のように憲法改正後も議論が紛糾した背景には，憲法院の憲法3条違反の判断にもかかわらず，この条文自体は改正されず欧州連合に関する88条の1以下の条文が追加されて条約の憲法適合性が保持されたという追加的憲法改正の手法の問題があった。フランスでは，本判決後の違憲判決についても同様の追加的憲法改正がくり返されたことから，主権の移譲を承認する憲法改正の無限界性に対して警戒が強まり，憲法改正限界説の立場から国民(＝国家)主権原理の超憲法規範的性格 (supra-constitutionnalité) が主張されることになった。このような憲法改正の限界問題に加えて，レフェレンダムによる主権者の意思表示という民主主義の要請と，違憲審査制を重視する立憲主義の要請との対抗という問題も，日本をはじめアメリカ・ドイツなど諸国で論じられているところであり，フランス憲法理論の研究がこれらの問題に寄与することが期待されている。

〔参考文献〕

F. Luchaire, L'Union européenne et la Constitution ⑴～⑷, Revue du Droit public, 1992, pp. 589-616, pp. 933-982, pp. 1587-1624, 1993, pp. 301-324； F. Luchaire, Constituion française et la traité de Maastricht, Revue française de droit constitutionnel, nº 11, 1992； G. Vedel, Schengen et Maastricht, Revue française de droit administratif, mars-avril 1992, pp. 173-183; D. Maus, La Pratique constitutionnelle française, 1er octobre 1991 ～ 30 septembre 1992, 1993； 樋口・吉田編『解説世界憲法集 (改訂版)』(1993年) 223頁以下，同第4版 (2001年) 251頁以下所収の拙稿解説および日仏法学18号〈1991-1992〉(1993年) 153頁以下の拙稿解説，時本義昭「マーストリヒト条約批准のための憲法改正」ジュリスト1015号270頁，小原清信「マーストリヒト条約及び憲法改正の問題と憲法院判決」久留米大学法学16・17合併号153頁以下，建石真公子「憲法ブロックとマーストリヒト条約」法の科学21号177頁以下，大藤(原岡)紀子「フランスにおける批准前の条約の合憲性審査について⑴⑵」一橋研究18巻2号71頁以下・4号89頁以下 (1993年)，ジェラール・コナック(辻村訳)「マーストリヒト条約とフランス憲法(上・下)」ジュリスト1046・1047号 (1994年)，光信一宏「フランスにおける外国人の選挙権——マーストリヒト条約の批准をめぐって」愛媛法学雑誌20巻3・4号229頁以下，南野森「欧州統合と主権論——フランス憲法学の場合」本郷法政紀要5号 (1996年) などがある。

ⅠA ④ 欧州連合条約（マーストリヒト条約）のための憲法改正と憲法院——マーストリヒト第2判決・第3判決

(α)1992年9月2日憲法院判決
Décision n° 92-312 DC du 2 septembre 1992
Journal Officiel, Lois et Décrets du 3 septembre 1992, p. 12
Rec. 76, RJC I-505, GD. 45
(β)1992年9月23日憲法院判決
Décision n° 92-313 DC du 23 septembre 1992
Journal Officiel, Lois et Décrets du 25 septembre 1992, p. 13337
Rec. 94, RJC I-511, GD. 45

山元　一
（東北大学教授）

〈マーストリヒト第2判決〉

〔事　実〕

着実に進化と拡大を続けてきた欧州共同体は、1980年代末に生じた冷戦構造の崩壊、ドイツの再統一、東欧ブロックの解体という歴史的画期を迎え、さらに通貨統合への気運をうけて基本条約の改正に着手し、マーストリヒト条約を生み出した。政府は、1992年2月7日に調印されたマーストリヒト条約が、欧州統合関連条約の中で初めて憲法院によって違憲判決〔4月9日のマーストリヒト第1判決⇒ⅠA③〕を受けたために、本条約が合憲的となるように6月25日に憲法改正を実現させた。これに対して、8月14日に元老院議員グループが憲法54条に基づいて、「この憲法改正によってもなお依然として、マーストリヒト条約の違憲性は解消されてはいない」、と主張して憲法院に提訴を行ったのが本件である。

提訴者の主張は多岐にわたるが、憲法理論の観点から最も注目に値する点は、憲法改正によって「第14章　欧州共同体及び欧州連合」が挿入されて欧州共同体市民に選挙権・被選挙権が付与されたとはいえ、憲法3条及び1789年人権宣言の定める国家＝国民主権 (souveraineté nationale) 原理が依然として存在する以上、マーストリヒト条約は本原理に違反している、というものである。

〔判　旨〕

「一方で、憲法7条、16条、89条4項から帰結する、憲法改正が開始されえない、あるいは続行されえない期間に関する諸制限、他方で、『共和政体は、改正の対象とはなりえない』と定める89条5項の規定を尊重するという留保条件の下で、憲法制定権力は主権的である」。憲法制定権力は、「適当と考える形式において憲法的価値を有する諸規定を廃止、修正、補充することが許容される」。したがって、「憲法典の中に、憲法的価値を有する規範ないし原理への抵触を目的とする新しい規定を挿入することは、なんら妨げられない。」[Con. 19]

憲法院は以上の理由により、以下のとおり判示する。

1. 1992年2月7日マーストリヒトで署名された欧州連合条約は憲法に違反していない。

2. 本判決は，フランス共和国官報に掲載される。

（1992年9月2日審議）（憲法院院長　ロベール・バダンテール）

〈マーストリヒト第3判決〉

〔事　実〕

マーストリヒト第2判決によって合憲性が承認されたマーストリヒト条約について，ミッテラン大統領は直接国民に対して賛否を問うこととして，9月20日条約批准のための法律について，国民投票を実施した。投票の結果，僅差で賛成票が反対票を上回り，法律は採択された（投票率69.7％，賛成51.0％）。国民議会議員グループが憲法院に対してこの法律の合憲性について，更に判断を行うよう求めたのが本件である。

〔判　旨〕

「憲法院の権限は，憲法によって厳格に限定されている。それは，憲法の条文の定める諸原理を尊重する限りでのみ，組織法律によって明確化され補完されうる。憲法院は，憲法あるいは組織法律によって明確に規定された権限に基づく場合の他は，判決を下すことが認められていない。」[Con. 1]

「……憲法によって確立された諸権力の均衡に照らして，憲法がその61条において対象とすることを想定した法律は，議会によって採択された法律に限定されるのであって，憲法60条に基づいて憲法院によって統制される国民投票の結果としてフランス国民によって採択される国民主権の直接的表現であるところの法律は，それに該当しない。」[Con. 2]

憲法院は，以上の理由により，以下のとおり判示する。

1. 憲法院は，上記の提訴について判断する権限を有しない。
2. 本判決は，フランス共和国官報に掲載される。

（1992年9月23日審議）（憲法院院長　ロベール・バダンテール）

〔解　説〕

(1) **近代憲法学の基本的カテゴリーと欧州統合**

欧州統合の進展は，共同体各構成国の法秩序に深甚な影響・変容をもたらしてきている。このことは全ての法領域についていえることであるが，特に憲法学の観点からみると，深化を続ける統合過程との関係で，近代国民国家構造そのものを形作る様々な憲法原理，すなわち国家主権・国民主権・憲法制定権力・人権本質論等が，新しい問題状況の中で理論的再検討の対象となっている。しかも，第2次世界大戦後の憲法裁判の進展は，それらの諸原理がいかなる規範的意義を有するかについて，憲法裁判機関が有権的に明らかにする機会をもたらし，そのことが一層大きな議論を呼び起こしている。このようにして，第2判決及び第3判決では，国家主権・国民主権・憲法制定権力という近代憲法学の基本的カテゴリーが，現代的憲法状況の中で——すなわち国家統合というテーマをめぐり，その理解の仕方をめぐり憲法裁判という場面で争われ——，一定の有権的な法定式が提示されたところに，最大の理論的意義があるといわなければならない。以下，紙幅の都合から第2判

決を中心に取り上げ，第3判決については補足的に言及するにとどめる。

(2) 第2判決の意義

本判決において，表向きは条約の合憲性の問題が問われていたが，実は，憲法院には，実質的には〈違憲の憲法改正はあり得るか〉，という問いに応答する機会が与えられた。憲法院による応答のうち，以下の諸点が重要である。

まず第1に，憲法院は，フランス公法学説の伝統に立脚して，第5共和制憲法の改正規定に従って行われる憲法改正行為についてそれを，「憲法制定権力 (pouvoir constituant)」そのもの発動であって「主権的」だとした。すなわち，憲法院は，憲法改正行為は，たかだか憲法典によって認められた作用に過ぎないが故にゲネシスにおいて「憲法制定権力」と区別される「憲法によってつくられた力 (pouvoir constitué)」の発動であるに過ぎないとする理解を明確に退けて，始源的憲法制定権力と憲法改正権を同一の法的作用としてとらえたのである。

第2に，憲法院は，憲法改正行為を以上のように理解することを通じて，憲法改正によって，「適当と考える形式において憲法的価値を有する諸規定を廃止，修正，補充することが許容される」とした。ここで否定されたのは，憲法典の規定する諸憲法規範相互間の上位・下位の優劣関係の存在するという考え方である。日本憲法学においては，特にドイツの憲法思想家カール・シュミット (Carl Schmitt) の主著『憲法理論』(*Verfassungslehre*, 1928) の影響下で，憲法典の内部に，たとえ明示されていなくとも，その憲法典のアイデンティティを構成している「憲法 (Verfassung)」と技術的細目的規範に過ぎない「憲法律 (Verfassungsgesetz)」という2種類

の規範の存在が存在しているのであり，憲法改正行為によって後者を変更することはできるが前者については手を触れることができないとする理解が支配的である。まさしくそのような立場を排除したところに，本判決の大きな意義がある。こうして例えば，一見するとこれまで存在していた憲法規範と改正によって新たに加えられた憲法規範の間に矛盾が生じている場合，憲法裁判官には，〈特別法は一般法を破る〉〈後法は前法を廃する〉等の伝統的な法解釈技術によってそのような疑義を払拭する役割が期待されることになる。

第3に，憲法院は，以上のような理解を前提としつつも，主権的とされる憲法改正行為に対する制約として，憲法典の明示的規定に由来する手続的・時期的・内容的制約が存在するとした。すなわち，一旦は主権的であると位置づけられた憲法改正行為は，にもかかわらず，憲法典所定の改正手続を遵守した場合でも，大統領が欠けたか職務遂行に障害がある場合〔7条11項〕，大統領の非常事態措置権行使の場合〔16条〕，領土の一部が占領されている場合等〔89条4項〕においては，憲法改正を開始または続行することができない，とされたのである（ここにおける制約が憲法院による統制を想定するか否かについては，あとで述べるように見解の対立がある）。そしてまた，憲法院は，『共和政体は，改正の対象とはなりえない』と定める89条5項に言及して，憲法改正行為の内容的限界を画した。憲法院によるこのような制約に対する言及は，その解釈をめぐって議論を引き起こした。通説は，憲法院の立場は，本条本項について，手続を遵守する限り憲法改正によって89条5項を廃止することは法的に可能であり，それを廃

止しさえすれば王政復古のための憲法改正を行うことは許されることが前提となっているとする。これに対して，憲法院は，「共和政体」の想定する共和国について広範な内容を規範的に要求しているのであり，具体的には「政教分離，平等，公役務」「権力分立，統治責任」が含まれるとして，同規定は，憲法改正行為に対する実質的限界を構成している，ととらえる少数説の見解もある。

第4に，憲法院は，学説の一部によってかねてから主張されてきた，始源的な憲法制定権力すら侵すことのできないとされる「超憲法的規範（supra-constitutionnalité）」の存在を否定した。学説上，「超憲法的規範」の名の下に観念されるものは多種多様であり，かつてドイツ連邦憲法裁判所判決で説かれたような超実定的自然法論のほか，憲法の前提には国家の主権性があるはずであるから国家主権が憲法改正の限界を画するという見解，国際的な人権規範の発展に敏感かつ積極的に受けとめる見地から限界を主張する見解等がある。このような見解に立てば，憲法院は，自らが違憲だと考える憲法改正法律が採択された場合，たとえそれが改正手続を遵守したものであったとしても違憲判決を下さなければならない，という帰結が導き出され得る。

(3) **現代フランス憲法学における「憲法制定権力」**

以上のような憲法院の憲法改正権に関する見解は，フランス公法学で最も指導的地位を占めていただけでなく，1980-1989年の在職中，高い学識と権威で審理をリードしたといわれるジョルジュ・ヴデル（Georges Vedel）が，本判決に相前後して発表した見解に一致している。すなわち，ヴデルは，(a)主権の表明である「憲法制定権力」の一部として観念される憲法改正権に対する制約は，憲法典が明示的に規定する時期的・内容的等の諸制約を除いてはありえず，それゆえある憲法規範に抵触する規範を挿入する改正を行なっても，何らの問題も引き起こさない。(b)実質的憲法観念は存在せず，「憲法制定権力」が憲法として定めたものはすべて，その対象がいかなるものであっても，憲法規範として同等の効力をもつ，という見解を示した。それに加えて，1986年から1995年まで憲法院院長を務めたロベール・バダンテール（Robert Badinter）も，退任後，同様の見地から，「憲法改正権」を，「主権的であるが，恣意的ではない」権能と位置づけたことも注目に値する。

以上のような正統的な見解に対して，最近，そのような従来のフランスにおける憲法制定権力観念を改めて批判的に再検討しようとする見解が登場してきた。例えば，オリヴィエ・ボー（Olivier Beaud）は，シュミットの憲法論を再読して，従来同一視された始源的な憲法制定行為と憲法改正行為の峻別を主張している。この二つの観念を区別しようとするのは，それによって憲法改正権の行使に対して一定の限界線を引くことが可能になり，憲法改正行為に対して憲法裁判機関による統制への途を拓くことが可能となるからである。始源的な憲法制定行為は，当然のことながら法的に全くの無制約の行為であるのに対して，憲法改正行為については，現行憲法の改正手続に対応して，国民が関与して憲法改正権が行使される場合とそうではない場合をさらに区別して，後者に該当する場合には憲法裁判機関による統制を認めるべきだとする。このような場面では，憲法制定権力のいわゆる静態的機能が発現して，憲法のアイデンティ

ティを防衛する見地から憲法院の統制の余地が認められうる。これに対して，国民投票によって行われる憲法改正行為，また1992年に実際に行われたマーストリヒト条約批准を認めるか否かについての国民投票の場面などで国家の基本的なあり方が変更された場合には，国民投票によって「憲法制定権力」の発動されたと捉えなければならず，立憲主義的法秩序の枠内でありながら，憲法裁判の統制から自由な，無限界の始源的憲法制定権力と同質的な憲法制定権力が行使されたのだとする。こうして，このような場面では，国民のダイナミックな自己決定の地平が開かれ，民主主義の論理が前面に踊り出て，憲法制定権力のいわゆる動態的機能が静態的機能に卓越することになる。

(4) 第3判決の意義

第3判決は，すでに憲法院が，大統領が憲法11条に基づいて憲法改正を行う目的で直接国民投票に付して採択された憲法改正法律の合憲性を判断する権限を有しないとした1962年11月6日判決〔⇨ⅥA[59]〕の基本的立場を踏襲している。憲法院は本判決によって，提訴者の憲法院は法秩序全体の擁護者であるはずだという主張を退け，法律には憲法院による統制の及ぶ「議会によって採択された法律（loi parlementaire）」と，それが及ばない「国民投票によって採択された法律（loi référendaire）」の2種類があるというという立場を示した。元々憲法院が設置されたのは，「議会の合理化（rationalisation du Parlement）」というキャッチフレーズの下で，従来の議会のあり方（「議会主権」）を徹底的に批判し，それに対して監督・統制を行なうためであったという経緯に照らしていえば，本判決は，そのような制定者意思に忠実な憲法解釈だということができる。

1962年判決と本件判決の理由づけを引き比べてみると，1962年判決では，「憲法の精神」に基づいて憲法院が「諸公権力の活動を規律する機関」でしかないことを決め手にして当該事案に関して自らの権能を否定にしていたのに対して，本件判決は，「憲法によって確立された諸権力の均衡」という理由でそうしており，そこに，憲法院の役割に関する自己認識の一定の微妙な変化を読み取ることも可能であろう。いずれにせよ，憲法院は，国民投票によって採択された法規範を「国民主権の直接的表現」と位置づけることを通じて，すでに成立している法秩序の枠内で，実定選挙法に基づいて運営される国民投票行為のうちに，そこで表明される意思内容について全ての法的統制から解放される始源的な憲法制定権力の発動を見て取っている。このようにして，憲法院は，立憲国家の内部に全能的主権者が常駐しているという思考を提示している，ということができる。

(5) マーストリヒト判決と現代フランスの憲法思想

最後に，以上みてきたマーストリヒト第2判決及び第3判決に関連して，現代フランスの憲法思想のありかたについて，以下の2つの指摘をしておきたい。

第1に，憲法院判例や通説が憲法改正行為の全能性をこれほどまでに強調する背後には，実は，そのことを通じて憲法裁判の正当性の担保しようとする意思が存在していることに注意しなければならない。すなわち，旧体制下でパルルマンが王令の登録を拒否した場合に，国王が親臨座（lit de justice）としてそのような決定を覆し，王令の登録を強制することができたこと

になぞらえて，憲法院が法律や条約について違憲判断をした場合に，かつての国王に代わってラストワードを有する主権者たる国民が憲法制定権力を発動して憲法改正を行うことによって当該法律ないし条約を合憲化することができるという理由で，憲法裁判は民主主義と矛盾していないという議論を引き出しているのである。

第2に，憲法院判例や通説の思考が，フランス国民にとってのnarrative＝自由な主権的・自己決定の重要性をどこまでも強調しようとするのは，国民一人一人の享受する自由は，機会が与えられるごとに繰り返される国民の自由な意思決定によって確認されている限りにおいて保障されるという《歴史的確信》に基づいている。これは，国民の自由な自己決定が悲劇的な終末を招き寄せたという歴史的経験を有するドイツやイタリアに支配的な憲法論，そしてそれと共通する部分を有する日本の憲法論との著しい対照性を示しており，そのことが現代フランスの憲法思想を際立たせている（これに対して，少数説のなかには，欧州統合をラディカルに推進させようとする見地から，このような憲法制定権力のナショナリスティックな使用を克服しようとする目的で「欧州憲法制定権力」を語る者もいる）。

〔参考文献〕

Louis Favoreu et Loïc Philip, *Les grandes décisions du Conseil constitutionnel*, 11e édition, Dalloz, 2001, p. 781 ; Bruno Genevois, Le Traité sur l'Union européenne et la Constitution révisée, in *Revue française de droit administratif*, 8 (6), 1992, p. 937 et s.; Etienne Picard, Vers l'extension du bloc de constitutionnalité au droit européen ?, in *Revue française de droit administratif*, 9 (1), 1992, p. 48 et s.; Constance Grewe et Hélène Ruiz Fabri, Le Conseil constitutionnel et l'intégration européenne, in *Revue universelle des droits de l'homme*, Vol. 5, n° 8-9, p. 277 et s.; Nguyen van Tuong, Note, in *La Semaine Juridique* 〔JCP〕, Ed. G., n° 46, p. 382 et s.; Bertrand. Mathieu et Michel Verpeau, in *Les Petites Affiches*, n° 148, 1992, p. 13 et s.; François Luchaire, L'Union européenne et la Constitution, François Luchaire in *RDP*, 1992, p. 1587 et s; Georges Vedel, Schengen et Maastricht, in, *Revue française de droit administratif*, 8 (2), 1992, p. 178 et s.; Robert Badinter, Le Conseil constitutionnel et le pouvoir constituant, in *Mélanges Jacques Robert*, Montchrestien, 1997, p. 217 et s.; 山元一「最近のフランスにおける『憲法制定権力』論の復権」『法政理論』29巻3号〔1997年〕9頁以下，同「『憲法制定権力』と立憲主義」『法政理論』33巻2号〔2000年〕1頁以下，同「『ヨーロッパ憲法制定権力』？」『法律時報』73巻3号〔2001年〕103頁以下，同「現代フランス憲法学における立憲主義と民主主義」『憲法問題』13号〔2002年〕127頁以下，安江則子「欧州統合とフランス憲法」石川明＝櫻井雅夫編『EUの法的課題』（慶應義塾大学出版会，1999年）255頁以下，小原清信「マーストリヒト条約及びフランス憲法改正の問題と憲法院判決」『久留米大学法学』16＝17号〔1993年〕153頁以下，井口秀作「フランス型『立憲主義と民主主義』論の一側面――「主権の直接の表明」と「法治国家」の間で」『杉原泰雄古稀記念論文集・21世紀の立憲主義』（勁草書房，2000年）529頁以下．

ⅠA ⑤ アムステルダム条約の憲法適合性

1997年12月31日憲法院判決　　　　　　　　　　　　鈴木眞澄
Décision n° 97-394 DC du 31 décembre 1997　　　（山口大学教授）
Journal Office, Lois et Décrets du 3 janvier 1998, p.165
Rec. 344, RJC I-727

〔事　実〕

　1997年10月3日調印されたアムステルダム条約は，欧州連合の第3の柱「司法内務協力」分野の一定部分が「狭義のCE」（本章解説3.参照）内に取り込まれ，その中でもとりわけ「査証，難民庇護，移民および人の自由移動に関連する他の政策」がCE条約第3部第ⅢA編（＝現第4編）として法整備されるに至った＊。しかし，閣僚理事会の決定方式に関し，特定多数決方式と，欧州議会との共同決定手続とがもりこまれたことから，フランス憲法3条の国民（＝国家）主権条項や88条の2（「欧州共同体加盟国の域外国境（frontièrs extérieures）通過に関する諸規則の決定に必要な権限を委譲することに同意する」）との関係が問題となった。そこで同年12月4日共和国大統領と首相から，憲法54条の下でアムステルダム条約を批准するためには先に憲法改正を行わなければならないかの判断が，憲法院に付託された。憲法院は，同月31日，次のような違憲判決を下した。

　なお，この違憲判決の結果，1999年1月25日の憲法的法律99-49号により，88条の2および88条の4が改正され，その後同年3月23日の批准法律でアムステルダム条約が批准された。

＊　内容は極めて複雑である。まず加盟国間の国境である「域内国境」（frontièrs intérieures）通過に関して，閣僚理事会は，すべての人のコントロールを廃止する措置（73J（現62）条1パラグラフ），3ヵ月以下の第三国国民の旅行の自由（同条3パラグラフ），庇護・難民・移住政策に関する措置（73K（現63）条）については，条約発効後5年間（移行期間）内には，欧州委員会の提案ないし「加盟国の発議」（l'initiative d'un Etat member）に基づき，欧州議会と協議後，全会一致で決定するが（73O（現67）条1パラグラフ），移行期間後は，委員会提案を議決し，189B（現251）条の欧州議会との「共同決定手続」の導入を，欧州議会と協議後，全会一致で決定する（73O条2パラグラフ。共同決定手続には特定多数決が伴う）。

　次に，共同体の対外国境である「域外国境」通過に関して，閣僚理事会は，3ヵ月以下の滞在につき査証を要する第三国リストおよび統一査証様式については，移行期間の内外を問わず，委員会の提案に基づき，欧州議会と協議後，特定多数決で採択する（73O条3パラグラフ）。ただし，欧州連合条約によってCE条約100C条に，査証を要する第三国リストについては1996年1月1日以降から，統一査証様式についてはそれ以前から，それぞれ閣僚理事会が「特定多数決」で決定するとされていた（同3項）ことが，マーストリヒト第1判決で違憲とされ，憲法改正が行われていた。他方，域外

国境における人に対する検査基準と手続については上記73O条1，2パラグラフに従い閣僚理事会の全会一致で（73J条2パラグラフ(a)），また，加盟国の査証発給手続・要件と査証統一ルールについては移行期間後「共同決定手続」で，決定される（73O条4パラグラフ）。

〔判　旨〕

「憲法院は，1958年10月4日憲法，1946年10月27日憲法前文，1958年11月7日オルドナンス，欧州共同体の創設・機構等に関する1952年4月10日法・1957年8月2日法・1972年5月3日法・1965年6月30日法・1977年6月30日法・1986年12月16日法等，欧州連合条約の批准に関する1992年9月24日法，1985年6月14日のシェンゲン条約の実施に関する1990年6月19日のシェンゲン補足条約関連の諸法律……その他の法規を参照し」，(i)適用根拠となる規範，(ii)査証，庇護および人の自由移動に関する措置について検討して，アムステルダム条約2条によって付加されたCE条約73O条4パラグラフおよび2パラグラフに関して違憲判断を下し，最後に当該国際協約全体について結論を述べた。そのうち，

(i)適用根拠となる規範について，

マーストリヒト第1判決を踏襲して，「憲法規範的価値を有する諸規定〔1958年憲法前文・3条・53条・88条の1，1946年憲法前文14項・15項，1798年人権宣言3条〕を検討した結果，国民（＝国家）主権の尊重は，1946年憲法前文に規定された諸規定に基づいて，フランスが相互主義の留保の下に，加盟国によって同意された権限の委譲によって決定権限を与えられた永続的な国際機関の創設ないし発展に参加する目的で国際協約を締結する障害とならないと結論できる。」[Con. 6]「しかし，この目的で署名された国際協約が憲法に反するか，あるいは国民（＝国家）主権行使の本質的要件を侵害する場合には，それらの批准の承認のためには憲法改正が必要となる。」[Con. 7]と判示した。その上で，

(ii)査証，庇護および人の自由移動に関する措置について，

「（1992年2月の欧州連合条約の批准のために同年6月25日の憲法的法律で追加された憲法88条の2は，相互主義の下で，欧州経済通貨連合の創設と同様に，CE加盟国の「域外国境」通過に関する規則の決定に必要な権限の委譲に同意するが），この条文からすれば，国民（＝国家）主権行使の本質的要件にとって問題となる権限の委譲をもたらすアムステルダム条約の規定は，新規の憲法改正が必要となり，そのことは，その権限委譲が欧州経済通貨連合ないし共通域外国境通過の分野以外の分野に関わる場合だろうと，88条の2でその委譲が認められるような権限の行使に適合するような欧州連合条約の規定態様以外の態様をアムステルダム条約が規定する場合だろうと，同様であると結論できる。」[Con. 9]との前提の下で，二つの場合に分けて次のように判示した。

(1) 庇護，移民および加盟国の「域内国境」通過に関する措置について

「CE条約73J条1，3パラグラフおよび73K条は，CEのために，庇護，移民および域内国境通過の分野における加盟国の権限委譲を規定しているが，それは国民（＝国家）主権の行使に関わるものであり，かつ，憲法88条の2による授権の範囲には入らない。」[Con. 21]「……CE条約3B条に規定され，アムステルダム条約付属議定書で実施条件が明確化されている補完性原則（le principe de subsidiarité）が実施されたというだけでは，憲法院の審査にかかる当該条約が認める権限の委譲が広範に過ぎ，かつ国民

(＝国家) 主権行使の本質的要件が影響され得る態様で行われることを阻止できない。」[Con. 22]「……73O条2パラグラフによって，閣僚理事会は欧州委員会の提案にのみ基づき決定し，加盟国は発議権 (le pouvoir d'initiative) を失う。……(閣僚理事会における) 全会一致(l'unanimité)方式から「共同決定」手続 (la procédure de co-décision)に伴う特定多数決(la majorité qualifiée)方式への移行は，移行期間後になれば，いかなる批准あるいは国内承認行為も必要でなくなり，また同様に憲法54条ないし61条2項に基づく憲法適合性審査の目的とはなり得ない」[Con. 24]「こうした条件の下では，73O条2パラグラフの適用は，国民 (＝国家) 主権行使の本質的条件に影響を及ぼすこととなりうる」[Con. 25]「その結果，73O条2パラグラフは，73J条1，3パラグラフおよび73K条によって規定された措置に適用される限りにおいて，憲法に違反すると宣言しなければならない。」[Con. 26]

(2) 加盟国の「域外国境」通過に関する措置について

「1992年9月2日判決〔マーストリヒト第2判決⇒ⅠA④判決〕で，憲法院が，査証を必要とする第3国のリストおよび統一査証様式の創設に関するCE条約100C条の規定は憲法，とりわけ88条の2に適合すると宣言した。憲法院判決の既判力により，100C条による決定の採択にとどまる73O条3パラグラフが問題となることはなくなる。」[Con. 27]「それに反して，……73O条4パラグラフの規定による特定多数決方式および「共同決定」手続への自動的移行は，国民 (＝国家) 主権が問題となる領域において新たな権限委譲の形式を構成する。そうした事項における，全会一致方式から特定多数決方式および「共同決定」手続への移行は，国民 (＝国家) 主権行使の本質的要件に影響を及ぼすことになりうる。」[Con. 28]「その結果，アムステルダム条約2条でCE条約に付加された73O条4パラグラフは憲法に違反すると宣言されなければならない」[Con. 29]「最後に，73O条2パラグラフに規定された手続にしたがった閣僚理事会の単独決定による特定多数決および共同決定手続への移行は，加盟国が域外国境で人に対して行う検査のための基準と手続を定めた73J条2パラグラフ(a)の措置に関しては，上述の理由により，国民 (＝国家) 主権行使の本質的要件を侵害する。したがって，73J条2パラグラフ(a)に規定された措置に適用される限りにおいて，73O条2パラグラフの規定は憲法違反と宣言する理由がある。」[Con. 30] そして，

(ⅲ)憲法院の審査に付託された当該国際協約全体について，

「憲法54条によって憲法院に付託された国際協約のその他のすべての条項は，憲法に違反しない。以上の理由により，アムステルダム条約の法律による批准の承認には，憲法改正を必要とすることを考慮して，以下のように判示する。

1．アムステルダム条約の法律による批准は，憲法改正の後でなければ承認されえない。
2．本判決は，共和国の大統領および首相に通告され，フランス共和国官報に掲載される。」[Con. 31]

(1997年12月31日審議) (憲法院院長　ローラン・デュマ)

〔解　説〕

この判決は，欧州統合とフランス憲法の文脈でエポックを画したマーストリヒト第1判決〔ⅠA③判決〕における判断基準をそのまま踏襲し，フランス憲法3条の国民 (＝国家) 主権規定における違憲審査基準，すなわち「国民 (＝国家) 主権行使の本質的要件」の侵害の有無，を確

認し，併せてその基準に該当する事例を追加したところに意義がある[1]。本事案に即して具体的に整理すると，マーストリヒト第1判決では，CE条約旧100C条3項が，国民（＝国家）主権行使の本質的要件を侵害すると判断された。その結果憲法88条の2として，「相互主義のもとに，かつ，1992年2月7日に署名された欧州連合条約に定められた諸方式に従って，フランスは，欧州経済・通貨連合の確立，および，欧州共同体加盟国の域外国境通過に関する諸規則の決定に必要な権限を委譲することに同意する」という規定がおかれた。この規定は，同年9月2日のマーストリヒト第2判決〔ⅠＡ4〕で，他の改正規定とともに「マーストリヒト第1判決に含まれていた憲法秩序上の障害を除去する効果を有する。条文の修正ないし補完ではなく，新たな規定を付加する方法を選択したことは，憲法制定権者の評価権限に専属する」（Con. 40）と判断された。そうした前提の下，上述のような本判決が出されたわけである。ここではマーストリヒト第1判決同様，国民（＝国家）主権行使との関連における委譲対象の重要性，権限の放棄か新規に委譲された権限の単なる共同行使か（憲法88条の1参照[2]）という委譲態様，とりわけ閣僚理事会の全会一致の維持という共同体機関による権限行使の態様の諸点が考慮されているが，新たに，補完性原則の実践に対する評価の他，上記の違憲審査基準との関連では特定多数決への移行，加盟国の発議権の喪失，欧州議会の決定参加といった諸点に対する重視が見られると言われる[3]。

こうして少なくとも加盟国の域内・域外国境通過等に関する閣僚理事会の特定多数決方式の拡大と共同決定手続の導入は，アムステルダム条約の移行期間（発効日1999年5月1日から5年間）の後，憲法上自動的に許容されていくことになった。しかし，アムステルダム条約は他にも相当数の分野で同様の規定をおいていた。例えば，司法内務協力からともにCE内に移行された「税関協力」においても，閣僚理事会は共同決定手続によって加盟国間，加盟国・欧州委員会間の税関協力強化措置をとることになっている（現135条）が，この判決ではこれらの新規規定への言及はまったく行われず，却って「その他の規定は合憲」［Con. 31］とされた。とりわけ，欧州連合条約の民主主義条項（現6条）を担保するための制裁条項（現7条）には，閣僚理事会の特定多数決による違反国に対する権利停止決定が含まれており，これがCEにも連動する（CE条約現309条）ところから，これに対する言及がないのは問題である[4]。

ところで，憲法上超国家的国際組織との関係で国民（＝国家）主権が問題となる場合としては，当該組織の管轄事項が問題となる場合（単一通貨の発行が適例）と，組織構造自体の超国家性の拡大が問題となる場合とがあるが，本判決や1976年12月29・30日判決〔ⅠＡ1判決。欧州議会の直接選挙が問題〕は後者の事例である。特定多数決への移行や欧州議会の権限拡大は共に超国家性を促進する要素であり，自国政府および自国民の代表が反対した決定にも拘束される点が問題となる。そこで違憲審査基準が問題となるが，76年判決では，「（1946年憲法前文15項にもかかわらず，）憲法的性質を有するすべての条項は，どのような国際組織に対しても国民（＝国家）主権の全部もしくは一部の委譲（transferts de tout ou partie de la souveraineté nationale）を認めていない」と述べられ（るにとどまっ）ていた（Con. 2）。しかし，マーストリヒト第1判決ではこの基準が捨てられ，「権限の委譲」（transferts de compétences）が問題とされ，それが「国民（＝国家）主権行使の本質的要件」を侵害す

るかどうかが違憲審査基準（ないし憲法「改正」基準）とされた。その結果，92年6月憲法が改正され，憲法3条1項および2項の基本規定はそのままにして，当該侵害状態を解消しうる条項の新設や既存規定の手直しが行われた（88条の1から88条の4の新設）。そして本判決によって，アムステルダム条約によるCE条約の改正中には憲法上許される権限委譲と許されない権限委譲が含まれるとして，判旨のとおりの違憲判決が出されたわけである。

もとより，マーストリヒト第1判決に対しては，「憲法の中に，憲法院が矛盾を指摘した内容を併存させる解決方法を甘受することになった」とする批判がある[5]一方で，憲法院のアプローチの変更は，「諸権限の移譲に他ならない主権制限が憲法上容認されるのは具体的にどの範囲であるかを探求しようとすることが，主権の移譲と主権の制限との枝葉末節な区別にすがることを抽象的に探求するよりも，より良い方法であると思われたからであろう[6]」という見解もある。後者の見解によれば，憲法上認められる国際組織のための主権の制限とは，通常，主権を構成する諸権限の委譲を伴う[7]が，その権限委譲が国民（＝国家）主権行使の本質的要件を侵害する段階に至れば違憲となり，憲法「改正」が必要となる。

以上が本判決までの経緯であるが，本判決を受けた国会の憲法改正作業は，本判決に対する上述の疑問に一定の解決を示している[8]。すなわち，上記88条の2中の後段部分を独立させて2項として，「相互主義の留保のもとに，かつ，1997年10月2日に署名された欧州連合条約に由来する文書のもとで，欧州共同体を創設する条約に定められた諸方式にしたがって，人の自由な往来とそれに関する領域についての諸規則の決定に必要な権限の委譲に同意することができる」と改正した。その上で，同じく欧州連合条約に際して新設された88条の4を，「政府は，立法の性格を有する規定を含む欧州共同体および欧州連合理事会（閣僚理事会）の諸法案が欧州連合理事会に送付された後直ちに，それを国民議会および元老院に提出する。政府は，同様に，その他の諸法案および欧州連合の機関から発するあらゆる文書を，国民議会および元老院に提出することができる。前項に規定する諸法案もしくは文書については，各議院で定められる方式に従って，場合によっては会期外に，議決することができる」と改正した。後者は，一般に「フランスが自主的な決定権を留保し，その国内の意思決定に際して憲法3条が明示するフランス人民の直接・間接の主権行使によって最終決定するという民主的手続のこと[9]」と考えられている国民（＝国家）主権行使の本質的要件を，欧州統合の場面において実質的に確保しようとする趣旨である。ただ，本章解説4.でも瞥見したように，CEと主権の問題とCEの「民主主義」の問題とを安易に混同してはならない。後者は，あくまで現状のCEを前提にする限りで有意義なのであり，改正88条の4はその限りで「民主主義の赤字」の解消要素となろうが，もとより連合市民権の拡大や欧州議会の権限強化は連邦化の促進要素であるから，「一にして不可分の共和国」における国民（＝国家）主権を掘り崩す危険性があることを銘記しなければならない[10]。もっとも，無限界の国民主権の行使として国民主権原理の放棄まで包摂するのであれば別であるが。

ともあれ現段階における国民（＝国家）主権条項と欧州統合の関係では，欧州連合ないしCEに対し，88条の1および88条の2の範囲を逸脱する新規の権限委譲があり，かつ，それが国民（＝国家）主権行使の本質的要件を侵害すること

が，この関係における違憲審査基準（ないし憲法改正の要件）であると考えられる。そして，そうした権限委譲が，果たして憲法の「改正」をも許さない「主権の委譲（移譲）」となりうるのかという点は今後の課題として残されていよう（ⅠＡ4のマーストリヒト第2判決解説参照）。

〔参考文献〕

(1) 本判決については，Voir Alain Pellet, "Le Conseil Constitutionnel, la Souveraineté et les traités ; À propos de la décision du Conseil constitutionnel du 31 décembre 1997 (traité d'Amsterdam)", *Les Cahiers du Conseil Constitutionnel*, n° 4/1998, pp. 113-122 ; François Luchaire, "Le traité d'Amsterdam et la Constitution", *RDP*, n° 2-1998, pp. 331-350 ; Jean-Louis Bourlanges, "L'Union européenne au lendemain d'Amsterdam : une évaluation politique", *Pouvoirs*, n° 84, pp. 133-161.

(2) Voir F. Luchaire, *ibid.*, pp. 337-338.

(3) Voir *Cahiers du Conseil constitutionnel*, n° 4, http://www.conseil-constitutionnel.fr/cahiers/ccc4/ccc4j394.htm

(4) この点に関しては，民主主義条項はフランスの憲法原則だからフランスがかかる事態に陥ることはないと憲法院は考えたのだろうと言われている。F. Luchaire, op. cit., p. 342.

(5) 辻村みよ子・本章解説 2. 参照。

(6) ジェラール・コナック（辻村みよ子訳）「マーストリヒト条約とフランス憲法(上)」ジュリストNo. 1045, 95頁参照。なお，「移譲」は原文のままである。

(7) この関係で通常引き合いに出されるのがCE裁判所の著名な Costa 判決である（CJCE, 15 juillet 1964, Costa/E.N.E.L., aff. 6/64, Rec. p. 1141）。ただ，その英語版 (p. 593) では，'……having its……real powers stemming from limitation of sovereignty or a transfer of powers from the States to the Community, the Member States have limited their sovereign rights, ……' となっているが，フランス語版 (p. 1159) では，'…… dotée de pouvoir réels issus d'une limitation de compétence ou d'un transfert d'attributions des Etats à la communauté, ceux-ci ont limité……leurs droits souverains……' となっている。

(8) Lois constitutionnel n° 99-49 du 25 janvier 1999 modifiant les articles 88-2 et 88-4 de la Constitution, *J.O., Lois et Décrets* du 26 janvier 1999, p. 1343. 憲法改正の経緯については，http://www.assemblee-nat.fr/dossiers/amsterdam.asp 参照。

(9) 辻村みよ子「国民主権と国家主権―近代国民国家の主権原理・再考―」『二一世紀の立憲主義―現代憲法の歴史と課題―』勁草書房（2000年），132頁。

(10) この点につき，須網隆夫「超国家機関における民主主義―ECにおける『民主主義の赤字』をめぐって」法律時報74巻4号，29－36頁；拙稿「EU／ECの民主主義はどこまで可能か」憲法理論研究会編『憲法理論叢書⑧憲法基礎理論の再検討』161－174頁参照。

I B ⑥ 欧州人権条約——死刑廃止

1985年5月22日憲法院判決
Décision nº 85-188 DC du 22 mai 1985
Journal Officiel, Lois et Décrets du 23 mai 1985, p. 5795
Rec. 15, RJC I-224

大藤紀子
（聖学院大学助教授）

〔事　実〕

　1985年4月24日，フランス第五共和制憲法54条の手続に基づき，共和国大統領の請求により，死刑廃止に関する欧州人権条約第6附属議定書の憲法適合性に関する判決が下された。当時憲法54条は，批准前に国際条約の合憲性審査を憲法院に付託する権限を大統領，首相，両議院議長に認め，憲法に違反すると宣言された条約は，憲法改正の後にしか批准することができないと定めていた（その後1992年の憲法改正により，請求権者は61条2項同様，両議院議員（60名）にも認められることとなる）。

　この判決は，欧州共同体条約の合憲性に関する1970年6月19日の判決（Décision nº 70-39 DC, Traité des Communautés européennes, Rec. 15, J.C.P. 1970-I-2354），欧州議会議員の普通直接選挙に関する1976年12月30日の判決〔76-71 DC ⇒ I A ①参照〕に続き，54条に基づいた国際条約の憲法適合性が第五共和制の下で3回目に問題にされたものであるが，前2回同様，合憲と判断されている。

　欧州人権条約第6附属議定書は，1983年4月28日に採択され，フランスも同日署名している。その7条に基づき，デンマーク，オーストリア，スウェーデン，スペイン，ルクセンブルクの5ヵ国の批准により，同議定書は1985年3月1日に発効している。死刑廃止を宣言した，世界初の拘束力を有する国際文書である。

　同議定書は，次のような内容を規定する。まず1条は，「死刑は廃止される。何人も，死刑を宣告され，または執行されることはない」と宣言する。続く2条は，「国は，戦時または戦争の差し迫った脅威のあるときに行われた行為については，法律で死刑の規定を設けることができる」として，死刑が国家の立法により規定される場合を限定的に認めている。また3条は，欧州人権条約15条に基づき，これらの規定に対する例外を禁止し，4条は，個別規定に対する留保の可能性について規定する。5条は，署名または批准の際に，各国が適用地域を限定できる旨の規定である。6条は，議定書の1条から5条が条約の追加条文であり，条約のすべての規定（24条以下の規定による保障制度や65条の廃棄の手続も含む）が適用されるとし，7条は，選択議定書への加入には，欧州人権条約への批准が

条件であり，欧州評議会の5つの加盟国の批准によって，効力を発生する旨定めている。

1983年4月28日の署名に基づき，フランス政府は，1985年，この第6附属議定書の批准法案を作成する。「死刑は廃止される」というその内容が，憲法に違反するという，ミシェル・ドゥブレ（Michel Debré）氏初めとする野党勢力の反対に会い，4月22日，共和国大統領によって，同議定書が憲法違反の条項を含むか否かについて，憲法院に審査請求が行われたものである。以下のような，非常に短い判決が下されている。

〔判　旨〕

「憲法院は，憲法，組織法律の効力を有する憲法院に関する1958年11月7日オルドナンス，1950年11月4日にローマで署名された基本的人権及び自由の保障に関する条約に照らし，」

「憲法院の審査に付託された，死刑廃止に関する基本的人権及び自由の保障に関する欧州条約第6附属議定書は，死刑が廃止されると規定するが，死刑は，戦争時または戦争の差し迫った脅威のあるときに行われた行為に対しては規定されうると定めている。またこの協定は，欧州人権条約65条の定める条件の下において廃棄されうる。」

「この国際条約は共和国の制度を尊重し，国民生活の継続性および市民の権利ならびに自由の確保を保障する国家の義務と両立しないものではない。」

「したがって，第6選択議定書は国民主権の行使に本質的な条件を侵害するものではなく，憲法に違反するいかなる条項も含まない」。

「以下のように判示する。

1. 死刑廃止に関する人権条約第6議定書は，憲法に反する条項を含まない。
2. 本判決は，共和国大統領に通告され，フランス共和国官報に掲載される。」

（1985年5月22日審議）（憲法院院長　ダニエル・マイエル）

〔解　説〕

そもそも死刑制度は，1982年以来，フランスでは廃止されているのであるが，この第6附属議定書が批准され，発効すると，議会および大統領は，将来自由に死刑を復活することができなくなり，憲法34条および16条に反することになるというのが審査請求に際して問題にされた点である。

すなわち憲法34条は，「重罪および軽罪の決定，ならびにそれに適用される刑罰」を定める権限を立法府に与えているが，議定書が効力を有するようになると，その効力は，憲法55条に基づき，法律に優越するため，立法府は死刑を定めることができなくなり，34条の権限を行使することができなくなる。また，憲法16条は，大統領が「状況によって必要とされる措置」をとることを認めているが，議定書が効力を有すると，その2条によって，「戦時または戦争の差し迫った脅威のあるとき」以外には，死刑を再び設置することはできなくなる。その意味で議定書は，16条の枠組以外に大統領の権限に対する制限を新たに創設する意味をももつのである。

憲法院は，しかし，次のような論拠に基づき，議定書が憲法に違反しないと判断している。

(1) **条約の廃棄可能性について**

第一に，欧州人権条約65条の定める条件によ

れば，この議定書が廃棄されうる点があげられている。同条によれば，「締約国は，自国が締約国となった日から5年の経過後，欧州評議会事務総長に宛てた通告に含まれる6ヵ月の予告の後にのみ，この条約を廃棄することができる」。憲法院は，この条文に言及することにより，条約を批准すればフランスは将来死刑を復活できないという主張に対し，条約を廃棄すれば可能であると答えているものと考えられる。さらに少なくとも主権の制限を伴うような内容の条約については，65条が定める合理的な期間内での廃棄が制度として認められる必要があり，条約がそのような制度を用意していない場合には憲法に適合しないとの判断が類推される。

第6附属議定書6条によれば，議定書の内容は，欧州人権条約の追加条文とみなされるため，条約に批准していることが，議定書が効力を保持する要件となる。したがって議定書7条は，条約への批准を議定書の批准の要件としているが，条約を廃棄した場合には，6条により議定書も廃棄されることになる。

憲法院は，このように，条約が廃棄可能であることを議定書が合憲であることの論拠とするのであるが，憲法34条との関係においては，この回答では不十分である。なぜなら，34条は，議会の権限について規定するものの，条約廃棄の手続は，議会の権限とは無関係に行われ，発案権は執行府に属するからである。執行府の意思は，この限りにおいて立法府を無条件に拘束する。したがって条約を廃棄できるとしても，34条が規定する議会の権限に制限が設けられることには変わりはない。ちなみに，34条の列挙事項につき，欧州人権条約や第6附属議定書に限らず，関連する条約は，すべて同様の問題を孕むことになる。学説上は，この点について，条約の法律に対する優越を規定する55条によって，34条は，一定の制限を被ると解されている（後掲 Ronny Abraham 著書，p. 62 参照）。

また国際法学者は，国際条約の概念上，各加盟国機関の権限に制限が設けられるのは当然のことであるとする（常設国際司法裁判所1923年8月17日のウィンブルドン号（Wimbledon）事件判決。C.P.J.I. série A, n° 1, 25）。国際条約を締結する権能自体が国家主権の属性なのであって，それによって各国主権の行使が制限されてもやむを得ないとみなすのである。しかし，主権行使の制限が，各国機関の裁量の範囲にとどまるのであればともかく，国際条約が憲法上保障された権利に反する規定を設けている場合には，違憲であり，憲法改正などの措置が必要と考えられる（後掲 Bruno Genevois 論文，p. 431）。

廃棄可能性を合憲性の論拠にあげる憲法院の考え方は，法律の条約への適合性審査を自らの権限ではないと判断した1975年1月15日の判決〔74-54 DC ⇒ ⅡB⑪参照〕との関係においては，一貫性があるといえよう。すなわち1975年判決では，やはり欧州人権条約について，憲法規範と異なり，「相対的かつ偶発的な性質」を有するとされ，その性質は，条約が国家の意思によって廃棄されうることに由来するとされている。

なお，政治的には，フランスが欧州人権条約を廃棄するのは非常に難しいとみなされており，国際条約を廃棄するよりも，憲法改正の方が容易であるため，死刑廃止を標榜する左翼の多数派は，第6議定書への批准は，憲法上の規定を設けるよりも，確かに死刑廃止の制度を保障す

るものとの評価もあり(後掲 Louis Favoreu 論文, p.871 参照)，形式的な廃棄可能性による合憲判断には学説上疑問視する見解が強い。

(2) **憲法16条に基づき大統領のとりうる措置について**

第二に，判決は，第6附属議定書が，「共和国の制度を尊重し，国民生活の継続性および市民の権利ならびに自由の確保を保障する国家の義務と両立しないものではない」としている。直接の言及はないが，憲法16条を喚起させる一文である。憲法16条1項は，「共和国の制度，国の独立，その領土の一体性あるいは国際協約の履行が重大かつ直接に脅かされ，かつ，憲法上の公権力の適正な運営が中断されるときは，共和国大統領は，首相，両院議長，ならびに憲法院に公式に諮問したのち，状況によって必要とされる措置をとる」と定めている。判決の趣旨は，したがって議定書が批准されても，憲法16条のいう「共和国の制度の尊重を保障する」義務を国が遂行する際の障害にはならないというものか，あるいは例えば大統領が16条の権限を行使するにあたって「状況に応じた必要な措置」をとる場合，死刑の復活がそうした措置であるとは考えないと述べているものとも解される。いずれにせよ，第6附属議定書は大統領の権限を制限せず，違憲ではないとの立場は示されたものの，第6附属議定書と憲法16条との関係についての判断も，極めて曖昧である。当時憲法16条については，廃止論も少なくなかったため，憲法院は，あえて複数の解釈が可能な表現をとったとの見方もある(後掲 Louis Favoreu 論文, p.874)。

(3) **「国民主権の行使に本質的な条件」**

本判決では「国民主権の行使に本質的な条件」と両立しない条約だけが違憲とみなされているが，国際条約の合憲性審査におけるこの基準は，すでに1970年6月19日の判決〔70-39 DC〕で用いられている。1970年の判決は，1957年の欧州経済共同体条約，通称ローマ条約に基づいて，各加盟国の税収の一部を欧州共同体の財源に充てることを全会一致で決定した1970年4月21日の閣僚理事会決議およびそれを実施するための1970年4月22日の条約に関する判決である。ここでは，それらの規定が「あらゆる性格の租税の基礎，税率および徴収の態様」を定める権限を立法府に委ねた憲法34条に違反するか否かが問われている。憲法院は，4月21日の理事会決議が「その構造においても，重要性においても，国民主権の行使に本質的な条件を侵害するものではない」とみなしている。なお，この判決では，理事会決議がローマ条約を適用するものであるため，ローマ条約がすでにフランスによって批准され，発効している以上，54条に基づいて憲法院が審査できる範囲（批准前の条約の合憲性審査）を越えていることも合憲判断の理由の一つにあげられている（後掲拙稿(1), 87頁）。

その後，1976年12月30日の判決〔76-71 DC ⇒ ⅠA①参照〕では，「主権の制限」と「主権の移譲」の区別を基準とし，「主権の制限」については1946年憲法前文が認めているのに対し，「主権の移譲」に関しては，「いかなる憲法的性質を有する規定も，それを認めていない」と判断されている。しかし学説上，この「制限」と「移譲」の区別については，その境界線が極めて曖昧であるとの批判が強かった。

本件は，1970年判決と同様の基準を用いるこ

とにより、憲法院判決の連続性を保障すると同時に、「国民主権」のうち、その「行使に本質的な条件」に関わらないものの制限は、憲法上許されることを再確認したものである。ここで1976年判決における「制限」と「移譲」の区別が用いられなかった理由は、区別が曖昧であることのほか、1946年憲法前文によれば「フランスは、平和の組織と擁護のために」のみ「必要な主権の制限に同意する」のであって、どんなに広く解しても、死刑の廃止が、このような目的に必要とは思えない」との見方があった（ミシェル・ドゥブレ氏の発言, J.O. Débats Assemblée Nationale, 2e séance du 21 juin 1985, p. 1874.）ため、この基準はあえて採用されなかったのだとも分析されている（後掲 Louis Favoreu 論文, p. 873）。

問題は、どのようなものであれば、「国民主権の行使に本質的な条件」に関わらずにすむかであるが、本件との関連では、それなくしては、国家が「共和国の制度を尊重し、国民生活の継続性および市民の権利ならびに自由の確保を保障する」ことができないものが想定されていると解される。しかし、「共和国制度の尊重」、「国民生活の継続性確保」、「市民の権利・自由の確保」は、行政活動のほとんどあらゆる領域を包含しうるとの批判があるように（ミシェル・ドゥブレ）、具体的な領域は、やはり今後の憲法院の判断の蓄積を待たざるをえない。なお、1992年4月9日の判決〔92-308 DC ⇒ ⅠA③参照〕では、マーストリヒト条約（欧州統合条約）に関し、単一通貨・為替政策およびビザの共通政策に関する規定が、いずれも「国民主権の行使に本質的な条件」を侵害するとされ、この基準は欧州連合に関する1997年12月31日のアムステルダム条約違憲判決〔97-394 DC ⇒ ⅠA⑤参照〕にも継承されている。

(4) 審査請求の政治的意図について

1970年の判決では、1970年4月21日理事会決議と1970年4月22日の条約の批准を可能にするための憲法的法律の改正案が、国民議会法律委員会委員長のジャン・フォワイエ（Jean Foyer）氏によって提出されたことがきっかけとなって、首相による審査請求が行われたものである。また1976年の判決では、国民議会保守党議員、ミシェル・ドゥブレ氏が、欧州議会議員の普通直接選挙を定める閣僚理事会決議およびその附属規程の批准に異議を申し立てたのを受け、大統領（当時はヴァレリー・ジスカール・デスタン（Valéry Giscard d'Estaing））が審査請求を行っている。

1985年の本件判決においては、国民議会野党議員に返り咲いたミシェル・ドゥブレ氏が、欧州人権条約第6附属議定書の合憲性に対し、異議を唱え、やはり大統領による審査請求となったものである。

しかし、1985年の審査請求については、その背景において、前二つの判決とは重要な点で異なっている。つまり、1974年の憲法改正によって、61条2項に基づいて、憲法院による法案の合憲性審査の審査請求を行いうる請求権者の中に、大統領、首相、両議院議長に加え、両議院議員（60名）が付加されたのであるが、その手続が「条約の批准承認に関する法案」にも適用される可能性を、本判決に先立って、1976年12月30日判決が、その第4番目の判決理由で認めていたのである。同判決理由は、「すべての［議会権限の］変換は、第6編［条約および国際協定

に関する編〕の条文〔すなわち54条〕と並び，憲法61条の適用をも予定されている条約の新たな改変の結果によってのみ行われうる」と述べている。憲法院がこのような見解を示した背景には，1974年の改正の際，54条に対して同様の改正を行うことを議会がうっかりと忘れてしまったため，その「遺漏」を埋める意図があったとも考えられている（後掲 Ronny Abraham 著書, p. 51）。

その後，60名の議員の請求により，実際に61条2項の手続が用いられ，形式的には「条約の批准承認に関する法案」に対し，実質的にはその条約の内容について，初めて合憲性審査が行われたのは，仏独司法協力協定に関する1980年7月17日の判決（80-116 DC, Convention franco-allemande d'entraide judiciaire, Rec. p. 36.）においてである。

すなわち，1970年判決および1976年判決の場合と異なり，1985年の本件について審査請求を行った大統領の頭には，こうして生じた制度の運用を前提に，ミシェル・ドゥブレ氏を中心とする国民議会議員による審査請求を牽制したいという意図があったことが予想されるのである。

憲法院の合憲判決を受け，欧州人権条約第6附属議定書を批准承認する政府の法案が議会に提出された。同法案は，1985年6月21日の国民議会第一読会では355対125で可決されたものの，元老院においては，同年10月30日，196対119で否決されている。そして最終的には12月20日，国民議会のみの賛成によって採択されたのである。本件は，54条による審査請求だったため，この間理論的には，公布までに61条2項の手続に基づく再度の審査請求が可能であったが，行われないまま批准が成立している。

〔参考文献〕

- Louis Favoreu, La décision du Conseil constitutionnel du 22 mai 1985 relative au protocole no. 6 additionnel à la Convention européenne des droits de l'homme, *Annuaire français de droit international*, 1985, pp.868-875.
- Bruno Genevois, Chroniques, VI-Les conditions d'admission de la conformite des traités à la Constitution, *Annuaire international de justice constitutionnelle*, 1985, pp. 430-433.
- Ronny Abraham, *Droit international, droit communautaire et droit français*, Hachette, Collection PES, Paris, 1989.
- 拙稿「フランスにおける批准前の条約の合憲性審査について(1)・(2)」『一橋研究』18巻2号，1993年7月，71～96頁，18巻4号，1993年，89～105頁。

ⅠB ⑦ 国際刑事裁判所規程の憲法適合性

1999年1月22日憲法院判決
Décision n° 98-408 du 22 janvier 1999
Journal Officiel, Lois et Décrets du 24 janvier 1999. p. 1317
Rec. 15, RJC I-224

建石真公子
(愛知学泉大学助教授)

〔事　実〕

1998年7月17日，国連外交会議において，常設の国際刑事裁判所を開設する国際刑事裁判所規程が採択された（賛成120，反対7，棄権21）。国際刑事裁判所は，国際社会において重大な人権侵害を引き起こすジェノサイド，人道に対する罪，戦争犯罪，侵略罪の4つの犯罪を管轄とし，これらの犯罪を行った個人について，その公的な資格にかかわらず，その者の刑事責任を追及することを目的としている。したがって，各国の刑事裁判権，公的資格にある者の免責特権および不逮捕特権等を定める憲法との関係が問題となる。フランスでは，国際刑事裁判所規程の起草段階から，同規程が，憲法68条の大統領の免責特権，国会の大赦権限，国際刑事裁判所の任意捜査と国の司法権限と抵触する疑いのあることがコンセイユ・デタによって指摘されていた。そのうち，特に大統領の免責特権については，近年，フランスでは政治上の争点となっていたこともあり，同規程の採択・署名後の，国会における批准の準備段階において規程との関係が問題とされ，批准前の条約の違憲審査を定めた憲法54条に基いて，1998年12月24日，大統領および首相の両名は国際刑事裁判所の批准が事前の憲法改正を必要とするかについて憲法院に付託した。

〔判　旨〕

「憲法院は，1958年10月4日憲法・1946年10月27日憲法前文・1958年11月7日オルドナンス・陸戦に関する法律と慣習に関する条約の署名に関する1910年12月2日デクレ・毒ガス等の禁止に関する議定書の署名に関する1928年8月22日デクレ・ニュルンベルグ国際軍事法廷を設立する協定の署名に関する1945年10月6日デクレ・国際司法裁判所規程を含む国際連合憲章の署名に関する1946年1月4日デクレ・ジェノサイド条約の公布に関する1950年11月24日デクレ・傷病兵保護条約・捕虜待遇条約・文民保護条約の公布に関する1952年2月28日デクレ・人道に対する罪の時効の不適用を確認する1964年12月26日法律・ジュネーブ条約第一追加議定書の加盟に関する1983年12月23日デクレ・通常兵器使用禁止制限条約の批准に関する1987年12月31日法律・子どもの権利条約の批准に関する

1990年7月2日法律・国連安全保障理事会827決議を国内法として適用させる1995年1月2日法律・国連安全保障理事会955決議を国内法として適用させる1996年5月22日法律を参照し」，1.憲法院に付託された国際協約の内容について，2.適用しうる規範について，3.公的資格にある者の刑事上の責任に関する憲法規定について，4.刑法および刑事訴訟法に関して適用しうる憲法原則の尊重について，5.国の主権の行使の本質的要件の尊重（①国際刑事裁判所と国内裁判所との補完関係，②国際司法協力と検察権限，③国際刑事裁判所の有罪判決の執行）についての5項目に関して検討し，3の公的資格を有するものの刑事上の責任に関する憲法規定および5の国の主権の行使の本質的要件（5-①，5-②）の2項目に関して違憲判断を示し，結論として，国際刑事裁判所規程の批准には憲法改正が要請されるとした。そのうち，

2. 適用しうる規範について

「……以上の憲法的価値を有する条項に照らし，国の主権の尊重は，1946年憲法前文に基いてフランスが国際社会の平和と安全，および国際法の一般原則の尊重のために国際協約を締結する障害とならないこと，すなわち，こうした目的のために起草された協約は，人間に対する最も重大な侵害を処罰し，国際共同体全体に関わる重大な犯罪の責任についての裁判権限を有する，全ての人間が享有する基本的諸権利を保護するための常設の国際裁判所を設立することができること，この目的のために，これらの協約から生じる義務は，他の締約国の義務の遂行という要件からは独立して各締約国に対して課されること，したがって，憲法55条の定める「相互適用の留保」は適用されないことを考慮

し」，「……しかしながらこれらの国際協約が，憲法によって保護されている権利や自由に反し，または国の主権を侵害するような，憲法に反する条項を含む場合には，この協約の批准には，憲法改正を必要とすることを考慮し」，「憲法院は，これらの原則に照らして，1998年7月18日にローマで署名された国際刑事裁判所規程に関する審査を行う。[Con. 12～14]

3. 公的資格にある者の刑事上の責任に関する憲法規定について

「規程27条1項『この規程は，公的資格に基くいかなる区別もなく，全ての者に平等に適用される。特に，国家元首もしくは政府の長，政府もしくは議会の一員……などの公的資格によっても，いかなる場合においても，この規程に基く個人の刑事責任は免除されず，またそのことにより減刑の事由を構成しない』には，第2項『国内法に基くか，国際法に基くかを問わず，個人の公的資格に伴う特権又は特別な手続き上の規則は，裁判所が当該個人に対して管轄権を行使することを妨げるものではない』が付加されていること」，「憲法68条は，共和国大統領は職務の行使に伴う行為は，大逆罪の他は，免責特権を有し，さらに，任期中は，刑事責任は高等法院による以外には裁かれない……こと」，「憲法68条1項は，政府の一員は職務の行使に伴う重罪および軽罪に該当する行為は共和国司法院による以外には裁かれないこと，国会の一員についても，憲法26条1項によって，職務の行使に伴う意見や表決に関して免責特権を有すること，第2項によって，重罪事件または軽罪事件について，現行犯の場合，および確定した有罪判決，または訴追の場合を除いて，自由を剥奪または制限する全ての措置はその所属

議院の理事部の許諾を必要とすること」が定められていることを考慮すると，「規程27条は，憲法26条，68条および68条1項によって定められている責任に関する特別な制度に反する」。[Con. 15～17]

5. 国民（＝国家）主権の行使の本質的要件について

「一方で，締約国が条約から生じる義務を故意に遵守しない場合に，国内の刑事裁判権に対する国際刑事裁判所の補完性という原則を制約する条約上の諸規定が存在するが，これらは『合意は守られなければならない』という準則から由来するものである。この準則の適用によって，全ての現行の条約は締約国と結びつき，締約国によって誠実に実施されなければならないことになる。これらの諸規定は，国際刑事裁判所が管轄権を行使しうる場合を，制限的かつ客観的に定めており，したがって，これらを考慮すると，条約規定は，国民（＝国家）主権の行使の本質的要件に反しない。」[Con. 32]

「他方，同様に，国内司法制度が崩壊しまたは利用できない場合に国際刑事裁判所の管轄権を認める条約規定も，国民（＝国家）主権の行使の本質的要件に反するものではない。」[Con. 33]

「これに対して，規程は，大赦法律および時効に関する国内準則が適用される行為について，国際刑事裁判所が訴追しうると定めている。この場合は，フランスは，国家の意思の欠如あるいは利用不可能性とは関わりなく，大赦または時効によってフランス法上の庇護を受けている者を，逮捕し，国際刑事裁判所に引き渡さなければならない。このような条件においては，規程は，国民（＝国家）主権の行使の本質的要件

を侵害する。」[Con. 34]

「……規程99条4項によると，検察官は，国内司法制度が利用不可能な場合以外にも，当該国の領土内で，当該国の司法官権の立会いなしに一定の捜査を行うことができる。とりわけ，任意の証言の採取および『公的場所または公共の場所を検証すること』ができると定めている。特別な事情のない場合において，これらの措置が強制的ではないとしても，権限を有するフランスの司法官憲の立会いなしに，国際刑事裁判所の検察官に対してこれらの行為を認める権限は，国民（＝国家）主権の行使の本質的要件を侵害する性質のものである。」[Con. 38]

「憲法54条に基づいて憲法院に付託された条約のその他の諸規定は憲法に違反しない。以上の理由から，国際刑事裁判諸規程の批准の承認は，憲法改正を要することを考慮し，以下のように判示する。[Con. 41～42]

1. 国際刑事裁判所規程の批准の承認は，憲法改正を要する。
2. 本判決は，共和国大統領及び首相に通告され，フランス共和国官報に掲載される。

（1999年1月22日審議）（憲法院院長　ローラン・デュマ）

〔解　説〕

(1) **本判決の意義・特徴**

本判決は，憲法54条に基く国際協約に関する違憲審査であり，国際刑事裁判所という国際社会において初めての常設の刑事裁判所を設立する規程（条約）についての違憲審査という意味で，憲法諸規定および国民（＝国家）主権との関係が注目されていた。特に，事件当時大統領の刑事責任が政治的争点となっていたため，国

際刑事裁判所の強制管轄権と憲法68条に定める大統領の免責特権とをめぐって，憲法院がどのような判断を下すのかが大きな関心を呼んでいた。また，刑事法分野に関する数少ない違憲審査という点も注目されていた。判決は，国際刑事裁判所を設立する規程は，その目的は国民（＝国家）主権を侵害しないとした上で，公的資格に関わらず強制管轄権を認める規程27条が，大統領，首相および国会の一員の免責特権を定める憲法68条および68条の1に違反，規程29条の時効の不適用規定，および規程99条の4に定める検察官の捜査権限が国民（＝国家）主権の行使の本質的要件に違反すると判示した。また，刑事法に関しては，無罪推定原則を1789年人権宣言9条，刑事法の不遡及効および適法手続き（principes de legalité des délits et peines）を同人権宣言7および8条に基く憲法原則と明示した。

判決のうち，特に従来から解釈に対立のあった憲法68条の大統領の免責特権に関しては，憲法院が，大統領については任期中は司法裁判所において刑事責任の追及ができないという趣旨の解釈を行ったことが大きな波紋を投げかけた。また，条約と国内法の関係に関して，同規程のような人道的性格の条約に関して憲法55条の「相互適用の留保」が適用されないとしたことは，人工妊娠中絶法に関する1975年1月15日判決における憲法と条約の区別の根拠の一つが，55条の「相互適用」を理由とする条約の「相対性」であったことから，1975年判決の判例変更であるとの指摘もなされており，憲法と条約の関係という意味では注目される。

この違憲判決の結果，1999年7月8日，憲法が改正され，以下のような国際刑事裁判所に関する条項が，憲法に挿入された。「53条の2 共和国は，1998年7月18日に署名された条約に定められた諸方式にしたがって，国際刑事裁判所の裁判権を認めることができる」。

憲法改正後，フランスは，2000年6月9日に国際刑事裁判所規程を批准した。

(2) 大統領の免責特権

憲法68条は，「大統領は，大逆罪の場合を除いて，その職務の行使において行った行為について責任を負わない。大統領は，両議院における公開投票により，各構成員の絶対多数による両議院同一の表決により裁決されるのでなければ起訴されることができない。この場合，大統領は，高等法院により裁判される」と定め，大統領について職務の行使において行った行為に関する免責特権を認め，また両議院によって起訴された場合でも，通常の裁判所で裁判されることはできないとしており，国際刑事裁判所における「個人」の刑事責任の追及において公的資格がその妨げにならないと定める規程27条が憲法68条に違反することは明白である。しかしながら，憲法院は，それに加えて，「さらに，大統領は，その任期中，刑事責任については高等法院による以外には裁かれない」と述べ，この解釈が，大統領の職務に付随する行為以外の行為についても通常の司法裁判所において刑事責任を追求をすることができないことを意味しているかどうかが，議論となっている。憲法68条の解釈をめぐって，特に前段と後段の関係については，第5共和制初期から争点となっているが，「大統領の免責特権は職務の行使に付随する行為にのみ適用される（G.Vedel）という解釈が多数説とみなされてきた（後掲F.Luchaire, B.Genevois論文参照）。これに対して，憲法院の判決が，この特権を，任期中において「職務に

付随しない行為」にまで拡大するもの（後掲L.Favoreu, M.Troper論文参照）か，あるいはそのような特権を認めるものではない（後掲D.Rousseau, F.Luchaire論文参照）のかについては，評者の意見は分かれている。この判決から約9ヵ月後の1999年10月，憲法院は，本判決に関する再度の解釈を公式発表した。発表は「大統領の刑事法上の地位は，職務就任以前の行為についてであれ，職務と切り離しうる行為についてであれ，その任期中は訴追は高等法院のみに留保される」とし，「任期中」には「職務と切り離される行為」に関しても特権が認められることを明らかにした。

こうした国内の論争とは別に，国際刑事裁判所規程27条との関係では，国際刑事裁判所の管轄権は大統領の行為が職務に付随するか否かに関わらず行使され，また「高等法院」における裁判が公的資格に伴う特権とみなされる場合にも同様である。

(3) 国際協約と「国の主権の行使の本質的要件」

憲法54条に基く国際協約の違憲審査において，憲法院は従来から，「国民主権」あるいは「国民主権の行使の本質的要件」を審査基準としてきた。1958年憲法3条は国民主権の尊重を定めるが，他方1946年憲法前文15項が平和の組織と擁護のための主権の制限を認めていることから，どこまでの主権制限が国民主権の尊重原則の侵害となるかが問題となる。憲法院は，判例の中で，国際協約と国民（＝国家）主権の関係における具体的な境界を明らかにしてきており，現在までのところ，違憲審査基準は，1)「国民主権原則」，2)「国民主権の行使の本質的な要件」，3)国際準則の要請，という3つに分類すること

ができる。しかし，それらの基準の具体的な内容については，未だ明確であるとは言えない。本判決は，「国民主権の行使の本質的要件」について，第1に国内法における時効または大赦によって庇護されている者に対して国際刑事裁判所の管轄権が行使される点，第2に，国内司法制度が機能している場合でも，国際刑事裁判所の検察官が，領土内において，フランスの司法官権の立会いなしに，任意ではあるが，公的場所および公衆的場所における検証，事情聴取，証言採取を認める規程を「国民主権の行使の本質的要件」を侵害すると判断している。すなわち，第1の点については，憲法34条が，刑罰に関する法律および大赦は法律事項であると明記していることから，立法権の侵害を「国民主権の行使の本質的要件」の侵害と解釈しており，第2の点は，刑事法の分野における行為は「国内ではフランスの司法権が唯一の権限を有する」ことを「国民主権原則から由来する準則」とした憲法院の仏独司法共助条約に関する1980年7月17日判決を踏襲し，領土内における司法権の意思決定の独立性を「国民主権の行使の本質的要件」としていると考えられる。

(4) 憲法55条「法律に対する条約優位原則」の「相互適用」の不適用

本判決は，国際刑事裁判所を設立する国際協約から生じる義務は，他の締約国の義務の遂行からは独立して各締約国に課されるとして，憲法55条の定める「相互適用の留保」が適用されないと述べている。憲法55条は，「相互適用の留保」の下に，条約の国内適用における条約と法律の関係について，法律に対する条約優位を定めた規定である。しかし憲法院によれば，国際刑事裁判所規程の国内適用においては，「相互適

用の留保」が適用されず，したがって常に同規程が法律に優位して適用されることになる。この点に関しては，一方で，国際協約の締結について検討している部分であることから，1946年憲法前文15項の，国際協約による主権制限に関する「相互適用の留保」の不適用と混同したものであるという解釈がある（後掲 B.Genevois 論文参照）。他方，本判決は，人道的性格の国際協約について，国内適用における条約優位原則における「相互適用の留保」を不適用としたものであり，その意味で，国際協約は適用領域が限定され「相互適用の留保」に基くため，「相対的で偶発的な」性格を有することを理由として，憲法と国際協約の性質を区分し，憲法61条の違憲審査の基準としては国際協約を適用しないとした1975年1月15日判決を変更するものであるという解釈もなされている（後掲 D.Rousseau ②論文）。すなわち，判決の論理上，憲法と国際協約の違いが消滅することになる。条約に関するウィーン条約60条は，人道的性格の条約に関しては「相互適用」原則は適用されないと定めるが，フランスはウィーン条約を批准していないことから，従来から人権保護を目的とした条約の「相互適用の留保」については問題とされてきた。憲法院の本判決が，1975年1月15日判決の判例変更であるとしても，国際刑事裁判所規程のような「人道的」性格の国際協約に限定されるものなのか，あるいは人権保護を目的とした国際協約にも援用されるのかは，今後の判決が待たれるところである。

〔参考文献〕

MATHIEU Bertrand, VERPEAUX Michel, L'immunité n'est pas l'impunité!, Dalloz, 1999, Actu.(9) 4 mars 1999.,

SHOETTEL Jean-Eric, Cour pénale internationale, *Actualité juridique droit administratif*, 1999, p. 230.,

GENEVOIS Bruno, Le Conseil constitutionnel et le droit pénale international. A propos de la décision n° 98-408 DC du 22 janvier 1999, *Revue française du droit administratif*, 1999, p. 285.,

LUCHAIRE François, La Cour pénale internationale et la responsabilité du chef de l'Etat devant le Conseil constitutionnel, *Revue du droit public*, 1999, p. 457.,

FAVOREU Louis, La responsabilité pénale du chef de l'Etat: l'interprétation de l'article 68 de la Constitution, *Revue française de droit constitutionnel*, 1999, p. 324.,

TROPER Michel, Comment décident les juges constitutionnels, *Revue française de droit constitutionnel*, 1999, p. 325.

ROUSSEAU Dominique, article in Journal *La Croix* du 26 janvier 1999.,

ROUSSEAU Dominique, Chronique de jurisprudence constitutionnelle 1998-1999, *Revue du droit public*, 2000, p. 29-31.

建石真公子「国際刑事裁判所の提起する憲法上の課題―国際刑事裁判所規程条約に関するフランス憲法院違憲判決を素材として―」，愛知学泉大学コミュニティ政策学部紀要，3号，153頁。

I B 8 欧州地域語・少数言語憲章と共和国原理

1999年6月15日憲法院判決　　　　　　　　　　　　　　糠塚康江
Décision n° 99-412 DC du 15 juin 1999　　　　　　（関東学院大学教授）
Journal Officiel, Lois et Décrets du 18 juin 1999, p. 8964
Rec. 71, RJC I-824

〔事　実〕

　欧州評議会（Conseil d'Europe）は，1992年6月25日，欧州地域語・少数言語憲章（La Charte européenne des langues régionales ou minoritaires）を採択した。この憲章は各国の事情を考慮して，Ⅱ部に掲げられた「目的と原則」の承認を前提として，Ⅲ部に掲げられた諸分野（教育・裁判・行政公役務・メディア・文化・経済社会生活・越境交流）に関する98の具体的措置から，各締約国が35以上を選択する方式（但し分野毎に選択すべき数が異なる）をとっている。1994年，ジュペ（A. Juppé）首相（当時）から，同憲章のフランス憲法適合性に関する意見を求められたコンセイユ・デタは，憲章締約国が選択しなければならないことになっている9条および10条の規定は，裁判・行政との関係で，地域語・少数言語の使用に対する真正な権利を承認するもので，憲法2条の「共和国の言語はフランス語である」という規定に反する，と回答した。その後同憲章の署名に意欲的であった社会党が政権に就き，フランス政府は5点にわたる解釈宣言による留保を付した上で，3部から39の措置を選択して，1999年5月7日，憲章の署名にふみきった。

　シラク（J. Chirac）大統領は，同年5月20日，憲法54条にしたがって，条約批准のための憲法改正の要否を問うために憲法院に付託した。憲法院は，6月15日，フランス政府の付した解釈宣言に拘束されないとしたうえで，憲章が共和国原理及びフランス語公用語規定に反する条項を含むことを理由に，違憲判断を下した。これを受けて憲章批准を求める議員グループが，憲章批准を目的とした追加的憲法改正案を下院に提出したが，大統領は憲章批准のための憲法改正に消極的であり，目下のところ憲章批准の見通しは立っていない。

〔判　旨〕

　「憲法院は，1958年10月4日憲法，1958年11月7日のオルドナンス，特に18条2項，19項，20項を参照し」，付託された当該国際協約の内容及び行使される審査の及ぶ範囲，適用される準拠規範，憲章の合憲性について検討し，結論を述べた。

(1) **憲法院の審査の及ぶ範囲**

　「フランス政府が解釈宣言を付して署名を行い，その解釈宣言の中で政府が憲法との関わりで憲章ないし憲章のいくつかの条項に与えようとした意味と範囲を明確にしている。そのよう

な一方的な解釈宣言というものは，争訟の際の解釈にかかわる条約の関連文書（instrument en rapport avec le traité）を構成する以外の規範力（force normative）を持たない。したがって，この解釈宣言とは無関係にフランスによって署名された［国際］協約の合憲性審査に着手することは，憲法54条に基づいて付託された憲法院の権限である。」[Con. 4]

(2) 適用されるべき準拠規範（normes de référence applicables）

「憲法1条は『フランスは不可分の，非宗教的な，民主的かつ社会的な共和国である。フランスは，出生，人種または宗教による差別なしにすべての市民に対して法律の前の平等を保障する。フランスはすべての信条を尊重する。』と規定している。いかなる部分も国民の主権の行使を自己のものとすることができないというフランス人民の単一性（unicité）の原則もまた憲法的価値（valeur constituionnelle）を有する。」[Con. 5]「これらの基本的諸原則は出生，文化，言語，信条による共同体（communauté）によって定義されるようなどのような集団（groupe）であれ，それに集団的権利（droits collectifs）が承認されることに対立する。」[Con. 6]

「『思想及び意見の自由な伝達は，人の最も貴重な権利の一つである。したがってすべての市民は，法律によって定められた場合にその自由の濫用について責任を負うほかは，自由に，話し，書き，印刷することができる。』という文言で，人権宣言11条によって宣言された自由は，『共和国の言語はフランス語である。』という憲法2条1項と両立されなければならない。」[Con. 7]

「これらの条項の名において，フランス語の使用は公法人（personnes morales de droit public），及び公役務の職務を行使する私法人（personnes de droit privé dans l'exercice d'une mission de service public）に強制される。私人（particuliers）は，行政と公役務との関係で，フランス語以外の言語の使用に対する権利を主張することはできず，フランス語以外の言語の使用を強制されえない。憲法2条は翻訳の利用を禁じていない。憲法2条の適用は，教育，研究，テレビ・ラジオ放送（communication audiovisuelle）の分野で，表現及び伝達の自由が有する重要性を正当に評価しないことに至るべきではない。」[Con. 8]

(3) **憲章の憲法適合性**

(i)各人に「私的生活および公的生活において地域語・少数言語を使用する」「時効にかからない権利」を承認する前文4項，(ii)「地域語・少数言語」とは「当該国の人口の残余の部分より員数的に少ない集団を構成する国民（ressortissants）が，その国の領域（territoire）で伝統的に使用」し，「当該国の公用語ではなく」「公用語の方言でも移民の言語でもない」ものと定義する1条(a)，(iii)「地域語・少数言語が使用されている地域（territoire）」とは，本憲章に定められた「保護及び強化の様々な措置を正当化することによって地域語・少数言語が多くの人々の表現方法となっている地理的空間」と定義する同条(b)，(iv)締約国に「既存のあるいは新たな行政区分が地域語・少数言語の地位向上の妨げにならないようにして，各地域語・少数言語の地理的空間を尊重すること」並びに「公的生活および私的生活において，地域語・少数言語の口頭及び書面による使用を促進し奨励すること」を課す7条1項，(v)地域語・少数言語に関する問題について「当局（autorités）に助言を与える機関」を設立して「地域語・少数言語を使う集団（groupes）によって表明された欲求・願望を考慮すること」を締約国に課す7条4項は，「地域語・少数言語の話し手の《集団（groupes）》

に，これらの言語が使われている《地域（territoires)》内部で，特別な権利（droits spécifiques）を付与する」ことになるゆえに，「共和国の不可分性，法律の前の平等，フランス人民の単一性（unicité）という憲法の原理を侵害する。」上記の条項はまた，「《私的生活》のみならず，憲章が裁判，行政及び公役務機関を帰属させている《公的生活》においてフランス語以外の言語を使用することへの権利を承認する点で憲法2条1項に反する。」憲章の上記引用の条項は憲法に違反しているが，フランスが選択したその他の条項は「その多くが地域語のためにフランスによってすでに実施されている事項を承認するにとどまる」もので，憲法に違反しない。[Con. 9～13]

「以上の理由から，以下のように判示する。
1. 欧州地域語・少数言語憲章は憲法に違反する条項を含んでいる。
2. 本判決は共和国大統領に通告され，フランス共和国官報に掲載される。
（1999年6月15日審議）（憲法院院長　イヴ・ゲナ）」

〔解　説〕

(1) 本判決の意義・特徴

ヨーロッパは政治・経済分野での統合を進展させると同時に，文化の多様性にそのアイデンティティを見出している。フランスは憲法2条にフランス語だけを公用語とする（単一言語主義）規定をもっているが，フランス文化はフランス語だけに還元されない，言語的多様性をもっている。ジョスパン（L. Jospin）首相は，地域語・地域文化の存続と活性化に特別な注意が払われるべきであるとして，憲章のフランス憲法との両立をはかるため専門家に検討を委ね，周到な準備を重ねたうえで，解釈宣言を付して憲章署名に臨んだ。

本判決で憲法院は，国際公法の観点から解釈宣言の国内向けの効力を否定し，それに拘束されることなく憲章の憲法適合性を判断した。憲章そのままでは憲法適合性が疑わしいゆえに政府は，この推定違憲を取り除くために解釈宣言を付した。しかし憲法院は解釈宣言を退け，憲章の憲法適合性を審査した。憲章の違憲性は入り口ですでに決まったのである。こうした判決の論理構造がある意味では本判決の重要な特徴である。

法理論的には本判決の特徴は次の3つである。

第1は，マイノリティ承認に通じる条項を含む国際協約に関する憲法院の初めての判断であるという点である。

第2に，フランス語以外の言語の使用に対する権利について憲法院の判断が示されたことである。

第3は憲法改正問題との関連である。本判決は54条に基づく付託としては8番目であるが，この手続きで違憲判断が示された場合，政府は憲法改正手続きをとった上で国際協約を批准している。ところが本判決で違憲判断が示された後憲法改正手続きはとられておらず，憲章は批准されていない。これはフランス国内の政治的文脈上の問題であるが，憲法改正手続きで大統領がしめる役割の重要さに改めて注意を喚起したとして，注目されるものとなっている。

(2) フランス憲法とマイノリティの保護

フランスでは，平等原則によって各人に法律による同一の保護を与えることによってマイノリティを含めた全員に，自由にその信念を表明させることを可能にすると考えられてきた。この自由は個人の資格で保障されるのであって，集団として保障されるものではない。文化，宗教，言語などの領域で特別な権利が付与される

ような「マイノリティ」をフランス国内で承認することを，立法者は禁じられているのである。フランス憲法は個人しか知らない。よく指摘されるように，フランス政府は，少数派に属することを理由に個人に特別な権利を認めるような結果をもたらすことに通ずる条項を含む条約について，当該条項がフランス共和国に適用されないという留保をした上で，条約の署名を行っている（「市民的及び政治的権利に関する国際規約（国際人権規約Ｂ規約）」27条，「子どもの権利に関する条約」30条）。宗教及び公用語以外の言語に関し，フランス政府はこれら二つの分野は公法ではなく，市民による公的自由の私的行使に属すると考える。政府の役割は，法律の定める範囲内で個人の諸権利を尊重してこれらの諸自由の完全な行使を市民に保障するにとどまる。本判決はこのフランス政府の立場と軌を一にしている。

共和国の不可分性の原理は，平等原則と結びついて，フランス人民の単一性（unicité）を要求し，そのことによって同一の人民を構成する市民間のあらゆる区別を禁止する。共和国の不可分性のコロラリーとして憲法上の原則を摘示する手法はクォータ判決〔⇒ⅡＣ18判決参照〕にも現れている。この判決では，「市民の互換性」と「選挙人団の均質性」が主権の不可分性を担保するという理解を示した。いわゆる「コルシカ判決」〔⇒ⅤＡ32判決参照〕で憲法院は，1789年人権宣言とフランス人民を海外領土の人民から区別している1958年憲法前文におけるフランス人民への言及に依拠して，「《フランス人民》への言及は２世紀前から数多くの憲法正文に現れ，《フランス人民》の法的概念は憲法的価値を有する」と言明していた。さらに憲法１条（当時は２条１項）に基づいて，フランス人民は「出生，人種，宗教の区別なく全フランス市民から構成

されている」ゆえに，この「人民」は不可分である，と宣した。こうした理由から，「コルシカ人民」という言い方は，たとえそれがフランス人民を構成する部分であったとしても，憲法に反すると判断されたのである。

政府は「憲章はヨーロッパの言語的遺産を強化することを目的とし，話し手の《集団（groupe）》という文言の使用は，地域語・少数言語の話し手に集団的権利を付与するものではなく，法律の前に平等な市民から構成されるフランス人民だけを承認する憲法と両立する意味で解釈される」という内容の解釈宣言を付して，上記の憲法院判例の解釈との齟齬を回避しようとしたが，憲法院はこの立場に与しなかった。「言語」と「話者」の結びつきから，ある言語が存在する権利を認めることはその言語を話す言語共同体の権利を認めることに通じると認識した。本判決は，憲法１条に言及した後，「いかなる部分も国民の主権の行使を自己のものとすることができないというフランス人民の単一性（unicité）の原則もまた憲法的価値（valeur constituionnelle）を有する」とした。「フランス人民の単一性」の憲法的基礎づけは，コルシカ判決では「２世紀」の憲法の伝統に求められていたが，本判決では「いかなる部分も国民の主権の行使を自己のものとすることができないというフランス人民の単一性の原則」として憲法３条の主権規定との関連が示唆されている。

(3) 共和国の言語とフランスの諸言語

トゥーボン法（loi Toubon）判決〔⇒ⅢＡ24判決〕で，憲法院は，公式用語の使用義務を公役務の職務行使に関係のない私人に対して課すことを，人権宣言11条の「表現の自由」に反すると判断している。憲法院は，いかなる言語を使用するかを含めて表現の自由によって保護されていることを明らかにした。憲法のフランス語

公用語規定は，公法人及び公役務の職務を行使する私法人に対してのみ，公式用語の義務づけを可能とするにとどまるとした。

フランス領ポリネシア特別法判決（n° 96-373 DC du 9 avril 1996, *RJC* I -660）で，憲法院は，仏領ポリネシア自治に関する組織法律115条を憲法2条1項の文言に照らして検討し，「この規定を考慮し，115条1項（「フランス語は公用語であるが，タヒチ語及び他のポリネシア系諸語を使用することができる」）による「公用語」の資格でのフランス語への言及は，仏領ポリネシアにおいて，公法人及び公役務の職務を行使する私法人，並びに行政・公役務と関係する個人に対しフランス語の使用を義務付けていると理解すべきであり，他のあらゆる解釈は憲法2条に反する」[Con. 91] とした。同条2項は，幼稚園，小学校，中学校の正規授業枠内でのタヒチ語教育を定めているが，「そのような教育は生徒にとって義務的性格を帯びるならば，平等原則を否認することになる」「教育の公役務を確保ないしそれに関与する学校の利用者全体に適用される権利及び義務を地域の学校の就学児童・生徒から取り上げることを目的にすることはできない」「これらの留保の下では，本条は憲法的価値を有するいかなる原理・条項にも反しない」。3項のタヒチ語以外のポリネシア系諸語の教育についても同様である [Con. 92～93]。

政府は，憲章の規定は「フランス語の使用が，公法人及び公役務の職務を行使する（dans l'exercice d'une mission de service public）私法人，並びに行政・公役務と関わりのある個人に対して強制される」ことを意味する憲法2条に反しない一般原則を定めているとの解釈宣言によって，先行する上述の憲法院判決との矛盾を回避しようとした。しかし憲法院は解釈宣言に拘束されることなく，従来通り，人権宣言11条に支配され，フランス語以外の言語の使用が可能である私的空間と憲法2条に支配され，フランス語が公用語である公的空間との区別を維持した。「フランス語の使用は公法人（personnes morales de droit public），及び公役務の職務を行使する私法人（personnes de droit privé dans l'exercice d'une mission de service public）に強制される。私人（particuliers）は，行政と公役務との関係で，フランス語以外の言語の使用に対する権利を主張することはできない」。要するに憲法2条が人権宣言11条に優先して適用される。憲章の規定は「フランス語以外の言語を『私的生活』のみならず，憲章が裁判，行政・公役務機関を関連づけている『公的生活』において使用する権利を承認」しようとする点で，憲法2条に反するとされたのである。ただし，トゥーボン法判決ですでに承認されていたように，憲法院は，憲法2条は行政との関係を含めて翻訳の利用を禁じていないとしている。

(4) 憲法改正問題と憲法改正手続き

大統領は本件付託に先立つヨーロッパ議会選挙運動の過程で，「(国家) 主権主義者（souverainistes）」の考えを表明しており，大統領による本件付託は大統領派向けの意思表明でもあった。54条による付託は「任意」であって，必要的手続きではなく，付託権を有するいかなる機関も憲法院に付託しなければ，憲章の批准は可能となるはずであったからである。マーストリヒト条約以来政府に国際協約批准の意思があった場合，政府は憲法改正のイニシアティヴを取って憲法院の違憲判断に対応し，実際憲法院の判決も「……条約の（法律による）批准は，憲法改正の後でなければ承認されえない」という形式を取っていた〔⇨ I A ③ ⑤ ; ⇨ I B ⑦ 判決参照〕。本判決で，憲法院は判決の文言上，「憲法改正」の必要を明示していない。このため，憲

章の違憲性を論ずるに当たり憲法院が引用した「憲法的価値」を有するとされた「基本的原理」（共和国の不可分性・法律の前の平等・フランス人民の単一性）は，より強化された保護の対象となりうることを憲法院が示唆しているのではないか，との見解を生んでいる（後掲 Rousseau 論文参照）。大統領が憲章批准を目的とした憲法改正に反対の意向を表明しており，今日に至るまで憲法改正手続は着手されていない。憲法改正手続きにおいて大統領は文字どおり重大な判断権を握っていることが浮き彫りにされたといえるだろう。もっとも国会議員も競合的に憲法改正発議権を有しており，憲法89条の規定上，本憲章批准のための憲法改正が全く不可能というわけではない。

本憲章Ⅲ部でフランスが選択した具体的措置はすでにフランス国内で実施されており，言語政策レベルでは本憲章批准の如何にかかわらない。その意味で憲法院はフランス語の言語的現実に対する地域語の脅威を感じているわけではない。憲法院が憲章から保護しようとしたものは，むしろ「共和国の不可分性・法律の前の平等・フランス人民の単一性」原理という憲法的価値そのものであったと見るべきであろう。この憲法原理は言語問題に象徴される「多文化主義」の要求をはねつけ，両者には共存の余地はないのだろうか。普遍主義と多文化主義の対抗軸の中でのフランス憲法学の理論的対応が今後注目されよう。

〔参考文献〕

Jean-Manuel Larralde, La France et les langues régionales ou minoritaires: sept ans de réflexion … pour rien, in *Le Dalloz*, 1999, pp. 598 et s., Ferdinand Mélin-Soucramanien, La République contre Babel, in *Revue du droit public*, 1999, pp. 985 et s., Michel Verpeaux, Jurisprudence du Conseil constituionnel, in *Revue française de droit constituionnel*, n° 39, 1999, pp. 594 et s., *Les Cahiers du Conseil constitutionnel*, 1999(7), pp. 21 et s., Dominique Rousseau, Chronique de jurisprudence constitutionnelle 1998-1999, in *Revue du droit public*, 2000, pp. 17 et s. Florence Chaltiel, Le pouvoir constituant, marque contemporaine de souveraineté : A prppos du refus présidentiel de révision constitutionnelle, in *Le Dalloz*, Chroniques, 2000, n° 14, pp. 225 et s., Roger Pinto, La Charte européenne des langues régionales ou minoritaires : Examen des procédures constitutionnelles permettant à la France de devenir partie in *Journal du droit international*, 2000, n°1, pp. 35 et s., Claude Olivesi, Indivisibilité de la République versus langues régionales, in *Pouvoirs*, n°93, 2000, pp. 209 et s. 拙稿「『地域・少数民族言語に関するヨーロッパ憲章』とフランス憲法──フランスの言語政策」関東学院法学10巻2号（2000年）139頁以下，三浦信孝「共和国の言語，フランスの諸言語」（同編『普遍性か差異か──共和主義の臨界，フランス』（藤原書店・2001年）所収）217頁以下。

II 人権総論（基本的人権・平等）──解説

　フランスにおいて，公権力に対して保護される人権は，革命期以来 Libertés publiques「公の自由」と呼ばれてきた。この「公の自由」は，権利および自由が自然権に由来するもので，政府によっても制約できないと主張されたが（1793年モンタニャル憲法9条），「法律は一般意思の表明」という考え方に基いた議会優位の憲法制度のもとで，長い間法律の前に無力であった。

　このような，政府によっても制約できない権利および自由という考え方は「共和政体」と結びついており，実定法として保護されるようになるのは，第3共和制期以降のことである。第3共和制期には，憲法は人権規定を欠いていたが，諸自由を保護する重要な法律が次々と制定され，デュギー（Duguit）の憲法教科書第2巻（1911年）が Libertés publiques という標題で刊行されている。また法律に優位する憲法規範（例えば1789年人と市民の権利宣言）に関する論争が提起されるなど，公権力（立法権を含む）に対して国民を保護する法的な権利および自由という考え方が徐々に形成された。

　この Libertés publiques が，実際に憲法上の規定となるのが1946年第4共和制憲法で，海外領土に関する72条は「公の自由」が法律事項であると定めている。この規定についてコンセイユ・デタは，公の自由は，「個人的自由とは別に，個人にのみ限定されない，外部に表現され，他者と共同の行動や公衆への呼びかけを含むような」重要な諸自由と解釈している。しかし，第4共和制期までは，法律の合憲性を審査する制度が存在しないため，公権力に対する個人の権利および自由の保護を意味する「公の自由」は，「法律に対して」ではなく，「行政権に対して」，「法律によって」保護されるものであり，その保障は行政裁判所が行ってきた。

　現行の1958年憲法は，人権規定として前文で1789年人と市民の権利宣言および1946年憲法前文を列挙し，また，本文34条の法律事項の列挙のなかに「公の自由」を，また66条で，恣意的な拘禁の禁止とともに，「司法機関は個人的自由（libertés individuelles）の守護者である」と定めている。すなわち，「法律」で保護される公の自由以外に，「個人的自由」という，「憲法」によって保護される人権を創設したのである。また，これらの人権規定は，1971年以降の「違憲審査革命」以降，議会制定法に対する憲法院の判決によって憲法規範（憲法ブロック）としての地位を確立し，その内容が形成されつつある。近年，このような憲法院によって保障される人権を，「基本的権利（droits fondamentaux）」の出現としてとらえ，「法律に対する」権利保障を行う国内の最高法規範と位置付ける学説が有力である（後掲 PICARD 論文及び AJDA 特集）。

1 人間の尊厳・個人的自由

　ⅡBで取り上げる5判決，すなわち人工妊娠中絶法第Ⅰ判決および第Ⅱ判決〔⇒ⅡB⑪判決参照〕および生命倫理法に関する判決〔⇒ⅡB⑫判決参照〕の3判決，ビデオによる監視システムと私生活の自由に関する判決〔⇒ⅡB⑬判決参照〕，婚姻以外の共同生活契約（両性・同性を問わず）に婚姻にほぼ準拠する法的地位を認める

パックス法に関する判決〔⇨ⅡB14判決参照〕は，いずれも1789年権利宣言の定める諸「自由」，憲法66条の定める「個人的自由」を，中絶，生命医療科学，新型機器，および「同性を含むカップルの共同生活の法的承認」という現代的な文脈の中で適用し，新しい解釈を確立したものである。また，生命倫理法に関する判決は，1946年憲法前文から，「人間の尊厳の保護（la sauvegarde de la dignité humaine）」という新しい憲法規範を導き出した。

上述のように，第5共和制憲法は，34条の「公の自由」とは別に66条で「個人的自由」を定め，司法権によって保護されるとした。したがって，主として行政裁判所で保障される「公の自由」と，司法裁判所で保障される「個人的自由」とを区別する必要が生じ，従来「公の自由」の中に含まれていた（後掲COLLIARD, p25.）「個人的自由（人身の自由・往来の自由・私生活の自由・人格の尊重を内容とする）」との相違が問われることになった。

憲法院は，憲法66条の「個人的自由」を，同条前段の「人身の自由」と切り離すことによって，また34条に定める「公の自由」を「個人的自由」と同視する手法によって，さらに暗黙的にヨーロッパ人権条約によって保護されている権利を導入することで，司法権の介入しうる範囲を次のように拡大している。すなわち，自主中絶に関する身体の自己決定権（92-317 DC du 21 janvier 1993），住居の不可侵（83-164 DC du 29 décembre 1983），私生活および家族生活の尊重（97-389 DC du 22 avril 1997 ⇨ⅡA10判決），往来の自由（94-352 DC du 12-18 janvier 1995 ⇨ⅡA9判決），婚姻の自由，プライヴァシーの尊重および個人情報の保護（93-325 DC du 12-13 août 1993 ⇨ⅡA9判決）である。しかし，憲法66条の「個人的自由」は司法権による保護を要請するもので，「公の自由」との同視には限界があるが，憲法院はその区別を明確には示していない。

人工妊娠中絶法に関する第Ⅰ判決〔⇨ⅡB11判決参照〕は，「中絶」の合法化をめぐる議会での激しい論争を，違憲審査という方法で憲法院が決着をつける結果となり，1971年に開始されたばかりの違憲審査制の性質を探るという意味で注目された。また，前年に批准したヨーロッパ人権条約の国内における法規範性，すなわち第5共和制初期より論争となっていた憲法55条の「法律に対する条約優位」に関して，憲法と条約の関係の判断もせまられることになった。

1970年代に各国で行われた中絶法に関する違憲審査は，中絶の合憲性を「胎児の生命に対する権利」対「女性の自由」という関係で審査したドイツ憲法裁判所およびアメリカのロー（Roe）対ウエイド（Wade）判決のタイプと，中絶を女性の自由とは位置付けず，一定の要件の場合に「生命に対する権利」が相対化されるとしたフランスのようなタイプに分かれる。憲法院は「困窮状態（situation de détresse）」の女性が中絶を行うことを1789年権利宣言に基く「自由」と認めるが，「困窮状態」という要件の範囲であるため，中絶の「自由」の確立か否かは評価が分かれる。他方，憲法院が（胎児の権利として）参照した1946年憲法前文の「健康の保護への権利」については，「身体の一体性 L'intégrité physique」として「個人的自由」に含みうるという見解もある（後掲 *Code constitutionnel*, p. 581）が，「生命の始まり」がいつかという問題は残され，後に，中絶薬RU486に関するコンセイユ・デタの1990年12月21日判決（C.E.（Ass.）21 déc. 1990, Req. nos. 105743, 105811 et 105812），自主中絶に関する憲法院1993年1月21日判決，1994年7月27日の生命倫理法判決，2001年6月27日の中絶法第Ⅱ判決へと継続する。

生命倫理法に関する1994年7月27日判決〔⇒ⅡB⑫判決参照〕は，フランスの生命倫理法が，生殖医療に関して包括的に定めた法律としては国際的にも初めてのものといえるため，憲法院の判断も多岐にわたる。そのうち①生殖および生命医療分野における新しい「憲法的価値を有する原則」として「人間の尊厳の保護」を1946年憲法前文から導き，②「個人的自由」を，「人及び市民の権利宣言1，2，4条によって宣言された権利および自由」と定義した点で，「個人的自由」および生命・身体に関わる人権を飛躍的に明らかにしたといえよう。しかし，議論の核心である「初期の胎児」及び「受精卵」の権利については判断をせず，この問題は，中絶法第Ⅱ判決へと継続された。

2001年6月27日の中絶法第Ⅱ判決は，中絶可能期間の延長について，胎児および受精卵の法的地位には言及せず，上述生命倫理法判決の憲法規範である①と②（のうち2条）との均衡を破壊しないとして合憲とした。さらに，良心の自由を1789年権利宣言10条及び1946年憲法前文5項に基き，「共和国の諸法律によって認められる基本原則」であることを確認した〔⇒ⅢA㉑判決参照〕。

伝統的な「公の自由」の主要な内容の一つであった「私生活の尊重（le respect de la vie privée）」については，憲法院は長い間66条の「個人的自由」として認めることを回避し，1789年権利宣言に基く liberté personnelle とする傾向があった（n° 92-316 DC du 20 janvier 1993）。学説においても，私生活の尊重が第5共和制憲法以降に主張されるようになった新しい権利であることから，憲法的価値については評価がわかれていた。これに対して，監視ビデオに関する1995年1月18日判決〔⇒ⅡB⑬判決参照〕は，私生活の尊重の侵害を「個人的自由の侵害という性質とみなしうる」と認め，監視目的のビデオ設置は法律によって定められる保護を尊重するという解釈留保（réserve d'interprétation）のもとで憲法に適合しうると判断した。その後の判決では，私生活の尊重を，66条を援用することなく直接に1789年権利宣言2条に基く liberté personnelle とみなす場合には，より制約をうけやすい権利と位置付けている傾向がある（n° 99-416 DC du 23 juillet 1999）。

私生活の尊重は，近年，ヨーロッパ人権裁判所の影響を強く受け，「生活」や「性」の選択に関わる新しい権利（性転換・個人情報保護等）を含むようになっている。1999年11月9日のPaCS法判決〔⇒ⅡB⑭判決参照〕では，カップル契約の登録が私生活の尊重の核心である個人の性生活の侵害あたるという付託理由について，憲法院は，1789年権利宣言2条の自由は私生活の尊重を含むとしつつ，登録は，インセストを防ぐという公共の秩序および第3者に抗弁しうる契約の期日の確定という権利保護のためであり，「契約を結んだ人々の性的な指向を暴露するものではない」と判断した。すなわち「性的な指向」が私生活の尊重の保護を受けるものであることを示したものと思われる。

2　憲法ブロックとヨーロッパ人権条約

憲法55条は，法律に対する条約優位を定めているが，ヨーロッパ人権条約と法律の適合性の審査は，憲法院の権限なのだろうか。この問いに対して憲法院中絶法第Ⅰ判決（1975年1月15日）は，条約の性質が「相対的で偶発的」であり，憲法とは異なることから，61条に基く違憲審査にはヨーロッパ人権条約は含まれないと初めて判断した。結果として，憲法55条に基く法律の条約適合性審査は，司法および行政裁判所の管轄となり，ヨーロッパ人権条約は司法およ

び行政裁判所において適用され，公布後の法律および行政行為に対する人権規範となっている。しかし，その後のヨーロッパ統合の進展とともに，マーストリヒト条約以降，条約を憲法に挿入する憲法改正が続き，違憲審査においてヨーロッパ共同体派生法が適用されること，また憲法院が審査前に合憲と判断した法律に対して，事後的に具体的な事件の中で司法および行政裁判所において条約適合性審査が行われるなどの状況に対して，1975年判決を見なおすべきかという問題提起もなされている。

（建石真公子）

3 外国人の憲法上の地位

一国の憲法で権利が保障されているとき，それは当然に国民を権利の主体としている。それでは外国人はフランス憲法上権利主体となれるであろうか。

1992年と1993年の憲法改正以前では，1958年憲法前文が1946年憲法前文（「自由のための活動を理由として迫害を受けた者はすべて，共和国の領土内で庇護を受ける権利を持つ」）を参照して，庇護を受ける権利の原則のみを定めていたことを除けば，外国人の権利を定めた憲法上の明文規定は存在しなかった。マーストリヒト条約批准のための1992年の憲法改正は，88条の2を挿入し，単一通貨を導く経済通貨同盟へのフランス参加の可能性を開くと同時に，「欧州共同体構成国の国境通貨に関する諸規則」を欧州連合が決定することを可能にした。1993年の憲法改正はシェンゲン条約の適用を可能にするため，53条の1を挿入し，庇護を受ける権利の範囲を限定している。

1958年憲法34条は法律が介入できる事項を列挙しているが，その中に「公の自由の行使のために市民に認められる基本的保障」がある。「市民」という文言があるため，外国人はこの規定にかかわっていないとも考えられる。憲法院は，「フランスが調印した国際協約および共和国の領土に居住するすべての者に承認される憲法的価値を有する自由と基本権を遵守することを条件に，立法者は外国人について特別な規定を設けることができる」(Con. 33 in n° 89-269 DC du 22 janvier 1990, *RJC* I-392) として，市民という用語を厳格に解すべきではないと考えている。1789年人権宣言は列挙した幾つかの自由・権利について法律の介入を命じており，立法上外国人に関係する法文が多く存在している。

フランスにおける外国人の地位に関する基本法文は，フランスにおける外国人の入国および滞在に関する1945年11月2日のオルドナンスである。1973年まで内容について安定していたこのオルドナンスは，それ以後かなり頻繁に改正を繰り返し，そのたびに憲法院の介入を招いた。憲法院の判例が蓄積されることにより，外国人の憲法的地位が確立されてきたという経緯がある。

1993年8月12・13日の判決〔⇨ⅡA⑨判決参照〕は，外国人に適用される原則を明示するとともに，立法者が外国人のために保障すべき基本的な自由および権利を特に列挙して，外国人の真の憲法的地位の確立に大きく貢献している。一般的に，外国人は国民と全く同じ地位を享受するわけではなく，また幾つかの権利の享受につき，正規滞在の外国人とそうではない外国人とが区別されている。このような考え方は，1997年4月22日判決〔⇨ⅡA⑩判決参照〕および1998年5月5日判決 (n° 98-399 DC du 5 mai 1998, *J. O.*, Lois et Décrets, p. 7092) によって確認され，補充されている。

加えて，憲法院は何度も法人の基本権が立法者によって尊重されるべきであるという判断を

示している。私法人としては，組合（n° 80-117 DC du 22 juillet 1980, *RJC* I-81），企業（n° 81-132 DC du 16 janvier 1982⇨ⅢB28判決参照），私立学校（n° 93-329 DC du 13 janvier 1994⇨ⅢA27判決参照），公法人としては，公施設法人（n° 79-112 DC du 9 janvier 1980, *RJC* I-78），地方公共団体（n° 82-137 DC du 25 fevrier 1982⇨ⅤA51判決参照），政党（n° 89-271 DC du 11 janvier 1990⇨ⅥA41判決参照）がある。

4　法の下の平等

フランスにおける平等原則は，人権論の領域にとどまらず，「一にして不可分の共和国」思想と一体となって，普遍主義的国家像を支えていることに留意しなければならない〔⇨ⅡC18判決，ⅤA52判決参照〕。

1789年の人権宣言で表明された平等原則を初めて参照した1973年12月27日判決〔⇨ⅡC15判決参照〕以来，平等原則は，150を超える憲法院の判決で中心的な決め手となっている。この原則はそれ自体単独で基本権の１つ平等への権利（droit à l'égalité）を構成すると同時に，他の基本権行使の条件となる権利の平等への権利（droit à l'égalité des droits）として働く。

平等への権利は憲法ブロック内の約15の条項に登場するが，憲法院が実際に引用しているのは，人権宣言６条，13条と1958年憲法１条，３条３項である。平等原則に関する著名な人権宣言１条は，一般すぎて現在まで裁判規範として引用されていない。憲法上の法文の幾つかは，立法者が正当化なしに設けることができない区別の基準となる範疇を明示している。出生，人種，宗教，信条，性の５つであるが，これ以外にもありうるとされている。憲法院はまた，法文上の条項を明らかにすることなく，単に「平等原則」ないし「憲法上の平等原則」とだけ参照する場合もある（例えば，n° 88-248 DC du 17 janvier 1989⇨ⅢA23判決参照）。

法律は一定の要件に一定の法的効果を結びつけるものであるから，広い意味では差別をしていることになる。憲法院は，憲法は立法者に対して「恣意的な差別」を禁止しているのだと解釈することによって，憲法の要請とのバランスを取っている。すなわち憲法院は，「平等原則は，立法が異なる事情を異なるやり方で規制することも，一般利益を理由に平等原則に違背することも禁止していない。但し，どちらの場合にあっても，その結果生じる取扱の差異が，それを設ける法律の目的と，直接の関係がなければならない」（Con.8 in n° 96-375 DC du 9 avril 1996, *RJC* I-668）という定式に到達した。よって憲法裁判官の審査は二段階から構成される。第１段階では，差別を含む条項が事情の違いであろうと一般的利益であろうと，十分な理由によって正当化され得るかどうかが探求される。第２段階では，この取扱の差異が立法者によって追求される目的と十分に密接な比例の関係を保っているか否かが探求される。

ほとんどの判決で憲法院は立法者の選択の合理性を確かめるにとどまり，上記の方法による通常の審査（contrôle normal）を行っている。この方式によってカヴァーされる範囲は広範である。立法者が経済・社会法，財政・租税法のような領域で法的あるいは事実上の事情間の単純な差異を設けている場合に，通常審査の方法が適用される。これに対し立法者が設けた取扱の差異が憲法によって明示的に禁じられている差別にあたるときあるいは他の基本権行使にかかわるような場合には，平等原則の厳格な審査（contrôle strict）が実施される。刑法や選挙法などの領域がこれにあたる。厳格審査が実施される場合，ほとんど無効が宣言される。

人種，出生，宗教，信条，性に基づく差別を厳格に禁じることによって，フランス憲法は積極的差別是正措置ないしポジティヴ・アクション（discriminations positives）を創設する権能を立法者から奪う乗り越えがたい障害を設定していると考えられていた。この考えはフランス憲法の普遍主義のコンセプトの確認である。1982年11月18日の判決〔⇨ⅡC⑱判決参照〕は政治的選挙における女性のための積極的差別是正措置は平等の憲法原則に違反するとして，このテーゼを示した。しかし，この判決から積極的差別是正措置の一般的な否認を結論づけることはできない。1982年の判決は憲法が明示的に禁止している性に基づく差別で，選挙法の領域にかかわるものだからである。

問題は，積極的差別是正措置が認められるかどうかということではなくて，積極的差別是正措置が憲法に適合すると判断される条件は何かを探求することである。憲法院は判例を通じて積極的差別是正措置のフランス的概念の輪郭を描いている。1983年1月14日判決〔⇨ⅡC⑯判決参照〕は公職の領域で創設された積極的差別是正措置の合憲性を承認した。1995年1月25日判決（n° 94-357 DC du 25 janvier 1995, *RJC* I-622）で，憲法院は社会的な事実上の不平等を考慮した区別による積極的差別是正措置を承認した。1995年1月26日判決〔⇨ⅡC⑰判決参照〕は地域を対象とする積極的差別是正措置を承認する。この種の措置は特にフランス的であるといわれている。積極的差別是正措置は経済・社会法，財政・租税法領域で承認され，平等原則について厳格な審査が適用される領域では積極的差別是正措置が否定されるのである。このため，選挙法の分野にパリテを導入するためには，憲法上の障害を取り除く憲法改正が必要とされたのである。憲法改正後制定されたパリテのシステムを定める選挙法は，憲法院によってその合憲性が判断された〔⇨ⅡC⑲判決参照〕。

（糠塚康江）

〔参考文献〕

PICARD Etienne, L'émergence des droits fondamentaux en France, *AJDA* numéro spécial, 20 juillet 1998, p. 6, M. de Villier et Th. S. Renoux, *Code Constitutionnel*, Litec, 2001., Francois Luchaire, *Le Conseil constitutionnel*, TomeⅡ-jurisprudence première partie: l'individu, Economica, 2ᵉ éd., 1998., Claude-Albert Colliard, *Libertés publiques*, Dalloz, 1982., Jacques Robert et Jean Duffar, *Droits de l'homme et libertés fondamentales*, Montchrestien, 1999., Patrick Wachsmann, *Libertés publiques*, Dalloz, 1998., Arlette Heymann-Doat, *Libertés publiques et droits de l'homme*. Louis Favoreu et al., *Droit constitutionnel*, Dalloz, 4ᵉ éd., 2001, L. Favoreu et L. Philip, *Les grandes décisions du Conseil constitutionnel*, Dalloz, 11ᵉ éd., 2001, Ferdinand Mélin-Soucramanien, *Le principe d'égalité dans la jurisprudence du Conseil constitutionnel*, Economica-PUAM, 1997, ドミニク・ブレイヤ（中村睦男訳）「フランスにおける外国人」北大法学論集46巻6号（1996年）248頁，糠塚康江「フランス社会と平等原則」日仏法学22号（2000年）67頁。

ⅡA ⑨ 外国人の憲法的地位——移民規制法判決

1993年8月12・13日憲法院判決　　　　　　　　光信一宏
Décision n° 93-325 DC du 12-13 août 1993　　　（愛媛大学教授）
Journal Officiel, Lois et Décrets du 18 août 1993, p. 11722
Rec. 224, RJC I-539, GD. 46

〔事　実〕

　1993年3月の下院総選挙後に誕生したバラデュール保守内閣は、「移民ゼロ」を旗印に、「フランスにおける外国人の入国及び滞在の要件に関する1945年11月2日オルドナンス第2658号」の全面改正を柱とする法案を提出し、国会の審議を経て、同年7月13日に「移民規制及びフランスにおける外国人の入国・受入れ・滞在の要件に関する法律」(第二パスクワ法)が成立する。これに対し7月15日、上下各院の議員から憲法61条2項に基づく憲法院への付託がなされ、8月13日、憲法院は134に及ぶ判決理由の中で、全51ヵ条のうち8ヵ条の規定を違憲とし、さらに約12の解釈の留保を行った。これを受け、第二パスクワ法は、違憲部分が削除されたうえで審署・公布されるが、その4ヵ月後には、いったん抹消した規定を再び復活させる内容の「移民規制に関する諸規定を定め、民法典を改正する1993年12月30日の法律第1417号」(第三パスクワ法)が制定された。同法では憲法院判決の趣旨に沿った修正を旧規定に施しているが、しかし庇護権に関しては、11月25日の憲法改正により憲法規範の方を変更するという異例の手続きがとられている。

〔判　旨〕

　憲法院は、1789年権利宣言、1946年憲法前文、1958年憲法、1951年7月28日の難民条約及びその批准を許可する1954年3月17日法並びに1967年1月31日の難民議定書及びそれへの加盟を許可する1970年11月25日法、1990年6月15日のダブリン条約、同年6月19日のシェンゲン付加条約、1945年11月2日オルドナンス、国籍法を改正する1993年7月22日法を伴う民法典など8の法典、フランス難民・無国籍者保護事務所の創設に関する1952年7月25日法など3の法律、及び1991年7月25日の憲法院判決など2の判決を参照した。

　——付託された法律の審査に適用される憲法規範について

　「憲法的価値を有するいかなる原則も、また、いかなる規則も、外国人に対し、国の領土に入り滞在する一般的かつ絶対的な権利を保障するものではない。外国人の入国及び滞在の要件は、公的機関に広範な権限を付与し特別の規則に立

脚する行政警察的措置により制限することができる。このように，立法者は自ら定める一般利益に沿った目的を実施することができる。この法的枠組みにおいては，外国人は国民と異なる地位に置かれている。……しかし立法者は，たとえ外国人に関し特別の規定を定めることができるとしても，共和国の領土に居住するすべての者に対し認められた憲法的価値を有する基本的な自由及び権利を尊重する義務がある。憲法的価値を有する目的をなす公の秩序の保持と調整されるべきであるにせよ，これらの権利及び自由の中に，個人的自由と安全，とくに往来の自由，婚姻の自由，正常な家族生活を営む権利が存在する。さらに外国人は，フランスの領土に安定的かつ適法に居住している以上，社会保障に対する権利を享有する。外国人は，これらの権利及び自由の保障を確保するための出訴を認められなければならない。加えて外国人は，……1946年憲法前文4段によりその一定の者に対し認められた権利を主張することができる。」[Con. 2～4]

――フランスにおける外国人の入国及び滞在の一般的要件について
・14条［領土への立入り禁止］について
「共和国の法律により承認された基本原則とともにこれらの規定［1789年権利宣言8条］から，刑罰は，罪刑法定主義，刑罰の必要性の原則，より厳格な刑事法の不遡及の原則，及び防御権が尊重されるという条件においてのみ，科すことができる。以上の要求は刑事裁判所により科される刑罰だけでなく，……処罰の性格を有するあらゆる制裁に及ぶ。本条によれば，国境への護送決定はすべて，当該決定の理由となる行為の重大性に関わりなく，領土への1年間の立入り禁止という制裁を自動的にもたらし，免除及び期間変更の可能性はない。かかる次第であるから，……1789年権利宣言8条の要求に応えるものでなく」，違憲である。[Con. 47～49]

――家族再結集権について
・23条［家族再結集の要件］について
「[1946年憲法前文10段から]，フランスにおける居住が安定的かつ適法な外国人は，国民と同様に，正常な家族生活を営む権利をもつ。この権利は，憲法的価値を有する目的たる性格をもつ公の秩序の保持及び公衆衛生の保護に由来する制限の留保の下に，配偶者及び未成年者たる子どもを傍らに呼寄せる能力をとくに含んでいる。これらの要求の調整を確保しつつ，この権利を尊重するのが立法者の責務である。」[Con. 70]

「請求時において学生の肩書きでフランスに居住している外国人を家族再結集の利益から一切排除することは，1946年憲法前文により与えられた家族再結集権の一般的性格に照らすと，他の潜在的申請者の地位との相違によって正当化されるものではない。……[既に家族再結集権を行使した場合，前婚の解消後2年が経過しない限り再婚相手を呼寄せることができないとの]規定は，正常な家族生活を営む権利を無視するものである。」[Con. 74～75]

「正常な家族生活という要件は，受入れ国たるフランスにおいて支配しているそれであり，複婚はそこから除外される。したがって，複婚者の家族再結集に対する法律の制限及び制裁は憲法には反しない。」[Con. 77]

——庇護権について

「[1946年憲法前文4段の定める]権利と結びついた一定の保障が国内法の中に導入された国際条約によって規定されてきたとしても、この憲法上の要求が含んでいるすべての法的保障をあらゆる状況において確保するのが立法者の責務である。」[Con. 81]

・24条[庇護申請者の処遇]について

「庇護権の尊重は、この権利を主張する外国人が、請求についての決定が下りるまで暫定的に滞在できることを一般に意味する。この要求と公の秩序の保持との調整という留保の下で、このように当然与えられる滞在の許可によって、……万人にとって憲法的性格をもつ基本権たる防御権を実際に行使することができるようにすべきである。……[庇護申請者の滞在を拒否しうる場合が4つ列挙されているが、このうち、1990年のダブリン、シェンゲン両条約により、庇護申請についての審査権が他国にある場合]、庇護申請者はフランス難民・無国籍者保護事務所に対し難民資格認定を請求することができない。立法府は、このように権利の行使を本人に禁ずることによって、上記の憲法的価値を有する原則を無視している。[一方、残りの3つの場合は]、行政機関が滞在許可を拒否しうるとしても、[1945年11月2日オルドナンスの]32条の2により、本人は、フランス難民・無国籍者保護事務所による棄却の裁決が通知されるまでフランスに滞在する権利を有する。そして、このように出訴の機会を保障している以上、立法府は、公の秩序の保持という見地から、[訴願委員会による]審査期間中の滞在権を有しないと規定することができたのである。[本条では、以上4つのいずれかに該当する場合にも、庇護を与える主権国家の権利を妨げないとしているが]、1991年7月25日の憲法院判決第294号が判示したように、庇護申請の取り扱いに責任を負う他国を国際条約に従い決定することは、当該条約が、自国法の規定を適用して庇護申請の取り扱いを確保するというフランスの権利を留保している場合に限り、認められる。1946年憲法前文4段は、フランスの行政及び司法機関に対し、……自由のための活動を理由に迫害されるであろう者……の地位の審査を義務づけている。こうした要求の遵守は、申請についての裁決が下りるまで本人が一時滞在許可の対象となることを意味する。他の条約締結国に対する国家の主権的権利は、この義務の完全な遵守を確保するため、立法府によって留保されたものと解すべきである。かかる解釈の厳格な留保の下でのみ、本規定は合憲とみなしうる。」[Con. 84〜88]

——個人的自由の重要原則の遵守について、

・31条[検事による挙式延期命令]について

「[偽装結婚の疑いがある場合、共和国検事は最長3ヶ月間の挙式延長を命ずることができ、これに対する出訴の方法がないという]事前の要件に挙式を従わせることで、本条は個人的自由の一構成要素たる婚姻の自由の原則を無視している。」[Con. 107]

・34条[最長3ヵ月間の司法留置]について

「司法留置は刑罰ではない。しかし、刑事訴訟中の一定の期間、完全に自由を剥奪するような措置に関しては、被勾留者に対する保障よりも弱い保障を付することは許されない。本条は、個人的自由の法的保障を満足させるものではない。」[Con. 114]

——外国人の社会的権利について　〔略〕

「審査に服する法律の他の諸規定に関しては，本院が職権により合憲性の問題を提起する必要がないことを考慮し，以下のように判示する。〔Con. 134〕

1. 14条2項，23条の『（学生）と記載された滞在資格の下でフランスに滞在する外国人は家族再結集を享有できない』という文言，及び〔既に家族再結集権を行使した場合は，離婚後2年が経過しないと再婚相手を呼寄せることができないとする〕文言，24条すなわち1945年11月2日オルドナンス31条の2の『本条の2号ないし4号に規定された理由により』という文言，27条3項，31条3項すなわち民法典175条の2，34条1，2，4項，45条最終項，46条は憲法に違反する。

2. 本判決は，フランス共和国官報に掲載される。

（1993年8月12・13日審議）（憲法院院長　ロベール・バダンテール）」

〔解　説〕

(1)　本判決の意義

外国人法制の核をなす1945年11月2日オルドナンス（入管法）は，1980年代以降，政権交代等を背景に頻繁に改正されており，これに応じて憲法院の判例も，司法裁判官の関与しない7日間の行政留置を身体の自由に反し違憲とした1980年1月9日判決（Décision n° 79-109DC du 9 janvier 1980, J. O., p. 84）を嚆矢として，本判決をはじめ，多数にのぼる（1986年9月3日，1989年7月28日，1990年1月9日，1992年2月25日，1997年4月22日，1998年5月5日の諸判決）。これらの判決はいずれも，外国人の出入国・滞在に関する国の規制について，人権保障の観点から，その憲法上の限界を明らかにしたものといいうるが，中でも本判決は，単に大部だということだけでなく，これまでの判例をいわば集大成し，その後の判決に大きな影響を与えたという意味で，基本判例たる地位を占める。さらにまた，ともすれば「出入国管理制度の枠組みの下での権利保障」という発想に傾きがちな，マクリーン事件最高裁判決に代表されるわが国の判例を批判的に吟味するうえでも，本判決は参考に値しよう。論点はきわめて多岐にわたるが，紙幅の関係で，とくに注目される点を解説する（なお，ⅡA⑩判決の解説も参照のこと）。

(2)　外国人の憲法的地位

本判決の最大の意義は，「外国人の憲法的地位」を初めて体系的に提示した点にあるが，それによると，立法府は，①外国人の入国・滞在を特別の行政警察的措置により制限しうる（理由2）が，しかし，②外国人の享有する憲法上の権利を尊重しなければならない（理由3，4）。

まず①だが，出入国管理が国の主権的事項に属することは，「国は外国人の入国の要件を定める権利を有する」とした1992年2月25日判決（Décision n° 92-307 DC du 25 février 1992, J. O. p. 3003）等で言及されており，本判決はこれを踏まえ，外国人は「一般的かつ絶対的な」入国・滞在の権利を有しないとしている。但し，後述の家族再結集権及び庇護権に関連して一定の保障が認められている点に注意する必要がある。

本判決で，より重要なのは②の部分である。理由3の「共和国の領土に居住するすべての者

に対し認められた憲法的価値を有する基本的な自由及び権利」（傍点引用者）という文言は，国民連帯基金付加手当の国籍要件を平等原則違反とした1990年1月22日判決（Décision n° 89-269 DC du 22 janvier 1990, J. O. p. 972）において初めて登場したものであり，本判決でもこの文言を使用し，外国人の人権享有主体性を一般的に承認している。そして次いで，保障される人権の種類として，身体の自由，往来の自由（出国の自由を含む），婚姻の自由，正常な家族生活を営む権利（家族再結集権），出訴権，防御権，社会保障を受ける権利，庇護権及び平等原則などを挙げている。但し，それは限定的な列挙では必ずしもなく，今後，判例の展開によりその数が増える可能性はある。なお，正常な家族生活を営む権利及び社会保障を受ける権利の場合，とくに「安定的かつ適法な居住」が要件とされているが，しかしこのことは必ずしも法律による特例を禁ずる趣旨ではなかろう。また，これら2つを除く他の権利に関しては，原則として不正規滞在の外国人にも——程度は別として——その保障が及ぶことに留意すべきである。

国民の場合と同様，外国人の享有する人権はもとより絶対無制約のものではなく，憲法的価値を有する目的たる「公の秩序の保持」との調整を必要とする。不確定概念である「公序」を人権制約の一般的根拠とすることについては学説の一部から疑義が出されているが，少なくとも本判決に関する限り，8の規制を違憲とし，さらに12もの解釈の留保を付していることから，こうした批判は必ずしも当たらないであろう。そこで次に，正常な家族生活を営む権利を例に，この点について見よう。

(3) 正常な家族生活を営む権利

1946年憲法前文10段（「国は，個人及び家族に対して，それらの発展に必要な条件を確保する」）から導かれる正常な家族生活を営む権利には，「配偶者及び未成年者たる子どもを傍らに呼寄せる能力」，すなわち家族再結集権が含まれる。「法の一般原則」を根拠にこの権利を認めたのは，1978年12月8日のコンセイユ・デタ判決（CE Ass. 8 déc. 1978, G.I.S.T.I., Rec., p. 493）が最初であり，本人の家族に対し求職を断念しない限り入国を禁ずるデクレが違法とされている。憲法院も，1986年9月3日判決（Décision n° 86-216 DC du 3 septembre 1986, J. O., p. 10790）の中で「家族の権利」を承認したが，しかしその憲法的価値は「公序の必要性」よりも劣るものでしかなかった（理由18参照）。これに対し本判決は，「国外追放を命ずる機関はあらゆる判断要素，なかんずく本人の個人的，家族的状況を考慮しうる」が，「公序に対し重大な脅威がある場合に公序の必要性の方を優越させることは，いかなる憲法規定にも反しない」（理由56）とし，権利の制約を公序への「重大な」脅威がある場合に限定している。そして，こうした権利重視の姿勢は，離婚後2年が経過しない限り再婚相手を呼寄せることを禁ずる規定や，学生の資格で滞在する者を適用除外とする規定を違憲と断じたこと（理由74，75）にもあらわれている。

(4) ダブリン，シェンゲン両条約と庇護権の保障

「自由のための活動を理由として迫害を受けた者はすべて，共和国の領土内で庇護を受ける権利をもつ」と定める1946年憲法前文4段について，憲法院は当初，「法律及び国際条約により

実施されるもの」（1986年9月3日判決・理由5）と解していたが，しかしこれに対しては，本条の対象たる自由の闘士を，1951年の難民条約及び1967年の難民議定書にいう難民と混同しているとの批判があり，本判決において，その直接適用が肯定されるに至っている（理由4，81以下）。すなわち庇護権の保障は，①庇護申請に関する裁決が下りるまでの臨時滞在権，並びに②行政及び司法機関の審査義務を意味するものとされ，とくに②に関連して，いずれか一カ国のみによる難民審査の原則を掲げる1990年のダブリン，シェンゲン両条約によりフランス以外の国が審査を担当する場合に，OFPRA（フランス難民・無国籍者保護事務所）への難民認定の申請を認めないとする法律の規定が違憲とされたのである。シェンゲン付加条約について，1991年7月25日判決（Décision n° 91-294 DC du 25 juillet 1991, J. O., p. 10001）は，規定上，「とくに自国法に由来する特別の理由」に基づく固有の審査権がフランスに留保されていることを根拠に合憲としており（理由31），本判決はこれを踏まえたものである。しかし，フランスの審査義務を表明した本判決に対し，条約の実施が事実上困難になることを危惧した政府は憲法改正という手法を選択し，その結果，誕生したのが憲法53条の1である。ここでは，自由の闘士等に対し庇護を与える国の「権能」がうたわれ，（個人の庇護権に対応する）庇護義務は後景にしりぞいている。ただ，ダブリン条約等以外の領域に関しては，従来どおり1946年憲法前文4段が適用されることに留意すべきである。なお本判決後の動きだが，1998年5月11日のシュヴェヌマン法では，自由の闘士の認定手続きを，難民の場合と同じ1952年7月25日法（「庇護権に関する法律」と改称）にゆだねているが，1998年5月5日の憲法院判決（Décision n° 98-399 DC du 5 mai 1998, J.O. p.p. 7092）は，「申請者及び司法の適切な運営のため」手続きを一本化しうるとしている（理由20）。こうして，憲法的庇護と条約的庇護の関係をめぐる問題は今後も重要な争点であり続けるであろう。

〔参考文献〕

L. Favoreu et L. Philip, Les grandes decisions du Conseil constitutionnel, 11e éd., 2001, pp. 825-853; B. Genevois, Un statut constitutionnel pour les étrangers, Revue français de droit administratif, septembre-octobre 1993, pp. 871-900; J. Kissangoula, La Constitution francaise et les etrangers, 2001, 578p.; R. Coulin, Des droits de l'homme en peau de chagrin, 2000, 319p.; 林瑞枝「1993年度フランスにおける移民関係法令の変更とその意義について(4)～完」時の法令1473号65頁以下，同1477号58頁以下，同1479号55頁以下，今関源成「憲法院と1993年移民抑制法」浦田賢治編『立憲主義・民主主義・平和主義』（2001年）99頁以下，丹羽徹「フランスにおける外国人の権利——1993年移民規制法に関する憲法院判決を素材として」本田淳亮ほか編『外国人労働者の問題の展望』（1995年）153頁以下，水鳥能伸「フランスにおける亡命権論議の一考察(1)(2)——亡命権に関する1993年8月13日の憲法院判決と同年11月19日の憲法改正を中心に」広島法学18巻4号107頁以下など。

ⅡA ⑩　ドブレ法の憲法適合性──宿泊証明書判決

1997年4月22日憲法院判決
Décision n° 97-389 DC du 22 avril 1997
Journal Officiel, Lois et Décrets du 25 avril 1997, p. 6271
Rec. 45, RJC I-707

光信一宏
（愛媛大学教授）

〔事　実〕

　1996年3月のサン・タンボワーズ教会占拠を皮切りに始まったサン・パピエ（滞在許可証のない外国人）による正規化要求の運動は，人権諸団体の支援を受け，パリを中心に全国的な規模で展開したが，その背景には，1993年のパスクワ法〔⇨ⅡA⑨判決参照〕の規定間の齟齬により，退去強制されないが正規の滞在を認められない者が多数存在するという事情があった。加えて，不法移民に対する従来の規制が必ずしも有効ではなかったことから，ジュペ保守政権は，パスクワ法の一部見直しが必要だと判断し，1996年11月6日，出入国管理の基本法たる1945年11月2日オルドナンスの改正を柱とする法案を下院に提出した。上下両院は，それぞれ2回の読会を経て，97年3月25，26日に合同委員会案を可決するが，各院の野党議員が，3月27日に，憲法61条2項に従い憲法院に付託した。4月22日，憲法院は，警察等に対し難民資格申請者の指紋情報ファイルへのアクセスを認める3条最終項の一部，及び，「公序に対する脅威」を居住者証の当然更新の拒否事由とする7条2項の一部を憲法違反と判示した。これを受け，合憲とされた規定のみが，4月24日にシラク大統領によって審署され，4月25日に官報に掲載された。19ヵ条からなる本法の正式名称は「移民に関する諸規定を定める1997年4月24日の法律第396号」だが，通常「ドブレ法（loi Debré）」と呼ばれる。なおその後，ジョスパン左翼連立政権の下でシュヴェヌマン法（1998年5月11日法）が成立するが，「パスクワ・ドブレ法の全面廃止」という当初のもくろみに反し，部分的な修正にとどまっている。

〔判　旨〕

　「憲法院は，憲法，フランスにおける外国人の入国及び滞在の要件に関する改正された1945年11月2日のオルドナンス第2658号，憲法院に関する組織法律を定める改正された1958年11月7日のオルドナンス第1067号とくにその第2章第2節，司法官職の身分規定に関する組織法律を定める改正された1958年12月22日のオルドナンス第1270号，フランス難民・無国籍者保護事務所の創設に関する改正された1952年7月25日の法律第893号，情報処理，ファイル及び諸自

由に関する改正された1978年1月6日の法律第17号，民法典等［4の法典］その他の法規を参照し，ドブレ法の1条，3条～8条，13条，17条～19条の全11ヵ条について検討して3条及び7条に関して違憲判断を下した。そのうち，

1条［宿泊証明書］について

「行政は，それを許可する明文の規定がない場合にも，不法な請求を却下する自由を常に有する。……［宿泊証明書の査証拒否の事由である「手続きの濫用」という文言は］，かかる不正行為に言及したものと解されるべきである。同行為の立証は，それが客観的かつ合理的な基準に従い，行政裁判官の統制の下で行われる場合にのみ，確実なものとなりうる。知事の要求に基づく警察又は憲兵隊による捜査は行政調査の性格を有しており，かかる立証に必要な情報の探索に限定される。……もし［宿泊証明書の］情報ファイルが作成されるならば，それは情報処理，ファイル及び諸自由に関する法律の定める個人的自由の保護規定に服する。以上の条件において，本規定は個人的自由に対する過度の侵害ではなく，［立法府の］消極的無権限もしくは平等原則違反でもない。また，それは憲法66条に由来する司法機関の権限を無視するものではない。」［Con. 4～6］

3条［1945年11月2日オルドナンスに8条の1，8条の2，8条の3を追加］について

8条の1［旅券等の没収］について

「外国人の入国及び滞在に関し，立法府は，憲法的価値を有する目的である公の秩序の保持をとくにねらいとした特別の規定を定めることができるとしても，この目的を，共和国の領土に居住するすべての者に対し認められた基本的な自由及び権利と調整する義務がある。これらの権利及び自由の中には，往来の自由——それは国の領土に限定されず，そこから離れる権利も含む——及び婚姻の自由が存在する。不正規状態の外国人について，実際の出国を確保するための書類の所持を確実なものとすることが，本規定の唯一の目的である。かかる措置によって，外国人は出国の権利並びにその他の基本的な権利及び自由の行使を妨害されるものではまったくない。それゆえ，第1に，実際の出国のための没収書類の返還請求があれば，書類は本人がフランスを離れる場所において遅滞なく返還されなければならない。第2に，没収された旅券又は渡航証明書に代わる受領証は，外国人が滞在の適法性［の要件］に服さない自由及び権利を行使することを決して妨害するものではない。最後に，旅券又は渡航証明書の没収は，場合により執行停止を命ずる行政裁判官の統制の下で，行政機関の要求に厳密に見合う期間内でのみ，行わなければならない。……以上の条件において，8条の1は，憲法的価値を有するいかなる原則にも，又いかなる規則にも違反しない。……」［Con. 10～14］

8条の3［指紋の採取等］について

「第1に，憲法上の諸原則を遵守し，自ら定める公益を考慮して，フランスにおける外国人の入国及び滞在に適用される措置を決定するのは立法府の責任である。……立法府は，これらの［滞在資格申請者，不正規外国人，及び被退去強制者の指紋を，1978年1月6日法を遵守して，採取・記録・電算処理するという］行政警察上の措置によって，個人的自由に対する憲法を無視するような過度の侵害を行ってはいない。第2に，立法府は，この［1946年憲法前文4段の］憲法的要請の中に含まれる法的保障のすべ

てをあらゆる場合に確保すべき責務を負っている。フランスにおける難民資格申請者に関しフランス難民・無国籍者保護事務所の保有する情報の秘匿は, 庇護権——それは, とくに申請者が特別の保護を受けることを意味する憲法的価値を有する原則である——の必要不可欠の保障手段である。このことから, とくに難民資格の付与により庇護権を実施する権限を有する機関のみが, これらの情報, とりわけ難民申請者の指紋にアクセスすることができる。したがって, 内務省及び国家憲兵隊の機関に対し……申請者の指紋情報ファイルへのアクセスを認めることは, 1946年憲法前文の掲げる憲法的価値を有する要請から法的な保障を奪うものである。以上のことから, 8条の32項の『及び難民資格申請者の指紋情報ファイル』という文言は違憲と判断されなければならない。」[Con. 24～27]

7条［居住者証の当然更新の拒否］について

「居住者証の更新請求にあたり, 外国人は, フランスにおける10年以上の適法滞在の事実を主張することができる。外国人と受入れ国の間に多様な結びつきを生じさせるこのような安定性が存在する以上, 単に公序に対し脅威があるということだけで滞在資格の更新を拒否することは, 家族生活及び私生活の尊重への権利を過度に侵害するものである。公序に対する重大な脅威があれば, 行政機関はいつでも, 1945年11月2日オルドナンス23条ないし26条の定める要件及び手続に従い, 国外追放を命ずることができるのである。したがって, ［公序に対する脅威という更新拒否事由は］憲法違反と宣言されなければならない。」[Con. 45]

13条［行政留置］について

13条1項［再留置］について

「［最初の行政留置後, 7日以内に退去強制措置に従わなかった者の再留置を認める］本規定を採択することにより, 立法府は, 本人が退去強制措置に従うことを拒否した場合に限り, 1回のみ行政留置を繰り返すことを許可したものと解されるべきである。かかる解釈の留保の下において, しかも, 裁判官の統制の下で, 行政は本人の事実及び法にかかる状況の変化を考慮に入れるべきである以上, 本規定は, ……個人的自由を過度に侵害するものではない。」[Con. 52]

13条2項［司法裁判官の関与］について

「憲法66条の文言によれば, 司法機関は個人的自由の守護者である。本規定は, 35条の2第1項ないし3項のいずれかに該当する外国人を, 刑務行政の管轄に属さない場所に48時間以上留置する場合すべてを司法機関の統制に従わせることによって, かかる要求を満たしている。［24時間から48時間への］期間の変更それ自体は, 行政による退去強制決定に対する［45年オルドナンス22条の2により保障された］外国人の異議申立ての権利を妨げるものではない。それゆえ, 主張はしりぞけられるべきである。」[Con. 55]

「本件では, 審査に付された他の諸規定に関しては, 本院が職権により合憲性の問題を提起する必要がないことを考慮し, 以下のように判示する。[Con. 77]

1. 3条最終項の『及び難民資格申請者の指紋情報ファイル』という文言, 7条2項の『外国人の存在が公の秩序に対し脅威となる場合を除き』という文言は憲法に違反する。

2. かかる解釈の留保の下に, 移民に関する

諸規定を定める法律の3条及び7条の他の諸規定，並びに1条，4条，5条，6条，8条，13条，17条，18条，19条は憲法に違反しない。
3．本判決は，フランス共和国官報に掲載される。
（1997年4月22日審議）（憲法院院長　ローラン・デュマ）」

〔解　説〕

(1)　本判決の位置づけ

ドブレ法は，上述のサン・パピエによる正規化の要求に応え，一時滞在許可証の当然交付対象者の範囲を拡大した点を除けば，パスクワ法と同様，移民に対する監視・取締りの強化を内容としており，憲法の掲げる人権保障の理念との適合性が問題となる。合憲性が争われたのは，①宿泊証明書，②旅券等の没収，③業務車両の臨検，④指紋の採取・記録・データ化，⑤滞在資格の取消し，⑥一時滞在許可証の交付要件，⑦居住者証の更新拒否事由，⑧県の外国人滞在委員会の廃止，⑨行政留置，⑩司法留置，⑪仏領ギアナでの身元検査，⑫事業所への司法警察職員等の立入りなど多岐にわたるが，憲法院は④，⑦の一部を違憲とし，他の規定についてもいくつかの解釈の留保を行っている。本判決は，後述する点を除き，全体として，「外国人の憲法的地位」を体系化した1993年8月12・13日判決〔⇨ⅡA①判決参照〕の趣旨・内容を継承し，さらにこれを発展させるものといってよい。以下，主要論点について解説する。

(2)　宿泊証明書

宿泊証明書とは，親や友人への私的な訪問のための入国に必要な（宿泊させる者の身元や宿泊先などを記載した）書類であり，1982年5月27日のデクレにより導入されたが，第二パスクワ法の下で法律上の制度に昇格している。同法では，証明書の査証を拒否する市長の権限や，国際移民局員による宿泊先への事前立入り調査などが認められていたが，上述の93年判決は，個人的自由への侵害ではないとしながらも，①市長の決定は知事の階層的申立てに服すること，②市長及び知事の決定はできる限り短期間内に行われるべきこと，③査証拒否事由たる立入り拒否は明確な意思表示によるものでなければならないこと，という解釈の留保を付している（理由10）。

一方ドブレ法であるが，最初の政府案では，査証拒否事由として「手続きの濫用」など2項目が追加されたほか，宿泊させた外国人の出国を市役所に通報する義務が盛り込まれていた。このうち後者には不法残留の防止というねらいがあったが，しかし密告の危険を憂慮する文化人たちの「市民的不服従運動」を招き，結局，外国人本人が出国時に証明書を返却するものとされ通報義務は削除されている。一方，「手続きの濫用」という文言について，本判決は，「不正行為」の意味に限定解釈した上で，その立証は行政裁判所の統制の下で客観的かつ合理的な基準に従い行われるべきであるとし（理由4），曖昧不明確との批判をしりぞけている。なお，宿泊証明書は1998年のシュヴェヌマン法によって廃止され，「受入れ証明書」に代わったが，市長等が認証を拒否できるのは必要書類が未提出の場合に限られる（1998年6月23日のデクレ）。

(3)　旅券の没収と出国の自由

フランスから出国する自由を外国人が有するかどうかについて，1992年5月22日のコンセイ

ユ・デタ判決（C. E., 22 mai 1992, *G.I.S.T.I.*, Revue française de droit administratif, 1993, p. 569）は欧州人権条約第 4 議定書等を根拠に肯定したが，93年判決はこれを憲法上の問題としてとらえ，「[個人的自由の 1 つたる]往来の自由は国の領土に限定されず，そこから離れる権利も含む」と判示している(理由 3, 103)。そこでの争点は，出国しようとする一定の外国人に対し行政機関への事前の届出義務を課する規定の合憲性であったが，憲法院は単なる届出制は格別，事前許可制は許されず，形式的要件を満たせば出国査証を交付しなければならないとの解釈の留保を示し（理由104），規定の内容を事実上，骨抜きにしている。一方，本判決では，退去強制の確保を目的とした警察等による不正規外国人の旅券又は渡航証明書の没収について，①期間は必要最小限にとどめ，かつ，執行停止を命じうる行政裁判所の統制に服すること，②不正規外国人にも保障される権利・自由の行使を妨害してはならないこと，③出国の要求があれば，旅券等を速やかに返却しなければならないこととし（理由11, 12），濫用の危険に歯止めをかけている。このように憲法院は，出国の規制に関しては，入国及び滞在の場合以上に厳格な態度を示している。

(4) 指紋情報ファイルの保護と庇護権

ドブレ法では，1978年 1 月 6 日法の定める要件に従い，①非ＥＵ出身者たる滞在資格申請者，不正規外国人，及び被退去強制者の指紋を採取・記録・電算処理すること，並びに②警察又は国家憲兵隊が，外国人の身元確認のため，内務省及びOFPRA（フランス難民・無国籍者保護事務所）の管理する指紋ファイルにアクセスしうることとしていたが，本判決は，②のうち，OFPRAの管理する難民申請者の指紋ファイルへのアクセスを1946年憲法前文 4 段違反としている（理由27）。同ファイルについては，既にCNIL(情報処理及び諸自由に関する全国委員会)の審議の中で，OFPRAによる排他的な保有・利用の原則が提示されていたところであり，本判決はこれを追認するとともに，憲法上の庇護権保障にプライバシーの保護という新たな意味内容を付け加えたのである。ただ本判決当時，OFPRAは難民条約にいう難民を認定する権限しか有していなかった——「自由のための活動を理由に迫害された者」(1946憲法前文 4 段)を認定する権限が与えられるのはシュヴェヌマン法によってである——ことから，憲法的庇護を条約的庇護と混同していると指摘されている。なお，上記①が合憲とされた理由は必ずしも明らかではないが，おそらく，個人情報保護法たる1978年法の制約を受けるものとされている点，及び，フランス人についても身分証明書作成時の指紋採取が認められている点が考慮されたのであろう。

(5) 永住権の承認

現行の滞在資格には一時滞在許可証（最長 1 年の有効期間で更新可）と居住者証（有効期間10年で当然更新）があり，交付及び更新の要件並びに手続きはこれまで二転三転している。とくに論議を呼んできたのが「公序に対する脅威の不存在」という文言であり，憲法院は，93年判決（理由25）及び1989年 7 月28日判決（理由11〜16, Décision n° 89-261 DC du 28 juillet 1989, J. O., p. 9679）において，これを居住者証の当然交付の要件とするか，しないかは立法裁量に属するとしている。本判決も，一時滞在許可証の当然交付の要件に加えることを認めた（理由36）が，し

かし，居住者証の当然更新の要件とすることは憲法に反するとしている（理由45）。10年以上の長期滞在に基づくフランスとの緊密な関係を損なうというのが理由だが，退去強制事由たる「公序に対する重大な脅威」が存在しないという条件つきながら，一種の永住権が認められたことになり，法的地位の安定化を図ったものとして評価されている。

(6) 行政留置と個人的自由

行政留置（退去強制命令を受けた者が直ちに出国できない場合にその身柄を確保する措置）については，恣意的拘禁を禁ずる憲法66条との適合性が問題となる。憲法院は既に，①知事による留置決定後，できる限り短期間内に司法裁判官が関与すべきこと（1980年1月9日判決・理由4），②裁判官による留置期間の延長は，絶対的に必要で，かつ公序に特別重大な脅威がある場合に限られるべきこと（1986年9月3日判決・理由22，93年判決・理由100）とし，②との関係で，退去を命じられた者や渡航証明書を提示しなかった者すべてに対する（6日間の延長後の）3日間の再延長を憲法違反と断じている（同上）。一方，本判決では，①'裁判官の関与を留置決定の24時間後から48時間後へと変更するとともに，②'5日間の延長及び3日間の再延長後も退去強制命令に従わない者について，行政留置を最初からやり直すことを認める規定を合憲としている（但し，やり直しは一回限りとされる。理由52，55）。しかし②'を合憲とした点は，最長20日という留置期間の長さや対象者の範囲の広さを考えると，それ以前の判例と整合的といいうるか疑問である。

〔参考文献〕

O. Lecucq, Jurisprudence du Conseil constitutionnel 1er avril-30 juin 1997, Revue française de droit constitutionnel, n° 31, 1997, pp.571-585; F.Luchaire, Le constitutionnel et la loi du 24 avril 1997 sur l'immigration, Revue du droit public, 1997, pp.931-964; F. Julien-Laferrière, La "loi Debré" sur l'immigration, Regards sur l'actualité, juin1997, pp. 27-39; F. Julien-Laferrière, Immigration, L'actualité juridique-droit administratif, 20 juin 1997, pp. 524-532;D. Turpin,La loi n° 97-396 du 24 avril 1997 portant diverses dispositions relatives à l'immigration: de l'《ajustement》au durcissement, Revue critique de droit international privé, juillet-septembre 1997, pp. 447-468; G.Pellissier, Le statut constitutionel des droits et libertés des étrangers, Les petites affiches, 27 juin 1997, pp. 4-13; J. Kissangoula, La Constitution française et les étrangers, 2001, 578p.; 林瑞枝「フランスの入国・滞在管理法令の現在(1),(2)——1997年・ドブレ法からシュヴェヌマン法案へ」時の法令1557号50頁以下，1558号46頁以下など。

ⅡB ⑪ 人工妊娠中絶法における「生命の尊重」と「自由」

(α)1975年1月15日人工妊娠中絶法合憲判決（人工妊娠中絶法第Ⅰ判決）
Décision n° 74-43 DC du 15 janvier 1975
Journal Officiel, Lois et Décret du 16 janvier 1975, p. 671
Rec. 19, RJC Ⅰ - 30, GD. 23
(β) 2001年6月27日新人工妊娠中絶法の合憲判決（人工妊娠中絶法第Ⅱ判決）
Décision n° 2001-446 DC du 27 juin 2001
Journal Officiel, Lois et Décret du 7 juillet 2001, p. 10828
Rec. 205

建石真公子
（愛知学泉大学助教授）

〔事実α〕

　フランスでは，第1帝政期の1810年刑法典以来，中絶は堕胎罪によって処罰されてきた。しかし，1960年代後半からの欧米における避妊・中絶の自由化を要求する社会的な動きを背景として，1974年12月20日，人工妊娠中絶法が可決された。

　フランスにおいては，憲法上，「生命」に関する明確な規定が不存在のため，胎児の生まれる権利と女性の中絶の自由の関係が制定過程の争点であった。中絶法は，第1条で「生命の始まりからのすべての人間の尊重を保障する」とした上で，従来治療のための中絶のみを認めていた公衆衛生法を改正し，妊婦が，困窮状態 (situation de détresse) にある場合に，妊娠10週の終わりまで[1]の期間内に医師に妊娠中絶を要請することができることを定めている。

　しかし同法律は，以下の2つの理由で，国民議会議員により憲法院に付託された。すなわち，第1に1958年憲法前文によって確認されている基本的な諸条文である1789年の人と市民のための権利宣言，1946年憲法前文の「フランス人民は改めて全ての人間が種族・宗教・信仰による差別なく譲渡することのできない神聖な権利を有することを宣言する」および「国家は全ての人とりわけ子供や母親……に健康の保護……を保障する」の部分に抵触し，第2に，ヨーロッパ人権条約2条の「全ての人の生命に対する権利」に違反するという理由である。

　この付託理由のうち第2のものは，ヨーロッパ人権条約を批准して間もない時期であること，憲法55条の法律に対する条約優位原則を，国内のどの裁判所が審査するのかが明確でなかった時期でもあることから，ヨーロッパ人権条約が憲法規範 (Bloc de constitutionnalité) として適用されるのかについての憲法院の判断が注目された。判決は，人工妊娠中絶法は違憲ではないと判示し，ヨーロッパ人権条約については違憲審査基準としては適用しないことを明らかにした。人工妊娠中絶法は5年間の時限立法として1975年1月17日に法律75-17として公布され，1979年に恒久立法となった。

〔事実β〕

　1975年人工妊娠中絶法の定める中絶可能期間を渡過した場合に，近隣諸国[2]で中絶を行う女性が社会問題となっていることを背景として，中絶期間を12週まで延長する新しい「人工妊娠中絶と避妊に関する法律」が2001年5月30日に

可決された。

2001年中絶法は，第1に，困窮状態にある妊娠した女性について中絶期間を妊娠10週から12週に延長し，第2に，公立医療機関責任者の良心条項を個人の行為にのみ限定し，第3に，未成年者の中絶に関して限定的に保護者の同意要件を廃止し，第4に，未成年者に対して避妊薬を処方および投薬する場合の保護者の同意要件を廃止し，第5に，未成年に対して，処方箋の不要な緊急ピルを薬局において無料で配布および中等教育機関において生徒に対して例外的に緊急ピルを投薬することを可能にした。さらに，同法律が海外領土，ニュー・カレドニアおよびポリネシア・フランスにおいても適用されるとしている。

しかし2001年中絶法は，「始まりのときからの人間の尊重（中絶法1条）」，「あらゆる形態の侵害に対する人間の尊厳（le principe de la sauvegarde de la dignité humaine contre toute forme de dégradation）（1946年憲法前文）」，「公的機関の責任者の良心の自由」を侵害すること，及び「ポリネシア・フランスの地位を定めた組織法律に反する」という理由で6月7日，元老院議員60名により憲法院に付託された。

〔判旨α〕

「憲法院は，この付託によって示された見解，憲法，とりわけその前文，1958年11月7日オルドナンスを参照し」，第1に憲法55条の法律に対する条約優位原則の審査に関して，第2に，人工妊娠中絶法の合憲性を検討し，同法が1958年憲法，および同憲法前文が参照している諸条項に違反していないと結論を述べた。すなわち，

「憲法61条は，憲法院に，議会と同様（identique）の一般的な裁量権や決定権を付与するものではなく，審査に付された法律の合憲性についいて述べる権限のみを付与していること」を考慮し，

1．憲法55条の法律に対する条約優位原則の審査に関して

「第1に，憲法55条の『適法に批准されもしくは承認された条約もしくは協定は，他の締約国による適用という留保のもとに，法律に優位する権威を有する』という規定は」，「……条約に法律に優位する権威を付与するものであるとしても，この原則の尊重が憲法61条に定める法律の違憲審査の枠組みにおいて保障されるべきであると定めるものでも命じるものでもない。」[Con. 1]

「実際，憲法61条に基づいて下された判決は，同62条によって審書および違憲と判断された条項の適用が妨げられることから，絶対的（absolu）で最終的（définitif）な性格を有する。これに対して，憲法55条によって定められている原則の法律に対する条約の優位は，相対的（relatif）で偶発的（contingeant）な性格を有する。というのは，第1に，条約の適用領域が限定されていること，第2に，相互適用の留保に基づくため，その実現には条約の締約国の態度やこの要件の尊重を評価すべき時期に左右されるからである。」[Con. 4]

「条約に違反する法律が，しかしながら，憲法に違反するというわけではない。」[Con. 5]

「したがって，憲法55条に定める原則の尊重の審査は，憲法61条に基づく審査の枠組みにおいて行われるものではない。というのはこの2つの審査の性質は異なるからである。」[Con. 6]

「こうした理由から，憲法61条に基づく付託の場合，条約もしくは国際協約に対する法律の適合性の審査は，憲法院に属さない。」[Con. 7]

2．人工妊娠中絶法の合憲性について

「第2に，人工妊娠中絶法は，困窮状態にあ

ることもしくは治療上の理由によって，人工妊娠中絶を必要としもしくは関与する者の自由を尊重する。したがって，同法律は，人と市民の権利宣言2条に定める自由の原則を侵害しない。」[Con. 8]

「憲法院に付託された法律は，その1条に定める，生命の始まりの時からの全ての人の尊重原則を，必要な場合にのみ，そして同法律の定義する要件と限界に従い，侵害することを認めるに過ぎない。」[Con. 9]

「同法律に定めるいかなる逸脱も……共和国の諸法律によって認められている基本的原則に違反せず，また1946年憲法前文に定める，国は子どもに健康の保護を保障するという1946年憲法前文に規定された原則を侵害するものでもない。」[Con. 10]

「結果として，人工妊娠中絶法は，1958年憲法前文の参照する諸条項に違反せず，他の憲法条項に反するものではない。」[Con. 11]

以上の理由から憲法院は以下のように判示する。

1．憲法院に付託された人工妊娠中絶法は，憲法に反しない。
2．本判決はフランス共和国官報に掲載される。

（1975年1月14・15日審議）（憲法院院長　ロジェ・フレイ）

〔判旨β〕

1．中絶可能期間を10週から12週に延長する点について

「憲法院は，議会の権限と同様の性質（de même nature）の裁量や決定についての一般的な権限を有するものではなく，認識や技術に関して，立法権の定めた条項を再度問題にすることは憲法院の権限ではない。立法権は，その権限において，いかなる時でも制定法を改正および廃止することができる。しかし，この権限は，憲法的価値から要請される法的保護を侵害することまでは及ばない。」[Con. 4]

「妊娠した女性が，困窮状態の場合に，中絶を行うことのできる期間を10週から12週に延長することによって，中絶法は，概念においても技術においても，憲法の尊重から課される2つの事項の均衡――第1に，あらゆる形態の侵害に対する人間の尊厳の保護，第2に，人と市民の権利宣言2条に由来する女性の自由――を破壊するものではない。また，民法16－4条2項は「人の選別を目的とする……全ての行為」のみが優生学的な行為とみなされること，この（法律に定める）場合はそれに該当しないこと，すなわち，中絶を行う自由を「困窮状態にある妊娠した女性」にのみ限定していること，立法者は，法律に対する全ての逸脱（fraude à la loi），より一般的には，公衆衛生法L2211－1条に定める「生命の始まりからの全ての人間の尊重」原則を変質させることが禁止されることを理解している。」[Con. 5]

「たとえ，妊娠中絶が11週および12週に行われる場合に医療行為としてより困難になるとしても，現在の医療上の知識および技術の状態から，女性の健康が脅かされずに安全な条件で行うことは可能である。付託された法律は，この点について十分な保護を定めている。したがって，1946年憲法前文11項の侵害とはならない。」[Con. 7]

2．医療機関責任者は，当該医療機関において中絶が行われる場合に，良心の自由が侵害されるという点について

「付託された法律8条2号は，公的な医療機関責任者に対してその機関において中絶を行うことを拒否することを認める公衆衛生法L2212

－8条の最後の2条項を削除するものである。」［Con. 11］

「この削除は、良心の自由及び教授の学問の自由を侵害すると付託者の元老院議員は主張する」「1789年人と市民の権利宣言10条は『何人も、その意見の表明が法律によって定められた公の秩序を乱さない限り、たとえ宗教上のものであっても、その意見について不安を持たされることがあってはならない。』と定め、1946年憲法前文5項は『……何人も、その勤労あるいは雇傭において、その出生、意見もしくは信条によって不利益を被ってはならない』と定めている。したがって、良心の自由は、共和国の諸法律によって認められている基本的原則である。」［Con. 13］

「公衆衛生法L2212－8条は、『医師は妊娠中絶を行うよう強制されない』と定め、同条12項は『いかなる助産婦も看護婦、その他の医療従事者も、妊娠中絶を行うことを強制されない』と定めている。妊娠中絶を拒否したことによって、いかなる処罰も行われることはない。したがって、妊娠中絶に関与する人の自由は保護されている。」［Con. 14］

「たとえ、公的医療機関責任者が、この法律により、当該医療機関において中絶が実施されることを拒否できないとしても、前述の公衆衛生法により、責任者自身は中絶を実施することを拒否する権利を有する。したがって、責任者の個人的良心は、当該機関に従事する他の医師および医療関係者の良心に犠牲を払わせることなく、保護される。さらに、これらの条項は法律や公共サービスにおける利用者の平等という憲法上の原則の尊重に一致するものである。」［Con. 15］

「以上から、公衆衛生法L2212－8条の定める事項は、憲法的価値を有するいかなる原則および準則をも侵害しない。」［Con. 17］

3．ポリネシア・フランスに関する条項について

2001年中絶法がポリネシア・フランスにも適用されると定める規定は、立法権限の逸脱であり、憲法74条を侵害する。すなわち、1996年4月12日組織法律5条および6条は、公衆健康に関する権限は、ポリネシア・フランス政府のみに帰属すると定めるからである、という主張については、

「第1に、健康は、1996年4月12日組織法律6条に制限的に列挙された国家の権限には属さない。従って、同組織法律5条により、ポリネシア・フランス政府の権限に属する結果となる」、「しかしながら……困窮状態にある女性に対して12週まで中絶を認めること……未成年者に関する親権の行使の要件、および医師が中絶を拒否する自由」を定める条項は、「前者の2項目は個人の権利すなわち民法上の権利であり、第3番目の項目は、公的自由であることから、前述の組織法律6条に定める国家の権限に属し、(海外)領土の権限に属する公衆衛生の領域において適用される。したがって、これらに関する準則の制定は立法権限には属さないという付託理由は却下される。」［Con. 20］

「以上の理由から、いかなる憲法違反も提起しないことを考慮し、憲法院は以下のように結論する」［Con. 22］

1．人工妊娠中絶及び避妊に関する法律2条、4条、5条、8条および19条のVは、憲法に適合する。

2．本判決は、フランス共和国官報に掲載される。

(2001年6月27日審議)(憲法院院長　イヴ・ゲナ)

〔解説〕

(1) 判決の意義・特徴

(A) 中絶法の違憲審査は，通常，胎児の「生命」と女性の「中絶の自由」の関係を問うものであるが，一般的に「生命」の保護に比べて，「中絶の自由」の憲法上の根拠は多様であり確立していない。しかしながら，フランスの場合は，「生命」および「身体」に関する規定自体も，憲法上不明確であるという特殊性を持っていた。その意味で，1975年判決は，フランスにおける生命に関わる憲法上の人権をめぐる審査として初めての判決であり，中絶を1789年の人と市民の権利宣言2条に反しないとし，1946年憲法前文「子どもの健康の保護」を憲法規範（憲法ブロック）として明らかにした点に意義を有していると言える。

さらに1975年判決はフランスにおける違憲審査制を考える上で以下のような重要性を有している。第1に，憲法55条「法律に対する条約優位原則」に関して憲法と条約を峻別し，条約を憲法ブロックに含まれないと判断した点，第2に，憲法院への付託権限を国会議員60名にまで広げた憲法改正の後に初めて国会議員60名によって付託された違憲審査という点，第3に，憲法院が自らの違憲審査権限を議会の権限に比較して自己制約を表明している点である。

(B) 2001年判決は，2001年中絶法の中絶期間を12週まで延長することに関して，1975年判決に続いて再度「生命の尊重」と「中絶の自由」の関係を審査したものである。しかし今回は，1994年の生命倫理法判決によって導き出された新しい憲法規範である「人間の尊厳の保護」と中絶の根拠となる1789年人と市民の権利宣言2条の「自由」との均衡として審査した点が新しい。また，「困窮状態にある女性」の行う中絶は「人の選別」を目的としないため優生学にはあたらないという判断は，出生前診断の普及を背景として今後さらに「困窮状態」の定義を問いかけると思われる。公立医療機関責任者の良心の自由を「個人の」自由に限定した点については，「良心の自由」解釈を踏襲したものである。他方，中絶が民法上の個人の権利であり，ポリネシア・フランスの権限である公衆衛生・健康の領域には属さないという判断は，海外領土への権限の委譲を考察する上で重要な点である。その他に注目されるのは，この判決が争点のうち5条項についてのみ憲法に適合するとしたために，判決の2日後に同じ中絶法のその他の条項に関する2回目の違憲審査の付託がなされたことである。この付託は受理されたが，憲法院はこの付託を棄却する判決を下した（Décision n° 2001-449 DC du 4 juillet 2001）。

(2) 「生命の尊重」と「中絶の自由」

人工妊娠中絶に関する法制は，大別すると，やむをえない理由がある場合にのみ中絶を認める「適応型」，一定の期間内であれば女性の中絶の自由を認める「期間型」，両者の条件を併せ持つ「適応型＋期間型」に区分することができる。フランスの1975年中絶法，2001年中絶法は，ともに「適応型」に分類される。しかし一定の期間は「困窮状態」の判断を実際上女性に委ねていることから「期間型」を加味していると言える。

1975年判決は，「生命の始まりのときからの全ての人の尊重」を，共和国の諸法律によって認められている基本的原則および1946年憲法前文の「子どもの健康の保護」という憲法規範を根拠として保護する一方，他方で，「困窮状態」を理由とする中絶の要請は一定の要件と限界に従う場合には1789年人権宣言2条に反しないとする。この審査は本質的には「生命の尊重」と

「中絶の自由」を対比させているが、形式的には「困窮状態」を違法性排除の要件としているため、「自由」の法的性格をわかりにくくしている。この不明確性から、1975年判決は女性の中絶の自由を認めるものではなく、逆に医療従事者が中絶を拒否する自由を1789年権利宣言2条に基いて認めるものという解釈もなされているが（後掲 GD 23 Observation V. 参照）、これは判決文の Con. 8 に「中絶を必要とする者」の自由を尊重するとあることから、適切であるとは評価できない。

(3) 「人間の尊厳の保護」と「中絶の自由」

1975年判決以降の「中絶」に関わる法解釈は、まず RU486 に関するコンセイユ・デタ1990年12月21日判決では、ヨーロッパ人権条約2条の「生命に対する権利」に対する中絶法の条約適合性を審査し、中絶法1条の「生命の始まりのときからの全ての人の生命の尊重」は、「必要な場合に、法律の定める要件や制限に従うときにのみ侵害されるに過ぎ」ず、中絶法はヨーロッパ人権条約2条（および国際人権規約6条）と「両立しないわけではない」と、中絶法の条約適合性を認めた。さらに1994年生命倫理法が胚または胎児に関して出生前診断後の中絶を認めている点に関する違憲審査では、憲法院1994年7月27日判決は、「治療上の中絶に該当し、いかなる意味でも新しい中絶には該当しない」とする。

2001年中絶法に関する憲法院判決は、「人間の尊厳の保護」と1789年権利宣言2条に基づく「女性の中絶の自由」とを対比させ、困窮状態にある女性の中絶期間が10週から12週に延長されたことは、この二つの均衡を崩すものではないと判断している。ここでは、「胎児の権利」対「女性の権利」ではなく、「人間の尊厳」対「女性の権利」が対比されていることになるが、この場合の「人間の尊厳」の解釈には次のような対立がある。第1に、胎児の生まれる権利を「人間の尊厳」の内容とみなす解釈である。第2に、「女性の自由」を、「（困窮状態において）苦しんでいる女性が、その苦しみを中絶によって救済される自由」と捉え、その自由は、「人間の尊厳」を侵害しない程度という限界を有するという解釈である（後掲、GIMENO 論文参照）。すなわち第2の解釈では、「人間の尊厳」の法主体は胎児に限定されず中絶を行う女性も含む「全ての人間」ということになり、一定の自由を法的に制約する機能を果たすことになる。この点は、1994年生命倫理法に規定された、生命医療領域における「生命」をめぐる「意思主義」と「不可処分性」の関係を考察する上での争点でもある。

(4) 憲法55条「法律に対する条約優位」をめぐる憲法ブロックとヨーロッパ人権条約

1975年中絶法の主な付託理由の一つは、同法がヨーロッパ人権条約2条「生命に対する権利」に違反するというものだった。これに対して憲法院は、条約および国際協定に対する法律の適合性審査は憲法院の権限には属さないとし、同条約への適合性の審査を行わなかった。憲法55条は、国内法における条約と法律の関係を、「適法に批准、承認され」、「相手国の適用の留保」の下に、条約優位と定めている。しかし、この規定からは、条約に対する法律の適合性審査がどの裁判所の権限であるかは明確ではなく、様々な解釈が可能であった。第一に、条約に反する法律は法律に対する条約優位を定めた憲法55条違反であるという理由で、憲法院が審査するという解釈である。第2に、条約が国内法において法律に優位する地位を有することから、法律の審査という意味において憲法と同視されるとし、条約に対する法律の適合性審査は憲法院によって行われるというものである。さらに、

憲法院が，1970年6月19日判決において，1946年憲法前文の「フランス共和国は国際公法の準則を遵守する伝統に誠実である」と述べていることからも，国際公法の遵守が憲法規定であると理解する立場からは，国際法に対する法律の審査は違憲審査とみなされることになる。

これについて判決は，憲法61条に基づく違憲審査の効力は，「絶対的で最終的」な性格を有するが，条約および国際協約は，適用領域が限定されること，相互適用の留保のもとに法律に優位することから，その性格は「相対的で偶発的」なものであるとし，法規範としての憲法と条約は性格が異なり，「条約に反する法律が，当然に憲法に反するものではない」ことを理由として，憲法61条に基く違憲審査においては，条約に対する法律の適合性審査は憲法院の権限には属さないとした。

しかし，この憲法院の論旨については，条約に反する法律は，憲法55条に違反するという指摘（後掲 ROBERT Jacques 論文）や，全ての条約が相互適用の留保に従うわけではなく，特に条約に関するウィーン条約60条が，人道的な性格の条約に関しては相互適用の留保が適用されないことを定めていること，また，ヨーロッパ人権条約が，相互適用の留保を認めていないこと，および人権保護条約の内容と憲法上の人権規定との類似性からヨーロッパ人権条約を憲法ブロックに含めることが主張されていること等から，一律に条約の性質を「相対的で偶発的」と判断した点には批判がある。

1975年判決の結果，憲法55条の法律に対する条約優位原則に基づく法律の条約適合性審査は，司法裁判所および行政裁判所の権限とみなされ，憲法院も他の判決のなかで，憲法55条の原則の尊重は国家の諸機関によって遵守されると述べている（Décision n° 86-216 DC, 3 septembre 1986）。

1975年判決後，司法裁判所は直ちに，1975年5月24日 の Administration des douannes c. St. des café J. Vabres 判決（Cass.ch.mixte, 24, mai 1975）から，条約を法律に優位して適用し法律の条約適合性審査を開始した。しかし，行政裁判所は，前法に対する条約優位の審査は行われていたが，後法に対する条約優位原則の適用は，1989年10月20日 の Nicolo 判決（Cons. d'Etat Ass., 20 oct. 1989）まで待たなければならなかった。

近年，憲法55条に関する1975年判決の判旨が改めて見なおされている（後掲 G. Carcassonne, B. Genevois, O. Cayla 論文参照）。主な理由は，1992年の憲法改正でマーストリヒト条約が憲法に挿入されたこと，司法および行政裁判所におけるヨーロッパ共同体法および派生法に対する法律の適合性審査が増加し，合憲の法律に関する条約適合性審査が行われること，人権保障においてヨーロッパ人権条約の重要性が増したことなど多様であり，なお1975年の判旨を維持することが妥当かについて，議論が分かれている。さらに，憲法院自身，国際刑事裁判所規定に関する1999年1月22日判決〔⇒ⅠB[7]判決〕において，同規程の課す「義務は他の締約国の条約実施状況とは独立して各締約国に課される」ことから，国内適用において「憲法55条の定める相互適用の留保は適用されない」とし，1975年判決が示した，憲法と区別される条約の性質の一つである相互適用の留保が消失したことになる。

(5) **2001年中絶法をめぐるフランスとポリネシア・フランスの関係**

1992年6月25日に改正された憲法74条は，海外領土に関して「特別の組織」を持つことを認め，その地位は組織法律によって規定する旨を定めている。そしてポリネシア・フランスの地位に関する組織法律 n° 96-312 5および6条は「健康」はポリネシア・フランスの権限と定めて

いる。したがって、ポリネシア・フランスにおける2001年中絶法の適用は、新中絶法L2212－1, 2212－17, L2212－8第1項が「健康」に関する規定か否かに左右される。これについて憲法院は、困窮状態にある女性の中絶期間の12週までの延長、および未成年者に対する親権行使の要件は民法上の権利であり、良心の自由は公的自由であり、したがって国家の権限に属するとした。この問題は、すでにポリネシア・フランスの自治に関する1999年4月9日憲法院判決（décision n° 96-373, RJC-I, p. 660.）において、「海外領土の特別組織は公的自由の行使の本質的な要件にまで及ぶことはできない」としており、政府も、付託における政府見解で、民法、刑法および公的自由の分野に関して一般法律によって規定すると述べている。2001年の憲法院判決は、この1999年の判決と同じ解釈を行ったものである。

(1) フランスにおける妊娠週数の数え方は、日本のような最終月経日ではなく、受精時を基準としている。したがって、フランスにおける妊娠10週は日本では12週にあたる。

(2) イギリスでは、医師によって行われる中絶に関する1967年10月27日法律1－1a条が、女性の身体的及び精神的健康に危険をもたらす妊娠に関して24週まで中絶を認めている。同じくオーストリアの1974年1月23日法は3ヵ月まで、ギリシャの1986年6月28日法は12週まで、オランダの1981年5月1日法は13週まで、スェーデンの1974年6月14日法は18週まで、それぞれ中絶を認めている。

〔参考文献〕

(α) 判例評釈：G. Roujou de Boubée, *Recueil Dalloz*, 1975, chronique, p. 210., L. Favoreu et L. Philip, *RDP*, 1975, p. 185 et 1335., L. Hamon, D., 1975, J., p. 529, Nguyen Quoc Dinh, *AFDI*., 1975, p. 859, A. Pellet, *GP*., 1976, p. 25., J. Rivero, AJ., 1975, p. 134., J. Robert, *RIDC*., 1975, p. 873, J. Rideau, *Cahiers de droit européen*.

論文：F. Luchaire, Le Conseil constitutionnel et la protection des droits et libertes du citoyen, *Méllanges Walline*, t. II, 1974, p. 563, M. Drapier, La loi relative l'interruption volontaire de grossesse dix ans après, histoire d'un compromis, *RDP*, 1985, p. 443., L'interruption volontaire de grossesse en droit comparé, Actes de la Table ronde internationale sur l'interruption volontaire de grossesse dans les jurisprudences constitutionnelles comparées, *AIJC*., 1986, p. 80-239. L. Favoreu, Le Conseil constitutionnel et le droit international, *AFDI*., 1977, p. 95-135., L'interprétation de l'article 55 de la Constitution, *RFDA*, 1989, p. 994., D. Alland, Consécration d'un paradox : primauté du droit interne sur droit international, *RFDA*., 1998, p. 1098., F. Luchaire, La réserve constitutionnelle de réciprocité, *RDP*., 1999, p. 37., 《Faut-il maintenir la jurisprudence issue de la décision n° 74-54 DC du 15 janvier 1975 ?》, G.Carcassonne, B. Genevois, *Cahier du Conseil constitutionnel*, 1999, n° 7, p. 93 et 101., 野村敬造「フランス憲法評議院と妊娠中絶法」金沢法学19巻1・2号, 上村貞美「フランスの妊娠中絶法」香川法学8巻1号, 拙稿「フランスにおける人工妊娠中絶法の憲法学的一考察―1975年人工妊娠中絶法・身体の自己決定権をめぐって―」東京都立大学法学会雑誌32巻1号。

(β) SHOETTL Jean-Eric, La nouveau législation relative à l'interruption volontaire de grossesse, Les petites affiches, 10 juillet 2001(136), pp. 25-31., MATHIEU Bertrand, Une jurisprudence selon Ponce Pilate(Constitutionnelité de la loi sur l'interruption volontaire de gressesse et contraception), Dalloz, 2001, jur., pp. 2533-2537., FRANCK Claude, Constitutionnalité de la loi relative à l'interruption de grossesse et à la contraception, Semaine juridique (J. C. P.), 2001, II, 10635., GIMENO. Veronique, Les apports de la décision IVG au traitement jurisprudential du principe de sauvegarde de la personne humaine, RDP, 2001, p. 1483., 拙稿「『生命に対する権利』と『人工妊娠中絶法』――ヨーロッパ人権条約と人工妊娠中絶法に関するコンセイユ・デタ1990年12月21日判決について」法の科学22巻175頁。

ⅡB ⑫ 生命倫理法と人間の尊厳

1994年7月27日憲法院判決
Décision n° 94-343-344 DC du 27 juillet 1994
Journal Officiel, Lois et Décrets du 29 juillet 1994, p. 1103
Rec. 100, RJC I-592, GD. 47

小林真紀
(愛知大学専任講師)

〔事　実〕

　本判決は，いわゆる生命倫理三法と呼ばれる3つの法律のうち，人体の構成要素および産物の贈与と利用および生殖への医学的介助ならびに出生前診断に関する法律と，人体の尊重に関する法律について，1994年6月29日に国民議会議長と国民議会議員の双方からなされた合憲性審査の請求に基づき下されたものである。これら2つの提訴は，第1に，議長の提訴が，生命倫理法の合憲性を認めた上で，同法のもつ重要性に鑑み，同法が言及する諸原理に憲法的価値が付与されることを要請するものであったこと，第2に，国民議会議員による提訴が，野党による法案成立を阻む最終手段としての提訴ではなく与党少数派によるものであったという点で，通常の違憲審査請求とは性格を異にするものであった。

　生命倫理法の制定は，1983年の国家倫理諮問委員会の設置に始まり，ブレバン報告書，ルノワール報告書といった入念な研究・調査を経た後，議会における数年にわたる審議の結果，実現したものであり，このような経過から見ても本判決は相当の注目を浴びるものであった。そのような中，憲法院は，1994年7月27日に，国民議会議員の違憲の主張をすべて退け，2つの法律について，ともにその合憲性を確認する判決を下したのである。

　本判決ののち，生命倫理三法は同年7月29日に公布されたが，同法の運用上生じた新たな問題点などを考慮し，2001年には見直しのための法案が議会に提出されている。

〔判　旨〕

　「憲法院は，1789年8月26日人および市民の権利宣言・1946年10月27日憲法前文・1958年10月4日憲法・憲法院に関する組織法律によって修正された1958年11月7日オルドナンス第1067号・民法典・公衆衛生法典・1912年11月16日法を参照し……」，(i)付託された法律の審査に適用される合憲性審査基準（normes de constitutionnalité），(ii)人体の構成要素および産物の贈与と利用および生殖への医学的介助ならびに出生前診断に関する法律8，9条，(iii)同法12条および14条，(iv)人体の尊重に関する法律10条の各項目について検討した後，最後に(v)憲法院の審査に付された法律の規定全体について判示した。そのうち，

　(i)付託された法律の審査に適用される合憲性審査基準について，

「1946年憲法前文は，権利，自由および憲法的原理を再確認かつ宣言し，その冒頭で以下の点を強調する：《人間（personne humaine）を隷従させ堕落させることを企図した体制に自由な人民がかちえた勝利の直後に，あらためて，すべての人（être humain）が，人種，宗教，信条による差別なく，譲りわたすことのできない神聖な権利をもつことを宣言する》。したがって，あらゆる形態の隷従および堕落に対する人間の尊厳の擁護（sauvegarde de dignité de la personne humaine）は，憲法的価値を有する原理である。個人的自由（liberté individuelle）は，人および市民の権利宣言1，2，4条によって宣言されている。しかし，それは他の憲法的価値を有する原理と調整されなければならない。1946年憲法前文10項の文言によれば，《国は，個人および家族に対して，それらの発展に必要な条件を確保》し，また同11項によれば，《国は，すべての人に対して，とりわけ子，母親……に対して健康……の保護を保障する》。」〔Con. 2～4〕

(ii)人体の構成要素および産物の贈与と利用および生殖への医学的介助ならびに出生前診断に関する法律8，9条に関して，

「8条は，公衆衛生法典第Ⅱ部第Ⅰ編第Ⅱ章の後に，新たに《生殖への医学的介助》という第Ⅱ bis 章を挿入するものであり，ここに L. 152-1条から L. 152-10条までが含まれる。…… L. 152-4条は，例外的に，カップルを構成する二人が，保存されている胚を他のカップルが受け入れることを書面によって受諾しうる旨を規定している。L. 152-5条は，……胚を受け入れるカップルと，当該胚を放棄するカップルは，互いにその身元を知りえないとする原理を定める。…… L. 152-8条は，検査（étude），研究（recherche），実験（expérimentation）を目的とする人の胚の体外受精（conception in vitro）は，胚に対するあらゆる実験と同様，禁止されることを定めている。しかし，同条は，例外的に，カップルを構成する男女は，その胚に対する検査について，書面によって受諾することができるとしている。……同法9条は，その公布の日に存在する胚のうち，親になる要望の対象となっておらず，また第三者たるカップルによる受け入れについて異議がないことが確認され，移植の日において適用されていた衛生的安全に関する規定に合致するものについては，L. 152-5条が定める条件を満たすカップルに譲り渡すことができると定め，さらに，《それらの胚の受け入れが不可能であり，その保存が少なくとも5年に達している場合は，保存を終了する》ことを付け加えている。第二の提訴者たる国民議会議員は，……この条項（9条）は，……受精の時から人間のすべての特性を有するとされる胚の，生命に対する権利を侵害するものであり……同条は，受精が当該法律の公布の前であったか後であったかによって，胚の間で平等原理に反する差別を作り出し……同様に，……《再移植される胚とそうでない胚の選別をすること》，および《第三者たるカップルに提供される胚とそうでない胚の選別をすること》を認めている点で，……平等原理に反し，……胚への検査を行うこと……は，人（personne）および人体（corps humain）の完全性の尊重の原理を侵害し，……胚の選別は，憲法的価値を有する人類の遺伝的財産の保護の原理に反するものであり，……生物学上の親が《第三者たる提供者》である子をもつ可能性は，1946年憲法前文が想定し保障する家族の諸権利との関わりにおいて問題であり，……《第三者たる提供者》を介してなされた体外受精から生まれた子に対して，その遺伝的な身元と生物学上の親を知るこ

とを禁じることは，子の健康および人格の自由な形成に対する権利を侵害する……と主張している。……立法者は，いかなる状況においても，また無期限に，……すべての胚の保存が確保されなければならないとは考えず，……また，生命誕生時からのすべての人（être humain）の尊重の原理は，これらの胚には適用されないと判断した。ゆえに，……立法者は，これらの胚に対して平等原理もまた適用されないと考えたのである。憲法院は，国会と同じ判断および決定権限を有しないから，知識と技術の現状に鑑みて，立法者によってこのように定められた規定を再び問題にすることはできない。胚の選別に関しては，……人類の遺伝的財産の保護を認める，いかなる憲法的価値を有する規定もしくは原理も存在していない。1946年憲法前文のいかなる規定も，家族の発展の諸条件が，法律が定める条件のもとでなされる配偶子や胚の贈与によって確保されることを妨げるものではない。このようにして懐胎された子に対して提供者の身元を知るための手段を与えることを禁じても，同前文が保障する健康の保護を侵害するものとはみなされない。」〔Con. 5～11〕

(iii)同法12条および14条に関して，

「12条は，……出生前診断について定め……14条は，L. 162-17条を挿入し，体外受精胚から採取された細胞から生物学的診断をなしうる条件を定める。……出生前診断に関するL. 162-16条は，いかなる新たな妊娠中絶の場合を認めるものではない。L. 162-17条は，体外受精胚から採取した細胞をもとに行う診断のみに関わるものである。」〔Con. 12～14〕

(iv)人体の尊重に関する法律10条に関して，

「同法10条は，民法典第Ⅰ部第Ⅶ編第Ⅰ章に，……311-19条および311-20条を……挿入するものである。311-19条は，《第三者たる提供者》による医学的介助生殖の場合は，提供者と，当該人工生殖から生まれた子との間にいかなる親子関係も形成されないこと，および提供者に対して，その責任につきいかなる訴えも提起しえないことを定める……提訴者たる国民議会議員は，民法典1382条が定める個人責任の原理に鑑み，生まれ出る子との関わりにおける配偶子の提供者の匿名性が問題であると主張し……さらに……一定の条件のもとで，婚姻外の父子関係を探求することを子に認める1912年11月16日の法律の規定から導き出される共和国の諸法律によって承認された根本原理の存在を援用している。同法の規定は，生殖への医学的介入の場合における父子関係の付与条件を定める目的も，またそのような効果も有するものではなかった。憲法的価値を有するいかなる規定および原理も，立法者が，人工生殖から生まれた子と提供者との間における親子関係の形成および提供者の責任を争う訴えの提起を禁止することを禁じるものではない。……。」〔Con. 15～17〕

(v)憲法院の審査に付された法律の規定全体について，

「これらの法律は，いくつかの原理の総体を謳うものであり，それには人間の優位性（primauté de la personne humaine），生命誕生時からの人の尊重（respect de l'être humain dès le commencement de sa vie），人体の不可侵性・完全性およびその非財産的性格（inviolabilité, intégrité et absence de caractère patrimonial du corps humain）および人類の完全性（intégrité de l'espèce humaine）が含まれる。このように確認された諸原理は，人間の尊厳の擁護という憲法的原理の尊重の確保を目指すものである。これらの法律の規定全体は，それらを調整し，範囲を見誤ることなく適用されるべき憲法的価値を有する規範を実行するものである。」〔Con. 18～

19〕

以上の理由から，憲法院は次のとおり判示する：

1．人体の尊重に関する法律，および人体の構成要素および産物の贈与と利用および生殖への医学的介助ならびに出生前診断に関する法律は，憲法に適合すると宣言される。
2．本判決は，フランス共和国官報に掲載される。

（1994年7月26・27日審議）（憲法院院長 ロベール・バダンテール）

〔解　説〕

(1) 本判決の意義・特徴

本判決は，生命倫理に関する初めての憲法院判決という点で注目されたものであるが，判例上認められる最も大きな功績は，「人間の尊厳の擁護」の原理を，「憲法的価値を有する原理」として初めて憲法レヴェルで承認したことにあろう。本判決によって，「人間の尊厳の擁護」の原理が憲法化されたことにより，同原理は，「合憲性ブロック（bloc de constitutionnalité）」の中に組み込まれ，今後は，生命倫理分野のみならず，一般的に合憲性審査における準拠規範として機能しうる可能性を付与されたのである。実際，本判決から間もなく下された1995年1月19日の判決（CC. 94-359 DC, 19 janvier 1995, Rec., p. 176〔⇒Ⅲ D㊱判決参照〕）においても，問題が住居に対する権利という，生命倫理とはまったく異なった分野で提起されたものであったにも拘らず，憲法院は「人間の尊厳の擁護」の原理を援用し，ここから「すべての人が然るべき住居を有する機会（possibilité pour toute personne de disposer d'un logement décent）」という「憲法的価値を有する目的」を導き出している。その後，合憲性審査基準として「人間の尊厳の擁護」の原理は繰り返し用いられており（CC. 96-377 DC, 16 juillet 1996, Rec., p. 87 ; 98-403 DC, 29 juillet 1998, Rec., p. 276 ; 98-408 DC, 22 janvier 1999, Rec., p. 29〔⇒Ⅰ B⑦判決参照〕; 99-419 DC, 9 novembre 1999, Rec., p. 116〔⇒Ⅱ B⑭判決参照〕），本判決が同原理を確立させた意義はこの点から見ても大きいと思われる。これに加え本判決は，「人間の尊厳の擁護」という憲法的価値を有する原理の実施・実現を担保する原理として4つの下位原理の存在を立法レヴェルで認めた点においても注目に値する。換言すれば，原理の間の"階層化"を行うことで，立法者のなすべき役割を明確化したともいえよう。

このような肯定的評価がある一方で，本判決は，生命倫理法に採り入れられた諸原理に憲法的価値を認めなかったことから，批判の対象ともなっている。本判決の争点は多岐にわたり，様々な観点からの分析が可能であろうが，ここでは紙面の都合上，「人間の尊厳」をめぐる議論を中心として，以下，検討を行うことにしたい。

(2) 憲法上の原理の承認──「人間の尊厳の擁護」の原理

憲法院は，1946年憲法前文の冒頭部分を根拠に，ここから「あらゆる形態の隷従および堕落に対する人間の尊厳の擁護は，憲法的価値を有する原理である」と明言した。しかしながら，根拠となったこの前文には，「尊厳」「擁護」のいずれの用語も用いられていない。したがって，同原理は一種の「判例による創造」であるともいえる。憲法院がこのようなプロセスを選択した理由には，1946年憲法前文の冒頭部分そのものの歴史的背景に，ナチス政権下において実施された優生学的思考に基づく様々な実践への反省があったということと，すでに何度か「人間の尊厳」の概念の憲法化の試みがなされていた点が挙げられる。例えば，1946年憲法の草案に

おいては，その22条が「人間の尊厳」が基本的諸権利の根拠となる旨を定めているし，また1993年に公表された憲法改正諮問委員会（別称ヴェデル委員会）の報告においても，「人間の尊厳」は「すでに憲法上認められた権利である」として憲法66条への追加が提案され，同報告書ののちに起草された改正草案においては，「人間の尊厳」がより一般的・普遍的原理として捉えられ，1条に挿入された（後掲 Favoreu 論文 pp. 807-808 参照）。これらはすべて実現には至らなかったが，本判決を下すにあたって裁判官の判断に寄与した点は否定しえないであろう。

以上の水面下の動きを踏まえ，憲法院が，同判決において明示的に「人間の尊厳」の概念を憲法化したことは，その後2つの側面において重大な意味をもつことになる。第1に，前述の通り，同原理は，合憲性審査における準拠規範として定着し，生命倫理以外の分野への応用的適用がなされるようになった。第2に，同判決は，他の裁判所の判決に対しても少なからず影響を与えている。とりわけ，市町村長が命じた「小びと投げゲーム」の興行禁止措置の違法性が争われ，国務院が，公序（ordre public）の構成要素として，（明文の規定にはない）「人間の尊厳の擁護」を認め，これに基づいて禁止命令の適法性を宣言した事案（CE. Ass., 27 octobre 1995, Commune de Morsang-sur-Orge, Rec., p. 372, concl. P. Frydman）に関して，政府委員がその総括的意見書の中で，「人間の尊厳の擁護」の原理が，憲法院によって憲法上の原理として認められたことに言及している点は特筆すべきである。

(3) 立法上の原理の承認――4つの諸原理

憲法院は，人間の優位性，生命誕生時からの人の尊重，人体の不可侵性・完全性およびその非財産的性格，および人類の完全性の4つの原理が，「人間の尊厳の擁護」の原理の構成要素であり，同原理の実現を補完する役割を果たすものとして位置づけている。この点については次のような解釈が可能であろう。一方で憲法院は，憲法的価値を有する原理と，これを支える立法的価値を有する原理とを峻別し，実際に「人間の尊厳」を擁護すべく規定を確保するのは立法者の任務であることを明確にしたと考えられる。注目すべきは，これらの4つの原理は限定列挙ではないということが判決文から読み取れる点である。すなわち，「人間の尊厳の擁護」の原理は「枠組み原理」として，立法者が採るべき措置の指針を示すものであり，その具体的な実現手段となる原理には以上の4原理以外にも様々なものが想定しうることを示唆していると考えられる。他方，上述の4つの原理に対して，一様に憲法的価値がないことを明確にしたことは，これらすべてが立法レヴェルで同等の価値を有する原理であることを暗示するものとも捉えられる。しかしながら，この点については，生命誕生時からの人の尊重，人体の不可侵性・完全性およびその非財産的性格といった原理については憲法的価値が認められて然るべき根本原理ではないかとの批判もなされており（後掲 Le Pourhiet 論文 pp. 216-217 および Mathieu 論文 pp. 1025-1026 参照），全く同等の価値とするのが妥当か疑問が残る点である。

(4) その他の論点――本判決が提示する問題

国民議会議員の提訴は，生命倫理法が提起する様々な具体的な問題点について，細部にわたってその違憲性を主張したものであったが，憲法院はそれらをすべて退けている。中でも，余剰胚の破棄と生命に対する権利および平等原理との関係，出生前診断と生命に対する権利との関係，胚の選別と平等原理および人類の遺伝的財産の保護の原理との関係，第三者の配偶子による人工授精の容認と1946年憲法前文が認め

る"家族"の概念との関係，匿名性の原則と子の自由な人格形成に対する権利および子の健康に対する権利との関係といった論点は，生命倫理の根本的な課題に関わるものである。これらの点すべてについて，憲法院が，一部違憲を宣言することも，また留保付合憲の解釈を行うこともなく全面的に合憲と判断した点が，本判決は生命倫理の提示する諸問題に何ら解答を与えていないのではないかといった批判を招く要因となっている（後掲 Le Pourhiet 論文 p. 223 参照）。またこれは，「憲法院は，国会と同等の権限を有さない」として，生命倫理法の内容そのものの是非には踏み込まず，あくまでも憲法規範との適合性のみを法的に判断するにとどめるという，憲法院の慎重な態度の表れでもある。立法者に裁量の余地を大幅に残したということでもあるが，とりわけ，1975年の人工妊娠中絶に関する憲法院判決〔⇒ⅡB⑪判決参照〕では明言されなかった「生命誕生時からのあらゆる人の尊重」の原理に憲法的価値は認められるかという点や，出生前の段階において，人はいつから憲法上の権利の享受主体たりうるのかという問題について，本判決は明解な答えを出すものではない（後掲 Mathieu 論文 p. 1026 以下参照）。

最後に，日本法との関わりで述べるならば，本判決によって確立された「人間の尊厳の擁護」の概念をそのままの形で日本法に適用することには困難が伴うと思われる。前提として，日本国憲法13条がいう「個人の尊厳」および同24条2項がいう「個人の尊厳」という概念と，憲法院がここで掲げた「人間の尊厳」という概念との比較検討をまず行う必要があると考えられるからである。しかし，生命倫理のようなとりわけ法整備の立ち遅れが目立つ分野において，裁判官はいかに問題に対処すべきかという点は，日仏両国に共通の課題である。したがって，批判はあるにせよ，本判決が，指針的役割を果たす「人間の尊厳の擁護」という憲法原理を導き出した上で，立法者にその具体的な実現を委ねるとした判例上の手法自体は，日本法に対しても示唆を与えるものとして捉えられるのではないかと思われる。

〔参考文献〕

生命倫理法それ自体については，邦語・仏語ともすでに多くの研究成果が公刊されており，解説を執筆するにあたって数々の示唆を得たが，紙面の都合上ここでは本判決を対象としたもののみを列挙しておく。邦語文献としては，建石真公子「フランスにおける生命倫理法と憲法——生命倫理法の特徴と憲法院判決について——」宗教法15号（1996年）55頁以下，フランス読書会・中村義孝（編）「フランスにおける生命倫理立法と憲法院——1994年7月27日憲法院判決を素材として——」立命館法学248号（1996年）810頁以下，拙稿「フランス公法における『人間の尊厳』の原理（一）・（二・完）」上智法学論集42巻3・4合併号167頁以下，同43巻1号55頁以下など。また仏語文献として，L. Favoreu, note sur CC. 94-343-344 DC du 27 juillet 1994, RFDC, 1994, pp. 799-811 ; A.-M. Le Pourhiet, 《Le Conseil constitutionnel et l'éthique bio-médicale》, in Mélanges G. Dupuis, LGDJ, 1997, pp. 213-225 ; Henri Oberdorff,《La dignité de la personne humaine face aux progrès médicaux》, in J.-M. Galabert et M.-R. Tercinet (éd.), Mélanges en l'honneur du Professeur Gustave Peiser, Presses universitaires de Grenoble, 1995, pp. 379-392 ; F. Luchaire, 《Le Conseil constitutionnel et l'assistance médicale à la procréation》, RDP, 1994, pp. 1647-1658 ; J.-P. Duprat,《A la recherche d'une protection constitutionnelle du corps humain : la décision 94-343-344 D.C. du 27 juillet 1994》, LPA, 14 décembre 1994, n° 149 ; B. Mathieu,《Bioéthique : un juge constitutionnel réservé face aux défis de la science, A propos de la décision n° 94-343-344 DC du 27 juillet 1994》, RFDA, 1994, pp. 1019-1032.

ⅡB ⓭ 監視ビデオ判決——プライヴァシー

1995年1月18日憲法院判決
Décision n° 94-352 DC du 18 janvier 1995
Journal Officiel, Lois et Décrets du 21 janvier 1995, p. 1154
Rec. 170, RJC I-612

江藤英樹
(明治大学専任講師)

〔事　実〕

フランスにおいて，「安全に関する方針および計画」を定める法律が制定された。全35条からなる同法は，1条1項（第1章）において，安全（sécurité）を基本的権利であると同時に，個人的自由（liberté individuelle）および集団的自由（liberté collective）を行使するための条件として定義している。そのうえで，国は，「私人および財産の保護に絶えず配慮しつつ安全を保障する義務を負う」（同2項）と定め，安全の保障と同時に，プライヴァシー保護の重要性を明らかにしている。同法は，その目的を以上のごとく定めた上で，10条（第2章）以下において安全に対する侵害を予防するための措置としての監視カメラの設置，その適正な操作および管理，さらにプライヴァシー保護の手続に関する規定を定める。そして最後に，公の秩序の維持に関する措置を定義する（第3章）。同法は，以上のごとき内容を有するが，62名の国民議会議員および61名の元老院議員は，その10条，16条および18条を違憲であるとして，それぞれ憲法院へ提訴した。

〔判　旨〕

「憲法院は，1958年10月4日憲法，1958年11月7日のオルドナンス1067号とりわけその第2編第2章，刑法典，民事訴訟法典，労働法典，情報処理・情報ファイルおよび自由に関する1978年1月6日の修正法律第17号および公の秩序の維持の強化を目的とする措置の規制に関する1935年10月23日の修正デクレにもとづき」，(ⅰ)監視カメラシステムの設置および利用の許可を定める10条，(ⅱ)公共の福祉の強化について定める16条および(ⅲ)新しい刑罰の規定を定める18条についてその一部を違憲とする判決を下した。

10条について

「憲法院への提訴者は，監視カメラシステムの設置および利用の許可を定めるこの条項（10条）は，憲法的に保障された自由および基本的権利の行使を十分に認識していないと主張する。これらの権利および自由の中には，司法権が憲法66条にしたがって保障しなければならない個人の権利，不法かつ一般的な手法による監視を受けずに往来する自由，匿名にする権利を伴ったプライヴァシー権が含まれている。提訴者は，この点を明らかにするために，この法律が警察の諸措置に固有な必要性の原則および比例原則

に対する認識不足の他に，許可を与える管轄機関，そのための要件，映像の利用および録画ならびにその被写体となった者が自由にできなければならないコントロールおよび不服申し立てに関する公の自由の行使について十分な保障がなされているとはいえないであろうと主張する。このようにして，立法者は，公の自由の保障に関する憲法34条に由来する自己の権限に対する認識不足を示すに至っているのではないか，と主張している。」[Con. 2]

「公共の福祉に対する侵害の予防，とくに，人および財産の安全に対する侵害の予防，さらに犯罪者の捜査は，憲法規範的価値を有する原理および権利の保護にとって必要なものである。憲法規範的価値を有する原理および権利の保護と個人的自由および往来の自由ならびに住居の不可侵を含む憲法上保障される公の自由の行使との調和を保障するのは立法者の責務である。プライヴァシー権に対する認識不足は，個人的自由に侵害をもたらす性質のものである。」[Con. 3]

「監視カメラを設置する場合には，それが個人的自由の行使の保障と調和するものでなければならない。……立法者は，民衆に，明白かつ恒常的な方法により，監視カメラシステムの存在および責任を有する機関または責任者を知らせなければならない。……立法者は，全ての利害関係人が，その者に関係を有する録画にアクセスするために，また1月の期間内にその録画が消去されたことを確認するために，監視カメラシステムの責任者に申し立てをする権利を有するとした。……立法者は，すべての利害関係人に対し，監視カメラシステムの作用に起因するいかなる異議も，県に設置される委員会に申し立てることができることを保障している。……録画は，軽罪現行犯の捜査，予備捜査または予審の場合を除き，最長1月以内に消去されなければならない。」[Con. 4～10]

「立法者は，許可なしに監視カメラにより録画する行為，所定の期間内にその録画を消去しない行為，録画を変造する行為，県に設置された委員会の活動を妨げる行為，権限を有しない者に撮影させる行為，許可された目的以外の目的に映像を利用する行為に対する刑事罰を定めた。」[Con. 11]

「しかしながら，許可申請に対し，許可の申請から4月の期間内に応答がない場合には，その許可はえられたものとみなす，と定めた。これは，一定期間の行政の沈黙は，申し立ての排斥をもたらすとの一般原則に抵触するおそれがある。」[Con. 12]

16条について

「16条は，公共の福祉の維持強化に関する措置を定める1935年10月23日のデクレ2条の2の挿入を定める。2条の2第1項は，国の代理人および警視総監は，公道上におけるデモの届出がなされた日以後，またはデモの届出がなされていない場合には，これを知るや直ちに，正当な理由なしに投擲物として用いられうる物または刑法典132-75条の意義における武器となりうる物の所持および輸送を禁止することができる。」[Con. 14]

「提訴者は，……十分な条件も制限もなしに車両の捜索を許可している点が，住居の不可侵およびプライヴァシー権を侵害していること，公共の福祉の侵害の重大性と警察の採る措置との間の比例原則について，認識不足であることを指摘する。また，憲法34条が認めている法律制定権限について立法者の認識が十分でないことを主張する。」[Con. 15]

「この法律の定める措置は，個人的自由，往来の自由ならびに思想および意見を集団で表現

する権利の条件に抵触する。一方にある憲法的に保障された自由の行使と，他方にある公の秩序に対する侵害の予防，とりわけ憲法規範的価値を有する目的に応える人および財産の安全に対する侵害の予防との調整を確保するのは，立法者の責務である。」［Con. 16］

「……立法者は，公の秩序に対する重大な侵害が懸念される状況が生じた場合には，刑法典132-75条の意義における武器となりうる物の所持および輸送を禁止する権限を県知事に与えている。この権限は，対象となっているデモ行進が開始される24時間前からデモ隊の解散までの間にのみ行使することができる。」［Con. 17］

「しかしながら，立法者が，正当な理由のない，刑法典132-75条の意義における武器となりうる物の所持および輸送を禁止することができるとしているならば，投擲物として利用することのできるすべての物へのこの禁止の拡大は，またそれらの物は差し押さえられるのであるが，その一般的でかつ不明確な表現により，個人的自由に対し重大な侵害をもたらす性質を有するものである。それゆえに，「投擲物として用いられうる物または」という文言は憲法に違反するものとみなされなければならない。」［Con. 18］

「……刑法典132-75条の意義における武器を発見し，かつ，それらを差し押さえるための車両の捜索に関して，それが犯罪の確認を伴い，かつ，違反者の訴追をもたらす範囲において，これらは司法警察の権限に属する。個人的自由が問題となる活動に関していえば，その手続きを進めるための許可は，憲法66条にしたがい，この自由の擁護者である司法機関によって与えられなければならない。」［Con. 19］

「司法機関によるこれらの活動に対する事前の許可を定めることなしに，県による禁止を遵守させるため，公道上を往来する車両の捜索を容認し，さらにそれが県知事の発する指示により知らされる旨を指摘するにとどめているのであるから，立法者には，憲法66条の規定に対する認識が不足している。それゆえ，当該法律の16条3項および4項は，憲法に違反するものとみなされなければならない。」［Con. 20］

18条について

「新しい犯罪に対し，それに適用される刑罰を定めることは，立法者に許されることである。しかしながら，公の秩序の要請と憲法的に保護される自由の保障とを調和させる責任は立法者にある。」［Con. 23］

「立法者が定めた最長3年間のデモ行進への参加禁止は，判決によってその場所が限定されている。禁止における原則のみならずその適用範囲を決めることは，刑事裁判官の責務である。問題とされている本条が列挙する犯罪の性質を考慮した場合，上記のデモへの参加禁止およびデモへの参加禁止を無視する参加を禁止する刑罰は，刑罰の比例原則に違反しておらず，さらに，個人的自由，往来の自由および思想および意見を集団的に表明する権利の要請に対する認識不足の性質を有するものでもない。」［Con. 24］

「憲法院は，自らに付託された法律の他の規定に関していえば，それが憲法適合性についていかなる問題をも惹起する理由を有しない，と判断する。」［Con. 25］

1. 憲法院は，10条の「許可の申請から4月の期間内に応答がない場合には，その許可は得られたものとみなす」との文言，16条の2項，3項および4項の「投擲物として用いられうる物または」との文言を違憲とする。

2. 本判決は，フランス共和国官報に掲載される。（1995年1月17・18日審議）（憲法院院長　ロベール・バダンテール）

〔解説〕

(1) 本判決の意義・特徴

本判決は、憲法院がプライヴァシーの定義を明確にした代表的な判決である。(3)においてその意義に触れるが、憲法院は、この概念を憲法上の権利として承認することについては、1977年の判決以降、一貫して消極的であった。したがって、本判決は画期的な意義を持ったものであるといえるであろう。以下、本件において議論となった各論点についてコメントしておこう。

(2) 監視カメラ

監視カメラの設置・利用には、個人的自由を侵害する行為が伴うことから、その危険を減少させる手段が講じられなければならない。

① 設置の許可

公道上、または民衆に解放された建造物および場所へ監視カメラを設置する場合には、国の代表者または警視総監の許可を受けなければならない。その許可は、国防に関係のある場合を除き、裁判官もしくは名誉裁判官の主宰する県に設置された委員会の諮問を経た後に与えられるとしている（10条3項1段）。これについて、憲法院は、監視カメラの設置が個人的自由を侵害するおそれがあるにもかかわらず、司法機関の許可を必要とするとはしていない。また、憲法院は、この委員会の独立が保障されなければならない旨を解釈として付加して、それで満足しているように考えられる。しかしながら、委員会の独立性については、いくつかの疑問が提起される。第一に、この法律の10条3項がこの委員会の委員長およびその他の委員の任命権者を明確にしていないことは、監視カメラの設置がもたらす危険を考慮に入れた場合、人権保障の観点からみて十全のものということはできない。第二に、この委員会の委員の独立は、いかに保障されるのか。また、そのための基準も必ずしも明確にされているとはいえない。すなわち、委員には、裁判官、名誉裁判官のみが任命されるのであろうか。委員の任命が行政機関によってなされる場合、行政系統の裁判所の裁判官の任命が微妙な問題を提起する可能性がある。それゆえ、本条の適用は、コンセイユ・デタの議を経たデクレにより定められることとなっていることから、このデクレが、委員長および委員の任命権者を裁判所とすることが望まれる。第三に、県知事による許可は、明示的でなければならない。したがって、憲法院は、同法10条3項3段の「許可の申請から4月の期間内に回答がない場合には、その許可はえられたものとみなす」との文言を違憲と判断したのである。さらに、憲法院は、「憲法上の諸原理から、法律上の保障を奪うことなしには、このシステムの設置許可を行政当局の権限のみに委ねることはできない」と判断するに至ったのである。

② 監視カメラの設置

公道上もしくは公的な場所に監視カメラを設置する場合、監視カメラの設置を行うことができるのは、管轄権を有する公の機関だけである。しかしながら、私的な場所ではあっても、一般の人々の利用に供されている場所に監視カメラを設置することについて、憲法院は何らの判断を示していない。例えば、デパートなどに設置されている監視カメラの設置目的は、必ずしもこの法律の定める目的、すなわち、「攻撃もしくは暴行の危険に特にさらされた場所における、人および財産の安全に対する侵害の予防」と合致しているとは即断できない。ここには、問題が残っている。

③ 録画へのアクセス

この法律は、録画された映像へのアクセス、またその消去、さらに消去の確認のため、すべ

ての利害関係人が申し立てをすることを認め，これを権利であるとしている。しかし，国の安全，国防，公の安全，訴訟手続きの進行など，または第三者の権利に関わる理由がある場合には，この申し立ては拒否されうるとしている。しかし，「公の安全」という概念はきわめて曖昧なものであるから，これによるアクセス権の制限のおそれがある。しかしながら，この法律が，すべての利害関係人に対し，監視カメラの運用に起因するいかなる異議をも県の委員会に申し立てることができる旨を，また裁判所へ出訴することができる旨を定めていることは評価できるであろう。

(3) プライヴァシーの尊重

この原則が憲法規範的価値を有するものであるか否かについては，これが「自由および権利の平等」について定める1789年の人権宣言1条から導き出され，ついで，1958年憲法66条が再確認した個人的自由の一要素であることから，憲法規範的価値を有すると捉える見解がすでに述べられている。

しかしながら，憲法院が，この原則に憲法規範的価値を認めたのは，今回の判決が初めてである。すでに，「プライヴァシーの尊重」の原則に憲法規範的価値を認める機会はこれまでにもあったが，憲法院は，今回の判決にいたるまで同原則に憲法的価値を認めることはなかった。その例として，1977年の車両検問法に関する憲法院判決を挙げることができる。車両検問法案に対しては，200名を超える国会議員が憲法院へ提訴した。それは，この法律の公布により，プライヴァシーの尊重が脅かされることなどが提訴理由となっていた。しかしながら憲法院は，プライヴァシーの尊重という原則に触れることなく判決を下したのであった。これについては，「プライヴァシーの尊重以外の個人的自由が問題となっているのではないので，これに触れずに憲法院は判決を下すことはできなかった」はずであり，「その後もこの原則に憲法規範的価値を認めなかったことは，憲法院にはその意思がなかったように思われる」と評価されている。1977年判決以後，1981年12月14日の社会保障基金判決，1984年7月26日の農場組織に関する判決，1984年10月10・11日の新聞法判決および1993年8月13日の移民規制法判決においても憲法院は，プライヴァシー権を憲法上の権利として承認することはなかった。その意味で，1995年判決は画期的な意味を有する判決として捉えられる。なお，1993年2月には，ジョルジュ＝ヴデル（Georges VEDEL）が主宰する憲法改正諮問委員会（通称ヴデル委員会）は，その報告書において「プライヴァシーに関する権利」および「人間の尊厳に関する権利」を憲法66条に挿入する提案を行っていた。

高度に情報化された今日において，プライヴァシーの保護がますますその重要性を増していることは周知の事実である。そうした現実をふまえるならば，フランスにおいてこの概念が憲法上の権利として承認されるに至ったことの意義はきわめて大きいといえるであろう。

〔参考文献〕

R. PELLET, La vidéosurveillance et l'application de la loi "informatique et liberté", Revue administrative, 1995, p. 142 et p. 245; B. MATHIEU Les petites affiches, 7 juin 1995 (68), p. 7; F. LUCHAIRE, La vidéosurveillance et la fouille des voitures devant le Conseil constitutionnel, Revue du droit public, 1995, p. 575; L. FAVOREU, Revue française de droit constitutionnel, 1995, p. 362.; L. FAVOREU, Revue française de droit administratif, 1995, p. 1246.; F. BARLOY, Le Conseil constitutionnel, la liberté individuelle et l'ordre public, Revue administrative, 1995, p. 483.

ⅡB ⑭ 婚姻外カップル立法化の合憲性
—— 連帯民事契約(PaCS)法判決

1999年11月9日憲法院判決
Décision n° 99-419 DC du 9 novembre 1999
Journal Officiel, Lois et Décrets du 16 novembre 1999 p. 16962
Rec. 116, RJC I-842

齊藤笑美子
(一橋大学大学院博士後期課程)

〔事　実〕

連帯民事契約(Pacte civil de solidarité；以下，PaCS)に関する法律は，二名の異性あるいは同性の自然人が，「共同生活」(Vie commune)を組織するために結ぶPaCSという特殊な契約を民法典に創設することを主眼としている。当事者は，この契約を締結し，登録することによって，婚姻カップルに準ずる社会保障上の権利，税法上の優遇などが受けられる一方で，連帯債務，及び自らその具体的内容・方式を定めることができる「相互物質扶助」(Aide mutuelle et matérielle)などの義務を負うことになる。また，PaCSは，法律婚することができない上，内縁概念の適用による保護を裁判所によって拒否されてきた同性カップルの要求という起源を持つが，法律の目的は，社会に広がる利己主義や孤独と闘う連帯を促進することとされたから，同性だけでなく，婚姻していない異性カップルも締結可能なものとなった。ただし，婚姻同様一定の親族間の締結，既に婚姻している人及び既にPaCSを結んでいる人の締結は禁止された。
PaCS法案の審議は，1998年10月9日，与党議員の出席不足によって不受理の申立(Exception d'irrecevabilité)が可決されるという波乱で幕を開けた。若干の修正を施した二度目の法案が同年11月3日に再び審議にかけられ，その後，夥しい数の修正案の否決を経て，法案は翌年10月13日に国民議会で最終的に可決された。これに対して，翌日，国民議会及び元老院議員328人が憲法61条2項に基づき憲法院に提訴した。

〔判　旨〕

「憲法院は，憲法・1958年11月7日オルドナンス・1959年1月2日オルドナンス・1989年7月6日法・民法典・一般租税法典・社会保障法典・公衆衛生法典……等を参照し，(i)単独で提出された意見書の受理，(ii)立法手続の適法性，(iii)立法者の消極的無権限(Incompétence négative)，(iv)平等原則違反，(v)「共和的婚姻(Mariage républicain)」への侵害，(vi)契約法の根本原理侵害，(vii)人間の尊厳(Dignité de la personne humaine)の侵害，(viii)私生活の尊重侵害，(ix)家族と子どもの保護の侵害，(x)内縁者の権利の侵害，(xi)所有権侵害の11項目について検討して，当該法律全体を合憲とした。そのうち，
(ii)立法手続の適法性について
「［否決された法案の一年以内の審議を禁ずる国民議会規則の違反について］第一に議会規則は，それ自体で憲法規範的価値(Valeur consti-

tutionnelle）を持たず，援用されている規則規定への違背は，それだけで立法手続を憲法違反にする効果を持たない。第二に，……不受理の申立の採択は，……憲法院の権限の行使を拘束できない。第三に，当該法律のもととなった法案は，1998年10月9日に否決された法案と同一のものではなく，国民議会規則第84条第3項違反の申立ては，根拠がない。以上のことから，1998年10月9日の国民議会による不受理の申立ての可決は，後の手続を違法とするものではない。」[Con. 4～10]

(iii) 立法者の消極的無権限について

「提訴者は，［共同生活概念の内容等10点について］立法者は法律の『欠落や不明確を埋める配慮』を行政命令権および司法権に送付しており，憲法34条に由来する権限を行使していないと主張する。……当該法律の1条は，……民法典第1巻に第12編『連帯民事契約と内縁』を挿入する。この編は2章を含み，このうち連帯民事契約に関する第1章は，515－1条から515－7条までによって構成される。……第一に，……議会審議によって明らかにされたこれらの規定から，［515－1条にいう］共同生活の概念は，……利益の共同や単なる同居に限られるのではなく，……［性的関係を含む］カップルの生活を前提としている。これによってのみ，インセスト（Inceste）を防止する婚姻障害を引き継ぐ，または婚姻から生ずる貞操義務違反を避ける無効原因（Cause de nullité）を立法者が定めることを正当化できる。従って，立法者ははっきりと共同生活の内容を示してはいないが，その本質的な構成要素を定めている。……第二に，515－2条の定める障害の性質は，婚姻障害と同じ理由で正当化されるからこの規定によって定められた無効は絶対的無効である。……第四に，……当該法律からは，民法典第1巻の［親子関係等の］その他の規定……についての影響を読みとることはできない。……当該法律は，……異性カップルのみを対象としている人工生殖に関する現行規定についても影響を持たない。……第六に，……相互物質扶助は，……パートナーの間の義務として分析され，……この扶助の強行的性格を誤って理解している［連帯民事契約の］条項は無効である。……第七に，……民法515－5条の文言自体から，……締結後に有償獲得された動産の不分割推定（Présomption d'indivision）は，このような財産制を退けるという両パートナーの合意によって覆される。……以上のように言明された留保の下に，立法者が，その権限を果たしていないという申立ては却下されなければならない。」[Con. 22～38]

(iv) 平等原則違反について

「［所得税の共同課税（Imposition commune）を定める4条が，一般的利益によって優遇が正当化される婚姻カップルと連帯民事契約パートナーを同一に扱っていること及び内縁カップル及び単身者を犠牲にしていることが平等を切断しているとの申立てについて］，4条は，……［契約締結後3年を経過していることを条件に］共同課税制をパートナーに拡大しているから，婚姻している人に対する公的負担の平等違反の申立ては根拠がない。第二に，……このような契約のパートナーは，内縁者と異なり，一定の義務を負っている。……このような状況の相違は，……内縁者と連帯民事契約を結んだ人との間の取り扱いの相違を正当化する。……第三に，……憲法34条に従い，……納税者の納税能力を評価する基準を決定することは立法者の権限に帰する。しかし，この評価は公的負担の平等を明らかに切断してはならない。……連帯民事契約締結者が享受しうる利益が，……分離課税に比べて過剰であれば，人権宣言13条違反

となる。……しかしながら，家族係数(Quotient familial)の適用から生ずる節税は，カップルの一方の収入が，僅かであるか，または無い場合にしか最大にならない。共同課税から引き出されるカップルの他方の利益は，人権宣言13条に照らして，世帯内の被扶養者の存在よって正当化される。……以上のことから，4条によってもたらされる公的負担の平等への侵害に由来する申し立ては，退けられなければならない。」[Con. 40〜46]

「[5条が定めるパートナー間無償譲渡に対する優遇措置が，夫婦，内縁者及び単身者との平等を切断しているという申立てについて]第一に，5条が設定する税率表と控除は，夫婦間のそれらより有利ではないから，……平等原則違反の申し立ては根拠がない。第二に，4条と同様の理由で，5条は，連帯民事契約締結者と内縁者間の平等を切断しない。第三に，……互いに相互物質扶助を与える義務のある人を優遇して，非親族間贈与及び相続よりも有利な税制を定めることは，立法者の自由である。以上のことから，5条による公的負担の平等への侵害の申立ては退けられなければならない。」[Con. 47〜52]

(v)「共和的婚姻への侵害」について

「PaCSに関する規定は，婚姻に関するいかなる準則も問題にしていない。従って，これらの準則の侵害に由来する攻撃防禦方法は根拠がない。」[Con. 59]

(vi)「契約法の根本原理」の侵害について

「[PaCSの一方的解消を定める515−7条が契約の不可変更性に反するとの申立てについて]人権宣言4条から生ずる自由は，無期限の私法上の契約が，契約者の一方によって，一方的に解消されうることを正当化する。しかしながら，他方への通知及び解消の条件から生ずる可能性のある損害の賠償が保障されていなければならない。……婚姻による解消以外の場合に［3ヵ月前の通知を定め］，……あらゆる一方的解消の場合に，パートナーの損害賠償請求権を留保している民法515−7条の規定は，……憲法的原理に反しない。この権利の行使を禁ずる契約の条項は書かれていないものと見なされなければならない。一方の婚姻の場合の即時解消は，婚姻の自由の憲法規範的価値を持つ原理を実行するものである。……このような留保の下に，契約法の根本原理への侵害に由来する申し立ては退けられなければならない。」[Con. 60〜63]

(vii)人間の尊厳への侵害について

「[連帯民事契約の一方的解消が破棄(Répudiation)に当たり，人間の尊厳を侵害しているとの申立てについて]第一に，連帯民事契約は婚姻とは関係のない契約である。従って，その一方的解消を『破棄』と呼ぶことはできない。第二に，……無期限の契約は，当事者の一方又は他方によっていつでも解消されることができる。第三に，一方パートナーが婚姻した場合の連帯民事契約の即時解消は，……婚姻の自由の憲法的要請を尊重する必要に応えるものである。第四に，民法515−7条最終項によると，一方的に解消されたパートナーは，……こうむる可能性のある損害の賠償請求をすることができる。他人に損害を引き起こす人の行為は，どんなものでも，その損害が過失(Faute)により生じたときは，その人に損害を賠償する義務を負わせるということは，人権宣言4条の帰結として生ずるものであるが，……損害賠償請求権の肯定は，同条によって提起された憲法的要請を実行するものである。以上のことから，連帯民事契約の一方的解消に関する規定は，人間の尊厳の原理にも，憲法規範的価値を持ついかなる他の原理にも反しない。[Con. 64〜71]

(ⅷ) 家族と子どもの保護の侵害

「[立法者は，子の状況について何も述べておらず，子どもと家族の保護を定める1946年憲法前文10項及び11項に違反しているとの申立てについて]親子関係法に関する法律や未成年の法的条件を含む立法を変更することなく，連帯民事契約を創設することは立法者の自由である。……以上のことから，1946年憲法前文10項および11項に関する申立ては棄却されなければならない。」[Con. 77～82]

「憲法院は，いかなる憲法適合性の問題も職権で審査する権限を持たない。」[Con. 90]

「以上のことから，……[特に共同生活概念の条件等9点について]上述のような留保の下に，及び上述のような補足（Précision）を考慮して，連帯民事契約に関する法律の1条から7条及び13条から15条は，憲法に適合すると宣言されなければならないことを考慮し以下のように判示する。」[Con. 91]

1．クロード・ゴアスガン（Claude Goasguen）氏の意見書（Mémoire）は受理されない。
2．以上のように言明された留保と補足の下に，連帯民事契約法の1条から7条，13条から15条は，憲法に適合する。
3．本判決は，共和国官報に掲載される。
（1999年11月9日審議）（憲法院院長　イヴ・ゲナ）

〔解　説〕

(1) 本判決の意義・特徴

本判決ほど憲法院の判断が待たれた判決はないと言われるが，それは，本法が同性カップルの承認を含む，私的領域の再編成という重大な社会的選択に関わるからである。この難題を前にして，憲法院は，大幅に合憲解釈の手法を用いて，欠陥・不備をつとに指摘されてきた本法律を違憲判断から救うに至った〔合憲解釈についてはⅥD66判決〕。本判決の特徴は，第一に，その社会的注目度の高さと議会内外での議論の激しさに対応するかのような，判決の長さと解釈留保（Réserve d'interprétation）の多さである。留保の詳細さから，PaCSという制度を理解するためには，憲法院判決を参照しなくてはならないと言えほどである。そして，判決文の形式としては初めて本文の直前で，「留保」及び，今回初めて現れた概念である「補足」が再び繰り返されているが，この「念押し」は憲法裁判官の間で本法律の合憲性をめぐって意見が厳しく対立していたであろうことを伺わせる。第二に，これほど私法上の観点から関心を持たれた憲法院判決は希であろう。特に，憲法院が，1789年人権宣言4条を媒介にして，民法1382条の内容を憲法上の原則にまで引き上げ，憲法院と私法の関係に変化をもたらしたことは注目されている。しかしながら，何よりも強調すべきなのは，本判決が扱ったテーマ自体の重要性である。PaCSの賛否両派から本判決に期待されていたことは，婚姻制度とは別に共同生活を規律することそれ自体の，「家族」に関する憲法的要請から見た妥当性であったと思われる。憲法院は，この点に関して，明快な回答を示さなかったが，少なくとも，婚姻制度の特権と独占を訴えて，法律全体の違憲判断を狙ったと思われる反対派の主張が退けられ，PaCSのような制度が合憲とされた意義は大きい。このような法律は，同性愛者の可視性の低さから，日本では可能性がないように考えられているが，日本でも，当事者側の運動の活発化とともに，性的指向を人権問題として考える傾向が芽生えつつある。学説も，日本国憲法24条について，こうした制度の可能性を考慮して解釈論を展開するものが目立ってきている。また，こうした問題

を同性カップルのみに留保された問題と考える必要もなく，婚姻外異性カップルや単身者も含めた社会全体の問題と考えることもできる。その意味で，フランスの議論が持ちうる示唆は少なくないはずである。本稿では以下の論点に絞って検討する。

(2) 国民議会規則と不受理の申し立ての性質

不受理の申立ては，提出された法案が憲法違反であることを認めさせ法案の審議を行わせないための手段であるが，本件は，これの可決によって一度廃案になった法案と実質的に同一内容の法律が，憲法院審査にかけられた初めてのケースであり，二度目の法案の審議が，廃案になった法案を一年以内に審議することを禁ずる国民議会規則84条3項に反しないかが問題になった。これに対し憲法院は，判例に従い (Décision n° 78-97 DC du juillet 1978 J. O., Lois et Décrets, du 29 juillet 1978)，国民議会規則それ自体は憲法的価値を持たないこと，不受理の申し立ての採択は憲法院を拘束しないこと，再提出された法案は最初の法案とは完全に同一のものではないことを理由に立法手続を合憲とした。

(3) 立法者の消極的無権限 (Incompétence négative) と合憲解釈

立法者の消極的無権限とは，立法者が憲法34条に定められた権限を十分に果たしていないことを理由として，法律を違憲とする理論を指す。この理論の意義は，立法者の権限放棄を防ぎ，立法領域を行政命令権の浸食から保護することである。本件でも，本法律1条が民法典に導入するPaCSの定義・締結障害・届出・登録・財産制・解消など，まさにPaCSの屋台骨を定める部分10点について，立法者は法律の内容を明確にする責務を行政命令権及び司法権に任せておりその権限を果たしていないと提訴者によって批判された。憲法院が，合憲解釈の手法を最も多く用いたのは，この申し立てに対してである。憲法院は，時には政府解釈と正反対の解釈を行いながら，本法が導入する規定のうち，何が強行的性格を持ち，何が当事者の合意によって覆しうるのかを明らかにした。例えば，PaCSの締結障害，相互物質扶助などが公序としての性格を与えられ，反対に，不分割の推定は当事者の合意によって覆しうることが明確にされたが，このような憲法院の解釈によって，立法者の消極的無権限の申し立てが退けられるとともに，PaCSは制度及び契約の両要素を併せ持つものとして姿を現すことになった。このような憲法院の違憲判断を避けての法律の「書き直し」の一部については，学説からその行き過ぎも指摘されている。ただ実際には，判決全体を通じて憲法院が明らかにした内容の多くは，条文の文理解釈や既存法律との整合的解釈，議会審議の内容から引き出されたものであり，その限りでは正当化も可能と考えられているようである。

(4) 公的負担の平等

本判決では，いくつかの側面から平等原則違反が主張されたが，本稿では，人権宣言13条を根拠とする公的負担の平等に限定して，検討を行う。PaCS法の4条は，PaCS登録三年後から開始するパートナーの共同課税と所得税の累進性を緩和する家族係数の適用を定め，5条は，パートナー間での無償譲渡の際の控除と税率の優遇を定めている。これに関して，憲法院が特に微妙な判断を強いられたのは，単身者を犠牲にしてパートナーを優遇することが，婚姻の優遇とは異なって社会的利益によっては正当化されず，平等原則違反であるとの主張に対してである。PaCSを結ぶことのできない単身者との関係では，子の存在と独立に，しかも出費を節約することができる共同生活に，「家族」の保護を目的とする家族係数を適用することは，能力

による負担を定めた人権宣言13条に照らして正当化が難しい。憲法院は，具体的な家族係数の適用から生ずる利益が，一方パートナーの所得が無であるか無に近いとき，すなわち一方が他方の扶養にあるような状況においてのみ最大になることを指摘し，この被扶養者の世帯内の存在によってこの利益を正当化した。すなわち被扶養者の存在と人権宣言13条にいう「能力」を結びつけて結論を出したことになる。

(5) 契約の自由と民法1382条の憲法化

(5)-1 契約の自由

民法515-7条によると，PaCSは①当事者の合意，②当事者の一方の意思，③当事者の両方または一方の婚姻，当事者の両方又は一方の死亡によって終了する。このうち，提訴者はまず，②及び③の場合に許されている一方的解消が契約法の根本原則に反すると主張した。これに対して憲法院は，PaCSのような無期限の契約を一方的に解消することは，人権宣言4条から生ずる自由の中に含まれること等を挙げて提訴者の主張を斥けた。憲法院は，かつて「いかなる憲法的価値を持つ規範も，契約の自由原則を保障しない」として，契約を憲法外に押しやっていたが〔ⅢD35判決参照〕，その後憲法院は，進行中の契約への法律の介入を制約するために，契約の自由に憲法的価値を与えるようになっていた (Décision nº 98-401 DC 10 du juin 1998 J. O., Lois et Décrets, du 14 juin 1998, p. 9033参照)。従って，本判決において注目されることは，公権力と私人との間の関係から更に進めて，憲法院が，私人である契約者間の関係に直接言及していることであろう。

(5)-2 民法1382条の憲法化

さらにPaCSの一方的解消については，これがかつての破棄を復活させるものであり，人間の尊厳〔ⅡB12判決参照〕への侵害をなすとの批判が提訴者によってなされた。憲法院はこれには答えず，PaCSは婚姻とは関係のない制度であるから，その一方的解消は破棄と形容することはできないとした。次に，契約当事者の一方が婚姻した場合のPaCSの即時解消を婚姻の自由〔ⅡA9判決参照〕の尊重から正当化している。そして，PaCSを一方的に解消された当事者が損害賠償請求権を有するという留保の下に，515-7条を合憲としている。これについて，損害賠償請求を行う権利の承認は人権宣言4条から生ずる憲法上の要請であるとし，「他人に損害を引き起こす人の行為はどんなものでもその損害が過失により生じたときは，その人に損害を賠償する義務を負わせる」という不法行為責任を定めた民法1382条の文言をそのまま再生して，このことが人権宣言4条から生ずることを明らかにした。つまり，憲法院は，人権宣言4条を介して，一つの私法上の原理を憲法規範的価値を持つ原理の中に引き入れたことになる。憲法院は，これまでにも不法行為責任を憲法化する機会を持ったが (Décision nº 82-144 DC, 22 octobre 1982, J. O., Lois et Décrets, du 23 octobre 1982, p. 3210)，その際には，平等原則を用いて損害賠償を禁ずる法律を違憲としたので，民法1382条の内容が明確に憲法化されたのは今回が初めてということになる。

(6) 「家族」とPaCS

1946年憲法前文10項は，「国は，個人および家族に対して，それらの発展に必要な条件を確保する」として家族の保護を定め，11項は，子どもの権利を保障している。提訴者は，これを根拠として一方ではPaCSの創設そのものが違憲であることを，他方で「家族」を基礎づけるものとして，社会的利益を持つ婚姻の優位性を訴えていたのであった。反対に，PaCSを同性カップルによる養子縁組等への参入の一過程と

考えている側からすれば，PaCS パートナーも「家族」に含まれるから違憲でないという論理を期待する向きもあったはずである。しかし，「家族」や「婚姻」に関する憲法的要請から見た PaCS の是非という論点についての憲法院の対応は，どちらの期待にも応えていない。PaCS と婚姻制度が法的に別物であることや親子関係法に影響がないことを挙げて，「家族」や「共和的民事婚」を侵害しないとする憲法院の論理は，婚姻と区別される限りで PaCS を合憲とするという態度に貫かれている。憲法院は，婚姻の独占体制を廃したとは言えるが，パートナーの婚姻による PaCS の即時解消を，婚姻の自由尊重の要請から正当化し，婚姻・PaCS・内縁及び単身の取り扱いの差を正当化したように PaCS それ自体が作り出していた「婚姻→PaCS→内縁・単身者」という序列関係を論理の上では補強していると言える。しかし，憲法院は他方で，社会的利益を持つ制度としての婚姻の特権化を行うこともしていない。また，PaCS が，憲法院を通過して，社会に流通することは，事実のレベルで計り知れない影響をもたらすだろう。本判決では，多くの私法上の問題が，憲法の観点から扱われたが，この端緒を与えたのが，法の外に放置されてきた婚姻外（特に同姓）カップルを立法化する PaCS 法であったことは興味深い。憲法院は，「ローマ法以来，私法と公法の間で躊躇していた」と言われる家族法の諸問題が，憲法上の問題としてもさらに扱われていく可能性を押し広げたと言えよう。

〔参考文献〕

B. Bertrand et M. Verpeaux, Petites affiches, n° 148, 2000, pp. 11-17 ; P. Blachèr et J.-B. Seube, Le PaCS à l'épreuve de la constitution, Revue de droit public., n° 1,2000, pp. 203-231 ; C. Charbonneau et F.-J. Pansier, Et in Terra Pacs. Commentaire du Pacte civil de solidarité créé par la loi du 14 novembre et à la lumière de la décision du Conseil constitutionnel, Gazette du palais., n° 323 à 324, 1999, pp. 2-16 ; G. Drago, La constitution en 《réserves》, Droit de la famille n° 12 ter décembre 1999 hors-série, p. 46-51 ; S. Garneri, Revue française de droit constitutionnel., 2000, pp. 104-120 ; N. Molfessis, La ré-écriture de la loi relative au PaCS par le Conseil constitutionnel, Semaine juridique ed., G., I 210, 2000 ; J.-E. Shoettl, Le pacte civil de solidarité à l'épreuve de constitutionnalité, Petites affiches, n° 239, 1999, pp. 6-25 ; F. Priet, L'incompétence négative du législateur, Revue française de droit constitutionnel , n° 17, 1994 , pp. 59-85 ;

高山直也「ホモセクシュアルと連帯民事契約 (PaCS) 法」レファレンス2000年1月85頁； 樋口陽一「憲法規範の私人間適用と，私法規範の『憲法化』―フランスと日本」憲法理論研究会編『立憲主義とデモクラシー』（敬文堂，2001）19頁，丸山茂 「フランスの家族と社会(6) PaCS ―同性愛の制度的承認か」神奈川大学評論34号（1999）165頁，同「フランスの家族と社会(7) PaCS ―その実践と問題」神奈川大学評論38号（2001）143頁

ⅡC 15 平等原則と違憲審査——職権課税判決

1973年12月27日憲法院判決
Décision n° 73-51DC du 27 décembre 1973
Journal Officiel, Lois et Décrets du 28 décembre 1973, p. 14004
Rec. 25, RJC I-28, GD. 21

多田一路
（大分大学助教授）

〔事　実〕

　一般租税法典180条は，所得税納税のために申告した所得額が，すでに明らかになっている支出総額よりも低い，あるいは，免除総額が支出総額よりも低いなどの事実があるとき，支出総額から免除総額分を控除した残りの部分を課税所得として認定し，職権によって課税することを定めていた。ただし，この制度はほとんど機能していなかったため，1970年代に入って当時のジスカールデスタン財務大臣により，この職権課税制度を多用することにより脱税対策が図られることになった。すると今度はこの制度が濫用されるようになり，納税者から抗議が寄せられるようになった。

　そこで，1974年度予算法律62条は，この一般租税法典180条を改正し，次のように，一定の所得限度内に収まっていると考えられる納税者について，隠し資産や脱税の意図がないことを証明すれば，職権課税を免れるようにするものであった。「本条の条文の適用を受ける納税者は，本条の名目で割り当てられた負担につき，租税裁判官の監督のもとで，周囲の事情によって，不法又は秘密の財産の存在，もしくは，通常の納税を回避しようとする態度の存在を推定することができないということを立証する場合，及び課税基礎が所得税率表の最後の区分の限度の50％を超えない場合には，負担の軽減を受けることができる」。

　この悪意がないことの立証可能性から高額納税者を排除した点について，12月20日に元老院議長によって，1789年人権宣言1条および6条の法律および裁判の前の市民の平等原則に違反するとして提訴されたのである。

〔判　旨〕

　「憲法院は，憲法61条3項に基づき緊急の手続にしたがって憲法院に裁定を下すよう要求する内閣総理大臣の1973年12月21日の書簡，憲法とくにその前文および61，62条，憲法院に関する組織法律を定める1958年11月7日のオルドナンスとくにその第2部2章，予算法律に関する組織法律を定める1959年1月2日のオルドナンスとくにその42条，一般租税法典とくにその180条を参照し」，提訴された法律について，平等原則違反の問題，予算法律の立法手続の問題について検討し，いずれについても違憲と判断した。

　平等原則違反の問題については，

「1974年度予算法62条の条文は，一般租税法

典180条に次のような目的を持つ条文を加えるものである。当該条文が予定する条件のもとで所得税を職権で課税されている税負担者は，租税に関する裁判官の統制のもとで，周囲の事情によって『不法又は秘密の財産の存在，もしくは，通常の納税を避けようとする態度の存在』を推定できないということを立証する場合には，負担の軽減を受けることができる。

ところが，1974年度予算法62条によって一般租税法典180条に加えられた項の最後の条文は，関係行政当局の職権課税決定に対する反証を呈示する可能性に関して，市民の間に差別を持ち込むものとなっている。したがって，当該条文は，1789年の人権宣言の内容をなし，憲法前文で厳粛に再確認されているところの，法律の前の平等の原則を侵害している。

それゆえ，1974年度予算法62条によって一般租税法典180条に付け加えられた項の最後の条文は憲法に合致しないと宣告するに理由がある。

この条文は，立法府によって設立された行政権限に対して，反証を用いて職権課税の適用を排除する特例として提出されたものであるが，予算法62条のその他の条文と不可分の要素を構成している。それゆえ，当該条文全体が憲法に違反するとみなさざるを得ない。」[Con. 1～4]

立法手続の問題については，

「さらに，予算法62条は，付加条項の形式をとっているこの条文において，次のごとく定める，予算法に関する組織法律としての1959年1月2日オルドナンス42条第1項前段の条項に明白に違反している。『予算法律案に対するどんな付加条項もどんな修正も，それが支出を廃止ないしは減額する，あるいは収入を創設ないしは増額する，あるいは公共支出の統制を保障するものでない限りは，提案することはできない』。」[Con. 5]

1974年度予算法律全体について，

「現段階で，元老院議長によって審査に附された法律のその他の条文に関しては，どのような合憲性の問題をも憲法院が提起することに理由はないことを考慮し，以下のように判示する。[Con. 6]

1. 1974年度予算法律62条の条文は，憲法に合致しないと宣告される。
2. 本判決は，フランス共和国官報に掲載される。

(1973年12月27日審議)（憲法院院長　ガストン・パルゥスキ)」

〔解　説〕

(1) **本判決の位置**

本判決は，憲法院が法律の違憲審査について平等原則を適用した最初の判決である。審査対象になった1974年度予算法律62条は両院同数委員会で示されたものが原案であったが，すでに議会における議論の中で，その最終段の「課税基礎が所得税率表の最後の区分の限度の50％を超えない場合」という規定が人権宣言の平等原則に違反するという主張があった。しかし，当該条文全体の主要な狙いは職権課税処分に対する反証可能性の導入というところにあったために，特に違憲論の主張が強かった元老院においても，可決されることになったのである。そこで，元老院議長（ポエール，Poher）が，元老院の議論を受けて，「この基本文書（人権宣言――筆者）に照らせば，政府は，13条の市民の公的負担の平等に関する条文しか考慮に入れていない。最後に導入した差別は1789年の人権宣言1条および6条に明白に違反している。というのも，法律および裁判の前の市民の平等を破るからである」として，初めて平等原則違反を理由とした法律の合憲性審査を憲法院に請求した。

憲法院は1971年7月16日のいわゆる「結社の自由」判決〔本書ⅢA⑳〕において，人権保障を目的とした違憲審査を行い，結社に対して制限を加える法律を違憲と判断したが，その際には，46年憲法前文の「共和国の諸法律によって承認された基本的諸原理」に憲法上の法源性を認めた。したがって，「結社の自由」判決においては，それが人権保障を帰結していながら，1789年の人権宣言は直接参照されていなかったのである。よって，本判決は，憲法院が人権宣言に憲法上の法源性を認めてこれを参照し，憲法判断を下した最初の判決ということにもなる。

本判決は，平等原則が「1789年の人権宣言の内容をなし，憲法前文で厳粛に再確認されているところの」原則であることを明言し，この原則に違反することは憲法に違反することになるという旨を宣言することによって，平等原則が憲法上の原則であること，人権宣言が憲法上の価値を持つ文書であることを憲法院史上初めて確認したのである。

参照されている平等原則は果たして具体的に人権宣言の何条に基づくものか，ということを本判決は明示していない。しかし，提訴者が1条および6条違反を主張していたこと，判決理由[Con. 2]において「法律の前の平等 (l'égalité devant la loi)」という用語が使用されていることから，6条を根拠としたことが十分に推測される。

この「法律の前の平等」ということについては，従来，「法の一般原則」の内容をなすものとして，コンセイユ・デタによって規範化されてきた。その他，コンセイユ・デタは，さまざまな事項を対象とする平等を「法の一般原則」の内容として承認してきている。ただし，コンセイユ＝デタの判例理論たる「法の一般原則」を法源とする以上，あくまで「法律《の前の》平等」にすぎないのであって，「法律《における》平等」は問題になりえなかった。コンセイユ・デタが審査する以上，立法者を拘束することは不可能だったのである。

本判決は，法律に対して平等原則違反を理由に違憲判断を下したものであるから，このことから，平等原則は，行政府に対してだけでなく，立法府をも拘束するものとして位置付けられることになる。日本においても，尊属殺重罰規定違憲判決（最大判1973年4月4日，刑集27巻3号265頁，判時697号3頁）を典型として，判例上も学説上も「法の下の平等」が立法者をも拘束するという理解がされているが，フランスにおいても，本判決以降同様に理解されることとなる。

(2) **平等原則に関する憲法院判例の流れ**

平等原則に関する憲法院の判決は非常に多い。2001年6月現在で約140件もの判決が平等原則に関わる判断を示しており，そのうち約50件で違憲判決（一部違憲含む）が出されている。

平等原則については，憲法上さまざまな規定がある。まず，58年憲法においては，1条で，出生・人種・宗教による差別の禁止，法律の前の平等を，3条3項で選挙における平等を，同条5項で公職就任における平等（1999年憲法改正）を定めている。また，58年憲法2条4項は「自由・平等・博愛」のスローガンを掲げる。次に，人権宣言においては，1条で一般的な平等原則を，6条で法律の前の平等，保護・科罰の際の平等，公務就任における平等を，13条で能力に応じた租税負担の平等を定めている。さらに，46年憲法前文は，人種，宗教，信条による差別の禁止，男女平等，全国的な災禍から生じた負担の平等，教育の機会均等，公務就任の機会均等などを定めている。

憲法院が平等原則について判断する際には，これらの法源が参照されることになるが，しか

しながら，特に法源を特定しないで，「平等原則」「法律の前の平等原則」「平等の憲法上の原則」のように抽象的に判示する場合が多い。

憲法院では具体的に，裁判の前の平等あるいは法的手続の平等，選挙の平等〔⇨ⅣA40判決〕，公職の平等な就任〔⇨ⅡC16判決〕，公務員の待遇の平等，公的負担の平等〔⇨ⅡB14判決〕，刑事法の前の平等，租税ないし租税法の前の平等といった種類の平等原則が審査されており，そのほか，国有化対象企業間の平等〔⇨ⅢB28判決〕などが審査されている。

(3) 「異なる条件」

平等原則が適用される場合，その平等はいかなる意味かということが問題になる。いかなる場合でもいかなる条件下でも，各人を絶対的に均一に扱う絶対的平等か，等しきものは等しく，等しくないものは等しからざるように扱う相対的平等か，という問題であるが，日本でも通常，相対的平等を意味すると理解されている。フランスにおいては，相対的平等が「異なる条件 (situations différentes, différence de situation)」という概念のもとに理解されている。労働裁判所に関する1979年1月17日の判決 (78-101DC) では，「平等原則が，異なる条件の下に置かれている人について同一でない規制を法律が設定することに対する障害とならないのは，この同一でないということが，条件の違いによって正当化され，その法律の目的に不一致でない場合だけである」として，異なる条件に基づく異なる取り扱いの可能性を認めた。これ以降，憲法院においても，平等を相対的平等の文脈で捉えていることが明確にされたのである。ただし，学説においては，この「異なる条件」観念の性質をめぐって，平等原則に対する侵害の正当化事由と捉える見解（後掲⑦ p.165）と，平等原則に対する例外ではなく原則に内在するものと捉える見解（後掲⑧ p.195）がある。

平等を相対的平等と捉えるならば，等しからざるように取り扱うことを許す「異なる条件」とは一体何か，言い換えれば，同じでないどのような事実状態が，その同じでないことをもって，取り扱いの区別を許すのか，ということが具体的に審査されなければならないことになる。この審査基準については，後述する。

(4) 一般的利益による差別的取扱いの正当化

さらに，憲法院は，「一般的利益 (intérêt général)」という事情によって，別異の取り扱いを許容する場合がある。橋の通行料金について利用者のカテゴリーにしたがって異なる通行料金を設定したことが問題となった1979年7月12日の判決 (79-107DC) は，「土木工事事業の諸条件に相応した一般的利益の必要性」を理由にそれを合憲と判断した。

この一般的利益は，非常に多様な内容を持つが，もっとも中心的なのは経済に関わる問題で援用される場合である。良かれ悪しかれ経済にたいする公的介入の場面が多い（ディリジスム）フランスでは，このことが一般的利益として正当化されることが多い。国有化法違憲判決 (81-132DC) では，「国有化法によって追求される目的」が一般的利益として認められ，農業金庫の相互会社化に関する判決 (87-232DC) では，「農業・郊外の役務に対する農業金庫独自の適性の維持」が一般的利益として認められていた。

そのほか，「青年層の雇用改善」(86-207DC) など失業対策が一般的利益とされる事例，文化団体に対する寄付を企業の課税収入から控除することが一般的利益に対する協力活動の奨励となる (84-184DC) といったいわば文化的側面を考慮した事例などもある。

もちろん，一般的利益が認められるからといって，必ず差別が正当化されるとは限らない。

差別が正当化されるためには，認められる一般的利益と差別的取り扱いとの間に合理的な関係が存在しなければならない。公立病院の改革に関する法律についての判決（91-297DC）では，任命方法，任用期間が同じ規定によって定められている公務員の間の差別的取り扱いについて，一般的利益によっても正当化されなかった。

一般的利益によって差別を正当化した判例はおよそ20例程度で，「異なる条件」によって平等原則違反でないとされたものが圧倒的である。また，憲法院自身が，「法律……が平等原則に何ら抵触しないのは，……条件の間に存する相違によって正当化されるからであり，それゆえ，一般的利益が平等原則に対する侵害を正当化しうるかどうかを究明する必要はない」（83-162DC）としている。このことから，一般的利益を理由にした憲法院による差別的取り扱いの正当化については，「異なる条件」との関係で補足的な性格を持つとされる。

(5) ダブルスタンダード

憲法院の審査は，一元的な基準によってなされているのではなく，厳格審査（contrôle strict）を行う場合と，限定審査（contrôle restreint）を行う場合があることが指摘されている。厳格審査は，主に，刑事法および刑事手続法に関する領域と，選挙に関する領域において採用されており，限定審査は，財政法や租税法の領域と経済社会的領域において主に採用されている。その他，憲法が明示的に差別を禁止している事項については，厳格審査が行われている。

厳格審査が採用されるのは，その領域においては，身体の自由（liberté individuelle）や選挙権といった最も重要な基本権が問題になるからであると考えられている。一方，限定審査は，憲法院が立法府によって採られた措置や政策の一貫性を審査することになってしまう（Cf. L. Favoreu, R.F.D.C., 1991, pp. 298-299）ことを避ける意味があるとされる。憲法院が限定審査を行う場合，客観的かつ合理的な基準（critères objectifs et rationnels）や，立法裁量の明白な過誤（erreur manifeste）の有無などが，審査基準として採用されている。

(6) 積極的差別是正措置（ポジティヴ・アクション）

フランスにおいても近年，積極的差別是正措置の問題が検討の俎上に上っている。この問題については，本書ⅡC ⑰⑱⑲判決を参照。

〔参考文献〕

① L. Philip, La portée du contrôle exercé par le conseil constitutionnel, R.D.P., 1974, p. 531; ② P-M. Gaudemet, L'aménagement de la taxation d'office face aux exigences de l'égalité devant la loi et de la procédure budgétaire, A.J.D.A., 1974, p. 236; ③ C. Leben, Le Conseil constitutionnel et le principe d'égalité devant la loi, R.D.P., 1982, p. 295; ④ F. Luchaire, Un janus constitutionnel: l'égalité, R.D.P., 1986, p. 1229; ⑤ G. Braibant, Le principe d'égalité dans la jurisprudence du Conseil constitutionnel et du Conseil d'État, La Déclaration des droits de l'homme et la jurisprudence, PUF, 1989; ⑥ M-P. Deswarte, L'interet général dans la jurisprudence du Conseil constitutionnel, R.F.D.C., 1993, p. 23; ⑦ F. Melin-Soucramanien, Le principe d'égalité dans la jurisprudence du Conseil constitutionnel, PUAM, 1997; ⑧ Pierre Delvolvé, Droit public de l'économie, Dalloz, 1998; 北川善英「フランス憲法院と人権保障」長谷川正安編『現代人権論』（法律文化社，1982）175頁，矢口俊昭「憲法院と平等原理」芦部還暦『憲法訴訟と人権の理論』（有斐閣，1985）455頁，北原仁「フランスにおける平等原則」駿河台法学1号（1988）40頁，糠塚康江「国家像の変容と平等原則」関東学院法学8巻1号（1998）1頁，同「フランス社会と平等原則」日仏法学22号（2000）67頁。

ⅡC ⑯ ENAへのアクセスの「第三の道」判決

1983年1月14日憲法院判決
Décision n° 82-153 DC du 14 janvier 1983
Journal Officiel, Lois et Décrets du 15 janvier 1983, p. 354
Rec. 35, RJC I-144

植野妙実子
(中央大学教授)

〔事　実〕

　ENA（国立行政学院）は1945年に創設された，事務系のエリート行政官養成のための研修校である。研修期間は27ヵ月で，その間は俸給を受ける。修了者は成績順に，所属する職団 corps を選択することができる。成績優秀者（トップ12～15人）は，グランコールと呼ばれる職団（コンセイユ・デタ，会計検査院，財務監査官）に進んで，キャリアを積む。グランコール出身者がフランスでの官界，政界，財界の要職を占めている。現在その選抜試験 concours の種類及び受験資格は次の通りである。

① 部外試験――学士，修士もしくはＩＥＰの資格を有する28歳未満の者。
② 部内試験――行政担当公務経験を5年以上有する47歳未満の者。
③ 第三種試験――民間企業，地方公共団体の議員等として8年以上の経歴を有する40歳未満の者。

　入学定員は概ね1学年100名で，①が約50％，②が約40％，③が約10％である。
　この中で第三種試験は任用の母体を拡大して，民主化をはかろうとするものであるが，これを設ける契機となったのが，「第三の道」を定める法律であった。
　公務員一般身分規程に関する1959年2月4日オルドナンスを改正して，ENAへのアクセスの第三の道を開く同法に対し，1982年12月20日元老院議員が憲法院に提訴した。元老院議員は同法が①1789年人権宣言6条の公職への平等なアクセスの原則に反すること，②同法の規定する措置の一部が公務員のキャリアの展開における待遇の平等原則に反することを問題とした。
　憲法院は，公職への平等なアクセスについては，人権宣言で定められている憲法上の原則であることを認め，「第三の道」を開く同法の措置は，人権宣言6条で定められた能力の要請を保障している，とした。また当該法律の恩恵を受けられないカテゴリーの人々がいることについては，平等原則に違反しないとしたが，当該法律によって入学した人々が，任命や昇進の際に勤続期間の何割かを加味することで優遇されることになる点は，公務員のキャリアの展開における待遇の平等原則に違反するとした。

〔判　旨〕

　公職への平等なアクセスについて
　1789年人権宣言6条は次のように定める。「法

律は一般意思の表明である。……法律は保護を与える場合にも，処罰を加える場合にも，すべての者に対して同一でなければならない。すべての市民は，法律の前に平等であるから，その能力にしたがって，かつ，その徳行と才能以外の差別なしに，等しく，すべての位階，地位及び公職に就くことができる。」[Con. 2]

憲法院の審査に付された法律2条は，公務員一般身分規程に関する1959年2月4日オルドナンスに20条の2を追加するものであるが次のように定める。「ENAの卒業生が採用されるそれぞれの職団において，ENA終了後の採用の5人に1人を，以下の一つもしくは複数の職務に合計で8年間従事したことを証明できる者に許す選抜試験で認められた受験生の間で採用すること。①国会議員を兼任していない地域圏議会議員もしくは，県議会議員，市町村長，住民1万人以上の市町村の助役，②全国的な規模で代表的な組織であるとみなされる賃金労働者及びそうでない労働者も含む労働組合の全国組織，地方組織の指導部または執行部の構成員，③公益認定を受けた団体もしくは共済法の規定の下にある企業，連合，連盟の執行部役員として投票で選ばれた者，社会保障制度を管理する任を負う地域圏もしくは地方の機関の執行部の役員……。」[Con. 3]

同法同条8項の文言は「各職団における任命は，当該者の職団間で行われる選択を考慮してなされるが，その選択は，ENAで施された研修の終了時に作られる成績順名簿によるものとする。」[Con. 4]

1789年人権宣言6条で定められている公職への市民の平等なアクセスの原則は，公務員の任命において，能力と徳行と才能のみを考慮すべきことを求めているが，公務員研修校の入学時，公務員職団への任用時に候補者の適正や能力の評価を判定することになる任用準則が，考慮すべき能力の多様性や公役務の必要性に鑑みて異なることを否定してはいない。[Con. 5]

提訴人たる元老院議員は，同一の職団の公務員の採用方法の多様性の可能性に異議を申し立てているわけではなく，またそれは実際に容認されてもいる。しかし，憲法院の審査に付された法律が次の二つの点において1789年人権宣言6条に違反すると主張する。すなわち，第一に，当該法律で設定された任用の特別方法で認められた市民のカテゴリーを定義するために，法律で採りいれられた基準のいくつかにつき，人権宣言6条で定められた能力の要請と無関係であること。第二に，当該法律が設定する選抜試験から，受験資格が認められている市民より適性も能力も劣るとは思えない市民がその資格を奪われていること。[Con. 6]

そこで憲法院はそれらの点につき検討している。

1789年人権宣言6条で定められた能力の要請については次のように述べる。

立法府は法案策定段階で，1959年2月4日オルドナンスの改正として新しい20条の2で定められたカテゴリーに属する人々が，能力を確認して最も良い者を選ぶという目的を持つ選抜試験に臨む資質だとみなされる，能力や経験や無私無欲な態度をもっていると，考えたのである。こうした判断を下すのは立法府に属しており，その判断が明白な過誤をしているとはいえない。[Con. 7]

これらの措置は全体として，1789年人権宣言6条で定められた能力の要請を満足しており，したがって提訴理由を受け入れることはできない。[Con. 10]

当該法律の恩恵を受けられないカテゴリーの人々がいることについては次のように述べる。

一般的に，提訴人らは，立法府が一定のカテゴリーの人々を，とりわけ，公営，半公営及び

民間の企業の管理職を法律の恩恵から除外していることを問題としている。これらの人々の能力も適性も選抜試験を受けることを認められた人々よりも劣っているとはみなされないと主張する。[Con. 11]

当該法律は，職業別社会階層的性格を有するいかなる基準も，恩恵を認められた人々のカテゴリーを決定するのに用いてはいない。したがって，公職への平等なアクセスの原則は損なわれてはおらず，管理職はもとより，いかなる職業別社会階層も犠牲になってはいない。[Con. 12]

法律の恩恵を受ける資格へのアクセスの可能性については誰にとっても平等であり，法律上も事実上も職業による差別はない。[Con. 13]

したがって提訴理由を受け入れることはできない。[Con. 14]

法律には，人口１万人以下の助役や最も代表的な所ではない中小の組合組織の指導部または執行部，公益認定を受けていない団体の責任者が含まれていないことが提訴人らによって咎められている。[Con. 16]

非常に多くの者に法律の設定する選抜試験に門戸を開くことになれば，試験の組織や運営が事実上不可能になる。立法府は潜在的な候補者の数を限定し，最も経験豊かで有能とみることのできる人々を優先する必要があった。批判されている規定はこのような目的をもつものであって，明白な誤った判断から生じたものではない。[Con. 17]

全体的に，当該法律の受益者の決定についても，その人達に開かれる選抜試験の創設についても，1789年人権宣言６条に反しているとはいえない。[Con. 22]

公務員のキャリアの展開における待遇の平等原則については次のように述べる。

法律での文言及び法案策定作業から，選抜試験で入学を認められた候補者は，ENA で「部外試験」「部内試験」から選抜された学生に施される研修とは異なった研修を受ける。この区別は，当該者の必要とする研修がさまざまな場合において同一ではないという事実によって正当化される。[Con. 23]

同様に立法府は，選抜試験で入学を認められた候補者に対して ENA での研修の終了時に個別の成績順名簿を作ることを定めた。立法府には，これらの学生と別の研修を受けた学生とを一緒にした共通の成績順名簿を作ることを排除する自由がある。[Con. 24]

改正20条の２の最後から２番目の項は「職団における名簿はこれらの職団における平均昇進程度を考慮してかつ上記１号・２号・３号に列挙された職務の勤続期間の何割かを加味して階 grade や級 echelon の決定の根拠とする」と定める。[Con. 25]

提訴人らによれば，この規定は，公務員のキャリアの展開における平等という憲法上の原則に反しているとする。実際，こうした規定から，当該法律の適用を受けて職団へ任用された学生は，公職への職団の任用にもまたキャリアの展開においても，ENA への通常の入学を経て通常の卒業時の成績順名簿で職団へ任用された他の学生と比較すると優先されるという効果を生むことになる。[Con. 26]

法案策定作業から，当該条項が受験資格として必要な職種である，１号・２号・３号の対象とする職務の勤続期間の長さを考慮する目的にあったことがわかる。当該条項の適用を受ける人々はその職務の勤続期間の長さから，ENA への通常の入学を経て卒業時の成績順名簿で同一の職団へ任用された他の学生と比べて平均年齢がかなり高い。当該条項からもたらされる措置は，他の法律規定特に司法官の身分規程に関する1980年10月29日組織法21条の規定に倣って，

こうした不平等を解消し，当該法律の受益者に定年前に任用された職団で最も高い階に就くことができるようにするものであった。[Con. 27]

改正20条の2の最後から2番目のこの規定と1980年10月29日組織法21条とのいわゆる類推は適切とは思われない。実際，1980年法21条は，階層的な席次表を設けるにあたって，司法官職の中で直接認められた人々に彼らの任用以前に従事していた勤続期間を考慮しているが，人手不足ということもあって採用以前にすでに明らかな技術的資質を獲得している人々でもあることを考慮して，例外的な暫定的な採用方法の枠組の中でとられたことである。その上，これらの規定は，通常の方法で任用された司法官の昇進を促進する措置も伴っている。[Con. 28]

改正20条の2の受益者の平均年齢がENAへの通常の入学を経て卒業時の成績順名簿で任用された同僚と比べて平均年齢がかなり高いことを考えるとしても，条文によれば公務員として5年の実務に従事した人々に受験資格がある「部内選抜」を経てENAの卒業生となった人々の公職で過ごした時間は，職団での階や級の決定の際に考慮されてはいない。さらに。ある種の学位やそれに準ずる資格を有する人々に受験資格のある「部外選抜」を経てENAの卒業生となった人々の学業に費やした時間もこうした決定の際に考慮されてはいない。[Con. 29]

憲法院の審査に付された他の規定は，改正20条の2の1号・2号・3号の対象とする人々に平等原則に反するいかなる優遇措置も与えていないが，20条の2の最後から2番目の規定は，適用されるなら，1789年人権宣言6条により定められている原則を無視する特権を彼らに与える効果を生じさせることになる。それ故，改正20条の2の最後から2番目の項は違憲であると宣言されるべきである。この規定は他の合憲と判断された規定と分離可能である。[Con. 30]

したがって，以下のように判示する。
1. 1959年2月4日のオルドナンスに追加する20条の2の最後から2番目の項は違憲である。
2. その他の規定は合憲である。
3. 本判決はフランス共和国官報に掲載される。

（1983年1月14日審議）（憲法院院長　ロジェ・フレイ）

〔解　説〕

(1) **本判決の意義**

公職については，二つの点で平等原則が適用される。第一は，人権宣言6条で定められた公職への平等なアクセスに関するもので，第二は，さらにそこから判例によって確立されたとされる公務員のキャリアの展開における待遇の平等原則である。

本判決は，公職への平等なアクセスを1789年人権宣言6条を根拠として憲法上の原則として承認したという点で意義ある判決である。さらに憲法院は，伝統的なタイプの選抜試験が唯一，人権宣言6条の求める条件において候補者の能力，徳行，才能を評価する方法であることを認めた。また公務員の採用方法の多様性も認めており，第三の道の設定自体には提訴人たる元老院議員も含めて反対しているわけではない。

提訴人らが問題とした第一に人権宣言6条で定められている能力の要請と，第二に当該法律の恩恵を受けられないカテゴリーの人々がいることについては，次のように述べた。第一の点は，改正20条の2で定められたカテゴリーに属する人々が選抜試験に臨む資質を有している，この判断を下すのは立法府であり，立法府の明白な過誤は認められない。第二の点も，試験の組織や運営から，立法府は候補者の数を限定し，最も経験豊かで有能と見ることができる人々を

優先する必要があった。立法府の明白な誤った判断から生じたものではない，としている。いずれも「明白な過誤」という基準から立法府の裁量を認め合憲としている。今日ではこの点について，憲法院は立法府に積極的な差別を設ける権限を認めて限定的な統制をはかったと評されている（(8) p. 146）。

しかし，公務員のキャリアの展開における待遇の平等原則については，憲法院は次のように判断した。改正20条の2の最後から2番目の項は，人権宣言6条で定められている原則を無視する特権を与えることになるとして，違憲とした。この点は，任用時に平均年齢が高いことから，他の公務員との待遇の平等をはかるためにする優遇措置が否定されている。

(2) 公職の任用と研修

フランスでは公職への任用方法については二つの原則がある。第一は，職員はその能力に応じて選ばれるべきだという近代行政の概念に一致するもの，第二は，すべての市民は公職へのアクセスにおいて平等だというものである。これら二つの原則が組み合わされて，選抜試験が任用の最も重要な方法だということになった。

公務員の任命は大統領，首相，担当大臣など，行政の権限を有する者によってなされる。しかし，これらの者は恣意的に選ぶ権限を持っているわけではない。任命は多くの場合において，考査による選抜試験の合格が条件となるが，まれに資格による選抜の場合もある。こうした手続を遵守することは，公職へのアクセスにおけるすべての者の平等を保障し，あらゆる政治的情実をさけるという意味がある（(4) p.393）。ちなみに本判決は考査による選抜試験に関わるものであった。この選抜試験という方法は公正かつ客観的だとされているが反面過度の硬直化をもたらすとも指摘されている。そこでいくつかの例外を認めるようになってきている。

フランスでの選抜試験の伝統は，19世紀から20世紀にかけて徐々に浸透していった。実定法上の原則として現れたのは1945年の規程以来である。今日ではこの選抜試験は，公職への任用可能性の平等原則の具体化であり，公務員にとって一つの「基本的保障」と考えられている。

国家公務員については審査員が合格を決定するが，合格者は成績順で発表される。合格を認められた者は，成績の順位に応じて任用先を選ぶ。若干の場合，職団で直接アクセスのための選抜試験が行われることもある。さらに特別な学校に入学してその上で公職の職団へのアクセスが認められるという場合もある。選抜試験を経て入る，公務員研修校も発達している。ENA, 地方行政学院，技術系職団のための理工科学校のように国家公務員の多くの職団に開かれている研修校もある。その他経済財政省管轄の職団で任用されることになる，より専門的な研修校もある。なお地方公務員については条件付選抜試験 concours de réserve という異なる任用方法をとっている。

選抜試験は，本判決でも指摘があるように部外選抜と部内選抜とに分けられる。部外選抜とは公務員ではない者に受験資格のある試験である。一般的には受験生は年齢と学位の条件を満たさなければならない。準備校や大学の授業内容に沿った形での試験が行われる。部内選抜とは既に公務員である者（非正規公務員も含む），公役務に従事している者に受験資格のある試験である。この試験に合格することで公職の階級制の中でより高い職団にアクセスすることができ，部内選抜は昇進の重要な手段である。部外選抜のために要求される学位に容易にはアクセスできない社会階層があるという事実を正すことができるものである。同時に自らの学位のレベルよりも下のレベルで最初に職団に任用されたものを見合ったレベルの職団にアクセスする

ことを許すものでもある。公務員選抜試験に受験生が殺到することから、しばしばこうした状況が起きている（(4) p. 394）。

さらに本判決で問題となった、ENAへの第三の道から現在では第三種試験が行われているが、これは公務員の資格を持たない者にも選抜試験の受験資格を認めようとするものである。現在の第三種試験は1990年1月2日法によって設けられた。例えば2000年度に第三種試験に合格した者の中のユニークな経歴の持主としては、歯医者、新聞記者もいる。本判決で違憲とされた条文を除いて、1983年1月19日法が施行されたが、それは1986年12月25日法によって改正され、さらに1990年の改正となった。

(3) 公職への任用可能性の平等原則

公職への任用可能性の平等原則の法的根拠は1789年人権宣言6条である。この原則は、国際的にも世界人権宣言（21条2項）等で認められている。第4共和制憲法前文においても、女性の男性と平等な権利、勤労あるいは雇用における出生・意見・信条による差別の禁止、すべての人に対する公職への機会均等を保障している。こうしたことから、本判決も示したように、公職への任用可能性の平等原則は疑いもなく、憲法上の原則であり、その基準は、唯一能力capacité（もしくは能力competence）でなければならない。この原則は二つのことを示す。第一は、消極的な点ともいえるもので、一定の人々に公職へのアクセスをさまたげることとなる差別を設けることは立法府や命令制定権者に禁止される。第二は、積極的な点ともいえるもので、公務員の選択にあたって、この能力以外の要素を考慮することが禁止されるということである。第二の点は非常に微妙な問題である。というのも、この原則の実施は、立法府に属するからで

あり、立法府は原則を尊重している多くの方法の中から選択をするからである。選抜試験の原則が確立されてきたが、微妙だというのは、立法府は受験資格という条件（年齢や学位など）を設けることができるが、能力という唯一の条件に付加することのできる具体的な条件を増やすなら、平等原則は安定性を欠くことになるからである。それがまさに憲法院が本判決において、立法府は能力という評価において明白な過誤を侵さないならば、有能だとみなされるカテゴリーの人々に公職へのアクセスを予定することができると判示した点である（(5) p. 147）。

なお本判決に関してゴドメは、提訴理由の第二の点、改正法の定めるカテゴリーの人々になぜ第三の道が認められるかについては、判決に説得力がないと評している（(3) p. 316）。

〔参考文献〕

(1) Statut général des fanctionnaires de l'Etat, 2000, Les éditions des Journaux officiels.
(2) Louis FAVOREU, R.D.P. 1983 p.333.
(3) Yves GAUDEMET, A.J.D.A. 1983, pp. 312 et s.
(4) Françoise DREYFUS et François d'ARCY, Les institutions politiques et administraitives de la France, 5ᵉ éd., Paris, Economica, 1997.
(5) Jean-Michel de FORGES, Droit de la fonction publique, 2ᵉ éd., Paris, P.U.F., 1997.
(6) Jean-Marie AUBY et Jean-Bernard AUBY, Droit de la fonction publique, 3ᵉ éd., Paris, Dalloz, 1997.
(7) A FABRE-ALLIBERT, Le principe d'égal accès aux emplois publics dans la jurisprudence constitutionnelle, R.D.P., 1992, pp. 425 et s.
(8) Ferdinand MÉLIN-SOUCRAMANIEN, Les discriminations positives-France, A.I.J.C., 1997, pp.139 et s.
(9) 「フランスENA官僚の実像」人事院、1999年。

II C ［17］ 国土整備振興判決
――地域による差異・積極的差別是正措置

1995年1月26日憲法院判決
Décision n° 94-358 DC du 26 janvier 1995
Journal Officiel, Lois et Décrets du 1er février 1995, p. 1706
Rec. 183, RJC I-624

大藤紀子
（聖学院大学助教授）

〔事　実〕

　国土整備振興指針法は，1993年以来レジオンと国会での諮問手続を経ながら9ヵ月にもわたって議論が重ねられてきた問題につき，1995年，内務大臣シャルル・パスクァ（Charles Pasqua, RPR所属）により起草されたものであり，通称パスクァ法《Loi Pasqua》と呼ばれている。

　この国土整備振興指針法の一番の目的は，その1条が規定するように，経済的社会的開発の格差を是正することにより，「国土全体における各市民に機会の平等を保障することにある」。つまりフランス国土全体が均衡の取れた開発を遂げることが目的となっている。しかしそれを実現するために必要な立法措置は，公共団体間の異なる取扱をもたらすことになり，「法律は，……すべての者に対して同一でなければならない」（1789年人権宣言6条）という形式的平等観に基づいたフランスに伝統的な適法性の原理（le principe de légalité）との間に齟齬を生むのである。同法は，一方で開発の遅れた地域に対し，積極的差別是正措置を設け，他方で広域都市圏（communauté urbaine）評議会の議席を各コミューンに少なくとも一議席ずつ保障する措置を講じている。

　審査請求にあたって問題にされた第一の点は，こうした措置が，憲法上の原則である法の前の平等と共和国の不可分性に反するというものであった。

　第二に，法律の規定が，指令やデクレに権限を委任しているため，立法事項について定めた憲法34条との関係や，「法律の定める条件にしたがって，自由に自治を行う」権限を地方公共団体に認めた同72条との関係が論点になったのである。

　国土整備振興指針法案の憲法適合性の審査を憲法61条1項に基づいて審査請求を行ったのは，60名の社会党代議士である。法案の廃止を望む結果，通常は実質的平等をむしろ提唱しているはずの社会党議員が，政治的な思惑を背景に，保守党の発案による積極的差別是正措置を違憲とみなすという，皮肉な審査請求となった。

〔判　旨〕

　「憲法院は，憲法，コミューン法，都市計画法，租税基本法，ローヌ国営会社に関する1980年1月4日の修正法（80-3），コミューン・県・レジオンの自由に関する1982年3月2日の修正法（82-213），高等教育に関する1984年1月26日の修正法（84-52），とりわけ1994年7月25日法

(94-639) に基づいて起草されたその21条, コミューン・県・レジオン・国家間の権限分配に関する1983年１月７日の修正法 (83-8), 共和国の地域行政に関する1992年２月６日の修正法 (92-125) を参照し」, 付託された国土整備振興指針法のうち, 13にわたる条文 (4, 6, 9, 12, 29, 36, 41, 43, 52, 63, 78Ⅱ, 80, 83条) について検討し, それぞれ合憲判断を下す一方, その他の３つの条文 (32Ⅱ, 65, 68Ⅳ条) についてのみ, 違憲判断を下している。以下, 積極的差別是正措置に関する部分を抜粋する。

・国土整備指令の制定について (法４条)

「都市計画法 L.111-1-1 条を修正する付託された法律４条によれば, 国土整備指令 (directives territoriales d'aménagement) は特定の地域において, 整備振興に関する国家の基本指針, 大規模インフラ, 大型設備の設置, 自然地区……の保全［等］……について定めるが, これらの指令は, 同時に地方の地理的特殊性に適合した整備法および都市計画法の適用の方式を確定しうるのである。」[Con. 2]

「第一に, 国土整備指令は, 地方の地理的特殊性への適合について定めうる場合, その特殊性は, 法の文言によれば『整備法および都市計画法の適用の方式』に関わることに限定されるのであって, これらの法の規定をわきまえないわけにはいかないのである。……立法府によって規定された［指令への］適合性の条件は, それ自体すべての利害関係人が, 場合によって, 違法性の抗弁(exception d'illégalité)により, 命令の効力を有する文書に対し, 法律の規定を優先させる可能性を否定するものではない。したがって, 憲法34条および37条の両規定に相反するという主張は, 退けられなければならない。」[Con. 4]「第二に, 国土整備指令は, 立法府が明記するように, 法律２条の定める国の計画の一般指針を勘案しなければならない。その適用領域が国土の一部に限定されている状況は, 異なった事情 (situations différentes) を勘案するものであって, 平等原則に反するものでも, 共和国の不可分性の原則を侵害するものでもない。」[Con. 5]

・公役務の再編成, 廃止の決定について (法29条)

「本条は, 公役務に携わる公施設法人や公的機関および国営企業が, 利用者に対し, 役務の再編成および廃止を決定する場合, そのコントロールを国が行う場合の条件について定めている」。[Con. 15]「本条の目的は, まさに公役務の継続性の原則実施のための新しい保障のあり方を規定することである。29条は, 公役務にすべての者が平等にアクセスできるよう締結された大綱契約 (contrats de plan) や公役務契約の定める「国土整備および利用者に提供される役務」の目的が, 関係機関によって配慮されなければならないことを明記している。……同法42条の定める優先振興区域 (zones prioritaires de développement) は, 特殊事情 (situations spécifiques)を勘案することを目的とするのであって, これら区域に適用される独自の基準の設定を国務院のデクレに委任しても, 立法府は平等原則にも, その固有の権限にも違反したことにはならない。」[Con. 17]

・行政機関の認可について (法41条)

「41条は, 都市計画法 L.510-1 条の規定を修正し, 国と無関係に営業行為を行うための建築, 再築, 拡張, 利用者または利用に供する場所の変更について, 行政機関の認可に服させうると規定する。L.510-1 条Ⅳ項は, 国務院のデクレにその実施の条件を委任している。」[Con. 26]

「第一に, 執行権に属する権限を国に代わって行使する資格のある行政機関の任命……を, 立

法府が，国務院のデクレに委任することは認められる。」[Con. 28]「第二に，立法府は，その将来の決定が，国土整備振興政策ならびに都市政策および居住目的の建築と認可を要する行為を目的とする建築との間のバランスを勘案しなければならないと定めている。国土整備振興に関する立法，都市政策に関連する立法および地域事情の特殊性を勘案する目的を有する地方およびレジオンにおける協定の締結に関する立法の枠組みにおいて，立法府は，平等原則に違反するどころか，その実施を保障する手段となる手続を定めたものである。」[Con. 29]

・優先振興区域の設定（法42条）

「42条は，地理的，経済的または社会的に不利な条件を有する優先区域において，振興のための積極的差別政策が実施される旨規定する。[Con. 30]「立法府は，三つの経済的優先振興区域を設けている。国土整備区域（zones d'aménagement du territoire），振興優先農村地域（territoires ruraux de développement prioritaire），弱小都市区域（zones urbaines sensibles）……である。」[Con. 32]「平等原則は，立法府が一般利益を目的に，国土の一部に財政上の優遇措置や整備振興のための措置を規定するのを妨げるものではない。そのような措置は，それ自体地方公共団体の自由行政を侵害するものではない。」[Con. 34]

・違憲とみなされた条文について

判決は，三つの条文について，違憲の判断を下している。一つめは，32条Ⅱがレジオンや公共団体に対する国家の支出，税収の割当，公共投資予算，補助金などについての大まかな情報を財政法に添付するよう要求していることについて，組織法律の効力を有する1959年1月2日の政令（59-2）1条2項が「財政管理に関する情報提供および議会のコントロールについての

立法」を財政法に留保していることから，憲法違反となるというもの [Con. 54～55]。二つめは，「65条が，コミューン，県，レジオン，国家間の権限分配について明記し，一公共団体がその要求により，他の公共団体の会計に関して行使する権限を与えられる条件を決定するために，1983年1月7日法を一年以内に修正する」と定めていることにつき，「政府と議会の発案権を制限するものであり，いかなる法的効力も有しない」とみなし，またその2項が「立法が権限や責任を明記することなく，地方公共団体間の協定に特定の地方公共団体を集団のトップに定めることを委ねるのは，憲法34条の自由行政の原則に違反するというもの [Con. 56～57]。三つめは，「68条Ⅳが……『地方公共団体間の格差の減少に関して得られた結果の報告書をその年の財政法案に付加する』と定めている」ことにつき，上記32条Ⅱの場合同様，財政法の排他的領域を侵害するものであるとし [Con. 58]，以下のように判示する。

「1．［以下の条文は］違憲と判断される。
　－32条Ⅱ，
　－65条Ⅱの第2項，
　－68条Ⅳ
2．本判決は，フランス共和国官報に掲載される。」
（1995年1月26日審議）（憲法院院長　ロベール・バダンテール）

〔解　説〕

(1) **実質的平等の保障と積極的差別是正措置**

国土整備振興指針法には，次の4つの積極的差別是正措置が規定されている。

第一に，同法の適用を目的として，国土整備指令の制定を認めている（4条）。この指令は，原則としてそれぞれ地理的に特殊な地方を対象

とする。

第二に，公役務の再編成や廃止のための一般的な条件を規定するにあたって，国土優先振興区域のために，他の区域よりも重大な損害となりうるその帰結に配慮した特別の基準を設けている（29条）。

第三に，同法は，居住目的と営業目的とのバランスの取れた建築政策を保障するために，地域事情の特殊性を勘案した協約を国と地方公共団体間に締結することを認める規定を置いている（41条）。

第四に，同法は，国土整備区域，優先振興農村地域，弱小都市区域の三つの経済的優先振興区域を設け，それぞれ個別に独自の財政上の優遇措置を定めている（42条）。

憲法院は，こうした内容を有する法案の平等原則への適合性について，立法府が，異なる特殊な事情を勘案する必要に基づいて制定されたものであり，平等原則に反しないとして，実質的平等観に基づいた措置を合憲と判断している。

憲法院のこのような立場は，しかし本件において初めて示されたものではなく，1984年12月29日の判決は，「平等原則は，立法府が財政上の優遇による誘引措置を施すことを妨げない」とし（84-184 DC, 29 déc. 1984, Rec. p. 94.），1985年7月17日の判決は，都市計画規制は，「具体的な評価によってのみ保障されうる遺跡や自然環境などの一般利益の保護」を目的として，地域によって多様でありうると判断している（85-189 DC, 17 juill. 1985, Rec. p. 49.）。また1988年1月7日の判決は，「立法府が，その制定する法律の目的に関係する限りにおいて，異なる事情を異なって規制し，一般利益を理由に平等に例外を設ける形で異なる取り扱いをしても，平等原則に反しない」とみなしている（87-232 DC, 7 janv. 1988, Rec. p. 17）。さらに1991年1月16日の判決は，料金設定のための私的な医療機関と地域の医療保険機関との間の協定は，「同地域で活動をする機関が事情の特殊性を勘案する」ことを可能にするため，そのような協定は「平等原則違反とは程遠く，むしろその実現を保障するための手段である」とする（90-287 DC, 16 janv. 1991, Rec. p. 24.）。1995年1月26日判決は，したがって，このような従来からの憲法院の立場を確認する意味をもっている。

なお，本判決では，憲法院は，不平等があった場合に，実質的平等を保障するために，立法府が差別的措置を規定する義務があるか否かについては，判断されていない（1994年1月13日の判決，93-329 DC, ⇨ⅢA27判決参照）。

(2) 議席配分と「平等」

国土整備振興指針法によれば，各広域都市圏の評議会議員は，広域都市圏に参加する各コミューンの議会によって指名されるのであるが，判決は，各広域都市圏の評議会議員の議席を各コミューンに少なくとも一議席ずつ配分するよう定める規定（80条）を合憲とみなしている。審査請求に際し，このような措置は，小さいコミューンが過大に代表されることにつながり，憲法3条が規定する「選挙は，つねに，普通，平等かつ秘密である」という原則に違反すると主張されたのに対し，憲法院は，ニュー・カレドニアの発展に関する1985年8月8日の判決（C 85-196 DC, ⇨ⅥD67判決参照）及び選挙区割りに関する1986年7月1・2日の判決（CC 86-208 DC, ⇨ⅣA40判決参照）を踏襲し，次のような見解を示している。

すなわち「地方公共団体間協力の公施設法人が，これら公共団体に代わり，本来これら公共団体に帰属していたはずの権限を行使する以上，それらの審議機関は本質的に人口の基礎に基づいて選挙されなければならない。その結果，議

席配分は参加する各地方公共団体の人口との比例という一般原則を尊重しなければならないが，しかしながら一定の限度において，その他の一般利益の配慮，とりわけ各公共団体が関係評議会内に最低一人の代表を有する可能性を残すことを斟酌することは可能である」［Con. 48］とされている（只野後掲論文参照）。

1986年判決においては，「普通直接選挙で指名される国民議会は本質的に人口の基礎に基づき選挙されなければならない。立法府はこの根本的準則を緩和しうる一般利益の諸要請を考慮しうるとしても，一定の限度でそうしうるにすぎない」とした上で，「一般利益」の内容については，「最低2名の代議士の代表を各県に留保することで，立法府は選挙区の当選者と選挙人との間の緊密な絆を確保」できるとしている。

これに対し，国土整備振興指針法80条に関しては，広域都市圏は，地方公共団体ではなく，公施設法人であり，またその評議会議員は，普通選挙で選出されないことから，そもそも人口比例原則を適用すること自体「驚きである」との評もある。また共同体（Communauté）に参加している他のコミューンの居住者をコミューンの枠を超えて議員に指名するのを認めること（78条）との整合性がとれていない。こうした規定が設けられた背景には，一方で，比例原則を適用することで，広域都市圏の審議機関の構成に司法統制を及ぼす可能性を残しておくという，憲法院の戦略的意図があったとも考えられ，他方で，元老院での修正が元になった本条が，評議会内の政治的勢力関係を変えることを狙ったものであったことが指摘されている（Dominique Rousseau後掲論文, p.883, 只野後掲論文『一橋研究年報 法学研究』171-173, 178, 205頁参照）。

(3) **立法府の消極的権限の逸脱**（incompétence négative）

憲法34条は，立法府が行政府に委ねてはならない事項について，その最小限の権限として留保されている事項を列挙したものとみなされている。立法府がこれらの権限を有しているにもかかわらず，その権限を自ら放棄して，執行機関の定める命令に明示的または黙示的に委任する場合，立法府の消極的権限の逸脱（incompétence négative）があったとみなされ，権限を立法府に委ねている憲法に違反するとみなされている（Thierry Renoux, Incompétence négative, in Olivier Duhamel et Yves Mény（sous la direction de），Dictionnaire constitutionnel, PUF, 1992, p. 496.）。こうした立場は，1967年1月26日判決（67-31 DC, Indépendence des magistrats, Rec. 19, RJC I-16.）によって初めて示された後，憲法院によって繰り返し判断に用いられている。

本判決では，34条の列挙事項の一つである「地方公共団体の自由な行政」について定める権限との関係において，立法府の消極的権限の逸脱に該当するか否か，請求のあった法案の複数の規定について判断が示されているが，いずれも該当しないとの結論である。たとえば6条が，レジオンの国土整備振興会議構成員の任命要件が国務院のデクレに委任されていることにつき，消極的権限の逸脱に該当しないと判断されている［Con. 9］。理由は，同会議が諮問機関であるというものだが，諮問機関の構成を命令事項とした判決は，憲法院によってすでに下されている（89-161 L du 24 octobre 1989, RJC II-33; CC 90-164 L du 4 mai 1990, RJC II-135.）。したがって，当該機関が特定の事項の決定権を有する場合には，法律の規定がなければならないことが類推される。また9条に規定された公益連合の構成に関しても，同条が「国会，地方公共団体，コミューン連合……の代表によって構成される」と定めている以上，その他の詳細をデクレに委

任しても，34条に規定された権限を無視したことにはならないとされる［Con. 10～11］。

同様の判断は，29条，36条，41条，42条に関しても示されている。

これに対し，審査請求がなされなかった条文である65条2項に関しては，「憲法34条により，地方公共団体の自由な行政，その権限およびその財源の基本原則を定める権限は，立法府に属する。［立法府は］その権限やそれに伴う責任について定めることなく，一つの地方公共団体をグループの筆頭（chef de file）に任命することを，地方公共団体相互で締結された協定に委任することはできない。したがって立法府は［憲法34条］に基づく権限を無視した」ものとみなされている［Con. 57］。

(4) 地方公共団体の自由行政の原則

憲法34条は，法律が「地方公共団体の自由な行政，その権限およびその財源」の基本原則を定めるとし，72条は，「地方公共団体は，……法律の定める条件にしたがって，自由に自治を行う」と規定している。審査請求は，国土整備振興指針法が，一定の企業に対し，営業税を免除し（52条），国家・公共団体間の契約が国家・レジオン間の大綱契約（contrat de plan）に挿入されうる旨の規定（63条）を置いていることが，地方公共団体の自由行政の原則に違反すると主張されている。判決は，同法がいかなる義務も課すものではないこと，また営業税免除の決定に対しては異議を申し立てうること，さらに公共団体の財源確保のため，財政補償制度を設けていることを理由に，違憲ではないと判断している。逆に言えば，こうした保障制度を設けずに地方公共団体の財源が制限される場合には，自由行政の原則に反すると考えられるのである。すなわち，法律は，地方公共団体の財源を制限しない形において，介入が認められることが示されている。

〔参考文献〕

・Ferdinand Mélin-Soucramanien, Jérome Trémeau, Joseph Pini, Jurisprudence du Conseil constitutionnel-Décision no. 94-358 DC du 26 janvier 1995, Aménagement du territoire, JO 1er février, 1995, p. 1706, *Revue française de droit constitutionnel*, 1995, pp. 389-404.

・Mathieu Bertrand et Michel Verpeaux, Décision 94-358 D.C. du 26 janvier 1995, Loi d'orientation pour l'aménagement et le développement du territoire, *Les petites affiches*, 20 octobre 1995, no. 126, pp. 8-11.

・Dominique Rousseau, Les principes de libre administration locale et d'égalité à l'épreuve de l'aménagement du térritoire, *Revue française de droit administratif*, 1995, pp. 876-883.

・Yves Madiot, Vers une《territorialisation》du droit, *Revue française de droit administratif*, 1995, pp. 946-960.

・只野雅人「選挙区と『国民主権』・平等選挙―フランス憲法院判決を素材として」『一橋研究年報　法学研究』33号，2000年3月，147～207頁

・同「フランスにおける選挙制度と平等」，山下健次・中村義孝・北村和生（編）『フランスの人権保障―制度と理論―』120-122頁，法律文化社，2001年

ⅡC ⑱ 選挙におけるクォータ制の違憲性と「政治的選挙」
―― クォータ制判決

1982年11月18日憲法院判決
Décision n° 82-146 DC du 18 novembre 1982
Journal Officiel, Lois et Décrets du 19 novembre 1982, p. 3475
Rec. 66, RJC I-134, GD. 33bis

武藤健一
（フェリス女学院大学非常勤講師）

〔事　実〕

　1979年6月に初提出されたが議決までは至らず、また1980年11月では国民議会で可決されたが成立することはなかったクォータ制が、1982年夏会期に審議されていた選挙法典改正案に対する修正案として社会党のジゼル・アリミ（Gisèle Halimi）から提出された。

　選挙におけるクォータ制とは、選挙権・被選挙権に関して生じている現実上の不平等を是正するために、現実上の少数者に一定の議席、あるいは候補者名簿の割合を優遇する制度である。ここで扱うクォータ制は事実上、女性に市町村会議員選挙の候補者名簿において割当て（quota）を与えるという、ポジティヴ・アクション（積極的差別是正措置：discrimination positive）の一つであった。

　国民議会では、候補者名簿における同性の候補者は「70％を超えてはならない」、つまり女性に事実上30％以上の割当てを規定していたアリミ案の後、社会党のアラン・リシャール（Alain Richard）等の25％に引き下げた同種の修正案が提出され、激しい議論の後「25％案」がほぼ全会一致で可決され、同年10月20日に元老院は、クォータ制を含む選挙法典改正法律を可決した。そのクォータ制の規定は、人口3500人以上の市町村における市町村会議員選挙での「候補者名簿は、同じ性の人間で75％以上になることを許容することはできない」という文言であった（L260条の2）。

　なお、改正法に対しては野党議員が同月23日に違憲審査申立てをした（また同日、提訴権者でないアラン・トゥレ（Alan Tourret）も申立てをしている）。ただし、これはクォータ制に対するものではなく、人口3500人以上の市町村の選挙は比例代表制との混合方式であることを規定した選挙法典L262条についてなされたもので、この規定が選挙結果の平等を侵害するのではないかという理由からであった。しかし、憲法院は当該条文だけではなく職権で改正法全体を審査し、クォータ制を規定するL260条の2が1958年憲法3条（主権行使と選挙）と1791年人権宣言6条（市民の立法参加権）に反するとして違憲判断を下し、L262条に対する違憲の主張自体は立法裁量等を理由として退け、この2つ以外の諸規定については憲法に適合することを

宣言した（11月18日）。これを受け，同改正法は19日にL260条の2が削除される等の修正の後に成立した。

〔判　旨〕

「憲法院は，憲法」，「1958年11月7日のオルドナンス，特にその2編2章の諸条文を参照し」，提訴権者・選挙法典を改正する法律の混合方式（L262条）・クォータ制（L260条の2）・その他の諸条文，の4つの部分について判断を下しており，職権で判断した後二者のうちクォータ制について違憲判断を下した。つまり，

憲法61条2項，「……［憲法］院に審査を任せる資格を与えられた当局者の指定は，他のすべての者に対してこの提訴を禁じ，そのことからアラン・トゥレ氏の請求は，受理できない点を考慮し」［Con. 1］(a)

「［憲法］院に付託された法律の4条によって，人口3500人以上の市町村の市町村会議員は連記投票で選出され，選挙人は名簿の中身も推薦順序も，L260条の2，すなわち『候補者名簿は，同じ性の人間で75％以上になることを許容することはできない』によってしか修正することができない点を考慮し」［Con. 5］(b)

「憲法3条，すなわち，『国民の主権は，人民に属する。人民は，その代表者によって，そしてレフェレンダムの方法によって主権を行使する。人民のいかなる部分もいかなる個人も，主権の行使を独占することはできない。選挙は憲法が規定する条件により，直接または間接に行なわれる。選挙は常に，普通，平等かつ秘密である。民事的および政治的権利を享有する両性の成年フランス国民すべては，法律によって定められた条件により選挙人である。』，そして人権宣言6条，すなわち，法律の下に『平等であるすべての市民は』『その能力にしたがって，かつその徳と才能以外の差別なしに，すべての位階，地位そして公職に就くことが等しく認められる』にしたがう点を考慮し」［Con. 6］(c)

「こういった法文の関連づけから，年齢や無能力や国籍を理由によっても，選挙人の自由や選出された者の独立性を保障するような理由によっても除外されないすべての者に同一の条件で，市民という資格が選挙権と被選挙権を開放する結果になり，憲法的効力を有するこういった諸原則が，選挙人や被選挙資格者のカテゴリーによるすべての区分と対立し，すべての政治的選挙，特に市町村会議員の選出にとっても同様である点を考慮し」［Con. 7］(d)

「選挙人に委ねられる名簿の作成にあたって，その性を理由とする候補者間の区別を含む規律は，上記で言及した憲法的諸原則に反し，したがって，憲法院の審査に委ねられた法律の4条に由来する選挙法典L260条の2は，憲法に反していると宣言されなければならない点を考慮し」［Con. 8］(e)

「ゆえに，L260条の2で定められた規律を選挙法典L265条とL268条に適用する諸規定は，憲法に反していると宣言されなければならない点を考慮し」［Con. 9］(f)

以上の6点から，以下のように判示する。

1. アラン・トゥレ氏の請求は受理できない。
2. 選挙法典とコミューン法典を修正し，市町村会議員選挙と選挙人名簿へのフランス国外でなされるフランス人の登録の条件に関する法律の，選挙法典にL260条の2と

いう1ヵ条をもたらす4条の諸規定は、憲法に反すると宣言される。

　選挙法典L265条に対する『性』という文言の付加は、やはり憲法に反すると宣言され、同L265条とL268条に対する『とL260条の2』という文言も、同様である。

3. 憲法院の審査に付された法律の他の条文は、憲法に適合している。」

(1982年11月18日審議)（憲法院院長　ロジェ・フレイ）

〔解　説〕

(1)　本判決の意義・特徴

　1999年の憲法改正（3条5項）を受けて2000年にパリテ法が成立し、その先駆け的な存在としてクォータ制法案と本憲法院判決が注目されている（女性に50％を「割当てる」という意味では、パリテはクォータ制の一種である）。クォータ制を含む法律が賛成票476・反対票4・棄権票3という、準全会一致で国民議会で可決されたことからもわかるように、当時のフランスにおいて女性の政治参加を保障していくことに特段の異議を唱えられるような状況でなかったにも関わらず、また本件はクォータ制とは関わりのない条文に対する提訴であって、その意味で違憲を宣言される危険は最小限であったにも関わらず、憲法院がクォータ制を違憲としたことは注目されるべきである（(エ)）。

　ただしそれだけではなく、この判決には注目すべき点が存在する。つまり、(ア)市町村会議員選挙の性格と国民主権原理との関連性や、(イ)選挙権と被選挙権の関係を明らかにしたという側面がみられるからである。しかも、クォータ制について憲法院は職権で審査したという特徴も指摘できる（(ウ)）。

　当時の憲法院院長がかつて下した最も重要なものだと述べている当判決を、以上4つの側面から検討しておこう。

　(ア)　市町村会議員選挙は「政治的選挙」（suffrage politique）であって、「市民という資格」でもって参加するのであるから、選挙人・被選挙人におけるカテゴライズは禁止される、ということが明らかにされている（(d)）。つまり反対側からいえば、「非政治的選挙」として扱われる選挙であれば、その参加資格を法定することが許されるということを意味している（なおこの点に関して、同月の14日判決82-148 DC du 14 novembre 1982を参照）。

　また、市町村会議員選挙を「政治的選挙」として位置づけたことは、憲法の規定（34条3項・72条）からだけでは明確ではなかった国政選挙と地方選挙の関係も明らかにしたことになる。従来みられた解釈は、「行政的選挙」として位置づけるというものであったのに対し、本判決では「政治的選挙」として地方選挙も国政選挙と同様に国民主権原理に基づいた選挙として考えられたからこそ、主権の行使と選挙について規定した憲法3条が適用されているのである（(c)）（ちなみにこの論理だと、外国人の地方選挙への参加は困難になるだろう。なお本判決の論理は、1992年4月9日のマーストリヒト第一判決では踏襲されなかった〔⇒ⅠA③判決参照〕）。

　ただし、なぜ市町村会議員選挙が「市民という資格」から「政治的選挙」として位置づけられるのかという理由・根拠は不明である。ロシャクもいうように（後掲④論文 p.136）、「市民

という資格」→市町村会議員選挙＝「政治的選挙」という枠組みが先にあって，そのために憲法3条と人権宣言6条とを組み合わせて憲法上の根拠を与えた，といえなくもないのであって，フランス憲法の非常に重要な論点であるだけに残念である。

(ｲ)　「市民という資格」から，選挙権だけでなく被選挙権も導かれている（(d)：「市民という資格が選挙権と被選挙権を開放する」）。憲法規定上は明確には位置づけられていない被選挙権を選挙権という大枠の中で同列のものとして位置づけたということができる（例えばこの論理でいくと，選挙権と被選挙権行使の年齢等の条件は同一でなければならないことになる）。

(ｳ)　［事実］で指摘したように，憲法審査の申立てがなされたL260条ではなく，L260条の2について憲法院は職権で審査し，しかも違憲判断を下したというのが本判決である。議会等の経緯をみてもクォータ制についての明確な結論は存在しなかったとして，この職権審査を憲法院の役割であったとする評価は別としても（後掲⑥論文），当時の評価としては職権審査自体を問題視することは一般的ではなかったといえる。しかしロシャクは，本判決を「正々堂々と職権審査を行なった判決である」と評し，ひいては「裁判官政治」につながる危険性を指摘している（後掲④論文 pp.133-134）。

なお，憲法院が職権審査を行なった判決として最初にあげられているのが，1973年12月27日判決だが〔⇒ⅡC⑮判決参照〕，より明確なものとして，1977年12月30日判決があげられる（後掲④論文p.133．また1981年1月19・20日判決も参照〔⇒ⅢC㉛判決〕）。

(ｴ)　クォータ制自体に関する判断の最大の特徴は，(ｱ)・(ｲ)でみたように，選挙権・国民主権原理との関連性を基軸とし（「政治的選挙」），その結果いかなるカテゴライズも認められないという文脈で，違憲判断が下されている点である。

当時の国民議会の審議や法学での議論においては，クォータ制の問題とは平等原理や立候補の自由との関連性という位置にあって，本判決のような文脈でクォータ制は一般的には論じられていなかった。その結果，近年までクォータ制，ポジティヴ・アクションの違憲性の根拠として本判決が援用されていた。

しかしながらそれは，部分的には誤りだというべきであって，本判決はクォータ制，ポジティヴ・アクション一般に対する判断にまでは踏み込んでいないと考えるべきだと思われる。なぜならば第一に，クォータ制自体の当否について本判決は検討をまったく加えていないからである。第二に，市町村会議員選挙が政治的選挙であるがゆえにクォータ制が「カテゴリーによる区分」に相当するということで否定されているだけなので，政治的選挙におけるクォータ制だけが違憲だといっているにすぎないからである。言い換えれば，ポジティヴ・アクション一般や政治的選挙以外のクォータ制について，この時点では憲法院はその態度を明らかにしていないと考えられるのである。

よって本判決に対して，平等原則を規定する1946年憲法前文4項や人権宣言1条に言及すべきであったという批判の仕方は，難しいのではないかと思われる。というのは，本判決の論理構造においては，従来理解されていた平等原則等に対してクォータ制がどのように位置づけら

れるかを明らかにするまでもなく，政治的選挙におけるクォータ制の違憲性を明らかにすることが可能となっているからである。その意味で，本判決は一般的にクォータ制に対する解釈を行なった判例として理解されているが，本判決によってクォータ制自体やポジティヴ・アクションについての憲法的な位置関係が明らかになったとまでは言い切れないのではなかろうか（→(2)参照）。

(2) 影響・課題

本判決は，多くのフェミニストの激しい反発を引き起こしたが，クォータ制を支持していた世論の反応は弱かった。また(エ)でみたような本判決の立論構造もあって，その後，選挙制度に立法上クォータ制を導入することは不可能だという空気が濃厚となり，その要求も退潮する結果となった。

こういった状況に変化がみられ始めるのは，1990年代になってからであり，それは欧州議会レベルを含み割当ての比率も上昇させるという，パリテという形として現れたのである。ただし，1999年1月24日判決において，パリテに対しクォータ制判決と同様の論理が採用されていることからわかるように，このクォータ制判決の影響力の大きさを見て取ることができるし，またパリテ導入に際しては，本判決の存在が考慮されて憲法改正がなされている〔⇨ⅡC19参照〕。

さて最後に，クォータ制，ポジティヴ・アクション等をどう把握すべきかという大きな問題点に触れておきたい。

第一に，パリテを含むクォータ制，ひいてはポジティヴ・アクションというものは，近代以来の憲法原理には存在していないと考えるのが筋であって（形式的平等等），その意味でクォータ制等を導入するには（そうすべきだと評者は考えているが），憲法改正を伴う憲法「原理の転換」が必要であると考えられる。しかしフランス現代法からすれば，「原理の転換」ではなく，憲法改正という憲法の「新解釈」（nouvelle lecture）を導入するという，いわば「法のあり方」の問題になるのだろう（クォータ制・パリテの文脈でいえば，特に国民主権に関する「新解釈」の導入）。ただし，選挙権等の重要だと評されている人権に関わらない分野では，憲法改正を伴わないポジティヴ・アクションは憲法院によっても是認されている〔⇨ⅡC3判決参照〕ことを含めていえば，フランス現代法では，憲法改正を必然的には伴わない憲法の「新解釈」がなされているということなのだろう。

第二に，そうであっても女性差別撤廃条約やアムステルダム条約〔⇨ⅠA5判決参照〕はポジティヴ・アクションを含んでいるので，その点をどのように考えるのか問われていると思われる。つまり，条約が規定しているようなポジティヴ・アクションについても，上記のような憲法の「新解釈」のみではたして対応できるのか，という側面は検討が必要かもしれないからである。

第三に，本判決は女性に対するクォータ制が問題とされたわけであるが，ポジティヴ・アクション一般として統一的に把握することが必要かどうかが問われると思われる。つまり，女性・地域・被障害者等に対するポジティヴ・アクションは，それぞれの差別・格差の有様はそれぞれなので，それぞれ別の解釈・原理によるべきものなのか，または，ポジティヴ・アク

ションという憲法政策としては同一基軸のものであって，同じ解釈・原理によるべきものなのか，という側面から考察が必要とされる可能性を指摘できるからである。実際，クォータ制判決に対する当時の評釈において，性別以外のクォータ制が多種要求される可能性を憂慮して，クォータ制に消極的な態度を取る者もみられたのである（例えば，後掲②論文 p.470）。よって，それぞれすべてのものに対して実施されるべきなのか，特定のものに対してのみ実施されるべきなのかという点も踏まえて，検討がなされるべきであろう（更にいえば，性別によるポジティヴ・アクションでもクォータ制のような選挙に関わるものや，例えばパパ＝クォータ制（：父親に対する育児休暇の割当て）のような労働に関わるものが存在するので，同一範疇の場合（ここでは性別）にも上記のような検討が必要だろう。）。

第四に，クォータ制，ポジティヴ・アクションは，日本法においてはどのように考えられるべきだろうか。導入するに際しては，社会権・平和的生存権や13・24条の個人単位主義（後掲⑫論文参照）など以外に近代以来の憲法原理を超えたものは，日本国憲法には存在しないと評者には思われるので，先に触れたように日本においても憲法原理の転換について議論がなされるべきだろう（9条解釈・政策を反面教師として）。その意味で，クォータ制，ポジティヴ・アクションを憲法原理・政策としてあまり議論していない日本の現状にとって，アメリカのアファーマティヴ・アクション（積極的差別是正措置）と同様，本クォータ制判決を含めフランスの取った対応に学ぶべき点は多いにあるというべきだろう。

〔参考文献〕

① Louis FAVOREU, Principe d'égalité et représentation politique des femmes, *Études et documents du Conseil d'État*, n°48, 1996. ② M. Léo HAMON, Sommaires commentés, Droit constitutionnel, *Recueil Dalloz-Sirey*, 1984, 42ᵉ cahier. ③ André LAIGNEL, Le gouvernement des juges ?, *Le Monde*, 27 janvier 1983. ④ Daniè LOSCHAK, Les hommes politiques, les《sages》(?)…… et les femmes, *Droit social*, n° 2, février 1983. ⑤ François LUCHAIRE, *La protection constitutionnelle des droits et de libertés*, ECONOMICA, 1987. ⑥ J.-M. MARCHAND, 19946-lois et reglements, *Juris-classeur périodique*, 1983. ⑦ Ferdinand MÉLIN-SOUCRAMANIEN, *Le principe d'égalité dans la jurisprudence du Conseil constitutionnel*, ECONOMICA-PUAM, 1997. ⑧ Georges VEDEL, Les 20% de femmes et la Constitution, *Le Monde*, 3 février 1979. ⑨建石真公子「フランスにおける市町村会選挙と国民主権」法政論集156号（1994年）⑩糠塚康江「パリテの提案と『市民』概念」関東学院法学8巻2号（1999年）⑪糠塚康江「フランス社会と平等原則」日仏法学，1999年 ⑫武藤健一「女性と家族の憲法学」『二一世紀の立法主義』（2000年，勁草書房） 等

ⅡC ⑲ パリテ——違憲判決をのりこえるための憲法改正と憲法院

2000年5月30日憲法院判決
Décision n° 2000-429 DC du 30 mai 2000
Journal Officiel, Lois et Décrets du 7 juin 2000, p. 8564
Rec. 84, GD. 33 bis

糠塚康江
（関東学院大学教授）

〔事　実〕

1997年6月、ジョスパン（Jospin）首相は施政方針演説で憲法改正によるパリテ（parité：男女同数）原則導入の方針を明確にした。1944年に女性の選挙権・被選挙権が認められてから50年余りを経過しても、下院の女性議員率が10.9％と低迷していた（EU加盟国中、下から2番目）ことが大きな理由であった。1999年7月8日の憲法的法律により、憲法3条5項として「法律は選挙によって選出される議員職と役職への男女の均等なアクセスを促進する」、4条2項として「政党は、法律によって定められた条件で、3条の最終項で表明された原則の実施に貢献する」が挿入された（詳細は後掲拙稿（2000）参照）。

この改正条項の実施のため、選挙法典の複数の条項改正を目的とした通常法律（loi ordinaire）と海外領土（ニューカレドニア、仏領ポリネシア、ワリス・エ・フツナ）に向けての組織法律が定められた。パリテ具体化の手法はこうである。(i)比例代表制1回投票制による選挙（ヨーロッパ議会選挙、人口の多い県の元老院議員選挙、ニューカレドニアの地方議会と領土議会、仏領ポリネシア議会、ワリス・エ・フツナの領土議会の選挙）について候補者名簿の義務的男女交互方式、(ⅱ)比例代表制2回投票制による選挙（人口2,500人以上の市町村議会選挙、地域圏議会選挙、コルシカ議会選挙、サン＝ピエール・エ・ミクロンでの県会議員選挙）について名簿登載順候補者6人単位男女同数方式、(ⅲ)国民議会議員選挙について政党ないし政治団体への公的助成金の調整による奨励方式（政党ないし政治団体に帰属する各性の候補者数の開きが候補者数全体数の2％を超えると、当該政党ないし政治団体に配分される公的助成金の第1部分（国民議会議員選挙で獲得された得票数によって配分される部分）について、一方の性の候補者の比率と他方の性の候補者の比率との差の半分を減額率として減額される。海外領土については、各性の候補者数の開きが1名を超えた場合に減額される。）である。

2000年5月5日、通常法律について、憲法61条2項に基づき60名以上の元老院議員が憲法院に付託した。憲法院はいくつかの条項を違憲としたが、パリテ実施の手法について立法者の判断を尊重した。次いで、6月22日、組織法律について、憲法46条、61条1項に基づき首相が憲法院に付託した。憲法院は429DC判決を参照してこれに合憲判断を示した（n° 2000-430 DC du 29 juin 2000, in *J.O.*, Lois et Décrets du 5 juillet 2000, p.10128）。この判決の主たる関心は立法手

続き上の修正権にあり（後掲 De Cacqueray 論文参照），立法措置上のパリテの手法に対する実質的判断は示されていない。

〔判　旨〕

「憲法院は，……男女平等に関する1999年7月8日憲法的法律による憲法3条及び4条，1958年11月7日オルドナンス，兼職禁止に関する2000年4月5日組織法律，ニューカレドニア及び仏領ポリネシア地方議会選挙に関する規定を改正する1983年1月19日法律，政治生活の財政的透明性に関する1988年3月11日法律，……2000年3月30日憲法院判決……などを参照し」，①比例選挙制に導入されるパリテ原則具体化の手法，②政党に配分される公的助成金の第1部分の新たな算定方式，③地方議会議員選挙が比例選挙制で実施される市町村規模を人口3,500人から2,500人へ変更，④立法手続き上の問題について検討し，③，④について違憲判断を下した。

1. 比例選挙制における候補者名簿登載順の強制について

付託者は，憲法改正による新規定は「憲法のその他の規定，とりわけ改正前の憲法3条と4条全体を廃止するものではない」こと，「規範的（nominatives）ではなく目的的（objectives）である」こと，目標だけを定めるにすぎないから，「強制措置あるいは不利益をもたらす措置を正当化することはできない」こと，従って，比例代表制によって実施される選挙に各性にほぼ50％のクォータ制ないしクォータ制の真正な義務（véritable obligation）を課すことは，「立法者は憲法3条及び4条，並びに人権宣言6条，1982年11月18日及び1999年1月14日の憲法院判決に違反する」と主張している。[Con. 4]

「第1に，憲法7条，16条，89条の規定に従うことを条件に，憲法的価値を有する規範ないし原則に違背する新規定をそれをねらって憲法制定権力が憲法正文に持ち込むことを妨げるものは何もな」く，改正された憲法規定は「前記判決において憲法院によって指摘された憲法上の障害を取り除く目的と効果を有する」から，「付託者は前記判決に結びついた既判事項（chose jugée）の権威を利用することはできない。」[Con. 6] 第2に，憲法3条5項の制定過程から明らかなように，「制憲者は立法者が選挙による議員職及び役職への男女の均等なアクセスを効果的なものにするあらゆる仕組みを設立できることを了解していた。この目的のために，奨励的性格を帯びるものであろうと強制的性格を帯びるものであろうと，そうした規定を採用することは立法者の自由裁量（loisible）である。憲法の新規定と憲法制定権力が触れようとしなかった憲法的価値を有する規範及び規則との両立を確保することは立法者の領域に属する。」[Con. 7]

批判された法律の条項が定める措置は，「立法者が憲法3条の新しい規定を適用して採用することができる措置の範囲に入っており」，「先述の憲法的法律が違背することを了解していない憲法的価値を有するいかなる規範も原則も無視するものではない。」[Con. 8]

2. 政党・政治団体への公的助成金について

付託者は，国民議会議員選挙候補者の男女の比率差に基づく政党・政治団体への助成金第1部分の新たな分配方式は，「人権宣言8条によって表明された刑罰の必要性（nécessité des peines）の原則に違反する」と批判する。この仕組みは「制裁の性格をもっていない。政党および政治団体へ配分される公的助成金の調整であ」り，「憲法3条と4条に従って政党と政治団体に選挙による議員職への男女の均等なアクセ

スの原則の実施を促すものである。それ故に，刑罰の必要性の原則否認を理由とする抗議には意味がない。」［Con. 12～13］但し，助成方法の調整の結果生じた予算額の使途を法律で予め定めることは政府の予算執行権限の侵害であり，憲法に違反する。「助成の減額部分は必然的にそれに対応する予算額分を対象のないもの（sans objet）とする。」［Con. 15］

3. 組織法律と通常法律

選挙法典が市町村議会選挙に関し拘束名簿式を規定している市町村の規模の線引きを人口3,500人から2,500人に引き下げて，「人口が2,500人から3,499人までの市町村までパリテ原則の適用を拡大する効果」を有する規定は，「審議されている法案の正文と関係がないものとはみなされない」。しかし，憲法院は2000年3月30日の判決で，2000年4月5日組織法律によって改正された選挙法典新141条について，「国民議会議員職と地方議会議員職との兼職を制限する規定の中に，考慮された人口数の線引きが恣意的ではないことを条件に，一定の人口数以下の地方議会議員職を入れなかったことは組織法律に許されて」おり，「人口3,500人という線引きが市町村議会議員の選挙の投票方法の変更を定めている以上，この条件はこの場合特別に満たされている」としていた。組織法律によって変更されていない人口の線引きを通常法律の立法者（législateur ordinaire）によって変更することは，先述した組織法律から「憲法的基礎を奪う効果を持つ」ので，上記規定（1条，関連して9条，10条）は憲法に違反する。［Con. 19～22］

4. 立法手続き上の問題

「比例選挙制で選出される海外フランス人高等評議会（Conseil supéririeur des Français de l'étranger）議員の選挙にパリテ構成の名簿を求める4条は，合同委員会が不調に終わった後採択された修正に由来し，審議された正文の規定のどれとも直接の関係がない。その採択は議会で検討中の他の法文との調整の必要性によっても正当化されない」。従って憲法に反する。19条（県議会議員の兼職禁止）も合同委員会不調後の修正に由来するので憲法に違反する。18条（県議会議員の失職）と20条（連合した市町村の選挙人）は審議中の法案に修正として付加され，選挙による議員職への男女の均等なアクセスを促進する目的との関連をもっていないので，憲法に反する。［Con. 24, 26］

他には「憲法院が合憲性のいかなる問題も職権で検討する必要はない」ことを考慮し，以下のように判示する。［Con. 27］

1. 選挙による議員職及び選挙による役職への男女の均等なアクセスを促進する法律の以下の規定―1条，4条，9条，10条の《1er et》，15条最後から2番目の項，最終項「この減額から生じた予算額の利用について」の文言，18条～20条―は憲法に違反する。
2. 本判決はフランス共和国官報に掲載される。

（2000年5月30日審議）（憲法院院長　イヴ・ゲナ）」

〔解　説〕

(1) 本判決の意義・特徴

1999年7月8日の憲法改正に先行する審議過程で，伝統的なフランス的普遍主義に対して提起されたパリテの哲学的問題は棚上げされたままになっていた。このため，パリテ規定を具体化する法律制定に際して政府＝国民議会と元老院との対立が再演され，元老院議員の憲法院への付託を招いた。本判決で注目される特徴及び意義は，以下の3点である。

第1は，政治的選挙の領域における積極的差別是正措置を定める条項を含む法律の合憲性審査に関する3番目の憲法院判決ということである。

第2に，憲法院は2度にわたってこの種の条項を違憲と判断してきたが，憲法改正によって憲法上の障害を取り除いたうえで導入された政治的選挙の領域での積極的差別是正措置に対する，最初の憲法院の判断だという点である。

第3は，憲法の「パリテ規定」には「パリテ」という文言がない上，「強制」と「奨励」の二重の意味にとれる単語《favoriser》を選択した結果，憲法的法律を直接に審査するものではないにしろ，憲法院は付託された法律の審査にあたり，憲法の新条項の射程を制限し，さらにその条項を弱める可能性すらもっていたということである。

(2) **積極的差別是正措置**（ポジティヴ・アクション）

事実上の平等の樹立を目的に行う立法措置が，積極的差別是正措置ないしポジティヴ・アクション（discriminations positives），いわゆるアファーマティヴ・アクションである。クォータ制ないしパリテは，女性の政治進出を促すことを目的とした，政治的選挙における積極的差別是正措置である。

1982年の憲法院クォータ判決〔⇨ⅡC⑱判決参照〕は，互換性ある市民から構成される選挙人団の不可分性が主権の不可分性・共和国の不可分性を担保しているという憲法原則を摘示した上で，立法措置によるクォータ制の導入を違憲と判示した。この憲法原則は学説上「フランス憲法の心臓部そのものを表現している」（ファヴォルー(Favoreu)）と評された。1998年，パリテ規定を導入する憲法改正を見越した政府は，「地域圏議会議員・コルシカ議会議員選挙及び地域議会運営に関する法律」4条および7条に，「各候補者名簿は男女候補者間のパリテを確保する」という規定を設けた。憲法改正によるパリテ導入に異論を唱える元老院議員によってこの法律を付託され憲法院は，クォータ判決と全く同じ理由で，当該法律のパリテ条項に違憲の判断を下した（n° 98-407 DC du 14 janvier 1999, in *J.O.*, Lois et Décrets du 20 janvier 1999, p.1028）。すなわち「市民という資格は，年齢や法的無能力や国籍を理由とする除外，また，選挙人の自由や選出された議員の独立性の保護を理由とする除外の外は，すべての人々に同一の条件で選挙権や被選挙権を与える。性を理由とする選挙人間あるいは被選挙人間のいかなる区別も働かない」[Con. 12]からである。

この2度にわたる違憲判決は，フランスにおいて，積極的差別是正措置の一般的否認に結びつくものとは理解されていない。クォータ判決によって宣言された違憲判断は，政治的選挙における被選挙権の領域というとりわけ敏感な領域について示された。他方で，憲法院は経済社会領域における積極的差別是正措置に対しては合憲判断を示している〔⇨ⅠA⑤，ⅡC⑯⑰判決参照〕。厳格な審査が求められる領域，すなわち差別が「人種，出生，宗教，信条，性別のような憲法によって禁止された基準」に基づいたり，基本権にかかわるような場合には積極的差別是正措置は禁止されている，と考えられている。

(3) **憲法原則に違背する立法措置のための憲法改正**

政治的選挙の領域のように，積極的差別是正措置が禁止されていると理解されている領域で積極的差別是正を目的とした法律を制定するためには，憲法改正が必要となる。ニューカレドニアおける選挙人団を縮小し，人口を構成する

一部を優遇するために憲法改正が必要であったことと同様である〔⇒ⅤB⑤⑤判決参照〕。こうした理由から1999年の憲法改正が実現され，パリテを実施するための選挙法改正法が制定されたのであった。憲法院は「憲法7条，16条，89条の規定に従うことを条件に，憲法的価値を有する規範ないし原則に違背する新規定をそれをねらって憲法制定権力が憲法正文に持ち込むことを妨げるものは何もな」く，改正された憲法規定は「前記判決において憲法院によって指摘された憲法上の障害を取り除く目的と効果を有する」として，憲法改正無限界論の立場を再確認するとともに，憲法改正という手続きを経ることで禁止が解除されたとしている。その上で強制手段ないし奨励手段の選択を立法者の裁量であると処理している。憲法の文言から直接に導いていないが，憲法改正作業からこうした裁量の幅を導き出すという手法を取っている。制憲者が3条5項に《favoriser》という文言を採用したことに起因する二つの方途―強制と奨励―を，そのまま立法者の裁量の幅として憲法院は受け止めたように見える。憲法院は，さらに，パリテ実現のための政策（具体的措置の採用）と他の憲法上の原理との調整は立法者の役割であるとした。

(4) 憲法改正の射程と憲法院

憲法院は憲法改正作業に立ち戻り，憲法改正の結果，立法者が「パリテ」を具体化する措置をとることが可能になったと判断した。この憲法改正は「パリテ」原則そのものを可能にしたわけではない。政治的選挙の領域で女性の進出を可能にする目的で憲法改正が行われたのであるから，立法者による積極的差別是正措置が許されるのは当該領域に限ってのことである。憲法院は司法官職の地位及び司法官職高等評議会に関する組織法 (loi organique relative au statut des magistrats et au Conseil supérieur de la magistrature) 判決 (n° 2001-445 DC du 19 juin 2001, J.O., Lois et Décrets du 26 juin 2001, p.10125) で，このことを以下のように確認している。

「憲法3条5項『法律は選挙による議員職及び選挙による役職の男女の均等なアクセスを促進する』の表現に従えば，この条項の採択を導いた議会作業及び3条への上記文言の挿入から，この規定は政治的な議員職と役職の選挙のみに適用されることが結論づけられる。」[Con. 57]
「政治的性格を有するもの以外の位階，地位及び公職に対する選挙に向けての候補者リスト作成のために規定されるルールは，人権宣言6条によって表明された就任平等の原則の見地から，性を理由とした候補者間の区別を含んではならない。従って，司法官職高等評議会選挙に向けての候補者リストの構成において性による区別を導入している組織法律33条の規定は，憲法に違反している。」[Con. 58]

1999年の憲法改正によって憲法に違背して積極的差別是正措置を導入できるのは政治的選挙の領域に限られ，その領域外では，クォータ制違憲判決の論理が厳然と維持されている。憲法院は制憲者の意思に忠実であることで，憲法改正の射程を厳格に画している。しかし具体的に何が「政治的選挙」にあたるのか，憲法改正作業では必ずしも明らかにされていない（［拙稿 2000］p.83, pp.100-101）。この意味で憲法的法律制定過程から制憲者の意思を導出するという手法には限界がある。

憲法院は一方で立法者が設けたパリテの手法について実質的な審査を控えているが，他方で立法手続きに厳格な形式的審査を加えることによって，パリテの適用が人口2,500人～3,444人規模の市町村議会選挙に及ぶことを阻止している。憲法改正の効果を実質的に縮減しているの

である（Favoreu et Philipe, *infra.*, p.552）。もっとも，430DC判決では，憲法院は「合同委員会の会同後採択されることができる修正は，審議中の規定と直接の関係があるものか，憲法の遵守，議会で検討中の他の法文との調整の確保，実質的誤りの訂正といった必要性に応じるものでなければなら」[Con. 7] ず，「仏領ポリネシアについて両院同数合同委員会会同前に作り出された選挙ルールとワリス・エ・フツナ及びニューカレドニアについて新たな読会で採択された選挙ルールとの違いから生じる平等原則違反を解消する」[Con. 8] との理由から，修正権の変則的行使を合憲としている。その結果，ニューカレドニアの地方議会と領土議会，仏領ポリネシア議会，ワリス・エ・フツナの領土議会の選挙については，厳格なパリテの方式が導入されることになった。

なお，元老院議員選挙については，2000年7月10日法律（n° 2000-64, *J.O.*, du 11 juillet 2000, p. 10472）によって，3人以上の元老院議員を選出する県では比例代表制による選挙が実施されることになった（選挙法典L. 295条）。これは，2000年6月6日法律の効果を拡大することを意味する。

(5) 残された課題

パリテ規定の導入は，フランスにおいて伝統的な普遍主義的な人間像からの逸脱が疑われる事態を生み出している。本判決で憲法院はこの問題に応答することなく，「性別」を基準とした積極的差別是正措置を政治的選挙の領域で承認した。政治領域への女性の進出を促す積極的差別是正措置の導入は日本においても議論が始まっている。憲法が前提とする人間像をめぐるフランス憲法理論の研究の寄与が期待される。

パリテの具体化の手法については，憲法院は憲法的法律の審議過程から導かれた制憲者の意思を尊重して，直接的な強制方式から間接的な奨励方式まで立法者の裁量の幅を認めている。しかし，この論点とは別の観点である立法手続き論から，憲法院は，憲法原則に違背する積極的差別是正措置の介入の余地を限定しようとしている。憲法院による「憲法の心臓部」擁護の意図からでたものであるか否かは明かではないが，憲法原則に違背する立法のための憲法改正範囲は当該立法に限ってのことなのか，その限界を画す基準をどこに求めるのか，さらに今後の憲法院の判断の積み重ねが注目されよう。

〔参考文献〕

Louis Favoreu et Loïc Philip, *Les grandes décisions du Conseil constitutionnel*, 11e éd., 2001, Dalloz, 33bis, pp.538 et s., Nathalie Jacquinot, Jurisprudence du Conseil constitutionnel, in *Revue française de droit constitutionnel*, no. 43 (2000), pp. 561 et s., Sophie de Cacqueray, Jurisprudence du Conseil constitutionnel, in *Revue française de droit constitutionnel*, no .44 (2000), pp. 821 et s., *Les Chaiers du Conseil constitutionnel*, 2000(9), p. 10, p. 17, 拙稿「フランス社会と平等原則」日仏法学22号（2000年）67頁，同「パリテ——その後」法律時報73巻1号（2001年）88頁。

III 人権各論(基本的権利・自由)——解説

1 憲法院の活性化と「真の法治国家」の実現

フランス第5共和制の下で進行した最も注目に値する憲法現象は、憲法裁判の発展とそれによってもたらされた人権保障の発展である。フランス憲法史上はじめて設置された本格的な合憲性統制機関である憲法院には、当初「執行府の番犬」としての役割が託されていた。ところが、1969年のド・ゴール大統領退任によって、いわばド・ゴール憲法がド・ゴール自身から解放されるという事態の推移の中で、憲法院は、1971年7月16日に「結社の自由」判決〔ⅢA⑳〕を下したことを嚆矢として、「人権の擁護者」に自らメタモルフォーゼを遂げ、「真の法治国家」を実現するための原動力の役割を果たすようになった。憲法院は、もともと人権カタログをもたない第5共和制憲法の下で、その前文を手がかりにして、1789年人権宣言や1946年憲法前文等を主要な構成要素とする「憲法ブロック」の拡大を成し遂げ、多くの人権規定を含むそのような規範群に照らして、憲法判断をしていくことになる。このようにして憲法院が生み出してきた数多くの判例は、フランス社会、フランスの現行法秩序にとっての基本価値の具体化として実際に諸公権力を拘束しており、今日では、フランス市民の社会生活そのものに大きな影響を与えている。またそれだけでなく、憲法観・民主主義観、そしてフランス憲法学のあり方そのものにも変容を促した。とりわけ、従来、憲法は、政治的アクターのみに関わる政治部門の関係を整序する規範であるとされていたのに対して、今日では、市民の自由・権利を擁護するための規範であると捉えられるようになったのである。

2 「公の自由」から「基本権」へ

上でみたような憲法院の活性化現象に伴って、フランスの人権論の基本的観念の転換が見られる。フランス公法に伝統的な観念であった「公の自由」が、「基本権」にその地位を譲りつつある。その事情について、瞥見しておこう。

大革命以後の長い政治的動乱に終止符を打った第3共和制期のフランス(1875年〜1940年)では徹底した議会中心主義の憲法伝統、「法律中心主義」が確立する。そのような伝統の下で、自由の保障を行なう役割を果たしたのは、もっぱら自由権保障を狙いとする議会制定法律であった。すなわち、フランスでは、この時代になってようやく一連の自由主義的法律が制定され、一般に自由の黄金時代が到来したとされるのである(もっとも、このような理解には、この時代に対する過度の理想化が含まれていることが看過されるべきではない)。こうして、この時期に様々な法律を通じて、今日のフランス社会にまで引き続いているものと観念される基本的な自由が確立されてゆく。1881年の出版法・集会の法律、1884年の職業組合の自由法、1901年の結社の自由の法律法、1905年の政教分離の法律

法などがその代表例であって、これらの法律は、「共和国の諸法律によって承認された基本的諸原理」として、のちに憲法院が合憲性の統制を行う際の依拠規範として待遇されることになる。

こうして、フランスは、人権の母国といわれながら、アメリカと大きく異なり人権そのものはもっぱら実定法秩序の外に立つ思想的次元に存在するものと捉えられていた。人権宣言は法的効力をもたない単なる宣言にとどまるとされ、永らく実定憲法レベルにおいて法的保障ないし権利の救済が及ぼされることはなかった。上で見たように、そこにおける人権保障の役割を担っていたのは議会制定法律であり、そのような事態に対応して公法学において形成されたのは行政権に対する議会制定法律による保障を内実とする「公の自由」観念であった。「公の自由」観念は革命期からヴォキャブラリーとしては存在していたものの、それについての古典的な用法が確立されたのはこの時代であったのであり、そこでは社会権的諸権利や選挙権・被選挙権などの政治的諸権利は、「公の自由」観念から除外されることが一般的であった。そして、これに対応して、人権の法的保障の問題を自らの課題としていたのは、ディシプリンとしては憲法学ではなく、むしろ行政法学であったのである。

ところで、議会制定法によって保障される自由・権利は、その保障の内容が議会における政治的状況によって直接的に影響を被るために不十分であり、それについては第3共和制期からすでに、様々な政治的見地から少なくない批判が寄せられてきた（レオン・デュギやモーリス・オーリウの憲法論）。しかしながら、1970年代に入って第5共和制憲法によって生み出された憲法院による人権保障のための活動が活性化するまでは、このような状態が続いていた。1971年以後の事態が「真の法治国家」の実現と賞賛されるのは、まさしくそのためである。

今日でも、「公の自由」は実定憲法上の観念である。すなわち、現行1958年憲法34条は、法律の所管事項の一つとして、「公民権」と並んで——従って政治的諸権利と区別されるものとして観念される——「公の自由を行使するため市民に認められる基本的保障」を提示して、議会の決定にそれを委ねた。教育課程に目を向けると、1954年に「公の自由」という科目が新設され、それまで憲法・行政法・刑事法・労働法・商法・国際公法等様々な科目の中で断片的に取り扱われていた法的諸問題が、集中的にそこで扱われるようになった。

ところが、1980年代に入って、とりわけドイツ憲法の影響の下で、次第に憲法院判決のなかで、「基本的権利」（1982年1月16日判決〔⇨ⅢB28判決〕等）「基本権」（1993年8月13日判決〔⇨ⅡA⑨判決〕等）の用語が用いられるようになるにいたった。そのような憲法院の最近の用語法は学説の動向にも強い影響を与えつつあり、少なくとも立法に優位する法的価値としての人権についての一般的観念として、「基本権」を用いる傾向がはっきりと現れてきている。ここでは、「基本権」の構成要素として、単に自由権だけではなく社会・経済的諸権利も包含されている。その一例として、ルイ・ファヴォルーを中心とする憲法学者集団は、そのような理解を前提とした上で、「基本権」を体系の基礎に据えた概説書『憲法』(Louis Favoreu et alii, *Droit constitutionnel*, Dalloz, 1998) を出したことが注目される。そして、1997年4月30日の国民教育省令により、

大学学士課程の科目名として「公の自由」にとってかわり,「基本的自由」が使われるようになり,「弁護士養成地域センター」入所試験の口頭試問の科目名として,「基本的自由と基本権」という名称が用いられるようになった。このようにみてくると, 現在のフランス人権論においては,「公の自由」観念が黄昏を迎え, 次第に「基本権」が憲法学の基礎観念としての地位を占めつつある, といえるであろう。

3 憲法院判例における人権保障の基本的特色

憲法院が人権保障の見地から立法に対して及ぼす合憲性統制の基本的特色については, 以下の諸点を指摘しておきたい。

第1に, 提訴権者が政治的アクターに限定され一般市民がそこから排除されているところから,(1)すでに制定されている法律が存在している場合や,(2)仮に人権保障の観点から疑義のある議会制定法律であっても, それが政治的思惑によって提訴されなかった場合, 憲法院判例がいかに豊富な人権保障のための法定式を有していたとしても, 統制が及ぼされることはない(但し, 前者の場合, 当該法律が改正され, 提訴された場合には統制を及ぼすことができるというのが憲法院の立場である〔ⅥD65〕)。例えば, 政権を担当する左翼陣営が規制権力に有利な立法改革を行なった場合, 伝統的に秩序維持を重視する, 野党の保守陣営から提訴を受けることがないという事態がありうる。これは, 市民が憲法院に何らかのかたちで直接に憲法判断を求めることのできないことから生ずる重大な構造的欠陥である。

第2に, 憲法院の立法に対する統制についての一般的なあり方に関して, 憲法院は, 議会が立法について有する「評価と決定についての一般的な権限」と同一の権限を有するものではないことを, 明らかにしている〔ⅢC31判決〕。

第3に, 憲法院は, 統制の対象となる立法について「明白な過誤」がある場合にのみ, 法律を違憲とするとしてきたが, 現在では比例原則に対する違反に着目して, 違憲判決を下す傾向にある。

第4に, 憲法院はこれまで, 問題となっている人権制約立法を合憲化するために, 明文上の根拠の存在しない人権制約のための法カテゴリーを, 積極的に創出してきた。例えば, 1946年憲法前文で明確に保障された争議権を制約するために,「公役務の継続性の原理」を援用した〔ⅢD34判決〕し, また, 様々な公共目的について,「憲法的価値を有する目的」として憲法規範としての価値を付与してきた。例えば, 表現の自由制約立法を正当化する憲法的価値を有する目的として,「公序の擁護」「他者の自由の尊重」「社会文化的表現の諸傾向の多元的性格の保持」を挙げたのである (1982年7月27日判決 Décision n° 82-141 DC)。

第5に, 日本憲法学において観察されるような, 相異なった人権の種類に対応する合憲性統制のための複数の基準は, 必ずしも存在していない。但し, 憲法院は, 1984年10月10-11日判決〔ⅢA22〕で, 表現の自由が他の自由や国民主権の保障のための基盤を構成するとして, その重要性を強調したのに対して, 所有権については, 表現の自由の場合とは異なり, 事前許可制を取りうるとした (1984年7月26日判決 Décision n° 84-172 DC) ことが注目される。

以下の叙述では, 本章が取り扱う精神的自

由・経済的自由・身体的自由・社会権の領域における憲法院判例について，ごく簡単な概観を提供することとしたい。

4　精神的自由

Aでは，「結社の自由」，「良心の自由」，「表現の自由」，「大学の自由」，「教育の自由」に関係する判決が取り上げられている。

まず，結社の自由についていえば，フランス市民革命のあり方を反映して，1789年宣言の中にそれを保障する条文は存在しない。この点，他のヨーロッパ諸国の憲法と対照をなしている（ドイツ・ベルギー・ポルトガル・イタリア等）。そこで，憲法院1971年7月16日判決〔⇒ⅢA20〕は，「共和国の諸法律によって承認された基本的諸原理」の一つとして，結社の自由を認めたのである。なお，今日でも，宗派団体やアルザス＝モゼール法に基づく結社の結成については行政権による事前許可制が存在している。憲法院は，そのような例外措置について，「特別のカテゴリーに属する結社」に関するものであるとして容認している。また，政党の結成は，1901年の結社の自由に関する法律で保護されていたが，憲法4条は政党に明文で保護を与えている。なお，政党についての公的助成に関する憲法院の立場を示すものとして，1990年1月11日判決〔⇒ⅣA41判決〕がある。

次に，フランス法上一般に，「良心の自由 (liberté de conscience)」は，「宗教的信仰の自由」として観念され，日本憲法学では「信教の自由」として位置づけられているものに該当する。1789年宣言10条・1946年憲法前文・第5共和制憲法1条が，そのような自由を明文で保障している。このように理解される「良心の自由」は，フランスでは伝統的に，宗教的少数者の人権をどのように擁護するかという問題ではなく，社会的には宗教的多数者であるカトリックと国家および公教育との対抗関係という文脈で，カトリック勢力側に援用される観念として活用されてきた。これに対して，現在では，イスラム教やセクト問題との関係で，「良心の自由」が問題とされるようになってきている。この点，憲法院の1977年11月23日判決〔⇒ⅢA21判決〕は，私立学校教員の学校に対抗する「良心の自由」を認めたが，その際，「良心の自由」を「共和国の諸法律によって承認された基本的諸原理」の一つとして位置づけ，非宗教的な信条の自由として解釈する可能性を与えた。それに関連して，フランスでは伝統的に「教育の自由」もまた，カトリック勢力によって主張されてきた。したがって，ここで問題となる自由は，なによりもまず私立学校の開設・運営の自由であった。憲法院は，前出の1977年11月23日判決で，「教育の自由」を「共和国の諸法律によって承認された基本的諸原理」の一つとした。また，私立学校に対する助成を憲法的に限界づけたのが1994年1月13日判決〔⇒ⅢA27判決〕である。さらに，教育者であると同時に研究者である大学教員の享受し得る自由・独立性については，憲法院1984年1月20日判決〔⇒ⅢA26判決〕で認められた。

表現の自由については，1789年宣言11条が「思想および意見の自由な伝達は，人の最も貴重な権利の一つである」と謳ってはいたものの，実定法における保護を受けるには，第3共和制期の自由主義的立法の代表格の一つである1881年7月29日の出版法制定を待たなければならなかった。

この領域において憲法院は，数多くの重要な判決を下してきた。表現の自由の重要性を強調した憲法院（前出1982年7月27日判決）は，マスメディアの享受する表現の自由について，情報の受け手の利益保護の観点から，多元性・透明性の確保という「憲法的価値を有する目的」に基づく規制を正当化した（前出1984年7月26日判決）。また，表現の自由に関して事前許可制をとることは原則として許されないが，テレビ・ラジオ等の事業について，周波数の有限性等の技術的制約の観点から事前許可制を採用することは許容されるとした（前出1982年7月27日判決）。さらに憲法院は，公権力が行なう「社会文化的表現の諸傾向の多元性」の確保のための規制を，「憲法的価値を有する目的」であるとしていることが注目される。なお，ごく最近インターネットに関して，2000年7月27日判決〔⇒ⅢA25〕によって，プロバイダーの責任を幅広く認める法律の一部を違憲とした。

5 経済的自由権

Bでは，「国有化」，「民営化」，「企業の自由」に関する判決が取り上げられている。

この領域で最も注目に値するのは，1982年1月16日判決〔⇒ⅢB28判決〕において，憲法院が所有権を1789年宣言2条及び17条を根拠に憲法上の権利として承認したことにある。このことは，1946年憲法前文による所有権の相対化に解釈論上の歯止めをかけたことを意味する。但し，憲法院は，1989年7月25日判決で，一般利益の名の下で所有権の絶対性を否定した（Décision n° 89-256 DC）。1982年1月16日判決は，「企業の自由」について，他者加害行為以外の自由を謳った1789年宣言4条に基づいて承認した。これは，憲法院が憲法ブロックに明文上存在していない権利を創造した代表例である。

6 身体的自由

Cでは，「治安と自由」，「自動車検問」，「スピード違反」に関わる3つの判決が取り上げられているが，そもそもフランス法において「身体的自由（liberté individuelle）」の観念は必ずしも明確ではない。狭義では人身の自由が観念されるが，広義では，そのほか移転の自由，プライヴァシーの権利，住居の不可侵なども含めて理解されている。そして，最広義においては，包括的基本権条項として観念され，その場合には通信の秘密や婚姻の自由も含まれることになる。憲法院判例においては，例えば，1993年8月12・13日判決〔⇒ⅡA9判決〕が，婚姻の自由を「身体的自由」の具体例として挙げたように，極めて幅の広い理解を示したものが存在しており，少なくとも人身の自由に関わるものだけが「身体的自由」として観念されているわけではない。他方で，1999年7月23日判決（Décision n° 99-416 DC）は，プライヴァシーの権利の基礎を「身体的自由」ではなく1789年宣言2条に求めたことが注目される。

ところで，第5共和制憲法についていえば，人権カタログを有しない憲法典そのものに，例外的に「身体的自由」に関する規定が存在している。すなわち，憲法66条1項は，「何人も，恣意的に拘禁されてはならない」とし，また2項は，「司法機関は，身体的自由の守護者であり，法律によって定められる条件にしたがって，この原則の尊重を保障する」としている（したがって，身体的自由を幅広く観念すると，それに対応して司法機関の権限が拡大することになる。）。

また，憲法ブロックの中では，1789年宣言の7条が「適法手続と身体の安全」について，8条が「罪刑法定主義」について，9条が「無罪の推定」についてそれぞれ定めている。しかしながら，憲法院は，1977年1月12日判決〔⇨ⅢC32判決〕において，人身の自由に関わる身体的自由を，文言上明確な規定ではなく，「共和国の諸法律によって保障された基本的諸原理」によって基礎づけた。しかし，それ以降の判決では，憲法66条〔⇨ⅢC31判決参照〕や1789年宣言〔⇨ⅢC33判決参照〕にその根拠を求めている。

7 社 会 権

Dでは，「団結権・スト権」，「労働者の参加権」，「生存権」，「家族手当」，「社会保障」，「労働時間短縮」に関わる6つの判例が取り上げられている。

フランス憲法典の中で，「現代に特に必要な」諸権利として，はじめて社会的諸権利を真正面から承認したのは1946年憲法前文である。フランス法上，団結権や組合加入・脱退権は，「組合に関する自由（liberté syndicale）」の一環として保障されている。前者は1989年7月25日の判決（Décision n° 89-257 DC），後者は1983年7月19・20日の判決（Décision n° 83-162 DC）によって憲法上の権利として承認されている。スト権についても他の法益との調整を前提とした上で憲法的保護が認められている（例えば，1986年9月18日判決 Décision n° 86-217 DC）。団体交渉権と経営参加権の両者を含んだフランスにおける労働者の参加権はこの国に特有の観念であり，その実定的な保障のあり方について大きな立法裁量が認められている。憲法上の権利として認めた判決として，例えば，1977年7月5日判決（Décision n° 77-79 DC）がある。憲法院は，社会保障制度の創設そのものは，1946年憲法前文が要請するところであることを認めている一方で，その具体的内容については，ここでも大きな立法裁量を認めている（例えば，1987年1月22日判決 Décision n° 86-225 DC）。

〈参考文献〉

Louis Favoreu et alii, *Droit des libertés fondamentales*, Dalloz, 2000 ; Dominique Rousseau, *Droit du contentieux constitutionnel*, Montchrestien, 6e édition, 2001 ; Yves Poirmeur, Le Conseil constitutionnel protège-t-il véritablement les droits de l'homme ?, in Guillaume Drago, Bastien François et Nicolas Mofessis（sous la dir.）, *La légitimité de la jurisprudence du Conseil constitutionnel*, Economica, 1999, p. 295 et s., 山元一「ヨーロッパ統合とフランスの人権論の変容――公の自由から基本権へ」中村睦男＝高橋和之＝辻村みよ子編『欧州統合とフランス憲法の変容』（有斐閣，近刊予定）所収

（山元　一・清田雄治）

ⅢA ⑳ 憲法院の人権保障機関へのメタモルフォーゼ
——結社の自由判決

1971年7月16日憲法院判決
Décision n° 71-44 DC du 16 juillet 1971
Journal Officiel, Lois et Décrets du 18 juillet 1971, p. 7114
Rec. 29, RJC I-24, GD. 19

山元 一
（東北大学教授）

〔事　実〕

　1901年7月1日の結社の自由の法律によれば，法人格を有する結社を設立するためには，知事等に届出を行う必要がある。警視総監が，極左運動対策の一環として著名な左翼知識人であるシモーヌ・ド・ボーボワール（Simone de Beauvoir）等による極左団体（「人民の大義の友（Amis de la cause du peuple)」）の結成（その目的は，すでに解散を命じられた極左集団を再建することであった。）の届出に対する受領書の交付を拒否したところ，パリ行政裁判所は，同法によって定められているのが届出制である以上，団体の性質を考慮して受領書の交付を拒否することは許されないとして，当該処分について違法判決を下した（1971年1月25日）。これを受けて政府は，コンセイユ・デタに対する上訴ではなく，1901年法そのもの改正に乗り出すこととした。コンセイユ・デタの意見を聴取したのち政府提出法案に対して修正を加えて国民議会が採択した改正案は，その5条及び7条を修正して司法権による以下のような事前審査制を導入した。すなわち，それは，①知事等が，届出をなした団体が，「法律に違反し良俗に反する違法な目的のために設立され，または違法な事由に基づき設立された団体」等に該当すると判断した場合，知事等からこれを通知された検察官は，大審裁判所に対して受領書交付の延期についての仮処分を請求することができる，②団体の解散を求める本訴が提起されれば，大審裁判所は，当該団体の解散等を命ずることがありうる，とするものであった。元老院は，同改正案は，憲法4条の定める政党の結成・活動の自由を侵害するとして，本改正案に強く反対し否決した。両院協議会が開かれた後，両院は再審議に入ったが，国民議会では可決され元老院では否決された。両院の不一致の場合に国民議会の優越性を定める憲法45条4項に所定の手続に基づいて，国民議会は最終審議に入り，同改正案は可決・成立した（1971年6月30日）。元老院議長アラン・ポエール（Alain Poher）が，同法の合憲性について憲法院に提訴したのが本件である。

〔判　旨〕

　「憲法院の審査に委ねられた法律は，憲法の規定する諸手続のうちの一つを遵守して，1971年4月2日に開会された議会の会期中に両議院で採決されたものである。」[Con. 1]

　「共和国の諸法律によって承認され，憲法前文によって厳粛に再確認された基本的諸原理の

中に，結社の自由の法律を数えなければならない。この原則は，結社の契約に関する1901年7月1日法律の一般的規定の基礎にある。この原則によって，結社は自由に結成され，事前の届出だけを条件として，公認されうる。こうして，特別のカテゴリーに属する結社について採られることのある措置を別として，結社の結成は，それが無効とされるべきもの，または違法な目的を持つものであっても，その法的有効性について，行政権，あるいは司法権さえの事前の介入に服することはありえない。」[Con. 2]

「届出のない結社の結成そのものに関しては，何らの変更も加えられていないものであるとしても，審署前に，その法文が合憲性の審査のために憲法院に提訴された第3条の規定の目的は，届出のなされた結社の法人格の取得の適法性について，司法権の事前的統制に服させうる手続を創設することである。」[Con. 3]

「憲法院は，以上の理由により，以下の通り判示する。
1. 憲法院で審査の行われた，1901年7月1日の法律の第7条に修正を加える法律の第3条の諸規定，また同条を参照する同法律の第1条の規定が，憲法に違反することを宣言する。
2. 同法律の他の諸規定が，憲法に適合することを宣言する。
3. 本判決は，フランス共和国官報に掲載される。
(1971年7月16日審議)(憲法院院長 ガストン・パルゥスキ)」

〔解 説〕

本判決は，結社の自由の法律の改正法の諸規定のうち事前審査制を定めた部分についてのみ違憲としたものである。政府は，新たな改正案の検討に着手することなく，違憲部分を削除した改正法を審署させた。以下，本判決に検討を加える。

(1) 憲法院のメタモルフォーゼ

第5共和制憲法制定以来，40年以上にわたって蓄積されてきた数多くの憲法院判例を見渡してみるとき，本判決が文字通り最重要の判決であるといっても決して過言ではない。本判決は，専門家にとってもまたそれ以外の者にとっても大いなる驚きをもって迎えられ，また当時としては憲法院の判決としては異例なことに，マスメディアによって大々的に報じられた。そして，その当時に出された判例解説の中で，「すでにして我が国の政治史・議会史における画期をなす」もの（ジャック・ロベール（Jacques Robert））,「フランス憲法史上および人権擁護の歴史における重要な里程標」（野村敬造），と位置づけられていたことが示すように，同時代の憲法学説の多くから非常に積極的・好意的な評価を受けた。そして，その後，憲法院の活性化現象に伴い，今日まで様々な分野にわたり幾多の重要な判決が出され，憲法院は，それらを通じて左右の政治的対立を超えた人権保障機関としての地位を確立してきたが，にもかかわらず，そのような事実は，本判決に対する評価を変更させるものではなかった。まさしくこの意味で，本判決は，フランス憲法史上，アメリカ連邦最高裁が自らに司法審査権の存在することを高らかに宣言したMarbury vs. Madison（1803）判決と比肩すべき憲法的意義を有している。本判決がなによりも重要なのは，憲法院が本判決を下すことによって，人々の目に人権保障のための裁判機関に自らメタモルフォーゼを遂げた，と受けとられたことにある。すなわち，当初は，憲法院についてはそれを，第3共和制および第4共和制における議会の強大な権力とそれによる統

治困難性に対する反発から、「合理化された議会主義」のための制度の一環として、憲法34条に示された法律の所管事項を侵犯させないための、また議会に立法手続を遵守させるための議会監督機関として導入されたととらえるのが一般的であった。それに対応して、憲法院の性格としても、モーリス・デュヴェルジェ（Maurice Duverger）の見解に代表されるように、性質上、「裁判的機関」というよりも「政治的機関」として位置づけられることが有力であった。またそのことは、後でも触れるように、第5共和制憲法自体に人権カタログが含まれていないという事実とも深く関連していた。ところが、第5共和制憲法の制定に決定的な役割を果たし、自ら大統領として運営していたシャルル・ドゴール（Charles de Gaulle）の辞任からそれほどの間をあけないタイミングで出された本判決を画期として、憲法院は一躍、立法内容を人権の観点から真正面から吟味することによって、諸外国に設置されてきた憲法裁判所と同様の役割を果たす、人権保障機関たる「裁判的機関」として位置づけられて、威信と権威を獲得したのである。

政治的観点から見ると、長期にわたってフランス政治を支配してきたドゴール派に対する一種の反動という雰囲気の中で、本判決が下されたことが注目される。1971年当時は、提訴権は大統領・首相・元老院議長・国民議会議長に留保されており、当時少数派であった野党の左翼政党が、憲法院に提訴を行うことのできる政治状況にはなかった。にもかかわらず、この法律が憲法院による判断の対象となり得たのは、上院議長ポエールが、同じ保守系であっても政府与党を構成するドゴール派ではなく、反ドゴール陣営に属しているからであった。また、1969年のドゴールの退陣のきっかけとなったのが、自らの政策の遂行に障害となっていた元老院改革を含んだ国民投票の否決（1969年4月27日）であったことが、本判決にとって興味深い事情であるといえよう。さらに、本改正法を成立させた国民議会の選挙が、「五月革命」直後の騒然とした雰囲気の中でドゴール派に空前の大勝させた（43.7％）ものであったこと（1968年6月）も、記憶にとどめておくに値しよう。

ところで、本判決を、フランス法思想や国家論の動向との関連のなかにおいてみると、憲法裁判の活性化という世界的な現象を後追いするように、フランスでも違憲審査制は発展しはじめた時期は、進展するヨーロッパ統合の進展につれて従来の国民国家システムに大きな修正が加えられ、それまでのフランスの政治や法についての様々な伝統的な考え方が大きく揺らぎ、従来の国家についての考え方そのものが再検討に付され（具体的にいえば、ジャコバン型国家像や《一にして不可分の共和国》などのありかたが問題とされた）、さらに、階級闘争や革命を何よりも重視していた社会主義思想が次第に影響力を失い、それにかわって人権価値の重要性が改めて強く認識され、「法治国家（État de droit）」の実現（この表現は元々ドイツ国法学の翻訳語であったが、この時期に法律学外でキャッチフレーズ的に用いられ、のちに法律学において再受容された）が叫ばれはじめた時期に当たる。本判決は、まさしく、このような動向の一端をかたちづくり、そのような動向の進展をさらに促していく役割を演じたのである。

さらに、フランスは、第3共和制期における「共和的モーメント（Republican moments）」を強調する本判決を通じて、ブルース・アッカマン（Bruce Ackerman）の観念に従えば、ルソー流の「一元的民主主義」から「二元的民主主義」への転換を果たしたのだとする指摘がある。

(2) 依拠規範としての「共和国の諸法律によって承認された基本的諸原理」

さて、本判決の内容について最も注目に値するのは、第5共和制憲法そのものには含まれていない語句である「共和国の諸法律によって承認された基本的諸原理（principes fondamentaux reconnus par les lois de la République）」が援用され、それによって違憲判決が導き出されたという事実そのこと自体にある。このことは、憲法院が憲法判断を行う際に、いかなる規範に依拠してそれをおこなうのか（そのような規範の総体は、のちに、「憲法ブロック（bloc de constitutionnalité）」と呼ばれることになる）について、注目すべき態度を表明したことを意味する。そもそも、第5共和制憲法には人権カタログが存在していない。これに対して、同憲法前文には、「フランス人民は、1946年憲法前文によって確認され補完された1789年宣言により定められた、人権及び国民主権原理に対するその愛着を、厳粛に宣明する」とある。さらに、ここで言及された「1946年憲法前文」は、「フランス人民は、1789年の権利宣言によって確立された人及び市民の権利及び自由、ならびに、共和国の諸法律によって承認された基本的諸原理を、厳粛に再確認する」としていた。したがって、本判決は、憲法起草者の意図に合致しているかには疑問があるにせよ、有力な憲法学者の見解に一致して、第5共和制憲法前文が憲法的効力を有する法規範であることを示しただけでなく（但し、第5共和制憲法前文の憲法的効力を認めたのは、本判決がはじめてではない）、そこで言及された1946年憲法前文、そして1946年憲法前文で言及されている「共和国の諸法律によって承認された基本的諸原理」について、その内容が極めて抽象的で漠然としているにもかかわらず憲法上の効力を有し、それに基づいて憲法判断を下すことのできる依拠規範であることを明確にした。1946年憲法前文の法的効力についてはその当時から様々な議論があった（少なくとも、同憲法93条は、憲法委員会による憲法適合性の審査の際に前文に依拠することを明示的に排除していた。）ことはもとより、「共和国の諸法律によって承認された基本的諸原理」は、1946年憲法制定当時には、第3共和制期の自由主義的立法に対する敬意の念を示すために挿入されたものであって、何らの実際的法的意義を有しないと考えられていた。それに加えて、その当時制定され、現在問題となっている法律の一般的原則の部分について、明示的な憲法制定者の意思が示されないまま格上げされるかたちで憲法的効力が認められるという、見方によっては「奇異」な結果がもたらされるだけに、憲法院の示した判断として刮目に値する。実際、憲法院はこの判決の後、1789年宣言（1973年12月27日判決⇒ⅡC⑮判決）及び1946年憲法前文（1975年1月15日判決⇒ⅡB⑪判決）を援用していくことになる。こうして、本判決は、その後具体的に展開していく「憲法ブロック」の拡大にとってまさしく画期となる判決であった。

なお、1980年代初頭以降、憲法院は「共和国の諸法律によって承認された基本的諸原理」を援用するよりも、憲法の文言を直接援用する傾向にあると指摘されている。

(3) フランス公法における「結社の自由」

「結社の自由」は、通常、外面的な精神的自由の一環として位置づけられるものであって、第Ⅰ世代の人権カタログに属するとされているが、フランス憲法史上そのようなカタログを提示したものといえる1789年宣言には、「結社の自由」についての保障は含まれていない。そのような事態は、フランス市民革命が、ル・シャプリエ（Le Chapelier）法（1791年6月14日）の思想に典

型的に示されるように，国家と個人を媒介する中間団体に対する敵視の思想の上に立って行われたという歴史的経緯を反映している。出版の自由を実効的に保障する立法などと並び，様々な中間団体の活動の活性化を受けて，結社や労働組合の自由を法的に承認する立法が相次いで制定されたのは，大革命の後約100年が経過した第3共和制期のことであったのであり，本事件で問題となった1901年法は，その中でも最も名高い自由主義的立法の一つであった。したがって，「結社の自由」に関して憲法院は1789年宣言を援用することができず，そのかわりに，「共和国の諸法律によって承認された基本的諸原理」を援用する必要が生じたのである。この点に関連して，フランス革命以来の伝統として制定法主義が採られ，裁判官に対する懐疑の念がことのほか強く，「裁判官統治（gouvernement des juges）」という言葉が市民権を有する社会の中で，表現そのものが曖昧・多義的で裁判官の専横的判断に対する批判を極めて誘発しやすい「共和国の諸法律によって承認された基本的諸原理」をあえて援用したことについては，第2次世界大戦後，コンセイユ・デタが，行政判例上不文の法規範として「法の一般原理」を形成していたという背景的事実が留意されるべきである。憲法院は，歴史的に見て行政権に対して実効的な統制を実現してきたコンセイユ・デタの形成してきた法理に大きな影響を受け，しかも，その人的資源を利用しながら（憲法院事務総長は，コンセイユ・デタ出身者であることが通例である。），判例を豊かに積み上げてきたのである。コンセイユ・デタによって援用された「法の一般原理」が，憲法規範を手がかりにしつつもその背後に想定される不文規範（「法の一般原理」は，法律に優位する効力を有しない）であるのに対して，憲法院の援用する「共和国の諸法律によって承認された基本的諸原理」は，憲法文言それ自体に依拠しようとするものである点に大きな違いがある。1956年7月11日及び1958年1月24日のコンセイユ・デタの判決は，「共和国の諸法律によって承認された基本的諸原理」の中に，「結社の自由」が含まれることを認めていたのである。さらにまた，憲法院は，憲法4条の規定する「政党及び政治団体は自由に結成され，その活動を行なう」を援用して，本改正法の違憲性を摘示することも理論的に可能であったと思われるが，そのような道を選択せず，あえて抽象的な法カテゴリーに依拠したのである。また，憲法院が，国民議会の改正案がそれなりの制度的配慮を行った司法権による関与であったのにもかかわらずそれが事前抑制であるが故に積極的な違憲判断を行なった点については，フランスの自由主義的法伝統に忠実な自由の保障に対する極めて敏感な態度だと評することができる。

本判決に関連する憲法院の判例として，本判決を踏襲して「結社の自由」が「共和国の諸法律によって承認された基本的諸原理」に含まれることを再確認した上で，団体の性質に即して届出を義務づけ，会計上の統制を行なうことを合憲とした1991年8月2日の判決（Décision n° 91-299 DC），および1971年判決にいう「特別のカテゴリーに属する結社」に該当するとされた「狩猟者連盟（fédérations de chasseurs）」について，立法者が内部組織規範を定め，大臣が定款のモデルを定めそれに従うよう義務づけ，また予算に知事の承認を義務づける等の統制を合憲とした2000年7月20日の判例（Décision n° 2000-434 DC）がある。

(4) 「共和国の諸法律によって承認された基本的諸原理」の法的意義

本判決についての憲法解釈上の論点として，

憲法院による「共和国の諸法律によって承認された基本的諸原理」の援用を前提とした場合,具体的にいかなる内容がそれに含まれると解すべきかが,問題となる。憲法院はこれまで,「結社の自由」のほか,例えば「人身の自由」「防御権」「教育の自由」等いくつかの重要な権利がこれに該当するとした。この点について体系的に考察しようとする場合,①どんな共和国か,②どんな諸法律か,③どんな基本的原理か,という観点からの分析（リベロ（Rivero））が有益である。リベロは,①については,第3共和制,より厳密には1880年からの立法がなされる時期のフランス共和制が念頭におかれるべきであるとした。②については,リベロは1789年人権宣言に関わる諸法律だけであるとするが,憲法院は,必ずしも議会制定法に限定されないとした(1997年12月18日判決⇒ⅢD37判決)。③については,(1)「共和的伝統」との関係,(2)コンセイユ・デタによって形成されてきた「法の一般原理」との関係,(3)憲法34条が法律に対して与えた「公の自由の行使について市民に与えられる基本的保障」との関係で,それぞれ問題となる。このうち,③の問題について憲法院の見解を明らかにした重要な判例として,1988年7月20日判決（Décision n° 88-244 DC）がある。また,憲法院は,第3共和制期に確立したと見られてきた制度のうちでも,外国人の国籍の自動取得制度はそれに該当しないとした(1993年7月20日判決 Décision n° 93-321 DC)。

〔参考文献〕

Jean Rivero, *Les Conseil constitutionnel et les libertés*, 2e édition, Economica=Presses Universitaires d'Aix-Marseille, 1987, p. 9 et s.; Jacques Robert, Propos sur le savetage d'une liberté, in *RDP*, p. 1171 et s.; Louis Favoreu et Loïc Philip, *Les grandes décisions du Conseil constitutionnel*, 11e édition, Dalloz, 2001, p. 239 et s.; Dominique Rousseau, *Droit de contentieux constitutionnel*, 6e édition, p. 66 et s, p. 391 et s., Montchrestien, 2001 ; Peter L. Lindseth, Law, History, and Memory : 《Republican moments》and the legitimacy of constitutional review in France, in *3 Columbia Journal of European Law 49*; 野村敬造「第5共和国と結社の自由」『金沢法学』19巻1・2号〔1973年〕57頁以下,和田英夫『大陸型違憲審査制〔増補版〕』（有斐閣,1994年）125頁以下,樋口陽一『現代民主主義の憲法思想』（創文社,1977年）80頁以下,中村睦男「フランス憲法裁判機関への進展」『北大法学論集』27巻3＝4号〔1977年〕261頁以下,伊藤洋一「フランス行政判例における『法の一般原理』について」『法学協会雑誌』103巻8号〔1986年〕157頁以下,山元一「現代フランス憲法学における立憲主義と民主主義」『憲法問題』13号〔2002年〕127頁以下。さらに,「共和国の諸法律によって承認された基本的諸原理」についての最新研究として,Véronique Champeil-Desplats, *Les principes fondamentaux reconnus par les lois de la République*, Economica=Presses Universitaires d'Aix-Marseille, 2001 がある。

ⅢA ²¹ 教育の自由と良心の自由──ゲルムール法合憲判決

1977年11月23日憲法院判決
Décision n° 77-87 DC du 23 novembre 1977
Journal Officiel, Lois et Décrets du 25 novembre 1977, p. 5530
Rec. 42, RJC I-52, GD. 342

小泉洋一
(甲南大学教授)

〔事　実〕

　私立学校への国庫助成の一般的制度枠組みを定めた1959年12月31日法（ドブレ法）は、国との契約に基づく私学助成の制度を採用した。それにより、国と契約を結んだ私立学校は、契約下のクラスにつき国の監督に服するが、その監督の強度に応じて学校の運営費用につき国の助成を受けることになった。そして、そのような契約下にある私立学校は、「その固有の性格 (caractère propre) を保持しつつ、良心の自由の完全な尊重のうちに教育を施さなければならない」（ドブレ法1条4項）ことになった。

　ところで、1977年6月14日に議会多数派（右翼）に属するゲルムール (Guemeur) 代議士らは、ドブレ法を私立学校に有利な方向で改正する法案（正式名称は1971年6月1日の法律71-400号により改正された1959年12月31日の法律59-1557号を補足する教育の自由に関する法律案）を提出した。この時期は、翌年3月に総選挙を控え、まさに私立学校の問題をめぐり右翼と左翼が対立を深めていたときであった。そのこともあって、野党（左翼）はそのゲルムール法案に強く反発した。しかし、法案は、与党の賛成により、6月28日に国民議会で可決されたのに続いて、10月25日に元老院でも可決された。そこで2日後、元老院の社会党議員ら65名は、憲法61条2項に基づき、ゲルムール法の違憲性を問う訴えを憲法院に付託した。

　提訴者による主たる違憲申し立て理由は、ゲルムール法によりドブレ法4条2項に挿入された、国との契約下の私立学校の教師は「学校の固有の性格を尊重しなければならない」という規定（以下、「『固有の性格』尊重規定」という）が、教師の良心の自由を侵害するという点にあった。これは、良心の自由が憲法上の自由であることを前提とするものであった。なお、副次的な提訴理由として、法律で新たな財政援助を定めたことが議会の主権を侵害するといった主張もあったが、憲法院は、11月23日の判決でゲルムール法を合憲と判断した。この合憲判決に基づき、法律は11月25日に審署された。なお、「固有の性格」尊重規定は1985年のドブレ法改正で削除された。だが、この改正法の合憲性を審査した憲法院は、1985年1月18日判決 (Décision n° 84-185 DC du 18 janvier 1985, *Rec.* p. 36) で、教師の「固有の性格」尊重義務は前述のドブレ法1条4項に由来するものであって、「固有の性格」尊重規定の削除によりそれは何も影響を受けないとの判断を示した。したがって、1977年

判決は今日でもその意義を完全に保っている。

〔判　旨〕

「憲法院は，憲法，国と私立学校の関係に関する1959年12月31日法，国と私立学校の関係に関する1959年12月31日法を改正する1971年6月1日法，憲法院に関する組織法律となる1958年11月7日オルドナンス，とりわけ同オルドナンス2編2章を参照し」，

「契約により国とつながる私立学校において教育する任務を託される教師は，学校の固有の性格を尊重する義務を負う。一方で，国と私立学校の関係に関する1959年12月31日法1条4項で繰り返された概念である，契約により国につながる学校の固有の性格の保護は，教育の自由の原則の適用でしかない。1931年3月31日の予算法91条でとくに定められたこの原則は，1946年憲法前文により再確認され，1958年憲法が憲法的価値を付与した共和国の諸法律により承認された基本原則の一つを構成する。『すべての段階での無償かつ非宗教的な公教育の組織化は，国の責務である』という，同じく1946年憲法前文による確認は，私教育の存在も，また法律が定める条件で私教育に国が援助を賦与することも排除しえないであろう。したがって，1946年憲法前文の同規定は，憲法院の審査に服している法律の憲法適合性に影響を及ぼさない。他方，1789年の人および市民の権利宣言10条によれば，『何人も，その意見の表明が法律によって定められた公の秩序を乱さない限り，たとえ宗教上のものであっても，その意見について不安を持たされることがあってはならない』。1946年憲法前文は，『何人も，その勤労あるいは雇用において，その出生，意見もしくは信条によって不利益を被ってはならない』と定める。良心の自由は，共和国の諸法律により承認された基本原則の一つとして見られなければならない。憲法院の審査に服している法律による改正後の法文における1959年12月31日法4条2項の規定と1959年12月31日法1条の規定を関連づけると，学校の固有の性格を尊重するという教師に課された義務は，それが教師にとって自制義務（devoir de réserve）になるとしても，教師の良心の自由への侵害を可能にするものとは解釈しえないであろうことが結論される。」［Con. 1〜6］

「憲法院は以上のことを考慮し，以下のように判示する。

1．1971年6月1日の法律71－400号により改正された1959年12月31日の法律59－1557号を補足する教育の自由に関する法律は，憲法に適合すると宣言される。
2．本判決は，フランス共和国官報に掲載される。

（1977年11月23日審議）（憲法院院長　ロジェ・フレイ）」

〔解　説〕

(1)　**本判決の意義・特徴**

本件のドブレ法改正は，前述のように，きわめて明確な政治的文脈の中で行われた。そのため，本判決は必然的に大きな政治的意義を持つことになった。

ところで，ここでいう政治的文脈は，フランスでかつてから見られた私立学校および教育の自由をめぐる根深い政治的対立に基づく。その対立の根源は，教育を国家が独占する体制の下で，カトリックがその宗派学校（フランスではこれが私立学校のほとんどを占める）開設のために教育の自由を要求し，反教権主義的な世俗勢力がそれに抵抗するという聖と俗との間で19世紀から繰り返された闘争にあった。20世紀になると，教育の自由は，ライシテ（laïcité）の原則を

擁護して教育の自由に否定的な左翼とその自由に好意的な右翼との間で激しい対立を生ぜしめるテーマとなった。そのような政治的対立は，後述の第四共和制憲法制定時にも現れ，さらに私学助成の一般制度を定めたドブレ法制定後も続いた。そのような状況にあって，本判決は，教育の自由の憲法的価値とともにドブレ法の合憲性を承認することにより，教育の自由をめぐる争いに一応の終結をもたらすことになったのである。

さらに本判決は，法的側面でも注目すべき意義と特徴を持つ。それは次の三点である。

第一に，本判決が教育の自由および良心の自由の憲法的価値を初めて明示的に承認したことである。憲法院が1971年7月16日判決〔ⅢA⑳参照〕で結社の自由に憲法的価値を認めて以来，憲法院は基本的自由・権利の憲法化を進めてきたが，本判決はその動きを教育の自由および良心の自由に広げたものとして評価される。また，それら二つの自由の憲法的価値を認める根拠として，本判決が，1971年判決と同様に，1946年憲法前文中にある「共和国の諸法律により承認された基本原則」を援用したことも，注目される。

第二に，本判決が，教育の自由の憲法的価値を承認するにとどまらず，私学助成を法律で定めることを明確に合憲と判断したことである。この判断は，私立学校に敵対的な立場の者によってしばしば援用され，事実，本件の提訴者もゲルムール法の違憲理由の中で援用した1946年憲法前文13項（「すべての段階での無償かつ非宗教的な公教育の組織化は，国の責務である」）の解釈として示された。この解釈から導き出されたドブレ法合憲という憲法院による初めての判断は，同法には憲法上の疑義が繰り返し示されていただけに，大きな意義を持った。

第三に，本判決が，教育の自由および良心の自由という同様に憲法的価値を持つ二つの自由の間で調整を図ったことである。この点は，私立学校の教育の自由と教師の良心の自由が衝突していた「固有の性格」尊重義務規定に関して見られた。本判決は，その二つの自由を調整するように問題の規定を解釈した。

(2) 教育の自由

憲法院は，教育の自由を「共和国の諸法律により承認された基本原則」の一つとして憲法上の自由と認定した。これは，1946年憲法前文の成立過程に照らすときわめて意味深長である。というのは，第四共和制憲法草案を審議した第二憲法制定議会で，人民共和派（MRP）が憲法前文に教育の自由を承認する規定を挿入することを提案したが，左翼の強い反対の結果，その提案が僅差で否決されたため，この自由が前文に盛り込まれなかったからである。さらに，同じく人民共和派の提案で憲法前文に入れられた「共和国の諸法律により承認された基本原則」という文言に関しては，その提案者の隠された目的が教育の自由の憲法化にあったと見られたからである。もっとも，それが教育の自由の承認につながることをおそれる左翼の警戒をやわらげるために，人民共和派は，「共和国の諸法律により承認された基本原則」が第三共和制期の立法業績を指すことを強調していた（後掲文献⑦p.199）。

ところで，憲法院が教育の自由を「共和国の諸法律により承認された基本原則」と認める際に，1931年の予算法91条を援用した。この規定は，中等学校において無償教育の対象となる学年を拡大したものであり，そこには，教育の自由を「共和国の基本原則の一つ」と明示する文言が見られた。このように基礎となる法律を明示して「共和国の諸法律により承認された基本

原則」を承認することは，1901年の結社法を基礎として結社の自由を承認した前述の1971年判決でも見られた。

だが，教育の自由を基礎づける法律としては，1850年のファルー法など，より知られた他の諸法律も存在するなかで，本判決がとくに1931年の予算法を参照したのは不自然に思われよう。事実，本判決と同様に教育の自由を「共和国の諸法律により承認された基本原則」とした憲法院の1994年1月13日判決〔ⅢA27参照〕には，同法の援用は見当たらない。しかし，学説によれば，本判決が1931年の予算法を参照したことは，次のような利点があったとされる。その法律が共和主義を疑えない第三共和制の成果であること，その規定が，憲法前文の文言との酷似し，問題を文字通り解決できること，にもかかわらず，憲法制定前に制定したものであるので，その法律が教育の自由に憲法的価値を与えるために制定したとは疑われえないこと，がそれである（後掲文献② p. 567）。

(3) **教育の自由と私学助成**

本判決が私立学校開設の自由を含めて教育の自由を観念していることは疑いない。この点は，フランスにおける教育の自由の歴史からも，また本判決が私教育の存在を肯定していることからも容易に推測できる。さらに，本判決において，「教育の自由の原則の適用」とされている私立学校の固有の性格の保護も，教育の自由の内容の一つとして見ることができる。

それでは，私学助成を本判決はどう見ているかというと，それを教育の自由とは関連づけず，またそれを憲法上の要請とは見ていない。というのは，本判決で，私学助成は，公教育の組織化を国の責務と定める1946年憲法前文13項が，「法律が定める条件で私教育に国が援助を賦与すること」を禁じないという判示においてのみ，取り扱われているからである。判決は，このようにして私立学校への国庫助成制度を定めるドブレ法の憲法適合性を導くのであるが，ここでは私学助成は法律上の制度とされるだけである。

ところで，学説において，教育の自由につき，私立学校開設の自由および私立学校運営の自由（私立学校の固有の性格の保護はこれに該当）をその内容とするだけでなく，家庭の教育選択の自由の確保という観点から，その自由が私立学校への財政援助を必然的に含むことを説くものが見られる（後掲文献⑧ p. 412-21）。こうした学説は，憲法院の1984年12月29日判決（Décision n° 84-184 DC du 29 décembre 1984, Rec. p. 54）および前述の1985年判決を自らの立場を根拠づけるものとして援用する（後掲文献① p. 348-9）。このうち，1984年判決は，私立学校教師給与の補助に関し予算制限枠を定めた法律規定を教育の自由を侵害しないと判断したものである。他方，1985年判決では，私立学校と国との契約締結を学校所在地の市町村の同意に基づかせる規定が，「公的自由の行使を規定する法律適用の本質的条件を地方公共団体の決定に依拠させる」ものと判断され，違憲とされた（前述の1994年判決でもほぼ同様の判示がある）。前述の学説は，これらの判決において，私学助成が教育の自由の本質的条件となったと見るのである。だが，このような見方には反対説もあり（後掲文献⑥ p. 69-70），また高等教育に関してであるが，反対説の立場を採ったと見られる憲法院判決もある（Décision n° 99-414 DC du 8 juillet 1999, Rec., p. 92）。

(4) **良心の自由**

本判決は，1789年の人権宣言10条および1946年憲法前文5項を参照したうえで，良心の自由を「共和国の諸法律により承認された基本原則」と見て，その自由の憲法的価値を導いた。良心の自由のこのような根拠づけは，2001年6月27

判決 (Décision n° 2001-446 DC du 27 juin 2001, J. O. du 7 juillet 201, p. 10828) で繰り返された。だが、これには学説において次の二点で疑義が提起される。

第一に、良心の自由の憲法的価値が二重に根拠づけられていることである。1946年憲法前文等が良心の自由を定めるのであれば、それだけで良心の自由の憲法的価値を認めれば足り、それ以上に「共和国の諸法律により承認された基本原則」に言及するのは不要だからである（後掲文献⑦p. 217）。

第二に、1958年憲法1条（1995年改正までは同2条）も、1905年の政教分離法1条も参照されていないことである。両者ともライシテの原則に関わる規定であり、前者は「フランスはすべての信条を尊重する」、後者は「共和国は良心の自由を確保する」と、いずれも本判決により参照された二つの規定よりは包括的に良心の自由を定める。本判決が1958年憲法1条を参照しなかったのは、前述のように「共和国の諸法律により承認された基本原則」を援用する手法をとったためかもしれないが、だとしても、政教分離法1条を引用しなかったのは依然として不可解である（後掲文献③p. 295）。これについては、私立学校に関する法律の事件で、私立学校関係者の嫌う反教権主義的雰囲気の強い政教分離法規定の適用を避けたのではないかとの憶測も見受けられる（後掲文献⑦p. 40）。

もっとも、本判決が宗教的自由を定める政教分離法を参照しなかったことは、良心の自由の内容に関して重要な効果をもたらす。フランスでは良心の自由を宗教信仰の自由に限定する見解も多い中で、本判決では良心の自由が宗教信仰に限られない信条をカバーするものと理解されるからである（後掲文献④p. 54）。

しかも、良心の自由はその内容も広く承認される傾向がある。というのは、憲法院は、前述の2001年判決で、医師が信条を理由として人工妊娠中絶手術を行わない権利を、「人の良心に属する自由」と認めているからである。さらに、次に述べる教師の自制義務に関する本判決の判示からは、信条を個人的に外部に表現することも、良心の自由として捉えられているようにも読める。このように、良心の自由の内容が憲法院判例において広く解されていることは注目されよう。

(5) 教育の自由と良心の自由の調整

教育の自由と良心の自由とは、カトリック信者が子どもの教育のためカトリック系宗派学校を選択するといった場合で分かるように、私的教育において両者は補完的である。ただ、私立学校の中では、教育の自由は学校に有利に、良心の自由は個人に有利に作用する傾向があるので、場合によれば両者の衝突が起こり、その調整が必要となる。この調整は、とくに、教育の自由が、私学経営という経済的自由としての面だけでなく、特定の信条を持つ者にその信条を教えるという精神的自由としての面もあることを認めると、慎重な判断を要することになる（後掲論文②p. 568）。

「固有の性格」尊重規定をめぐり憲法院が行った次の判示は、そのような調整を図るものである。「学校の固有の性格を尊重するという教師に課された義務は、それが教師にとって自制義務になるとしても、教師の良心の自由への侵害を可能にするものとは解釈しえない」。確かに、ここでは、私立学校教師の良心の自由と教育の自由との調整が図られ、しかも、問題となった規定の合憲限定解釈により、それが行われている。だが、それは不明確かつ不十分で終わっている。というのは、ここでキーワードとなる「自制義務」および「固有の性格」の概念

が不明確だからである。

　自制義務は，本来，公務の良好な運営を妨げるような意見の表明および行為を控えるという公務員に課された義務であり，例外的には公務員の私的行為にも及ぶものである。これをもとにすれば，私立学校教師の自制義務は，学校の固有の性格を危うくする行為を避けなければならない，という意味で理解されるが，それだけでは教師の自由の限界は明確にはならない。このようにして，固有の性格の保護（教育の自由）および良心の自由の双方の限界は不明確なままであり，その明確化は判例の蓄積によることになろう（後掲文献③ p. 296）。

　ところで，「固有の性格」尊重規定に関する司法判例として，1978年5月19日の破毀院大法廷判決（Cour de cassation, ass. plén., 19 mai 1978, Dalloz sirey, 1978, p. 541）がある。この判決は，カトリック系の私立学校が離婚後再婚した女性教諭を解雇したという事案に関して，「私立学校の固有の性格の維持は労働者の婚姻の自由への侵害を理由づけない」としながらも，本件解雇で解雇権濫用はなかったと判断したものである。そうした判断の理由は，学校と教諭との労働契約において教諭の宗教信仰が「本質的で決定的な要素」だったという点にある。もっとも，この判決には，それが教師の自制義務には触れず，労働契約の枠組みでのみ事件を処理するだけでなく，教師の良心の自由を低く評価する点において，憲法院判決とのずれを指摘することができる（後掲文献④ p. 76）。

　このように，教育の自由と良心の自由の調整に関する判例理論には課題が残る。だが，そこでは，私立学校がとくに教育選択の自由に密接にかかわる存在であることを踏まえつつ，具体的状況の検討を通じて私立学校教師の自由と私立学校の教育の自由との調整を図るという判断方法が大まかに示されているようである。こうした状況は，今日，私立学校のいわゆる建学の精神等，その基本方針と，私立学校の教師の自由とくに良心の自由とが衝突する事件等において，学校の自由と教師の自由のそれぞれの限界の明確化が問われるわが国においても，興味深い視点を提供してくれるであろう。

〔参考文献〕

① Louis Favoreu et Loïc Philip, Les grandes décisions du Conseil constitutionnel, 11 éd., Sirey, 2001, p. 342.

② Jean Rivero, Note, AJDA, 1978, p. 565.

③ Jean-François Flauss, Le Conseil constitutionnel et la liberté d'opinion des maîtres des établissements privés d'enseignement liés à l'Etat par un contrat d'association, Gazette du palais, 1978, doctrine, p. 293.

④ Gérard Marcou, La liberté de l'enseignement et la liberté des enseignants, RDP, 1980, p. 35.

⑤ Pierre Delvolvé, Le Conseil constitutionnel et la liberté de l'enseignement, RFDA, 1985, p. 624.

⑥ François Luchaire, Le Conseil constitutionnel, tome II Jurisprudence, première partie : L'individu, 2 édition refondue, Economica, 1998.

⑦ Bruno Genevois, La jurisprudence du Conseil constitutionnel : Principes directeurs, Les Editions STH, 1988.

⑧ Gilles Lebreton, Libertés publiques et droits de l'homme, 4 éd., Armand Colin, 1999.

⑨中村睦男「フランスにおける私学助成をめぐる憲法問題」遠藤博也ほか編『公法と経済法の諸問題 上』今村成和教授退官記念（1981，有斐閣）121頁。

⑩丹羽徹「学校教育における子どもの『良心の自由』──フランスにおける宗教的『良心の自由』確保のための諸制度（2・完）」名古屋大学法政論集138号（1991）131頁。

ⅢA 22 表現の自由——新聞法判決

1984年10月10・11日憲法院判決　　　　　　　　　　矢口俊昭
Décision n° 84-181 DC des 10 et 11 octobre 1984　（神奈川大学教授）
Journal Officiel, Lois et Décrets du 13 octobre 1984, p. 3200
Rec. 78, RJC I-199, GD. 36

〔事　実〕

本件において違憲審査の対象となった法律の名称は，「新聞事業の集中を制限し，かつ，その財政上の透明性及びその多元性を確保するための法律」である。この法律制定の背景には，政策提言の一つに新聞法の改正を唱えたミッテラン（F. Mitterand）大統領の誕生（1981年）と新聞事業の実態がある。1984年当時，保守系の国民議会議員であったエルサン氏（R. Hersant）は，新聞王と呼ばれ，彼のグループは全国紙3紙と地方紙15紙を所有していた。しかし，このような集中化の傾向に対して，当時の1944年オルドナンスでは充分に対応できない。そこで，本法の制定が浮上するが，上記のような事情から，制定までには非常に長い時間を要した。1983年12月に原案が提案され，成立は翌年の9月12日であった。

本法律は，一方で財政上の透明性のために名板貸しの禁止及び株式の記名をはじめ，新聞事業体に関する種々の情報の公開を，他方で多元性の確保のために自然人であれ，法人であれ一人の者が所有又は支配できる新聞事業の上限を定め，かつ新聞事業体内部に一定の組織の設置を義務づけた。また，本法施行を監視するための「新聞の透明性及び多元性確保のための委員会」の設置並びに本法違反に対する刑事制裁が定められた。

この法律に対し，憲法61条2項に従い，9月12日152名の元老院議員，同月14日91名の国民議会議員によってそれぞれ違憲の申し立てがなされた。

〔判　旨〕

「憲法院は，同院に関する組織法律である1958年11月7日オルドナンス，特にその第Ⅱ編第Ⅱ章の諸規定を参照し」，立法手続き，2条，透明性に関する第Ⅰ編の諸規定及びそれに対応する制裁に関する第Ⅳ編の諸規定，多元性に関する第Ⅱ編の諸規定，新聞の透明性及び多元性確保のための委員会に関する第Ⅲ編の諸規定，刑事制裁に関する第Ⅳ編，第Ⅴ編の雑則並びにその他の諸規定についてそれぞれ検討し，合計10ヵ条にわたり違憲の判断を下した。そのうち，

透明性に関する本法第Ⅰ編の諸規定及びそれに対応する制裁に関する第Ⅳ編の諸規定について：

「財政上の透明性の確保という目的の実現は，新聞の自由を妨げたりあるいはそれを制限するのではなく，この自由の有効な行使をすすめる

ことをめざす。実際，新聞事業の現実の支配者，新聞の財政的な条件，新聞が対象となる財産上の取引，新聞が関わるあらゆる団体の利益を公衆に知らせることを要請し，立法府は読者に真に自由な方法で選択できるよう，また新聞によって提供された情報について世論に明晰な判断をすることができるようにする，と考慮し，」[Con. 16]

「本法6条は次のように定める：《新聞事業体の会社資本あるいは表決権の少なくとも20％を直接または間接に保有することとなる株式あるいは持分の譲渡及びその約定は，一ヶ月以内に，この事業体によって編集されている一つまたは複数の刊行物において公表されねばならない》」[Con. 27]，また「本法28条は次のように定める：《6条に規定された期間内に公表をしないことは6000F以上40000F以下の罰金に処す。……》」[Con. 28]「6条は条文によって定める公表の義務を誰に——譲渡人か被譲渡人か——課しているか明らかにしていない。したがって28条1項によって定められた罪は，……罪刑法定主義という憲法原則を無視して定められている；この批判は理由がある。したがって28条1項は憲法に合致しない。条文の編成は，1項と不可分の……2項を伴う。かくして28条は全体として憲法に合致しない，と考慮し」[Con. 30]

多元性に関する本法第Ⅱ編の諸規定について：

1789年人権宣言11条も「憲法34条の文言において《公民権，および公の自由の行使のため市民に認められる基本的保障に関する規律》を定めるための権限を有する立法府が，伝達の自由並びに話し，書き及び印刷する自由の行使に関して規律を定めることを妨げない。しかしながら，基本的自由，すなわちその行使が他の権利や自由の尊重並びに国民主権にとって不可欠な保障の一つであるだけに重要である基本的自由がここでは問題であるから，法律は基本的自由の行使がより有効になる，あるいは憲法的価値を有する他の規律や原則とその行使が調和するようにだけ，その行使を規律できる。……政治的・一般的な情報の日刊紙における多元性の確保は，それ自体，憲法的価値をもつ目的である；確かに，……思想や意見の自由な伝達は，これらの日刊紙の受け手である公衆が充分な数の多様な傾向や性格をもった刊行物を自由にできなければ，有効ではない；つまり，実現すべき目的は，……読者が彼らの自由な選択をおこなうことができることであって，それなしには私的利益も公権力も読者の自由な選択を彼ら固有の決定に換えることはできないし，また人は読者の自由な選択を取引の対象にできない，と考慮し，」[Con. 36～38]

10, 11, 12条の3ヵ条によって，法人であれ，自然人であれ一人の人が複数の日刊紙を所有・支配する場合の上限が定められる。10条は全国紙について，その所有・支配する日刊紙の頒布部数が同種の日刊全国紙全体の頒布部数の15％を超えないこと，11条は地方紙について，同様に地方紙全体の頒布部数の15％を超えないこと，そして12条は，全国紙と地方紙の両方を所有・支配する場合，それぞれ全頒布部数の10％を超えないこととする。そして本法13条は，上記上限は，「《取得及び支配権の獲得に先立つ直前の月以前の12ヵ月からなる同一期間について判断される。本法の公布時に存する状況については，これらの上限は本法公布に先立つ直前の月以前の12ヵ月からなる同一期間について判断される。》」と定め，この13条から上限適用が次の二つの場合に限定される。「一つは本法の公布のときに上限を超えている場合で，今一つは，将来，もっぱら取得や支配権の獲得から上限を超

えることとなる場合である。新たな日刊紙の創刊や頒布部数の自然増によって上限を超える場合には，それが取得や支配権の獲得以外の原因に基づくので，本法の適用はない。従って，日刊紙の自由な創刊や自然な頒布増は読者の選択の自由を何ら侵害しない，と考慮し」[Con. 40～43]

「13条2項は，新聞事業体の現況がこのような上限規制を含まない法律のもとで形成されたとき，11・12・13条の定める上限の遵守に同意するよう新聞事業体に義務づける効果をもつ。立法府が，憲法34条に基づく権限を行使し，公的自由の行使を組織化するとき，以前より厳しい規律を，それを必要と判断して，将来に向けて定めることはありうるが，公的自由に関する現況が問題の場合それは次の二つの場合に可能である。一つはこれらの状況が違法に獲得された場合で，いま一つは追求すべき憲法的目的を実現するために規律の再検討が実際上必要な場合である。……本法公布の時の状況に11，12及び13条の上限適用を一括してめざす，13条2項の規定はこれらの状況の違法性に言及することによっても，既に存在しなくなった有効な多元性を再構築する必要性によっても正当化されていない。したがってこれらの規定は憲法に合致しない，と考慮し，」[Con. 46～50]

新聞の透明性及び多元性に関する第III編の諸規定について：

16条によって委員会は独立行政委員会とされる。18条は，19条及び20条の適用の要請に基づき委員会が開かれる条件を決める。「本法19条は次のように定める。《……委員会は10条から14条の違反を認めると，関係人にこれらの規定を遵守することを命ずる。そのために委員会は必要な措置を決定する。……》そして20条は次のように定める。《委員会は，上記19条の適用による命令に従うため，あるいは措置の実施のために関係人に許される期間を決める。……その期間内に決定が実施されなかったと委員会が認知した場合，委員会は検察にその旨を伝え，関係書類を転送する。このような未実施の認知は，……関係刊行物について，租税一般法……及び電信電話郵便法……の諸規定による優遇措置の剥奪をもたらす。……》」「ここでは委員会の単なる法に従いなさいという命令が問題ではなく，20条の二つの最終項にある強制にみられる，行政機関から生ずる執行的決定が問題である。実際，この二つの最終項は，委員会の決定が委員会により決められた期間内に実行されないとき，問題の刊行物から税上及び郵便上の優遇を奪うことによって関係人の反抗に制裁を加える。結果が非常に重大であるこの剥奪は，委員会の決定が実行されなかったという委員会による認知後直ちにかつ自動的に生ずる，したがって検察に転送された書類を検察が審査し始める前でさえ剥奪は効果を発する。これらの規定全体は，……事前の許可制度の効果と同じ効果をもたらす，このことから人権宣言11条に反する，と考慮し」[Con. 70～81]

次のように判示する。

1．新聞事業の集中を制限し，かつ，その財政上の透明性及びその多元性を確保するための法律の次の諸条項は違憲と宣言される；

13条2項，15条の最終文言《この措置がもし実行されるなら，19条及び20条の適用がなされる》，18条，19条，20条，21条1項文末の《19及び20》，23条2項，28条，39条，40条

2．上述の厳格な解釈留保つきで，本法の他の諸条項は憲法に反しない。

3．本判決は共和国官報に登載される。

(1984年10月10・11日審議)(憲法院院長　ダニ

エル・マイエル)

〔解　説〕

(1) 本判決の意義と特徴

本判決は，判決の数からいえばさほど多くない人権宣言11条の思想及び意見の自由な伝達，いわゆる表現の自由に関するもので，その点の一般的判示もみられ，注目すべき判決の一つである。まず，新聞の自由に人権宣言11条を適用した最初の判決である。したがって，以下でみるように，その位置づけや内容について多くの興味ある判示がみられる。つぎに，この自由を「基本的自由」とし，その観念についても判示されている。さらに，多元性の確保という憲法的価値をもつ目的について言及している。最後に，「留保つき」(sous réserve) 合憲判決の手法，我が国流に言えば，合憲限定解釈の手法が使われ，かつそれが判決本文の2においてはじめて明示された。このような留保は従来から憲法院が利用してきた手法であって，理由の部分でふれられていても，「判決本文の必要な支持」(le soutien nécessaire du dispositif) であれば，それは既判力をもつと考えられ，したがって，「公権力およびすべての行政・司法機関を拘束する」(憲法62条2項)。このことが本判決でより明確となった。

(2) 新聞の自由の憲法的理解

新聞の自由がはじめて問題になった事例である。憲法院は思想及び意見の自由な伝達の原則を宣する人権宣言11条を挙げ，本条によって「保障された新聞の自由」に本法律が反するか否かを審査した。まさに新聞の自由が人権宣言11条の自由の一部として扱われた。

しかもこの自由は「これらの日刊紙の受け手である公衆が充分な数の多様な傾向や性格をもった刊行物を自由にできなければ，有効ではない」ともいう。本判示には少なくとも二つの重要な指摘がみられる。まず，この自由を現実において実現するという，実質的自由の確保が語られる。すなわち思想及び意見の自由な伝達が実際上有効になされることが求められる。そのためには，従来のように自由をもっぱら「からの自由」として，公権力の関与を否定的に考えるだけではなく，「による自由」として，公権力の関与を容認する「干与主義的」(interventionist) 把握が不可欠と認識する。そこで，つぎに新聞の読者が「充分な数の多様な傾向や性格をもった刊行物を自由」にできなければならない，とされる。このように新聞を作り，発行する者の自由，要するに表現の自由を単に表現者の自由としてだけではなく，読者などその受け手の側からも考えるという，現代的なあるいは自由の複合的側面の認識がここにはみられる。

さらに，この自由を「基本的自由」(liberté fondamentale) とも憲法院はいう。何ゆえ「基本的」かといえば，「その行使が他の権利や自由並びに国民主権の尊重にとって不可欠な保障の一つである」からとされる。かかる範疇の承認はそうではない範疇の存在を前提としよう。これらの範疇間の違いはどこにあるのかが注目される。とりあえず，基本的自由に対して許される規制は，その行使がより有効になされるよう，あるいは憲法的価値を有する他の規律や原則とその行使が調和するようなものでなければならない。前者は，先にみた本判決の特色である実質的な自由の確保を問題としている。そして本法で定められた独占を制限するための頒布上限の設定，財政上の透明性の確保や専門ジャーナリストからなる常設の編集局設置などはこの自由を現実において有効とするために仕えるものとされた。後者に関しては，新聞の自由と財産権の保障の調和が問われた。判決は「これらの

制限が所有権のいかなる剥奪も，この権利の他の行使形態を何ら禁止していないし，かつ新聞の多元性を確保する必要に基づいているのであれば，それらの制限は……人権宣言17条の無視を構成しない」とする。基本的自由である新聞の自由に対し財産権より相対的な優位性を認めた調和がはかられたといえよう。

(3) **多元性の確保——憲法的価値をもつ目的**

新聞につき多元性の確保という目的は立法上1944年オルドナンスではじめて認められ，その後の法律により踏襲されてきた。これを憲法的価値をもつ目的とする言及は，本判決がはじめてではなく，「社会－文化的表現の流れの多元的性格の保持」という表現で，既に視聴覚伝達法 (loi sur la communication audiovisuelle) に関する1982年7月27日判決 (Rec., 1982, pp. 48-51) にみられた。そこではこの目的と伝達の自由との調整が立法府の権限とされたが，本件では「多元性はそれ自体憲法的価値をもつ目的」とされた。新聞の自由を前記のように把握すること，すなわち読者の自由を重視する観点からは，多元性の確保という目的は，必然的に新聞の自由に内在的となる。このような理解は次の諸判決にその後引き継がれていく。新聞の自由に関する86年7月29日判決〔86-210 DC〕，伝達の自由に関する86年9月18日判決〔86-217 DC〕，伝達の自由に関する89年1月17日判決〔88-248 DC⇒ⅢA㉓参照〕，視聴覚伝達に関する94年1月21日判決〔93-333 DC〕そして伝達の自由に関する2000年7月27日判決〔2000-433 DC〕である。結局，いかなる媒体であれ，受け手の権利・自由が重視されるとし，最も最近の判決でも本判決とほぼ同様な次のような判示が確認された。「社会文化的表現の多元的な流れの確保はそれ自体憲法的目的である。この多元性の尊重は民主主義の条件の一つである。……つまり，実現すべき目的は，1789年人権宣言11条によって宣言された自由の重要な享受者に数えられる聴者及びテレビ視聴者がかれらの自由な選択おこなうことができることであって，……」(Rec., 2000, pp. 123-124)。

多元性の確保は，一般に，外的と内的なそれに分けられる。前者は，本件での新聞事業体の頒布上限の設定のような集中の排除が典型である。後者は，各伝達事業内で多様な意見の流れを表現できるような法制度であり，本件では新聞事業体内部に職業ジャーナリストからなる固有常設の編集局の設置を義務づけたことがある。

(4) **新聞の自由，すなわち基本的自由に対する許されない規制**

未だ独占を制限するような規律を含まない法律のもとで生じてきた現況に対し，本法の制限を適用し，それを遵守するよう新聞事業に義務づける，すなわち現にある規制よりも厳しい規制を公的自由に課すことができるのは，基本的自由においては，その現状が違法に獲得された場合，あるいは追求すべき憲法的目的を実現するために規制の再検討が必要な場合である。本法13条2項はこの点から違憲とされた。

また，判決は表現の自由の一形態である新聞の自由については事前の許可制，あるいはそれと同じ効果をもたらすものは認められない，という。本法は，新聞事業体が多元性の確保及び自主編集原則の規定に違反しているのが届け出などから明らかになった場合，委員会は一定の排除措置を命じ，それが一定の期間内に実施されなければ，当該新聞事業体が受けている税上および郵便上の優遇措置が剥奪できる，と定める。このような剥奪があらゆる裁判的決定に先立ち，あるいはいかなる裁判的手続きにも従わずに，委員会によって違反者に対し科されるばかりでなく，剥奪により新聞事業体が実質的に

その事業を継続できなくなりうるので，このような制度は，いわば事前の許可制と同様の効果をもつもので，許されないと考えられた。

このような立場は本件がはじめてではなく，既に1971年の結社の自由判決〔⇨ⅢA20判決参照〕にみられた。そこでは行政庁に，受領書の交付に先立ち，届出をなした団体の適法性を判断する権限を与えまた一定の裁判所の関与を認める規定は事前許可であって違憲とされた。この判決に比べ，本判決は明確性において劣るが，制裁措置の重大性から，事前許可制と同視することとした。ここに新聞の自由を基本的自由ととらえ，その結果としての厳格な審査をみることができる。

(5) **本判決後**

この違憲判決の結果，84年法は違憲とされた部分を除き，公布された。そして86年3月に総選挙がおこなわれ，社会党は政権の座を降りる。その結果，84年法の見直しの動きが強くなり，86年6月新法が議会を通過する。これに対し両議院の議員から違憲の訴えがあり，憲法院は1986年7月29日（Rec., 1986, pp. 110-115）に，84年判決の多元性の確保という原則を再確認し，一部違憲判決を下す。1986年8月1日法は違憲部分を除いて公布されたものである。これらの法の公布はそれぞれ前法の一部を有効のまま残し，複雑な法状況を創り出した。そこで8月1日法は86年11月27日法により補完される必要があった。特に，多元性の確保について，違憲判決を充分考慮し，また簡素化と軽減化がはかられ，政治的・一般的情報を掲載する日刊紙の全国での全頒布部数の30％を超えた頒布部数をもつ複数の同種の日刊紙を，法人等を含め一人が所有・支配または編集できない，とされた。また常設の編集局の設置や独立行政委員会も廃止された。

〔参考文献〕

J-C. Masclet, La loi sur enterprises de presse, A. J. D. A., Doctrine, 1984, pp. 644-665, J-J. Bienvenu, note, A. J. D. A., Jurisprudence, 1984, pp. 684-692, M. de Villiers, La décision du conseil constitutionnel des 10 et 11 octobre 1984 sur les enterprises de presse, R. A., n° 222, 1984, pp. 580-587, D. P. Daville, La décision du conseil constitutionnel relative à la loi sur la presse écrite, G. P., doctrine, 1984, pp. 539-542, P. Avril et J. Gicquel, Chronigue constitutionnelle, Pouvoirs n° 33, 1984, pp. 163-165, L. Favoreu, Le droit constitutionnel jurisprudentiel, R. D. P., 1986, pp. 395-495, 特に pp. 480-484, L. Favoreu et L. Philip, G. D. 11 éd. 2001, pp. 589-611, 樋口陽一「二つの『自由』，または『公正』の代価―1984年のフランス新聞法制を素材として―」小嶋和司博士東北大学退職記念「憲法と行政法」(1985) 518－537頁，なお，本論文は後に樋口陽一「権力・個人・憲法学―フランス憲法研究」(1989) 126－147頁に収められた。加藤典洋「出版事業適正化法」外国の立法25巻3号(1986) 126－139頁，小早川光郎「新聞支配の規制」日仏法学14 (1986) 75－78頁，拙稿「フランス憲法院判決の進展―新聞事業の集中排除に関する二判決を中心に―」香川法学7巻3・4号(1988) 197－226頁，大石泰彦「フランスのマス・メディア法」(1999) 特に38－46頁。曽我部真裕「フランスのプレス助成制度(1)・(2)―読者の『知る権利』のために―」法学論叢147巻3号(2000) 89-110頁・149巻3号(2001) 99－122頁。

ⅢA ㉓ 放送の自由と独立行政機関

1989年1月17日憲法院判決
Décision n° 88-248 DC du 17 janvier 1989
Journal Officiel, Lois et Décrets du 18 janvier 1989, p. 754
Rec. 18, RJC I-339

大石泰彦
(関西大学助教授)

〔事　実〕

1988年6月の国民議会選挙で勝利し，いわゆる保革共存体制を解消した社会党は，ロカール新首相の下，文化・コミュニケーション担当相ジャック・ラングおよびコミュニケーション担当閣外相カトリーヌ・タスカを中心に，1986年にシラク内閣が制定した放送法(1986年9月30日法律)の改正作業に着手した。この改正の主眼は，1986年放送法が創設した独立行政機関で，委員の構成，公共放送局の会長の人選，民間放送局への免許の付与などあらゆる面での右寄りの偏向が指摘され，また，その委員の一人に収賄の容疑がかけられるなどのスキャンダルにまみれた「コミュニケーションと自由に関する国家委員会（Commission nationale de la communication et des liberté：CNCL)」を廃止し，(社会党によれば，)より政治的影響力から自由で，かつ強力な独立行政機関を創設することにあった。

政府は，一連の準備作業の後の1988年10月，従来のCNCLに代わる新しい独立行政機関である「視聴覚最高評議会（Conseil supérieur de l'audiovisuel：CSA)」を創設することを主な内容とする放送法一部改正案を議会に提出したが，上院においても下院においても野党の強い抵抗に遭遇し，紆余曲折のすえ12月23日，首相が法案の採決につき政府の信任をかけるという意思を表明し，採択されたものとみなされる形で議会を通過した(憲法49条3項参照)。野党〔共和国連合（RPR)所属議員64名〕はこれに対し，憲法院への提訴という手段で抵抗を試みたが（12月22日)，同院は1989年1月17日，いくつかの新条文を違憲としつつも，改正放送法の根幹部分については合憲であるとの判断を下し，同法は即日施行された。

〔判　旨〕

「憲法院は，憲法，憲法院に関する組織法律を定める1958年11月7日オルドナンス（特にその第2編第2章）および財政法に関する組織法律を定める1959年1月2日オルドナンスを参照して」，(i)予算案の作成の際に，CSAがその任務の遂行に必要な予算額を予め提示する旨規定する改正1986年法（以下，同じ）7条3項，(ii)公共放送局による「重大な義務違反（manquement grave)」以外の軽微な義務違反に対しては，強

制手続がとられない旨規定する27条，(iii) CSA の決定を実施する際にとられる措置は，いかなる場合においても CSA 委員長の個人責任を発生させない旨規定する13条，(iv)コンセイユ・デタの議を経たデクレ（décret en Conseil d'État）によって，行政権が視聴覚コミュニケーション業務の予算および番組内容を規制することを許容する27条 1 項，(v) CSA が，制度的コミュニケーション（communication institutionnelle：反論放送や政府・政党・職業団体・宗教団体による放送利用を指すと思われる）やスポンサーによる番組提供（parrainage）に関するあらゆる規則を定めうる旨規定する27条 3 項，(vi)行政機関である CSA に対して処罰権限を付与する42，42-1，42-2条，(vii) CSA が放送番組の中止を命じることを許容する42-3条，等について検討し，(iii)および(v)について違憲判断を下した。判旨のうち重要と思われるのは以下の部分である。

(iii) CSA 委員長の個人責任の免除について

「何人も，法律の一般規定によって，その者に帰せられる行為の性質あるいは重大性の如何にかかわらず，すべての個人責任を免除されることはできない。したがって，提訴された法律 8 条によって修正され，次のように規定する1986年 9 月30日法律13条の最終段の規定は，平等性に関する憲法原則に違反するものであることが宣言されなければならない。『これらの決定を実施するためにとられる諸措置は，いかなる場合にあっても組織の長の個人責任を発生させることはない。』」[Con. 9]

(iv)コンセイユ・デタの議を経たデクレへの委任について

「1986年 9 月30日法律は，同法27条 1 項において，コンセイユ・デタの議を経たデクレによることを条件に政府に委ねられる諸権限について定めるが，同法にはまた，そうした権限を制限する諸規定もおかれている。〔たとえば〕同法 1 条は，提訴された法律による修正の結果，『視聴覚コミュニケーションは自由であり』，『この自由の行使は，一方において，人格の尊厳，他者の自由と財産，思想と意見の諸傾向の表現の多様性の尊重に必要とされる限度においてのみ制限され，他方において，公共の秩序の維持，国防上の要請，公役務の要請，コミュニケーション手段に固有の技術的制約上必要とされる限度においてのみ制限される。それはまた，視聴覚製品を生産する国内産業を発展させる必要性によっても，同様に制限される』と規定している。……さらに，提訴された法律によって修正される1986年 9 月30日法律27条は，同条に規定される規制措置の適用範囲を限定している。しかも同条は，そのように諸措置を限定する場合にも，自由の本質的保障の重要性を尊重しつつ慎重にしなければならないことを義務づけている。たとえば，新しい27条 1 項に規定されているような場合には，政府は，同条 2 項にもとづき，CSA の公表され，かつ理由を付した意見を聴取した後，コンセイユ・デタの議を経たデクレを制定しなければならない。したがって，憲法院による審査の対象となっている法律11条によって修正される1986年 9 月30日法律27条 1 項および 2 項の規定は，人権宣言11条にも憲法34条にも違反するものではない。」[Con. 13]

(v) CSA に対する規則制定権の付与について

「……〔憲法21条の 1 項，2 項は，〕共和国大統領に認められた諸権限の留保の下に，首相に対して国内問題に関する規則制定権の行使を認めるものである。これらの諸規定は，立法府が，

首相以外の国家機関に対しても，法律を施行することを可能にするための規則を制定する権限を付与することを妨げるものではない。とはいえこの授権は，その適用範囲においても，またその内容からしても，限られた範囲内での措置に関するものであることを条件としている。この法律〔注・1989年法〕は，CSAに対して，広告に関する倫理規則のみならず，制度的コミュニケーション，スポンサーによる番組提供，その他これに類似する諸活動に関する規則のすべてについて，それが単独で規則制定権を行使し，規定する権限を付与している。この授権は，その内容が過度に広範であり，それゆえ憲法21条の規定を誤って解釈するものである。したがって，提訴された法律11条によって修正される1986年9月30日法律27条3項の規定は，憲法に違反すると宣言されなければならない。……」〔Con. 14～16〕

(vi) CSAに対する処罰権限の付与について

「提訴者はまず，司法権ではなく行政権に処罰を課す権限を与える点において，1986年9月30日法律に付加される42－1条および42－2条は，人権宣言16条に規定される権力分立の原則を誤って解釈するものであると主張する。この原則は，ここでは1789年人権宣言11条によって保障される思想および意見の自由が問題となっているだけにますます重要である。……憲法34条によって公的諸自由を行使するために市民に与えられた基本的保障に関する規則を定める権限を有する立法府は，それぞれの時点における諸技術と，その制御方法の実態に応じて，人権宣言11条にもとづくコミュニケーションの自由の行使を，一方における視聴覚コミュニケーションの諸手段に固有の技術上の制約と，また他方における公共の秩序の維持，他者の自由の尊重，表現の諸手段がもつ著しい影響力によって害されるおそれのある多様な社会文化的諸表現の多元性保護といった憲法的価値を有する諸目標と両立させる任務を負っている。これらの憲法的価値を有する諸目標を実現するため，立法府はさまざまなカテゴリーの視聴覚コミュニケーション業務を行政許可制の下におくことができる。立法府はまた，独立行政機関に対して，その任務の遂行に必要とされる限度における処罰権限を用いて視聴覚コミュニケーションに関する憲法的諸原則の尊重を監視する責務を負わせることができる。……〔したがって，〕提訴された法律の19条によって1986年9月30日法律に付加された42－1条および42－2条は，原理的に人権宣言11条および16条に違反しない。」〔Con. 24～32〕

(vii) CSAによる許可および一部の番組の停止について

「従来の1986年9月30日法律42条3項の下では，規制機関は最高1ヵ月の許可の停止を行いうるのみであったが，〔改正法においては〕CSAが『違反の重大性を考慮して』命ずることのできる処罰は，『催告ののちの，最高1ヵ月の許可あるいは一部の番組の停止』であるとされている。この42－1条1号の採択に先立って議会審議が行われたが，これは立法府が，許可を受けた者の違反行為の重大性と，停止の期間および範囲との間に均衡を与えることを目指したからである。このような考え方に立脚して，1ヵ月を超えない一時的停止処分の対象になりうる一部の番組は，提示された違反行為と直接の関連性があるものに限られている。そうした限定があれば，禁止を目的とする処罰であっても，

思想および意見の自由な伝達という憲法原理に違反しない。さらに，法規あるいは行政規則に対する違反に介入するCSAのあらゆる決定は，そこから公権力の〔法的〕責任を問うことも可能である。」〔Con. 41～42〕

以下のとおり判示する。
1. コミュニケーションの自由に関する1986年9月30日法を改正する本法は下記の規定が憲法に違反する。
   ① 8条3項第2パラグラフ
   ② 11条3項
2. 1986年9月30日法27条1°の「本条最終項の留保のもとに」という語は，前項で違憲とされた11条の諸規定と不可分である。
3. 本判決はフランス共和国官報に掲載される。

（1989年1月17日審議）（憲法院院長　ロベール・バダンテール）

〔解　説〕

(1)　本判決の意義

本判決の意義は，①放送法制に関する1980年代の二つの憲法院判決（後述）において示された「放送の自由」観を継承して，「受け手」すなわち「受信者」がこの自由の本来的享有主体の一つであることを確認したこと，②「放送の自由」が，独立行政機関による公的統制を受ける自由であることを示唆したこと，という二点に要約しうるだろう。本解説においては，この二点につき判旨を参照しつつ簡単な分析を試みるが，それに先立って，そうした分析を行う際に必須の予備知識であると思われる1980年代フランスにおける放送法制の変遷を略述しておきたい。

(2)　放送法制の展開

フランスにおいては戦後長らく放送の国家独占が存続したが，1981年5月の大統領選挙，さらに同年6月の国民議会選挙で勝利した社会党は，いわゆる「自由ラジオ」（放送の国家独占を無視して行われた非合法ラジオ放送）に端的にあらわれた旧体制への不満と批判を背景として，新しい放送法制の確立に向けての作業を開始し，この努力は最終的に1982年7月29日法律となって結実した。この1982年放送法の骨子は，①その1条において「視聴覚コミュニケーションは自由である」と明言し，さらに2条において「市民は自由かつ多様な視聴覚コミュニケーションへの権利を有する」とするなど，フランス放送法制史上はじめて放送の自由の宣言を行ったこと，②放送の自由を具体化するものとして，厳格な事前許可制度の下で，民間放送の導入を正式に承認したこと，③放送局の自律性を確保し，かつ，その監視を行う機関として「視聴覚最高機関（Haute autorité de la communication audio-visuelle：HACA）」と称する独立行政機関を設置したこと，の三点に要約することができる。

さて，その後，1986年3月の国民議会選挙でRPRとUDF（フランス民主連合）から成る保守勢力が勝利し，いわゆる保革共存体制が成立すると，シラク新内閣は，自由化が不徹底（かつて国家独占体制の推進者であった保守勢力は，左翼政権下に自由化路線へと転換していた）で，かつ免許交付などの点で不公正な1982年体制の抜本的改革を意図し，紆余曲折の末，1986年9月30日法律を成立させた。この1986年放送法の骨子は，①従来のHACAを廃止し，これに代えて，より強い権限を付与され，かつ，組織の独立性の高い独立行政機関であるCNCLを創設すること，②放送体制における民間部門の比重

を高めるために，テレビ第1チャンネル（TF1）を民営化すること，③放送の民営化の推進に対応して，一企業グループの持株比率を制限し，かつ，兼業を禁止するなどの集中排除政策を盛り込むこと，の三点である。しかし，すでに本稿冒頭において触れたように，その後1988年6月の国民議会選挙において社会党が勝利すると，新政権は1986年放送法の部分改正に乗り出すのである。

(3) 「受け手の自由」としての放送の自由

さて，この間，1982年放送法制定時には保守勢力が，1986年放送法制定時には左翼勢力が，それぞれ憲法院に対して新法の憲法適合性を問う提訴を行っている。まず第一の提訴に対して憲法院は，1982年7月27日の判決（82-141 DC du 27 juill. 1982, Rec. 48, RJC Ⅰ-126）において，1982年放送法の一部の条文を違憲であるとしながらも，先に紹介した法律の骨子については，次のような見解にもとづきその憲法適合性を承認した。

「技術およびその制御の現状において，人権宣言11条にもとづくコミュニケーションの自由の行使と，一方における視聴覚コミュニケーションに固有の技術的性格，他方における公共の秩序の保持，他人の自由の尊重，社会・文化的表現の諸潮流の多元性の維持といった，こうした伝達方式がその絶大な影響力によって侵害するおそれのある憲法的価値を有する諸目的とを両立させることは，立法者の権限に属する。」

ここで憲法院は，放送の自由に関し，かなり重要であると思われる二つの見解を提示している。一つは，この自由の法的根拠を1789年人権宣言11条に規定される「思想および意見の自由」においたことである。このように放送の自由を人権宣言にその淵源を有するものとして位置づけるならば，もはや政策的判断のみに基づいてかつての独占体制に回帰することは困難になるだろう。もう一つは，放送の自由が，「多様な社会・文化的表現の享受」という情報の受け手の側に生ずる価値の保護のための特別な制約を伴う自由であることを確認したことである。このことは，放送の自由が，単なる「放送事業者の自由」すなわち「送り手の自由」ではなく，そこに「受け手の自由」をも包含する複合的な自由であることを含意している。

次に第二の提訴に対して憲法院は，1986年9月18日（86-217 DC du 18 sept. 1986, Rec. 141, RJC Ⅰ-283）の判決において，1986年放送法中のいくつかの条文について違憲の判断を下したものの，たとえば民営化の推進など同法の根幹部分についてはその憲法適合性を承認し，かつその際，次のような注目すべき見解を提示した。

「〔「放送の自由」によって〕実現されるべき目標は，総体として1789年人権宣言第11条によって宣言された自由の本来的享有者である聴取者および視聴者が，自己の自由な選択権を行使できることであり，私的利益および公権力がその自由な選択権を自らの決定権に置き換え，または，これを市場原理の下に置くことはできない。」

この判決では，放送の自由の構造に関して，二つの点において1982年判決の理論構造からの明らかな深化が見られる。一つは，放送の自由の享有主体を，送り手である放送事業者から受け手である視聴者（聴取者）へと明確に転換したことである。こうした転換は必然的に，かつて放送の自由にとっての制約要因として理解されていた放送への国家の介入が，自由の実現のた

めに必須の装置として位置づけられることを意味している。もう一つの変化は，受け手の情報選択権の保障を放送の自由の究極の目標としたことである。このことによって，1982年判決が提示した理念である「多様な社会的・文化的表現の享受」は権利としての性格をもつものであることが示唆されたのである。

1989年の憲法院判決も，全体的に見て，こうした"受け手の自由"路線を継承するものとして解釈することができる（判旨(iv)参照）。ただしその論理構成は，1986年判決ではなく1982年判決を踏襲するものとなっており，多様な表現の享受を一つの権利と見る見方はやや後退しているように思われる。

(4) 放送の自由と独立行政機関

むしろ1989年判決においてより注目すべき点は，放送の自由が"独立行政機関による公的統制に服する自由"であり，かつ"行政による許可制の下におかれる自由"であることを示唆している点であろう（判旨(iv)参照）。社会党は当初，1986年放送法の改正と同時に憲法を改正して，独立放送行政機関をコンセイユ・デタなどと同様の"憲法上の機関"として位置づけ（constitutionaliser），その地位を強化する腹案を有していたが，準備期間の不足のために実現に至らなかった。しかし，こうした社会党の政策方針を反映して，1989年の放送法改正においては，新しい独立行政機関であるCSAに対して，たとえば①必要予算額提示権（判旨(i)参照），②政府が放送局の予算・番組内容を統制する際の意見表明権（判旨(iv)参照），③規則制定権（判旨(v)参照），④処罰権（判旨(vi)参照），⑤許可停止・番組停止権（判旨(vii)参照）などの広範な権限が付与された。そして1989年判決は，CSAの諸措置が時に委員長の個人責任を発生させる場合があることを条件としながら（判旨(iii)）も，これらの権限をほぼ憲法原則に合致するものとして肯定したのである（ただし，③については「過度に広範」な授権であるという理由で違憲であると判断している）。本判決が，独立行政機関を放送の自由にとっての必須の装置と見なしているか否かはなおも不明であるが，少なくとも憲法院は，それを自由の実現にとって有効なものとして位置づけているように見受けられる。

〔参考文献〕

F. Nevoltry et B. Delcros, Le conseil supérieur de l'audiovisuel, Victoire, 1989；J. Chevallier,《De la C. N. C. L. au C. S. A.》, A. J. D. A., 1989, p. 59 et s.；C. Debbasch,《La liberté de la communication audiovisuelle en France》,R.I.D.C.,1989,p.305 et s.; P.Huet,《La loi du 17 janvier 1989 sur la liberté de communication》, D. 1989. chron. 27, p. 179 et s.；大谷堅志郎「一九八九年放送改革とフランス的政治力学」（『放送研究と調査』1989年12月号，2頁以下）；吉原功「フランス・メディア文化の危機と情報化の行方」（石坂＝桂＝杉山編『メディアと情報化の現在』，日本評論社，1993年，47頁以下）；多賀谷一照「フランス放送法」（根岸＝堀部編『放送・通信新時代の制度デザイン』，日本評論社，1994年，203頁以下）；大石泰彦『フランスのマス・メディア法』（現代人文社，1999年）56頁以下；井上禎男「フランスにおける視聴覚コミュニケーションの自由(1)」（『九大法学』82号，2001年，187頁以下）；橋本博之「フランスの放送法制」（舟田＝長谷部編『放送制度の現代的展開』，有斐閣，2001年，159頁以下）etc.

ⅢA 24 表現の自由とフランス語保護法の憲法適合性

1994年7月29日憲法院判決
Décision n° 94-345 DC du 29 juillet 1994
Journal Officiel, Lois et Décrts du 1er et 2 août 1994, p. 11240
J.C.P., 1994, Ⅲ, 66980

小原清信
（久留米大学教授）

〔事　実〕

　仏語使用に関する1994年の法律の法案は1994年5月4日に国民議会を通過，元老院での修正を経て国民議会で再審議され，合同委員会の一致を経て7月1日に可決された。憲法院の審査に付されたこの法律は，一定の場合に仏語を使用することという一般的使用義務だけではなくて，公認用語が存在するときには，対応する外国語を用いてはならないと定めていた。憲法院は，7月29日，このような義務を，公法上の法人や公役務の任務を行使する私人とそうでない私人との区別なく課している部分，及び放送機関に課している部分を違憲と判示した。また，教育研究助成に仏語表記を条件づける規定も置いていたが，これも違憲と判示された。

〔判　旨〕

　憲法院は，1789年8月26日の人及び市民の権利の宣言，1946年10月27日憲法の前文，1958年10月4日の憲法……を参照し，次のように判断した。
　《使用義務を課せられた一定の用語又は表現の定義を法律が行政命令に委ねていることが違憲であるとの主張事由について》
　「人及び市民の権利の宣言の第11条は次のように述べている。（略）」
　「憲法34条により，『公民権及び公の自由の行使のために市民に付与される基本的保障に関する準則』を定める権限を有する立法者には，自由な伝達の権利及び話し，書き，印刷する自由の行使に関する準則を制定する権限が与えられているとしても，自由の存在が他の権利及び自由の尊重を本質的に保障することになるだけに，より一層貴重なものとなるような基本的自由が問題となっているのであるから，その行使をより効果的なものとし，又は憲法的価値を有する他の準則又は原則と調和させるということを意図した場合のみそれができうるであろう。
　それらの諸準則のうちに，『共和国の言語は仏語である。』とする憲法2条が掲げた準則が存在する。これらの憲法上の規定と，人及び市民の権利の宣言の11条に宣言された伝達及び表現の自由との間の必要な調和をもたらすことは立法者の権限である。この自由は，自己の思想を表現するについて最も適切と各人が考える用語を選択する，各人のための権利を包含している。仏語は，すべての生きた言語と同様，地方語から来た表現，いわゆる俗語又は外国の言葉など，さまざまな語源の用語を通常の語彙に取り

入れながら進化している。

　立法者が定めた事由及び条件において仏語使用を課すことは立法者に許されており、このことは訳語の使用を排除するものではない。

　言語の内容に関しては、さらに、立法者が行ったように、公法上の法人及び公役務の任務を行使する私法上の人に対して、公式な用語の使用を強制することは立法者に許されている。

　しかしながら、人及び市民の権利の宣言の11条に宣言された思想及び表現の基本的自由を斟酌すると、公私を問わず、ラジオ及びテレビ放送に携わる組織及び機関に対して、刑事罰を担保として、同様の義務を課すことは立法者には許されなかった。

　さらに、1789年の宣言の11条に違反することなくして、公役務の任務の行使に関わらない私人に対して、行政命令によって公式な用語の形式で定義づけられた一定の語又は表現を用いることを、刑事罰を担保として義務づけることはできなかった。

　以上のべたことから、商業実務に関する2条2項、及び公道、公共の場所又は公共交通機関に関する3条1項の2段は、公法人及び公役務の遂行における私人以外の人に対して適用される限り、憲法に違反するとの結論が導かれる。

　さらに、同様の理由により、また同様の限界において、労働関係に関する次の諸規定は憲法に違反する。すなわち、8条2項2段、9条2項2段及び4項2段、並びに9条8項における「又は仏語の充実に関する行政命令規定の定める条件において承認された仏語の同義表現又は用語が存在する場合には、外国語の表現又は用語をふくむ」の部分、及び10条2項2段における「又は……をふくむ」の部分、以上である。

　2、3、8、9及び10の各条の前述の規定は、公法人及び公役務の任務を行使する私人と他の私人を区別していない。それゆえ、それらの規定の分離しがたい性格を斟酌すれば、これらの規定はいずれも憲法に違反するものといわざるをえない。

　さきに述べたことから、本法12条5項も同様に憲法に違反するといわざるをえない。

　これに対して、製造業、販売業及びサービス業の商標に関する14条は、公法人に対して、及び公役務の任務を課せられた私法人については公役務の執行において私法人に対して適用があるのみであるから、違憲理由は存在しない。」[Con. 4～15]

《本法4条に関する違憲事由について》

　提訴を行なった国会議員は、法律が仏語使用の義務の適用除外を予め留保している可能性を問題にして、運輸のカテゴリーが、区別なく包括的に取り扱われてしまい、国際運輸の特殊性を考慮しないのではないかと主張している。しかし、法律は、国際運輸の企業の利益のためにのみ、適用除外を設けるにとどまっているのであるから、主張されている事由は事実ではない。[Con. 16]

《本法6及び7条に関する違憲事由について》
〈6条に関して〉

　憲法院は、問題となっている修正の受理の問題が当該議院の前に提起された場合にのみ、憲法40条との適合性について審査しうるが、修正の受理の問題が当該議院の前に提起されなかったから、この主張事由は理由がない。

　「他方で、本条は、『フランスにおいてフランス国籍を有する自然人又は法人によってフランスで組織された、表現活動、シンポジウム又は会議に参加する者』に『仏語で表現する権利』を与えるにとどまっている。本条は、たしかに、参加者に配布されるプログラムの仏語版の作成を課し、この表現活動に付随する他のすべての

書類に少なくとも仏語の要約を用意することを義務づけている。しかしながら，翻訳態勢を整えることを義務づけている規定をも含んでいるこれらの規定は，人及び市民の権利の宣言の11条を侵害する性質をもつような制約を課すものでもなく，また憲法的価値を有する他の原則ないし準則を侵害する性質をもつような制約を課すものではない。」[Con. 18～19]

〈7条に関して〉

当該議院の前に申し立てられていないので，憲法40条の違反を理由とする主張事由は理由がない。

「人及び市民の権利の宣言の11条の前述の規定は，教育及び研究において表現及び伝達の自由が保障されるべきことを意味するものである。しかしながら，この自由は憲法的価値を有する他の権利及び原則と調和するものでなければならない。

7条1項は，1789年宣言の11条がうちたてた原則に対して，これを侵害する性質を有する制限を持ち込むものではない。

これに反して，憲法2条の前述の規定を考慮したとしても，立法者は，7条第2項によって，教育研究における表現及び伝達の自由の行使を侵害する性質を有する強制を，フランス人であると外国人であるとを問わず，教員及び研究者に対して課したのである。科学研究大臣に委ねられた適用除外の承認権限には，とりわけ業績の科学的及び教育的利益の評価に関するいかなる条件も伴っていないのであるから，この自由を擁護するための十分な保証たりえない。したがって，本法7条2項は，憲法に違反するものと考えられる。」[Con. 21～24]

《本法の13条について》

「本条は，テレビ及びラジオ放送サービス業務の遂行において『仏語の尊重及び仏語圏の威信』を確保するための適切な措置が，それらの定義及び適用については視聴覚最高評議会の責任のもとに，とられることを保障したにとどまる。このことから考えれば，行政命令によって明確にされた一定の用語の使用が課されるということを含むものではないから，これらの規定はそれ自体，伝達の自由を侵害するものではない。伝達の自由の尊重は，視聴覚最高評議会が裁判官の統制の下において，確保しなければならないものである。これらの規定は憲法34条が立法者に委ねた権限を侵すものではない。」[Con. 25]

《本法の17条について》

「人及び市民の権利の宣言の8条により，『法律は厳格かつ明白に必要な刑罰でなければ定めてはならない』としても，違反行為と科せられた刑罰との間に明白な不均衡が存在しないのであるから，違反行為に結び付けられた刑罰の必要性に関して憲法院の評価を立法者の評価に代置する権限は憲法院には属さない。」[Con. 27]

憲法院の審査に服している法律の規定に関して合憲性の他の問題を職権で取り上げる理由は存しない。憲法院は以下のように判示する。次の部分は憲法に違反する。

2条2項。3条1項2段。7条2項。8条2項2段。9条2項2段，4項2段及び8項における「又は仏語の充実に関する行政命令規定の定める条件において承認された仏語の同義表現又は用語が存在する場合には，外国語の表現又は用語をふくむ」の部分。10条2項における「又は仏語の充実に関する行政命令規定の定める条件において承認された仏語の同義表現又は用語が存在する場合には，外国語の表現又は用語をふくむ」の部分。12条5項。本判決はフランス共和国官報に掲載される。

（1994年7月29日審議）（憲法院院長　ローベ

ル・バダンテール）

〔解　説〕

(1) フランス語保護法の内容

　1　フランス語保護法の条文のうち，違憲とされた部分は9箇所ある。わかりやすく条文を整理してみる。

　〔第2条〕製品やサービスの表示，使用説明書，保証書，請求書，領収書等において，仏語の使用は義務である旨を定めているが，その直後に「仏語の充実に関する行政命令規定の定める条件において承認された仏語の同義表現又は用語が存在するときには，外国語の用語又は表現を用いることはすべて禁止される。」と規定した部分が違憲とされた。(以下，ここでは，この同一の文言を〈外国語使用禁止規定〉と表示する。

　〔第3条〕公道上，公共の場所，公共交通機関における掲示物や広告物について，仏語で表現しなければならない旨を定めているが，その直後に置いた〈外国語使用禁止規定〉が違憲とされた。

　〔第4条〕①公法人又は公役務の任務を行使する私人が掲げ又は作成した，第3条にいう掲示物や広告物が翻訳の対象となる場合，少なくとも2か国語に翻訳されなければならないこと，②第2条及び第3条に規定された広告物や掲示物が翻訳を伴う場合には，外国語の表現と同じ程度に仏語の表現も読み，聞き，又は理解できるものでなければならないこと，③コンセイユ・デタの議を経たデクレは，国際運輸の領域における本条の適用除外の事由と条件を定めることを定める。この③につき，憲法院は違憲ではないとしている。

　〔第5条〕公法人又は公役務の任務を行使する私人が当事者の一方となる契約書は，仏語で作成しなければならない旨を定めているが，その直後に「仏語の充実に関する行政命令規定の定める条件において承認された仏語の同義表現又は用語が存在する場合には，この契約書は，外国語の表現又は用語を用いてはならない。」とある部分は違憲とされていない。

　〔第6条〕①フランスにおいて，フランス人又は国内法人によって組織された，シンポジウムや会議等に参加する者はすべて，仏語で表現する権利を有すること，②参加者に配布される文書は，外国語の翻訳を含むことができるが，仏語で作成されなければならないこと，③シンポジウムや会議等が，参加者に準備のための文書を配布し，又は会議録や討議報告書の公開を行う場合には，外国語で表現された文章・発言には，少なくとも仏語による要約を付さなければならないこと，④公法人又は公役務の任務を課せられた私人が，本条にいう表現活動を行なう場合には，翻訳できるような態勢を整えていなければならないこと，等を定めている。この第6条は違憲とされていない。

　〔第7条〕フランスにおいて広められる出版物等で公法人，公役務の任務を行使する私人及び公の補助金を受ける私人が発するものは，外国語で作成されるときには，少なくとも仏語による要約を含まなければならない旨規定しているが，その直後に，「科学研究大臣が認めた例外の場合を除いて，教育研究業績に対して公法人が行うすべての助成は，助成対象者の業績を仏語で出版若しくは伝播することを確保し，又は助成対象者が外国語で出版した物の仏語への翻訳を行うことを助成対象者が実施する場合になされる。」とある部分は違憲とされた。

　〔第8条〕労働法典L第121－1条の条項を改正するための条文であって，書面により確認された労働契約は，仏語で作成しなければならない旨規定するが，その直後に置いた〈外国語使用禁止規定〉が違憲とされた。

　〔第9条〕労働法典L第122－35条を改正するための条文であって，①就業規則は仏語で作成されなければならないこと，②就業規則は外国語による翻訳を伴うことができることを定めているが，①の直後に置いた〈外国語使用禁止規定〉が違憲とされた。

　9Ⅱ項は，労働法典L第122－39条のあとにL第122－39－1条を加えるための条文であるが，①労働者の義務を含み，又は業務の執行のために労働者に知らせておくことが必要な規定を含む文書は仏語で作成されなければならないこと，②この文書は外国語による翻訳を伴うことができることを規定するが，①の直後に置いた〈外国語使用禁止規定〉が違憲とされた。

　9Ⅳ項は，労働協約，労使協定，企業又は事業所別の協約は，仏語で作成されなければならない旨を規定

するが，その直後に，外国語で作成された「又は仏語の充実に関する行政命令規定の定める条件において承認された仏語の同義表現又は用語が存在するときには，外国語の表現又は用語を含む」すべての規定は，それを不服とする労働者に対して有効性を有しないと規定し，括弧書きの部分が違憲とされた。

〔第10条〕求人広告に関し，労働法典L第311－4条3号を改正するための条文で，外国語で作成された「又は仏語の充実に関する行政命令規定の定める条件において承認された仏語の同義表現又は用語が存在するときには，外国語の表現又は用語を含む」文章という表現のうち弧書きの部分が違憲とされた。

〔第12条〕通信の自由に関する1986年9月30日第86－1067号法律に，第20－1条として加えるための条文であり，ラジオ・テレビの放送組織の放送番組及びコマーシャルにおいて，原語版の映画及び映像作品を除いて，仏語の使用は義務である旨規定し，続いてこの義務の適用除外の規定を置いた後に，〈外国語使用禁止規定〉を置き，さらに，本条第1項にいう放送番組やコマーシャルが外国語の翻訳を伴う場合には，外国語の表現と同じ程度に仏語の表現も読み，聞き，又は理解できるものでなければならない旨を定めているが，この〈外国語使用禁止規定〉の部分が違憲とされた。

〔第13条〕通信の自由に関する1986年9月30日の第86－1067号法律を改正するための条文であり，3箇所で「仏語の尊重及び仏語圏の威光」あるいは「仏語の尊重及び仏語圏の威光を確保するための適切な規定」という文言を盛り込んだが，この部分は違憲とされていない。

〔第14条〕①仏語の充実に関する行政命令規定の定める条件において承認された仏語の同義表現又は用語が存在する場合には，製造業，販売業及びサービス業の商標において外国語の表現又は用語を用いることは，公法人に対しては禁止すること，②公役務の任務を課せられた私人に対しても，公役務の執行においては，同様にこれを禁止することを規定する。第14条は違憲とされていない。

〔第17条〕違反行為を摘発する職務遂行を妨害する行為に対し，5万フランの罰金又は6月の懲役を科す罰則規定である。これについては，違憲とされていない。

(2) 本判決の意義

1　この法律は，例えば"ordinateur"という公認用語がある以上"computer"という語の使用を禁じる趣旨の規定を含んでいた。こうしたいわば公認用語の使用義務を課すことの許容性について，〈公法人及び公役務の任務を行使する私人〉と〈その他の純然たる私人〉とを分けて，前者については肯定し，後者については否定した論理は明快である。提訴者は，実際に公認用語使用義務がすべての者に課されることとなった場合に生じる平等原則違反を主張したが，憲法院はこの点につき言及していない。同様に，企業の自由，商工業の自由を侵害するという主張についても言及していない。憲法院は，1789年人権宣言の第11条に規定される思想・意思の伝達の自由に依拠して結論を導いた。

本件では，マーストリヒト条約の批准に伴った憲法改正の際に新設された憲法第2条「共和国の言語は仏語である。」とする規定との調和が問題となった。憲法的価値を有する2つの準則又は原則との間の必要な調和をもたらすことは立法者の権限であると判決は述べているが，このような表現は憲法院がこれまでしばしば述べてきたものであって，目新しいものではない。

2　ラジオ・テレビ放送事業に関しては，憲法院は，公的機関であっても公認用語使用義務を課すことを許されないとした。憲法院は，違憲判断を導き出すのに，ここでも企業の自由や商工業の自由を用いず，人権宣言の11条の伝達の自由のみから違憲の結論を導いた。企業の自由や商工業の自由を援用することは相対的に弱い保護しか得られないとの指摘がある。

3　教育及び研究についてであるが，憲法院はここで11条の思想・意見の伝達の自由から「教育及び研究における表現及び伝達の自由」を導いている。憲法院は，1977年11月23日の私立学

校に関するいわゆるドゥブレ法改正に関する判決で「教育の自由」が「1946年憲法前文によって確認され，1958年憲法によって憲法的価値を付与された，共和国の諸法律によって認められた基本的な原理」の1つであることを認めた。しかし，本件では，教育及び研究における，まさに「表現の自由」が問題になったものであり，人権宣言11条の適用を認めたものである。

4 ところで，仏語保護法は実は，すでに，1975年12月31日の第75-1349号法律として制定されている。この75年法律も私人に対して公認用語使用義務を課していたが，外国語の表現を含んでもよいという条項がついていたので，厳格な公認用語使用義務ではなかった。これに対して，94年法律はそのような緩和条項を含んでいなかったので，制限はずっと厳しいものであったのである。

また，75年法律は，仏語使用義務違反に対する刑事制裁を，当該法律自体のうちに，3条で明記していた。94年法律は，16条の違法摘発活動を妨害するなどの行為をした者に対して，罰則が17条として置かれている。しかし，仏語使用義務違反に対する処罰規定は，94年法律には存在しない。この94年法律を適用するためのデクレが，仏語使用に関する1994年8月4日第94-665号法律の適用のための1995年3月3日の第95-240号デクレであり，罰則を定めている。憲法34条は，重罪及び軽罪については法律事項であるとするから，違警罪は行政命令事項となる。違警罪を行政命令事項とすることが1789年の人権宣言に謳われる罪刑法定主義に反しないかについて，1973年11月28日憲法院判決は，違警罪は自由剥奪を伴わないときは命令事項である旨の判決を下し，1994年から施行されている新刑法典では違警罪につき自由刑は廃止されている。罰金刑たる違警罪規定を設けることについては，法律による授権は必要ない。

しかしながら，既に見たように，私人をも対象に含む公認用語使用義務条項が憲法院の判決によってすべて違憲として削除されてしまったので，外国語使用禁止義務違反行為ではなく一般的な仏語使用義務違反行為が95年デクレの罰金刑の対象となった。

〔参考文献〕

Patrick WACHSMANN AJDA 1994. p. 731 et s., Jean-Pierre CAMBY RDP. 1994. p. 1663 et s., 邦寿「フランス語の内と外」月刊『ふらんす』1994年8月号89頁以下，9月号85頁以下，10月号85頁以下。堀茂樹「問われているもの フランスの現在」月刊『ふらんす』1995年6月号83頁以下。大山礼子「海外法律事情フランス フランス語使用法案」ジュリスト1045号117頁。杉本篤史「フランス憲法における『言語』の概念——フランス語の使用に関する1994年8月4日法律と憲法評議会決定」早稲田大学教育学部学術研究 地理学・歴史学・社会科学編44巻13頁以下。小原清信「フランス公法判例研究：いわゆるトゥーボン法の違憲判決の研究（フランス語使用義務法の一部を違憲とした事例）」久留米大学法学27号88頁以下。

ⅢA 25 コミュニケーション（インターネット）の自由

2000年7月27日憲法院判決
Décision n° 2000-433 DC du 27 juillet 2000
Journal Officiel, Lois et Décrets du 2 août 2000, p. 11922
Rec. 121

清田雄治
（愛知教育大学教授）

〔事　実〕

　フランスでは，1982年7月29日の法律でラジオ・テレビ放送をはじめとする視聴覚コミュニケーションに関する自由が承認されて以降，政権交代や情報メディアの発展を理由に何度も法改正が行われた。本判決の対象となった2000年8月1日の法律は，当初EU指令の国内法としての実施や視聴覚公共部門の整備を目的として1998年に議会に提案されたが，与党議員らの圧力で一旦議事日程から取り下げられ，議員のみならず提案者である政府自身による様々の修正や追加を経て2000年8月に成立した。憲法院に提訴した議員らはこのような本法の立法手続や修正権行使のあり方も提訴理由に加えたが，憲法院はいずれも採用しなかった。実体に関する憲法院の判断は，コミュニケーションの自由に関する従前の判決を「大筋で確認した」（Natalie JACQUINOT, D. 2001, n° 23, p. 1838）と評されているが，インターネット・サービス・プロバイダー（以下 I. S. P. と略記）の責任にかかわる部分など新しいコミュニケーションメディアに関する注目すべき判断も示されている。

〔判　旨〕

　「憲法院は，1958年10月4日憲法・1958年11月7日オルドナンス・1959年1月2日オルドナンス・コミュニケーションの自由に関する1986年11月30日の法律……を参照し」，

　提訴議員らが憲法適合性を争った本法8条，15条，38条，58条，60条，65条，66条，71条および72条について判断を下した。

　「──憲法適合性に適用されうる諸規範」

　「社会文化的表現の諸潮流の多元主義は，それ自体憲法としての効力を有する目的の一つである。この多元主義の尊重は民主主義の条件の一つである。1789年人権宣言11条の保障する思想および意見の自由なコミュニケーションは，視聴覚諸方式の対象とする公衆が公的部門の範囲においても私的部門においても情報の公正性（honnêteté）の要請を尊重しながら様々の性格の傾向を有する表現を保障する番組［プログラム］を自由にすることができなければ効果的とはいえまい。要するに，宣言11条が宣告した自由の本質的名宛人に数えられるテレビ・ラジオ視聴者が，彼ら自身の決定を私的利益や公権力の決定によって置き換えられうることなく，またその決定が市場の対象とされうることなく自

由な選択を行使できること，これが実現されるべき目的である」。[Con. 9]

「技術操作の現状および一般利益の経済的必要性の現状の下で，人権宣言11条から導き出されるところのコミュニケーションの自由の行使と，一方で視聴覚コミュニケーションおよびそのオペレーターの方式に固有の技術的要請との調整，またもう一方で公序の維持，他者の自由の尊重および社会文化的表現の諸潮流の多元的性格の保持という，このコミュニケーションの方式がその影響力の重大性故に侵害しうる可能性を有する憲法としての効力を有する目的との調整は，憲法34条に基づいて公的諸自由行使のために市民が享受する基本的保障に関する規定を確定する権限を有する，立法者の権限に属する」。[Con. 10]

「・営業の自由の侵害を理由とする申立に関して」

「営業の自由は人および市民の権利宣言4条から導かれる。しかしながら，一般利益によって正当化されるかあるいは憲法上の要請に関連する制約をこの自由に課すことは立法者の自由に属する。しかも，上述したように視聴覚コミュニケーションに適用される憲法としての効力を有する様々な原理および諸規範の間の調整について監視することも立法者の権限に属する。この調整はこの部門に固有の技術的要請および一般利益の経済的必要性を考慮してなされなければならない。したがって，社会文化的表現の諸潮流の多元的性格の保持を目的とする諸規範を確定し，その適用が多元主義という憲法上の目的に照らして，営業の自由を過度に制約するものでないかを監視することは立法者の責任である」。[Con. 40]

「立法者は以前アナログ送信のみを編集していたオペレーターの集中を制約するための諸規範を新たな技術条件に適合させる効果を有する規定を地上波民営テレビ放送事業のデジタル送信の導入に伴わせた。デジタル送信のための無線資源のより大きな利用可能性を考慮して，立法者は提訴された法律66条によって地上波テレビの全国的放送事業に関係する免許を所持する会社の2つにおいて15％以上の株式または議決権を同一人が所有すること並びにこれら会社の3つにおいて5％以上の株式または議決権を同一人が所有することの禁止をアナログ方式の送信に限定した。さらに先に述べたように，立法者は別個の人間によって編集されるのであれば，デジタル方式で送信されるテレビの全国的放送事業を5つまで同一人がその支配下に置くことを許した」。[Con. 42]

「電波資源が制限されているという技術的状況においては，視聴覚に関する情勢のあまりに過度の部分に対する支配的な株主による制御を適切なメカニズムによって防止することはやはり立法者の権限に属する。立法者は評価権を行使し，社会文化的表現の諸潮流の多元主義を保持するためアナログ送信に関する一定の諸規範をデジタル送信の部門に適用することを選択することができる」。[Con. 43]

「この点に関して，立法者が全国ネットの (vocation nationale) デジタルテレビ放送事業を編集する会社に対して同一の自然人または法人が所有することのできる最大限の持分を株式または議決権の49％に抑えることは，多元主義という憲法上の目的に照らして，営業の自由に均衡を失した侵害を加えたものではない。したがって，申立は斥けられるべきである」。[Con. 44]

「――法律1条について」

「43条の8によれば，『公衆が自由に使用するために，記号（signaux），文書（écrits），画像

(images), 音声 (sons) またはこれら [ネットワーク] サービスによってアクセス可能なあらゆる種類のメッセージ (messages) を無償であれ有償であれ, 直接かつ恒久的に貯蔵すること (stockage) を確保しようとする自然人または法人 [いわゆるプロバイダー]』は次の二つの場合をのぞいてこのサービスのコンテンツ (contenu) に起因する刑事的または民事的責任を負わない。第一は『司法当局の差押えがなされた時に, 上記自然人または法人がコンテンツへのアクセスを妨げる措置を迅速に執らなかった』場合である。第二は『上記自然人または法人が収蔵する (hébergent) コンテンツが違法であるかまたは損害を生じさせると判断して第三者が申立をした (saisies) 時に, 適切な措置を (diligences) を講じなかった』状況の場合である」。 [Con. 58]

「しかも, 提訴された法律1条が1986年9月30日の法律第2編の新規の第6章に挿入する43の9条はプロバイダー従事者 (prestataire d'hébergement) にその提供する『サービスのコンテンツの創設 (création d'un contenu) に寄与した全ての人物の同定を可能にするデータの所持および保持』を課していることを指摘する必要がある」。[Con. 59]

「一方でコミュニケーションの自由と他方で他者の自由および公序の維持との間の調整という立法者の権限の枠内において, 違法なコンテンツが貯蔵された (stockés) 場合メッセージの著作者および編集者に適用される刑事責任とは別個に『プロバイダー (hébergeurs)』に特有の責任制度を創設することは, 立法者の自由である。しかしながら, それは, 罪刑法定主義の原則 (principe de la légalité des délits et des peines) と『法律は重罪および軽罪の決定, ならびにそれらに適用される刑罰……に関する事項を定める』と規定する憲法34条の規定を尊重するという条件の下においてである」。

「1986年9月30日の法律の新たな43の8条3項によれば, 立法者は『プロバイダー』の刑事責任の発動を一方で収蔵された (hébergé) コンテンツが『違法であるかまたは損害を生じさせる』と判断する第三者による申立 (saisine) を要件とし, 他方でプロバイダーがこの申立を受けて (à la suite de cette saisine)『適切な措置』を講じなかったことを要件とした。立法者はこのような申立の手続要件を明示することを怠り, また場合によって関係者に刑事責任を負わせうるような違法な行為 (comportement fautif) の本質的指標 (caractéristiques essentielles) を決定せず, よって憲法34条に由来する権限を尊重しなかった」。[Con. 61]

憲法院は次のように判示する。

「1. コミュニケーションの自由に関する1986年9月30日 n° 86-1067 の法律を改正する, 提訴された法律の以下の規定を憲法に反すると宣告する,

　— 1条1項の『あるいは自然人または法人が収蔵するコンテンツが違法であるかまたは損害を生じさせると判断して第三者が申立をした時に, 適切な措置を講じなかったならば』とする規定,

　— 8条24項の『評議会の当該聴聞および審議の公開を伴う』という文言,

　— 15条19項の「視聴料による雇用会計」という文言,

　— 71条のⅥ

　— 72条のⅡの1項

2. 本判決はフランス共和国官報に掲載される。

(2000年7月27日審議) (憲法院院長　イブ・ゲナ)」

〔解説〕

(1) コミュニケーションの自由に関する判断枠組み

人権宣言11条の規定するコミュニケーションの自由から情報の受け手の自由，本法ではラジオ・テレビ視聴者の選択の自由を導き，それを実効的に行使するために民主主義の条件の一つとして，社会文化的表現の諸潮流の多元主義を憲法としての効力を有する目的と位置づけた。受け手の選択の自由と表現の多元性に力点を置く，コミュニケーションの自由に関する憲法院の判断は，新聞の集中排除に関する法律を審査した1984年10月10-11日の判決 (84-181 DC du 10-11 octobre 1984, J. O. 13 oct. 1984, p. 3200) で初めて提示され，それ以降コミュニケーションの自由に関する諸判決 (1986年9月18日判決 (86-217 DC du 18 sep. 1986, J. O. 19 sep. 1986, p. 11294)，1989年1月17日判決 (88-248 DC du 17 janvier 1989, J. O. 18 jan. 1989, p. 754) および1994年1月21日判決 (93-333 DC du 21 janvier 1994, J. O. 26 jan. 1994, p. 1377) においても採用された。本判決もほぼ従前の枠組みを踏襲したと見ることができる。一方，人権宣言11条のコミュニケーションの自由を初めて援用した視聴覚コミュニケーションの自由に関する1982年7月27日判決 (82-141 DC du 27 juillet 1982, J. O. 27 jui. 1982, p. 2422) では人権宣言11条から導かれるコミュニケーションの自由の行使は公序の維持や社会文化的表現の多元主義の保持などの憲法上の目的と対抗関係にあると位置づけ，両者の調整を立法者の裁量に委ねた。この判断枠組みは1984年および1986年のプレスにかかわる判決には見られず，もっぱら上記の視聴覚コミュニケーションに関する諸判決においてのみ踏襲され，事前規制など具体的場面での判断においてプレスとの相違を根拠づけている。本判決も基本的にそのシェーマを採用しており，実体判断の冒頭に位置する「適用される憲法規範に関して」という項目で一般的な枠組みを提示していることから見て，それがI.S.P.やデジタル放送などの新たなメディアにも適用されると解される。ただし，1982年7月27日の判決以降のコミュニケーションの自由をめぐる諸判決が「技術および技術操作の現状の下で，人権宣言11条から導き出されるところのコミュニケーションの自由の行使」と表現している箇所が，本判決では「技術操作の現状および一般利益に基づく経済的必要性の現状の下で，……」と修正されており，経済的必要性の登場によって，立法裁量がより拡張されたと指摘されている (cf. Didier TRUCHET, Audiovisuel : la liberté de communication, A. J. D. A., 20 déc. 2000, p. 1024)。

(2) コミュニケーションの自由行使に関する具体的判断

人権宣言11条の出発点である検閲からの解放，より一般的には事前規制の排除に関しては，それを原則的に排除するプレスの場合（例えば，前記1984年10月10・11日判決〔ⅢA22〕）と異なり，視聴覚コミュニケーションに関する他の諸判決と同様，本判決もこれを容認している。そして，一方で衛星放送については届出制を採用し，他方でケーブルネットワーク放送については事前許可制を設けたことに関し，提訴権者が平等原則違反を主張したことに対しても，前者の届出制が視聴覚高等評議会の営業阻止権に服することおよび後者のケーブル放送についてはその地域的特殊性を理由に，規制の相違を容認した。

狭義の多元主義の保持，すなわち，メディア産業の集中排除の問題については，判旨や判断枠組みで紹介したように，コミュニケーションの自由と憲法上の目的との調整について，従来

からの技術的要請に加え，一般利益に基づく経済的必要性を判断材料に付加し，多元主義による営業の自由，すなわち，メディア産業によるコミュニケーションの自由を過度に制約するものでないかどうかの監視を立法者に委ね，集中排除の規制を緩和する姿勢を見せている。すなわち，地上波デジタル放送については従来のアナログ放送のルールをそのまま維持することはせず，別個の人間が編集に携わる限り同一人が所持できる会社数の上限を5社に底上げし，またデジタルテレビ番組を編集する会社の株式または議決権の上限を49％に設定したことも多元主義と営業の自由の調整として容認した。学説によれば，この点に関する憲法院の審査基準は，いわゆる「明白な過誤」の基準（わが国の審査基準論でいえば，「合理性の基準」ということになろう）を適用したと評されている（N. JACQUINOT, op. cit., p.1839）が，差し当たりのところ厳しい批判的言及は見られない（cf. N. JACQUINOT, R. F. D. C. pp. 93-94, et Jean-Éric SCHOETTL, La nouvelle modificationde la loi du 30 septembre 1986 relative à la liberté de communication, dans ; Petites affiches, 31 juillet 2000, n° 151, pp. 24-27）。

(3) I. S. P.の責任に関して

放送に関する憲法院の判断と対照的にI. S. P.に関する判断については，様々な角度から批判的点検が見られ，また，2001年11月22日に成立したわが国のいわゆるプロバイダー責任法との比較という点でも注目される。本法は非職業的な個人によるWebサイト・ページの編集を除いて，編集者（法人の場合も含む）の氏名などの同定情報を公衆に提示することを義務づけた（わが国の責任法では，このような同定情報の提供や保持義務は見られない）上で，Webサイト・ページの著作者および編集者の刑事責任の規定とは別個に，プロバイダーに特別な責任制度を設けた。本判決はプロバイダー固有の責任制度を創設すること自体は立法者の任意であるとしたが，本法1条が定めた1986年9月30日の法律43の8条の規定は罪刑法定主義の原則および58年憲法34条の法律事項の規定に反し，違憲であると断じた。その結果，刑事と並記されていた民事責任も含め，プロバイダーに関する責任条項は全て削除された。立法者は電子商取引に関するEU指令を参照して起草したが，オートレギュラシオンやコレギュラシオン（これら規制の方式については，村田尚紀「フランスにおけるインターネット規制」山下健次他編『フランスの人権保障』法律文化社・2001年179頁以下参照）を支持するロビーサイドの圧力によって表現の自由の下で許容される違法コンテンツに対する強制措置を定義しようとせず，不特定のまま放置した結果が憲法院の違憲判断を招いたと批判されているが，憲法院の罪刑法定主義の適用それ自体は当然のことと受容されている（Joël HESLAUT, Acteurs de l'internet, dans ; Petites affiches, 5 sep. 2000, n° 177, p. 6）。

一方，既に何件かの損害賠償訴訟が提起されてきた民事責任に関する規定も分離し得ないので，刑事と抱き合わせで違憲とした判断については，憲法院が「トラブルの種を撒いた」とする批判も見られる（Agathe LEPAGE, Du sens de la mesure en matière de responsabilité civile sur internet, dans ; D. 2001, n° 4, p. 325）が，プロバイダーの民事責任については，判例・学説とも見解が分かれている。例えば，F. BALLE は，インターネットにおけるプロバイダーをプレスにおけるキオスク・キオスク店主の役割に喩えている。キオスク店主は顧客に雑誌や新聞を販売するが，その内容に関しては責任を負わない。司法当局からの差し止めがあった場合にのみ当該印刷物の頒布を停止する義務を負うにすぎな

い。同様に，プロバイダーも顧客の権利保護のため司法当局に協力する義務を負うとしている。(Francis BALLE, Médias et sociétés, 9ᵉ éd., Montchrestien, 1999, p. 333)。この見解によれば，プロバイダーの義務は極めて限定的に解されることになり，原則的には免責がみとめられる。このBALLEの見解と対極に位置するのが，パリ控訴院1999年2月10日の判決（Cour d'appel de Paris, Arrêt du 10 février 1999, www.legalis.net /jnet/decisions/illicite_divers/ca_100299.htm, いわゆるアルテルン・オルグ事件。なお，判決は全てこのネットを参照したので，以下はサイト・アドレスは省略して表記する。この事件については，町村泰貴「アルテルン・オルグ事件」法セ533号，131頁以下参照）である。ここでパリ控訴院はプロバイダーによる収容サイトの一般的な監視と第三者の権利を保全するための措置を義務づけ，これを怠った場合の損害賠償責任を認めた。この決定については，検閲などの事前規制排除を要請する表現の自由に対する一般的な規制を設定する危険性を内包するとの批判を免れないであろう（J. HESLAUT, op. cit., p. 5）。Webページ上での肖像権侵害等が争われた二つの事件（Tribunal de Grande Instance de Nanterre, jugement du 8 décembre 1999, decisions/responsabilite/jug_tgi-nanterre_081299.htm, et du ordonnance de référé du 31 janvier 2000, decisions/ marques/ord_tgi_nanterre_310100. htm）でナンテールの大審裁判所はいずれもプロバイダーのサイト監視義務を認める判断を下した。肖像権が争われた事案の控訴審においてベルサイユ控訴院（Cour d'Appel de Versailles, Arrêt du 8 juin 2000, decisions/responsabilite/arret_ca-versailles_ 080600htm）は，個人の権利関係へのプロバイダーの系統的な介入が表現の自由やコミュニケーションの自由を危うくすると判示し，その責任の軽減を図った。すなわち，プロバイダーによるコンテンツの全般的かつ系統的な監視義務を斥け，サイト創設者との契約締結時における予防措置，例えば，匿名性や不特定性の禁止措置などの手段債務（obligation de moyens）を課した。この緩和された責任論はいわばBALLEの見解とパリ控訴院の中間に位置するものといえ，好意的に評価する学説も見られる（J. HESLAUT, op. cit., p. 5 et A. LEPAGED, op. cit., p. 323），この見解を採用するその後の判例も見られる（Tribunal de Grande Instance de Nanterre, jugement du 24 mai 2000, decisions/responsabilite /jug_tgi-nanterre_240500. htm)。

BALLEのように，プロバイダーをプレスの自由におけるキオスク等に喩えることができるかはともかくとして，表現の自由の保障という視点からすれば，その義務を限定的にとらえるのが妥当であろうし，前述のように「不明確性」故の違憲性は民事責任にも適用される余地があろう。

〔参考文献〕

本文中であげたものの他，Nathalie JACQUINOT, Jurisprudence du Conseil constitutionnel 1er septembre-31 décembre 2000, dans ; R. F. D. C. 45 2001 ,pp. 86-94., Emmanuel JEZ et Frédéric-Jérôme PANSIER, Responsabilité des hébergeurs à l'aune de la loi du 1er août 2000, dans ; Gazette du Palais, 9 septembre 2000, pp. 19-24, et Pierre NOGUIER, Hébergeur de contnu, dans ; Gazette du Palais, 28 octobre 2000, pp. 26-27.

ⅢA 26 大学の自由

1984年1月20日憲法院判決
Décision n° 83-165 DC du 20 janvier 1984
Journal Officiel, Lois et Décrets du 21 janvier 1984, p. 365
Rec. 30, RJC I-171, GD. 35

成嶋 隆
（新潟大学教授）

〔事　実〕

1983年3月24日，高等教育に関する法律案（サヴァリ法案）の審議が開始された。政府による督促の勧告にもかかわらず審議は長引き，国民議会は同年12月20日にようやく同法案を可決した。

憲法院は，12月20日に l'union centriste, R. P. R. に属する100人の元老院議員より，12月22日に R. P. R. および U. D. F. に属する86人の国民議会議員より，同法に関する提訴を受けた。2つの提訴は，大学評議会への教員代表の選出について「単一の選挙人団」を設ける同法39条が，教育の自由および平等原則を侵害する（元老院議員），または参加の原則を侵害する（国民議会議員）などと主張して，その合憲性を問題とするものであった。1ヵ月の期限の切れる1984年1月20日に下された判決において，憲法院はこれらの主張を認め，同法39条2項を無効とした。ただし，その理由は訴状において援用されたものとはやや異なっている。憲法院はまた，元老院議員の請求に応え，さほど重要ではない諸規定をも無効とした。さらに憲法院は，旧法（1968年高等教育基本法）を全面廃止する規定を，職権をもって違憲と判示した。同法は，違憲とされた諸規定を削除したうえで，1984年1月26日に公布された（27日付官報）。

なお本判決は，サヴァリ法を改正する法律に関して下された憲法院判決93-322 DC（1993年7月28日）により追認されている。

〔判　旨〕

「憲法院は，憲法および憲法院に関する憲法付属法を定める1958年11月7日のオルドナンス，とりわけ同オルドナンス第2章の諸条項を参照し」，高等教育に関する法律が憲法に違反するか否かにつき判断を下した。そのうち，

1．大学管理機関の構成に関する諸規定については，

(1) これらの諸規定を審査する際には，「教育および研究の職務は，その性質それ自体により，また役務の利益それ自体のために，自由な表現と職務上の独立が……保障される」，とくに，本法により「特別の責任を託された教授職に関しては，その独立を保障することが，共和国の諸法律，およびとりわけ議員職と公務員職

の兼職禁止に関する諸規定により認められた基本原理からも導かれる」といった諸原則に照らして審査されねばならないことを考慮し，[Con. 10～11]

(2) 学術評議会（Conseil scientifique）の構成に関する同法30条については，同評議会が事務・技術職員，現業職員，サービス職員の代表を含まず，学生代表は最大でも12.5％しか占めていないことから，憲法に違反しないことを考慮し，[Con. 13]

(3) 学修・学内生活評議会(Conseil des études et de la vie universitaire)の構成に関する同法31条については，同評議会が最大40％の学生，また最大15％の事務・技術職員等の参加を含むとしても，「この評議会の権限の性質や純粋に諮問的な性格を考慮するならば，教員研究者とりわけ教授の自由と独立を侵害するような性質のもの」ではなく，同条は憲法に違反しないことを考慮し，[Con. 14]

(4) 同法39条2項は，大学管理機関への代表の選出につき「教員研究者（enseignant-chercheurs）およびそれと同一視される職員は，単一の選挙人団（un collége électoral unique）を構成する」と定めるところ，「教授団と他の教員研究者団との間に存在する数的な不均衡のため，教授の独立性は，このような制度により様々な点で脅かされるのは確かである」ことを考慮し，[Con. 17, 25]

(5) とりわけ「教育課程の準備，学生の指導，教育チームの編成および人事に関する個別的な決定への他の教員研究者の参加によって，教授団に課せられた特別の責任を果たすことが，単一の選挙人団という制度により阻害されるであろう」ことを考慮し，[Con. 25]

(6) また懲戒機関の構成につき定める同法29条2項によれば，「教授を審査する任にあたる組織の一員となるべき教授が，それ自体すべての種類の者が混在する教員研究者全体により選挙される，教員研究者の代表全体により指名される」ことになっているが，このことは「教授たちは，彼らを審査する者のなかに，彼ら固有の票で選出された代表者を見いだすことができない，という事実」を示すものであり，教授の独立性をますます侵害することになることを考慮し，[Con. 25]

(7) 「教授の独立性は，他の身分を有する教員研究者のそれと同様に，……大学共同体の諸評議会において適切かつ真正な代表を確保することを前提とする」ことを考慮し，[Con. 27]

(8) それゆえ，「代表の原理の一般的な内容を検証するまでもなく」，同法39条2項および29条2項は憲法に適合しないことを考慮し，[Con. 28]

2．第一提訴により問題とされた諸規定については，

(1) 大学の行政的・財政的監督に関する同法46条は，大学施設の運営の適法性を確保するために大学区事務総長（chancelier）に付与された権限の行使が司法的統制に服するとしていることから，憲法に違反するものではないことを考慮し，[Con. 33]

(2) 1958年12月30日のオルドナンスを改正する同法68条の最後から2番目の項は，同オルドナンスの諸規定は「コンセイユ・デタ〔の意見を徴した後に定められる〕デクレにより必要な改正がなされることを条件として，引き続き適

用され得る」と規定するが，同項は「1958年憲法の施行の後に制定された法律形式の法文の〔デクレによる〕改正を，憲法院による命令への格下げの決定を経ずして，可能とする」という点で，憲法37条2項に違反することを考慮し，[Con. 36～37]

(3) 海外領土に関する同法70条に関しては，同規定が「海外領土の特別な組織に関係する」ものであるにもかかわらず，「関係する領土の諸議会への事前の諮問なくして採択された」ことから，憲法に違反することを考慮し，[Con. 40]

3．1968年11月12日の高等教育基本法を廃止する同法68条1項については，

「新法の諸規定に抵触する旧法の諸規定を廃止することや，新しい規則により取って代わられるまで古い規則の効力を維持することが，その憲法適合性に関する審査を要請しないとしても，憲法の要請に合致し，かつ新法の対応する規定により取って代わられていない保障を教員に与える規定を有する1968年11月12日基本法を全面的に廃止することは，憲法に違反する」ことを考慮し，[Con. 42]

4．同法のその余の規定については，憲法適合性につき本院が職権をもって審査する理由はないことを考慮し，[Con. 43]

以下，判決する。

1．高等教育に関する法律29条2項，39条2項，68条1項，「コンセイユ・デタのデクレによりなされる」と規定する68条の最後から2番目の項の一節，および70条は，憲法に適合しない。

2．高等教育に関する法律のその余の諸規定は憲法に違反しない。

3．本判決はフランス共和国の官報に公示される。

(1984年1月19・20日審議)（憲法院院長　ダニエル・マイエル）

〔解　説〕

(1) 本判決の背景と意義

1968年の「5月革命」の後，フランスの大学のありかたを大きく方向づける高等教育基本法が制定された。同法は，旧態依然たる大学を，時代に適合する高等教育・研究機関に脱皮させようとすることを意図していた。しかし，同法のその後の運用状況は，必ずしも立法者が意図したものではなく，フランスの大学は依然として活力を取り戻せず，産業界の要請に即応するもう1つの高等教育機関であるグラン・ゼコールに大きく遅れをとっていた。こうしたなか，1981年に誕生した左翼政権の下で新しく国民教育大臣となったSavaryは，高等教育基本法の改正作業に乗り出した。同文相が提示した改革理念は多岐にわたるが，その1つが大学の管理・運営への「参加」の原則であった。

1983年3月20日に閣議で了承された高等教育基本法改正法案（「サヴァリ法案」）は，大学管理機関の構成につき，学外者および学生代表の参加を規定する一方，教員代表の選出については，教員研究者およびこれに準ずる教職員が「単一の選挙人団」を構成することを定めた。この「単一の選挙人団」の内部構成において，教授とそれ以外の教員との人数比率は圧倒的に教授のそれが低いことから，また選挙が比例代表制により行われることになっていることから，

教授の職務上の独立が損なわれるとの危惧が表明され，"大学管理機関の組合支配"ないし"政治化"といった批判さえなされることとなった。「サヴァリ法案」に対する元老院および国民議会の野党議員による憲法院への提訴は，このような背景の下で行われた。

1984年1月20日の憲法院判決は，直接には同法における大学管理機関の構成に関する諸規定の合憲性を問題とするものであったが，これをとおして同判決は，大学における教育および研究の独立が憲法的価値を有することを確認し，基本的自由の保障に関して新たな進展をもたらしたと評価されている。以下，いくつかの争点に即して同判決を分析する。

(2) **大学の自由──教員研究者の教育・教授の自由**

判決は，大学の教員研究者の表現の自由と独立を，1789年人権宣言11条に合致するものとして承認し，また，共和国の諸法律により認められた基本原理の1つとして大学教授の独立を肯認した。

このうち前者については，一般に教員研究者の「教育（教授）の自由」（liberté de l'enseignement）として語られる内容との関連が問題となる。というのは，判決では教育の自由の観念は狭い意味，すなわち私立学校開設の自由として捉えられているふしがあるからである。しかし，教育の自由はより広い内容を含む観念であり，その核心部分は教員が「真実に合致すると考えることを教える自由」であり，教員の「職務行使における自由」である。この自由は，教育の段階が初等・中等・高等と進むにつれて保障の度合いが増すとされている。この点，判決は「教育の自由」ではなく「教員の表現の自由と独立」という文言を用いているが，これを人権宣言11条の「思想および意見の自由な伝達」に合致するとしていることからすれば，実質的には教員の「教育の自由」を肯認したものと解してよいであろう。

(3) **教授（団）の独立**

注目すべきは，判決が大学教員のうち教授とそれ以外の教員研究者とを区別し，前者についてその独立性の保障を「共和国の諸法律により認められた基本原理」の1つとして承認したことである。この判示は，大学教員の教育・教授の自由が，制度的な自由と独立とりわけ大学教授団の制度的自治ないし自主管理（autogestion）と結合し，前者が後者により補強される関係にあるという趣旨を述べるものである。また，教授団こそが他の教員研究者全体の自由と独立の保証人（les garants）であるとの含意もあろう。

教授団の独立を根拠づけるものとして憲法院が援用した原理の1つに，「議員職と公務員職との兼職禁止」がある。周知のように，この兼職禁止の伝統的な例外の1つが大学教授であり，第5共和制下では1958年10月24日のオルドナンスによりこのことが規定されている。大学教授が兼職禁止の例外とされる実質的な根拠は，彼らが特有の地位（学位の取得，公的に認証された職歴，最高の権威者による任用など）にあるからである。判決は，このような大学教授の特有の地位から，教授団の独立を1つの基本的自由（une liberté fondamentale）として承認したのである。

(4) **大学システムへの憲法原理の適用**

判決は，上記2つの憲法原理すなわち「大学

教員の教育・教授の自由」および「教授団の独立」を，大学システムに適用した。そこでは，2つの問題が区別されている。

第1は，大学管理機関の組織と構成の問題である。判決は①学術評議会，学修・学内生活評議会（以下，学修評議会）の構成に関する諸規定と，②大学管理評議会(conseil d'administration)，学修評議会のメンバーの選挙に関する諸規定について順次検討し，①についてはそのメンバーが教員研究者に限られていること（学術評議会）および権限が純粋に諮問的なものであること（学修評議会）などを理由に，問題の諸規定を合憲と判示した。この点については，学術評議会には技術者も含まれていることや，学修評議会がある種の提案権(pouvoir de proposition)を有することなどから，判決への疑問が呈されている。本件の最大の争点となった上記②については，大学管理評議会等のメンバー選出に際し教授とそれ以外の教員研究者とを単一の選挙人団に組織することが，教授の独立を侵害するとして違憲の判断を下した。とくに，懲戒機関の構成に関して「教授たちは，彼らを審査する者のなかに，彼ら固有の票で選出された代表者を見いだすことができない」という事実を強調しているのが注目される。

第2の問題は，大学の行政監督のありかたと憲法原理との関係である。提訴者である元老院議員らは，問題とされた法律が大学区事務総長に対して広範な大学監督の裁量権を付与していることが大学の自由を侵害すると主張したが，判決はかかる裁量権の行使が司法的コントロールに服することを理由に，これを合憲とした。この部分は，教育・研究の自由と制度的な自治との結びつきを強調していた前半の判示と相いれないと思われる。

(5) 立法者の権限

サヴァリ法による1968年高等教育基本法の廃止に関して，憲法院は本判決において1つの重要な法理を提示した。それは"基本的自由が問題となっているとき，法律は，その自由の行使をより実効的なものとするものでない限り，これを規制することができない"との法理である。サヴァリ法（＝新法）は，高等教育基本法（＝旧法）によりすでに規定されていた大学教員の自由と独立の保障を「より実効的なものとする」ものではなかった。この法理によれば，サヴァリ法による旧法の廃止は憲法に違反することになるのである。

本判決後，右の法理は憲法院により繰り返し援用された（新聞企業に関する1984年10月10・11日判決および1986年7月29日判決，シュヴェヌマン法に関する1985年1月18日判決，放送通信の自由に関する1986年9月18日判決および1989年7月26日判決，その他）。とくに，新聞企業に関する1986年判決は，この法理を次のように総合的なかたちで示した。「立法者が，憲法34条により立法者に留保された領域において法規を制定することにより，先行する法律を改正し，場合によってはそれらを他の諸規定に置き換えることにより廃止することは，つねに自由である。憲法的な性質を有する目的を実現するために，……立法者が過度(excessives)もしくは無用であるとみなす諸規定を改正または廃止するような新しい方式(modalités)を採用することは，それ以上に立法者の自由である。しかしながら，〔立法者の〕この権限の行使は，憲法的な性質を

(6) まとめ

1984年1月20日憲法院判決は、大学の自由に憲法的価値を認め、この観点から大学管理機関の構成につき憲法原理に即したありかたを提示した。とくに大学教員の教育・教授の自由を1789年人権宣言にまで遡って確認したことは、従来この自由が、高等教育という公役務に携わる大学教員の場合は、政府によるコントロールの下でしか認められていなかったことから、大きな意義を有する。フランスにおける教育の自由の観念は、その一側面である私立学校開設の自由が伝統的に強調され、教育の管轄をめぐるカトリック教会と世俗権力との間の抗争において、教会勢力が失われつつある教育事業を奪回するための依り拠としてこの観念を援用するという場面もあった。しかし、もともと教育の自由の観念は、フランス革命期の教育思想家の説いたように、思想の自由 (liberté de la pensée) ないし意見の自由 (liberté d'opinion) とともに精神的自由に属するものである。そこでは、精神的自由一般に認められる《国家からの自由》という契機が最も重要である。したがって、本判決が人権宣言11条の「思想および意見の自由な伝達」の権利を援用して大学教員の教育の自由を確認したことは、いわば、この観念の本義に立ち戻ったものと評価し得るだろう。

ところで本判決は、大学の教員研究者のうちとくに教授の独立に焦点をあて、これを共和国の諸法律により認められた基本原理の1つとして承認した。その際、教授の「独立」は、他の教員研究者との関係におけるそれとして把握されている。言い換えれば、教授の独立性は、大学の教員研究者一般のなかに"埋没"させられてはならない、というのが判決の趣旨なのである。一方、提訴者が問題とした政府からの独立すなわち《国家からの自由》の側面については、ごく簡単な理由づけにより行政当局の大学監督権の行使を憲法上容認した。先に述べたように、サヴァリ法が意図したのは閉鎖的な大学を「民主化」し、大学構成員の管理運営への「参加」の道筋をつけることであった。同法が、学生代表の参加を規定したのはその表れであり、このような大学の自治のありかたは「5月革命」以来の大学改革の理念でもあった。本判決は、教授の独立を強調することにより、客観的には、全構成員自治という大学自治のありかたを否定し、また大学の政府権力との関係における独立の側面を軽視したことになるだろう。

〔参考文献〕

L. Favoreu, Libertés locales et libertés universitaires. Les décisions du Conseil constitutionnel du 20 janvier 1984, R. D. P., 1984, p. 702 et suiv.; 石村雅雄「フランスの大学自治における『参加』原理と『教授の独立』」日本教育行政学会年報12号（1986年10月）237頁以下; 本間政雄「大学改革に揺れるフランス」IDE―現代の高等教育―, 246号（1983年11-12月）159頁以下; 本間「教授たちの反乱」IDE―現代の高等教育―, 251号（1984年5月）72頁以下; その他。

ⅢA 27 地方公共団体の私学助成
—— ファルー法改正違憲判決

1994年1月13日憲法院判決　　　　　　　　　　　　　　　　小泉洋一
Décision n° 93-329 DC du 13 janvier 1994　　　　　　　　（甲南大学教授）
Journal Officiel, Lois et Décrets du 15 janvier 1994, p. 829
Rec. 9, RJC I-562

〔事　実〕

1850年3月15日法（ファルー法）69条は、私立学校の施設設備投資（校舎の建設・改築等）への国・地方公共団体による助成に関し、学校の年間運営費用の10％という上限枠（以下、「助成上限枠」という）を定めた。その後、私学助成に関して、1959年12月31日法（ドブレ法）が、国と契約を結んだ私立学校の学校運営費用の一部を国が負担するという新制度を導入した〔⇒ⅢA21参照〕。だが、コンセイユ・デタの判例は、ドブレ法制定後も普通教育の中等私立学校についてファルー法69条の効力を肯定しつつ、それを厳格に解釈した。このため、私学施設設備に対する地方公共団体の助成は、初等学校には認められず（1886年10月30日法（ゴブレ法）2条の厳格解釈に基づき、初等私立学校にはドブレ法による助成以外の助成を認めないのが、コンセイユ・デタの判例である）、また中等学校についても前記69条の制約を受けていた。

ところで、かつてから助成上限枠の廃止を選挙公約としていた右翼は、1993年の総選挙で大幅に議席を伸ばし、これに乗じて右翼・中道の与党議員が、その公約実現に向けた法律案を相次いで提出した。ブールブロック（Bourg-Broc）代議士が提出した法律案はその一つであったが、その原案は前記69条の助成上限枠の廃止を含んでいなかった。だが、その廃止を定める規定が政府の修正案により同法案に盛り込まれ、それが後述の2条となる。修正された同法案が国民議会で1993年6月27日に可決され、次いで元老院で12月14日から15日にかけての深夜に可決された。この間、法案に強く反対する野党議員は両院で計6000以上の修正案を提出して法案成立阻止を図ったが、与党は元老院で約3000の修正案を一括して不受理とするなどしてきわめて迅速に審議を進めた。

12月16日に社会党の元老院議員60名が、翌17日には同党の代議士61名が、ブールブロック法（「地方公共団体による私立学校施設設備投資への援助の条件に関する法律」）を憲法院に付託した。提訴者が違憲性を問うたのは、主として、法律の根幹となる次の2条の規定についてである（他に法律3条・4条の違憲性に関する主張もある）。「契約下の私立学校は、その固有の性格の尊重のうちに、施設設備投資への援助を受けることができる。地方公共団体は、その施設設備投資の方式を自由に定める。ただし、地方公共団体が契約下の私立学校の施設設備投資のためこれに与える援助は、公教育に就学する生徒数に対

する契約の対象となるクラスの生徒数の比率に応じて，公教育で行われる施設設備投資の額を超えてはならない」。これは，地方公共団体に限り，契約下の私立中等学校に関する助成上限枠を撤廃するとともに，私立初等学校にも助成の途を開く効果を持った。したがって，この法律は，明示的な改正ではないもののファルー法69条を実質的に改正するものであった。

法律2条の規定に関する次の2点が，本件の実体面での主たる提訴理由である。①私立学校への地方公共団体の補助金は，宗教団体に利益を与えるのでライシテの原則に反すること，②法律が地方公共団体の学校施設設備援助を私立学校と公立学校とで取扱いを同じにするのは，公立学校に固有の義務と負担を考慮すれば平等原則に反すること，がそれである。

憲法院は，ファルー法改正反対派による大規模示威運動を3日後に控えた翌94年1月13日の判決で，問題の2条を違憲と判断した。法律は1月21日に2条を除いた全4ヵ条で審署された。

〔判　旨〕

「憲法院は，憲法，改正された1850年3月15日法69条，初等教育組織に関する1886年10月30日法2条，市町村，県，地方および国の間の権限配分に関する1983年7月22日法，憲法院に関する組織法律となる改正された1958年11月7日オルドナンスを参照し」，

Ⅰ　手続に関して

1　私立学校に支給されうる施設設備投資援助に関する政府の修正

「政府の法律発議は，政府提出法律案の提出という形式，または一つの議院で審議された議員提出法律案の修正という形式を，政府の選択に応じて取りうる。とりわけ，予算法の提出および議決に関する特別規定を尊重する限り，いかなる規定も内閣総理大臣に政府提出法律案を提出することを強制しない。したがって，政府提出法律案についてのみコンセイユ・デタの意見聴取および閣議での審議を命じるだけで修正についてはそうしない，憲法39条2項の規定は，政府による修正により一規定が挿入されたことだけで，無視されるわけではない。法律案は，その名称および内容から，地方公共団体による私立学校の施設設備投資への援助に関するものであった。政府の修正は，契約下の私立学校により行われる施設設備投資への援助に同意する地方公共団体の可能性を広げることを目的とした。その修正は，法律案と同じ事項に関係し，したがって法律案の規定と無関係とは見なされえないであろう。さらに，当初案からの規定水準の緩和にもかかわらず，問題となる修正は，修正権の行使に内在する限界を無視しなかった」。〔Con. 11～12〕

2　修正権の無視

「〔1993年6月29日〕の審議の間に，私立学校が特定の市町村または県の区域にあるというだけで，当該学校の施設設備投資を援助から排除しようとする2870の修正案が平等原則を無視することを理由として，その修正案の不受理を宣言する動議を，元老院は，その規則44条2項に従い採択した。問題となった修正案不受理が，憲法44条の適用により全議員に認められる修正権の無視を構成するかどうかを吟味する権限は，この問題を付託される憲法院に属する。これらの修正案は，適切な理由なく特定の地方公共団体を法律適用の領域から排除することをねらいとし，法律の前の平等および共和国の不可分の原則を無視した。前記修正案が討議から除外されたのは正当である。1993年12月14日の審議の間，元老院はその規則44条2項により他の69の修正案を不受理とした。当該修正案のうちには

適切な理由もなく退けられたものがありうるとしても、問題となる修正案の内容および討議の一般的条件に照らして判断されなければならない、この修正案の制限は、本件において重要性を帯びず、したがって立法手続を無効とする瑕疵を有しない」。[Con. 20～22]

Ⅱ 実体問題に関して

「〔憲法34条、憲法72条、憲法2条（現在は1条）、1946年憲法前文13項、「共和国の諸法律により承認された基本原則」である教育の自由〕という憲法的価値を持つ規定および原則から、立法者は、私立学校の教育任務遂行への寄与という性格および重要性に応じて、私立学校への公共団体の援助賦与を定めることができると結論される。地方公共団体の自由行政原則が憲法的価値を有するとしても、立法者が定める規定は、教育の自由の行使に関する法律の適用の本質的条件が、地方公共団体の決定に依存し、このようにして国全体で同じではないようには至りえないであろう。支給される援助は、平等と自由の原則に適合するように客観的基準に従わなければならない。憲法的価値を有する規定および原則の実施条件を定めるのは、憲法34条により立法者の権限に属する。立法者は、とくに公立学校が負う特別な義務に照らして公立学校に不利な平等破棄（rupture d'égalité）を防止するため、公立学校を保護するために必要な保障を定めなければならない。法律2条は、地方公共団体が、地方公共団体の自由に定めた方法で、関係する学校教育段階のいかんを問わず、その選択する契約の下にある私立学校に、施設設備投資補助金を支給することができるという原則を提示した。……〔この条項〕は、支給されうる援助の包括的上限のみを定めるにすぎない。この援助は、一定の場合には当該施設設備投資の全部負担にまで至りうる。異なる地方公共団体の援助賦与およびその額の決定について求められる要件に関して、2条は、比較しうる状況にある契約下の私立学校の間で平等原則の尊重を確保するために必要な保障を含んでいない。この取扱いの差異は、法律の目的により正当化されない。さらに、2条の規定は、公立学校の負担および義務を考慮すれば私立学校が公立学校の状況より有利な状況になりうることを回避するために十分な保障も含んでいない。以上のことから、付託された法律の2条は憲法に違反すると宣言されなければならないと結論される。」[Con. 27～31]

「憲法院は以上のことを考慮し、以下のように判示する。

1．地方公共団体による私立学校施設設備投資への援助の条件に関する法律2条は憲法に違反する。
2．同法3条1項および4条は憲法に違反しない。
3．本判決はフランス共和国官報に掲載される。

（1994年1月12・13日審議）（憲法院院長 ロベール・バダンテール）」

〔解 説〕

(1) 本判決の意義・特徴

本件は、カトリック系私立学校に好意的な与党（右翼）によるファルー法改正に向けた法律案の強引な審議・可決、それに対する野党（左翼）の強硬な反対という流れで提訴されたものであり、そこには政治的色彩がきわめて濃い。しかも、本件では、1977年11月23日の憲法院判決〔⇒ⅢA 21 参照〕の際に現れた教育の自由をめぐるイデオロギー的対立の再燃も見ることができる。このことは本判決のもたらした政治的結果を見ればより鮮やかである。判決後の1月16日

には，パリでファルー法改正反対・公立学校擁護のデモ行進が60万人の参加者を得て大成功をおさめた後，政府はファルー法改正を断念せざるを得なくなったのである。

法的側面では，本判決の特徴として次の4点を指摘しうる。①判決は，立法手続に関して，議院の自律権および政府の法律案修正権を広く認めた。実は，本件では立法過程における異例の手続きが少なくなかったため，本判決は，本件の実体面よりは立法手続面の判断に多くをさいていた。②判決は，提訴者が主張したライシテの原則違反の点には何も答えなかった。もっとも，本判決が教育の自由を根拠に示した判断はライシテにもある程度関わりうる。③判決は，問題となった規定の違憲判断の根拠として，ライシテの原則ではなく本質的に平等の原則を援用した。④しかも判決は，注目すべきことに，平等原則と地方公共団体の自由行政原則の間の優劣関係にも言及した。

本稿は，紙幅の制約のため，本件実体面の判断である②から④のみを解説する。

(2) 教育の自由とライシテの原則

本件提訴者が提訴理由としてもっとも力点を置いたのは，問題の2条がライシテの原則に違反するという主張であった。だが憲法院は，ライシテの原則を定める憲法規定（現1条）を援用しながらも，この主張に直接には応えなかった（したがって，同規定は平等原則の根拠として引用されたと見るべきか？）。憲法院に付託された事件でライシテの原則が援用されるのはこれまできわめてまれであったなかで，憲法院が本件でもライシテの原則に関して何らかの判断を示さなかったのは残念である。これに関して，長年この原則をめぐり政治的対立が続いてきたことで示されるようにライシテが政治的に微妙すぎるテーマであるため，憲法院がそれを回避したのではないか，といった憶測がある（後掲文献⑦p.6）。

しかし，判決中の次の一節には，ライシテ原則違反という提訴理由に対する黙示的回答を読み取れよう（後掲文献②p.619）。「立法者は，私立学校の教育任務遂行への寄与という性格および重要性に応じて，私立学校への公共団体の援助賦与を定めることができる」。この判断は，前述の1977年判決で示されたように「共和国の諸法律により承認された基本原則」として教育の自由が憲法的価値を有する原則であることをもとに示された。こう見ると，私立学校が，ドブレ法により国との契約の下にあって国から公教育なみの監督を受けるなどして，「教育任務遂行への寄与という性格および重要性」を備えれば，法律によりライシテの原則に違反することなく公的助成を受けうると考えられよう。

ところで，「援助賦与を定めることができる」という前述の判示からは，私学助成に関する公共団体の任意性が導き出されそうである（後掲文献④p.216，なお同②619-20も参照）。もっとも，私学助成が教育の自由の本質的条件であり，国の憲法上の義務だとする学説〔⇒ⅢA21参照〕は，この判示を公共団体の裁量ではなくその権限を問題としたものだと見るなどして，それは自らの見解を確認するものだと説明する（後掲文献①p.341，同⑤p.147）。

(3) 平 等 原 則

本判決は，まず，次のように施設設備投資援助に関する私立学校間の平等原則侵害のおそれを問題とした。「異なる地方公共団体の援助賦与およびその額の決定について求められる要件に関して，2条は，比較しうる状況にある契約下の私立学校の間で平等原則の尊重を確保するために必要な保障を含んでいない」。つまり，違憲性を問われた規定によれば，私立学校に好

意的な地方公共団体とそうではない地方公共団体とで、私学助成の有無およびその額で差が生じるのを防ぐことができないというのである。このような私立学校間の平等は、後述の1985年1月18日の憲法院判決においても問題になっていたところである。

本判決は、さらに、1985年判決を超え、次のように公立学校と私立学校間の平等原則侵害のおそれにも言及した。「立法者は、とくに公立学校が負う特別な義務に照らして公立学校に不利な平等破棄を防止するため、公立学校を保護するために必要な保障を定めなければならない」ところ、問題の規定は「与えられうる援助の包括的上限のみを定めるにすぎ」ず、「この援助は、一定の場合には、当該施設設備投資の全部負担にまで至りうる」ので、この規定は「公立学校の負担および義務を考慮すれば私立学校が公立学校の状況より有利な状況になりうることを回避するために十分な保障も含んでいない」。

本件の解決には前述の私立学校間の平等に関する問題に触れるだけで十分だと思われ、だとすれば公立学校と私立学校との平等に関する言及が必要ではなかっただけに、この判示には驚かされる。また、判決のこのような論理構成には、学説から本質的な疑問が指摘される。その一つは、本件で違憲性の問われた規定が地方公共団体の学校施設設備補助に関して公立学校と私立学校とで平等な取扱いを定めたものだと見て、次のように考えるものである。本件では、このような平等を定めた法律の適用により事実上不平等が生じうるおそれがあることに対し平等原則が適用されているが、通常、平等原則は法律上の異なる取扱いを定める法律そのものを問題とするものであるはずでないか（後掲文献① pp. 337-9参照）。こうした見方をとると、次に見る地方公共団体の自由行政原則と平等原則に関する本判決の姿勢も考え合わせて、本判決における「平等原則の肥大化」（後掲文献③ p. 138）に当惑するとともに、本判決をどう理解するかで戸惑うことになる（後掲文献① pp. 340-43）。

なお、憲法院は、1999年7月8日判決（Décision n° 99-414 du 8 juillet 1999, Rec. p. 92）で公立学校と私立学校との法律上の異なる取扱いの差異に関して平等原則違反の有無を判断した。これと比べると、本判決における平等原則の適用の仕方は確かに異なっている。

(4) **平等原則と地方公共団体の自由行政原則**

前述のように本判決は地方公共団体で私学助成が異なりうることを平等原則の観点で問題とした。だが、この差異については、憲法72条が定める地方公共団体の自由行政原則により、理由づけることも可能に思われる。しかし、憲法院は次のようにそれを明瞭に否定した。「地方公共団体の自由行政原則が憲法的価値を有するとしても、立法者が定める規定は、教育の自由の行使に関する法律の適用の本質的条件が、地方公共団体の決定に依存し、このようにして国全体で同じではないことがありうるようには至りえないであろう」。

このようにして、憲法院は、平等原則および地方公共団体の自由行政原則という二つの憲法的価値を有する原則の間で、前者を後者よりも優位させた。ところで、このような判断は1985年1月18日の憲法院判決（Décision n° 84-185 DC du 18 janvier 1985, Rec. p. 36）に従ったものと見られる。同判決は次のように述べていた。「地方公共団体の自由行政原則が憲法的価値を有するとしても、これは、公的自由の行使を規定する法律の適用の本質的条件が、地方公共団体の決定に依存し、このようにして国全体で同じではないことがありうるようには至りえないであろう」。しかし、この判例に対しては、それが地

方分権を抑制することを嘆く見解もあった（後掲文献⑥ pp. 69-70）。だが，憲法院はその後もこの判例法理を維持することになる。

ところで，1985年判決と本判決とでは若干の差異がある。まず，この法理の憲法上の根拠に関して，1985年判決では実はこの点が不明確であったが，本判決はそれを明確に平等原則に基礎づけた。さらに重要な違いは，法理の対象についてである。つまり，本判決が明確に教育の自由に関する法律のみを対象とするが，1985年判決は，「公的自由の行使を規定する法律」と，より一般的な文言を用いていたのである。もっとも，1985年判決も教育の自由に関するものであったことに注意すべきである〔⇨ⅢA21参照〕。

このような両判決から，地方公共団体の自由行政原則に対し平等原則を優位させる，人権保障全国平等の法理とでも呼ぶべきものが明らかにされた。だが，その射程範囲に関して，それが教育の自由のみかどうかという問題が残った。この点，それを教育の自由に関する法律に限定するかのような見解も見られた（後掲文献② p. 623）。しかし，憲法院は，その後の判決において他領域でこの法理を適用した。すなわち，1996年4月9日判決（Décision n° 96-373 DC du 9 avril 1996, Rec. p. 43）は，「地方公共団体の自由行政原則は，……公的自由の実施の本質的条件，したがって公的自由が含む保障全体が，地方公共団体の決定に依存し，このようにして共和国の全土で同じではないことがありうるようには至りえないであろう」として，結社の自由および刑事手続に関する個人の自由にその法理を適用したのである。

憲法院判例はこのように法理の適用領域を広げながらも，他方で，それは人権保障の全国平等を柔軟に解し，地方公共団体の自由を認める領域も明らかにした。すなわち，憲法院は，1985年7月17日判決（Décision n° 85-189 DC du 17 juillet 1985, Rec. p. 49）において，財産権に関して，「法律は，具体的評価からしか行うことができない景観および自然環境の保全のような一般的利益の保護のため，その実施を地方行政機関に委任することができた」と判示し，さらに1997年1月21日判決（Décision n° 96-387 DC du 21 janvier 1997, Rec. p. 23）では，社会権に関して，法律適用の地域差を容認する判断を示した。

このようにして，憲法院判例は，問題となる人権の種類によって人権保障全国平等の要請の強度を変えることにより，平等原則と地方公共団体の自由行政原則とを調整する方向を打ち出している。このような姿勢は，わが国における条例による地域的取扱の差異と平等原則に関する問題を考えるうえで参考になろう。

〔参考文献〕

① Louis Favoreu, Note, RFDC, 1994, p. 325.
② François Luchaire, L'abrogation de la loi Falloux devant le juge constitutionnel, RDP, 1994, p. 609.
③ Jean-Paul Costa, Note, AJDA, 1994, p. 132.
④ Bruno Genevois, Le principe d'égalité et la libre administration des collectivités territoriales, RFDA, 1994, p. 209..
⑤ Antoinette Ashworth, Note, JCP, 1994, éd. G, II, 22241, p. 146.
⑥ Jean-Marie Pontier, Libres interrogations sur l'organisation et la libre administration des collectivités territoriales locales, Revue administrative, 1994, p. 61.
⑦ Michel Vereaux, Note, Les petites affiches, 29 mars 1995, n° 38, p. 4.
⑧ André Roux, Libre administration et《libertés publiques》, RFDC, 1996, p. 589.
⑨ 小野田正利「フランス私学助成法の成立とその違憲無効判決」教育44巻6号（1994）118頁。
⑩ 大津浩「フランス自治体憲法学」『二一世紀の立憲主義』杉原泰雄古稀記念論文集（勁草書房，2000）641頁。

ⅢB ㉘ 国有化法違憲判決——財産権の憲法的保障とその制約

1982年1月16日・2月11日憲法院判決
Décision n° 81-132 DC du 16 janvier 1982 et n° 82-139 DC du 11 février 1982
Journal officiel, Lois et Décrets du 17 janvier 1982（p. 299）et du 12 février 1982（p. 560）
Rec. 15, RJC I-104 et Rec. 31, RJC I-121, GD. 31

田村　理
（福島大学助教授）

〔事　実〕

　1981年，大統領に就任したミッテランの基本政策である国有化（nationalisation）を実現するため，同年9月23日，5工業会社・36銀行・2金融会社の国有化法案が国民議会に提出された。産業の活性化等を通じて経済再建を目指すこの法案は，国民議会と元老院の双方で二度の審議を経た後，同年12月18日国民議会で成立した。しかし，同日，元老院において多数派を形成する野党議員174名が憲法院に違憲審査を請求，翌日12月19日には国民議会の野党議員122名からも請求がなされた。

　1982年1月16日判決（81-132DC）は，立法手続の瑕疵に関する主張を退けた。本案については，国有化の原則を基本的に合憲としたが，国有化対象とされる銀行の範囲，海外子会社等の処分権の所在，株主への「正当な」補償の三点について違憲と判断した。

　1982年1月26日，違憲判決を受けた三つの技術的な問題について修正を施した法案が国民議会に提出された。両院での二回の審議の後，同年2月5日，国民議会で同法案が可決された。

同日，野党議員は再度違憲審査を請求した。1月に違憲判決を受けた「資本金の過半数が直接または間接に相互的または協同組合的性格を有する会社に属する銀行」を国有化対象外とした13条Ⅰ，海外子会社の処分権を代表取締役等に認める4条等は削除された。残る論点は補償の「正当」性だけであった。この点について新国有化法は，1981年度分相当の配当とインフレによる目減り分を補償に加えることで，先の判決の批判にこたえた。憲法院は，2月11日，新国有化法を合憲と判断した（82-139DC）。これを受けて同法は，同年2月13日付け官報により公布された。

　以下においては，1月16日判決について紹介，解説する。

〔判　旨〕

　憲法院は，「憲法，憲法院に関する組織法律に関する1958年11月7日オルドナンス，特に同オルドナンス第二章第二節を参照し」，(i)立法手続，(ii)国有化の原則，(iii)国有化対象となる会社の指定と平等原則の尊重，(iv)公的部門から私的部門への移転が行われる場合（の決定権の所在），

(v)補償について検討して，(iii)，(iv)，(v)について違憲判決を下した。そのうち，(ii)，(iii)，(iv)，(v)についての要旨は以下のとおりである。

(ii) 国有化の原則について

「1946年憲法前文は，『1789年人権宣言の確立した人及び市民の権利と自由を厳粛に再確認し』，かつ『現代において特に必要な政治的，経済的及び社会的諸原理』という定式により，もっぱらこれらの権利及び自由を補完しようとするものである。1958年憲法前文からすれば，『フランス人民は1789年宣言により確定され，1946年憲法によって確認し補完された人権と国民主権の原理に対する愛着を厳粛に宣言する』。」

「1789年以降現在まで，財産権（droit de propriété）の目的と同権利行使の要件は，新しい個人的領域への適用範囲の著しい拡大と同時に，一般利益（intérêt général）による制限よって特徴づけられる進化をとげてきた。そうであるとしても，人権宣言によって表明された諸原理そのものは，完全な憲法的価値（pleine valeur constitutionnel）を有する。つまり，所有の維持が，自由，安全，圧制への抵抗の維持と同列におかれる政治社会の目的の一つとされるこの権利の基本的性格に関しても，また財産権者に与えられた保障と公権力の特権に関しても，完全な憲法的価値を有するのである。そして，人権宣言4条が定めるように，他人を害しないすべてのことをなすことができるという意味の自由は，恣意的で誤った制限が企業活動の自由に対してなされれば，それ自体維持することは不可能である。」

「1946年憲法前文9段は，『その事業が全国的な公役務または事実上の独占の性格を有するか取得したあらゆる財産，あらゆる企業は公共の所有としなければならない』と定める。この規定は，目的においても効果においても，国有化の領域での前記1789年人権宣言の原理を適用不可能ならしめるものではない。」また，「憲法第34条が『企業の国有化……』を法律事項としているとしても，この規定は所有制度の根本原則の決定を法律に委ねるすべての規定と同様，権限行使に際してすべての国家機関に課された憲法的価値を有する原則と規範の尊重を立法府に免除するものではない。」

「憲法院の審査に付された法律の準備作業からすれば，立法府は，当該法律によって行われる国有化を，これらが経済危機に対処し，経済成長を促し，失業に対処する手段を公権力に付与するために必要であるという事実，したがって，国有化は1789年人権宣言第17条の定める『公の必要（nécessité publique）』から行われるのだという事実によって基礎づけようとしている。」「憲法院の審査に付された同法によって決定された国有化の必要性に関する立法府の裁量は，明白な誤りが存在しない場合には，現に行われる財産と企業の移転が，前述1789年人権宣言の諸規定を無視するに至るほど私的財産権と営業の自由の領域を制約することが立証されない限り，当憲法院により否認され得ない。」

(iii) 国有化対象となる会社の指定と平等原則について

「平等原則は，自然人間と同様に法人間でも適用可能である。なぜなら，法人は自然人の集団であり，法人間における平等原則を無視することは，必然的に自然人間の平等を無視するこ

とを意味するからである。」

「平等原則は，異なる地位にある者に対して同一でない規定を法律で定めることを妨げないが，それはこの非同一性が地位の相違により正当化され，法律の目的に抵触しない場合に限られる。」

国有化法13条Ⅰが国有化対象外とした他の企業は地位の特殊性等で正当化可能である。「しかし，これに反して，資本金の過半数が直接または間接に相互的性格または協同組合的性格の会社に属する銀行に関する特例は平等原則に反する。実際，この特例は地位の特殊性および活動の性質，立法府が達成しようとした公共の利益という目的を妨げる同法適用上の偶発的困難によっては正当化されない。」「したがって，『資本金の過半数が直接または間接に相互的性格または協同組合的性格を有する会社に属する銀行』と定める憲法院の審査に付された同法13条Ⅰの規定は憲法に合致しないと宣言する必要がある。」

(iv) 公的部門から私的部門への移転が行われる場合（の決定権の所在）について

憲法34条は，企業財産の「公的部門から私的部面への移転に関する」原則を法律事項としているが，「公的部門から私的部門への移転を含む活動が立法者によって直接決定されるべきことを定めていない。当該活動につき原則を定める権限は立法者に属し，その適用については立法者の示す諸機関の責任でなされる。」

しかし，国有化企業の領土外の子会社・支店について，当該国の法律または慣習によって必要とされる場合は，資産の全部または一部の譲渡を決定する権限を「代表取締役又は取締役会」に認める「国有化法4条・16条・30条は，その定める特別な場合に，それに従って若干の移転がなされうる原則を定めようとするものだとしても，これらの諸規定は，国有化された会社の機関のみに評価決定の裁量権を与えるものであり，それはあらゆる統制から免れており，憲法34条の要請を満たしているとはみなし得ないほど広範である。」

(v) 補償について

人権宣言17条によれば，「公の必要による財産権の剥奪は正当かつ事前の補償を必要とする。」また「国有化の対象とされる会社の株主は，国有化の見通しが証券価値に与える影響を除けば，財産移転の日に評価された損害の補償を受ける権利を有する」。

しかし，上場会社について定める国有化法6条，18条Ⅰ，32条は，財産の移転日である1982年1月1日の株式価値を算出するにあたって78年1月1日から80年12月31日の相場の平均を用いるため，貨幣価値の下落分を考慮していない。また，それは「81年度分の配当を株主から奪うことを必然的効果としてもつ」。

「結局のところ，証券取引所に上場されている会社の株式に関しては，交換価値の計算方法は，迅速性および簡潔性という実際的な考慮のみによっては正当化され得ない程度の取り扱いの不平等を生じる。多くの場合，取り扱いの不平等は交換価値の本質的な過小評価により増幅される。最後に，1981年度の配当金による利益享受を旧株主に認めないこと，またはこれと同等な利益享受を適切な形式のもとに旧株主に認めないことは，旧株主が権利を有する補償を正当な理由なく奪うものである。」

また，株式が上場されていない銀行に関する18条Ⅱの規定も同様の帰結をもたらす。

「以上により，当憲法院の審査に付された国有化法，6・18・32条は，補償の正当性（cavactère juste de l'indemnité）に関して，人および市民の権利宣言17条の要請に合致しない。」

「これに反し，補償の正当性の要件を満たしていないと判示した点を別にすれば，補償金額の決定方法は事前性を十分に保障するものと考えられる。」

以上のような理由から，憲法院は次のように判断する。

1. 国有化法4，6，16，18，30，32の諸規定は憲法に適合しない。また，13条Ⅰにおいて『資本金の過半数が直接または間接に相互的性格または協同組合的性格を有する会社に属する銀行』の文言で定められた規定も同様である。
2. 国有化法6，18，32条の各規定は当該法律全体と不可分である。
3. 当判決はフランス共和国官報に掲載される。

　（1981年12月21日，1982年1月6－9，11，13，15，16日審議）（憲法院院長　ロジェ・フレイ）

〔解　説〕

(1)　本判決の意義と特徴

本判決は，企業の国有化という，左翼政権の重要政策に関わっていただけに，「国有化事件」とも呼ばれるほど大きな政治的論争にさらされた。議論は憲法院判決の政治性批判や，憲法院の構成そのものに対する批判にまでおよんだ。

本判決については，以下のような憲法学上の意義と特徴が指摘されるべきである。第一に，それまで位置づけが曖昧だった財産権に1789年人権宣言17条を根拠に明確に憲法的価値を承認した。その中で，財産権とそれに対する社会国家的理念からの制約（「社会的制約」と略記）の関係についての解釈理論を展開した。また同時に財産権を制約するにあたって立法府が憲法上負う義務についての原則を提示した。これについては後に検討する。

第二に，収用に対する「補償」について「取り扱いの不平等」と「本質的な過小評価」を認めない厳格な基準を提起した。この基準は1989年7月25日都市計画法判決によって「収用のもたらした直接的かつ物質的で確定的な損害の全体をカバーするものでなければならない」と定式化された。

第三に，平等原則について，(1)それが法人にも適用されることを明らかにし，(2)法律による異なる取り扱いは，地位の非同一性等に基く場合で，法律の目的の範囲内であるときのみ許されるという基準を示した上で，(3)憲法院自身が直接に，国有化対象企業に関する立法府の判断を審査し，違憲とした。

(2)　財産権の憲法上の位置づけと「社会的制約」

本判決への鑑定書の中で，フランス憲法学の第一人者ロベール（Robert）とリュシェール（Luchaire）が「1981年に財産権を人権の一部を構成するとみなすことは少なくとも困難である」と書いたように，財産権の憲法上の位置づけはきわめて曖昧なものと考えられていた。ある論者は89年人権宣言17条の憲法規範性そのものを否定した。またそれを認める論者でも，財産権の

憲法上の保障は人権の中でも一段低いものと考えていた。主要な論拠の一つは，財産権に対する「社会的制約」の必要性であり，フランスを「社会的」共和国とし（2条），法律事項の一つとして企業の「国有化」等をあげ（34条），「現代に特に必要な……政治的，経済的及び社会的諸原理」を宣言し，「全国的な公役務」および「事実上の独占」の性格を持つ財産を「公共の所有」とする（1946年憲法前文）諸憲法規定であった。

しかし，本判決は，財産権の「社会的制約」の「進化」を指摘しながらも，「そうであるとしても，人権宣言によって表明された諸原理そのものは，完全な憲法的価値（pleine valeur constitutionnel）を有する」と述べたのである。さらに46年憲法前文は「目的においても効果においても，国有化の領域での前記1789年人権宣言の原理を適用不可能ならしめるものではない」とし，国有化を法律事項とする憲法34条も「権限行使に際してすべての国家機関に課された憲法的価値を有する原則と規範の尊重を立法府に免除するものではない」と述べた。また，憲法院は，46年憲法前文は89年宣言を「再確認」することを「目的」とし，「現代に特に必要な……政治的，経済的及び社会的諸原理」の文言により，権利及び自由を「補完する」ものであるとの解釈を展開した。こうして，憲法院は1789年人権宣言17条の財産権をあらかじめ「社会的制約」を被った権利とする解釈を原理的に退け，それに憲法的価値を与えたのである。

その後の憲法院判決は，私的領域への適用範囲の拡大と「社会的制約」という「進化」に言及して「財産権の憲法的価値は，まさにこの進化に応じて（en fonction de cette évolution）理解

されるべきである」（上記89年7月25日判決）と述べ，「社会的制約」の進化にもかかわらず（malgré）財産権の完全な憲法的価値を認めた国有化判決とは異なる定式を採用した。これは，91年1月8日判決，92年1月15日判決等に引き継がれている。しかし，この定式も，財産権の憲法的価値を前提としたうえで，それに対して可能な制約を論ずるという理論構成そのものを原理的に変更したものとは言えないだろう。

(3) **立法府による財産権への制約とその限界**

本判決は，立法府による財産権の制約の合憲性を審査する方法について，二つの原則を定めたものと思われる。第一に，法律の条文や立法準備作業等を違憲審査の遡上にのせて，そこで立法府によって制約の目的，必要性等が明確化されているかを，憲法院自ら判断する。本件については，国有化は経済危機への対処など，1789年人権宣言17条の定める「公の必要」から行われるのだと憲法院は判断した。第二に，当該制約が財産権の憲法的保障を無に帰する程度のものであるかを審査する。本判決は国有化が「前述1789年人権宣言の諸規定を無視するに至るほど私的財産権と営業の自由の領域を制約することが立証されない限り，当憲法院により否認され得ない」とした。

この二つの基準ないし手法は，表現をかえながらも，その後の憲法院判例に基本的に引き継がれる。例えば，2000年7月20日狩猟法判決は次のように述べる。財産権に属する土地財産上での狩猟の権利に対する制約は「一般利益（intérêt général）による目的に服するものであること，財産権の意味と射程が変質するほどの重大性をもたないことという二つの条件の下での

み」認められる。そして、行政機関に地方的事情に応じて一定期間狩猟を禁止する権限を認める法律24条等は「問題の規定の文言でも、議会における討論でもこのような禁止を正当化する一般利益上の理由は明確にされていない」ことを理由に違憲と判断された。財産権制約が比較的容易に認められる傾向にあることは確かであるが、国有化判決による財産権の憲法的価値容認の原則は維持されている。

(4) 「(神聖) 不可侵」の財産権とは？

財産権に対して「社会的制約」も含めた「一般利益」による制約が課されるのは当然である。しかし、1789年の財産権の「神聖不可侵」とその後の「社会的制約」の展開を対比して、財産権を憲法上保障されるべき人権に含めない理論を本判決は否定した。そして、憲法院は、財産権の「意味と射程」を変質させる程の重大性のある制約から「神聖不可侵」の財産権を憲法上保障する理論を維持している。今後は、何が「神聖不可侵」の財産権の「意味と射程」かを、その「社会的制約」の進化に関する歴史認識をも再検討しつつ、事例に即して体系化していくことが必要であろう。

このことは、財産権の「不可侵」とその内容の法律による決定を定める日本国憲法29条（1項・2項）の解釈にとっても重要である。「国家権力から国民の自由を守るために武器」（後掲論文⑨ p. 219）を手放さず、財産権に積極的な位置づけを与えることが求められる。

〔参考文献〕

①L.Favoreu (sous la direction de), *Nationalisations et constitution*, Economica, 1982. ②D. Rousseau, *Droit du contentieux constitutionnel*, 6e édition, Montchrestien, 2001, pp. 396-402. ③F. Luchaire, *Le Conseil constitutionnel, tome II - Jurisprudence*, 2e édition, Economica, 1998, pp. 83-91. ④F. Luchaire, *La Protéction constitutionnelle des droits et des libertés*, Economica, 1987, pp. 267-294. ⑤野村敬造「フランスの国有化法の合憲性審査1〜3」ジュリスト No.769（61〜69頁）, No.770（64〜72頁）, No.771（143〜149頁）. ⑥清田雄治「フランスにおける所有権の憲法的保障とその限界」山下健次編・都市の環境管理と財産権（法律文化社・1993年）257〜285頁. ⑦矢口俊昭「国有化法判決の意味」法律時報55巻5号120〜123頁. ⑧奥島孝康「フランスの企業国有化法と憲法院判決」法学教室 No.21, 80〜84頁. ⑨棟居快行「財産権保障の現代的意義」ジュリスト884号. ⑩同「財産権の制約根拠論再考」公法研究51号. ⑪田村理・フランス革命と財産権（創文社・1997年）.

ⅢB ㉙ 民営化法合憲判決——「憲法的公役務」・「公的財産権」

1986年6月25・26日判決
Décision n° 86-207 DC des 25 et 26 juin 1986
Journal Officiel, Lois et Décrets du 27 juin 1986, p. 7978
Rec. 62, RJC I-496, GD. 39

田村　理
（福島大学助教授）

〔事　実〕

　1986年下院選挙における与野党逆転を受けて誕生した保守連合のリーダー，シラクを首相とする内閣は，国営企業の民営化（privatisation）に着手した。金融・保険関係を中心とした65企業をオルドナンス（ordonnance）により民営化する「政府に社会経済秩序に関する諸措置を執ることを認める法律」（以下民営化法と略記）案は，4月22日，国民議会に提出された。5月16日，同法案は憲法49条の手続にしたがって国民議会で可決された。5月21日には元老院の審議に付され，6月2日，可決された。

　同法案は，6月3日，92名の国民議会議員により，翌日には61名の元老院議員により憲法院に付託された。憲法院は，6月25・26日判決において，以下にみるとおり一部に留保をつけながらも同法案の制定手続及びその実体について，いずれも合憲判断を示した。

　合憲判決を受けて，同法は7月2日付で公布された。その後，内閣において民営化方法を定めるオルドナンス案が採択されたが，7月14日，ミッテラン大統領はこれへの署名を拒否した。政府はオルドナンスにかわる法律案を議会に提出し，同法案は憲法院の審査に付されることなく，8月6日，成立した。

〔判　旨〕

　「憲法院は，憲法，憲法院についての組織的法律に関する1958年11月7日オルドナンス n° 58-1067，……財政法についての組織的法律に関する1959年1月2日オルドナンス n° 59-2 を参照し」，民営化法制定手続の合憲性とともに，実体について同法1～7条を各条ごとに審査し，(i)憲法38条解釈の一般原則，(ii)授権の明確性，(iii)公的部門から私的部門への移転（における民営化対象企業決定）の原則，(iv)譲渡価格の決定方法等について検討し，(iv)については留保つきであったが，合憲と判断した。

　そのうち(i)，(ii)，(iii)，(iv)の要旨は以下のとおり。

　(i)　憲法38条解釈の一般原則について

　「政府は，その綱領の執行のため，国会に対して，通常は法律の領域に属する措置を，一定期間に限り，オルドナンスで定めることの承認を求めることができる」と定める憲法38条1項は，「政府に対して（オルドナンスによって）提案した措置の目的と介入する領域はいかなるものかを詳細に示す義務を課すものと解されるべきである。」[Con. 13]

上記オルドナンスに対する「授権法律（loi d'habilitation）の諸規定は，目的においても効果においても，政府に憲法38条の適用において与えられた権限行使に関して，憲法的価値のある原理・原則の尊重を免除させるものではない。」[Con. 14]

「憲法院は，授権法律がこれらの原理・原則を無視することを認めるいかなる規定も含まないことを確認すると同時に，授権法律の憲法適合性を，厳格に憲法を遵守したうえで解釈され適用されるという明示の条件の下でのみ認めるべきである。」[Con. 15]

(ii) 授権の明確性について

「政府が採用することを提案している措置の目的が極めて曖昧にしか定義されていない」との主張［Con. 18］については以下のように判断する。

「民営化法1条は，政府に制定権限を与えるオルドナンスの目的として，新しい競争法の確定とより広い企業経営の自由の追求」をあげているが，「経済生活に関係する民法，商法，刑法，行政法あるいは社会法の原則全体を改正ないし修正する権限を政府に認めているわけではない」。立法準備作業，特に議会における政府の宣言からは，「要請された授権は，1945年6月30日オルドナンス，1977年7月19日法（loi n° 77-806）及び価格に関する個別な立法規定に含まれる集中の制御，競争，価格並びに経済的違法行為に対する制裁に関する経済立法の特殊な規定の修正あるいは廃止を目的とするもである。これらの限定のもとでは，1条によって与えられた授権は憲法38条の文言に反しない」［Con. 22］。

オルドナンスによって，雇用の促進を図るべきことを定める2条［Con. 27～29］，労働者の企業運営への参加促進に必要な措置をとるべきことを定めた同法3条［Con. 41～42］についても，各条の授権は十分に明確であり，憲法38条に反しない。

(iii) 民営化対象とされる企業の決定について
——憲法的公役務（service public constitutionnel）

公的部門から私的部門への企業所有の移転を法律事項とする憲法34条は，立法府がそれを決定する権限を行使するにあたって「すべての国家機関が課されている憲法的価値を持つ原理および原則の尊重を立法府に免除しているわけではない。」[Con. 51]

民営化対象となる企業を定めた民営化法4条は，「全国的な公役務（service public national）または事実上の独占（monople de fait）の性格を持つかあるいはその性格を取得した」事業の財産，企業を「公共の所有（propriétété de la collectivité）」とすると定めた1946年憲法前文9段に反するとの主張［Con. 52］については以下のように判断する。

「ある種の全国的な公役務の必要性が憲法的価値を有する原理ないしは原則に由来するとしても，全国的な公役務とされるべきその他の作用の決定は，場合に応じて立法府あるいは命令制定機関の判断に委ねられている。その結果，憲法による要請ではなく，立法府によってある作用が公役務とされたという事実は，この作用が，それを担う企業と同様に私的部門への移転の対象となることの妨げにはならない。」[Con. 53]

「同法4条のリストにあるいかなる企業も，その存在ないし作用が憲法によって要請されている公役務の提供者とみなすことはできない。……立法府は銀行全体の国有化により，信用という公役務を創設しようとしたのだと仮定しても，この創設はいかなる憲法上の要請から生じたものでもなく，ある種の信用作用とそれに従事する銀行が新しい立法によって私的部門に回帰することの障害にはなり得なかった。」[Con.

54]

「1946年憲法前文9段に定められた事実上の独占の概念は，企業活動が行われる国内市場全体および他の企業全体と直面する競争をも考慮に入れたものとして理解されるべきである。ある企業が一時的にあるいはその活動の一部でしかない生産に関してもつ特権的地位は重視され得ない。これらの事柄を考慮すると，現状では，民営化法付録列挙の企業および子会社が事実上の独占を構成しないとみなされたとしても，明白な誤りとはいえないことは明らかである。」[Con. 55]

したがって，同法付録のように「4条の規定が適用される企業が決定されれることは憲法に反しない。」[Con. 56]

(vi) 譲渡価格の決定等について——公的財産権の保障（propriété publique）

国有企業の実際の価値よりも安価での譲渡は，その取得によって利益を得る市民と他の市民の間の平等を害し，また外国人が重要な国家財産を取得した場合には，「国家の独立」が害されるにもかかわらず，民営化法はそれを禁止していないという主張[Con. 57]については，以下のように判断する。

「憲法は，公的財産を構成する財産や企業が私的利益の追求を目的とする人格にその価値よりも低い対価で譲渡されることを禁じている。」これは，財産取得により利益を得た者とその他の市民全体との間の平等の原理に由来する。この原則はまた「財産権とそれに与えられうる保障に関する1789年人権宣言の諸規定に基礎をおく。この保障は個人の私的財産権のみならず，同様に国家およびその他の公法人の財産権にも及ぶ。」[Con. 58]

「民営化法4条は，第2段において，譲渡は5条規定のオルドナンスで定められた原則に従って政府によって行われることを規定する。同法5条は，企業評価の原則と提供価格の決定はオルドナンスによって定められること，つまり実際の価値よりも低い価格で譲渡される可能性がある場合には同法4条で定められた企業の譲渡を禁止することを定めている。立法準備作業によれば，政府は独立の専門家による評価をさせ，また同法4条により対象とされた企業をその価値よりも低い対価で譲渡しないようにする義務を負う。国家の独立を維持すべき保障手段は同様に同法5条に予定されたオルドナンスから生じることになる。」[Con. 59]

同法4条の定める1991年3月1日という譲渡の期限は，安価での外国人への譲渡を促すものではなく，「国家の財産的利益に合致する価格での譲渡の実現のためにのみ」定められたものである。そして，「国家の独立の尊重のために，この期限に行われない，あるいは終了しない譲渡は，新しい立法規定によってのみ行われ，あるいは完了されうると理解されるものと解されるべきである。他のあらゆる解釈は憲法に違反する。」[Con. 60]

「同様に，4条2段に言及する5条の諸規定は，譲渡される企業の価値の評価は取得の可能性のある者から完全に独立した適任の専門家によってなされるべきことを定める措置をオルドナンスによって設けることを義務づけるものと解すべきである。この評価は，会社の積極財産の全部または一部の譲渡に関して一般に行われる客観的な方法でなされ，各事例に適したバランスで，証券の株式取引上の価値，積極財産の価値，実収，子会社の存在および将来の見通しが考慮される。また，オルドナンスは，取得者によって提案された価格が，この評価と少なくとも同等かそれにまさるものでない場合は譲渡を禁止すべきである。取得者の選択はいかなる特権ももたらしてはならない。国家の独立は維持されなければならない。他のいかなる解釈も

憲法に違反する。」[Con. 61]

以上の理由により，憲法院は以下のように判示する。

「1. 上に示された解釈による厳格な留保のもとに，政府に経済社会秩序に関する諸措置をとることを認める法律は憲法に反しない。

2. 本判決はフランス共和国官報に掲載される。

(1986年6月25・26日審議)(憲法院院長　ロベール・バダンテール)」

〔解　説〕

(1) 本判決の意義と特徴

日本でも国鉄，電電公社等の分割民営化が行われた1980年代半ばは，「世界経済の自由化」の大きな流れの中にあった。フランスでは，1982年の国有化によって67万人の労働者が公的部門に移った。1986年には，労働人口および国内総生産に占める公企業の比重は，日本，カナダの4～5倍，スエーデンの3倍，ドイツの2倍，イギリスやイタリアの1.5倍にのぼっており，経済における国家の役割の肥大が問題視されていた。このような状況の中で1986年フランスの民営化は始まった。

本判決の意義と特徴は，次の三点に要約される。第一に，法律の所管事項について政府がオルドナンスで定めることに関する授権を議会に求める手続を規定した憲法38条について，初めて総体的な検討を加え，判旨でみたような三つの原則を提示した。第二に，民営化対象とする企業とは何かを判断する際に，1946年憲法前文9段で，「公共の所有」に属すべきであると定められている財産・企業とは何かに関して，「憲法的公役務」の概念を用いた解釈を提示した。第三に，公企業の低価格での私人への譲渡を禁止する文脈で，人権宣言17条の財産権（la propriété）は，国家にも公法人にも保障されるとの解釈を提示した。第二点と第三点について，項を改めて検討する。

(2)「公共の所有」とされるべき財産――「憲法的公役務」概念

前述のように，憲法34条3項は，企業の国有化と同時に「公的部門から私的部門への企業所有の移転」を明文で法律事項としている。この点に関して，本判決は立法府がそれを決定する権限を行使するにあたって「すべての国家機関が課されている憲法的価値を持つ原理および原則の尊重を立法府に免除しているわけではない。」[Con. 51] とした。

立法府に対する憲法上の制約は，事業が「全国的な公役務」または「事実上の独占」の性質を持つ財産・企業の公有を定めた1946年憲法前文9段から導かれる。本判決は，「全国的な公役務」に関して，その「必要性が憲法的価値を有する原理ないしは原則に由来する」もの（「憲法的公役務（service public constitutionnel）」）とそれ以外を区別し，後者の作用の決定は立法府の裁量に委ねられているとした。そして，この論理を適用して，民営化法4条に定められた金融・保険部門を主とした65の企業の行う作用は「憲法的公役務」にあたらないので，その民営化は憲法34条に反しないと判断した。

この判決を受けて，立法府といえども民営化できない憲法的公役務にあたる作用が何かが問題とされてきた。憲法院は，本判決で明示した信用作用の他に，テレビ放送（1986年9月18日判決 86-217DC），通信事業（1996年2月27日判決 96-380DC）等を憲法的公役務にあたらないと判示している。

他方，何がそれに該当するかについては，未だその例を示すに至っていない。学説上は，主権の作用に対応する公役務，すなわち国防，司法，外交，警察などが憲法的公役務に当たると

「事実上の独占」については，ある企業が「一時的にあるいはその活動の一部でしかない生産に関して特権的地位をもっていたとしても」競争の中にあればそれにあたらないと本判決は判示した。したがって，その活動の大部分が特権的地位を恒久的に有する企業が「事実上の独占」に該当する。さらに，憲法院は立法府が民営化に際して評価の「明白な誤り」をおかしたときのみそれを禁ずることができるとした。

(3) 「公的財産権 (propriété publique)」の憲法的保障

本判決は，実際の価値よりも低い価格での国有企業の譲渡は憲法上認められないとの解釈を導くために，1789年人権宣言 (17条) の財産権の保障が私的な個人にだけでなく，「国家やその他の公法人」にも及ぶとの見解を示した。

この解釈に対してはいくつかの批判がなされている。主なものは以下の三点である。第一に，89年人権宣言の本来の財産権保障は個人に対するものであったとの歴史的な批判である。第二に，この解釈によって憲法院は民営化を国有化と同様の論理で正当化しようとするが，憲法34条3項で両者が並記されているとしても，強制的に財産の収用を行う措置である国有化と強制を伴わない民営化を同一視することはできないとの批判もなされている。第三に，1789年人権宣言17条を持ち出す必要はなく，平等原則だけで十分に同様の結論を導き出せたとする批判もある。

しかし，憲法院は，例えば1994年7月21年判決 (94-346DC) でも，1789年人権宣言による財産権の保障は，個人の私的財産権のみならず，同様に国家およびその他の公法人の財産権にも及ぶとして，この解釈を維持している。

学説上も憲法院のこうした解釈が定着したように思われる。財産権保障の国家や公法人への拡大は，それを人権主体の歴史的展開ととらえるにしろ，財産権に関する特殊な例外ととらえるにしろ，人権とは誰のいかなる権利かという「人権総論」上の問題を提起せざるをえないのではなかろうか。

憲法院は，平等原則と「公的財産権」の憲法的保障の論理に基づいて，譲渡価格の決定と方法に関するルールを引き出した。本判決では，譲渡価値の評価は独立の専門家によってなされなければならないとされた。さらに，「この評価は，会社の積極財産の全部または一部の譲渡に関して一般に行われる客観的な方法でなされ，各事例に適したバランスで，証券の株式取引上の価値，積極財産の価値，実現された利益，子会社の存在および将来の見通しが考慮される」として考慮すべき事柄も列挙された。

また，上記1986年9月18日判決 (86-217DC) において，憲法院は，一つのグループにその会社の支配権を与えるような株式全体の取得価格は，それによる特別な利益を考慮に入れて決定されるべきであるとのルールも示している。

〔参考文献〕

《Nationalisations et privatisations depuis 50 ans》, *Les Notes bleues de Bercy*, No. 87, 1996. F. Luchaire, *Le Conseil constitutionnel, tome II - Jurisprudence*, 2e édition, Economica, 1998, pp.91-93. F. Luchaire, *La Protéction constitutionnelle des droits et des libertés*, Economica, 1987, pp. 294-300. D. Rousseau, *Droit du contentieux constitutionnel*, 6e édition, Montchrestien, 2001, pp. 396-402. P.Esplugas, *Conseil constitutionnel et service public*, L.G.D.J, 1994. J.Bourdon et J-M. Pontier, 《Les Privatisations en France》, Ch. Debbasch, *Les Privatisations en Europe*, Edition CNRS, 1989, pp. 119-142. L.Favoreu, 《Service public et Constitution》, *Actualité juridique, droit administratif*, numéro spécial, 1997, pp. 16-19.

ⅢB ③0 タバコ・アルコール中毒対策法

1991年1月8日憲法院判決　　　　　　　　　　　多田一路
Décision n° 90-283 DC du 8 janvier 1991　　　（大分大学助教授）
Journal Officiel, Lois et Décrets du 9 janvier 1991, p. 524
Rec. 11, RJC I-417

〔事　実〕

　フランスでは，1989年までに，タバコ関連死亡総数が増加し，アルコール中毒患者も深刻化していた。なかでもとくに未成年者層への影響が深刻化していた。

　そのため，1990年12月13日にタバコ・アルコール中毒対策法（Loi relative à la lutte contre le tabagisme et l'alcoolisme）が可決された。この法律は，タバコについては，直接間接の広告を原則的に禁止し，最大タール含有量の規制，タバコラベルの注意書の指定，公共空間における喫煙禁止，ノータバコデーの設置などを定め，アルコールについては，(a)青年向け出版物を除いた文書出版物上，(b)ラジオ部門向けでかつ一定の時間におけるラジオ放送上，(c)生産区域における張り紙，看板の形態，専門家のための売り場の内部での小型ポスター，オブジェの形態，(d)酒類業者による納品書，カタログ，パンフレットなどの形式，(e)飲料品の配達に使用される車にかかれている場合，(f)地方におけるアルコール飲料についての慣例の伝統行事や祭りのため，(g)伝統的な醸造学に関する博物館，大学，協会，入門セミナーのため，ならびに，展示や試飲のためを除く，それら以外の広告を禁止するものであった。さらに，上記許容される広告のための支出について，消費税のほかに10％の税を課し，この税の税収を，衛生教育とアルコール中毒の予防措置に出資するための資金に割り当てることが定められていた。このうちの，広告制限の強化という点が憲法に違反するとして，同日，63名の共和国連合，フランス民主同盟の国民議会議員によって提訴されたのである。

　憲法院は，提訴された点について合憲判断を示し，提訴にはなかった，アルコール飲料の広告支出に課税し，それによって得た財源をアルコール中毒対策に利用するとする条文についてのみ，違憲であると判示した（一部違憲）。

　このため，法律は，当該条文を除き，1991年1月10日に審署，公布されることとなった。

〔判　旨〕

　「憲法院は，憲法，1958年11月7日のオルドナンス，予算法律に関する1959年1月2日のオルドナンス，1989年1月13日の法律35条で改正されたタバコ中毒対策に関する1976年7月9日の法律，酒店およびアルコール中毒対策措置法典，……を参照し」，提訴理由にある，(i)タバコ

及びタバコ製品の直接間接の広告の禁止，(ii)アルコール飲料のための宣伝・広告の特定の形態の禁止，さらに職権で，(iii)アルコールの広告支出についての租税を設置し，その税収を特定目的に割り当てる条文についてそれぞれ検討し，(iii)に関して違憲判断を下した。

（ⅰ）タバコ及びタバコ製品の直接間接の広告の禁止（法律3条）について，

・財産権侵害という主張について

「財産権行使の目的と条件は，1789年以来，その適用の場を新しい領域へと拡張するように著しく進歩してきた。その新しい領域において，ある商標の所有者が法律及び国際協定によって定められた枠組みのもとでそれを利用し擁護する権利が，出現してきている。財産権の進歩は，一般的利益の名目で要求される制限によっても，同じく特徴づけられる。このことからとりわけ，1946年10月27日憲法前文11段の『健康の保護』を万人に保障するための措置はその対象となっている」［Con. 7～8］

「合法的に登録された商標の所有権は，その存立が法律3条の条文によって影響を受けることはない。本条はいかなる点においても，人権宣言17条の適用範囲に入る所有の移転を実行するものではない」［Con. 9］

「タバコのための宣伝と広告の禁止が，タバコおよびタバコ製品に関する商標所有権の行使に影響を与える可能性があることは，明白である。しかし，この条文の根本は，健康の保護という憲法上の原則にあるのであって，結局は，法律はタバコ店内で広告をする可能性は留保している。法律3条の禁止は，93年1月1日以降しか，その効力を生じない。以上により，財産権の行使の特定の方式に対する3条による制約は，憲法に違反しないということになる」［Con. 10～12］

・企業活動の自由への侵害という主張について

「企業活動の自由は全般的でも絶対的でもない。その範囲を歪曲する結果にならない限りにおいて，一般的利益が要請するところの制約を加えることは立法者の裁量である」

「3条は，タバコ及びタバコ製品の，生産も配布も販売も禁止していない。タバコ店の店内で客に情報を与える手段については留保している。その他の形態の広告・宣伝の禁止は，憲法上の価値を有するところの健康の保護の要請に立脚するものである」［Con. 14～15］

（ⅱ）アルコール飲料のための宣伝・広告の特定の形態の禁止（法律10条）について，

・財産権，企業活動の自由との関係

「アルコール飲料のための宣伝・広告に対する立法者による制限は，過度のアルコール摂取，特に青年層のそれを回避する目的をもつ。そのような制限は，憲法上の価値をもつところの健康の保護の強い要請にもとづいている。立法府は，過度のアルコール摂取を防ぐために，当該広告を制限するにとどまっており，全般的絶対的禁止をしてはいない」［Con. 29］

・平等原則（広告業者間の不平等という提訴理由）について

「平等原則は，異なる地位にあるものを異なるやり方で立法府が定めることに反対することでも，一般的利益を理由として平等の適用を除外することに，反対することでもない。ただ，いずれの場合でも，結果としての異なる取り扱いが，それを定めている法律の目的と関連を有していることを条件とする」［Con. 34］

「そのように（アルコールの過度の摂取，特に若年層におけるそれにたいする対策……筆者）追求された目的を考慮すると，立法府は，それが帯び

るところの形態と，それに興味を注ぐおそれのあるいろんな大衆とを考慮に入れることによって，異なった広告媒体の間に差異を設けることができる」[Con. 35]

　(iii) アルコールの広告支出についての租税を設置し，その税収を特定目的に割り当てる条文（法律12条）について，

・課税法定主義の問題

「課税標準を規定する項目中で納税義務者の等級をも決定するのが，立法府の任務であり，同じく法律によって定められるのが，徴収の態様である。新しい租税の納税義務者の等級ならびに徴収態様を指定することを放棄することによって，立法者は，34条の第二段に由来する権限の範囲を無視した」[Con. 43]

・予算法管轄の問題

「予算法に関する組織法律……によれば，国家の収入を支出に割り当てるのは，予算法の条文上でしかできない」「法律12条は，この組織法律の要請を否定している」[Con. 45]

「以上のことから，法律12条は，……憲法に違反すると宣言せざるを得ない」[Con. 47]

　(iv) 結論として，

「本件においては，審議に附されている法律のその他の条文に関することでは，憲法院が職権で合憲性の問題を提起する必要はなにもないということを考慮し，以下のように判示する。[Con. 48]

1. タバコ・アルコール中毒対策法12条は憲法に違反すると宣言する。
2. タバコ・アルコール中毒対策法の他の条項は，憲法に違反しない。
3. 本判決は，官報にて公表される。
（1991年1月8日審議）（憲法院院長　ロベール・バダンテール）」

〔解　説〕

(1) 本判決の意義

憲法院は，国有化法判決（81-132DC, 82-139DC ⇨ⅢB28）以来，経済的自由権については，諸立法政策を優先する傾向にあったが，本判決もその流れの中に位置付けられるものである。本判決では，タバコ・アルコール中毒対策と，経済的自由との関係が問題になった。この点について憲法院は，タバコ・アルコール中毒対策を，46年憲法前文11段にいう「健康の保護」を保障するための措置として位置付け，いわば憲法的価値に昇華することによって，公衆衛生政策が経済的自由を制限するようなものであるとしても，憲法上許容されるとしたのである。

「健康の保護」は，そもそも，人工妊娠中絶法判決（74-54DC）において，憲法上の価値があることが確認されていた。「国は，46年憲法前文にある他の規定と同様に憲法上の価値を持つ健康の保護を，こどもに保障するのである」。本判決は，このようにして憲法上の価値が承認された「健康の保護」を援用し，立法府を擁護したのである。

他方，本判決で違憲とされた部分は，タバコ・アルコール中毒対策という法律全体の目的からすれば，傍論にあたる。違憲とされたのは，新税を設置していながら課税対象や課税手続を同時に法律の中で定めていなかった箇所（課税法定主義違反）と，新税の税収による財源を特定の目的に支出することを定めた箇所（予算法律管轄違反）であった。これらの措置は，それが存在しなければ，法律の目的を達成できないといった性質のものではない。このため，憲法院は，法律全体を違憲としなかったのである。

なお，本判決の主要な論点にあたる，経済的

自由や平等原則との関係について，項を変えて検討する。

(2) 諸論点

(i) 財産権

財産権については，人権宣言2条で時効によって消滅することのない自然的な諸権利の一つとして挙げられ，また，17条で，「所有は，神聖かつ不可侵の権利であり，何人も，適法に確認された公の必要が明白にそれを要求する場合で，かつ，正当かつ事前の補償のもとでなければ，それを奪われない」とされている。

憲法院は，この財産権の位置付けについて，国有化法違憲判決においては，国有化政策そのものについては立法府の裁量の問題であるとしながら，「1789年以来現在まで，財産権行使の目的及び条件が，個人の新たな領域への適用範囲の著しい拡大と，一般的利益が要請する制約とに特徴づけられる進化を遂げたとしても，人権宣言によって表明された原理それ自体は，……完全な憲法的価値を持つ」としていた。ここでは，財産権の射程の拡大や一般的利益による制約可能性を承認しつつ，なお，1789年に宣言された原理そのものの「完全な」憲法的価値を認めていた。

しかしながら，後にTGV用地の収用手続が問題となった事件（89-256DC）において，憲法院は，「財産権行使の目的および条件は，その適用範囲の新たな領域への拡大と，一般的利益の名で要請される制約とによって特徴づけられる進化を遂げた。58年憲法前文による財産権の憲法上の価値の再確認というのは，この進化を考慮して解釈されねばならない」として，位置付けをずらしはじめる。つまり，国有化法違憲判決では，財産権の範囲の拡大やそれに対する一般的利益による制約は，人権宣言当時の財産権の

原理を変更するものではなく，その原理が現代においても通用するものとして捉えられていたが，後者では，現代において財産権を適用する場合，財産権がそのような現代的変容を蒙ったものとして捉えられなければならないとされたのである。

本判決は，この後者の流れに沿って，タバコ及びタバコ製品に関する商標権を，財産権の今日的な適用領域の拡大として認める一方，財産権の制約を可能にする一般的利益として「健康の保護」を認めた。

これをふまえて，憲法院は，まず，宣伝・広告の制限が，人権宣言17条に言うところの補償を必要とするような所有の移転という性格をそもそも持っていない，と評価した上で，宣伝・広告の制限は，商標所有権を制限するものではあるが，その制限の根拠は「健康の保護」という憲法上の原則であるし，財産権の行使の特定の方式に対する制約であって全面的な制約に至っていない，と判示した。しかしながら，店内広告を例外とし，屋外の広告をほぼ全面的に制限することが，全く何の補償も必要としないのか，という疑問は無視できないと思われる（後掲② p. 209 参照）。

(ii) 企業活動の自由

企業活動の自由は，国有化法違憲判決において初めて，人権宣言4条所定の自由の内実として確認された。同判決においては，企業活動の自由については，その制約が恣意的濫用的である場合と明白な過誤（erreur manifeste）がある場合に人権宣言4条違反を構成する，とされていた。そして，その後，「全般的でも絶対的でもなく，法律によって設けられた規制の枠組みの中でのみ存在しうる」（82-141DC）との性格づけがなされ，「その範囲を歪曲する結果にならない

という条件で, 一般的利益が要請する制約をかけることが立法府に許されている」(89-254DC) とされた。この定式が本判決でも踏襲されている。

 (iii) **平等原則**

 平等原則についても, 法律の目的に見合った, 異なる条件に基づく異なる取り扱いと, 一般的利益を理由にした異なる取り扱いが可能である, とした先例〔⇒ⅡC⓯参照〕を踏襲している。本件では, とりわけ青年層におけるアルコール対策という目的に基づいて, 立法府がさまざまな広告媒体の間で異なった扱いをすることが容認されている。ただし, 「法律の目的と関連を有していることを条件とする」はずであるから, 関連があるかどうかを審査してしかるべきであったが, 憲法院はこの点には踏み込んでいない。

 (3) **積み残された問題**

 前項の最後で示唆したように, 実は, 財産権, 企業活動の自由, 平等原則のいずれの論点についても, 法律の目的との関係で, それぞれが制限されることの必要性や合理性が論じられなければならなかったはずであったが, 憲法院はこの点についてほとんど言及せず, 「健康の保護」という目的によって単純に制約を正当化した。

 もう一つの問題は, 人権宣言11条で保障されているところの表現の自由との関係である。憲法院の判例では, この表現の自由に対して許容される制約は, 技術的な理由によるものなど, 厳格に解される傾向 (88-248DC〔⇒ⅢA㉓〕など) にある。審査された法律で問題となったのは, 宣伝・広告の制限であり, 表現の自由との関係で問題になる可能性もあった (後掲① p.387参照)。

 日本ではこの点に関するほぼ唯一といってよい判決として, あんま師等法事件(最大判1961年2月15日, 刑集15巻2号347頁, 判時250号4頁)があるが, 補足意見, 少数意見においてそれぞれ, 広告が経済活動に属するあるいは表現の自由の射程範囲であるとする個別意見があるにすぎず, 法廷意見ではこの点が明確になされていない。

 一方, 本判決は, 宣伝・広告が経済活動に属するものであることを前提とした議論であり, それゆえに立法府の裁量を広く認めるものとなっているが, もし, 広告を表現の自由の射程範囲であると考えるならば, 憲法院の判例から見れば, その違憲審査基準は違ってくるはずであり, 日本やアメリカなどと同様, 営利的表現の問題が提起される契機となるはずの事件だったのである。

〔参考文献〕

 ① P. Wachsmann, *A.J.D.A.*, 1991, p.382; ② J-S. Cayla, La lutte contre le tabagisme et l'alcoolisme, *Revue de droit sanitaire et social*, 1991, p.204; ③ L. Favoreu, *R.F.D.C.*, 1991, p.293; ④橋本基弘・憲法判例百選Ⅰ〔第四版〕124頁, ⑤清田雄治「フランスにおける所有権の憲法的保障とその限界」山下健次編『都市の環境管理と財産権』(法律文化社, 1993) 257頁。

ⅢC 31 治安と自由

1981年1月19・20日憲法院判決　　　　　　　　　　佐藤修一郎
Décision n° 80-127 DC des 19 et 20 janvier 1981　　（金沢大学助教授）
Joireal Officiel, Lois et Décrets du 22 janvier 1981, p. 308
Rec. 15, RJC I-91, GD. 30

〔事　実〕

　「治安と自由」に関する1981年2月2日の法律（La loi n°81-82 du 2 février 1981）は，治安の強化および人身の自由の擁護を目的とし，政府によって提出されたものである。本法案には，従来の刑法および刑事訴訟法を大幅に改める内容が盛り込まれていたが，それらはおよそ次のように要約できる。

　まず，刑法の改正という点につき，一般的規定として，軽罪の累犯に関する規定が改正されたこと，軽罪に関し刑の軽減事情が制限されたこと，一定の犯罪について執行猶予が認められる条件が厳しくなったこと，自由刑の執行方法が改められたこと，があげられる。また，いくつかの犯罪類型が改められ，あるいは新たな犯罪類型が追加された。さらに刑罰についても，改正された点がある。

　刑事訴訟手続については，軽罪について直接提訴（saisine directe）の制度が新設されたこと，控訴院弾劾部（chambre d'accusation）の権限強化が図られたこと，が目を惹く。

　その他，身元の検査および確認（contrôle et vérification d'identité），拘留期間の延長，弁護士の懲戒および法廷警察権の問題，私訴原告人（partie civile）の創設，および新刑法の適用範囲など，大幅な改正が企図されていた。

　これらの内容をもつ「治安と自由」法には，憲法との整合性の観点から，やはり多くの問題点が指摘され，判決も非常に長文のものとなったが，憲法院判決は理論的には以下の諸点に整理できるであろう。①罪刑法定主義，②刑罰の必要性および比例性，③制限的法律（刑罰法規）の不遡及，④無罪の推定，⑤防御権と弁護士の役割。

　本法の合憲性につき，1980年12月20日に82人の元老院議員の，22日に62人の元老院議員の，そして24日に63人の国民議会議員のグループが憲法院へと提訴した。

　憲法院では100条にもおよぶ条文の審査がなされたが，結論的に違憲の判断を下されたのは，次項の「判旨」に示したように，弁護士の懲戒および法廷警察権に関する66条，私訴原告人に関する92条および94条，刑罰法規の不遡及に関する100条2項という四つの条文だけであった。

〔判　旨〕

第1編（2条ないし37条）に関し，

「……憲法院に付託された法律の第1編は，人身および財産の安全に対する侵害に関する刑法の規定である。仮に第1編が，旧法が定める刑罰を軽減する内容を有するとしても，それは主として人身および財産に対するもっとも悪質な暴力行為に対するより厳しい抑制を規定したものである。このような行為に対し，本編では累犯の条件を改正し，情状酌量の効果を制限し，さらには執行猶予の条件を制限し，刑罰が加重されるいくつかの軸を取り上げ，いくつかの犯罪の定義および犯罪行為者が受ける刑罰，さらには刑罰の執行に関するいくつかの旧規定を改正するものである。」［Con. 5］

「……提訴者によれば，人身および財産の安全に対する侵害を抑圧する規定は，総体として，あるいはそのいくつかの条項が，罪刑法定主義の原則，法律は，厳格かつ明白に必要な刑罰でなければ定めてはならないという原則，刑罰の個別化の原則，ストライキ権および労働組合の権利に照らして，憲法的価値を有する原則あるいは規定に反する。」［Con. 6］

罪刑法定主義に関し，

「……フランス人権宣言8条によれば，『何人も，犯罪行為に先立って制定され，公布され，かつ，適法に適用された法律によらなければ処罰されない。』その結果，立法者は必然的に，十分に明確かつ厳格な文言によって犯罪を定義し，曖昧さを排除しなければならない。」［Con. 7］

法律は，厳格かつ明白に必要な刑罰でなければ定めてはならないという原則に関し，

「……フランス人権宣言8条によれば，『法律は，厳格かつ明確に必要な刑罰でなければ定めてはならない。』……。」［Con. 11］

「……憲法61条は，憲法院に対して，議会に対して与えられたような一般的な判断権および決定権を与えおらず，単に憲法院の判断に託された法律の合憲性につき，宣言する権限を授与するにすぎない。」［Con. 12］

「……本審査において，本法第1編のいかなる規定もフランス人権宣言第8条の定める原則に明確に反するものではない場合，立法者の定めた犯罪に科せられる刑罰の必要性に関する立法者の判断を憲法院自身のそれに置き換えることは，憲法院に帰属する権限ではない。」［Con. 13］

刑罰の個別化の原則に関し，

「……刑罰の個別化の原則は，一定の条件の下で，共和国の諸法律によって承認された基本原則のうちの一つであるとみることができるとしても，裁判官あるいは刑罰の執行方法を決定する役割を担った機関に対して広範な判断権を付与しながら，犯罪の効果的な抑制を確保するための規定を議会が定立することを妨げるものではない。」［Con. 16］

ストライキ権および労働組合の権利に関し，

「……これらの規定は，告発を受ける行為を行ったものの積極的な行為を必要とするものであるが，仮に彼ら（鉄道警察隊）が労働を中断することによって，結果的に交通が妨げられ，あるいは止められたとしても，憲法によって承認されたストライキ権を合法的に行使する限りは，適用の対象となるとはいえまい。」［Con. 21］

「……したがって，憲法院の審査に付された法律の第1編を構成する2条ないし37条の諸規定は，憲法に反するものではない。」［Con. 22］

第2編（38条ないし80条）に関し，

人身の自由に対するいくつかの侵害あるいは凶悪な窃盗の場合の勾留の延長に関する38条に関し，

「……このような場合に，勾留の延長を正当化するための裁判官の介入が，憲法66条に適合しなくてはならないとしても，憲法的価値を有するいかなる原則あるいは規定も，予審判事としての資格を有する裁判官だけを必要としているにすぎない。」[Con. 25]

「……裁判官は，24時間の勾留の延長を正当化するためには必然的に記録を審査しなければならないが，だからといって，関係人の罪状についての予審を行わなければならないものではなく，また，関係人の有罪性を即断するものでもない。」[Con. 26]

軽罪手続に関する47条および52条に関し，

「……提訴者によれば，予審判事による予審を含む手続と，そのような予審を含まない手続は，共和国検事の裁量的な選択に委ねられているが，これはまずもって法律のみが刑事手続について定めることができるという原則に，そして防御権，さらには裁判所における市民の平等にも反している。」[Con. 29]

「……フランス人権宣言7条および憲法34条に基づき，刑事手続きに関する規定は法律によって定められるのであり，立法者が事実，状況およびそれが適用される人間によって異なった刑事手続規定を定めることは，このような差違が正当化されない差別にならず，また，被告人に対して平等に保障されている限りにおいて可能である。」[Con. 31]

「……どの範囲で予審判事に委ねる予審手続に訴える必要がなく，直接提訴の手続を用いるかを判断する権限が共和国検事に与えられているとすれば，それは訴追および立証という職務が，共和国検事に課されたものだからである。また，共和国検事による直接提訴手続の一つの援用が妥当でなかったとしても，被告人に有利となる無罪の推定によって必然的に，無罪判決が下されるか，あるいは刑事訴訟法396条2項により，判決によって予審が続けられる（……）という結果になるであろう。」[Con. 33]

「（……本法の）393条が，共和国検事に送検されたものには弁護士が付されうることを規定していないとすると，それは，どのようなルートによって起訴を行うかを決定する権限しか有していない共和国検事は，現行犯の場合においてさえ新法によって勾留状の発行を禁じられているからであり，勾留状は裁判官のみが発することができるからである。」[Con. 34]

「……共和国検事が，様々な訴追手続のうちのいずれを用いるかという選択をしたとしても，また，予審判事が行う予審があるかないかということとも無関係に，事件についての最終的な判断が行われる裁判所は同じである。かかる裁判所は（……），常に無罪の推定の上に，形式においても実質においても同一の規定に従って，被告人の罪責について判断を下さねばならない。したがって，問題となる諸規定は防御権にも，裁判における平等にも反するものではない。」[Con. 37]

刑事手続に関する55条および56条に関し，

「……本法55条が，予審判事を控訴院弾劾部長官の一般的統制に服せしめる点が，憲法64条に定める裁判官の独立という原則に反するのではないかとして問題とされている。」[Con. 40]

「……この条文は，控訴院弾劾部長官に対し，

予審判事の選択権を左右したり、その決定を変更する権限を与えるものではない。それゆえ、刑事訴訟法220条によって控訴院の裁判官に与えられた権限は、良好な司法行政のためのものであり、予審判事の独立を侵すものではない。」[Con. 43]

「……控訴院弾劾部長官は、一件記録の予審において正当化されえない遅延が生ずることを回避するための措置が必要であると判断した場合、控訴院弾劾部に提訴できる権限を与えられているが、予審を担当する判事のみに帰属する訴追手続決定の選択を指揮する手段およびこの決定を修正する手続を与えられてはいない。（……控訴院弾劾部に与えられた権限は）司法行政に関する事柄のみであり、予審判事によって下された決定を問題とすることはできない。それゆえ、予審判事の独立は事実上、単に一件記録を予審する場合に必要な迅速性を保障するにすぎない手続によって侵害されることはない。」[Con. 46]

「（……）また、問題とされている手続は、防御権をいっさい侵害するものではない。とりわけ、司法手続上の判決に適用される二審制の原則によって、刑事事件に関する予審の統制が行使される諸条件を何ら変更するものではない。それゆえ、この最後の原則の実質的な憲法的価値について判断する必要はなく、当該手続は憲法に違反するものではないとするのが相当である。」[Con. 47]

弁護士の懲戒および法廷警察権に関する66条に関し、

「……本条の文面からも、またその制定作業からも、裁判長に対し、法廷警察権によって法廷から弁護士を退席させる権限を与えるものであり、もって議論の静粛性を確保することを目的としているという結果が導かれる。しかし、弁護士が宣誓によって課された義務を履行させないためのものではない。」[Con. 51]

「……前述の25-1条により、裁判長が『議論の静粛性』を危うくする弁護士に対して講じる措置は、法定の秩序を維持するための簡単な方法ということができ、また、弁護士に懲戒的な制裁を与えることにもならない。しかしながらこの方法は、弁護士が宣誓によって課された義務をすべてみたし、そしてまたみずからが守護者としての役割を果たすことを妨げることとなり、弁護士はもとより被告人に対しても、共和国の諸法律によって承認された基本原則に由来する防御権に反することとなる。それゆえ、憲法院に付託された法律66条2項は、憲法に違反するものである。」[Con. 52]

身元の確認に関する76条ないし78条に関し、

「……提訴者によれば、憲法院に付託された76条、77条、そして78条は、それらの原則自体が、さらにはそれらの適用方法が、移動の自由および個人の自由に対する重大な侵害である。」[Con. 54]

「……犯罪者の捜索および公秩序に対する侵害の予防、とりわけ人身および財産の安全に対する侵害の予防は、憲法的価値を有する原則および権利を実現する上で必要なものである。移動の自由にまでおよぶ前述の法1項の諸規定を適用することから生じる障害は、過度のものとはいえない。なぜなら、警察に尋問を受けた個人は、みずからの身元を『すべての方法で』正当化できるからであり、また条文が要求するように、尋問を行う理由の合法性、現実性そして妥当性に関する諸条件は、実際には、兼ね備

わっているからである（……）。」[Con. 56]

「……78条によって，身元の証明という職務に同意しないもの，あるいは権限を有する警察官が身元を調査または証明するという職務の遂行を妨げたすべてのものが軽罪として拘禁刑または罰金刑という処罰を科されたとしても，これら諸規定は，現場あるいは警察署においてみずからの身元を証明できなかったものを対象とするものではない。」[Con. 61]

「……それゆえ，憲法院に付託された法律の76条，77条および78条の諸規定は，これらの条文が示す形式においても，実質においても，いずれも憲法的価値を有する諸権利を守るために必要な，憲法的に承認された自由の行使と，犯罪者捜索および公秩序とりわけ人身および財産の安全の侵害を予防することの必要性を両立させることに反するものではない。」[Con. 62]

「……前述の76条および77条が，一定の場合に刑事警察に対して，通常は行政警察の管轄に属する公秩序に対する侵害を予防する任務を留保しているとしても，これらの規定は結果的に個人の自由の尊重を保障しているにすぎないこととなる。それゆえ，よく言われるように，このような手続が憲法規範を尊重した上で法律によって定められるのであれば，権力分立の原則をまったく侵すものではな（い……）。」[Con. 63]

「……最後に，立法者は，濫用を防ぐために慎重に身元の確認および証明の手続を定めた。また，司法権および行政権は，この点が完全に尊重されるよう監視する権限を有している。同時に，万一の場合，権限を有する裁判所は違法性を精査し，かつ抑制しなければならず，結果的に生じうる損害の賠償に備える権限をも有している。」[Con. 64]

上告中の私訴原告人の新たな請求および上告中に私訴原告人となることに関する92条および94条に関し，

「……提訴者によれば，憲法院に付託された法律の92条は，私訴原告人に対し，上告中に新たな訴えが提起できることを認めており，また94条は，上告審の最初に私訴原告人となることができるとしている。これは，被告人についてのみならず私訴原告人についても，憲法的価値を有する二審制の原則の解釈を誤ったものである。」[Con. 70]

「……第一審において私訴原告人となった犯罪被害者，および上告審において初めて私訴原告人となったものが上告審において新たな要求を提示する権限は，訴訟関係人から重要な理由が示された場合にのみ認められるとしても，かかる権限の行使は，必然的に裁判所における不平等を引き起こす。なぜなら，賠償を求めるものの態度により，被告人が二審制の恩恵を享受できたりできなくなったりするからである。」[Con. 71]

「……実際，違憲であるがゆえの不利益は，刑事訴訟法515条4項2段にまで拡大されるものではあるまい。刑事訴訟法515条4項2段は，憲法院に付託された法律の92条に由来するものであり，同条によれば，『私訴原告人は，第一審の判決の後，常にみずからが被った損害に対する損害賠償金の増額を請求することができる。』刑事訴訟法515条にすでに示されたこの規定は，維持される。というのは，本判決によって，憲法院に付託された法律の92条は，刑事訴訟法515条4項に新たな条文を付け加えることを目的としたものであり，発効することはないであろうからである。」[Con. 72]

「……それゆえ、憲法院に付託された法律の92条および94条は、憲法に違反するものである。」[Con. 73]

100条2項に関し、

「……これらの規定は、一つの準則の効果を制限することを目的としたものである。その準則とは、新刑法は、旧法と比較してより軽い刑罰を規定しているがゆえに、新法の効力が発生する以前に犯された犯罪にも適用されなければならず、その場合、この犯罪は既判力をもって通用する有罪判決の原因とはならなかった。かかる規定は、フランス人権宣言8条に示された原則に反するものと考えねばならない。それは、『法律は、厳格かつ明白に必要な刑罰でなければ定めてはならない』というものである。したがって、旧法が効力を有したときに生じた犯罪に、より量刑の軽い新法を適用しないことは、裁判官に旧法の規定する刑罰、すなわち、立法者自身の判断によればもはや必要でない刑罰で有罪を宣告することを許す結果となる（……）。それゆえ、憲法院に付託された法律の100条2項は、憲法に違反するものである。」[Con. 75]

「……憲法院に付託された法律のその他の条項は、憲法に違反するものではない。」[Con. 76]

憲法院は、次のように判断する。

1. 「治安を強化し、人身の自由を擁護する法律の66条、92条、94条および100条2項は、憲法に違反する。」
2. 「本法のその他の規定は、憲法に違反するものではない。」

（1981年1月19・20日審議）（憲法院院長　ロジェ・フレイ）

〔解　説〕

すでに述べたように、本判決においては弁護士の懲戒および法廷警察権に関する66条（判旨51, 52）、私訴原告人に関する92条および94条（同70ないし73）、刑法の不遡及に関する100条2項（同75, 76）の四つの条文につき、憲法違反であるとの結論が下された。

まず、66条は、「事実」に記した「防御権と弁護士の役割」の問題としてとらえることができる。判決においては、裁判官に対して「議論の静粛性」をそこなうおそれのある弁護士を、裁判官の判断によって48時間の間法廷から退席させる権限を付与した同条につき、憲法的価値を有する被告人の防御権を侵害するものとして違憲とされた。被告人の防御権が、共和国の諸法律によって承認された基本原則に由来する旨は、すでに1976年12月2日判決（76-70 DC, 2 décembre 1976）でも明らかにされ、さらには後の判決にも引き継がれている。実際、弁護士を退席させる行為は、弁護士に対する懲戒行為にはあたらず、いわば訴訟の円滑な遂行のための司法行政の一環であるとも考えられるが、本判決では防御権に憲法的価値を認めた点が注目される。

92条および94条は、二審制の原則との関係で問題となった条文である。この点憲法院は、私訴原告人を認めることはともかく、上告審において重要な証拠に基づく新たな請求を行ったり、あるいは上告審において初めて私訴原告人となったりすることは、裁判における市民の平等に抵触することとなり、憲法的価値を有する二審制の原則に違反しすると判断した。憲法院のこの判断は、裁判で要求される平等原則を厳格に適用している点で、一定の評価が可能である。

しかし，憲法院のかかる態度は曖昧であり，憲法院が二審制の原則を重視するならば，新たな証拠とともに新たな請求を行うことを許容すべきであり，反対に，かかる原則に重きを置かないのであれば，法律次第で被告人が民事上の利益すなわち金銭を失ってもよいこととなる，との批判もある。

100条2項は，「制限的法律（刑罰法規）の不遡及」と関連するものであり，本判決においてはフランス人権宣言8条前段（刑罰の必要性）に違反するものとして，違憲とされた。問題は，新法が犯罪類型を明確化すると同時に，一定の刑罰の上限を下げることを内容としていたことに起因する。そもそも刑罰法規の遡及性が認められるためには，より制限的でない，あるいはより軽い刑罰を規定するもののみが適用されねばならない（後の 92-305 DC, 21 février 1992 を参照）。本判決における憲法院の態度は明確であり，より重い刑罰を定めた刑罰法規の不遡及，そしてより軽い刑罰を定めた刑罰法規の即時適用，という点に要約される。

なお，本判決の内容は多岐にわたるものであり，審査に服した条文の大部分は合憲との判断が下された。ここでそのすべてに言及することはできないが，まず今回の判決における憲法院の合憲判断の手法につき，総じて条件付きの合憲判決，あるいは「合憲限定解釈」が用いられた点が特徴的である。この手法が端的に用いられているのは，判旨21, 43そして61の部分である。これ以降，憲法院が合憲限定解釈を積極的に用いることとなったことを勘案すれば（86-207 DC, 25-26 juin 1986, 86-208 DC, 1-2 juillet 1986 など），判決手法に関し，本判決の果たした役割が小さいものではなかったという点が指摘されてよいであろう。

また，本判決では「事実」において列挙した刑事法と憲法との関係についての憲法院の判断が目を惹く。この点「刑法の憲法化」が考えられるが，本判決においては刑罰法規の「積極的」憲法適合性が示唆されたのではなく，合憲限定解釈の判決手法と相まって，いわば「消極的」憲法適合性のみが目立つ判決といえよう。

〔参考文献〕

本法の内容および本判決の理解に資する文献は多いが，ここでは，次のものをあげておく。

Louis. Favoreu et Loïc. Philip, "Les grandes décisions du Conseil constitutionnel", 11e éd., Dalloz, 2001.

Alain Dekeuwer,《Conseil constitutionnel 19 et 20 janvier 1981》, Recueil Dalloz, 1982, I, pp. 441 et s.

Christian de Gounay,《Le Conseil Constitutionnel et la loi "sécurité et liberté"》, AJDA, n° 6, 1981, pp. 278 et s.

ⅢC 32 個人的自由と司法権——自動車検問判決

1977年1月12日憲法院判決
Décision n° 76-75 DC du 12 janvier 1977
Journal Officiel, Lois et Décrets du 13 janvier 1976, p. 344
Rec. 33, RJC I-45, GD. 24

高作正博
（琉球大学助教授）

〔事　実〕

誘拐事件や爆破事件等の増加傾向に対してかねてから憂慮していた政府は、1976年4月に、「犯罪の捜査と予防のために自動車の検問を認める法律」案を提出した。また、ポニアトウスキー内相は、犯罪の再発を未然に防ぐため、自動車とその内部の捜索を司法警察官に認めるよう議会に対して求めた。1976年11月に国民議会での審議に付された法案は多くの問題点を指摘され、元老院が二度当該条文を否決した後、12月20日に国民議会のみによって可決されている。それは以下のような規定であった（以下、本件法律という）。

「単一条　司法警察官（officiers de police judiciaire）或いはその命令にもとづいて司法警察職員（agents de police judiciaire）は、一般の交通に供されている道路上で、明らかに放置された自動車の場合を除いて所有者或いは運転手の立会の下に、自動車及びその内部の捜索を職権で実施することができる。

しかし、サーカス移動用自動車（caravanes）、流浪者用自動車（roulottes）、住居用自動車（maisons mobiles ou transportables）、キャンピングカー（véhicules aménagés pour le séjour）の検問は、それが駐車中で実際に住居として使用されている場合には、家宅捜索及び住居の訪問に関する規定に基づかなければ、実施され得ない。」

本件法律に対し、12月21日、67人の社会党所属の国民議会議員、63人の共産党所属の国民議会議員、79人の社会党等所属の元老院議員による三つの請求が、憲法院に付託された（以下、本件提訴という）。提訴者の数は全体で200人以上という、全く例外的な事態となった。憲法院は、1977年1月12日、法律の単一条を憲法に適合しないと判示した。

〔判　旨〕

「憲法院は、憲法、憲法院に関する組織法律を定める1958年11月7日オルドナンス、特に第2章第2節を参照し」、個人的自由の保障、付託された当該法律の内容等について検討して、結論を述べた。

（i）「個人的自由」の根拠について、

「個人的自由（la liberté individuelle）は、共和国の諸法律によって保障され、また、1958年憲

法前文により確認された1946年憲法前文によって宣言された，基本的諸原理の一つである。」[Con. 1]

　(ⅱ)　「司法権が個人的自由の守護者である」という原理について，

「憲法66条は，この原理〔個人的自由〕を確認して，司法権にその保護を委ねている。」[Con. 2]

　(ⅲ)　憲法院の審査に付された本件法律の目的について，

「憲法院の審査に付されている条文は，自動車が一般の交通に供されている道路上にあること，及び，捜索が所有者或いは運転手の立会の下に行われることを条件として，全ての自動車或いはその内部の捜索を実施する権限を，司法警察官（officiers de police judiciaire）或いはその命令にもとづいて司法警察職員（agents de police judiciaire）に付与することを目的としている。」[Con. 3]

　(ⅳ)　憲法院の審査に付された本件法律の特徴について，

「上記の二つの条件が満たされれば，当該規定により司法警察官及びその命令に基づいて行動する司法警察職員に付与された権限は，非常権限についての法制度の実施を除いて，あらゆる場合に，無条件に行使されうる。たとえ犯罪が犯されていない場合でもそうであるし，また，たとえ法律が検問を公の秩序への侵害のおそれがある場合に限定していなくても同様である。」[Con. 4]

　(ⅴ)　憲法院の審査に付された本件法律の合憲性について，

「もっとも，司法警察官及び司法警察職員に付与された，性質が限定されていない当該権限の広さのために，また，当該権限が行使されうる場合の極めて一般的な性質のため，さらに，司法警察官及び司法警察職員がもたらしうる検問の範囲の不明確さのため，当該規定は，個人的自由の保護を基礎づける本質的原理を侵害する。従って，当該規定は，憲法に適合しない。以上の理由から次のように判決する。[Con. 5]

1. 犯罪の捜査及び予防のために自動車の捜索を認める法律の単一条（article unique）の諸規定は，憲法に適合しないと宣言される。
2. この判決は，官報に掲載される。

(1977年1月12日審議）（憲法院院長　ロジェ・フレイ)」

〔解　説〕

(1)　**本判決の意義・特徴**

本判決の特徴として，以下の三点を挙げることができる。第一に，自動車検問を違憲と判断した点である。それまでも，本件法律以外に自動車検問を認める規定は存在していた（現行犯の場合での司法警察官による検問，道路交通法L-4条に基づく交通検問，租税法1854条以下に基づき税務職員が行う検問，関税法60条に基づき税関職員が行う検問，郵便法L-20条に基づき郵政職員が行う検問，憲法16条の非常権限の発動に基づく検問など）。しかし，本件法律とこれらの規定との間には重大な相違点が存する。即ち，後者は，「検問権を行使する公務員の範疇を限定し，且つ検問の明白な目的を明示し，特別な手続により検問を認める……自動車の不可侵の原理の例外の場合を定めている」のに対し，本件法律は，「この不可侵の原理を否認し，検問権の行使要件を定めておらず，警察官に対し永続的で無

条件的な権限を賦与し，恣意的行使への道を開くことになる」(後掲野村②103，4頁)。本件法律は，憲法的価値を有する自由・原理を全く否定する内容であったことが，憲法院の違憲判断を招いたのである。

第二に，自動車検問を違憲とする根拠として，「個人的自由」が挙げられている点である。本件提訴は，本件法律の違憲性の根拠として，「共和国の諸法律によって承認された基本的諸原理」(移動の自由，私生活の尊重の原理，住居の不可侵の原理，信書の秘密，示威行動の権利)，恣意的逮捕の禁止(1789年の人および市民の権利宣言7条)，思想の伝達の自由(同宣言11条)，財産権(同宣言17条)，行政警察と司法警察の分離，平等原理などを挙げていたのであるが，憲法院の判断は，以上の理由にほとんど触れることなく，個人的自由という，より一般的な構成に従って判断している。その理由としては，①自動車を停止させ検問することは，逮捕にも収用にも該当しないため，恣意的逮捕の禁止や財産権を根拠とすることはできないこと，②検問に必要な時間を除いて移動の自由に対する侵害も存在せず，また，破毀院の判例によれば自動車は住居ではないとされていたために住居の不可侵の侵害も存しないこと等が挙げられる。

第三に，「『個人的自由』の守護者としての司法権」の原理から行政警察と司法警察の分離が導きだされ，本件法律にはこの分離原則を侵害する瑕疵があると判示されている点である。個人的自由の保障は，憲法66条により司法権に委ねられているが，司法権は，犯罪捜査が司法警察に委ねられている場合にしか個人的自由の保障を確保できない。したがって，行政警察と司法警察との混同がある場合には，「『個人的自由』の守護者としての司法権」の原理の侵害があると考えられる。行政警察が存する場合には，個人的自由はもはや司法権の保護の下には置かれていないからである。ところが，本件法律には，以下の理由から両者の混同ないしは区別の不存在が存するものと解される。即ち，①犯罪が犯されたことは要求されていないこと，②司法警察官及び司法警察職員の権限の内容や範囲が不明確であり，また制限も存しないこと，③検問は，単なる司法警察職員によっても実施されうることである(GD., pp. 334-5)。以下では，「個人的自由」の概念と根拠・内容，「『個人的自由』の守護者としての司法権」の原理について検討を加えることとする。

(2) 「個人的自由」の概念

「個人的自由」の概念の理解については次の三点が重要であろう。第一に，学説上の争いである。まず，狭義説として挙げられるのはリヴェロの見解である。リヴェロは，個人的自由とは，「人権宣言の定式によれば安全のことであり，他の自由以上のものである。即ち，それは，権力に直面する個人の法的安全の保障であり，他のすべての自由の楯(bouclier)である」とする(後掲 Rivero, p. 74. Cf. Rivero, Les libertés publiques, t. 2, 4e éd., PUF, 1977, p. 21.)。他方，広義説としては，安全以外にも，移動の自由，住居及び信書の不可侵の原理を含むとする見解(G. Burdeau, Libertés publiques, p. 111)，個人的自由を集団的自由と対比させて，個人的自由に「個人の自律」(移動の自由，安全，私生活の保護)と「個人の選択」(良心の自由，自己決定権)を含める見解(J. Morange, Droits de l'homme et libertés publiques, 4e éd. revue et augmentée, PUF, 1997, p. 135 et s.)などが主張されている。もっとも，狭

義説については，個人的自由に移動の自由を含むかどうかにつき見解の違いがある。リヴェロは，厳密な意味での安全，即ち逮捕も拘留もされない権利であり，移動の自由ではないとする (J. Rivero, Les libertés publiques, p. 23)。他方，コリアールは，「(個人的自由は) 逮捕も拘留もされない人間の状態，従って，移動の可能性を有する人間の状態として分析される」と述べており，安全も移動の自由も混同しているように思われる (Colliard, Libertés publiques, 7ᵉ éd., DALLOZ, 1989, p. 237)。

第二に，本判決後の憲法院の判例も踏まえた個人的自由の捉え方である。個人的自由は次の構成要素から成るものと定義できる。①「安全」である。これは，人および市民の権利宣言2条により認められ，同宣言7条及び憲法66条1項によって規定されている，違法に逮捕や拘留をされない権利を意味する。②「移動の自由」である。その憲法的価値は，一部の国道・県道の利用を有料とする法律を合憲とした1979年7月12日判決 (Décision n° 79-107DC du 12 juillet 1979, RJC I-73) によって初めて認められ，それ以降も絶えず再確認されてきた (移民問題に関する1993年8月12・13日判決〔⇨ⅡA⑩判決〕，ビデオ監視装置の合憲性が争われた1995年1月18日判決〔⇨ⅡB⑬判決〕等参照)。③「私生活の尊重への権利」である。これも，個人的自由の一部として明確に認められている (前掲1995年1月18日判決，外国人の宿泊証明書に関する1997年4月22日判決〔⇨ⅡA⑩判決〕参照)。④「住居及び信書の不可侵」である。司法裁判官は長い間，共和暦8年憲法76条を援用してこれを保護してきたのであるが，憲法院ではそれは，税務上の家宅捜索の合憲性が争われた1983年12月29日判決 (Décision n°83-164 DC du 29 décembre 1983, RJC I-166) 以来，個人的自由に位置づけられている。⑤「婚姻の自由」である。これは，前掲1993年8月12・13日判決によってリストに加えられた。

第三に，本件法律の自動車検問がいかなる自由ないし原理を侵害しているのか，という点についての争いである。この点は，本判決を扱う項目を見ることである程度推し量ることができよう。即ち，本件判決を安全に位置づけて論じるもの (Rivero, Les libertés publiques, t. 2, p. 35.; J. Morange, Droits de l'homme et libertés publiques, pp. 165-6)，「自動車はしばしば，核心領域 (intimité) および私生活の延長であった」とし，また，「私生活への権利は従って，1977年1月12日判決によって暗に確認されていた」と述べて，私生活の尊重への権利に位置づけるもの (GD., pp. 336-7)，移動の自由に位置づけるもの (Colliard, Libertés publiques, p. 313.; J. Robert et J. Duffar, Droits de l'homme et libertés fondamentales, 7ᵉ éd., Montchrestien, 1999, p. 551.) などがある。

(3) 「個人的自由」の憲法上の根拠と内容

本判決では，個人的自由の憲法上の根拠として，「共和国によって承認された基本的諸原理」と憲法66条が援用されているが，実際にはどちらの根拠に位置づけるのが適切であるのかが問題となろう。この点については，実際には，共和国の諸法律によって承認された基本的原理の参照は無用だったと考えられる。なぜならば，66条が援用されればそれで足りるからである。現に，その後の判決でも，66条のみが個人的自由の憲法的保障を基礎づけるために援用されている (例えば，治安維持対策の合憲性が問題となった1981年1月19-20日判決〔⇨ⅢC㉛判決〕等参照)。但し，生命倫理判決 (1994年7月27日判決〔⇨

IIB⑫判決〕)で，憲法院は，「個人的自由は，人権宣言1条，2条，4条で宣言されている」と判断している。このうち，2条は，個人的自由の構成要素の1つである安全を基礎づけうるものであるが，それ以外の規定はすべての自由について援用されうるものであるため，驚きを持って受け止められている。そこで，今日では，憲法院は，個人的自由の憲法的保障を，人権宣言1条，2条，4条，及び憲法66条に基づかせているものと考えられ得る（GD., p. 338.; L. Favoreu, P. Gaïa, R. Ghevontian, J-L. Mestre, A. Roux, O. Pfersmann et G. Scoffoni, Droit constitutionnel, Dalloz, 1998, p. 817.)。

また，本判決は，本件法律により認められた権限が，一定の場合を除いて，「あらゆる場合に，無条件に行使されうる」と指摘した上で，本件法律の違憲性の理由として，①「性質が限定されていない当該権限の広さ」，②「当該権限が行使されうる場合の極めて一般的な性質」，③「司法警察官及び司法警察職員がもたらしうる検問の範囲の不明確さ」の三点を指摘している。まず，この判断には，リヴェロが指摘しているように，「個人的自由，及びすべての自由が，それが行使されるある領域では，一般的な権力にも不明確な権力にも甘んじることはあり得ない」という確認があるものと理解すべきであろう（後掲 Rivero, p. 76.)。一般的な権力，即ち一般的な禁止であることから，原則－自由，例外－規制という自由保障の原理の逆転が帰結される。また，不明確な権力とは，検問の対象や目的の定義が本件法律に欠けているということを意味している。結局，憲法院は，個人的自由に関しては，それに対する制限が例外となるように，規定の明確性かつ特定性を有することを立法者に要求しているのである。そこで，本判決は，自動車検問の権限が有効と認められるための条件として，①「非常権限についての法制度の実施」，②「公の秩序への侵害のおそれ」，③犯罪の存在を指摘している。

(4) 「個人的自由」の守護者としての司法権

本判決は，憲法66条で規定されている「『個人的自由』の守護者としての司法権」の原理の憲法的価値を認めた。ここから行政警察と司法警察の分離が帰結される。両者の伝統的な区別は，一方には公序への侵害の予防を委ね，他方には犯罪の確認及び犯人とその証拠の捜索を委ねるという権限の内容の違いとして現れる。本判決が違憲判断を行ったのは，本件法律上の自動車検問が，「犯罪が犯されていない場合でも」実施され得るため司法警察には属さない権限であり，また，公序への侵害のおそれも必要とされていないため行政警察にも属さない権限だからであった。

また，本判決が「『個人的自由』の守護者としての司法権」の原理の憲法的価値を認めるに際し，いかなる留保も制限も付していない。この点に関しては，後の判決において，①憲法66条1項の「何人も」という文言から，外国人もフランス国民同様にこの原理の保護を受けることができる，②司法裁判所が恣意的な拘禁かあるいは正当な拘禁かを判断することができる，また，正当な拘禁であってもできる限り短期間に限らなければならない（以上2点に関し，不法入国対策が問題となった1980年1月9日判決〔Décision n° 79-109DC du 9 janvier 1980, RJC I-74〕参照)，③仮留置（garde à vue）の延長を許可するためには，裁判官（magistrat du siège）の関与が憲法66条の規定によって必要である，但し，予審

〔高作正博〕

判事という特定の裁判官であることまで要求されてはいない（前掲1981年1月19・20日判決〔⇨ⅢC31判決〕参照）等が確認されている。

　こうした憲法院の判決によれば，第一に，個人的自由ないし私生活の尊重に対する制限は，その権限が司法裁判官以外の裁判官に付与される場合には，違憲と判断されることとなる。この点，「情報処理の利用から生じる私生活への侵害に対する保護を行政委員会に委ねるという，情報処理・検索カード・自由に関する1978年1月6日法は，違憲と思われる。なぜならば，その統制は，最終的にコンセイユ・デタに帰属するからである」（GD., p. 341.）とする指摘に留意する必要があろう。また，第二に，司法裁判官によるコントロールが有効に機能するためには事前許可の権限が必要であり，単なる報告で足りるとすることも憲法上問題があろう（前掲1995年1月18日判決参照）。さらに，第三に，行政処分に刑事罰が伴う場合には，その適法性審査・違法の抗弁が刑事裁判所で認められるということになる。刑事罰を科すことは，個人的自由に対する重大な制限だからである。この趣旨は，1987年1月23日判決〔⇨ⅣC50判決〕でも踏襲されている（もっとも，憲法院の判例変更が見られることにつき，1989年7月28日判決〔Décision n° 89-261 DC du 28 juillet 1989, RJC I-370〕，1992年2月25日判決〔Décision n° 92-307 DC du 25 février 1992, RJC I-493〕参照）。この問題については，判決の既判力（憲法62条2項）の観点から憲法院の判断を受け入れたボグダン・ヴコヴィッチ両判決が注目される（後掲Favoreu参照）。

〔参考文献〕

Cour de Cassation et GERJC, La Cour de Cassation et la Constitution de la République, PUAM, 1995; L. Favoreu, La Cour de cassation, le Conseil constitutionnel et l'article 66 de la Constitution, D., 1986, Chron. p. 169; P. Kayser, Le Conseil constitutionnel protecteur du secret de la vie privée à l'égard des lois, Mélanges offerts à P.Raynaud, 1985, p. 329 et s; Th.Renoux, Le Conseil constitutionnel et l'autorité judiciaire, ECONOMICA, 1984; J. Rivero, Le Conseil constitutionnel et les libertés, 2ᵉ éd., ECONOMICA, 1987; 大河原良夫「フランス憲法院と法律事項（四・完）」東京都立大学法学会雑誌31巻1号（1990）235頁以下，北村一郎「私生活の尊重を求める権利——フランスにおける《人の法＝権利》の復権」北村一郎編集代表『現代ヨーロッパ法の展望』（東京大学出版会，1998）215頁以下，野村敬造「自動車検問法に関する1977年1月12日憲法評議院判決」比較法研究41号（1979）205頁以下〔野村①〕，同「自動車検問に関するフランス憲法評議院判決」今村成和教授退官記念『公法と経済法の諸問題上』（有斐閣，1981）97頁以下〔野村②〕，皆川治廣『プライバシー権の保護と限界論』（北樹出版，2000），和田英夫＝阪本茂樹「フランス憲法院の最近の判決について——車輌検問違憲判決を中心に」法律論叢52巻1号（1979）1頁以下など。

ⅢC 33 無罪の推定・刑罰の一身専属性・犯罪の主観的要素
―― 交通安全法判決

1999年6月16日憲法院判決　　　　　　　　　　　　　　　　　石川裕一郎
Décision n° 99-411 DC du 16 juin 1999　　　　　　　　　　（麻布大学・白鷗大学非常勤講師）
Journal Officiel, Lois et Décrets du 19 juin 1999, p. 9018
Rec. 75, RJC I-820

〔事　実〕

　1996年の政府統計によると，フランスの交通事故死者数は年間8,000人以上に達していた。これは，人口比で比較すると，他のヨーロッパ連合加盟国，たとえばイギリス，スウェーデン，オランダの2倍以上，イタリアの1.5倍であり，フランスよりも悪いのはポルトガルとギリシャだけであった。しかも，15歳から24歳の若年者の死亡原因の第1位は交通事故であり，また，18歳から24歳の若年者は全人口の10%を占めるに過ぎないのに，交通事故死者は20%に上っていた。

　このような事態に直面した政府は5年間でその数値を半減させる目標を設定し，1998年2月19日，市民向けの交通安全教育促進と交通法規違反に対する罰則強化を主眼とした「交通安全に関する諸措置を定める法律案第302号（Projet de loi portant diverses mesures relatives à la sécurité routière n° 302）」を元老院に提出した。同法律案は3回の修正議決と両院合同同数委員会における成案を経た後，1999年5月11日に国民議会で，5月19日に元老院で，それぞれ全会一致で可決された。しかし，同法律の6条，7条および8条が野党・保守系議員を中心とした96名の国民議会議員によって違憲であるとされ，同日，その合憲性審査が憲法院に付託された。

　憲法院は，一定の解釈に従うとの留保の下に同法律を合憲と判断，いわゆる「無害化する」留保条件付合憲判決（réserve d'interprétation dite neutralisante）をなした。

〔判　旨〕

　「憲法院は，1958年10月4日憲法典，憲法院に関する組織法律を定める1958年11月7日の改正オルドナンス第1067号，とりわけその第2編第2章，刑法典，道路法典，1999年6月1日に受理された政府の意見書を参照し」，「交通安全および公共旅客輸送機関事業者に対する犯罪に関する諸措置を定める法律（Loi portant diverses mesures relatives à la sécurité routière et aux infractions sur les agents des exploitants du réseau de transport public de voyageurs）」の6条，7条および8条について合憲判断を下した。

　まず，判決の冒頭において，「公序に対する侵害，とくに人間の身体の完全性に対する侵害の防止，犯罪の行為者の捜査，およびその処罰は憲法規範的価値を有する諸原則および諸権利の擁護に必要である。また，憲法規範的価値を有するこれらの目的と，憲法上保障されている

公の自由の行使の両立を確保することは立法者に属する。そして公の自由には，とくに，人身の自由（liberté individuelle）と往来の自由（liberté d'aller et de venir）が含まれる」ことが確認された。[Con. 2]

そして，憲法院は，違反車両の登録証明書所持者を有罪と推定する同法律6条について，「人権宣言9条の文言から，立法者は，原則として，刑事領域における有罪の推定は規定できないことが導き出される」ことを確認した。だが，「有罪の推定が覆しえない性格を有さず，防禦権が保障され，事実から有罪の蓋然性が合理的に導き出される場合，とりわけ違警罪の領域においては」例外的に有罪の推定を定めうると判示した。[Con. 5]

そのうえで，本条においては「当事者が不可抗力であることの証明，またはその犯罪の行為者ではないことを証明する性質を有する証拠を提出することによって，その推定を覆すことを立法者は認めている」ことを指摘した後，「車両登録証明書所持者は，事件の事実および当事者の資力を考慮した裁判所の判決によらずして，罰金刑を宣告されることはない。車両登録証明書所持者は訴訟のいかなる段階においてもその防禦手段を有効に利用しうる」という留保の下で，防禦権の尊重は確保されているとした[Con. 6]。また，「車両窃盗のような不可抗力上の出来事が存在しないとき，車両登録証明書所持者が，その者が行為者である場合は犯罪遂行における個人的責任を認めることを拒否すること，行為者でない場合は有効な証拠の提出を拒否することまたは提出できないことは，個人的責任を構成する。個人的責任は，とりわけ，真実証明に貢献することの拒否，または車両保管についての注意欠如という観点から分析される。したがって，何人も自分自身の行為以外で処罰されることはないとする人権宣言8条および9条に由来する原則は尊重されている」[Con. 7]ことを宣明し，「道路法典L.21-2条2項の文言そのものによれば，問題とされる条文の諸規定は，実際，車両登録証明書所持者に刑事責任を負わせるものではない。科される罰金の支払いの最高額は対応する違警罪に規定されているそれではあるが，前科簿への登載の理由とはならず，累犯として考慮されることもなく，運転免許の点数を減少させることもない。さらに，滞納留置の規定はこの支払いには適用されない」がゆえに，同条の適用による制裁は「制裁の対象となる責任との関係において明白に均衡を失するものとはみなされえない」[Con. 8]と述べ，本条は合憲とした。[Con. 9]

次に，憲法院は「立法者に属する目的を考慮すると，憲法上の諸原則を尊重しつつ重罪および軽罪，ならびにそれらに適用される刑罰の確定に関する規範を定めることは立法者に属する」[Con. 12]ことと，人権宣言8条に依拠して「問題とされている諸事実の性質決定を考慮すると，対応する犯罪に付随する制裁の確定が評価における明白な過誤を含むかどうかを検真することは憲法院に属する」[Con. 13]ことを確認した。

さらに，違警罪の累犯を軽罪で処罰することを規定する7条については以下のように述べた。まず，本条が創設する軽罪の最高刑は「1年の拘禁刑および100,000フランの罰金刑に処される，刑法典223-1条が創設した，他人を危険にさらす軽罪」の量刑を上回ることはありえない[Con. 14]がゆえに，本条には「明白な不均衡」は含まれておらず，「そのような不均衡が存在しない以上，憲法院は立法者の評価に代えて自らの評価を下すことはできない」とした[Con. 15]。さらに，「重罪と軽罪に関して，有責性

(culpabilité) は刑事上制裁される行為の客観的帰責性 (imputabilité) のみからは生じない」ことを人権宣言9条から導き，人権宣言9条と8条が定める罪刑法定主義を組み合わせて解釈したうえで，「ある罪質決定は，軽罪の領域においては，その犯罪の客観的要素 (élément matériel) の他に，故意によるか否かという主観的要素 (élément moral) を含まなければならない」と宣明した [Con. 16]。そのうえで，本条には「犯罪の主観的要素について明確な規定が欠けているので，『重罪または軽罪を犯す意思がなければ，重罪または軽罪はない』という文言を有する刑法典121-3条の一般規定を適用するのは裁判官である」という留保の下，本条は合憲とした [Con. 17]。

最後に運転免許の点数減少を規定する8条について，憲法院は，本条が修正する道路法典L.11-1条が規定する手続きは「憲法典66条の意味における人身の自由を侵害しては」おらず，「その目的に鑑み，その実施に伴う保障があれば」往来の自由も侵害してはいないとした [Con. 20]。そして，点数減少については，一定の留保の下に防禦権と裁判を受ける権利の尊重は確保されており [Con. 21]，さらに道路法典L.11-1条については，この制裁は「制裁を加えられる行為と明白に均衡を失しているとはいえない」として [Con. 22]，本条を合憲とした [Con. 23]。

憲法院は，以下のとおり判示する。
1. 本法6，7，8条は，本判決で明示する留保のもとで合法である。
2. 本判決はフランス共和国官報に掲載される。

(1999年6月16日審議)(憲法院院長代行　イヴ・ゲナ)

〔解　説〕

(1)　フランス憲法判例における本判決の意義

本判決の内容は多岐にわたるが，総論的には「違警罪拘禁刑判決」(n° 73-80 L du 28 novembre 1973)，「車両検問判決」(n° 76-75 DC du 12 janvier 1977) および「治安と自由判決」(n° 80-127 DC des 19-20 janvier 1981) などに代表される刑事法分野，憲法学的には「人身の自由」に関する判例の流れの中に位置づけられる。

この流れに沿って，本判決でも，車両検問判決において初めて明示された，人身の自由が憲法規範的価値を有することと，1958年憲法典66条が人身の自由の擁護を司法権に委ねていることが再確認されている。そのうえで本判決は，「移民法 (Loi Pasqua) 判決」(n° 93-325 DC des 12-13 août 1993)，「生命倫理法判決」(n° 94-343-344 DC du 27 juillet 1994)，「監視ヴィデオ判決」(n° 94-352 DC du 18 janvier 1995) などでその法的内容と憲法上の基盤の充実化が図られてきた「人身の自由」という概念を，安全の概念あるいは警察の恣意的な措置からの擁護，換言すればフランス流《habeas corpus》と結びつける近年の判例を踏襲し，「刑事法の憲法化」を一層進めたと評価される [MATHIEU 1999b: 16, 18; SCIORTINO-BAYART 1999: 594; TURPIN 2000: 51]。

さらに，人身の自由に関する憲法判例という観点から，本判決は，移民法判決における判断とは異なり，往来の自由を人身の自由から明確に区別したという点で注目される。この点について，この区別は拘禁刑等による身柄の拘束については不適切だが，交通規制については認められると評価されている [MATHIEU 1999b: 14]。また，往来の自由は人権宣言4条に鑑みれば制限されうる [SCHOETTL 1999b: 700]，あるいは，政府の意見書によれば交通死亡事故の48パーセン

トは速度違反が原因である以上，他人を危険にさらす速度違反についてはこのような区別も正当化されうる [FATIN-ROUGE 2000: 615] との評価もある。

なお，裁判を受ける権利について，従来の破毀院やヨーロッパ人権裁判所の判断と比較し，憲法院の今回の判断 [Con. 20～22] を厳しく批判する論 [COUZINET 2000: 4-6] もあるが，紙幅の都合上，本稿では触れない。

(2) 刑法の諸原則からみた本判決の意義
① 無罪の推定

1789年人権宣言9条を援用した無罪推定原則自体は，治安と自由判決以降，繰り返し確認されていた。本判決も基本的にはこの判例を踏襲するものだが，それに加えて，一定の条件下では例外的に有罪の推定も許されるとした。[Con. 5]

この点について，本判決が，明示的ではないにせよ，ヨーロッパ人権法を参照し，比較法的視点を取り入れていることは注目に値する。すでに，ヨーロッパ人権裁判所は，ヨーロッパ人権条約6-2条は一定の条件下における有罪の推定を妨げない，と判示している (Affaire Salabiaku c/ France, 14/1987/137/191)。実際，主に交通事犯を対象とした「有罪の推定」は他のヨーロッパ諸国でも広く認められる傾向にあり，スペインの憲法裁判所も，1995年12月23日の判決において，この領域における「過失の推定」の存在を認めている。なお，運転免許の減点手続きについても，ヨーロッパ各国の法令 [MATHIEU 1999b: 14-15; SCHOETTL 1999b: 695] とヨーロッパ人権裁判所の判断 (Affaire Malige c/ France, 68/1997/852/1059) は同様である。本判決がこれらのヨーロッパ各国の対応とヨーロッパ人権裁判所の判断を踏まえたことは確かである。

さらに，有罪の推定は刑法典225-6条，321-6条，222-39-1条などにすでにみられ，破毀院刑事部も，道路法典L.21-1条の規定はヨーロッパ人権条約に反しない，と繰り返し判示していた (Cass. Crim., 5 septembre 1994, 5 octobre 1994, 26 octobre 1994, 25 janvier 1995 など)。このような意味でも，憲法院が「有罪の推定」について初めて明確に言及した本判決は意義深いといえる [BUISSON 1999: 3; SCHOETTL 1999b: 700]。

だが，この点については多くの批判がある。まず根本的な批判としては，無罪の推定という憲法規範的価値を有する原則に限界を設けるのならば，やはり憲法規範的価値を有するもう1つの原則を援用すべきである，という見解が挙げられる [MATHIEU 1999a: 1; 1999b: 16]。そのもう1つの原則とは「公序に対する侵害の防止」[Con.2] なのかもしれないが，刑事法の規定はすべて公序の維持に関わっているといえるので，これでは無罪推定原則が事実上空洞化してしまうという問題点がある（この点について，本判決が「身体の完全性」を公序に属せしめ，犯罪の行為者の捜査と結びつけたことには疑問が残る [MATHIEU 1999a: 1; 1999b: 13]）。さらに，本判決は，提訴者が主張したヨーロッパ人権条約6-2条ではなく人権宣言9条の趣旨を歪めるものであり，「違警罪の領域においては」の前に「とりわけ (notamment)」という副詞が付されていることから，軽罪，さらには重罪にも有罪の推定が認められる可能性を開いた，との批判がある [CACQUERAY 2000: 625]。また，有罪の推定を受けた車両所有者に証拠の提出を求めることは黙秘権の侵害であり，その提出を怠ることが有責性を基礎づけるとは認め難い [ROUJOU DE BOUBÉE 2000: 114]，あるいは，このような規定自体が私生活の秘密を侵害することになる [LUCHAIRE 1999: 1289] との批判もある。

② 刑罰の一身専属性

本判決は，人権宣言9条と8条から「何人も自分自身の行為以外について刑事上の責任を負わない」(刑法典121-1条)こと，すなわち刑罰の一身専属性原則が導き出されると判示した。この原則は無罪推定原則に必然的に付随するものであるが，この点について憲法院の従来の姿勢は一定していなかった (n° 76-70 DC du 2 décembre 1976, n° 94-343-344 DC du 27 juin 1994, n° 98-399 DC du 5 mai 1998 など)。また，社会法領域における類似の合憲性審査の際は，この原則ではなく平等原則が援用されていた (たとえば n° 98-404 DC du 18 décembre 1998)。それゆえ，本判決は，刑事責任の意味と範囲に関する憲法判例のさらなる明確化を進めたと評価される [MATHIEU 1999a: 17; 1999b: 2; SCIORTINO-BAYART 1999: 588; 2000: 198; SCHOETTL 1999b: 700]。

とはいえ，ここで憲法院が展開した立論 [Con. 7] には，たとえば「過失の推定の存在を認めたものである」との批判，あるいは「刑事責任の承認は自由の限界の1つである」がゆえに，人権宣言8条と9条だけではなく4条も援用すれば一層説得力が増したはず，との見解がある[SCIORTINO-BAYART 1999: 592; 2000: 198]。また，実際には，犯罪がなされた諸状況を考慮せずに車両所有者に過失責任を認めることは困難である [CACQUERAY 2000: 626] との指摘，さらには，そもそも刑事責任 (responsabilité) と処罰の帰責性 (imputabilité) を切り離した本法律6条自体が「法律のアクロバット」[COUZINET 2000: 4; MAYAUD 1999: 589] であるとの批判もある。

③ 犯罪の主観的要素

この点について問題とされた同法律7条は，実際のところ，「人命は刑法の諸原則に優先される」ことを強調する象徴的意味合いが強いという見解 [SCHOETTL 1999b: 698] があり，また，違警罪の累犯が一定の条件下において軽罪を構成するという規定も新しいものではない (たとえば，道路法典L.12条，酒類販売法典L.65条)。また，人権宣言8条を援用した罪刑法定主義，および刑罰の必要性と均衡の原則の定義は，治安と自由判決において初めて明確に登場して以来,「新聞法判決」(n° 84-181 DC des 10-11 octobre 1984)，移民法判決,「テロ対策法判決」(n° 96-377 DC du 16 juillet 1996) などで繰り返し確認されている。

この原則に関する本判決の意義は，軽罪と重罪の罪質決定には法令違反の客観的要素に加え，それが故意によるか否かという主観的要素も考慮しなければならないと判示し，これを規定する刑法典121-3条1項に憲法規範的価値を認めたことにある [MAYAUD 1999: 595; SCHOETTL 1999b: 700; SCIORTINO-BAYART 1999: 593; 2000: 198]。そして，この点に関する留保条件付合憲判断が司法裁判所の評価を拘束することになるので,「刑法の憲法化」を促進することになるとの評価もある [MATHIEU 1999b: 17-18]。だが，これは破毀院が従来から「責任・過失・罪責 (faute)」と称していたもの (Cass. Crim., 2 avril 1997) と同じであり，あえて「主観的要素」という表現を用いる必要はない，という見解もある [LUCHAIRE 1999: 1290-1291]。また，このような判断は，逆に，客観的要素のみから構成される違警罪の存在を導いているとの指摘もある [CACQUERAY 2000: 625]。

(3) **自由と安全――市民社会のアンチノミーか?**

「[ジョージ・オーウェルの『1984年』に登場する]《Big Brother》が[市民生活を]監視していても，同様に，憲法院も[これらの人権侵害を]監視しているのである」[TURPIN 2000: 52]。このような監視機能を，憲法院は今後も十分に果たしてゆくのだろうか。実際，1999年の憲法院の

諸判決（本判決の他に n° 99-408 DC du 22 janvier 1999, n° 99-416 DC du 23 juillet 1999, n° 99-419 DC du 9 novembre 1999, n° 99-422 DC du 21 décembre 1999）は「人身の自由」と刑法上の諸概念を明確化したと総括しつつも，憲法院は「人身の自由」の概念を「安全」の概念に帰着させようとしているのではないか，との懸念を表明する声がある [MATHIEU 1999b: 14; FATIN-ROUGE 2000: 612]。最後に，この問題について些か卑見を述べておきたい。

Bertrand Mathieu によれば，本判決には，公共生活を律する規範の「刑事罰化（pénalisation）」がいわれる現今の社会的情況が反映されている [MATHIEU 1999a: 1]。そして，このような「刑事罰化」は，とりわけ科学技術の進歩にもかかわらず（あるいは，それゆえに）市民が「安全の欠如（insécurité）」を感じ，その結果，罪責に対する制裁としてではなく，ある種の予防原則（principe de prévention）に基づく社会規制（régulation sociale）あるいは一般市民の「怒りや苦しみを鎮める」システム（社会の「生ける法（droit vivant）」[無論，エールリッヒのいうそれとは異なる]と形容される [MATHIEU 1999a: 2; 1999b: 16]）としての刑事罰を要請する社会的背景の存在を示している，と分析される。同様の観点から，M. Couzinet は，とくに運転免許の減点に関する今回の憲法院の判断が「裁判官統治」ではなく，むしろ「全能のテクノクラートによる統治」につながることを懸念している。すなわち，社会関係が複雑化するにつれ，立法者は自らの権限を放棄し，より効率的とされるテクノクラートに頼る傾向が進むというのである [COUZINET 2000: 6]。このような懸念は杞憂ではない。たとえば民事手続法典の263条と246条は，このような傾向を抑制するために，鑑定人の影響力の制限を規定している [TAISNE 2000: 108]。

ところで，本件において審査された法律は，国会では審議に長時間が費やされて多くの修正が加えられたうえで，その合憲性審査が憲法院に付託されるという過程を経たものの，両院においてそれぞれ全会一致で可決されている。これは，交通法規違反に対する罰則強化自体については党派を超えたコンセンサスが成立していること，そして，それが世論の大勢を反映していることを示している。このような社会心理学的な文脈において「本判決はまさに期待通り」[MATHIEU 1999a: 1; 1999b: 16] のものであった。

実際，刑法の大原則がどうであろうと，処罰を逃れるためにフルフェイスのヘルメットを被るライダー，ウィンドウをスモークにするドライバー，車体の大きさゆえに運転手の顔とナンバープレートが同時に写されないのをよいことにスピード違反を繰り返すトラック運転手たち [SCHOETTL 1999b: 694] の人権に配慮する必要などない，毅然たる姿勢で取り締まってほしいという大衆のホンネが容易に法というタテマエを凌駕する時代，すなわち21世紀初頭現在にわれわれは生きている。そして，憲法院は，「民主主義か立憲主義か」という憲法学的問題設定以前に，このような社会の（ハイデガー的な意味における）「気分」をいわば「追認」したのである。

人権宣言2条において「時効によって消滅することのない自然的な権利」，その保存が「すべての政治的結合の目的」であるとして列挙されている「自由」と「安全」（注）について憲法院が初めて本格的な判断を下した治安と自由判決が出された1981年当時とは比較にならないほど，現在は科学技術，そしてそれを用いた統治技術が進歩＝ブラック・ボックス化し，それに伴い，両者の関係をめぐるアポリアも先鋭化している。その一方で，「安全」なもの・「確か」なものへの人々の渇望感（場合によっては，経済学におけ

る「セーフティーネット」の議論もこの文脈に位置づけられうる）はかつてないほど強まっている（『リスク社会』）。なによりも，多くの人々は，今までの法規範や道徳は現代社会にもはや適合しなくなったかのように感じ始めている。このような情況において，憲法裁判はいかなる答えを導きうるのか。その問いを突きつけられているのは，フランスだけではなく日本も含めた，とりわけ "September 11, 2001" 以降の文明社会の憲法学である。

（注）しかし，人権宣言2条が言及しているのはあくまでも「安全（sûreté）」であり，「安全保障（sécurité）」ではない，との Etienne Balibar による指摘があるそれによれば，この相違は異なる語のニュアンスという二次的な問題ではなく，《sûreté》がまさしく生まれながらにして人が持つ自然権であるのに対し，《sécurité》社会契約に基づいて設立された国家が市民に対して保障する《sûreté》のことである。すなわち，《sûreté》が政治社会において転化したものが《sécurité》なのであり，両者を安易に混同してはならない [BALIBAR 1998 : 27-29＝2000 : 37-38]。

〔参考文献〕

BALIBAR, Étienne 1998 *Droit de Cité*, Éditions de l'Aube, 185 p.＝2000 松葉祥一（訳）『市民権の哲学：民主主義における文化と政治』261 p.; BUISSON, Jacques 1999 "Les présomptions de culpabilité", *Procédures*, 12: 3-4; CACQUERAY, Sophie de 2000 "Chroniques: France", *Annuaire international de justice constitutionnelle*, 15: 623-624, 624-626; COUZINET, M. 2000 "De quelques observations quant à l'avis du Conseil constitutionnel sur la loi du 18 juin 1999 relative à la sécurité routière, et sur l'avis donné par le Conseil d'État le 27-09-1999 au Tribunal administratif de Versailles", *Gazette du palais*, 26 et 27 juillet: 4-6; FATIN-ROUGE, Marthe 2000 "Chroniques: France", *Annuaire international de justice constitutionnelle*, 15: 612, 615, 622, 624; LUCHAIRE, François 1999 "Deux décisions du Conseil Constitutionnel appelées à faire jurisprudence?: La présomption de culpabilité et l'élément moral de l'infraction", *Revue du droit public*, 5: 1287-1292; MATHIEU, Bertrand 1999a "La sécurité routière fait progresser le droit constitutionnel pénal (à propos de la décision 99-411 DC du Conseil constitutionnel)", Dalloz: *Dernière Actualité*, 27: 1-2; 1999b "Jurisprudence", *Les petites affiches*, 188: 12-18; MAYAUD, Yves 1999 "Circulation routière : Entre le dit et le non-dit, ou les leçons de droit pénal du Conseil constitutionnel", Dalloz: *Jurisprudence*, 39: 589-596; ROUJOU DE BOUBÉE, Gabriel 2000 "Mise en œuvre du principe selon lequel nul n'est responsable pénalement que de son propre fait", Dalloz: *Sommaires commentés*, 11: 113-114; SCHOETTL, Jean-Eric 1999a "Jurisprudence", *Les cahiers du Conseil constitutionnel*, 7: 13-14; 1999b "Libertés publiques", *L'Actualité juridique: Droit administratif*, 20 septembre : 694-700; SCIORTINO-BAYART, Stéphan 1999 "Chronique: Jurisprudence du Conseil constitutionnel 1er avril-30 juin 1999", *Revue française de Droit constitutionnel*, 39: 587-594; 2000 "Contravention de grand excès de vitesse", Dalloz: *Sommaires commentés*, 19: 197-198; TAISNE, Jean-Jacques 2000 *Institutions judiciaires*, 7e éd., Dalloz, 199p.; TURPIN, Dominique 2000 *Mémento de la jurisprudence du Conseil constitutionnel*, 2e éd., Hachette, 157p.

＊本判決のHPアドレス　http://www.conseil-constitutionnel.fr/decision/1999/99411/index.htm

ⅢD 34 ストライキ権の憲法規範的価値とその限界

1979年7月25日憲法院判決
Décision n° 79-105 DC du 25 juillet 1979
Journal Officiel, Lois et Décrets du 27 juillet 1979, p. 1953
Rec. 33, RJC I-71, GD. 27

北川善英
（横浜国立大学教授）

〔事　実〕

1979年3月〜4月のラジオ・テレビ放送職員によるストライキを契機として，与党の共和国連合（R.P.R）の国民議会議員からラジオ・テレビ放送に関する1974年8月7日法26条を改正する法律案（単一条）が提出され，1979年6月27日，議会は審議・修正のうえ可決した。

法律のパラグラフⅠは，波状ストライキや抜き打ちストライキを回避するためにストライキ予告を義務づけるとともにその具体的な提出要件を定め，パラグラフⅡは，放送役務の遂行に不可欠な役務または職種の指定をコンセイユ・デタの議を経たデクレに委ね，放送公施設法人・番組制作国営会社の会長・社長は該当する職員を徴発できることを定め，パラグラフⅢは，とくにテレビ番組制作国営会社社長は，「通常の役務」を確保するために職員数が不十分な場合，放送役務の遂行に必要な「基礎的公役務」の継続性を確保するために必要な職種または職員を徴発することができること，ストライキ参加者には労働法521条の6（1日単位の賃金カット）が適用されることを定めた。

憲法61条2項にもとづき，6月28日には国民議会の，7月6日には元老院の，それぞれ野党の左翼議員は，法律の違憲性を主張して憲法院に提訴した（提訴理由⇒［解説］）。憲法院は，7月25日，初めてストライキ権の憲法規範的価値を認めてパラグラフⅢ前段の2カ所の文言を違憲と判断した。法律は，違憲と判断された文言を削除されて，7月26日，共和国大統領によって審署され公布された（法律 n° 79-634）。

〔判　旨〕

「憲法院は，憲法61条2項で定められた要件にもとづき，……1974年8月7日法（n° 74-696）のラジオ・テレビにおける労働の集団的停止の場合の公役務の継続性に関する規定を改正する法律の審査を付託され，憲法を参照し，憲法院に関する組織法律を定める1958年11月17日オルドナンスのとりわけ第2編第2章の諸条項を参照し」，以下のように判断した。

（ⅰ）ストライキ権の憲法規範的価値とその限界

「1958年10月4日憲法前文により確認された1946年10月27日憲法前文の文言によれば，『ス

トライキ権（le droit de grève）は，これを規制する法律の範囲内において行使される』。憲法制定権者は，この規定を定めるにあたって，ストライキ権が憲法規範的価値を有する原理であること，しかし，それには限界があることを指摘するとともに，ストライキがその一手段である職業上の利益の擁護とストライキがその性質上侵害する虞のある一般利益の保護とのあいだの必要な調整を図るため，立法府（législateur）に対してストライキ権の限界を定める権限を付与した。」［Con. 1］

(ii) ストライキ権と「公役務の継続性」

「とくに，公役務に関しては，ストライキ権の承認は，ストライキ権と同様に憲法規範的価値を有する原理（un principe de valeur constitutionnelle）の性格を帯びた公役務の継続性（la continuité du service public）を確保するために必要な制約を課す立法府の権限を妨げるものではない。これらの制約は，その中断が国の不可欠な必要性を侵害するような基礎的役務（les éléments du service）の運用を確保するために不可欠な職員（agents）に対するストライキ権の禁止に至ることも許される。」［Con. 1］

(iii) ストライキ予告の要件

憲法院の審査に付された法律の「パラグラフⅠに含まれる諸規定は，提出されるべきストライキ予告の要件を定めるにとどまる。当該条項は，憲法のいかなる規定にも，いかなる憲法規範的価値を有する原理にも反しない。」［Con.2］

(iv) 要件の適用方法の決定—コンセイユ・デタの議を経たデクレ

「同条パラグラフⅡは，ラジオ・テレビ電波の制作・送信・放送（la création, la transmission et l'émission des signaux de radio et de télévision）を確保すべき要件を定めたのち，憲法21条，34条及び37条による法律事項と命令事項とのあいだの権限配分にもとづき，コンセイユ・デタの議を経たデクレ（un décret en Conseil d'État）がこの要件の適用方法を定めるものとしているが，パラグラフⅠと同様に，憲法のいかなる規定にも，いかなる憲法規範的価値を有する原理にも反しない。」［Con. 3］

(v) 番組制作国営会社・放送公施設法人による職員の徴発

「パラグラフⅡにおいて，番組制作国営会社及び放送公施設法人（l'établissement public de diffusion）の前記任務の執行のためにその協力が不可欠である職種（les catégories de personnels）に対して必要な場合に発せられる召集に関して，立法府が『徴発する（requérir）』という語を用いたとしても，議会での審議及びその際の文化・コミュニケーション大臣の言明に照らして，本法律が1959年1月7日オルドナンスその他の法規の定める徴用権（le droit de réquisition）に準拠していないことは明らかである。これらの事実により，パラグラフⅡは憲法に適合しないと宣示することはできない。」［Con. 4］

(vi) テレビ番組制作国営会社による職員の徴発

「しかし，法律のパラグラフⅢ前段において，『テレビ番組制作国営会社の職員の数が通常の役務（le service normal）を確保するために十分ではないとき，各国営会社の社長は，状況が必要とするならば，1条及び10条が定める任務の遂行に必要な基礎的役務の継続性を確保するため，職務にとどまるべき職種または職員を徴発することができる』と規定して，立法府は，労働の集団的停止が通常の役務の執行を妨げると

き，各会社に与えられた任務全般の遂行が確保されることを保障するため，各会社の社長に対して，その禁止が前記の憲法規範的価値を有する諸原理に照らしても正当化され得ないような場合に，ストライキ権の行使を妨げることを認めている。したがって，本条項に含まれる諸規定は，一方で，通常の役務の執行に関して，他方で，1974年8月7日法1条及び10条が定める任務の遂行に関して，前記諸原理に適合しないと判断されなければならない。」[Con. 5]

「したがって，憲法院の審査に付された法律の単一条により改正された1974年8月7日法26条パラグラフⅢの次の文言，『通常の役務を確保するために』並びに『1条及び10条が定める任務の遂行に必要な』は，前記諸原理を無視して採択されたものと判断されなければならない。」[Con. 6]

(ⅶ) 憲法院の審査に付された当該法律の全体について

「当該諸規定は，前示諸規定並びに議会での法案審議における討論からして，憲法院の審査に付された法律の全体と不可分ではない。」[Con. 7]

(ⅷ) 結論

「憲法院は，以下のように判示する。
1. 憲法院の審査に付された法律により改正された1974年8月7日法26条パラグラフⅢの次の文言，『通常の役務を確保するために』並びに『1条及び10条が定める任務の遂行に必要な』は，憲法に適合しない。
2. 憲法院の審査に付された法律のその他の条項は，憲法に適合する。
3. 本判決は，フランス共和国官報に掲載される。

(1979年7月25日審議)(憲法院院長 ロジェ・フレイ)」

〔解 説〕

(1) **1974年8月7日法と提訴理由**

1974年8月7日法により，放送の国家独占体であるフランス・ラジオ・テレビ放送局(O.R.T.F.)は，組織法的には，①商工業的性格の公施設法人として，電波の送信のみを行うフランス送信公社(T.D.F.)と放送関係の記録保存・研究等を行う国立視聴覚機構(I.N.A.)，②国営会社として，番組制作・編集のみを行うテレビ3局(TF1, A2, FR3)とラジオ1局(Radio France)，③公私資本混合会社として，番組制作のみを行うテレビ1局(S.F.P.)，の7機関に分割された。また，同法26条は，ストライキの場合，放送公施設法人(①のT.D.F.)と番組制作国営会社(②)は放送の「基礎的役務」の継続性を確保すべきことを定め，そのために職務にとどまるべき職種または職員を指定することを各会長・社長に認めている。

1979年3月～4月のストライキでは，「滑り込み予告(préavis glissant)」すなわち連日のストライキ予告や「基礎的役務」に不可欠な職種だけに関わるようなストライキの予告の提出によって放送役務は混乱に陥った。そのため，ストライキ予告の要件整備と職員徴発規定の新設を主たる目的として同法26条の改正がなされたのである。国会審議では，徴発という手段による放送公施設法人と番組制作国営会社の公務員(官吏を含む公役務の協力者全体)のストライキ権の制限(禁止)が焦点となった。

左翼議員による提訴理由は以下の3点であった。①1946年憲法前文は，国民生活の安全に不

可欠な公役務についてストライキ権の規制を認めたのであり，娯楽番組を含む「通常の役務」の確保を放送労働者に義務づけることは，実際にはストライキの禁止を意味する。また，憲法規範的価値を認められたこともなく，したがってストライキ権に優位するものではない「公役務の継続性」原則によって，憲法規範的価値を有するストライキ権の規制を正当化することはできない。②1946年憲法前文はストライキ権の規制を明示的かつ排他的に法律（立法府）に委ねているが，提訴された法律は，憲法38条に反して，規制の適用方法を決定する広範な権限を命令制定権（政府）に委ねている。③命令制定権を首相もしくはその委任に基づき大臣に留保する憲法21条に反して，憲法37条の命令事項に属する徴発を命令制定権者ではない国営会社社長に認めている。

本判決は，提訴理由の①の前半部分を認めてパラグラフⅢの2カ所の文言を違憲と判断したが，提訴理由の①の後半部分および②と③は退けた。

(2) 本判決の意義

憲法院は，1971年の「結社の自由」判決〔⇒ⅢA⑳判決〕以降，1789年人権宣言と1946年憲法前文および「共和国の諸法律によって承認された基本的諸原理」に，憲法の裁判規範性（「憲法規範的価値を有する原理」）を認め，「憲法ブロック」を拡大してきた。1946年憲法前文の「現代に特に必要な……政治的・経済的・社会的諸原理」が「憲法規範的価値を有する原理」であることを最初に認めたのが1975年1月15日判決（Décision n° 74-54DC/前文11項の健康権）である。また，1946年憲法前文の労働に関する権利については，まず1977年7月5日判決（Décision n° 77-79DC）が労働者参加権（8項）を，次いで本判決がストライキ権（7項）を，続いて，1982年10月22日判決（Décision n° 82-144DC）が組合の自由（6項）を，1983年5月28日判決（Décision n° 83-156）が雇用の権利（5項）を，1996年11月6日（Décision n° 96-383）が団体交渉権（8項）を，それぞれ「憲法規範的価値を有する原理」として認めた。

本判決の意義は，第1に，憲法院が初めてストライキ権の憲法規範的価値を認めたことであり，第2に，ストライキ権の正当性の限界とその制限のための3条件を明らかにしたことであり，第3に，公務員のストライキ権規制に関して，「公役務の継続性」原則に憲法規範的価値を認め，等しく憲法規範的価値を有する原理であるストライキ権と「公役務の継続性」原則との調整を行ったことであり，第4に，ストライキ権規制に関する憲法上の規範的権限の配分を明確にしたことである。

(3) ストライキ権とその限界および制限

本判決は，ストライキ権の憲法規範的価値を初めて認めただけではなく，ストライキ権の正当性の限界およびストライキ権制限のための3条件を明らかにした［Con. 1, 3］。前者については，ストライキ権が「職業上の利益の擁護」の一手段と明示されたため，職業的性格を有しない政治ストライキなどはストライキ権保障の範囲から排除されることになる。後者については，第1に，職業的性格のストライキであってもその制限は許されるが，当該制限は「（ストライキによる）職業上の利益の擁護とその性質上侵害する虞のある一般利益の保護とのあいだの必要な調整を図る」ものでなくてはならない。なお，1980年7月22日判決（Décision n° 80-117DC）で

は「健康の保護と人及び財産の安全の保護」が，1982年10月22日判決（Décision n° 82-144DC）では平等原理が，それぞれストライキ権との調整を図るべき「憲法規範的価値を有する原理」として明示された。第2に，ストライキ権の制限は，命令（政府）ではなく法律（立法府）によらなければならない。第3に，公役務におけるストライキ権の制限に関して，「公役務の継続性」は，ストライキ権と調整を図るべき「一般利益」の具体的内容である。

なお，本判決におけるストライキ権の正当性の限界とその制限のための第1条件は，公務員のストライキ権規制に関するコンセイユ・デタ判決のリーディング・ケースとなったDehaene判決（C.E.,7 juillet 1950, D.,1950, p. 538）を踏襲したものである。

(4) ストライキ権と「公役務の継続性」原則

本判決は，「公役務の継続性」に憲法規範的価値を認めるにあたって，いかなる根拠も示していない。1994年8月3日判決（Décision n° 94-347DC）と1996年7月23日判決（Décision n° 96-380DC）でも，「公役務の継続性」原則の憲法規範的価値が再確認されているが，事情は同様のようである。この点について，労働法学では批判的見解が一般的であるが，『憲法院重要判例』の著者は，憲法5条1項（「共和国大統領は……公権力の適正な運営と国家の継続性を確保する」）に根拠を求めることができるとする一方で，「(公役務の）継続性の原則は議論の余地なく……『我が国の公法の最も基本的な諸原則（principes les plus fondamentaux de notre droit public）』の一つである」とする（G.D.C.C., 10ᵉ éd., 1999, p. 392）。

ところで，コンセイユ・デタは，Aramu判決（C.E., 26 oct. 1945, D.,1946, p. 158）以降，「法の一般原則（principes généraux du droit）」を認め，行政に対してその尊重を義務づけた。その後，「法の一般原則」は，その適用範囲が拡大されるとともに憲法37条の命令事項に優位することが確認された（C.E., 26 juin 1959, D., 1959, p.541）。そして，憲法院は，1969年6月26日判決〔⇒ⅥB㊷判決〕で「法の一般原則」に憲法規範的価値を認めるに至った。「公役務の継続性」は，そうした「法の一般原則」の一つと考えられてきたのであり，本判決では，「法の一般原則」の一つとしての「公役務の継続性」にも憲法規範的価値が認められたと解することができる。なお，『憲法院重要判例』の著者がいうところの「我が国の公法の最も基本的な諸原則」が「法の一般原則」を意味しているかどうかは明らかではない。

本判決は，また，公役務を公役務一般（本件の場合，「通常の役務」）と「その中断が国の不可欠な必要性を侵害するような基礎的役務」（本件の場合，「基礎的公役務（éléments du service public）」—いわゆる「最少役務（le service minimum）」）とに区別し，前者にはストライキ権の制限を，後者にはストライキ権の禁止を，それぞれ対応させている[Con. 1]。他方で，付託された法律は徴発という手段によって当該職員のストライキ権を禁止することを認めているが，パラグラフⅡが徴発の対象としたのは放送役務に「厳密に不可欠な役務または職種」であり，パラグラフⅢが徴発の対象としたのは「通常の役務」および一般的包括的内容の「1条及び10条が定める任務」に必要な「基礎的公役務の継続性」を確保するための職種である。パラグラフⅢの「基礎的公役務」が，「通常の役務」と「1条及び10条が定める任務」という2つの文言によって「任務全般」すなわち公役務一般

に拡大されているため，憲法院は，前述の基準に照らして，上記の2つの文言を違憲と判断したのである［Con. 5］。

*1974年8月7日法1条は「情報，通信，文化，教育……に関する住民の必要と要望に応えること」を放送役務の任務とし，10条は「様々な信仰や思想の直接的表明」と「ラジオ・テレビの地域センターの管理と調整」をFR3の任務としている。

(5) ストライキ権の規制権限──法律と命令

本判決は，立法府（法律）が「（放送役務を）確保すべき要件を定めたのち，憲法21条，34条及び37条による法律事項と命令事項とのあいだの権限配分にもとづき，この要件の適用方法を定める」のはコンセイユ・デタの議を経たデクレ（政府）であるとして，ストライキ権規制に関する法律と命令とのあいだの権限配分を明らかにしている［Con. 3］。本判決が示した，ストライキ権行使の規制と条件を定めるのは法律であり，法律にもとづいてその適用方法を定めるのが命令であるというストライキ権規制に関する規範的権限の配分は，1980年7月22日判決（Décision n° 80-117DC）と1982年10月22日判決（Décision n° 82-144DC）でも再確認されている。

憲法院によって整序された規範的権限の配分は，破毀院の判例変更を促し，破毀院（社会部）の1995年6月7日判決（Cass. soc., 7 juin 1995, D., 1995, p.75）は，「労働協約は，憲法で認められた労働者のストライキ権の行使を制限または規制するという結果をもたらすことはできない，法律だけが労働者に課せられるストライキ予告期間を設定することができる」とした。しかし，コンセイユ・デタは，「（法律によるストライキ権規制が存在しない場合）当該規制の性格と範囲を定めるのは，公役務の円滑な運営に対して責任ある政府の権限である」とするDehaene判決（前述）以降，憲法院判決および学説による批判にもかかわらずその判例を維持している（cf. C.E., 13 nov. 1992, D., 1992, somm. p.253）。

〔参考文献〕

L.Hamon, Grève et continuité du service public, mirage de la conciliation et modalité de l'arbitrage, D., 1980, p.333; B.Genevois, La jurisprudence du Conseil constitutionnel relative au droit de grève dans les services publics, Droit social, 1989, p. 796; L.Hamon, Le droit du travail dans la jurisprudence du Conseil constitutionnel, Droit social, 1983, No 3, p. 155; S.Dion-Loye et B.Mathieu, Le droit de grève: l'affirmation elliptique du constituant, le silence du législateur, la parole du juge, R.F.D.C., 1991, p. 508; G.Lyon-Caen, La jurisprudence du Conseil constitutionnel intéressant le droit du travail, D., 1989, chron. p. 289; 野村敬造「憲法評議院と基本的人権」金沢法学24巻1号（1981），北原仁「フランスの公務員のストライキ権と憲法院判決」早稲田大学大学院法研論集23号（1981），拙稿「フランス憲法院と人権保障」長谷川正安編『現代人権論』（法律文化社，1982）。

ⅢD ㉟ 労働者の参加権と法律事項

1994年8月3日憲法院判決
Décision n° 94-348 DC du 3 août 1994
Journal Officiel, Lois et Décrets du 6 août 1994, p. 11482
Rec. 117, RJC I-602

石埼　学
（亜細亜大学助教授）

〔事　案〕

　フランスの社会保障は，労働者の職域的連帯の理念の下，労働者の自主管理原則によって運営されてきた社会保険を中心としたものとなっている。その制度は，きわめて複雑である。まず本判決に関係する限りで，フランスの社会保険制度をごく簡潔に説明しておく。

　それは，基本的に，一般制度，補足退職年金制度および再補足退職年金制度の三層構造をなしている。後の二つの制度は，労使協定により，管理職労働者の退職後の所得保障を目的として発展してきた。しかし，補足退職年金制度は，1972年の「補足退職年金の一般化に関する法律」(Loi n° 72-1223) により，「一般化」＝強制加入の制度となり，「第二の一般制度」と言われるようになった。本判決において問題となるのは，補足退職年金をさらに補うために，企業と労働者個人が任意に契約を行う再補足退職年金制度である。

　本件で，上院の社会党議員によって憲法院に提訴された1994年8月8日法 (Loi n° 94-678) は，社会保険を運営する諸機構と根拠となる法典の整理を行ったエヴァン法 (Loi n° 89-1009) の理念をさらに徹底する目的の法律であり，EU内での社会保障の「調和化」の一貫である社会保険に関するヨーロッパ共同体指令を受けて，社会保障法典に新たに「第九編　被用者に関する補足社会保護」をもうけ，社会保護に関わる諸機構を，補足退職年金制度に関する機構，共済制度に関する機構および任意退職年金に関する機構に整理するという内容のものである。提訴されたのは，企業が，再補足退職年金をあらたに創設するに際しての条件をつけている同法10条および11条（新たに創設された社会保障法典 L.941-1条および L.941-2条）である。その条件は，補足退職年金制度への加盟および大臣の許可 (L.941-1条)，再補足退職年金を創設した場合に雇用者が，デクレによって定められた条件を満たしていて弁済不能とならない保障があること (L.941-2条) などである。

　提訴者たちは，かかる条文が，①法律の公布以前にすでに再補足退職年金制度を設けている企業と公布後にそれを創設しようとする企業間の不平等，法律の公布以後に再補足退職年金を創設できる企業とできない企業間の不平等を生じさせるとし平等原則違反であり，②1946年憲法前文第八段で認められた労働者の労働条件決定への参加権を侵害し，③契約の自由や企業の自由を侵害するなどと主張した。

〔判　旨〕

L.941-1条の合憲性

①「平等原則は，立法者が，異なる状況を別異に規定することとも，一般利益を理由とする平等の適用除外とも，法律が確立する目的に比例した結果となる異なった扱いであれば，対立するものではない」。「一方では，再補足退職年金制度の適用領域を徐々に削減することをめざす立法者が定めた目的に関しては，法律の公布以後適用されることになった新しい諸規定は，この公布期日に再補足退職年金制度を創設していたか否かに応じて企業間の平等原則の侵害になるものではない」。「他方では，新しい再補足退職年金制度の創設を特例として許可する可能性を残して，立法者は，これまでの特別制度を享受している被用者に共通の法規定の適用を促進にしようとした」。

②「いかなる憲法上の価値規範も，契約の自由を保障するものではない」

③「1958年10月4日憲法前文で確認された1946年10月27日憲法前文は，第八段で『すべての労働者は，その代表者を介して，労働条件の団体的決定ならびに企業の管理に参加する』と規定しているが，憲法34条は，法律事項に，労働権，労働組合の権利ならびに社会保障の基本原理の決定を列挙していることに鑑み，かくして憲法的価値を有する本規定を尊重しながら，その適用の条件および保障を決定することは立法者に帰属する」。「法律の目的の一つは，補足退職年金制度，共済制度および再補足退職年金制度を分け，社会保障法典によって規制を受ける労使代表制度の法的形式を簡素化し，整序することであることに鑑み，被用者により良い社会的保護を確保するために，立法者が定める場合以外に，将来に再補足退職年金制度の創設をもはや認めないと立法者が判断したが，それでも立法者は，労使代表が，共済制度への集団的契約を申し込むか，あるいは企業ないし企業集団に特別の共済制度を創設することができると規定した。」

L.941-2条の合憲性

④「立法者によって，提訴された法律の公布以後に誕生する契約に対応した積立をすることが義務付けられているという観点から，L.941-2条の最終段落の対象となる諸所制度の規定の特殊な性格によっても，それらの効能によっても，立法者が定めた一般利益という目的を妨げかねない法律の適用における予測の困難さによっても立法者が，規定した適用除外は，正当化されることではない。したがってこの規定は平等原則を尊重していない」。

憲法院は，以下のように判示する。

1. 『被用者の補足的な社会的保護およびヨーロッパ共同体の審議会の1992年11月10日の第92／49指令および第92／96指令を取り込む法律』の11条に由来する社会保障法典L.941-2条の最終段落は，憲法に違反すると宣言される。
2. 本判決はフランス共和国官報に掲載される。

（1994年8月3日審議）（憲法院院長　ロベール・バダンテール）

〔解　説〕

本件で提訴された1994年8月8日法は，フランスにおける補足制度の明確化をめざした八九年のエヴァン法を完成させるものであり，労使の自主管理原則の下で運営されてきたフランスの社会保険制度の不明確さに対するヨーロッパ共同体からの不満に応えるという性格を有するものである（後掲・LAIGRE, p.311）。周知のとおり，この翌年，1995年に成立したジュペ内閣による新自由主義に基づく「社会保障改革」が，労働者の大争議に見舞われ，それが労働組合の代表性をめぐる問題などにも波及していく（後

掲・大和田）。その中で，1946年憲法前文で保障された労働者の参加権を，代表的労働組合以外の労働者にも広く認める法律を合憲とした1996年11月6日の憲法院判決（Décision 96-383 DC, Droit social, 1997）も引き出されていく（同判決の邦語の解説として，後掲・奥田）。以下，本稿の対象である判決の主要な論点を見ていく。

(1) 平等原理について

平等原理について，憲法院は，ある立法が，一般利益の実現を目的とするものであり，それを実現するための手段が目的と比例している限りで，異なった扱いを規定している場合には，平等原理の侵害にはならないと判断している（判旨①）。本判決の対象となった1994年8月8日法の場合，立法目的は，高額所得者の退職後の年金である再補足退職年金制度の段階的縮減という一般利益に合致したものであると判断しているのである。社会保障法典L.941-2条の最終段落が，違憲とされたのは，恣意的なデクレによって，同法の目的である一般利益が侵害される危険があるためである（判旨④）。

(2) 労働者の参加権について

1946年憲法前文第八段で保障されている労働者の参加権と1958年憲法34条の「法律事項」との調整が，本件では問題となった。周知のとおり憲法34条は，行政権優位の統治構造を前提とし，議会の権限を限定する趣旨の条項である。本判決で，憲法院は，憲法的価値を有する労働者の参加権を尊重している限りで，立法権が，労働条件の一部である社会保障について規定することは可能であるとしている。具体的には，1994年8月8日法が，技術的なものであることを強調した上で，再補足退職年金制度のあたらな創設を限定しているが，労使代表が，新たな共済制度を設ける余地を否定していないのだから，労働条件の決定への労働者の参加権を侵害するものではないと判断している（判旨③）。労働者の身分保障に関してであるが，1996年の判決でも，憲法院は，同様の枠組みで労働者の参加権と「法律事項」との調整を行っている（後掲・奥田）。また，1996年2月22日憲法改正によって，憲法34条に第六項が追加され，あらたな法類型である「社会保障財政に関する法律」が創設され，社会保障の分野における議会の権限は，本判決の時点よりも，大幅に拡大している（後掲・伊奈川）ということを付け加えておく。

(3) 契約の自由について

本判決において，憲法院が，契約の自由は憲法的価値を有するものではない，と初めて明確に述べたことも注目に値する（判旨②）。しかし，本判決で，なぜそのような判断がなされたのかは，判旨からは明らかではない。

以上，フランスにおける労働者の参加権に関する判決を簡潔に見てきたが，フランスでは，1996年にいたるまで，参加権が，代表的労働組合によって独占され，しかも組合の組織率が非常に低いという状況のなかで，必ずしも労働者の利益になっていないようである。そして，他方では，「国民連帯」の理念の下，社会保障の租税化ないし「国営化」がすすみ（小沢・後掲），労働者の自主管理原則に基づく自律的な社会保障というフランス的伝統が大きく変容しつつある。

〔参考文献〕

小沢隆一「フランスにおける福祉国家の『再定義』」北野弘久古稀『納税者権利論の展開』勁草書房（2001年），Philippe LAIGRE, Le institution de retraite complementaire et leurs federations apres la loi du 8 aout 1994, Droit Social, 1995, p.306, 大和田敢太「フランスにおける労働運動の高揚と団結権論の新展開：一九九五年大闘争と労働組合の代表権能の位相」彦根論叢309号（1997年），奥田香子「組合代表がいない企業における協約交渉を可能にする法規定の合憲性」労働法律旬報1418号（1997年），伊奈川秀和『フランスに学ぶ社会保障改革』中央法規（2000年）。加藤智章「フランスにおける補足退職年金制度の位置づけ」季刊・社会保障研究33巻2号（1997年），本判決の解説として，R.F.D.C., 20-1994. p.832 掲載の Patrick Gaia の解説を参照した。

ⅢD 36 住宅への権利──生存権と国・公共団体の責任

1995年1月19日憲法院判決
Décision n° 94-359 DC du 19 janvier 1995
Journal Officiel, Lois et Décrets du 21 janvier 1995, p. 1166
Rec. 176, RJC I-630

丹羽　徹
（大阪経済法科大学教授）

〔事　実〕

　フランスの住宅政策はいわゆる社会住宅の建設によって取り組まれ，国，自治体，民間組織の協力と調整によって行われてきた。1990年5月31日いわゆるのベッソン法（loi Besson）は，1991年7月13日の都市基本法とともに現在の住宅政策の枠組みを定めるものとなっているが，それらによって，明文で住宅への権利（droit au logement）を保障している。社会党政権下で作られてたこの枠組みは，保守政権のもとで変更されることとなった。住宅の権利の内容を居住施設にまで広げることにより，従来の基準の引き下げを可能とした（1994年7月21日法）。また，都市基本法のもとで，困窮者の受入と住宅の多様性確保が地方自治体に課せられた。

　地方自治体には，住宅困窮世帯の受入に伴う負担増がのしかかり，多くの自治体は住宅建設を実現することができず，その分担を求めた。それをうけて，1994年12月に地方自治体の責任を軽減し，民間へのシフトを促す「住居の多様性に関する法律」（Loi relative à la diversité de l'habitat）が採択された。それに対して地方公共団体の「住宅への権利」に対応した責務を民間事業者へ振り向けることによって住宅の多様性を確保する同法7条2項が，住宅への権利についての法的保障水準を低下させるものであり違憲であるとして61名の議員が憲法61条2項にしたがって，同年12月28日，憲法院に付託した。

　憲法院は翌95年1月19日に，住宅への権利を「しかるべき住宅を利用する可能性」であるとして，本法は憲法に合致すると判断した。

〔判　旨〕

　「憲法院は，1958年憲法，1946年10月26日憲法前文，憲法院に関する組織法律にかかわる修正された1958年11月7日のオルドナンス58-1067号とくにその第2編第2章，建設および居住に関する法典（le code de la construction et de l'habitation），住宅への権利の実施に向けた1990年5月31日法90-449号，修正された1991年7月13日の都市基本法（la loi d'orientation pour la ville）91-662号，住居に関する1994年7月21日法94-624号を参照し」，付託された法律の内容，1946年憲法前文から導き出される権利の内容，本法律による修正と憲法上の要請について考慮

したうえで，付託された法律は憲法に一致するとの判断を下した。

・付託された法条の内容について

建設および住居に関する法典 L.302-6条では「市町村は，……賃貸住宅の建設に実現に必要な土地または部屋の獲得を可能にする適当な措置を講じなければならない，と定め」，「関係する市町村がそれ自身このための不動産訴訟の履行を行っていたなかったときに当然支払われるべき分担金制度を定める」同法 L.302-7条が付託された法律5条で修正される。この分担金は建設を行う機関に給付されるが，1994年7月21日法によれば，ホームレスのための緊急時宿舎または1990年法の定める県の構想の枠内で建設される場合にも給付される。［Con. 2～3］

・1946年憲法前文から導き出される権利の内容について

「1946年憲法前文10項によれば，『国は，個人および家族に対して，それらの発展に必要な条件を確保する』。同前文11項によれば，国は，『すべての人に対して，とりわけ子ども，母親，および高齢の労働者に対して，健康の保護，物質的安全，休息および余暇を保障する。その年齢，肉体的または精神的状態，経済的状態のために労働しえなくなった人はすべて，生存にふさわしい手段を公共団体から受け取る権利をもつ』と定めており，「あらゆる形態の水準低下に対する人格の尊厳の保護が，憲法的価値を持つ原則であることが，1946年憲法前文によって導き出され」，「これらの諸原則からすべての人がしかるべき住宅を利用する可能性は憲法的価値をもった目的である。」［Con. 5～7］

・本法律による修正と憲法上の要請について

「1946年憲法前文10項および11項ならびに通常の家族生活を行う権利」が，「このためにしかるべき住宅を利用することなしには通常の家族生活を行うことが不可能」であり，本法律によって，「住宅への権利の実施条件から法的保障を奪った」と付託者は主張するが，「立法府および政府には，その各権限にしたがって，この憲法的価値をもった目的を実施する手段を決定する義務が課されている。立法者は，このため，旧法の諸規定が対象としていた憲法的諸原則から法的保障を奪わないという条件でのみ，旧諸規定を修正し，補完しまたは廃止することができる」のであるが，立法者は1990年5月31日法の諸規定を考慮し，とりわけ旅行者受入の特別条件やホームレスの緊急時宿舎の建設計画について考慮しており，修正される法条によるこの計画は，「必要性を分析し，人間の尊厳を尊重する衛生および快適さの条件を満たす部屋を提供しうる緊急時宿舎の収容能力を定める」ものとなっていることも考慮すると，「憲法上の要請を誤解するものではなく，逆にその実施条件を強化する傾向をもつものである」。したがって，援用された異議は事実を欠き，憲法への適合性についていかなる問題も生じないことを考慮して，次のように判示する。［Con. 4, 8～10］

1. 住居の多様化に関する法律7条2項は憲法と一致する。
2. 本判決は，フランス共和国官報に掲載される。

（1995年1月19日審議）（憲法院院長　ロベール・バダンテール）

〔解　説〕

(1) **本判決に至る住宅政策**

フランスの住宅政策は，かつて「石への援助」

が中心であったものから,「人への援助」への移行というかたちであらわされる。とはいえ,完全に移行したわけではなく,その両者のバランスによって進められている。また,これらの政策は,国や公共団体が一定の役割を果たすことによって進められるものであるために,財政条件などで左右されるものでもあった。

1991年に誕生した社会党政権下で進められた地方分権化は,住宅政策の担い手としての権限を地方へ移譲した。「地方自治体の権限を強化し,都市計画と連携させつつ,地域の実情に即した住宅政策」が進められた（後掲・檜谷 p. 222参照）。しかし,1990年法による県の行動計画策定に市町村は十分参加していないなどの批判があった。それと並行して,1991年の都市基本法は,住居の多様性を掲げ,困窮者のための住宅対策を優先させる国の政策と,地方の実状にあった政策を実施することを可能にした。

1995年法によって,「低所得者を含む全所得階層が無理のない負担で質の高い住宅にアクセスできるよう,所得に応じた対人助成」から「公民パートナーシップを軸に,各人の負担能力に応じた住宅供給のバリエーションを増やす」ものとなり,「住宅困窮世帯への救済手段として機能することが重視されるようになった」（後掲・檜谷 p. 230参照）。

1990年には「住宅への権利」をうたったベッソン法が作られる中,住宅困窮世帯の増加とその一方での「社会住宅の空き家化」によって,「居住環境」と「社会生活」の保障が課題となっていたのである（後掲・檜谷 p. 231参照）。

(2) **本判決の意義・特徴**

このような住宅政策が展開される中,憲法院は1995年の判決によって「すべての人にとってのしかるべき住宅を利用する可能性は憲法的価値を持った目的」であると明示した。これは,1990年法によって「住宅への権利」が明文化されていたことからの後退であるとみることもできるが,憲法院は「住宅への権利」を憲法的価値を持つ原則とすることを拒否し,「可能性」に憲法的価値を持たせたのである。1946年憲法の現代的な社会・経済的権利の一つとしてではなく,そこから導き出される一つの目的,すなわち立法上の指針にとどめたということができる。

(3) **憲法院が認めた「住宅への権利」**

1990年法は「住宅への権利を保障することは,国の全体に対する連帯の義務を構成する」として,「住宅への権利」を定めていた。それに対して憲法院は,「住宅への権利」を46年憲法前文から導き出される権利とは認定せず,「住居を利用できる可能性」に憲法的価値を与えたのである。社会経済的な権利に対して,自由権とは異なり,新たな権利を承認することに消極的な姿勢を示したものということができる（後掲・ZITOUNI参照）。

しかし,このことは1990年法が「住宅への権利」を,「特別な困難を抱えているすべての人または家族に,とりわけその収入または生存条件の不適応のゆえに,しかるべきもしくは独立した住宅へ接近しまたはそれを維持するため,地方公共団体の援助への権利を承認した」（後掲・ZITOUNI参照）ものであることからすると,憲法院はそれを確認したに過ぎないとも言える。

憲法院はこれまで1789年人権宣言や1946年憲法前文の中に,さらには共和国の諸法律によって承認された基本原則を憲法ブロックの中に取り込んできた。この判決では「住宅への権利」を憲法的価値のレベルにまで引き上げることを

否定した。立法府は1990年法で「住宅への権利」を明文で盛り込んだが，なぜ憲法院はそれを憲法的権利とすることを否定したのか。46年憲法前文から導き出される「現代に特に必要な」社会経済的諸権利は国家に対して積極的な介入を求めるものである。したがって，国家がそれに対応する何らかの具体的装置をおくことで初めて実効性が伴うものとなっているに過ぎないのである。憲法上の権利とは区別された「憲法的価値の目的」(1982年7月27日判決（Décision n° 82-141 DC du 27 juillet 1982）など）ということによって，その実現の具体化を立法に委ねたのである。

しかしながら，1990年法および91年都市基本法には46年憲法前文に含まれる憲法的権利と結びついた具体的な装置が組み込まれており，その水準引き下げや廃止は不可能であって，憲法院判決はその一定の「歯止め(cliquet)」との評価がされている（後掲ZITOUNI, GUISELIN参照）。また，最も困窮している人々の住宅利用可能性について代替的措置を講じたことで，全体としては水準の低下には結びつかないとの判断をしたのであろう。我が国の生存権に関する立法裁量論と同様の結果を導き出し，裁量統制の具体的基準も打ち出している。

(4) 「しかるべき住居を利用する可能性」の基礎

憲法院は「あらゆる形態の水準低下（品位を傷つけること）」を人間の尊厳に反するものであるとし，それを1946年憲法前文から導き出した（その他にDC94-343/344）。人間の尊厳の擁護は憲法的価値を持ち，それへの権利が「しかるべき住居を利用する可能性」の基礎となっている。「現代に必要なもの」として環境保護にも同様のことが言える（1995年2月2日法）。

〔参考文献〕

ZITOUNI Francoise, LE CONSEIL CONSTITUTIONNEL ET LE LOGEMENT DES PLUS DÉMUNIS, Les Petites Affiches n° 6, du 12 janvier 1996; GUISELIN Emmanuel-Pie, L'ACCÈS A UN LOGEMENT DÉCENT ET LE DROIT DE PRO-PRIÉTÉ: NI VAINQUEUR, NI VAINCU, Les Petites Affiches n° 51, du 13 mars 2000; Françoise Moneger, Alinéa 10; X. Prétot, Alinea 11, in Gerard Conac, Xavier Prétot et Gérard Teboul (sous la direction de), Les Préambule de la Constitution de 1946, Dalloz, 2001. 寺尾仁「都市・住宅政策」世界の社会福祉フランス・イタリア（旬報社，1999年）156頁以下，原田純孝・大家亮子「住宅政策と住宅保障」藤井ほか・フランス先進国の社会保障⑥（東京大学出版会，1999年）305頁以下，檜谷美恵子「フランスの住宅政策」小玉ほか・欧米の住宅政策（ミネルバ書房，1999年）155頁以下。

ⅢD ③7 家族手当の普遍性

1997年12月18日憲法院判決
Décision n° 97-393 DC du 18 décembre 1997
Journal Officiel, Lois et Décrets du 23 décembre 1997, p. 18649
Rec. 320, RJC I-721

藤野美都子
（福島県立医科大学教授）

〔事　実〕

　社会保障財政法律の制度は，1995年のジュペ・プランを受け，社会保障財政に関する議会統制を強化するため，1996年2月22日の憲法改正により導入された。制度発足から2度目となる1998年社会保障財政法律は，様々な措置を規定し，社会保障財政の収入増と支出減を図ろうとするものであった。

　同法律は，医療保険の財源について，保険料方式から税方式への移行を進め，医療保険の保険料を一般社会拠出金に代替するための措置を定めた。一般社会拠出金の料率が引き上げられ，その代わり，医療保険の保険料率は引き下げられた。さらに，コンセイユ・デタの判決が無効とした行政行為を追認することにより，1996年に遡って家族手当の算定基礎月額を定め，断層撮影行為の診療報酬を決定するための措置などを採った。

　また，第2子以降を対象として支給される，最も一般的な家族給付である家族手当の支給に，所得制限が導入された。これは，1932年の制度発足以来はじめてのことであり，世論の強い批判を受けることとなった。

　これらの諸規定の憲法適合性が問われ，1997年12月3－4日に国民議会議員から，同4日には元老院議員から憲法院に付託された。憲法院は，12月18日，解釈に関する留保を付したうえで，これらの規定を合憲と判示した。本判決は，フランスの社会保障制度のなかでも象徴的存在とされる家族手当に関して，憲法判断が下されたものとして注目されている。

〔判　旨〕

　「憲法院は，憲法，憲法院に関する組織法律について規定する修正された1958年11月7日オルドナンス第58－1067号，とりわけ当該オルドナンス第2編第2章，社会保障財政法律に関する1996年7月22日組織法律第96－646号，社会債務返済に関する1996年1月24日オルドナンス第96－50号，1994年財政法律について定める1993年12月30日法律第93－1352号……等を参照し」，1998年社会保障財政法律の立法手続，5条，9条，12条，21条，23条，24条，27条および31条について判断を下した。

　5条について，

　「問題とされている諸規定は，一般社会拠出金の料率を引き上げることに限定され，それ自体としては，医療保険の保険料率には関わらず，一般社会拠出金の料率を引き上げ，それと相関

的に法律に規定されている医療保険の保険料率を引き下げる際，職業別社会階層間の平等を歴然と損ねることのないように，医療保険の保険料率を新たに定めることは，命令制定権に委ねられる事項であることを考慮し，」5条に関する訴えは，斥けられなければならない。[Con. 7]

21条について，

「……この規定は，1995年の家族手当について算定基礎月額の引上げをしなかったことを取り消した1997年3月28日のコンセイユ・デタ判決の効力を否定し，（法律による）追認を行なうものであり，このような（法律による）追認という措置は，付託者たちによれば，社会保障財政法律においては認められず，いかなる一般利益もこれを正当化するものではないと主張していることを考慮し，……立法者が，刑事法に関わらない分野で，かつ既判力を有する過去の裁判所の諸判決を遵守するという留保の下で，行政行為を追認するために，遡及的な諸規定を利用することができるのは，それが，一般利益という諸理由あるいは憲法的諸要請に結びつく諸理由が考慮される場合だけであ……ることを考慮し，」[Con. 20〜24]

「……コンセイユ・デタの1997年3月28日判決が，1994年12月30日のデクレ第94－1231号による1.2％の引き上げに加えて，政府に1995年の家族手当の算定基礎月額を0.5％引き上げさせたことを考慮し，当該規定がなければ，1995年に関する算定基礎のこの引き上げは，……1996年以降支給される家族手当等の全体額を顕著な率で増加させ，このことから生じる追加的支出は，1996年から1998年の間に30億フラン以上に達すると算定され，一般制度の家族手当部門の赤字額を当該金額に相当する額だけ増加させるものであり，社会保障の財政的均衡に関連する憲法的要請からみて，さらに，問題とされている金額を考慮すれば，立法者は，問われている（法律による）追認の措置を採ることができる」。[Con. 25]

23条について，

共和国の諸法律により承認された基本的諸原理に関する理解に誤りがあると申し立てられたことについて

「1946年憲法前文が効力をもつ前から機能してきた共和国の立法は，1930年代以降，家族的構成を保護し，子どもの利益のために，家族，とりわけ大家族に対して金銭的援助を行なう共同体の義務を再確認してきたこと，しかしながら，この立法は，この扶助が普遍性を有し，すべての家族に関わるべきものであるとする原則に絶対的な性格を付与するものでは決してないこと，たとえば，とりわけ，被用者は家族手当等の負担を分かち合うための補償金庫に強制的に加入するとした1932年3月11日法律は，1人あるいは複数の扶養すべき子どもがいる賃金労働者のみを対象とした手当等の給付を規定したに過ぎず，フランスの家族と出生率に関する1939年7月29日デクレ－ロワは，以前は第1子から付与されていた手当を廃止し，家族手当等の受給を第2子からとし，職業活動に従事している人びとに対してのみ認めるものであり，その後，社会保障の組織について規定した1945年10月4日のフランス共和国臨時政府のオルドナンスは，1946年8月22日法律と同様，家族手当等の受給を職業活動との関連に求めていた。かくして，どのような状況であれ，すべての家族に家族手当等を付与するとすることは，1946年憲法前文により言及された共和国の諸法律により承認された基本的諸原理の一つとみなされうるものではないことを考慮し，」[Con. 29]

1946年憲法前文10項および11項の遵守について，

「特に憲法34条により立法者に留保されている領域において決定を下すことにより、過去の諸条文を修正し、あるいは、万一の場合、過去の諸条文を別な諸規定に置き換えることにより廃止することは、常に立法者に許されている……が、この権限を行使することにより、憲法的性格を有する諸要請から法的保障を奪うことはできないことを考慮し、」「1946年憲法前文10項および11項の前述の諸規定から由来する憲法的要請は、家族のために国民連帯政策を実施することを含意しているが、しかしながら、この要請を満たすために適切と思われる家族に対する扶助の方式を選択することは、立法者に委ねられている……ことを考慮し、……したがって、1946年憲法前文10項および11項の前述の諸規定は、それら自体としては、家族手当の受給が所得制限に左右されることを妨げるものではないにしても、法律で規定された命令の諸規定が、家族に対するほかの諸形態の扶助を考慮に入れ、1946年前文の諸要請が再び問われるような形で所得の上限を確定することはできないことを考慮すれば、」この留保のもと、23条は、1946年憲法前文10項および11項に反するものではない。[Con. 32～34]

24条について、

「……この規定（憲法34条）によれば、養育手当を創設し、その額を法定あるいは協約による労使の社会保険料の一定額に相当させ、所得制限を付し、さらに、それが養育する子どもの年齢と、個人あるいは世帯の収入とにより増額されるという諸準則を定めることは、法律事項であるとしても、この一定額と立法者により定められた多種の（所得制限の）上限を、家族間において不公正な取扱い上の差異を生じさせることのないように確定することは、命令制定権に委ねられている」。[Con. 46]

27条について、

「この場合においては、……追認は、憲法的価値を有する準則や原則に反する行為には関わらず、既判力を有する過去の裁判所による判決を尊重しており、刑罰や制裁の不遡及原則も侵害していないことを考慮すれば、」立法者は、問題とされた追認の措置を採ることができる。[Con. 52]

「憲法適合性に関する他の問題を、憲法院が職権により提起する理由はないことを考慮し」、以下のように決定する。

1. 本判決において表明された解釈に関するいくつかの留保のもとに、5条、9条、12条、21条、23条、24条、27条および31条は、憲法に適合すると宣言される。
2. 本判決は、フランス共和国官報に掲載される。

（1997年12月18日審議）（憲法院院長　ローラン・デュマ）

〔解　説〕

(1) **本判決の意義・特徴**

フランスでは、危機的な状況に陥った社会保障財政の再建のために「社会保障に関する財政的均衡の一般的条件を決定し、かつ、収入の見通しを勘案しその支出の目標を定める」（憲法34条6項）社会保障財政法律（lois de financement de la sécurité sociale）という新たな類型の法律が利用されることとなり、社会保障制度に関する議会および憲法院の関与が強化されることとなった。

社会保障財政法律の制度導入以来、毎年議会議員による憲法院への付託がなされており、判例の積み重ねがみられる。この憲法院の関与は、社会保障財政法律の守備範囲を確定し、社会保障に関する憲法の基礎理論を完成させるもので

あると評価されている (F. Luchaire, "Le contrôle du conseil constitutionnel sur les lois financièrs", R. D. P., 1997, n° 2, p. 289 et X. Prétot, "La conformité à la Constitution de la loi de financement de la Sécurité sociale", Droit social, 1998, p. 164)。本判決は，後者の点で意義あるものと認められている。

ここでは，本判決で争点とされたもののうち，家族手当の普遍性の問題を含め，社会保障に関する法律事項と命令事項の問題，および法律による追認(validation)と憲法的要請の問題について，検討するものとする。

(2) 家族手当の普遍性

フランスの社会保障の給付水準は高く，高福祉高負担政策を採る北欧諸国に次ぐといわれる。なかでも，家族給付制度は，歴史も古く，給付内容も充実していることで知られている。20世紀初頭，子どもの養育負担を担う労働者に対して，一部の使用者が，賃金に付加して「家族手当」を支給した企業慣行に起源が求められる。この企業慣行の広がりを背景に，本判決でも言及されている1932年3月11日法律により，任意的制度から強制的制度へと発展したものである。当初は，職業活動と結びついた給付であったが，1981年からは職業活動の要件が撤廃され，制度の一般化が図られている。

現在の家族給付制度は，多様な内容を有しているが，本判決で問題とされた，第2子以降の養育費軽減を目的とする家族手当が，もっとも一般的な給付である。この家族手当制度は，1932年の制度創設のとき以来，所得制限のない制度として運営されてきた。ところが，家族給付部門の財政再建が必要とされ，1998年社会保障財政法律23条が，家族手当は「扶養する子どもの数により変わる所得額を超えない収入を得る世帯あるいは個人に対して付与される」と規定し，初めて所得制限を導入したために，憲法院がどのような判断を下すのか関心を集めることとなったのである。フランス家族連盟やカソリック家族協会連合，憲法院に付託した右派の国民議会議員や元老院議員は，家族手当の普遍性原理から，このような所得制限の導入は認められないとしていた。付託者たちは，同法律23条は，家族手当の普遍性という「共和国の諸法律により承認された基本的諸原理」に関する理解を誤っていると憲法院に申し立てていたのである。

これに対して，憲法院は，家族手当の普遍性を，「共和国の諸法律により承認された基本的諸原理」として認めることはできないと判示した。憲法院によれば (C. C., décision n° 88-244 DC du 20 juillet 1988 et C.C., Décision n° 93-321 DC du 20 juillet 1993)，1946年憲法前文1項に規定されるこの基本的諸原理として認められるためには，つぎの4要件を充たしていなければならない (L. Favoreu et s, Droit constitutionnel, Dalloz, 3ᵉ éd., 2000, p. 153)。①共和的立法が対象とされなければならない。②この共和的立法は，1946年憲法前文が施行される前に作用したものでなければならない。③いかなる例外も認められない。④共和国の諸法律に含まれる規範は，十分に一般的であり，部分的なものであってはならない（なお，この基本的諸原理に関しては，本判例集ⅢA⑳事件を参照）。

憲法院は，1932年3月11日法律を始めとする4つの立法を検討したうえで，家族手当の支給には職業活動が要件とされていたと指摘する。そして，④の要件に照らし，すべての家族に対して家族手当が支給されていたとしても，職業活動に従事する者に対してのみの部分的なものであり，絶対的性格を有するものではないとしたのであった。

憲法院は，近年，この基本的諸原理の適用に

慎重となっており，本判決でも，基本的諸原理のリストの拡大はみられなかった。しかしながら，本判決は，社会権に関してこの基本的諸原理が認められるか否かという問題について，これを全面的に否定したものとは理解されてはおらず，この問題は，将来の課題として残されている。

(3) **社会保障に関する法律事項と命令事項**

フランスでは，社会保障制度の主たる財源である保険料は，租税としての性格が否定されてきたこと，さらに，労使双方の当事者による財政的自律原則と管理における自律原則とが伝統とされてきたことから，社会保障に関する議会の関与は，極めて限定された範囲にしか及ばないものとされてきた。憲法34条も，「社会保障の基本原則」はこれを法律で定めると規定する。この社会保障の基本原則については，憲法院の判例により，その具体的な内容が確定されてきた。各種給付の定義と創設，給付の受給要件，給付受給者および保険料拠出者の確定，公衆衛生および福祉事業についての社会保障組織の役割，老齢年金の最低支給年齢に関する原則などが，社会保障の基本原則とされている（J.-J. dupeyroux et R. Ruellan, Droit de la sécurité sociale, Dalloz, 13ᵉ éd., 1998, p. 333 et s.）。これら以外の事項については，憲法37条により命令事項とされている。したがって，社会保障の財政運営のために必要とされる保険料率，給付額，保険料の賦課徴収限度の決定は，政府の専権事項である命令事項とされている。

憲法院は，本判決において，家族のために国民連帯政策を実施することは，1946年憲法前文10項および11項に由来する憲法的要請であることを承認したが，これを受け具体的にどのような扶助方式をとるかの選択権は，立法者に委ねられると判示した。「立法者は，目的には拘束されるが，手段には縛られない」（D. Rousseau, "Chronique de jurisprudence constitutionnelle 1997-1998", R. D. P., 1999 n° 1, p. 88.）としたのである。こうして，家族手当に所得制限を導入することは，立法政策の問題であるとされた。しかしながら，憲法院は，命令制定権に対しては，「1946年前文の諸要請が再び問われるような形で所得の上限を確定することはできない」とする条件を付した。命令制定権が家族手当に関して所得制限を設ける場合は，「家族に対する国民連帯という憲法的要請を変質させないように」（op. cit., p. 69）としたのである。同様に，自宅養育手当に関する所得制限の確定についても，「家族間において不公正な取扱い上の差異を生じさせることのないように」としている。憲法院は，「社会権を尊重する責任は政府に，その統制は行政裁判官に託される」（op. cit., p. 88）と解していることになる。

なお，本判決では，同法律5条に言及している箇所でも，命令制定権が医療保険の保険料率を定める場合について，「職業別社会階層間の平等を歴然と損ねることのないように」という条件が付されている。

(4) **（法律による）追認と憲法的要請**

1998年社会保障財政法律21条は，1996年に遡って家族手当の算定基礎月額を定め，これを1997年から適用するとしているが，これは，1995年の算定基礎月額を引き上げるとする1997年3月28日のコンセイユ・デタ判決の効力を否定するものであった。憲法院は，社会保障の財政的均衡という憲法的要請から，当該追認は許容されると判示した。本判決は，1995年12月28日の憲法院判決（C. C., decision, n° 95-369 DC du 28 décembre 1995）において，財政的利益は追認を正当化するに十分な一般的利益とはいえないと判断されていることを受け，社会保障の財政

的均衡は，憲法的価値を有し，適法化を正当化することを確認するものとなっている。これは，立法活動の領域を明らかに拡大する補充的な解釈を従来の判例加えたものであると指摘されている（X. Prétot, "Les validations législatives", R. D. P., 1998 n° 1, p. 13）。

また，同法律27条は，1996年3月4日のコンセイユ・デタ判決により無効とされた断層撮影行為の診療報酬を決定する通達を追認するものであったが，憲法院は，この適法化は，憲法的価値を有する準則や原則に反しないので，許容しうると判示している（なお，追認については，本判例集ⅣC49事件を参照）。

なお，1999年12月21日の憲法院判決（C. C., decision, n° 99-422 DC du 21 décembre 1999）は，私立病院に適用される料金を引き下げる1999年4月28日アレテがコンセイユ・デタにより無効とされることから生じる有害な結果を回避するため，これを追認する2000年社会保障財政法律は，1789年人権宣言16条に反し，違憲であると判示した。単に社会保障財政の均衡というだけで，十分な一般利益があるとはされず，法律による追認に関して，憲法院が厳格な解釈をしていることが窺える。

(5) **おわりに**

本判決では，何よりも家族手当に導入された所得制限の憲法適合性が問題とされたが，この所得制限は，1999年社会保障財政法律18条により廃止された。もともと1998年社会保障財政法律23条4項で「本条で規定された家族手当等を支給する際の所得制限の実施は，暫定的である。これは，家族給付や家族に対する税法上の援助の全面的な改革が決定されるまで適用される……」と規定されていたこともあるが，世論の強い批判を受けたため，当該所得制限は，即座に撤廃されることとなったのである。憲法院により法理論上の普遍性は否定されたものの，所得制限のない家族手当制度は，フランス社会に深く根を下ろしているとみることができよう。

〔参考文献〕（本文中に引用したものを除く）

V. Champeil-Desplats, "Conseil constitutionnel・18 décembre 1997", Recueil Dalloz, 1998 n° 37, p. 523 et s.

L. Favoreu, "Droit constitutionnel social", Recueil Dalloz, 1999 n° 26, p. 234

B. Mathieu, M. Verpeaux et S. Aivazzadeh-Barré V, "Chronique n° 18 Novenbre-Décembre 1997（2ᵉ Partie）", Petites affiches, 22 juin 1998 n° 74, p. 9 et s.

R. Pellet, "Le Conseil constitutionnel et l'équilibre financier de la Sécurité sociale", Droit social, 1999, p. 21 et s.

L. Philip, "Jurisprudence du Conseil constitutionnel 1ᵉʳ octobre-31 décembre 1997", Revue Française de droit constitutionnel, 1998 n° 33, p. 167 et s.

J.-E. Schoettl, "Sécurité sociale", Actualité juridique droit administratif, 1998 n° 2, p. 127 et s.

ⅢD 38 医療費支出の統制

1998年12月18日憲法院判決
Décision n° 98-404 DC du 18 décembre 1998
Journal Officiel, Lois et Décrets du 27 décembre 1998, p. 19663
Rec. 315, RJC I-774

藤野美都子
（福島県立医科大学教授）

〔事　実〕

1999年社会保障財政法律には，ジュペ・プランで打ち出された医療費支出抑制を実現するために，様々な措置が規定され，その憲法適合性が争われこととなった。

同法律10条は，専門薬品開発企業が負担する拠出金の計算方法に関して，遡及的に変更するとしていた。これは，1995年の利益を対象とし1996年に支払われた拠出金に影響を及ぼし，多くの企業に追加的な支払いを強制するものであった。

また，26条および27条は，医療費支出の統制制度を定め，医療費の支出目標を超えた場合に，拠出金を協約医全体の負担として課すものとなっていた。すなわち，医療費支出の目標値が守られなかった場合，全国疾病保険金庫等と医師組合との協議に基づき，報酬の引き下げをはじめ，医療費支出の目標達成に必要な措置を講ずること，目標値を一定以上超過した場合に，当該超過額を各協約医に対して，前年度の報酬に応じて翌年に返還すべき連帯義務を課すことが規定されていたのである。

上述の諸規定を含め多くの規定の憲法適合性が問われ，1998年12月4日に国民議会議員から，同7日に元老院議員から憲法院に付託された。憲法院は，12月18日，これらの規定を憲法違反とする判断を下した。また，社会保障財政法律への便乗を禁止している社会保障法典ＬＯ111－3条3項により，32条が違憲と判断された。本判決において，制度発足以来始めて，社会保障財政法律の規定が違憲とされ，社会保障財政に対する憲法院の果たすべき役割に関心が寄せられることとなった。

〔判　旨〕

「憲法院は，憲法，憲法院に関する組織法律について規定する修正された1958年11月7日オルドナンス第58-1067号，とりわけ当該オルドナンス第2編第2章，社会保障財政法律に関する1996年7月22日組織法律第96-646号，社会保障に関する1988年1月5日法律第88-16号，とりわけ，医療費の医学的統制に関する1996年4月24日オルドナンス第96-345号5条により修正された当該法律4条，社会保障の財政的均衡を再建するための緊急措置に関する1996年1

月24日オルドナンス第96-51号，(前述の)医療費の医学的統制に関するオルドナンス……等を参照し」，1999年社会保障財政法律の10条，22条，24条，26条と27条，28条，30条と31条，32条，34条，38条および43条について判断を下した。

10条について

「法律不遡及の原則は，人及び市民の権利宣言8条によれば，刑事法分野に限り，憲法的価値を有するものである。しかしながら，たとえ，立法者が遡及的な租税に関する諸規定を採択することができるとしても，それは，十分な一般利益という理由がある場合に限られ，憲法的諸要請から法的保障を奪うことはできないという条件の下であり」，「問題とされている規定は，数多くの企業に対して，1995年の会計年度に限り課税され，1996年の会計年度を通じて徴収された拠出金を増額させる効果を有するものであり」，「裁判所の判決が，問題とされている拠出金の課税基礎の計算方式を否定することによる財政的影響を防ぐという配慮といえども，税が例外的な性格をもち，それが2年前に徴収されたものであり，立法者には，このような結果を修正しうる遡及的ではない措置をとることができたのであるから，税支払いの基礎，利率および方式を遡及的に修正するための，十分な一般利益を有するものであるとはいえないことを考慮し，したがって，その他の申立に判断を下すまでもなく，10条は，憲法に反すると宣言されなければならない。」〔Con. 5～7〕

26条および27条について

「立法者は，医療費支出を統制する目的で，確認された支出総額が，支出目標よりも下回った場合，差額を統制基金や医師への報酬に割当て，あるいは逆の場合に，協約医に対してその職業所得を基礎とする強制的な拠出金を課すことができる。しかしながら，立法者は，自ら課した医療費の支出抑制の目標との関係上，平等原則を尊重するため，客観的かつ合理的な基準の上に，その判断を基礎付けるべきであり」，「専門医および一般医すべての協約医の職業所得を基礎とする拠出金を彼らの負担とし，そして超過が確認された年を通しての報酬と処方に関する彼らの個人的態度がどうであろうとも，彼らに負担を課していることから，立法者が，法律の目的との関係上客観的かつ合理的な基準に基づいて判断してはいないことを考慮し，したがって，その他の申立に判断を下すまでもなく，新しい条項である社会保障法典L162-5-3条2項は，憲法に違反すると宣言される理由があり，法律26条の他の諸条項は，これと不可分のものであり，法律27条3項の諸規定は，26条に規定された方式により計算された拠出金を，1998年分として，協約医たちの負担とするもので，同じく，憲法に違反するものであり，27条の他の諸規定も，これと不可分のものであり，したがって，付託された法律26条および27条は，全体として，憲法に違反すると宣言される理由がある。」〔Con. 18～19〕

28条について

「憲法47条ノ1の1項によれば，『議会は，組織法律が規定する条件にしたがって，社会保障財政法律を採択する。』とされており，それゆえ，組織法律のみが，社会保障財政法律案に付加すべき報告書を決定しうるのであり，したがって，国民の歯科口腔に関する健康状態に関

する報告書を，その内容を確定し，社会保障財政法律の付属文書として加えると規定する……28条1項は，不適法な手続により採択されたことを理由として，憲法違反であると宣言される理由がある。」［Con. 20］

32条について

「社会保障財政法律の対象を規定する社会保障法典LO111-3条3項によれば，『1項に規定された事項以外，社会保障財政法律には，強制加入の基礎制度の財政的均衡に直接影響を及ぼす，あるいは社会保障財政法律の実施に関する議会統制を改良する規定に限り定めることができる……』ことを考慮し」，「国民議会により採択された修正による32条は，所管官庁が，病院の再編に至らない既存病院の設置場所の変更許可を申請された場合に，所管官庁に，疾病保険から償還される支出の抑制を履行することを条件として許可する権限を付与する目的を有しており，このような規定は，医療保険の財政的均衡に関する一般的諸条件に判然と寄与するものではなく，したがって，この規定は，元老院の付託者たちが主張しているように，社会保障財政法律の領域に属していないことを考慮し，それゆえ，憲法に違反すると宣言される理由がある。」［Con. 29～30］

43条について

「……（43条）2項は，『国民議会による社会保障財政法律案に関する第一読会の前に，議会は，医療保険支出の国家目標の将来的配分について情報を得る』と規定しており，付託された43条は，憲法（47条ノ1の1項）により組織法律に留保された領域を侵害していることを考慮すれば，それゆえ，43条2項は，不適法な手続により採択されたことを理由として，憲法に違反すると宣言される理由がある。」［Con. 33］

「憲法院には，付託された法律の他の諸規定に関する違憲性について，職権により提起すべき理由がないことを考慮し」，以下のように決定する。

1. 1999年社会保障財政法律の10条，26条，27条，28条1項，32条および43条2項は，憲法に違反する。
2. 本判決は，フランス共和国官報に掲載される。

（1998年12月18日審議）（憲法院院長　ローラン・デュマ）

〔解　説〕

制度導入以降，主として，1997年社会保障財政法律については後述する社会保障財政法律への便乗をめぐって，1998年社会保障財政法律については憲法原理をめぐって，憲法院の判断が下されたが（社会保障財政法律および1998年同法律に関する憲法院判決については，本判例集ⅢD ④事件を参照），1999年社会保障財政法律に関しては，多くの論点について憲法院の判断が下されることとなった。

ここでは，本判決で争点とされたもののうち，課税基準の遡及的変更と法的安定性の問題，医師の共同責任と平等原則の問題，および社会保障財政法律への便乗の問題について，検討するものとする。

(1) **課税基準の遡及的変更と法的安定性**

専門薬品開発企業に例外的な拠出金を課すと規定していた社会保障の財政的均衡を再建するための緊急措置に関する1996年1月24日オルド

ナンス12条3項に関しては，欧州共同体法との適合性に問題があるとして，様々な企業が，コンセイユ・デタの判断を求めることとなった。当該規定が，課税基準の計算から，フランスにおける科学的技術的研究の実施に関わる費用を控除するとしていたことから，事業所設置の自由に関する欧州共同体設立条約52条，差別的国内課税を禁止する95条および国家扶助に関する92条などに違反するとされたのである。すなわち，このような控除は，フランスの企業を優遇し，フランスに子会社をもつ外国企業を不利に扱うものであると指摘されたのであった。

コンセイユ・デタは，1997年3月28日のバクスター事件判決の際に，欧州共同体裁判所の先行的判決を求めた。政府は，共同体裁判所が，当該規定を共同体法に反すると判断することをおそれ，拠出金の計算方法を遡及的に修正し，批判されている控除を廃止する規定を社会保障財政法律10条に盛り込んだ。こうして，多くのフランスの専門薬品開発企業は，拠出金を追加的に課されることとなったのである。

このように課税基礎を遡及的に変更することは，いわゆる「法的安定性の原則（principe de securité juridique）」を侵害するものであるとして，憲法院に付託した議会議員達は主張していた。これに対して，憲法院は，法律不遡及の原則は，1789年人権宣言8条によれば，刑事法分野に限り，憲法的価値を有するとする従来からの判例（C. C., décision, n° 82-155 DC du 30 décembre 1982）を踏襲し，立法者が，遡及的に租税に関して規定することは許されるとした（C. C., décision, n° 84-184 DC du 29 décembre 1984を参照）。しかしながら，十分な一般利益があり，憲法的要請から法的保障を奪わない限りにおいてである（C. C., décision, n° 95-369 DC du 28 décembre 1995 et C. C., décision, n° 97-391 DC du 7 novembre 1997）と限界を画している。そして，当該法律10条に規定される措置に関しては，例外的な性格の拠出金であり，2年前に徴収されたものであり，さらに，立法者は，他に問題を回避し得る手段を採りえたはずであるとして，租税について遡及的に修正することを許容する十分な一般利益はないとしたのであった。「このような便宜的な判例の展開は，税に関する遡及性について，基本的な憲法不適合性の問題を提起することなく，統制と制裁を確保することとなる。」（D. Rousseau, "Chronique de jurisprudence constitutionnelle 1998-1999", R. D. P., n° 1, 2000, p. 65）と指摘されている。

実際，本判決において，憲法院は，法的安定性の原則に言及することはなかった。法的安定性の原則は，多義的ではあるが，「そこに，安定性，明瞭性，民主的適合性および法準則の有効性に結びつく法的環境に対する信頼性の要請をみることができる」（J. -E. Schoettl, "Sécuité sociale", Acutualité juridique droit administratif, 1999 n°, p. 23）。しかしながら，これまで，この法的安定性の観念は，つぎの3つの場合に限り受け入れられてきたに過ぎない。1789年人権宣言2条，7条，8条および13条により保障される個人の安全，基本的諸自由の領域で合法的に獲得された地位の尊重，および憲法34条に由来する立法上の明確性についてである（op. cit. p. 23 et L. Favoreu et L. Philip, Les grandes décisions du Conseil constitutionnel, 11e éd., Dalloz, 2001, p. 914）。法的安定性への権利は，いまだ，憲法上

のものとしては認められていないが，法的安定性に関する議論は，緒についたばかりである（L. Favoreu et s., Droit constitutionnel, 3ᵉ éd., Dalloz, 2000, p. 902）。今後の理論的展開を見守らなければならないであろう。

(2) **医師の共同責任と平等原則**

社会保障法典 LO111－3条によれば，医療保険財政の再建を目指し，社会保障財政法律は，医療保険支出の全国目標を設定することとなっている。この目標を遵守するよう，目標値を超過した場合に，医師の報酬返還制度を導入することが，全面的な社会保障改革を打ち出した1995年のジュペ・プランの目玉とされていた。そして，1998年社会保障財政法律26条および27条は，この報酬返還を医師の共同責任において義務づけるものであった。付託者たちは，これを，フランス法を支配する個人責任の原則に反し，また，公的諸負担のまえの平等原則にも反するとして，憲法違反であると申し立てていた。

これに対し，本判決において，憲法院は，平等原則の要請から，報酬返還のための拠出金の計算方式について，憲法違反であるとの判断を下した。すなわち，医師個人の報酬と処方に関する態度いかんに関わらず，職業所得に比例して拠出金の負担を求めることは，平等原則尊重のために客観的かつ合理的な基準に基づくことが求められているにもかかわらず，それを怠っているものと指摘されたのであった。

本判決の憲法院の判断からすると，「このような報酬返還制度も，あらゆる不平等を避けるべく，個人主義を不可欠のものとするのであれば，憲法違反とはならないものと思われる。」（G. Guiheux, "Sécurité sociale semaine juridique (J. C. P.), 1999 n° 10, p. 484) と指摘されている。しかしながら，医療費の医学的抑制のための措置に関しては，コンンセイユ・デタからも，1997年の医療協約を取り消す判決が，1998年6月26日および同7月3日に下されており，報酬返還制度の実現は，困難を極めるものと解されている。

(3) **社会保障財政法律への便乗**

社会保障財政法律への便乗（cavalier sociaux）とは，社会保障財政法律に無関係な規定を，当該法律に盛り込むことをいう。社会保障法典LO111－3条1項は，社会保障財政法律の規定すべきこととして，公衆衛生および社会保障政策の方針，さらに社会保障財政の均衡に関する一般的条件を確定する目標，強制加入の基礎制度に関する収入の予測，強制加入の年金に関する基礎制度全体の支出目標，強制加入の基礎制度について，医療保険支出の全国目標などを列挙する。そして同3項は，「1項に規定された事項以外，社会保障財政法律には，強制加入の基礎制度の財政的均衡に直接影響を及ぼす，あるいは，社会保障財政法律の執行に関する議会統制を改良する諸規定に限り定めることができる。……現行制度に合致しない修正案は受理されない。」と規定し，社会保障財政法律への便乗を禁止している（M. -J. Aglae, "Les cavaliers sociaux," R. D. P., 2000 n° 4, p. 1153 et s.）。

本判決において，憲法院は，1999年社会保障財政法律32条に対して，社会保障財政法律の領域に属するものではないとし，違憲の判断を下した。同様に便乗であると主張されていた22条よび34条に関しては，申立は斥けられた。社会保障財政法律の制度創設時から，便乗の問題は懸念されており，毎年，いくつかの規定に関し

て便乗であるとして，議会議員から憲法院に申し立てられていた。こうして，社会保障財政法律への便乗の禁止を通して，社会保障財政法律に関する憲法院の統制が行なわれているのである。

なお，問題となっている規定が修正による場合，当該修正案が提出された議院の議員は，社会保障法典 LO111－3 条との適合性について憲法院に付託することはできないと解されている。この場合は，立法過程における修正案の受理の問題として，処理されることとなっているからである。1999年社会保障財政法律28条2項に関して，国民議会議員から申立がなされていたが，当該規定が国民議会で採択された際に，修正案の受理に関する異議の対象とはならなかったことを理由として，憲法院は，国民議会議員による申立を斥けている。32条および34条については，国民議会で採択された修正によるものであったために，元老院議員による申立に，憲法院が判断を下したのであった。

(4) おわりに

本判決では，医療費支出の抑制に関する医師の共同責任のあり方が問題とされたが，日本でも，老人医療費の伸び率管理制度が，2001年に厚生労働省により医療制度改革の一環として提案された。厚労省案の内容は，老人医療の上限額を設定し，実際に上限額を上回った分については，2年後の診療報酬の単価を操作し医療機関が負担するとするものであった。これに対して，「効率的な医療をしている医療機関も一律に収入を抑制されるのはおかしい」との批判があり，結局具体化は見送られた。しかしながら，医療費の増加による医療保険財政の悪化は，日本でも大きな問題と認識されており，何らかの医療費抑制は行うべきであるとの声は高く，抑制策導入に関しては引き続き検討される見通しである。この点，フランスでの議論の展開を注意深く見ていく必要性は高いと思われる。

〔参考文献〕（本文中に引用したものを除く）

B. Mathieu et S. Aivazzadeh-Barré V, "Cronique de jurisprudence constitutionnelle n° 20 Juillet-Décembre 1998 (suite et fin)", Petites affiches, 1999 n° 152, p. 18 et s.

F. Mélin-Soucramanien, "Jurisprudence du Conseil constitutionnel 1er octobre-31 décembre 1998", Revue française de droit constitutionnel, 1999 n° 37, p. 123 et s.

F. Mélin-Soucramanien, "Responsabilité collective des médecins,", Recueil Dalloz, 2000 n° 5, p. 63

R. Pellet, "Le conseil constitutionnel et l'equilibre financier de la Sécuité sociale", Droit sosial, 1999, p. 21 et s.

X. Prétot, "La loi de financement de la sécurité sociale pour 1999 Loi n° 98-1194 du 23 décembre 1998", Semaine juridique (J. C. P.), 1999 n° 10, p. 457 et s.

伊奈川秀和『フランスに学ぶ社会保障改革』（中央法規，2000年）

ⅢD 39 第2次35時間法の憲法適合性

2000年1月13日憲法院判決
Décision nº 99-423 DC du 13 janvier 2000
Journal Officiel, Lois et Décrets du 20 janvier 2000, p. 992
Rec. 33

今野健一
(山形大学助教授)

〔事 実〕

フランスでは，失業問題の深刻化を背景に，1990年代以降，労働時間の短縮によるワークシェアリングを通じた雇用創出政策が追求された。1997年の総選挙に勝利した左翼連合政権のジョスパン首相は，選挙公約の実現を図るべく，労働時間を従来の週39時間から35時間へ短縮する法案を提出する意向を明らかにした。これには使用者団体が激しく反発し，法案審議の際も厳しい対立が見られたが，1998年6月13日に「労働時間の短縮に関する指導および誘導の法律」(第1次35時間法）の制定を見た。さらに，1999年秋に国会に提出された第2次法の法案は同年12月15日に国民議会で採択され，野党の保守派議員が直ちに憲法院に付託した。憲法院は，2000年1月13日に，同法のいくつかの規定を憲法に違反するとしたものの，法律自体は合憲とする判断を下した。この判決を受けて，憲法院により違憲と宣言された諸規定が削除された上で，同年1月19日に「労働時間の交渉による短縮に関する法律」(第2次35時間法）が公布された。

〔判 旨〕

「憲法院は，1958年10月4日憲法・1958年11月7日オルドナンス・1998年6月13日法・2000年の社会保障財政に関する1999年12月29日法・2000年の予算法律に関する1999年12月30日法・労働法典・社会保障法典〔等〕を参照し」，(i)雇用調整計画の策定に先立つ労働時間短縮協定の締結義務，(ii)職業教育時間の区別，(iii)社会保険料の軽減措置の廃止または停止に関する基準，(iv)国会の予算権限と労使代表の関与，(v)政府の作為義務を定める立法規定，(vi)企業の自由，(vii)労働者の個人的自由，(viii)労使代表の契約の自由，(ix)企業間の平等，(x)労働者間の平等の10項目について検討して，4種類の規定につき違憲判断を下した。そのうち，

(i) 雇用調整計画の策定に先立つ労働時間短縮協定の締結義務について，

「雇用調整計画の策定に先立つ〔時短協定締結または協定締結のための交渉に関する〕義務につき，その不履行の効果を明示せずにこれを設けているので，および，特に，この義務が雇用調整計画の有効性の条件であるか，またその不

履行がその後の解雇手続を無効とするかの決定を行政および司法機関に委ねているので，立法府はその権限を十分に行使しなかった。その結果，付託された法律の1条Ⅳは憲法に違反する。」[Con. 8]

(ⅲ) 社会保険料の軽減措置の廃止または停止に関する基準について，

付託された法律の19条は，「集団に共通する労働時間を最大週35時間か年1600時間に定める団体協定を適用する企業，およびこの枠内で雇用を創出または維持する義務を負う企業」に社会保険料の軽減を享受させるための条件等を定めるが，「労働時間短縮により創出または維持される雇用の決定および協約上の義務的な約定の内容は……労使代表の間で締結された協定に専ら従属しており，行政機関，社会保険料徴収機関のいずれも，この協約の規定の適時性または効力に対する統制を行わない」。軽減の恩典の廃止・停止の条件に関わっては，「企業で実施される集団に共通する労働時間が，協定自体に規定された労働時間および労働時間割と『両立しない』場合に停止が行われる」ものと理解されるべきである。また，「19条ⅩⅥ2項の結果，軽減の恩典は特に『協定の一致』がなければ廃止されうることになり」，この廃止の可能性は，専ら普通法上の規定または団体協定の締結に関する特別規定が尊重されなかったという推測に起因するものと理解されるべきである。社会保険料軽減の恩典の原則を決定し，かつその適用条件をコンセイユ・デタの議を経たデクレに委ねるとき，以上の留保と引き換えに，「立法府は憲法34条が与える権限を軽視しなかった。」[Con. 10～16]

(ⅵ) 企業の自由について，

「1789年の人および市民の権利宣言4条に由来する企業の自由に対して，一般的な利益によって正当化されるかまたは憲法的要求に結びつく制限を課すことは，この制限が結果として企業の自由の保障を損なわないという条件で，立法府の自由である。さらに，労働権の基本原則を定めること，および，特に，各人の雇用される権利の利益を大多数の利害関係者に与え，かつ，国は『すべての人に対して，……休息および余暇を保障する』と定める1946年憲法前文11項の規定を尊重することにより，同5項に即して，各人の雇用される権利を最もよく保障するのに適した規範を定立することは，立法府の責任に属する。法定の実労働時間を35時間に定めることにより，立法府は1946年憲法前文の5項および11項の枠組みに加わろうとした。他方で，1946年憲法前文8項の文言では，『すべての労働者は，その代表者を介して，労働条件の団体的決定ならびに企業の管理に参加する』とされており，憲法34条は，労働権，労働組合の権利および社会保障の基本原則の決定を法律の領域に分類している。ゆえに，憲法規範的価値を有するこの規定を尊重しつつ，その活用の条件および保障を定めることは立法府の責任に属する。これらの規定にもとづき，労働条件に関わる権利および義務を定めた後で，使用者および労働者またはその代表者に対し，立法府が公布する規範の具体的な適用方式を適切な協議の後に明らかにする処置を委ねることは，立法府の自由である。」「立法府は，上記で想起せられた憲法的諸要求については，これを調整することにより実行しており，この調整はいかなる明白な過誤によっても損なわれていない。」[Con. 24～34]

(ⅷ) 労使代表の契約の自由について,

「〔第1次法にもとづき締結された〕協定の内容を考慮して,既存の立法規定を維持するか,または,協定に一致するかもしくはしない方向でそれら規定を修正するかの決定を行うことにより,その奨励で締結された集団協定から教訓を得ることは,立法府の自由であった。立法府が,先に想起せられた憲法的要求〔1789年人権宣言4条と1946年憲法前文8項〕に反する侵害をこれらの協約にもたらすかもしれないが,それにもかかわらず,それら協約の内容を再検討することができたのは,本事案の特別な状況においては,十分な一般的利益を理由とする場合だけであった。立法府は,本事案では,……1998年6月13日法1条に組み入れられた労働時間短縮の予測可能な結果を協定が軽視したことに,または協定の締結時に有効であった立法規定と協定との矛盾に,再検討の正当化理由が見出される場合に限り,そのような再検討を決定することができた。」付託された法律に反する先行協定の条項は,「その締結時に有効ないかなる法規定にも矛盾しておらず,1998年に立法府によって決定された労働時間短縮の予測可能な結果を軽視してはいなかった。」「〔本法律の規定と〕矛盾する団体協定がその有効期間を通じて適用される企業を,かような諸規定の適用領域から除外しなかったので,付託された法律は先に想起せられた憲法的要求を軽視した。」[Con. 37〜48]

(ⅹ) 労働者間の平等について,

「立法府は,……労働者が同じ状態に置かれる以上,全労働者間の平等が保障されなければならないとする原則を適用しようとした。」「立法府が異なる状況を異なる仕方で調整することも,立法府が一般的利益を理由として平等に反することも,いずれの場合も,そのことから生じる別異取扱いがそれを定める法律の目的と直接関係するのであれば,平等原則はこれを妨げない。」「労働時間短縮の際にパートタイムで雇用され,かつ賃金の差額補填の恩典に浴する労働者のポストと等しいポストを占めている一部の労働者を保障の恩典から除外することにより,立法府は自らが定めた目的と直接関係しない別異取扱いを定めた。」「時間外労働の最初の4時間につき,集団に共通する労働時間が35時間を下回るかまたはそれと等しい企業の労働者のために25%の割増賃金を設けながら,それ以外の企業に雇用された労働者については割増賃金が15%に過ぎないから,立法府はこの後者の不利益を考慮せずに法律の目的と直接関係しない別異取扱いを定めた。」[Con. 55〜74]

最後に,「憲法院にとって,いかなる憲法適合性の問題も職権で検討する理由がないことを考慮し,以下のように判示する。[Con. 77]

1. 労働時間の交渉による短縮に関する法律の以下の規定は,これを憲法に違反すると宣言する。」すなわち,①雇用調整計画の提出に先立つ時短協定の締結(1条Ⅳ),②時間外労働に関する割増賃金制度(5条),③賃金保障措置からの一部労働者の排除(32条Ⅱ3項),④第1次35時間法にもとづいて締結された協定の有効期間の制限(28条Ⅱ)の4種類の規定である。
2. 本判決はフランス共和国官報に掲載される。

(2000年1月13日審議)(憲法院院長 イヴ・ゲナ)」

〔解　説〕

(1) 本判決の特徴

　週法定労働時間を35時間に短縮する2つの「35時間法」では，労働時間短縮の具体化が労使交渉を通じた協定の締結に委ねられるとともに，時短による雇用の創出・維持に財政的支援を付与することで労使交渉の促進が図られている。2つの法律はいずれも憲法院に付託された。第1次法については，憲法院は野党議員による違憲の主張を退けた（Décision n° 98-401 DC du 10 juin 1998, J.O. du 14 juin 1998, p. 9033）。ほぼ同様の論拠により第2次法に対してなされた違憲の申立てに対し，憲法院は幾つかの規定を違憲としたが，違憲部分は当該法律全体から分離可能であると考えて法律自体は合憲であるとした。本判決の特徴としては，第1に，消極的無権限（incompétence négative）の審査において，「ミシュラン修正」と呼ばれる条項が違憲と判断される一方で，別の規定につき解釈の留保を付して違憲判断を回避する手法が採られており，憲法院の判例理論に占めるそれらの判断の意義が問題となる。第2に，憲法院は，前記1998年判決の判断を踏襲して，企業の自由の保障とその制限につき言及している。その際，1946年憲法前文5・11項，さらに同8項が企業の自由と対置され調整が図られているが，1946年憲法前文の諸規定の適用とその意義については，判例理論上の進展が見られる。第3に，労使代表の契約の自由については，前記1998年判決が従来の判例を変更してその憲法規範的価値を認めていたが，本判決もその枠組みを受け継ぎ，1789年人権宣言4条と1946年憲法前文8項に契約の自由の根拠を求めている。憲法院は，この自由との関係で幾つかの規定を違憲と判断しているが，それが契約の自由の位置づけなどに及ぼす影響については議論がある。第4に，平等原則との関係で，労働者間の取扱いの違いは違憲の問題を生じるとされた。憲法院は，自己の労働時間の増減につき選択したパートタイム労働者を賃金保障措置から除外する規定，および時短協定を締結した企業で働くか否かで時間外労働に対する割増賃金を異ならしめる規定を違憲と判断したが，それは，「立法府が異なる状況を異なる仕方で調整することも，立法府が一般的な利益を理由として平等に反することも，いずれの場合も，そのことから生じる別異取扱いがそれを定める法律の目的と直接関係するのであれば，平等原則はこれを妨げない」(理由60) とする一般原則にもとづくものである。以下では，紙幅の都合上，上記の第1～第3の点につき項を改めて検討する。

(2) 憲法34条と立法府の権限

　立法府の権限行使の不十分さを理由に違憲判断がなされたことは，憲法院の判例における変化を意味するものであろうか。憲法院は，法適用機関への立法権限の明白なまたは暗黙の再委任（立法府の消極的無権限）を頻繁に審査してきた。しかし，それが違憲判断の増加をもたらさなかったという事実を考慮すれば，本判決の違憲判断は立法府に対する要求を特に強めるものと解される余地がある（後掲①259頁参照）。しかし，他方で，時短協定の締結と雇用の創出・維持に努める企業に与えられる社会保険料軽減の恩典の廃止・停止の基準を定める規定の曖昧さは行政機関の恣意的な介入を招く恐れがあるとする申立てに対して，憲法院は，幾つかの解釈の留保を付すことで立法の不明確さを補ってい

る。この点については，法律の適用それ自体に影響を及ぼしたと見られる重要な規定の削除を回避することにより，憲法院はその統制のプラグマティックな性質と政策の実施を阻害しないようにするその意思を確認したと評される（後掲②344頁参照）。立法府の消極的無権限に関する憲法院の統制の傾向が本判決により変化を生じたとは言えないように思われる。

(3) **企業の自由の保障と制約**

憲法院は，企業の自由について，それと緊密に関係する財産権と同様に，他の自由よりも保障の程度を弱める理解を維持してきたと見られるが，この立場は前記1998年判決で変更された。立法府は，「その制限が結果としてその保障を損なわないという条件で，一般的利益により正当化されるかまたは憲法的要求に結びつけられる制限」を企業の自由にもたらしうるとされた。これは，財産権に関する1998年7月29日の判決（Décision n° 98-403 DC du 29 juillet 1998, RJC-1, p.765）で確認されたと同様の展開を示している。すなわち，企業の自由や財産権は，その保障を損なわないことを条件に，一般的利益または憲法規範的価値を有する他の規定・原則によってしか制限されえないことが確認されるのである。

それゆえ，以前の判例が企業の自由に関する広汎な裁量の余地を立法府に認めていたのに対し，1998年判決以後，「法律は憲法規定に拘束される」（後掲③21頁）ことになった。

本判決では，企業の自由と調整される憲法規範として，1946年憲法前文5項（雇用される権利）・11項（休息・余暇の保障），さらに同8項（労働者の参加の原則）が扱われている。同前文5・11項は，実質的に，立法府が労働権の基本原則を定めるために憲法34条から引き出すその権限の枠内で立法府により達成されねばならない2つの憲法的目標として捉えられている。憲法院は，この点に関わって，35時間法はこの2つの目標に応答するものであり，また，企業の自由をそれらの憲法規範的価値と調整する理由があると判断している（後掲④24頁参照）。（なお，憲法院が前文11項の規定を休息および余暇の保障の恩典を各人に付与するものとして適用するのは本件が初めてである。後掲①257頁参照。）加えて，本判決では企業の自由の制約根拠として前文8項が援用されている。法律の具体的な適用方式を明らかにする処置を使用者および労働者またはその代表に委ねることは立法府の自由とされる。実際，憲法34条に従い，立法府だけが参加原則の適用条件と保障に関する規範を定立する権限を有する。以上の憲法規範と企業の自由との間で行われた調整につき，憲法院は判断の「明白な過誤」は存在しないと結論している。

(4) **契約の自由の承認とその限界**

契約の自由の原則は前記1998年判決でその憲法規範的価値を認められたが，本判決もその定式を基本的に踏襲している。憲法院によれば，立法府は協定の修正権を有するが，契約の自由に対する「重大な侵害」は許されない。ただし，この侵害は，「本事案の特別な状況においては，十分な一般的利益を理由とする場合にのみ」許容される。立法府による先行協定の再検討は，第1次法による労働時間短縮の予測可能な結果の軽視と，協定締結時に有効であった法規定と協定との矛盾に求められるべきところ，立法府がその点に関する区別をしなかったことが違憲の原因となっている。ところで，本判決では，(1789年人権宣言4条と結びつけられているが)1946年憲法前文8項の参加原則を理由として立法規定が違憲とされている。このことは，憲法院が参加原則の適用条件と保障に関する規範を制定する立法府の権限の言わば「全能性」を認

めて参加原則の意義を縮小的に解釈してきたこと（後掲⑤213頁参照）を考慮すれば，注目すべき変化と見なされよう。にもかかわらず，本判決が契約の自由に関する判例理論を顕著に発展させるものであるとは考えにくい。第1に，憲法院が「本事案の特別な状況」を強調している点を考慮すれば，本判決は契約の不可変更性を一般的かつ絶対的な形で憲法的要請にまで高める意図を持たないと見られる（後掲⑥14頁参照）。第2に，前記1998年判決以後の判例では，適法に獲得された法的状態の再検討には「十分な一般的利益」が要求されるようになっているが，これは法的安全の原則または正当な信頼の原則（le principe de confiance légitime）が実質的に考慮されていることを示すものであると解する見方がある（後掲④26頁，後掲⑥12頁）。憲法院は，それらの原則に憲法規範的価値を認めていないだけに，本判決が判例理論上の前進をもたらしたかは重要な問題である。しかし，本判決の射程の限定性（立法府の協定修正権限に対する制約の例外性）を考慮すれば，それらの原則が憲法ブロックに加えられたと判断することはためらわれるだろう。第3に，立法府の協定修正権限に制約が加えられるとしても，そのことから，憲法院が労使代表の規範設定権限の「自由化」を確立しようとしたと考えることはできない（後掲⑦339頁参照）。

〔参考文献〕

① Prétot, X.,《Le Conseil constitutionnel et les trente-cinq heures》, *Droit social*, 2000, n° 3, pp. 257-262; ② Bernaud, V., Jurisprudence du Conseil constitutionnel（1er janvier-31 mars 2000）, *RFDC*, n° 42, 2000, pp.341-349; ③ Mathieu, B. et al., Chronique de jurisprudence constitutionnelle n° 19, mars-juillet, 1998, *LPA*, 1998, n° 144, pp. 18-22; ④ Mathieu, B. et al., Chronique de jurisprudence constitutionnelle n° 23, nov. 1999-janv. 2000, *LPA*, 2000, n° 150, pp.22-27; ⑤ Daniel, J., Alinéa 8, in Conac, G. et al., *Le Préambule de la Constitution de 1946*, Dalloz, 2001, pp.179-219; ⑥ Schoettl, J.-E.,《L' examen par le Conseil constitutionnel de la loi relative à la réduction négociée du temps de travail》, *LPA*, 2000, n° 13, pp. 6-17; ⑦ Favoreu, L.,《À propos de l'arrêt AGIRC: les limites du pouvoir normatif des partenaires sociaux》, *Droit social*, 2000, n° 3, pp. 337-339. 日本語文献としては，奥田香子「『35時間法』をめぐる諸問題」労働法律旬報1476号4頁以下，奥田香子「フランスにおける35時間法改革と新労働時間法制」世界の労働50巻7号38頁以下，川口美貴「フランスにおける労働時間法制の展開」静岡大学法政研究5巻1号81頁以下など。

IV 統治機構——解説

　1958年憲法は，前文で「国民主権」への愛着を宣言し，また1条1項で「民主的」共和国であると規定する。更に憲法3条1項は，「国民〔＝国〕の主権は人民に属し，人民は，その代表者によって，及び，人民投票の方法によって，主権を行使する」と定める。同様の規定は1946年憲法にも見られるが，伝統的に対置されてきた「国民主権」と「人民主権」とを折衷したかのようなこの規定が象徴するように，「人民主権」の帰結とされてきた直接民主主義的要素が「国民主権」・代表民主制と併存している（「半直接制」）。

　一方，「国民主権」の下での権力分立のあり方は，議会中心主義をとってきた従来の憲法とは大きく異なる。第四共和制が小党分立と極度の内閣の不安定に苦しめられたことから，1958年憲法は，執行権優位の憲法構造（いわゆる「合理化された議院制」）を採用し，内閣の安定と「強い議会」の封じ込めを図った。憲法院にも，議会の権限侵犯をチェックする役割が期待されていた。また，1962年の憲法改正により大統領直接公選制が導入され，「半大統領制」という独特のシステムがとられている。

　このような政治制度は，当初はドゴール派の一極支配を帰結したが，1970年代以降は，政党システムの二極化，左右両陣営間の政権交代，更には大統領と首相・議会多数派がそれぞれ異なる陣営に依拠する「コアビタシオン」等を通じ，その機能を大きく変容させている。また，憲法院も，「議会の監視役」にはとどまらない，興味深い役割を演じるようになっている。

　以下では，**A**国民主権と普通選挙，**B**議会の組織と権能，**C**権力分立と司法，という3つの視点から，国民主権・権力分立に関わる憲法院判例を概観し，その特徴を素描してみることにしたい。

　A　国民主権と普通選挙

　国民主権は，政治制度の組織原理（「国家における主権」）としての側面と共に対外的には「国家の主権」としての側面をも有するが，後者は第1章で検討される。また，前者にかかわる問題のうち，選挙争訟やレフェレンダムに関する判例は，第6章で，「パリテ」の問題は第2章で扱われる。それゆえ本章Aでは，国民議会・元老院の選挙制度と政党に関わる判例が対象となる。

　国民議会の選挙制度に関し重要な意味をもつのが，1986年7月1・2日及び11月18日の判決である〔⇒ⅣA㊵〕。7月1・2日判決は，平等原則・平等選挙・「国民主権」に関する憲法規範を引きつつ，国民議会の選挙制度が「本質的に人口の基礎」にもとづくべきことを明らかにした。また同時に，「本質的人口の基礎」の原則を緩和しうる「一般利益の要請」についても，立ち入った検討を行っている。11月18日判決では，「人口上の均衡」に加え，区割りの妥当性につき，どこまで憲法院の判断が及ぶかも争点となった。「本質的人口の基礎」は，ニューカレドニアの領土議会に関する1985年8月8日判決〔⇒ⅥD㊻〕，マルセイユ市会に関する1987年判決（Décision n° 87-227 DC du 7 juillet 1987）など，「国民主権」の行使に直接関わらない地方・地

域レベルの選挙にも要請されている。

　一方，第二院である元老院の選挙制度に関し注目すべきは，2000年7月6日判決である〔⇨ⅣA㊷〕。元老院は，憲法上「地方公共団体の代表」としての地位が与えられ，地方議会議員を中心とした選挙人団による間接選挙で選出される。保守・中道優位の議院構成を帰結する農村部に圧倒的に有利な選挙人配分には批判も強かったが，憲法院は，1976年に元老院の定数配分が変更された際には，立ち入った判断を行わなかった（Décision n° 76-68 DC du 8 novembre 1976）。2000年6月，社会党ジョスパン（L. Jospin）政権は，人口比例にもとづく選挙人配分など，元老院選挙制度に大幅な修正を加えた。しかし憲法院は，人口比例の必要を認めつつも，元老院の「地域代表」としての性格を重視し，違憲判断を示している。日本の参議院との対比においても，興味深い判決である。

　1958年憲法は，4条において，政党・政治団体を「選挙による意思表明に協力する」ものと位置付け，結社・活動の自由を保障すると共に，「国民主権と民主主義の原理を尊重しなければならない」と定めている。これを受け，選挙運動・政治資金・政党助成など，政党・政治団体をめぐる様々な法制度が存在する(1)。憲法院は，1988年3月10日判決（Décision n° 88-242 DC du 10 mars 1988）において，一定の基準を満たすことを条件に政党への国庫助成を容認する判断を示したが，1990年1月11日判決〔⇨ⅣA㊶〕では，助成額の半分を得票率5％以上の政党で得票に応じ配分するとの規定につき，新たな世論の表明を妨げ違憲であると判示している。このほか，政党・政治団体をめぐっては，国民議会規則に関する1959年6月17・18・24日判決〔⇨ⅣB㊹〕，元老院規則に関する1971年5月18日判決（Décision n° 71-42 DC du 18 mai 1971）が，結社・活動の自由について判断を示している。

B　議会の組織と権能

　先に述べたように，当初の憲法院には，議会が憲法上の枠を逸脱し執行府の権限を侵犯しないよう監視する役割が期待されていた。議会の組織・権能に関する憲法院の権限は多岐に渡っており，議員の資格争訟（兼職禁止・欠格），命令事項に関する審査（37条2項），議員提出法案の不受理に対する審査（41条），組織法律・議院規則の審査（61条1項），更には通常法律の違憲審査を通じた議会活動の統制（61条2項）などがある。それゆえ，議員の地位，議会の組織・権能・立法手続，立法府・執行府間の権限配分などに関わる憲法院の判例は数多く，議院規則に関するものだけでも60を超える(2)。本書の他の章で取り上げられた判例の中にも，立法手続や権限配分をめぐる論点を含むものは少なくない。

　ところで，憲法院のこの分野の判例は，当初期待されていた「議会の監視役」とはかなり異なった方向に展開してきた。議会による権限侵犯の審査を目的とした37条2項や41条の手続が憲法院で用いられることは近時ほとんどない。61条2項を通じた立法活動の統制の性格も逆転したといわれる。61条2項の手続を通じた，議会による命令事項の侵犯の訴えを斥けた1982年7月30日判決（Décision n° 82-143 DC du 30 juillet 1982）以降，議会による権限侵犯（積極的権限の逸脱，incompétence positive）ではなく，むしろ議会が本来行使すべき権限を行使しなかったこと（消極的権限の逸脱，incompétence négative）が，問題とされている(3)。この立法権固有の権限領域に言及した最初の判例のひとつが，1967年1月26日判決〔⇨ⅣC㊿〕である。

　議会の組織・権能をめぐる多数の判決のうち，立法府・執行府間の権限配分（37条・41条）に関わるものは第6章で検討される。本章Bが扱う

のは，主として，議員の地位や議院規則，立法手続をめぐる判例である。

憲法26条は，免責特権，不逮捕特権など，議員の特権について規定している。この分野に関する憲法院判例は必ずしも多くないが，そのひとつが，議員の免責特権に関し，首相の委嘱により議員が作成した報告書にもその保障を及ぼそうとした法律を違憲と判断した1989年11月7日判決〔⇨ⅣB43〕である。この判決は，議員の活動に対する名誉毀損（刑事）の成否をきっかけとしたものであるだけに，日本の同種の事件との対比においても興味を引く。

一方，数多くある議院規則に関する憲法院判例のうち，「最初の，そして最も重要」[4]なものが，国民議会規則に関する前掲の1959年6月17・18・24日判決〔⇨ⅣB44〕である。憲法院は3日間に渡り全162ヵ条を審査し，うち10ヵ条を違憲と判断した。元老院規則についても，ほぼ同時に判決が出されている（1959年6月24・25日判決, Décision n° 59-3 DC du 24-25 juin）。やはり元老院規則に関する1990年11月9日判決〔⇨ⅣB46〕は，議院と委員会の関係，修正権など立法手続につき判断している。フランスでは1980年代以降，「議会の復権」「議会活動の改善」を目指した改革が様々な形で行われており[5]，通年会期制の導入など，憲法改正もなされている。それに応じ，議院規則や組織法律をめぐり立法手続のあり方が問題となるケースが増えている。

社会の変化や国家の役割の多様化に対応するため，フランスでも新たな立法のあり方が模索されている。1993年7月28日判決〔⇨ⅣB47〕は，そうした手法である「実験的法律」（一定期間経過後の立法評価を前提とした時限立法）を審査したものである。憲法院は，この手法を容認しつつ，評価の義務づけや内容の限定を欠いていることを理由に違憲判断を示した。なお判決は，前述の立法権固有の権限につき議会が解釈を誤ったことをも違憲の理由としている。

憲法院は，通常の立法とは異なる手続を経る予算法律に関しても度々判断を示している。1979年12月24日と30日の2つの判決〔⇨ⅣC50〕は，予算法律の審議・表決手続に関するものである。予算法律に関連して，《cavalier》と呼ばれる手法——予算法律の中にそれとは無関係の規定を盛り込むこと——に対し憲法院が統制を行っている点も興味深い（Décision n° 94-351 DC du 29 decembre 1994）。

C　権力分立と司法

「司法」に関する憲法第8章の表題は，《autorité judiciaire》であり，アメリカ的な《pouvoir judiciaire》ではない。そもそもフランスでは，「裁判所は言葉の政治的・憲法的意味において真の権力として構成されたことはなかった」[6]。それゆえこの表題が，「通常裁判所による法律の合憲性審査に至る可能性があるアメリカモデルに倣った司法権（pouvoir judiciaire）に対する〔制憲者の〕不信」[7]に根ざしたものであったとしても驚くにはあたらない。もっとも「司法権（autorité judiciaire）」（以下でも同様に「司法権」と訳出する）の観念は，以下のように，司法・裁判官の独立，並びに行政権（行政裁判権）や立法権との関係ついて，憲法院の一連の判例を通じ重要な意味内容を付加されるに至っている。

司法の独立と司法官（magistrat）の身分保障について規定する憲法64条は，大統領を「司法権の独立の保障者」として位置付ける。実際に司法制度を司るのは，大統領の下に設けられた司法官職高等評議会である。司法官（magistrat）は裁判官（magistrat de siège）と検察官（magistrat de parquet）からなるが，当初の憲法規定では，「司法権」が検察官を含むものであるか明確で

はなかった。しかし，1993年の憲法改正により，司法官職高等会議が裁判官・検察官の2部構成となり，「個人の自由 (liberté individuelle) の守護者」（憲法66条2項）である「司法権」が検察官をも含むことが明瞭になった。憲法院の1993年8月11日判決 (Décision n° 93-326 DC du 20 juillet 1993) もこの点を確認している。但し，裁判官は憲法上 (64条3項) 「不可動性 (inamovilité)」が保障されるのに対し，検察官は法務大臣の下にあり，両者の身分保障には差異がある。憲法院は，1967年1月26日の判決で，調査判事 (conseiller référendaire) の職権による配属が裁判官の身分保障に反するとし，また1970年7月9日判決では，司法官試補 (auditeur de justice) の審議参加が裁判官の職権行使の独立に反するとしている（ともに，ⅣC48）。

「司法権」の概念をめぐっては，「司法権」には含まれないとされる行政裁判権の憲法上の位置付けも重要な論点である。憲法院の1987年1月23日判決〔⇒ⅣC50〕は，「フランス的権力分立概念」を根拠に，行政裁判権 (juridictions administratives) の存在並びに行政裁判権に一定の事項が留保されるべきことが，「共和国の諸法律により承認された基本原理」のひとつであるとし，司法裁判権と行政裁判権という裁判権の二元構造が憲法上の根拠を有することを明らかにしている。また，1980年7月22日判決〔⇒ⅣC49〕は，立法府と政府に対する行政裁判権の独立を，憲法64条の司法権の独立と「共和国の諸法律により承認された基本原理」から基礎づけている。行政裁判権の独立をこのように保障する一方で，憲法院は，一定の条件の下，無効とされる虞がある行政の行為を立法により有効とする手法（追認法, loi de validation) を容認してきた。しかし，欧州人権裁判所の1999年10月28日判決は，憲法院が合憲と判断した追認法につき欧州人権条約6条1項に違反すると判断した。これを受け，1999年12月21日の憲法院判決 (Décision n° 99-422 DC du 21 décembre 1999) は，追認法の合憲性をこれまでより厳格に判断し，1789年人権宣言16条に違反するとの判断を示している[8]。

(1) 詳しくは，森英樹編『政党国庫補助の比較憲法的総合的研究』（柏書房1994年）の第3章〔小沢隆一執筆〕及び同章・補論〔丹羽徹執筆〕を参照。
(2) L. Favoreu et al., *Droit constitutionnel*, Dalloz, 3ᵉ éd, 2000, p. 317.
(3) *Ibid.*, pp. 322-323 ; L. Favoreu et L. Philip, *Grandes décisions du Conseil constitutionnel*, 11ᵉ éd, 2001, p. 211 et s., p. 528 et s.
(4) L. Favoreu et L. Philip, *op. cit.*, p. 40.
(5) 議会改革の動向につき以下を参照。勝山教子「フランス議会の復権に関する一考察——議会改革の動向と背景を中心として (1) (2・完)」同志社法学212号・214号，福岡英明『現代フランス議会制の研究』（信山社，2001年）。
(6) F. Luchaire et G. Conac (dir.), *La Constitution de la République française*, 2ᵉ éd, Economica, 1987, p. 1132.
(7) L. Favoreu et al., *op. cit.*, p. 586.
(8) *Ibid.*, pp. 592-593.

（只野雅人・福岡英明）

ⅣA ㊵ 国民主権・平等選挙と選挙区画定

只野雅人
(一橋大学助教授)

(α) 1986年7月1・2日憲法院判決
Décision n° 86-208 DC des 1er et 2 juillet 1986
Journal Officiel, Lois et Décrets du 3 juillet 1986, p. 8282
　et rectificatif du 30 juillet 1986
Rec. 78, RJC I-262, GD. 40
(β) 1986年11月18日憲法院判決
Décision n° 86-218 DC du 18 novembre 1986
Journal Officiel, Lois Décrets du 23 décembre 1986, p. 15500
Rec. 167, RJC I-291, GD. 40

〔事　実〕

　憲法92条2項(1995年憲法改正の際に削除)にもとづき，国民議会の選挙制度を規定した1958年10月13日のオルドナンス (Ordonnance n° 58-945 du 13 octobre 1958) は，小選挙区2回投票制を採用した。1958年当時の選挙区人口の最大較差は3.69倍であった（人口にかかわらず各県に2議席を配分した「特例措置」に関わる選挙区を除けば2.18倍）。しかしその後，是正措置の欠如により較差は拡大の一途をたどり，1980年代初頭には，最大で10.49倍にも達した。

　1985年，社会党ミッテラン (F. Mitterand) 政権は，国民議会の選挙制度を比例代表制（県選挙区）に変更したが，1986年の選挙の結果成立した保守中道シラク (J. Chirac) 内閣は，直ちに，小選挙区2回投票制復活に向けた選挙制度改革に着手した。大きな較差を含む従来の選挙区の全面的な見直しは不可避であったが，シラク内閣は，区割りの基本原則を法律で定めた上，区割り作業を憲法38条のオルドナンスにより政府に授権するという手法をとった。議員等の提訴を受けた憲法院は，7月1・2日の判決で，区割りについて厳格な条件を付した上，授権法を合憲とした (Loi n° 86-825 du 12 juillet 1986, 代議士選挙に関し政府に対しオルドナンスにより選挙区を画定することを許可する法律。以下授権法という)。6月4日に可決された後，憲法院の判決を経て，7月11日に審署された）。この判決を受け区割り作業が進められた。しかし，ミッテラン大統領がオルドナンスへの審書を土壇場で拒否したことから，シラク内閣はオルドナンス案と同一内容の法律案を改めて提出し，議会はこれを可決した。再度議員等の提訴を受けた憲法院は，11月18日の判決で，この区割り法 (Loi n° 86-1197 du 25 novembre 1986, 代議士選挙の選挙区画定に関する法律。以下区割り法という)を合憲と判断した。

〔判　旨〕

(α) 1986年7月1・2日判決

　「憲法院は，憲法院に関する1958年11月7日オルドナンス，特に当該オルドナンス第2篇第2章の諸条項を参照し」，(i)選挙制度変更に際しての組織法律改正の必要性，(ii)選挙区変更にあたり憲法38条のオルドナンスの手続によったことの可否，(iii)海外領土に関する諸規定の憲法74条適合性，そして政府への選挙区画定の授権

に関し，(iv)その明確性並びに，(v)平等選挙原則との整合性，について検討した結果，厳格な解釈留保を付した上，合憲と判断した。このうち，
　(v)選挙区画定原則と平等選挙原則との関係について，

　法の前の平等に関する憲法2条1項，国民主権に関する3条1項，普通・平等・秘密選挙に関する同3項，国民議会選挙に関する24条2項，及び平等原則に関する1789年人権宣言6条によれば，「普通直接選挙で指名される国民議会は本質的に人口の基礎にもとづき選挙されなければならない。立法府はこの根本的準則を緩和し得る一般利益の諸要請を考慮し得るとしても，限られた限度でそうし得るにすぎない。」[Con. 21～22]

　「最低2名の代議士の代表を各県に留保することで，立法者は選挙区の当選者と選挙人との間の緊密な絆を確保しようとした。一方では，既知の最新の国勢調査結果から帰結される国土上の人口分布を，他方では，こうしてなされた選択が有利な代表の乖離をもたらす県の数が限られていることを，考慮すれば，法律5条2項の規定は直ちに憲法に反するものではない。それらは，とはいえ，そこから帰結される代表の不平等が同一県内の選挙区画定を指導する準則を介して著しく増加し得ないことを含意している。」[Con. 22]

　「同一県内の選挙区画定については，法律5条4項は，政府に対し，オルドナンスを通じ，立法者の意思によれば一般利益の要請を考慮できるよう，県の平均人口から±20％の乖離を承認している。5条3項から明らかなように，留保された乖離は，選挙区の画定はカントンの境界を尊重するとの配慮に対応している。議会での議論を通じ，代表の乖離は，カントンの境界を尊重しない場合には『一定の地理的まとまりがなす自然の現実』と『それらを結び付ける連帯』を考慮することを同様に目的としていたことが，政府により明らかにされている。」[Con. 23]

　「平等選挙原則にもたらされた例外は，それ自体としてはそれぞれ評価の明白な過誤に発するものでないとしても，それらが積み重なることでこの原則が無視されるような状況を生み出す虞はある。結果として，5条3項・4項は以下のように解されねばならない。第一に，地続きでないあるいは人口が4万を越える1つまたは複数のカントンを含む県においてカントンの境界を尊重しない権能はこれらのカントンのみにしか当てはまらないと考えるべきである。第二に，5条4項で触れられている最大限の乖離の適用は，例外的な正しく正当化される場合に留保されねばならない。この権能は限られた限度でしか行使し得ず，一つ一つが一般利益の明確な要請に立脚していなければならないであろう。最後に，選挙区の画定はいかなる恣意に発してもならない。他のあらゆる解釈は憲法違反となろう。」[Con. 24]

　「以下のように判示する。
　1．以上述べたような厳格な解釈留保の下，代議士選挙に関し政府に対しオルドナンスにより選挙区を画定することを許可する法律は，憲法に違反しない。
　2．本判決はフランス共和国官報に掲載される。
　（1986年7月1・2日審議）（憲法院院長　ロベール・バダンテール）」

　(β)1986年11月18日判決
　「憲法院は，憲法院に関する1958年11月7日オルドナンス，特に当該オルドナンス第2篇第

2章の諸条項を参照し」，代議士選挙の選挙区画定に関する法律の，(i)採択手続の合憲性，(ii)選挙区画定の恣意性，について検討した結果，合憲と判断した。そのうち，

(ii)選挙区画定の恣意性については，

憲法2条1項，3条1項・3項，24条2項，1789年人権宣言6条より，「普通直接選挙で指名される国民議会は本質的に人口の基礎にもとづき選挙されなければならない。立法府はこの根本的準則を緩和し得る一般利益の諸要請を考慮し得るとしても，限られた限度でかつ明確な要請に応じてのみそうし得るにすぎない。」[Con. 6～7]

〔区割り法につき〕「地理的に不可能である場合を除き，選挙区は地続きであり，カントンの境界は全般に尊重されており，地続きでないカントンあるいは人口4万以上のカントンが複数の選挙区に分配されているのは限られた場合にすぎず，選挙区の人口と同じ県の平均人口との間の乖離は過度に不均衡ではない。」[Con. 8]

付託者は，選挙区画定が，人口面では根本的に批判し得るものでないとしても，なお恣意により損なわれているとも主張するが（[Con. 9]），「憲法は憲法院に議会と同様の評価・決定の一般的権限を付与していない。それゆえ選挙区が可能な限り最も公平な画定の対象となり得たかどうかを検討することはその権限に属さない。コンセイユ・デタがその行政機能の行使において求められ得るのとは異なり，この意味での提案を行うことがその責務でないことはなおさらである。」[Con. 10]

「当該法律によってなされた選挙区画定に対し第一付託の当事者たる代議士たちが行った一定の主張の妥当性がどうあれ，一件書類からして，また同じ人口の準則を尊重しながら異なる解決をもたらし得る地方の状況の多様性と複雑性を勘案すれば，立法府によってなされた選択が憲法の要請を明らかに無視したとは思われない。」[Con. 12]

「以下のように判示する。

1．代議士選挙の選挙区画定に関する法律は，憲法に違反しない。
2．本判決はフランス共和国官報に掲載される。

（1986年11月17・18日審議）（憲法院院長　ロベール・バダンテール）」

〔解　説〕

(1) **本判決の意義・特徴**

事実の概要でも触れたように，1980年代初頭，フランス国民議会選挙における選挙区人口の不均衡は，到底容認し得ない水準に達していた（後掲④59頁以下，⑨149頁以下を参照）。1958年当時にあっても選挙区人口の最大較差は3.69倍にのぼったが，人口にかかわらず各県に2議席を配分した「特例措置」の恩恵に浴した選挙区を除くと，最大較差は2.18倍であった。また83.7％の選挙区が，1選挙区あたりの全国平均人口からの較差±20％の範囲に収まっていた。しかし，その後の大規模な人口移動にもかかわらず殆ど是正措置が講じられなかった結果，1982年の国勢調査結果によると，最大較差は10.49倍にも達した。選挙区人口のばらつきも大きく，全国平均からの較差±20％の範囲に含まれる選挙区の比率は46.2％にまで低下した。

本件判決のほぼ1年前，「ニューカレドニアの発展に関する法律」をめぐる1985年8月8日の判決〔Ⅶ67判決〕において，憲法院は，「海外領土の審議機関としてのその役割が単なる当該領土の行政に限られていない議会（congrés）

が，憲法3条を尊重して領土(territoire)とその住民を代表するものであるためには，本質的に人口の基礎にもとづき選挙されねばならない」と述べ，初めて選挙区画定に人口比例原則を要請した。その上で，2.13倍の較差に対し「明らかに」憲法上の許容限度を超えるとのかなり厳格な判断を示した。

この判決は，微妙な人種問題を抱える海外領土ニューカレドニアにおける領土議会(Congrés du Territoire)を構成する4つのレジオン評議会(Conseil de Région)それぞれへの議席配分に関するものであっただけに，なお特殊な要素を含むものであった。その論理を引き継ぎ，「本質的人口の基礎」を「国民主権」の行使と密接に関わる国民議会選挙に初めて要請したのが，本件で取り上げた2つの判決である。もっとも，憲法院は同時に，「一般利益の要請」を考慮し人口比例を緩和する余地をも認めているだけに，「本質的人口の基礎」の根拠や限界をめぐっては立ち入った検討が必要である(2)。憲法院は，その後，「本質的人口の基礎」を国民議会以外にも拡大している(3)。

(2) 国民議会選挙と「本質的人口の基礎」の含意

国民議会選挙をめぐる1986年の2つの判決において，憲法院は，平等原則・平等選挙に関する条項の他，「国民主権」に関する憲法3条1項と国民議会選挙に関する24条2項を引用した上，国民議会選挙が「本質的に人口の基礎」にもとづくべきであると述べている。人口比例と「国民主権」をつなぐ論理は，両判決からは必ずしも明瞭ではないが，中間団体や異質の構成要素を排し，個人のみから構成される等質の「国民」を想定してきたフランスの伝統的立場からすれば，「国民主権」と密接に結びつく国民議会選挙が「本質的に人口の基礎」にもとづきなされるべきことは自然であるように思われる。もっとも，主権主体を意思能力を有する市民の総体と捉える「人民主権」の立場からすれば，選挙の基礎は，厳密には，「人口」ではなく「有権者」であるとの結論が導かれることになろう。また，定数配分の基礎として用いられる「人口(population)」あるいは「住民(habitant)」はフランスでは外国人をも含むものだけに，「国民主権」の立場からしても，異論の余地はあり得る（後掲③ pp. 703-704，及び⑤15頁参照）。

1986年の2つの判決は，「本質的人口の基礎」に続けて，立法府に対し，「限られた限度」で，「この根本的準則を緩和し得る一般利益の諸要請」の考慮を認めている。日本では，1人2票に等しい較差2倍を上限と見る見解が有力であるが，憲法院は許容される格差の上限を明示することなく，較差要因それぞれが「一般利益の要請」に該当するかどうかを判断するという手法を採用している。7月1・2日の判決において，授権法をめぐり問題となったのは，①選挙区画定に先立ち，各県に人口にかかわらず2議席が配分されていること，②県内において，±20％の範囲で選挙区人口の較差が許容されたこと，③パリ・リヨン・マルセイユ並びに人口4万人を超えるカントン，及び地続きでないカントン，を含む県では，カントンの分割が認められていること，の3点であった。

①については，憲法院は，「選挙区の当選者と選挙人との間の緊密な絆を確保しようとした」ものであるとしている。かかる立法者の意図は，代表の「現代的概念」に合致するとの評価も見られるが（後掲③ p. 705），人口にかかわらず一定数の議席を配分する措置は，「半代表」というよりもむしろ「地域代表」の観念に通じ

るもののように思われる（後掲⑤131頁，⑨189頁以下参照）。憲法院は，人口分布と「例外」が限定されている（2県のみ）ことを理由に，この措置を合憲としている。日本の衆議院の区割りにおける「一人別枠方式」とも似通った措置だけに，興味深いところである。

一方②の乖離に関しては，判決は「カントンの境界の尊重」に対応したものであるとする。また，行政区画の区分により区割りに恣意が介在する可能性を内包する③については，「一定の地理的まとまり」を考慮すべきことを要請している。その上で，判決は，③の範囲を厳しく限定するとともに，②についても，「一つ一つが一般利益の明確な要請に立脚」していることを要求する。しかしながら，人口比例の厳格な遵守と区割りの恣意性の排除を目的としたかかる解釈留保は，区割り法に関する11月18日の判決では，かなり緩和されているように思われる。

憲法院の厳格な解釈留保を受けて，政府による区割り作業はおおむね授権法の基準を満たす形で進められた。しかしながら，①〜③の結果として，最大で3.50倍，特例措置を受けた県を除いても2.38倍の人口較差が生じることになった。また，区割りの恣意性・政治性も大きな問題であった。授権法の定める手続に従い，政府の区割り案を審査したコンセイユ・デタは，区割りにつき少なからぬ問題点を指摘しており，その一部は修正されぬまま，区割り法に引き継がれていた。

11月18日判決は，区割り基準は概ね遵守されており，県内の人口の乖離も「過度に不均衡ではない」とする。また，区割りの恣意性・政治性については，「選挙区が可能な限り最も公平な画定の対象となり得たかどうかを検討することはその権限に属さない」としている。「同じ人口の準則を尊重しながら異なる解決をもたらし得る地方の状況の多様性と複雑性」をも考慮すれば，選挙区の「政治的均衡」につき憲法判断を加えることは確かに容易ではない。しかし，判決が，立法府の選択が憲法の要請を明らかに無視したとは思われない」と述べている部分に着目し，一定の評価の可能性をなお留保していると見る余地もないわけではない（この「明白な過誤（erreur manifeste）」の統制については，ⅥD67判決参照）。

(3) 平等選挙・人口比例原則の射程

1986年以降，憲法院は，平等選挙・人口比例原則の射程を国民議会選挙以外にも拡大している。1987年7月7日判決（Décision n° 87-227 DC du 7 juillet 1987）は，マルセイユ市会の選挙区画定・議席配分につき，1995年1月26日判決（Décision n° 94-358 DC du 26 janvier 1995）は，市町村間協力（intercommunalité）のひとつとして設けられる広域都市圏（communauté urbaine）の評議会議員（délégué）選挙（普通選挙によらない）について，また2000年1月10日判決（Décision n° 2000-438 DC du 10 janvier 2001）は，仏領ポリネシア議会の選挙につき，それぞれ人口比例を要請する。

もっとも，「国民主権」の行使と直結しないこれらの「議会」の場合，「本質的人口の基礎」の位置づけは国民議会とは異なる。1987年判決は，「国民主権」に関する憲法3条1項ではなく，元老院選挙に関する24条3項を引用する。元老院議員選挙が地方議会議員を中心とした選挙人団による間接選挙であることから，本来「国民主権」と密接に関わる平等選挙・人口比例の原則が「国民主権」を行使しない地方議会選挙にも要請されるということであろう〔⇒ⅠA3判決参照〕。1995年判決は，広域都市圏が地方公共団

体に代わり権限を行使するものであることを指摘している。また，海外領土に関する前出の1985年判決は，その役割が単なる領土行政にとどまらぬ議会が「領土と人民を代表」することを，2001年判決は「直接普通選挙」による選出を，それぞれ根拠としてあげている。

2000年7月6日判決〔⇒ⅣA41判決参照〕では，元老院選挙についても人口比例が問題となった。「地方公共団体の代表」である元老院の選挙（間接選挙）については，選挙人配分の大きな不均衡がかねてより批判の対象となってきた。しかし，憲法院は，「地方公共団体の代表」と矛盾しない限度で人口比例を認めるにとどまっている。

平等選挙・人口比例をめぐる憲法院の判断が，行政裁判所であるコンセイユ・デタの判例に一定の影響を及ぼしていることも最後に指摘しておこう。フランスの県会選挙はカントンを選挙区とする小選挙区制により行われる。選挙区であるカントンの境界変更は政府のデクレによりなされることから，県会選挙区画定の統制は，カントンの境界変更に際し，コンセイユ・デタによりなされてきた。コンセイユ・デタは，70年代後半から人口の均衡にも一定の配慮をした判断を行ってきたが，1998年以降は，人口上の均衡が要請されることの根拠を明確に憲法規範に求めるようになった。そこには，憲法院判例の影響が認められる（後掲⑥，及び⑩127頁以下参照）。

〔参考文献〕

① J. Boulouis, *A. J. D. A.*, 20 avril 1987, p. 263.
② J.-M. Cotteret, C. Émeri et P. Lalumière, *Lois électorales et inégalités de représentation en France 1936-1960*, Armand Colin, 1960.
③ L. Favoreu et L. Philip, *Grandes décisions du Conseil constitutionnel*, 11ᵉ éd, 2001
④ J.-C. Masclet, *Droit électoral*, 1989, Paris, P. U. F.
⑤ F. Luchaire, *Le Conseil constitutionnel*, 2ᵉ éd refondue, Economica, 1999, t. 3.
⑥ F. Mélin-Soucramanien,《Le dialogue des juges et le contrôle du principe d'égalité》, *R.F.D.A* juillet-août 1999, p. 815.
⑦ R. Ponceyri, *Le découpage électral*, Economica, 1988.
⑧ A. Roux,《Table ronde : Principe d'égalité et droit de suffrage : France》, *A. I. J. C.*, 1989.
⑨ 只野雅人「選挙区と『国民主権』・平等選挙——フランス憲法院判例を素材として」一橋大学研究年報・法学研究33号147頁
⑩ 同「フランスにおける選挙制度と平等」山下健次＝中村義孝＝北村和生編『フランスの人権保障——制度と理論』119頁

ⅣA ④ 政党に対する国庫助成

1990年1月11日憲法院判決
Décision n° 89-271 DC du 11 janvier 1990
Journal Officiel, Lois et Décrets du 13 janvier 1990, p. 573
Rec. 21, RJC I-397

永山茂樹
(東亜大学助教授)

〔事　実〕

　フランスは伝統的に，政治腐敗に対し寛容な風土の国と評されており，またそれを反映して選挙費用や政治資金を律する法律は存在しなかった。しかしメディア選挙が一般化し選挙費用がかさむようになり，さらに1970年代になって与野党を巻き込んだ大型疑獄事件が相次ぐなか，選挙費用や政治資金を規制し，同時に政党収入を国庫助成で補う制度の導入を目的とした法律が提案されるようになった。

　最初に成立した1988年3月11日の二つの法律は，①大統領選挙及国民議会議員選挙の選挙費用の上限設定と国庫助成，②政党および政治団体の国庫助成，③その収支の公開，④一定範囲の政治家の資産公開などを定めた。これについては，憲法院が合憲判決を下している（Décision n° 88-242 DC du 10 mars 1988)。

　本件「選挙費用の上限と政治生活の財政的透明性に関する法律」は，1988年法の全面的修正として1989年12月に議会を通過したものである。以下で触れる論点のほか，主な修正としては①地方議会選挙まで規制の拡大，②候補者に対する寄附の制限強化，③政党に対する寄附の上限額設定を含む制限，④選挙運動における新聞・テレビなどメディア利用の禁止期間の設定などがあげられる。憲法院判決で違憲とされた箇所（国庫助成受給資格として導入された「5％条項」，および政治資金関係法令違反者の大赦に関する適用除外の一部）は削除され，本件法律は1月15日に正式に成立するにいたった。

〔判　旨〕

　「憲法院は，憲法，……1958年11月7日オルドナンス，政治生活の財政的透明性に関する1988年3月11日法律にかんがみ」以下のように判決する。

(1) **選挙費用の財政と上限を定めた1条について**

　（1条は「選挙費用の財政と上限」と題され，選挙法典52-4条から52-18条の各条を構成するが）「52-14条は，法典が組織を定める『選挙運動費用収支報告及政治政治資金に関する全国委員会』（Commission nationale des comptes de campagne et des financements politiques 本稿では以下「委員会」と略す）を創設する。……。委員会は行政的統制を行う。統制の枠内で，委員会は司法警察官に，選挙運動の資金の出所ならびに使途に関する，職務執行に必要な情報の諸要素を収集することだけを要求できる。選挙法典52

―15条4項が定める委員会から検察への送付は，刑訴法上の強制権に対する告発が，司法的訴追の枠内でのみ可能であることを意味する。その結果，もっぱら52－14条4項に基き，委員会から委任された司法警察官が強制権を行使することは認められない。他のすべての解釈は個人の自由を保障する憲法規定に反する。」［Con. 2～3］

(2) **選挙裁判権に関する6条について**

（6条は選挙法典118－2条と118－3条に挿入され）「国民議会議員に適用される被選挙権欠格制度は，憲法25，63条の各条により組織法の管轄に属する。……選挙法典118－2条および118－3条は，国民議会議員選挙に適用されない。」［Con. 5］［国会議員の被選挙権欠格規定は組織法律の形式をとらなければならない（憲法25条1項）。しかし本件法律と相俟って国民議会議員の欠格を規定するため制定された法律が，憲法の定めた組織法の制定手続を経ていないとして，憲法院は当該法律を全体として違憲と判決した（Décision n° 89-263 DC du 11 janvier 1990)。これを補う新たな組織法律は，1990年5月10日に成立した――評者注］

「委員会は行政機関であり司法機関ではない。その結果，この委員会が候補者の選挙運動費用の調査の際にとった見解が行政裁判官に課せられることは決してない。」「行政裁判官は，例外的措置が必要であれば，法律の課す選挙支出上限に違反した候補者の支出に関する委員会の宣告が正しいか否かを評価し，また場合によってはそこから，とくに118－3条で規定される被選挙権剥奪に関わる権利を導く，完全な自由を有する。」「解釈に関するこれらの絶対的留保のもとで，提訴された法律6条は憲法に違反しない。」［Con. 7～8］

(3) **政党財政に関する規定について**

10，11条（国庫助成の配分基準）に関して

「本法律11条は，1988年3月11日法律9条の効力を修正し，国庫助成の配分の修正を定める。これは……9条の新1項『8条の規定する助成の第一部分は，国民議会の直近の選挙において，少なくとも75の選挙区で候補者を擁立した政党又は政治団体に充てられる。この条件は，1または複数の，海外県または海外領土でしか議会の選挙に候補者を擁立しなかった政党または政治団体には適用されない。第一回投票における各政党または政治団体の獲得票数に比例して，配分は行われる。各選挙区において投票された票数の5％を越えた結果のみが計算に入れられる』として明記される。1988年3月11日法律9条の新3項によって，国庫助成の第二部分は『毎年，第一通常会期の開会後1月以内に，各院理事部に対して届出を行った所属議員および提携議員の数に比例して，政党と政治団体に配分される』となる。」［Con. 10］

［憲法2，3，4の各条項は］「投票の表明に協力する政党あるいは政治団体に対して，国家が財政的に補助することを阻むものではない。割り当てられた助成は，平等と自由の原則に合致させるよう，客観的基準に従わねばならない。さらに限定的な助成のメカニズムは，政党の国家に対する依存関係をもたらしたり，観念と意見の様々な潮流という民主的な表現を危険にさらしてはならない。」［Con. 12］

「本法律の10，11条は，国庫助成が議会における代表者数のみならず，『国民議会選挙の結果を考慮して』政党あるいは政治団体にも与えられると規定する措置をとることで，憲法の要求を満たす。後者では，助成が海外県と海外領土についての特別な規定の留保下で，『直近の国民議会選挙において少なくとも75の選挙区において候補者を擁立した』『第一回投票における各政党または政治団体の得票数に比例して』

配分されるという原理に示される行為は，憲法に反しない。他方，選挙の結果を考慮して，政党に対し割り当てられる助成を決めるため，各選挙区における有効投票の5％以上を獲得した政党のみを計算に入れるという行為は，選択された限界のために，観念と意見の新たな潮流の表現を阻害する性質がある。本法律11条は，この条件を課す限りで憲法2，4条の両規定に違反すると宣言される。」[Con. 13～14]

13条（助成を受ける団体に課せられる義務）に関して

「本法律13条は，新たな規定に基づく会計作成のために，政党に課せられる義務を定める，1988年3月11日法律11条に代わるものである。」「これらの諸規定は，一方では政党が資金団体を組織する義務を負わず，会計代理人だけに頼ることができ，また他方では資金団体の認可権行使は，1988年3月11日法律に付け加えられた11－1条の列挙する制限的条件を資金団体が遵守することを確保するための権限を委員会に対してのみ付与するものとして理解されなければならないのだから，憲法4条，また他の憲法的価値の諸規定や原理にも反しない。」[Con. 15, 17]

(4) 大赦（AMNISTIE）を定めた19条に関して

「19条1項は『違反者の私的利得（d'enrichisse-ment personnel）の場合を除き，選挙運動費用あるいは政党および政治団体によって89年6月15日以前に犯された，直接間接に政治資金に関連するすべての違反は大赦を受ける。ただし刑法典132から138，175から179の各条が規定した違反，ならびに前記日付に，あるいは行為の日に，国民議会議員に選挙されていた者により犯された違反は大赦から除く』とする。」[Con. 19]

「大赦の利益に伴う第2の例外は，国民議会議員に関するものである。立法者によれば，この第2の例外は，憲法の委任を受け大赦に投票する権限のある国会議員が，選挙運動費用や政党の政治資金に関連する違法行為に関して自己の利益のため権限を用いると，法律の目的とする政治的社会的沈静が害されるという事で正当化される。……［だが］違反行為の日に犯罪行為当事者として同じ資格でありながら，1989年6月15日に議会議員を辞めているとき，法律が目的とする政治的社会的沈静の対象にあたる根拠もないはずなのに，等しい違反者の間に，議会は大赦の差別を持ち込んだのである。とすれば本法律19条の『あるいは行為の日までに』という語句は違憲と宣言される。」[Con. 22～23]

判決

1．選挙費用の制限と政治活動の透明化に関する法律の条項において，以下の条文は違憲と宣言される。

11条の「各選挙区における有効投票数の5％を超過した結果のみ考慮される」という語句。

19条の「あるいは行為の日までに」という語。

2．1条と6条に関する上記記載の留保下で，法律の他の規定は憲法に違反しない。

3．この決定はフランス共和国の官報に掲載される。

（1990年1月11日審議）（憲法院院長　ロベール・バダンテール）

〔解　説〕

(1) 国庫助成の憲法的正当化

本件判決中の政党に対する国庫助成の憲法的正当化の理由付けは，1988年法律に対する憲法院判決のそれ（「これらの規定は，国家が選挙の候補者に対して財政的援助を与えること，また，選挙の政党や政治団体への依拠の有無に対して，妨げとはならない」）と基本的に同一であり，憲法

4条が「投票の表明に協力する政党あるいは政治団体に対して，国家が財政的に補助することを阻まない」ということにつきる。

だが4条の成立過程で，政党に「民主的性格」を求めたり組織・財政上の義務を負わせる試みは否定されており，以来同条はもっぱら倫理的な条項であって，政党に特定の性格付けをしたり，あるいは活動に対して制限を導くための根拠規定になるとは一般に考えられてこなかった。ドイツ憲法の政党条項などと重ね合わせ，政党に対し国庫助成を通じて特権的地位を約しながら，にもかかわらず立法者はその見返りとして一定の義務を課す根拠規定として，4条を換骨奪胎し援用したのである。これをもって第五共和制憲法は80年代末に「政党の承認」から「政党の編入」へ結果的に変化したのだともいえそうだが，そういった自覚的憲法論を，一連の法律をめぐる政治と裁判の議論の中にみいだすことは困難である。

(2) **助成の使途**

この国庫助成は使途を限定しない「一般的助成」であり，助成金は実際に選挙費用にも充てられている。しかし，選挙結果に基づいた助成は必然的にあらたな意見ではなく，すでに議会に代表された意見の保護機能を有する一般的助成を採用する他の国々同様，議席数と得票率が配分基準として用いられるが，これがもたらす新・少政党に対する制度的不利を考える場合，政党助成以外に選挙制度（国民議会における二回投票制とそれにともなう選挙協力）なども考慮するべきであろう。

(3) **助成の第一部分（議席を基準とした助成）**

1990年法律は第一部分の助成要件として，75以上の選挙区に候補者を擁立することを求めた。10条が「この条件は1または複数の，海外県または海外領土でしか議会の選挙に候補者を擁立

しなかった政党または政治団体には適用されない」と定めることにより，DOM-TOMの政党に対する救済措置は取られたが，なお本土においてはこのような最低擁立者数の基準を設けたことで，少政党にとって不利な条件が課された。このハードルは1993年1月29日法律によって75から50に引き下げられたが，助成金目当てのにわか会派が乱立したことへの対策として，この要件を満たさない政党や政治団体を次の第二部分，すなわち得票率比例の配分対象から同時に除外したので，少政党保護の効果もじつは相殺されている。

議席を現有する政党でありながら，議席数比例の配分対象とならないケースを承認することは，「平等原則」あるいは政党に所属しない「(消極的) 結社の自由」とのかかわりで問題となるが，判決はこの点に言及しない。いずれにせよ第一部分は，議会内政党の活動に対する助成としては合理的とはいえないだろう。

(4) **助成の第二部分（得票率を基準とした助成，および「5％条項」固有の問題）**

89年法律で新たに導入がはかられた第二部分は，直近の議会選挙における得票率を基準とした国庫助成であり，なかでも問題となったのは受給資格に必要な最低得票率を課した点である（「5％条項」）。憲法院は最低得票率の設定自体に対する明確な評価を避け，もっぱら5％という数値について，「観念と意見の新たな潮流の表現を阻害する性質がある」ことを理由に違憲と判断した。

たしかに最低得票率を設定した他国の例と比較しても，5％という数値は高いハードルであった。とくにフランスのように多くの少政党が並存する環境では，このような基準は意見の自由な表明を阻むおそれがあろう。その意味で該当箇所を違憲と判断した判決は合理的である。

しかしそもそも最低基準を設けたこと自体「平等と自由」原則や「観念と意見の新たな諸潮流」原則と調和するかという点は，判決の中で手付かずのまま残された。

(5) 国庫助成の影響からみた問題

「限定的な助成のメカニズムは，政党の国家に対する依存関係をもたらし」てはならないことを判決は指摘した。これは政党が主権者の支持に依存すべきだという「代表制論」からの要請であると同時に，それが財政的にも自発的な結社であるという「結社の自由」からの要請でもある。判決の該当箇所は，導入から10年を経た今日，政党財政の実態面に着目して検証する必要があろう。

国庫助成は制度が発足した1989年には総額1億500万フランであったのが，現在（2001年）5億2650万フランに上昇している（2001年2月10日付官報2268頁以下）。この間，企業からの献金が制限され（1995年には法人からの寄附が全面的に禁じられた），結果的に国庫助成への依存度を高めざるをえない事情のあったことを勘案しても，助成金の著しい増加傾向は，助成金漬けになった諸政党の歪んだ姿を象徴している。1996年の全収入における依存率は，たとえば社会党が44％，共和国連合が68％，フランス共産党が29％である（明治大学政治資金研究会編『政治資金と法制度』豊岳信昭執筆（1998））。判決の述べるところとは逆に，国庫助成は「政党の国家に対する依存関係」，国家機関化をもたらしているのではないかと思われる。

(6) 政党活動に対する自由の制限

助成団体に課せられる義務として①収支明細を示す決算書を毎年，委員会に提出すること，②決算書が官報に掲載され公開されること（透明性の確保），③提出がない場合は助成金の受給権を喪失すること，④選挙費用及び政党への寄附制限に違反した場合に刑事罰が課せられることなどが法律で定められているが，憲法院はこれらが政党の自由に対する抑制にならないと判断した。

(7) 主権論・代表制論としての政党論

〈主権者―議員〉の実質的命令関係を現代国家に再生させるために（これは人民主権原理に適合する代表制を模索する試みの"一つの"帰結であるが）政党は，政治的目標のオープンな形成とその実現に集団的政治的責任を負い，主権者意思と議員行動を媒介することが期待される。政党助成の当否やあり方の検討も，このような主権・代表制論に裏打ちされた政党像と整合的でなければならない。その意味でも，主権・代表制の領域で蓄積のあるフランスの動向が，じつは注目されるのである。

〔参考文献〕

本文引用のほか，DERIEUX Emmanuel, Financement et Plafonnement des Depenses Electorales, RDP, 1990, p. 1055.；PAVIA Marie-Luce, L'existence du pluralisme, fondement de la démocratie, Revue administrative, 1990, p. 320；FAUPIN Herve, Le contrôle du financement de la vie politique, partis et campagnes (1998)； 大山礼子「立法紹介フランス政治資金浄化法」外国の立法27巻4号175頁以下，成田憲彦他「選挙運動費用の制限及び政治資金浄化に関する1990年1月15日の法律第90－55号」外国の立法29巻4号255頁以下，田口仁康「フランス第五共和制における政党および選挙運動の資金調達に関する調査委員会報告書㈠〜㈣」レファレンス1993年8号29頁以下，藤田雅史「フランスの政党・政治団体の資金調達㈠〜㈤」選挙時報48巻5号30頁以下，大泉準一「フランスの政治資金浄化法について㈠〜㈣」選挙1989年4号19頁以下，永田秀樹「政党助成の憲法論」憲法問題6号19頁以下，小沢隆一「フランスにおける政党への国庫補助」森英樹編『政党国庫補助の比較憲法的総合的研究』(1994年)，増田正『現代フランスの政治と選挙』(2001年)

ⅣA ㊷ 元老院議員選挙における選挙権の平等

2000年7月6日憲法院判決　　　　　　　　　　　　　　　大山礼子
Décision n° 2000-431 DC du 6 juillet 2000　　　　　　　（聖学院大学教授）
Journal Officiel, Lois et Décrets du 11 juillet 2000, p. 10486
Rec. 98

〔事　実〕

　1999年3月に政府が提出した元老院選挙制度改革法案の主な目的は，市町村議会に対する選挙人割当の不平等を是正するために，市町村人口500人（国会提出後，国民議会の修正により300人に引き下げられた）ごとに選挙人1人を配分する方式（ただし，端数は切り上げ）を導入すること，および，定数5以上の県に限って適用されていた比例代表制を定数3以上の県に拡大することにあった。

　法案審議は元老院側の強い反対によって難航し，両院間の合意を得られなかったので，2000年6月21日，国民議会が単独で最終的に議決した。これに対して，同月26日，118人の元老院議員が当該法律の合憲性審査を求めて憲法院への提訴を行った。提訴の理由には，市町村議会に対する選挙人割当方式の変更が元老院の間接選挙および地域代表性を規定する憲法24条に違反すること，また，県ごとの人口増減に応じた定数是正措置を先に講じてからでなければ，比例代表制の適用を拡大するような選挙制度の改革は実施すべきでないことがあげられていた。

　憲法院は，7月6日の判決において，憲法24条に関する提訴者の主張を認め，当該法律2条2，3，4，5項および23条Ⅰを違憲と宣言した。しかし，選挙制度改革よりも定数是正措置を先行させるべきかどうかは，憲法院の判断すべき事柄ではないとされた。違憲となった条文を除いた法律は，同月10日に大統領による審書の手続を終え，翌11日付けの官報に元老院議員選挙に関する2000年7月10日の法律第2000-641号として掲載された。2001年9月23日には，新しい元老院議員選挙法にもとづいて元老院議員の3分の1を改選する選挙が実施された。

〔判　旨〕

　「憲法院は，憲法，1958年11月7日オルドナンス，選挙法典……を参照し」，付託された法律の2条，9条および10条の合憲性について検討した。

　当該法律が憲法24条に違反するとの提訴理由について，

　憲法院は，選挙法典L284条を改正する当該法律2条1°について，第一に，「もはや適正に共和国の地方公共団体の代表を確保するものと

はいえず，『市町村に対する選挙人配分基準の人口300人への引き下げは地方公共団体の代表の意味を根底から覆すものであって，小市町村は，県および州と同様に，（大都市によって）完全に圧倒される』」うえ，人口300人という規準は恣意的であって，人口統計学以外のいかなる理由によっても正当化されないと考えられ，また，第二に，「『多くの県において，直接選挙によって選出された議員は，多数の選挙人から成る元老院議員選挙人団の中で少数派となる』ために，元老院議員の間接選挙の規定に反する」との提訴者の主張を検討し，[Con. 3]

憲法3条1項（「国の主権は人民に属し，人民は，その代表者によって……主権を行使する」）および3項（普通，平等，秘密選挙の保障），ならびに24条3項（「元老院は，間接選挙で選出される。元老院は，共和国の地方公共団体の代表を確保する。フランス国外に居住するフランス人は，元老院に代表される」）を考慮し，[Con. 4]

「憲法24条の前掲条文の帰結として，元老院は共和国の地方公共団体の代表を確保し得る方法にもとづいて，それ自体がこれら地方公共団体に由来する選挙人団によって選挙されなければならず，従って，この選挙人団は本質的に地方公共団体の議会の議員によって構成されなければならず，あらゆる種類の地方公共団体がそこに代表されていなければならず，また，市町村の代表は市町村の多様性を反映したものでなければならず，最後に，1789年の人および市民の権利宣言6条および憲法3条から導かれる選挙権の平等原則を尊重するために，各種の地方公共団体および異なる類型の市町村の代表はそこに居住する人口を斟酌しなければならないこ

とを考慮し，」[Con. 5]

「従って，もし，市町村議会の選挙人の数はその市町村の人口によって決定されるものでなければならず，最も人口の多い市町村において，市町村議会は市町村議会を代表するための補充選挙人を議会外から選出することができるとしても，それは，元老院選挙人団への補充選挙人の参加が人口補正の性格を保持する限りにおいてである」ことを考慮し，[Con. 6]

付託された法律の規定に従って補充選挙人を選出すると，「これら補充選挙人は，いくつかの県では元老院選挙人団の過半数となるほど，大きな比重を占めるようになり，彼らの元老院議員選挙への参加は，審査の対象となった法律10条が比例代表制による元老院議員選挙をより多くの県に拡大しているために，ますます（選挙結果を左右する）決定的要因となる」ことを考慮し，[Con. 7]

付託された法律にもとづく市町村議会の補充選挙人の数は，「単純な人口補正」の域を超え，元老院選挙の原則を無視するものとなることを考慮し，[Con. 8]

「2条2，3，4，5，条および，その結果として，23条Ⅰは憲法に違反すると宣言すべき理由があることを考慮し，」[Con. 9]

人口の増減を考慮した是正措置を欠く点に関する提訴理由について，

憲法院は，最近3回の国勢調査の結果にもとづく県別定数の是正措置をあらかじめ実施した後でなければ，元老院議員の選出方法を変更することはできないという提訴者の主張を検討し，[Con. 10]

1789年の人および市民の権利宣言6条ならび

に憲法3条および24条は，立法者に地方公共団体の人口の増減を考慮して元老院議席の各県への配分を修正すべきことを義務づけているが，「これらの規定は，付託された法律の施行以前にそのような(修正)措置を実施すべきであるとは必ずしも要求していない」ことを考慮し，[Con. 11]

「憲法院としては，職務上，合憲性に関する疑義を審査すべき理由がないことを考慮し，[Con. 12]

以下のように判示する。

1．元老院議員の選挙に関する法律2条2，3，4，5，条の規定および23条Ⅰの規定は，憲法に違反する。

2．本判決は，フランス共和国官報に掲載される。

(2000年7月6日審議)(憲法院院長　イヴ・ゲナ)」

〔解　説〕

(1)　本判決の意義・特徴

直接選挙によって選出される下院（国民議会）と地方議員を選挙人とする間接選挙で選ばれる上院（元老院）で構成される二院制議会は，1875年の第三共和制憲法以来の伝統をもつものであり，すでにフランス社会に定着していると考えられる。第二次大戦後は，1946年と1969年の二度，二院制の是非を問う国民投票が実施されたが，有権者の審判はいずれも二院制廃止を否定するものであった。

しかし，単一国家において地域代表の性格を有する議院をどのように構成すべきかは，必ずしも自明ではない。すでに1986年7月1－2日の判決（Décision n° 86-208 DC des 1er et 2 juillet 1986）などいくつかの憲法院判決が確認しているように，憲法3条3項にいう平等選挙とは，選挙が本質的に人口を基礎として実施されなければならないこと，すなわち人口比例原則を順守すべきことを意味する。元老院も単一国家における国会の議院である以上，この人口比例原則の適用を免れない。問題は，憲法が規定する元老院の「地方公共団体の代表」としての性格を維持しつつ人口比例をいかに実現するかであって，元老院の選挙制度は，元老院発足以来，地域代表性と人口比例原則との相克の下に置かれてきたといってもよい。

現在の元老院選挙は，各県を単位とする間接選挙によって実施され，選挙人団は県選出の国民議会議員およびレジオン議会議員，県議会議員ならびに市町村議会の代表によって構成されている。市町村議会の代表は，人口9000人未満の市町村においては選挙法典L 284条に規定する割当数に従って議員の互選により選出されるが，人口9000人以上の市町村では議員全員が選挙人となる。さらに人口3万人以上の市町村については，人口補正措置として，3万人を超える人口1000人ごとに1人の補充選挙人を議員外から任命することが認められている。それでも選挙人の割当は著しく小規模市町村に有利で，人口100人未満の4047市町村では平均して住民65人に選挙人1人が割り当てられるのに対し，たとえばマルセイユ市の選挙人はそれぞれ935人もの住民を代表する計算になる。その結果，フランスの全人口の37％を占めるに過ぎない人口1000人未満の市町村が選挙人の62％を獲得する一方，全人口の31％を擁する人口2万人以上

の都市が送り出す選挙人の比率は11％にとどまっている。

ジョスパン首相は，1998年のインタビューで「元老院のように，強い権限をもちながら，会派構成に大きな変化が起きる可能性もなく，直接選挙で選出されたわけでもなく，連邦制下の各州代表議院というわけでもない議院。これは民主主義政体においては異常な存在である」（Le Monde, 21 avril 1998.）と述べ，元老院の現状を厳しく批判していた。本判決の対象となった元老院議員選挙法は，元老院近代化改革の一環として，選挙人の配分を市町村人口に比例する方式に改め，人口比例原則の徹底を図ったものである。

本判決も，元老院選挙に平等選挙の原則を適用すべきことを再確認し，人口比例原則の尊重をもとめている。しかし，それはあくまでも「地方公共団体の代表」としての性格を歪めない限度で適用される補完的な原則にすぎないさ
れた。憲法院はこれまで，前掲1986年7月1－2日の判決等において，人口比例原則と抵触する可能性のある要素を考慮する場合も人口比例原則を優先すべきであるとしてきたが，本判決は少なくとも元老院選挙に関する限りにおいて，従来の見解を覆したことになる。

憲法院によれば，「地方公共団体の代表」を確保するためには元老院選挙人団が地方議員によって構成されていなければならないとされ，また，間接選挙とは直接選挙によって選出された議員が選挙人になることであると解釈される。ただし，そこから直ちに選挙人全員が議員でなければならないという結論が導かれるわけではなく，「人口補正の性格を保持する限りにおい
て」は議員でない者を補充選挙人に任命することもできるとされた。実際のところ，地方議員間および地方議員と国会議員との兼職が許容されているフランスでは，人口補正措置を要しない人口3万人未満の市町村においてさえ，議員の兼職状況によっては議員以外から選挙人を任命しなければならない場合があり，1875年以来，つねに非議員の選挙人が存在してきたのである。

そうなると，人口比例原則を適用した結果が違憲とされるかどうかは，いわば程度問題になってしまい，具体的な数値に即して判断するほかない。改正法が施行された場合，元老院の選挙人数は13万8000人から1.5倍の約21万人に増加し，非議員の比率が7％から27％に高まる。憲法院はこの数値が人口補正の限度を超えるとみなしたのであって，かりに元老院側の修正案のように配分基準人口が700人に引き上げられていたならば，許容範囲とされた可能性が高いといわれる。

(2) **政治的背景**

本判決の最大の争点は元老院の地域代表性をどのように解釈するかにあったが，元老院の近代化を標榜した政府の側にも，また提訴者である元老院議員の側にも政治的な動機があったことは否定できない。

小規模市町村ほど過剰代表となっている選挙制度の下で，農村部に基盤を置く保守政党は圧倒的な優位に立ち，元老院を「保守の牙城」としてきた。歴代の左翼政権にとって元老院は手強い反対勢力であり，ジョスパン内閣も司法改革や兼職禁止問題などに関する重要法案の審議に際して，しばしば元老院への譲歩を余儀なくされてきた。ジョスパン首相の元老院批判は，

政策実行を妨げる元老院へのいらだちの表明だったといえよう。

他方，憲法院に提訴した元老院議員は，現行選挙制度の恩恵を受けている保守，中道政党の政治家たちである。これまで定数4以下の県で採用されていた連記投票による二回投票制は，その県の多数派が議席を独占しやすい制度であり，農村部での保守勢力の地盤を守る効果をもっていた。したがって，彼らが，市町村議会への選挙人割当方式の変更だけでなく，比例代表制の拡大にも反対したのは当然であった。事実，新制度の下で実施された2001年の改選では，左翼が28議席から41議席に勢力を伸ばした。しかし，反対の論拠として使われた定数是正措置の遅れは元老院にも責任がある。議員定数の変更は組織法律によらねばならず（憲法25条），元老院の賛成を得られない限り実行できないが，元老院は定数増に反対しつづけてきた。2000年3月にも，元老院議員定数を339に増加したうえで議席配分を見直す定数是正案が元老院多数派の反対で葬られたばかりだった。

このような状況において，憲法院の判断も純粋に法的なものとは受け取られ難かった。ゲナ院長が長年元老院議員をつとめた経歴の持ち主であることも，憲法院は保守的な元老院を擁護しているという批判を招く原因になった（Le Monde, 13 janvier 2001.）。

(3) 単一国家における二院制の意味

フランスの元老院は二重の役割を担っているとされてきた。一つは「反省の院」ないし「熟慮の院」として国民議会に再考を促す役割であり，もう一つは「地方公共団体の代表」としての役割である。貴族院でもなく，連邦制下の上院でもない元老院が「反省の院」として位置づけられることに異論はなかろう。しかし，単一国家において，「地方公共団体の代表」としての議院の存在はどのように正当化されるのだろうか。

元老院は，選挙区の住民ではなく，地域そのものを代表するといわれる。現在の元老院選挙人団の95％以上は市町村代表によって占められており，「地方公共団体の代表」といっても州や県の存在感は薄いので，ここでいう「地域」は事実上，市町村を意味するととらえるべきであろう。第三共和制法下では，各市町村は人口の多寡にかかわらずそれぞれ1人の選挙人を配分され，元老院はまさに市町村の議会として機能していた。こうした性格は，選挙人配分方法の修正によって弱められてはいるものの，現在の元老院にも受け継がれている。

しかし，単一不可分の共和国であるフランスにおいて，人口以外の要素を基準とする選挙制度にもとづいて選出される元老院は，民主的正当性という点で明らかに国民議会の下位に置かれる。人口以外の基準を考慮して選挙人を配分し，小規模市町村を優遇する現行制度は，一種のアファーマティヴ・アクションとして理解するほかないが，そうした措置によって，国民代表機関としての元老院の正当性は低下せざるを得ないのである。とすれば，ジョスパン首相の言うように，国民議会多数派の意思に反して憲法改正や組織法律の制定を阻止し得る強力な権限を民主的正当性で劣る元老院に付与することの是非が，改めて問われなければならない。

このことは，一般論として，単一国家における第二院の役割をどう考えるかという問題にむ

すびつく。第二院を「反省の院」として機能させるには，第二院としての独自性をもたせる必要があり，そのためには第一院と異なる議員選出方法を採用しなければならないと考えられる。しかし，第一院は当然，最も民意の反映にふさわしい選挙制度を採用しているはずであるから，それと異なる原理にもとづいて選出される第二院の民主的正当性はどうしても第一院より劣るものとならざるを得ない。したがって，両院間で意見対立が生じた場合には，最終的には第一院の意思にもとづいて決定を下すべきであり，第一院の優位を確保できるような立法手続の整備が望ましいということになる。

もちろん，民主制下の議院である以上，第二院の議員選出方法にもなんらかの民主的正当性は必要である。しかし，選挙制度の改革などによって第二院の民主的正当性を高めると，第二院にも相応の権限を与えなければならなくなり，両院間に抜き差しならない対立を招くおそれがある。そこに，単一国家における第二院が抱える矛盾があるといえよう。イギリスでは，労働党を中心に貴族院の民主化改革が多年議論されてきたにもかかわらず，いまだに抜本的な解決にはいたっていない。その背景には，民主化改革が貴族院の正当性を高め，政府法案を阻止しようとする動機づけを強めるのではないかという労働党政権内部の懸念があるといわれる。

ところで，日本の参議院は，衆議院とあまり変わらない選挙制度にもとづいて議員の選出を行っており，その民主的正当性はフランスの元老院よりはるかに高いといってよい。その権限も，実質的には，単一国家の第二院としては最も強力な部類に属する。しかし，それゆえに参議院はかえって行動の自由を失い，衆議院の「カーボンコピー」と揶揄される存在になってしまったように思われる。衆議院同様の議員選出方法の採用は参議院の独自性を薄める結果となり，また，政策決定をデッドロックに導きかねないほど強力な権限も，逆に政府および衆参与党会派間の事前調整への依存を深め，独自性発揮を抑制する方向に作用してきたからである。

〔参考文献〕
P.-É. Spitz, Loi relative à l'élection des sénateurs : Commentaires de la décision du 6 juillet 2000, Revue du droit public, 2000, pp. 1239-1256 ; A. Roux, Décision n° 2000-431 DC du 6 juillet 2000, Élection des sénateurs, Revue française de droit constitutionnel, n° 44, 2000 ; 只野雅人「不可分の共和国とフランス元老院―「地域代表」の観念をめぐって」『法律時報』73巻2号88頁以下。

ⅣB ㊸ 政府が国会議員に委嘱した任務に対する免責特権の保障——「議員特権に関する法律 (loi relative à l'immunité parlementaire)」違憲判決

1989年11月7日憲法院判決
Décision n° 89-262 DC du 7 novembre 1989
Journal officiel, Lois et Décrets du 11 novembre 1989, p. 14099
Rec. 90, RJC I-373

新井　誠
（釧路公立大学専任講師）

〔事　実〕

　フランスでは議員免責特権に関し，憲法26条1項に加え，（1958年11月17日オルドナンス9条及び1982年6月15日法5条で再確認・修正された）1881年7月29日プレスの自由に関する法律（以下，1881年法）41条1項に「国民議会あるいは元老院における演説，報告書，および両院のいずれか一方の規則に基づいて作成されたその他すべての書類は，いかなる訴訟の対象にもならない。」と規定される。

　1982年9月，当時のモーロワ（Pierre Mauroy）首相が宗教セクトに関する研究任務を国民議会議員であるヴィヴィアン（Alain Vivien）氏に委嘱し，同議員がその研究報告書を首相に提出，政府がこれを公刊した。この報告書の中で批判の対象とされた宗教教団は，同議員を名誉毀損で刑事告訴しようとするが，検察側からは，同議員の所属する議院の不訴追特権撤回の許可を得る必要があるとされた。そこで同教団は，国民議会に対し，同議員の特権の撤回を要求した。これに対し国民議会の特権撤回特別委員会は，当該政府委嘱任務も憲法26条1項の免責の対象であるとし，不訴追特権の撤回に消極的な姿勢を示しつつも，司法権における議員免責特権に関する訴訟の受理を否定するものではないという見解を出した。その後判断が司法府に委ねられ，1987年5月11日，パリ控訴院は，政府が委嘱した任務について憲法26条1項で免責される職務行為と言えず，研究成果報告書も1881年法41条1項で免責となる「報告書」に該当しないと判示した。

　そこで議会では，政府委嘱任務によるこうした「報告書」の作成が今後は免責されるよう，1881年法41条1項を改正する「議員特権に関する法律」（以下，改正法）案が，与党社会党の議員により国民議会に提出された（1989年4月17日）。同法案は，1881年法41条1項の「報告書」の部分を「政府により議員に委嘱された一時的任務の内容を報告するために作成されたものを含む報告書」と改正し，1989年10月11日に元老院で可決，議会を通過した。

　しかし，議員が政府委嘱任務のために報告書を作成することは，憲法26条1項の免責の対象となる議員の職務行為にあたらず，法改正は，免責の適用範囲を不当に拡大し違憲であるとの疑義は，法案審議の時点で野党議員を中心に持たれていた。そこで改正法が成立したその日に，64人の国会議員が，同改正部分の憲法適合性の審査を憲法院に付託した。

〔判　旨〕

「憲法院は，憲法・憲法院についての組織法律に関する1958年11月7日オルドナンス・国会議員に表決の委任を認める組織法律に関する1958年11月7日オルドナンス・選挙法典 L.O.144条及び L.O.297条・1985年7月10日組織法律5条・プレスの自由に関する1881年7月29日法41条を参照し」次のように判断した。

(i) 議員不訴追・不逮捕特権 (inviolabilité parlementaire) について，

「選挙法典 L.O.142条1項は『選挙により任命されていない公的職務の行使は，国民議会議員の職務権限 (mandat de député) と両立しない』とする」。しかし，「その例外として，選挙法典 L.O.144条は，『政府から一時的な任務を委嘱された人は，6ヵ月を超えない限り，議員の職務権限とその任務の行使を兼務することができる』とする」。また，「政府への報告のため一時的任務を行うことを要請された議員は，議会に所属し続ける」。そこで「議員は，憲法26条2項・3項・4項（いずれも1995年の憲法改正前の規定——筆者）の各規定の下で，議員不訴追・不逮捕特権を享受する。」［Con. 4～5］

(ii) 憲法26条1項の議員免責特権 (irresponsabilité parlementaire) について，

「国民議会議員もしくは元老院議員が行う政府要求の任務は，議員の職務行為に含まれない。この任務は議員でなくとも委嘱されうる。議員は選挙法典 L.O.144条の下に任務を行使することから，議員の（政府委嘱任務の）報告書作成を憲法26条1項の『議員の職務行使中』の活動とすることはできない。」その結果，「付託された法律は，憲法規定とは別の無答責制度を作ることになる。」［Con. 6～7］

(iii) 改正法と「法の前の平等」原理について，

「人と市民の諸権利の宣言6条によれば，法律は『保護を与える場合にも，処罰を加える場合にも，すべての人に同一でなければならない』。憲法2条（現在の1条——筆者）によれば，共和国は『出生，人種または宗教による差別なしに，すべての市民に対し法の前の平等 (égalité devant la loi) を保障する』」。「性質の異なる不正行為を立法者が分別することでは，刑法の前の平等の原理は侵されない。しかし，同一の違反のため，違反に適用される重罪，軽罪，それらに適用される刑罰が発布される場合，何人にか絶対的免責を付与すれば，平等原理を侵害することになる」。「改正部分の法律は，議員職務の行使中に議員により行われた行為とは別の行為に関し，議員に刑事・民事上の責任についての絶対的免除を与えようとしており，法の前の平等の原理を十分に認識するものとはいえず，憲法に違反する。［Con. 8～10］

1. 「議員特権に関する法律」は憲法に違反する。
2. 本判決は，フランス共和国官報に掲載される。

（1989年11月7日審議）（憲法院院長　ロベール・バダンテール）」

〔解　説〕

(1) 本判決の意義・特徴

フランスの議員免責特権は，憲法典と通常法律である1881年法41条1項で二重に保障される。これら両者の関係については，かつて司法裁判所である破毀院（1956年2月22日判決）が，憲法典上の免責特権条項の範囲内で1881年法41条1項を運用すべきと判示したことがある。本件憲法院判決では，この通常法律を改正し，政府任務を委嘱された議員 (parlementaire en mission) の作成する「報告書」に免責が及ぶようにした

改正法が問題となった。これについて憲法院は，改正部分である「議員特権に関する法律」を全部違憲としたのである。本件は，憲法院が議員免責特権に関して判示した唯一の判決であるといえ，そのことがまず本判決の大きな特徴であるが，以下では，主要な2つの論点につき検討したい。

(2) **免責される「議員の職務」の範囲**

まず検討されるのは，憲法上の免責の適用される議員職務行為の範囲をめぐる憲法院の解釈論である。フランスの従来の学説では，憲法上の免責の対象となる議員職務行為を，本会議・委員会での職務や，議院に委嘱された任務等に限定するものが多く，破毀院も，その範囲を憲法第4章「国会」・第5章「国会と政府の関係」に規定される職務に限ると判示している（1988年5月7日判決）。本件で憲法院は，憲法26条1項の適用範囲を具体的には示さなかったが，議員に対する政府委嘱任務を憲法26条1項の保障対象とせず，免責の及ぶ範囲を限界的に解したことから，従来の学説や司法判例の理解を受け入れたと考えられる。

これに対し憲法院の結論に批判的な学説（後掲 Renoux 論文等）は，議員の職務の実質的内容と，政府と議会の協働関係の重要性から，議員に対する政府委嘱任務も憲法26条1項の免責対象とすべきとする。この学説はまた，本件憲法院が，改正法を憲法26条1項違反ではなく平等違反と判示したことを指摘し，そもそも憲法26条1項の議員職務行為の範囲を広げること自体に問題はないとする。さらにこの学説は，従来の1881年法41条1項が憲法より広い免責を認める解釈の余地（例えば，1881年法41条1項は，免責の人的対象を明確にしていないことから，解釈上，国会議員以外も免責される可能性もありえる等）があるにもかかわらず，憲法院がすでにあ

る1881年法41条1項全体を違憲としない点に注目し，1881年法制定当時，今回の改正法と同様の立法措置が講じられていれば，それは当然に憲法に適合するものと理解され，本件のような問題は提起されなかったであろうとする。

免責の対象を広く捉えるこの学説は，政府と議会の協働関係や議会による行政統制を考慮して新たな免責を確保しようとする点で，立法政策として興味深い。しかし，この学説では，免責が過度に広範に及ぶ可能性があることも否めず，日本でも憲法上免責の対象となる議員職務行為は付随的行為を含むとされつつも，本件のような政府委嘱任務まで含むとは憲法上解されないこと等と比較すれば，憲法院が従来の学説・司法判例の先例に従いつつ，免責の範囲を一定の範囲に限定したことは妥当といえよう。またその結果，憲法院が改正法を一般国民との平等違反と判示した点は，免責をめぐる問題を国民との平等の観点を取り入れていることで注目されるが，憲法26条1項や1881年法41条1項規定の「既成」の免責特権と平等原則との問題には言及していないことに注意する必要がある。

(3) **議員免責特権関連法制に対する憲法院審査の意義**

次に検討されるのは，議員免責特権関連法制に対する憲法院審査の意義である。

本件は，第三共和制期の「議会中心主義」の下で制定された通常法律の免責規定を改正した，通常法律の審査であった。1881年法41条1項は，「議院」の特権を確保すべく制定されたともいわれ，議会内部の問題を規律する権限を議会が排他的に有したかつての絶対的議会制の下では，その効力が憲法と同程度に解されることに疑問の余地はなかったといえる。これに対し第五共和制以降，立法や議院規則の憲法院審査の導入等で憲法による議会統制が図られたことや，

1970年代初頭からの人権保障に対する憲法院の活躍が重視され，議会と法律に対する憲法優位が企図されるようになったのは周知のことである。ところが，議員免責特権は制度的に第五共和制憲法下とそれ以前との大きな違いはなく，学説もそれまでと同様の議員免責特権論を展開してきた。その一方で，司法判決では，憲法と通常法律双方の免責の適用範囲の限定化が示されていた。こうした状況の下で通常法律による新たな免責の付与の問題が浮上し，憲法院が，免責特権とりわけ通常法律による免責特権を憲法との関係でどう論じ，議会法に対しどのような役割をするのか注目されたのである。

本件で，憲法院は，従前の1881年法41条1項全体の違憲性や，憲法26条1項の範囲内で同条項を運用すべきことには直接言及せず，1881年法41条1項に対する憲法優位を積極的に示していない。しかし憲法院が，憲法26条1項の現在の通説的理解の枠を超える新たな免責付与を議会による通常法律の改正のみで行うのは，憲法の平等原則の枠を超え違憲であると判示したことで，積極的ではあるが，免責の適用範囲の内容を決定する権限を司法裁判所に続き憲法院までも行使したことになる。そしてこれにより憲法院は，憲法優位というスタンスに拠りつつ，自らの審査を伝統的には議会権限とされることもある議員免責特権の諸規定の解釈権にまで広げたといえるのである。伝統的な議会のあり方を重視する立場からの本件判決に対する批判もあるが，多くの学説は概ねこの憲法院判決を受け入れ，憲法書の議員免責特権の項でも扱われるようになっている。

日本では議員に新たな免責を付与する通常法律を制定する具体的な動きはなく，議員免責特権制度もフランスと違いがあり，本件の憲法院判決の議論をただちに日本の憲法解釈論に導入することはできない。しかし，新たな議会法制が採用される場合，それが憲法の枠内で議論されるべきことは現代立憲主義の共通課題であり，フランスでは本件憲法院が新たにその枠組を与える役割を果たしたことに意義があり注目されよう。

〔参考文献〕
P. Avril, J. Gicquel, *Pouvoirs*, 1990 (53), p. 177; L-V. Fernandez,Le champ d'application de l'irresponsabilité parlementaire, *Les petites affiches*, avril 1990 (47), p. 8; B. Genevois, *Annuaire international de justice constitutionnelle*, 1989, p. 501-503: T. S. Renoux, *Revue française de droit constitutionnel*, 1990, p. 136; T. S. Renoux, Immunité et parlementaires chargés de mission: plaidoyer pour une cause défunte, *Revue française de droit constitutionnel*, 1990, p. 239; 樋口陽一＝吉田善明編『解説　世界憲法集』（三省堂，1988年（初版）・2001年（第4版）），大石眞『議院自律権の構造』（成文堂，1988年），大石泰彦「フランスのマス・メディア法」（現代人文社，1999年），辻村みよ子「憲法学の『法律学化』と憲法院の課題―政治と法・人権をめぐるフランスの理論展開」ジュリスト第1089号（1996年）70頁，拙稿「フランスにおける政府委嘱任務と議員免責特権―憲法院判決に至る一連の事件を素材として―」法学政治学論究43号（1999年）640頁以下など。

ⅣB ④ 国民議会規則の憲法適合性

1959年6月17・18・24日憲法院判決
Décision n° 59-2 DC des 17, 18, 24 juin 1959
Journal Officiel, Lois et Décrets du 6 juillet 1959, p. 6642
Rec. 58, RJC I-1, GD. 3

勝山教子
(同志社大学助教授)

〔事　実〕

　本判決は議院規則に対する最初の憲法院判決である。絶対議会制とも呼ばれる第三・第四共和制下の伝統的な議会制のもとでは、議院の手続準則は原則として議院規則の排他的所管事項であり、しかも議院規則には裁判的統制が全く及ばなかった。議院規則は名称からすると議院内部の手続問題に過ぎないように思われるが、議院内閣制がこれにそって運用されることから、政治の動きに対し屡々憲法以上の影響力をもつことがあるとも言われる。したがって、第五共和制憲法が伝統的議会制に大変革を加える上で、議院規則の統制に力点を置いたのも当然の理であった。この変革は「合理化された議院内閣制」(parlementarisme rationalisé) と呼ばれ、政府の安定性を確保するため、それまで議院規則に委ねられていた議院の手続準則を詳細に憲法が規律することを意味した。さらに、その実効的担保として創設されたのが、議院規則に対する憲法院の合憲性審査制度である。ドゥブレ首相が憲法院を「議院内閣制の逸脱に対する武器」(M. Debré 後掲 p.16) と説いたのはこの意味からである。

　ところで、第五共和制発足後1958年12月9日から活動を開始した両議院は、憲法院がまだ組織されていなかったこともあり、当初は暫定議院規則のもとで活動を続けた。本判決の審査対象となる確定国民議会規則は、政府の介入という特異な審議過程を経て、1959年6月3日に採決され、同月6日に議長により憲法院に付託された。3日間に及ぶ審議の末下された長文の本判決は、その後の議院規則審査に踏襲される基本原則を示す重要な判決となった。

〔判　旨〕

　「憲法院は、憲法61条の規定に基づいて……付託された国民議会の確定議院規則に関する決議につき、憲法および憲法院に関する組織法律である1958年11月7日のオルドナンス……を参照して」判断を下した。

　1.　以下に掲げる国民議会規則の規定は憲法に違反する。

　・国民議会規則19条3項

　「本項の規定は、……会派の綱領が憲法4条の規定に合致するか否かの判断をもっぱら国民議

会に委ねることにより，会派の結成そのものを妨げる効果をもつことから」違憲である。

・国民議会規則31条2項（略）
・国民議会規則31条5項

「本項の規定は政府に5分間の発言時間を認めるが，憲法31条は，時間を制限することなく，政府構成員が自ら求める時に議院で発言することを認めていることから」違憲である。

・国民議会規則51条1項

「本項の規定は，首相の請求がある場合に議院が当然に秘密会となる旨を定めるが，憲法33条2項は，首相もしくは議院構成員の10分の1の請求に基づいて，秘密会の開催を議院が決定することを定めていることから」違憲である。

・国民議会規則60条3項

「……臨時会期が議院構成員の請求に基づいて開催される場合に，閉会のデクレがすべての審議を打ち切って直ちに臨時会期を終了させることは，憲法29条2項の規定を尊重せず」違憲である。

・国民議会規則79条

「本項の規定が懲戒罰を科す違反行為は，憲法25条1項により議員の被選挙権資格および兼職禁止の諸条件の定めを明示的に委ねられた組織法律である1958年10月24日オルドナンス第58-998号19条の規定する違反行為と重複するが，当該（オルドナンスの）規定はそれらの行為に対して軽度の懲罰を排し議員辞職を科していることが明白であることから」違憲である。

・「国民議会規則81条1項・4項，82条，86条3項・4項，92条6項，98条6項および134条5項は決議案に関する規定を含むものである：」

「憲法はその20条で国政の決定と遂行を政府に委ねつつも，政府責任の追及が49条および50条の定める条件と手続に従ってのみ行われることを定めていることから，そのような決議案が政府の行動を誘導しまたは統制する傾向がある限りにおいて」違憲である。

「……決議案が立法事項に関する議員の発案権としての性質をもつ限りにおいて，憲法とりわけ40条，41条に違反する。なぜなら，そのような決議案の採択が，歳入の減少もしくは歳出の創設または増加の結果を生じさせたり，憲法37条に定められた政府の命令制定権を侵害したり，憲法38条に基づき政府に委任された立法権限を侵害する可能性があるからである。」

「立法手続および議会の政府統制に関する国民議会規則の上記諸規定は，決議案にそれ固有の効果，すなわち議院の排他的権限に関する措置と決定，つまり議院の運営および規律に関する内部的措置と決定の表明とは異なる効果を与える」ことから違憲である。議院の運営および規律に関する内部的措置のほか議院が決議によって決定しうるのは，「憲法および，高等法院に関する組織法律である1959年1月2日のオルドナンス第59-1号18条以降のように，組織法律の条文で明確に定められている場合に限られる。」

・国民議会規則87条1項および3項
・国民議会規則101条3項（略）
・国民議会規則153条2項（略）

2. 下記の国民議会規則の諸条項は，次の見解の留保の下で（sous réserve des observations qui suivent）合憲である。

・国民議会規則48条6項

本項の規定が，「憲法48条に従い政府の決定により優先的に議事日程に記載される事項を補充する限度においてに」，委員長協議会（la conférence des présidents) が決定した提案に関する国民議会の表決を定める場合に限り合憲である。

・国民議会規則139条1項（略）
・国民議会規則144条（略）

3. 本判決1および2に掲げられていない国民議会規則の諸規定は合憲である。
4. 本判決はフランス共和国官報に掲載される。

（1959年6月17・18・24日審議）（憲法院院長レオン・ノエル）

〔解　説〕

議院規則に対する裁判的統制がフランス憲法史上前例をみなかっただけに本判決の行方に注目が寄せられていた。下された判決は多数の規定を無効にする極めて厳しい内容であり、大きな動揺を議院に与えることとなった。

ところで、議院規則の合憲性審査に関しては、①審査対象となる「議院規則」の定義、②「議院」の定義、③義務的付託と再審査（deuxiéme examen）、④審査基準規範の範囲、⑤合憲性解釈の厳格性、⑥判決の機能といった興味深い検討課題が存在する。以下では、紙幅の都合上、④⑤⑥に焦点を絞って検討を進めることにしよう。

(1) **審査基準規範の範囲──憲法ブロックの拡大**

前述のとおり、第五共和制憲法は議会法に関する重要な多くの規範を自ら規律する。当然、こうした憲法条文は議院規則合憲性審査の準拠規範となり、統計では、1959年から1999年までに下された60判決のうち（両院合同会議規則に関する2判決を含む）、違憲を宣言された議院規則規定の80％が、また留保付き合憲判断を受けた規定の96％が、憲法条文との関係から判断されている（S. Cacqueray 後掲 p.362, p.370 et p.380.）。

しかし、憲法院は議院規則審査の準拠規範を憲法以外の規範にまで拡大しているため、さらに議院規則が適合性を求められる内容が広くなっている。

(a) 組織法オルドナンスへの拡大

憲法条文の他に議院規則の合憲性審査に用いられる規範の多くは、議会法に関連する組織法律であるオルドナンス（ordonnances organiques 以下では「組織法オルドナンス」と略称する）または通常法律の効力を有するオルドナンス（ordonnances ordinaries 以下では「通常法オルドナンス」と略称する）であり、これらは憲法92条により「諸制度の創設に必要な立法措置」の定めを委ねられた政府が第五共和制発足当初に制定したものである。

本判決においても、議員の被選挙権資格および兼職禁止の諸条件に関する1958年10月24日の組織法オルドナンスに照らして規則79条が違憲と判断され、また高等法院に関する1959年1月2日の組織法オルドナンスとの関係から、立法手続および議会の政府統制に関する諸規定が審査されている。

こうして最初の判決から組織法オルドナンスが議院規則の合憲性審査規範に用いられたのであるが、憲法ブロックの拡大はこれにとどまらず、組織法オルドナンスの改正法律（Décision n° 62-19 DC du 31 juillet 1962, Décision n° 91-301 DC du 15 janvier 1992）や憲法改正に伴い新たに制定が必要となった組織法律（共和国司法院に関する1993年11月23日の組織法律が審査規範に用いられた判決に、Décision n° 94-338 DC du 10 mars 1994, Décision n° 95-368 DC du 15 decembre 1995.

また，社会保障予算法律に関する1996年7月22日の組織法律が審査規範に用いられた判決に，Décision n° 96-381 DC du 14 octobre 1996, Décision n° 96-382 DC du 14 octobre 1996)にまで及んでいる。

(b) 議院運営オルドナンスへの拡大

憲法92条に基づき制定された通常法オルドナンスは，1966年7月8日判決（Décision n° 66-28 DC du 8 juillet 1966）から議院規則の審査規範に加えられている。すなわち，この判決で憲法院は，「議院規則の合憲性は，憲法それ自体および憲法が予定する組織法律，さらに憲法92条1項に基づき諸機関の創設に必要とされた立法措置に照らして判断されなければならない」として，通常法オルドナンスを憲法ブロックに編入したのである。ここで審査規範に用いられた両議院運営に関する1958年11月17日のオルドナンス第58-1100号（以下，「議院運営オルドナンス」と略称する）は，その後も違憲判決や留保付き合憲判決の理由付けに使われ，実際憲法の次に多く利用される審査規範となっている。しかも議院の手続準則や財務自律権に関する数多くの規定を含んでいることから，当該オルドナンスの憲法ブロックへの編入は議院規則自律権に対する一層大幅な制約をもたらす結果となった。

ところで，上述の組織法オルドナンスおよび通常法オルドナンスは，新制度への移行期間中，したがって憲法院の活動開始前に制定されたものである。そこで，合憲性審査を経ていない行政立法が議院規則の合憲性審査規範となることに当然強い疑問が生じることになる。憲法により一定事項の規律を委ねられ憲法を補完かつ明確にする性質をもつことから，形式の上で憲法的性格を認められる組織法律と異なり，通常法律としての効力しかもたない通常法オルドナンスに関してはとりわけ批判が強い。通常法オルドナンスに照らした審査は合法性審査を意味するわけであるから，憲法院の「恣意的な拡大」（C-L. Vier, 後掲p.180）との手厳しい批判さえ投げかけられた。

(c) 議院運営オルドナンス改正法律の審査規範性

このことはまた，新たな問題を引き起こす原因となった。議院運営オルドナンスは，すでに十数度にわたって法律により改正されているが，通常法律は憲法院の合憲性審査を義務づけられておらず，対象事項の特殊性からいずれの改正法律も憲法院に付託されていない。そこで，もし議院運営オルドナンスの改正法律が憲法に反するとしても，憲法院はそれらを基準に合憲性審査を行うことになるのか，また議院は議院規則の審査基準を両院の合意で自由に変更しうることになるのか，という問題が浮上するのである。

この問題に初めて憲法院が直面したのが1977年11月3日判決（Décision n° 77-86 DC du 3 novembre 1977）である。議会は同年7月19日に，議院の調査・統制委員会の活動期間延長と権限強化を図って議院運営オルドナンスを改正しており，これを受けて改正された国民議会規則が，憲法院の合憲性審査に付託されたのであった。結果的に改正規則はいずれも合憲と判断されたが，憲法院は先の問題については消極的見解を示した。この立場は近年の判決でより明確に示されているので，その判示を紹介しておこう。

「議院規則の憲法適合性は，憲法それ自体，憲法が予定する組織法律および憲法92条1項に基づき諸機関の創設に必要とされた立法措置に照らして判断されなければならない。この後者

のカテゴリーには，前示の1958年11月17日オルドナンスおよび1959年2月4日以降当該オルドナンスに加えられた改正規定が含まれる。ただし，後者は，それらが憲法に適合する限りにおいて，議院規則の改正もしくは追加の際に議院を拘束するものである」(Décision n° 96-381 DC du 14 octobre 1996, Décision n° 96-382 DC du 14 octobre 1996, Décision n° 99-413 DC du 24 juin 1999)。

こうして憲法院は，違憲と判断される議院運営オルドナンスの改正法律を審査規範から除外することによって，法改正を通じた議院権限の回復を阻止したのであった。そこには制憲者の構想をあくまで重視する憲法院の姿勢がうかがえるものの，法的観点からは疑問が残る。すなわち，第一に，議院運営オルドナンスに与えられた合憲性の推定（Décision n° 60-6 DC du 15 janvier 1960参照）が改正法律に限って及ばないことの説明が困難であること，第二に，改正法律について合憲な規定と違憲な規定を選別することは，議院規則審査のなかで審査対象と全く別の法律をしかも事後的に審査することを意味し，憲法条文を越えて憲法院の権限が拡大されるということである（なお，法律の事後審査については，本書ⅣC49判決参照）。

(d) 法律と議院規則の関係

以上のように，フランスでは憲法，組織法律，通常法律の効力を有する規範により議院規則が拘束されることが明らかになった。ただし，憲法院によれば，「法階層そのものの理由から」（Décision n° 92-314 DC du 17 decembre 1992, Décision n° 92-315 DC du 12 janvier 1993）法律の効力を有する議院運営オルドナンスが議院規則に優越するのは，それが法律だからではなく，「憲法92条1項に基づき諸機関の創設に必要とされた立法措置」だからである。よって，通常法律が一般的に議院規則に優位するとされていないことに留意が必要であろう。そこで，憲法92条と関係なく制定された法律が参照法令または判決理由のなかに挙げられた判例を検証してみると，合憲性を基礎づける上で特定の法律に言及する判決（Décision n° 94-338 DC du 10 mars 1994）もあり評価は微妙であるものの，少なくとも次のように言うことができる。憲法または組織法律が直接具体的に適用条件の定めを委ねた法律を除き，一般的な法律が議院規則を拘束する規範としてこれまで明確に用いられたことはない。わが国の国会法と議院規則の関係を検討するにつき，一つの示唆を与えるもののように思われる。

(2) **合憲性の厳格な解釈**

(a) 審査規範との完全な一致

議院規則に対する憲法院判例の大きな特徴は，極めて厳格な合憲性解釈にある。それは，議院規則と審査規範の両立ではなく，両者の完全な一致を要請するとも言われる（L. Favoreu et L. Philip 後掲 p.42）。

例えば，本判決で憲法院は，大臣の発言時間を5分に制限する規定を違憲としたが，憲法31条は政府構成員が自ら求める時に議院で発言することを規定するのみであるから，両条文が両立しないわけではない。しかし，議院が大臣の発言時間を制限する権限はいかなる憲法規定にも定められていないため，憲法規定と完全には一致しないのである。

こうした憲法院の姿勢は今日まで続いている。ただし，中には比較的ゆるやかな審査が見受けられることも事実である。一般的な傾向としては，憲法条文自体が審査規範になる場合には厳

格な一致性が求められ，他方，組織法律や通常法オルドナンスが審査規範となる場合は両立性さえ確認されれば合憲判断が下される傾向にある（E. Oliva, 後掲 pp.125-127）。また実質的観点からみると，第五共和制以前には議院規則制定権の規律対象であった事項，または通常一般的に議院規則の規律対象である事項を審査規範が規律している場合に，議院規則と審査規範の一致を要請する度合いが強くなる傾向にあると指摘されている（C.-L. Vier, 後掲 p.185）。

(b) 「留保付き」合憲判断

審査の厳格性は，「留保付き」合憲判断という判決手法にも表れている。これは本判決2の議事日程決定手続に関して示されたように，一定の条件を前提として合憲判断を下す手法であり，通常の合憲判断と異なり，規則に関する議院の解釈を限定する効果をもつものである。本判決で初めて採用されたこの手法は，1968年からは法律の審査に，1976年以降は条約の審査に，さらに1987年以降は組織法律の審査にも用いられている。

議院規則に関する初期の判決では違憲判決数が目立ったものの，1980年代以降，違憲判決の比率が減少し，その分留保付き合憲判決の比率が高まっている。その主な理由には，第一に，憲法院の厳格審査が続いた結果，議院が組織・運営に関する準則を議院規則に盛り込まずに発達させる傾向が促されたともいわれ，この傾向が続くとすれば，議院規則に対する憲法院の役割が形骸化しかねないこと，第二に，議員の世代交替や左右間の政権交替とコアビタシオンの経験を通して，議院規則の改正が，従前に議員が有した権限の回復ではなく，真の立法手続の近代化に一層の主眼が置かれるようになってい

ることを指摘しうる。

(3) 判決の機能

(a) 「合理化された議院内閣制」の維持

憲法院判決は，「合理化された議院内閣制」の遵守を議院に徹底して要請し，制憲者が意図した制度の均衡を定着させる機能を果たしてきた。このことは，第五共和制に入り制限された議院権限の回復や政府統制手段の強化といった効果をもつ議院規則の諸規定を憲法院がすべて否定するところに表れており，本判決では決議案に関する判示がその例である。

そもそも一院の単独意思表示行為たる決議は，その議院を拘束するにとどまり，他機関に対する法的拘束力をもたない。しかし，政治的には屡々大きな影響力をもちうるもので，第三・第四共和制下の議院は，政府に対する問責質問（interpellation）に続いて決議を採択する慣行があり，これが実際上，政府責任を追及する有力な武器となっていた。また，憲法は歳出の増加を生じる議員提出法律案を禁止していたが，決議案採択による圧力を利用して，議院は自らが望む歳出増加をもたらす法律案の提出を政府に促したのであった。

確定国民議会規則の審議においては，したがって，決議案の受理条件等その手続問題が一大論争の的となり，下院本会議に臨んだドゥブレ首相も決議案採択手続が憲法上の制限を尊重するものであること，とりわけ審議を伴う口頭質問に続く決議が行われないことを強く要請した（*J.O.R.F.*, Compte-rendu intégral, Assemblée nationale, 26 mai 1959, p.556）。最終的に国民議会は首相の意向を汲み入れた確定規則を採択したことから，決議案に関する規定には合憲判断が下るであろうと予測された。これに反し憲法院は，

政府の要請以上に厳格に決議案を制約する方向で判断を下し，議院の運営・規律に関する内部的措置のほかは，憲法または組織法が明示的に承認する場合を除いて決議案の提出をすべて違憲とした。広汎な決議事項を認めると，従来の慣行のように憲法規定以外の手続によって，政府統制手段や議院の立法権限が強化されるおそれがあるからである。

こうした判示は，「憲法で否定されていないことは禁止されていない」という伝統的原則を排し，少なくとも議院規則審査については「許されていないことは禁止されている」という原則を新たに採用するもののようであるが，それはフランス憲法慣習の中で生み出された議会の優越が極端に過ぎた結果に他ならないと言われる（L. Hamon, 後掲 Jurisprudence, p.506 参照）。

(b) 議院の権限領域の尊重

議会に対する政府の優越が制憲者の意図する均衡である以上，憲法院は議院に不利な方向で判決を下すことになる。しかしながら，「憲法院は議会の権利を常に不利に扱ったわけではない」（L. Favoreu, 後掲 Le Conseil constitutionnel, régulateur de l'activité normative des pouvoirs publics, p.28）という指摘にも耳を傾ける必要があろう。

例えば，先の決議案に関する判事を別の視点から捉えれば，「議院の運営および規律に関する内部的措置と決定」が，政府の介入しえない議院の排他的権限であることを明確に承認しこれを固定させる役割を果たしている。また，首相の請求に基づき議院が当然に秘密会となる旨の規定および議員の請求に基づく臨時会期を議事日程終了前政府のデクレにより閉会しうる旨の規定をそれぞれ違憲とする判示も，政府から議員権限を保護するものであることは明らかである。

(c) 個々の議員の自由保障

結社の自由に関する1971年7月16日判決〔⇒ⅢA⑳判決参照〕以降，憲法院が人権保障機関として大きく歩み出したことは広く伝えられるところであるが，本判決の中にその萌芽ともいいうる判示を見出すことができる。確定国民議会規則19条は，会派の政策が憲法4条に反する疑いのある場合，議院理事部または議院が当該会派の結成を阻止しうることを認めていた。これに対し憲法院は，会派の政策内容の憲法適合性判断権限が議院に存在しないことを理由に違憲判断を下し，個々の議員の公的自由を議院から保護したのであった。さらに，元老院規則に関する1971年5月18日判決（Décision n° 71-43 DC du 17 juin 1971）で憲法院は，無所属議員の会派結成の可能性を認めており，これらの両判決が，先の結社の自由に関する1971年7月16日判決となって結実するに至った。初期のしかも議院規則に関する審査の中で，憲法院が個人の権利・自由を保障する機能をすでに果たしていた点が興味深い。

以上のように，憲法院は議院規則に関する憲法ブロックの拡大と極めて厳格な解釈を通じて，「合理化された議院内閣制」の定着に努めてきた。第五共和制が続く限り憲法院のこの役割に変わりはないであろう。しかしそれとともに，憲法院判例が議院自律権の確認とその領域の明確化に寄与したことも明らかである。すなわち，議院が排他的に有する固有の権限領域が確認され，また，曖昧さを残すものの法階層における議院規則の位置づけが明らかにされてきており，わが国の憲法理論にも一つの視点を提供するよう

に思われる。

〔参考文献〕

樋口陽一・議会制の構造と動態（1973年）

同・比較憲法（改訂版）（1984年）

大石眞・議院自律権の構造（1988年）

大山礼子・国会学入門（1997年）

藤馬龍太郎・法律と規則の関係・ジュリスト805号（特集・日本の立法）194頁以下

同・議院規則と国会法との関係・ジュリスト増刊憲法の争点（新版・小嶋和司編）170頁以下

矢口俊昭・憲法院の議院規則に対する違憲審査・香川大学経済論叢53巻3号375頁以下

勝山教子・フランス第五共和制における"合理化された議院制"の構造とその改革（一）・同志社法学40巻6号116頁以下，同（二・完）・同志社法学 41巻1号125頁以下

同・議院自律権と行政裁判所の不介入－議院事務局職員の身分および議院・第三者間の契約に関するフランスの争訟をめぐって－・同志社法学52巻2号288頁以下

S. Cacqueray, *Le Conseil constitutionnel et les règlements des Assemblées*, 2001.

L. Favoreu et L. Philip, *Les grandes décisions du Conseil constitutionnel*, 11e éd., 2001.

A-M. Le Bos-Le Pourhiet, *L'article 92 de la Constitution de 1958*, 1981.

P. Avril, Droit parlementaire et droit constitutionnel sous la Vème République, *R.D.P.*, 1984, pp. 573-586.

M. Debré, La nouvelle Constitution, *R.F.S.P.*, n° 1, 1959, pp. 7-29.

C. Emeri et J.-L. Seurin, Vie et Droit Parlementaires, *R.D.P.*, 1970, pp. 637-757.

L. Favoreu, Le Conseil constitutionnel, régulateur de l'activité normative des pouvoirs publics, *R.D.P.*, 1967, pp. 5-120.

L. Favoreu, La jurisprudence du Conseil constitutionnel en 1978-1979, *R.D.P.*, 1979, pp. 1659-1736.

L. Hamon, Note sous Conseil constitutionnel, Décisions n° 59-2 DC des 17, 18, 24 juin 1959 et n° 59-3 DC des 24 et 25 juin 1959, *D.*, Jurisprudence, 1959, pp. 501-507.

L. Hamon, Quand les assemblées parlementaires ont des juges, *D.*, Cronique, 1959, pp. 253-260.

B. Mathieu, M. Verpeaux, Chronique de jurisprudence constitutionnelle, *J.C.P.*, I, Doctrine, 1997, 4023.

E. Oliva, Note sous Conseil constitutionnel, Décisions n° 96-381 DC et 96-382 DC, *R.F.D.C.*, 29-1997, pp. 94-107.

T. Renoux, Note sous Conseil constitutionnel, Décision n° 91-292 DC, *R.F.D.C.*, 7-1991, pp.501-506.

D. Rousseau, Chronique de jurisprudence constitutionnelle 1995-1996, *R.D.P.*, 1997, pp. 13-69.

C-L. Vier, Le contrôle du Conseil constitutionnel sur les règlements des assemblées, *R.D.P.*, 1972, pp. 165-208.

IVB ㊺ 予算法律の審議・評決手続

(α)1979年12月24日憲法院判決
Décision n° 79-110 DC du 24 décembre 1979
Journal Officiel, Lois et Décrets du 26 décembre 1979, p. 3259
Rec. 36, RJC I-75, GD. 28

(β)1979年12月30日憲法院判決
Décision n° 79-111 DC du 30 décembre 1979
Journal Officiel, Lois et Décrets du 31 décembre 1979, p. 3455
Rec. 39, RJC I-77, GD. 28

小沢隆一
(静岡大学教授)

〔事　実〕

　1980年度予算法律（loi de finances）案の審議において，その第一編の最後の条文（歳入の承認，歳出上限の決定，予算均衡の条件について規定したもの）は，当時与党を構成していた「共和国連合」（RPR）が，歳出の削減などを要求して投票を棄権したことにより，1979年10月22日，国民議会において否決された（賛成128票，反対198票，棄権157票）。予算の審議手続を定める組織法律（正式名称は，「予算法律に関する組織法律を定める1959年1月2日オルドナンス」。もともとオルドナンスとして制定されたが，その後は組織法律として改正もされているので，以下では「組織法律」とする）の40条は，「毎年の予算法律の第二編（歳出予算費目を承認する部分——引用者）は，第一編の票決（vote）以前には議院で審議できない」としている。しかし，シャバン＝デルマス国民議会議長は，こののち第二編の審議に入ることを決定した。第二編の審議では，野党の社会党や共産党が法案に強く反対した。結局，1980年度予算法律は，政府が同法案を憲法49条3項が定める「政府責任」（responsabilité du gouvernement）にかけ，社会党と共産党が提出した政府不信任動議が否決されたことを受けて成立した。

　判決(α)は，こうして成立した予算法律につき，国民議会議長と社会党所属の国民議会議員65名からの提訴を受けて，1979年12月23日に下されたものである。憲法院は，社会党議員が提起した予算法律の内容上の違憲性の主張にはふれず，その審議手続を違憲と判断した。これにより，同法律はその全体が無効とされた。

　判決(α)を受けて急遽召集された臨時会期で，既存の租税と強制徴収金（taxes parafiscales）を徴収することを政府に承認する特別法が制定された。判決(β)は，この特別法について，共産党所属の国民議会議員86名と60名の元老院議員が憲法と「組織法律」違反を理由に行った提訴に対するものであり，憲法院は，1979年12月30日，提訴後2日という異例のスピードで合憲の判断を下した。

〔判　旨〕

〈判決(α)〉

　「憲法院は，憲法，予算法律に関する組織法

律を定める1959年1月2日オルドナンス（以下，「組織法律」と略す）を参照し」，

（i）「組織法律」40条について

「組織法律」40条の規定の趣旨は，「予算法律は，国家の収入と支出の性質，額，配分を，それが規定する経済的・財政的均衡を考慮して，確定する」という同法1条1段と関連づけてのみ解釈されうる。[Con. 2]

「組織法律」40条は，予算法律の第一編の票決（vote）を第二編の審議に先行させることにより，歳出の検討に際して議会があらかじめ定めた予算均衡が大筋で侵されないことを保障するものである。この規定は，予算法律の第一編の規定を議院が修正することを妨げるものではないが，そのための要件としては，法案全体の議決がない段階では，第一編の存在意義を構成しその目的を達成するために不可欠な規定が可決されて（adoptée）いなければならない。その規定とは，とりわけ歳入と歳出における均衡の一般的な条件について定めたものである。もし，この採択がなされなければ，とりわけこの規定が否決された場合は，歳出に関する第二編の決定は，予算均衡に関する決定以前に行われることになり，それは，「組織法律」40条の文言にも精神にも反するものである。[Con. 3～4]

国民議会が，1980年度の歳入を見積もり，歳出の上限を確定し，経済・財政の均衡の一般的条件を決定する法案25条（憲法院の審査に提訴された予算法律案では32条）を採択しなかったのは確かなことである。従って，国民議会の審議手続は，「組織法律」に違反する。[Con. 5]

しかし，このような違法性は，国民議会の議院規則が，「組織法律」40条の規定を尊重するための適切な規定をおいていなかったことに起因する。国民議会の規則は，予算法案の他の規定の審議が終了しなければ，同法案の第一編の規定の再審議を要求することを認めていない。[Con. 6]

（ii）憲法49条3項について

政府責任の行使に続いて提出された政府不信任動議が否決され，政府責任をかけた法文は採択されたものとみなされた。しかし，「組織法律」40条が要求するように，まず第一編の法文次に第二編の法文というように区別して順番にはなされなかった。[Con. 8]

従って，元老院と国民議会でとられた手続は適法であったが，1980年度の予算法律は，憲法47条が規定する予算法律に関する「組織法律」の規定に従って採択されなかった。[Con. 9]

かくして，以下のように判示する。

1. 1980年度予算法律は，憲法違反と宣言される。
2. 本判決はフランス共和国官報に掲載される。

（1979年12月24日審議）（憲法院院長　ロジェ・フレイ）

〈判決(β)〉

「憲法院は，憲法，憲法院に関する組織法律を定める1958年11月7日オルドナンス，とりわけその第二篇第二章の諸条項，予算法律に関する組織法律を参照し」，

憲法も組織法律も，予算法律を憲法違反と宣言する憲法院の決定の後にとるべき手続を明示していない。このような状況下で，直接適用しうる憲法あるいは組織法律を欠く以上，議会と

政府は，国民生活の連続性を確保するために必要な財政上のあらゆる措置を，それぞれの権限の範囲内において講ずることができる。［Con. 1～2］

既存の租税と強制徴収金の徴収を承認する「この法律は，『組織法律』の2条で言及された法律には入っていないが，『組織法律』の44条1°2°が規定する法律と同様に，憲法47条の意味での予算法律とみなされるべきである」。［Con. 3～4］

「したがって，この法律は，『組織法律』44条が規定する法律と同じ効力を有し，1980年度の予算法律が施行されるまで，強制徴収金の徴収を承認することができる」。［Con. 5］

以上から，次のように判示する。

1. 既存の租税と強制徴収金を1980年度も継続して徴収することを政府に承認する法律は，憲法に違反するものではない。
2. 本判決はフランス共和国官報に掲載される。［Con. 6］

（1979年12月30日審議）（憲法院院長 ロジェ・フレイ）

〔解 説〕

(1) 本判決の意義・特徴

判決(α)は，フランスにおいて予算法律全体を違憲無効とした初めての事例である。

1974年以来，予算法律，補正予算法律（loi de finances rectificatitives），決算法律（loi de règlement）などについて，毎年のように憲法院への提訴が，議会少数派によって行われ，しばしば違憲判決も出されてきた。1974年から97年にかけて48の提訴があり，うち25件が部分違憲判決，2件が部分合憲判決，3件が全面違憲判決である。そのなかで，判決(α)は，唯一の予算法律についての全面違憲判決であるが，このようにして，憲法院は，この間，予算法律の制定手続と内容の憲法適合性の確保に重要な役割を果たしてきた（参考文献① pp.257-8）。

また，判決(α)は，憲法院が予算法律に適用される基本原則を導き出した最初の判決である。しかも，それを憲法やその前文にではなく，組織法律に基づくものとしている。なお，予算法律に関する組織法律が，憲法ブロック（bloc de constitutionnalité）の一部であることは，すでに1960年8月11日の憲法院の判決（Décision n° 60-8 DC du 11 août 1960）で承認されている。

判決(α)は，予算の執行年度の開始を一週間後にひかえた予算法律を全面的に無効とするという特異なものであった。フィリップは，当時これを，「フランスのみならず諸外国でもユニークな事例」，「憲法も組織法律も想定していない事例であり，憲法院の決定は，真の法的窮地へと逢着する」（参考文献② p.1388）と評している。

もともと，問題自体は，1979年10月22日に国民議会で法案の第一編の最終条文が否決された時点で生じていた。すなわち，国民議会は，その議事規則に従えば，他の条文（第二編）の審議を進めた後に否決された第一編の条文の再審議を行うほかないが，他方，組織法律40条を厳格に解するならば，それは禁じられているという「袋小路」に陥ったのである。最も単純な打開策は，国民議会による否決の時点で憲法院の意見を徴することである。しかし，憲法61条によれば，憲法院は，法律の審署前，議院規則の施行前に憲法適合性の審査を行うとされており，そ

れ以外の場面で意見を述べる権限を与えられていない。このことは，憲法院自身の決定によっても確認されているところである（Décision du 14 septembre 1961）。リュシェールなどは，この点での憲法院の権限の不備を指摘する（参考文献③参照）。

かくして予算法律は無効とされ，代わりに租税と強制徴収金の徴収を政府に許可する特別法が，憲法47条4項に基づき急遽制定された。この特別法が「租税」(impôts)だけでなく「強制徴収金」の徴収を許可していたことから，「租税」のみに言及している憲法47条4項と組織法律44条に違反するという理由などに基づいて憲法院に提訴がなされたが，こちらについては，憲法院は，合憲の判断を下した。これが判決(β)である。

判決(β)の合憲判断の実質的な理由は，憲法も組織法律も予算法律が憲法院によって違憲と判断された後の手続を規定していないこと，そのような場合には議会と政府は国民生活の連続性を確保するために必要な財政上のあらゆる措置をとりうること，であった。これについては，憲法院は「国民生活の継続性」に憲法47条の文言の無視を正当化する「超憲法的な価値」を認めているのではないか，この決定は法にではなく必要に基づいて正当化されているのではないかとの批判が，フィリップから寄せられている（参考文献② pp.1396-7 参照）。

(2) **判決における論点**

紙幅の制約により，以下では判決(α)に関連する論点のみを取り上げる。

(i) 組織法律40条の意義

まず，組織法律40条が規定する「票決」(vote)についての解釈問題がある。国民議会議長や政府は，これを「投票」(scrutin)の意味に解し，第一編が可決されなくても第二編の審議に進むことができるとしたが，手続の違憲性を主張して提訴した社会党議員たちは，「票決」は「可決」(adoption)を意味するものであるとして，第二編の審議はできないと主張した。憲法院は，こうした「文言」の解釈を周到に避けて，40条全体の趣旨を，組織法律1条1段が規定する「基本原理」に言及して明らかにするという姿勢をとったが，「基本的規定の可決は必要である」という立場であった。

これについての論評は，様々である。フォワイエは，「第一編の票決」を「可決」の意味で解釈するのは，法的には不可能であるとする（参考文献④参照）。ロベールは，「国民議会が歳入を事前に決定しない限りは歳出を票決することはできないというのは，明白であり初歩的な論理に則っている。かかる原則こそ，秩序と正義と自由の保障となる」として，憲法院の判決によって法が守られたとする（参考文献⑤参照）。

フィリップも，40条は「可決」ではなく「票決」を意味するとの立場であるが，彼の論評は，次のように，そもそも組織法律そのものについて手厳しい。「1959年1月2日の組織法律は，あらゆる組織法律のなかで，おそらく最もまずく作成されたものである。適用不可能な規定（1条4項），適用されない規定（付属予算に関する20条），非常に不明確な規定（発議権の制限に関する42条は政府に適用されるか？），明白に憲法違反の規定（憲法34条に反する強制徴収金に関する4条）など多くの規定がある。組織法律40条の解釈が提起する問題は，この法律の不完全さの

新しい実例を私たちに示している」（参考文献⑥参照）。また，彼は，組織法律40条を厳格に解すると，予算の単一性の原則（principe de l'unité）に反することになるとも指摘する。

なお，判決(α)を受けて，国民議会の議院規則は1980年6月27日に改正され，「予算法律の第一編の逐条審議が終わり，第二編の審議に入る以前に，第一編の全部又は一部について再審議に入ることができる」という規定が盛り込まれた。

(ii) 憲法49条3項の適用範囲

判決(α)における野党議員の提訴の理由としては，政府が憲法49条3項が規定する「政府責任」の制度を濫用したという点もあげられていた（参考文献⑦参照）。判決(α)は，この手続を利用したこと自体は問題としておらず，この手続の進め方に組織法律40条違反があったとしている。

この問題での論評も賛否がわかれている。ロベールは，国民議会で予算法律第一編が否決された段階で，政府が予算法律の25条（憲法院に提訴された予算法律では32条）を「政府責任」にかけておけば，事態は簡単に処理できたとする（参考文献⑤参照）。これに対して，モースは，法律の一部だけを取り出して「政府責任」にかけることは，憲法49条3項を歪めることになるとする。「憲法は，首相は，『ひとつの法文』に政府責任をかけると明記することによって，法文の一部にのみ同様のことをすることを禁じている。（一括投票に関する）44条3項の規定と比べてみれば，このことは明らかである」というのが，その理由である（参考文献⑧参照）。

(3) 歳出議決が先か歳入議決が先か？——フランスにおける予算原則の転回

判決(α)を生むことになった組織法律40条は，フランスにおける予算議決制度史上，すぐれて現代的な規定である。フランスは，公権力の活動の制限性を保障するものとして，歳出議決を歳入議決に先行させる方式を大革命以来の伝統としてきた。この方式は，第三共和制まで維持されてきた（参考文献⑨ pp.43-4 参照）が，第二次大戦後は，この議決の順序が逆転する。1956年6月19日のデクレの50条は，歳入議決を歳出議決に先行させることを規定していたが，組織法律40条は，これを基本的に引き継ぐものとされ，これは，経済・社会領域への国家の介入主義（interventionnisme de l'État）に基づく予算原則の採用を意味するとされる（参考文献⑩ p.358）。

それゆえ，この規定の意義づけも，予算議決制度の歴史の把握いかんによって異なりうる。モースは，「歳入議決の先行は，本当に『基本原理』であろうか」と疑問を提起する。その理由として，「フランス公法学の分析は，一般に，歳出議決の方こそ歳入議決に先行するべきことを確認している」ということを挙げている（参考文献⑧参照）。また，歳入議決の先行が予算均衡を確保するという議論に対して，フィリップは，予算均衡を確保するのは，「予算法律案には，いかなる追加条項も修正案も提出することはできない。ただし，それが，歳出を廃止または削減するもの，歳入を創設し増加させるもの，公的支出の統制を確保するものである場合には，その限りでない」という組織法律42条の規定であって，予算の一般的的均衡に関する規定があらかじめ採択されていなくても予算均衡が否定される危険性はないとする。

(4) 予算法の合憲性確保と憲法院

1958年以前のフランス予算法は，サンクショ

ンのない憲法規範やしばしば守られない法律から構成されていた。予算法の基本原則は，繰り返し確認されてきたものの，議会や政府は，それらを厳格に守らず，気ままに逸脱してきた。1958年憲法とその後の憲法院の判決によってこのような状況は一変し，予算法は，公権力によるその逸脱に対してサンクションが課せられる法規範となった。憲法院は，憲法と組織法律の正確な適用を確保する機能を担っている。

もっとも，憲法院による予算法の合憲性確保の意義は，こうした外形的側面のみから評価されうるものではない。1958年憲法は，その40条や47条によって議会の予算権限を大きく制限し，政府に強い権限を付与している。1959年の組織法律も，今日ではもはや厳密に守られていない予算法の基本原則をなお再確認しながら，議会の予算権限を制限する目的の規定を盛り込んでいる。こうした規範の遵守が憲法院の判決を通じて確保されるという側面にもなお注目していかなければならない。

〔参考文献〕

① J.-C.Martinez et P.Di Malta, Droit budgétaire, 3ᵉ éd., Litec, 1999.
② Loïc Philip,Les décision relatives au vote de la loi de finances pour 1980,R.D.P., 1980,p.1 373et.s.
③ François Luchaire, Pour réforme du calendrier,Le Monde, 3 janvier 1980.
④ Jean Foyer, Une surprenante inovation, Le Monde, 26 décembre 1979.
⑤ Jaques Robert, La sauvegarde du droit, Le Monde, 27 décembre 1979.
⑥ Loïc Philip, Une décision un peu hative, Le Monde, 3 janvier 1980.
⑦ Jean-Yves Faberon, Le vote du budget 1980: L'imbroglio juridique, R.P.P. 1980（884）, p. 10 et.s.
⑧ Didier Maus,Quelques questions,Le Monde, 3 janvier 1980.
⑨小沢隆一『予算議決権の研究』（弘文堂・1995年）。
⑩ Claude Franck, Jurisprudence Décisions du Conseil Constitutionnel, A.J.D.A., 1980, p.357et. s.
⑪ Loïc Philip, Le constitutionnalisation du droit budgétaire française, dans Etude de finances publiques Mélanges en l'honneur de Monsieur le Professeur Paul Marie GAUDEMET, Economica,1984.
⑫ Pierre Lalumière,Un domaine nouveau de l'intervention du Conseil consti-tutionnel: les dispositions constitutionnelles à caractère financier et budgétaire , Pouvoir, n°13 p. 49et . s
⑬浜田豊「フランスにおける財政と憲法原理――憲法院の1980年度予算法律違憲判決をめぐって」大谷正義先生古稀記念論文集刊行会編『国家と自由の法理』（啓文堂・1996年）405頁以下。

ⅣB ㊻ 元老院規則と立法手続

1990年11月7日憲法院判決
Décision n° 90-278 DC du 7 novembre 1990
Journal Officiel, Lois et Décrets du 9 novembre 1990, p. 13714
Rec. 79, RJC I-410, GD. 43

横尾日出雄
（名古屋短期大学教授）

〔事　実〕

　元老院（Sénat）は，議会改革の一環として，議院内部の組織や活動の改善を目指していたが，1989年から翌年にかけて，議員による議事妨害を防止し，そのために本会議（séance publique）の審理を合理化して，委員会の審理の比重を高める改革をすすめた。こうした改革の試みは，A. ポーエル（Alein Poher）元老院議長の指導の下に結集された作業グループの提起によるもので，元老院の組織の改善や活動の合理化を追求するものであった。そして，1990年秋に始まる会期の冒頭で，主として「略式手続（procédures abrégées）」を導入する「元老院規則（Règlement du Sénat）」の改正が課題とされ，10月3日，4日の本会議で審議された。法務委員会を代表して報告を行ったJ. ラルシェ（Jacquec Larché）委員は，この改革の核心が，公開本会議から賛否を決定する役割をなくすのではなく，委員会の予備的な活動に現在以上の重要性を与えて，委員会の立法的役割を強化する手続を創設することにあると主張した。この改正は，「元老院規則」に修正と追加を行う「(元老院) 決議（Résolution)」として，10月4日に議決された。

　国会の議院規則は，憲法61条1項により，その施行前に必ず憲法院の審査に付託されなければならないことになっており，元老院規則を改正するこの(元老院)決議の法文も，1990年10月8日に元老院議長によって憲法院に付託された。憲法院は，立法活動における議院の委員会の活動が立法手続の一段階を構成するものであり，また政府と議員の修正権が実質的に行使できなければならないことを明確にしたうえで，「略式手続」のうちの1つの手続が，憲法上議員に認められた修正権を侵害するとして，この手続に関する規定について，違憲の判断を下した（本判決〈90-278DC〉）。

〔判　旨〕

　「憲法院は」，「憲法，憲法院に関する組織法律たる1958年11月7日オルドナンス（n° 58-1067）とくにその17条2項・19条・20条，議院の運営に関する修正1958年11月17日オルドナンス（n° 58-1100），予算法律に関する組織法律たる1959年1月2日オルドナンス（n° 59-2）を参照し」，以下の点を考慮した。

「憲法院の審査に付託された（元老院）決議によって元老院規則になされた修正と追加は，いくつかの目的に対応している。第1に，この修正と追加は，常任委員会ならびに特別委員会の活動に広範な公開性を保障しようとする。第2に，政府提出法案または議員提出法案の審理に略式手続（procédures abrégées）を導入しようとする。また，この新たな手続を（元老院）規則の諸規定と調和させている。そして，追加条項に対する不受理の抗弁が適用される場合を明確にしている。」［Con. 1］

〈委員会の活動の公開について〉

「（元老院）決議2条により（元老院）規則16条になされた追加は，常任委員会もしくは特別委員会が，自ら選択した手段により，その活動の全部または一部の公開を決定できる，ということを目的としている。これら（元老院）決議は，憲法に違反しない。」［Con. 2］

〈略式手続について〉

「憲法院の審査に付託された（元老院）決議3条は，『略式手続について』と題された第7章の2を元老院規則に付け加えている。本章は，47条の3から47条の9までを含むが，『審議なき表決（vote sans débat）』の手続と『略式審議後の表決（vote après débat restreint）』の手続として，政府提出法案または議員提出法案の審理と表決について新たな2つの手続を設けるものである。」［Con. 4］

〈略式手続の制度に適用される原則規範に関して〉

「憲法34条1項の表現では，『法律は，国会によって表決される』。憲法39条1項によれば，法律の発議権は，首相および国会議員に競合して属する。憲法43条により，政府提出法案または議員提出法案は，特別委員会が設置されるのでなければ，各議院でその数を6つに制限されている常任委員会の1つに審理のために送付される。憲法44条は，その1項において，『国会議員および政府は，修正権をもつ』と定める。同条2項は，事前に委員会に付託されなかったすべての修正案の審理に反対する権限を政府に認めている。」［Con. 5］

「これらの規定から，実際に付託された委員会による政府提出法案または議員提出法案の審理は立法手続の一段階をなす，ということがわかる。議院が，その議院規則の定めによって，立法手続を全体として促進させるために，法案の法文を実際に付託された委員会の予備的な立法上の役割を高めることは許される。」［Con. 6］

「しかしながら，このために実際に取られる措置は，立法手続の憲法的価値を有する規範に適合しなければならない。とくに，こうした措置がとられる場合，この立法手続の中で政府に認められている特権ならびに当該議院における議員の権限，とりわけ憲法44条1項により保障されている修正権の実質的行使を尊重させなければならない。」［Con. 7］

〈元老院により採択された決議によって取られた措置に関して〉

「（元老院）決議は，47条の9に限定的に列挙された数種の法文を『略式手続』の適用範囲から除外し，その他の法文については，略式手続の1つに委ねるかどうかを『すべての政派党首の一致』に従わせ，議事協議会（Conférence des présidents）が，略式手続のどちらに委ねるかを決定するとする。そして，議事協議会が『修正案の提出期限を定める』ことが明示されている。」［Con. 8］

「これら数々の規定は，もっぱら元老院議員から提出される修正案を対象としているが，修正案の提出について指定された期限が修正権の実質的行使の妨げにならないように定められ，また事後に再修正案を提出する手段が禁止されていないのであれば，これらの規定自体は憲法に違反しない。」[Con. 9]

「略式審議後表決の手続に関する47条の6は，元老院議員にも政府にも修正権の行使を残している。本条は，その2項において，一括表決（vote bloqué）への付託に関する憲法44条3項の規定に順応している。本条は，政府が憲法44条2項に基づいて不受理をもって対抗することを禁止していない。」[Con. 10]

「議院が，その議院規則で，『審議なき表決』の手続の範囲内で，議長はその他のものがないときに委員会により採択された修正案を含めて法文の全体を表決にかける，と規定することが許されるとしても，これに対して，法文を付託された議院のすべての議員が，この法文にかかわる修正案を本会議に再提案することを，実際に付託された委員会によってこの修正案がすでに否決されたという理由で，禁止するのは，憲法44条1項によって各議員に認められた修正権を侵害する。」[Con. 12]

「以上のことから，元老院規則47条の5の規定は，こうした憲法上の要請を充たしておらず，憲法に違反すると宣言されなければならない。」[Con. 13]

「憲法院の審査に付託された（元老院）決議の案文において，『審議なき表決』の手続と関連する元老院規則の諸規定は，憲法に適合しないと宣言された規定と分離することはできない。」[Con. 14]

〈追加条項に対する不受理の抗弁について〉

「元老院規則48条3項は，現行の規定では，追加条項の形態で提案される修正案は，審議中の法案の『範囲内で』提案される場合にしか受理されない，と定めている。審査された（元老院）決議は，このような修正案が受理される場合を，『審議中の法文の目的との関連をもたない』ものではないときとしている。」[Con. 15]

「この修正は，それ自体としては，政府提出法案および議員提出法案とこれらになされる修正案との憲法上の区別に何ら影響を与えるものではなく，憲法的価値を有するいかなる規範にもいかなる原則にも違反しない。」[Con. 16]

以上の点を考慮して，憲法院は次のように判示する。

「1. 憲法院の審査に付託された（元老院）決議によって元老院規則に追加された47条の5の規定は，憲法に違反すると宣言される。
2. （元老院）決議の案文として以下に列挙された元老院規則の諸規定は，憲法に違反すると宣言された規定と分離することはできない。
3. （元老院）決議の案文としての元老院規則の他の諸規定は，憲法に違反しない。
4. 本判決は，元老院議長に通告され，フランス共和国官報に掲載される。
（1990年11月7日審議）」（憲法院院長 ロベール・バダンテール）

〔解 説〕

(1) 本判決の意義・特徴

本判決は，1990年10月の元老院規則の改正に関し，憲法院がその憲法適合性を審査して，憲法に定められた立法手続を厳格に遵守する立場

から，立法活動における議院と委員会の役割を明確にし，政府と議員に認められた修正権の行使に関する実質的な条件を確認したうえで，この原則に反する一部の規定を違憲・無効としたものである。このときの元老院規則の改正は，委員会活動の公開性を拡大し，法案の審理に際して「審議なき表決」の手続と「略式審議後の表決」の手続との2つの「略式手続」を導入し，条項を追加する修正案が不受理とされる場合を明確にするもので，元老院の立法手続を促進させるための改革であった。そして，この中の「審議なき表決」の手続によれば，委員会が否決した修正案を本会議で元老院議員が再提案することができなくなり，これは憲法44条1項で議員に保障された修正権を侵害するとして，憲法院は，この手続に関する規定を違憲と判断したのである。

この1990年は，憲法院への提訴権を拡大する改革をめぐって，元老院と憲法院が微妙な関係にあった時期で，春期の第二会期において，違憲の抗弁により個人の基本的権利の侵害に対して法律施行後の事後的な合憲性審査を制度化する憲法改正案が，国会両院で審議されたものの，元老院の事実上の反対によって挫折したという経緯があり，この元老院規則の改正は，その直後のものであったので，これに対する憲法院の対応が注目されていた。本判決において，憲法院は，元老院の改革の試みに対してきわめて厳格な態度を示し，元老院に憲法を厳密に尊重させる立場をとったが，同じく立法手続において「簡易採択手続 (procédures d'adoption simplifiée)」の導入を図る国民議会規則の改正について審査した際にも，本判決中の「適用される原則規範」に関する理由をそこでも繰り返し，国民議会に対しても同じく厳格な立場で対応している (Décision n° 91-292 DC du 23 mai 1991)。

(2) 立法手続における委員会の役割

国会の立法手続として，法律の発議権は首相および国会議員に競合して属し (憲法39条1項)，すべての法案は同一の法文の採択をめざして国会の両議院で相次いで審理される (憲法45条1項) こととなるが，その際に，これらの法案は審理のために必ず特別委員会か常任委員会かに送付されることになっている (憲法43条1項・2項)。つまり，法律は，委員会の審理の後に各議院によって表決され，両議院で同一の法文が採択されることによって，成立することとなる。したがって，委員会による法案の審理は，立法手続の1つのプロセスであることが，憲法上の規範として要請されているが，これは立法上の予備的な役割に限定されるのであり，本判決もこれを確認している [Con. 6]。

実際に，委員会の立法活動がどのように遂行されるかは，こうした憲法規範を前提に，議院の運営に関するオルドナンスや両議院の議院規則により定められることとなるが，具体的には，議院規則によって委員会が当該議院においてどのように位置づけられるかによる。元老院で進められていた改革では，常任委員会とりわけ立法委員会と調査監督委員会の権限を強化する方向が示され，1990年の元老院規則の改正で，憲法的法律案，組織法律案，予算法律案，授権法律案など最重要の法文の審理は本会議で行うとしつつも，技術的性質の法文の審理は委員会の審議に限定して本会議を事実上はずしてしまう手続が設けられた。この「略式手続」は，立法手続において委員会の役割の比重を高める半面で本会議の実質的審理を制約するものであり，

その 1 つの「審議なき表決」の手続は，委員会が採択した修正案を含めて元老院議長が法文全体を本会議の表決にかけることを認めるもので，本会議における議員の修正権が保障されなければ，これは事実上，立法における予備的な役割を超えて修正案に対する決定権を委員会に認めることとなり，本判決は，この点を違憲と判断した〔Con. 12〜13〕。

(3) 「委員会立法」ならびに「委員会抜き立法」の禁止

法律は委員会の審理の後に各議院によって表決されることが，憲法上の原則であるから，法律が委員会のみで採択されることはできない（「委員会立法」(lois de commission) の禁止）し，また委員会で審理されていない法律を採択することもできない（「委員会抜き立法」(lois sans commission) の禁止）。

イタリア憲法では，代議院と元老院の両院制が採用され（55条1項），議院に提出された法案は委員会と本会議で審理された後に本会議で表決される（72条1項）が，特定の重要法案を除いて，議院規則によって委員会は議院の委任を受けて法律を表決する権限を認められている（72条3項・4項）。このイタリアの「委員会立法」では，政治的関心の薄い技術的な性質の法文が対象となっているが，国会が制定した法律の多くがこの手続によって成立している。しかし，このように議院規則によって委員会に立法権を授権する制度は，同一の法文の採択をめざして国会の両議院で法案が相次いで審理されることを求めるフランス憲法では（45条1項），当然に認められない。政府主導の立法手続を定め，極度に合理化されたフランス議会制では，国会や各議院にそうした裁量的な権限を認めることは許されないのである。本判決で，委員会が否決した修正案を本会議で再審議することはできないとする元老院規則の改正規定について，憲法院はこれを違憲としたが，この改正規定では，委員会が修正案を決定し，議院の立法上の役割において事実上委員会が議院に成り代わることを認めるもので，これは，憲法上禁止されている「委員会立法」に相当するものである。

1991年の国民議会規則の改正で，国民議会の立法手続として「簡易採択手続」が導入されるが，この改正規定を審査した憲法院は，憲法第43条により，法案は，特別委員会が設置されるのでなければ，常任委員会の1つに審理のために送付されると定めていることから，法文を簡易採択手続にかける場合，実際に付託された委員会がこの法文の審理を事前に行うことができなければ，憲法に違反すると判断している (Décision n° 91-292 DC du 23 mai 1991 Con.26)。したがって，委員会の審理を経ずに法律が採択される「委員会抜き立法」は憲法上認められないことを，憲法院も確認している。

(4) 議員による修正権の行使について

法案に対する修正権は，国会議員および政府に認められている（憲法44条1項）が，議員の修正案の提出には受理されない条件が明示されて（憲法40条・41条1項），制限が設けられているのに対して，政府には自ら同意した修正案を優先的に審理・表決できる配慮がなされ（憲法44条2項・3項・45条3項・4項），修正権の行使についても，政府には特権が認められていることがわかる。

1990年の元老院規則の改正により立法手続に新たに「略式手続」が導入されたが，この手続において修正権が実質的に行使できるのかどう

かが，憲法院の審査で問題とされた。そのうちの一方の「略式審議後の表決」の手続では，公開の討論を法案の条項と修正案の審議に限定し，発言時間も議員の発言を5分間に設定するものであるが，修正権の行使については元老院議員と政府に留保して，これを保障している。それに対して，もう一方の「審議なき表決」の手続では，本会議で，委員会が採択した修正案を含めて法文全体を表決にかけることが，元老院議長に認められることから，委員会で承認された修正案のみが本会議で審議されることとなり，委員会で否決された修正案を本会議で再審議することが認められないのは，元老院議員の修正権の実質的な行使が侵害されることとなり，本判決は，この点を違憲と判断した［Con. 12～13］。

修正案の採択について最終的な決定を行うのは，国会を構成する各議院であり，委員会ではない。確かに，委員会に修正権があることを憲法院は認めているが，これは，国会議員の修正権が個別的もしくは集団的に行使されることを前提としている。また，元老院規則の改正規定により，議事協議会が修正案の提出期限を定めることとなり，議員が修正権を行使するには，この指定期限によって制約されることとなるが，憲法院は，この点については，修正権の実質的行使の妨げにならず，事後に再修正案を提出する手段が禁止されていなければよいとした［Con. 8～9］。

条項を追加する形態で提案される修正案が受理される要件として，元老院規則では，審議中の法案の「範囲内で」提案されることが定められていたのに対して，改正規定では，「審議中の法文の目的との関連をもたない」ものではないときに受理されると修正されたが，憲法院は，この点について，憲法的価値を有するいかなる規範にもいかなる原則にも違反しないとした［Con. 15～16］。このような改正は，憲法院がそれまでに判断した判例（Décision n° 86-221 DC du 29 décembre 1986, Décision n° 88-251 DC su 12 janvier 1989）に沿ったもので，本判決ではこれを確認したものといえる。

〔参考文献〕

① L.Favoreu et L.Philip, Les grandes décision du Conseil constitutionnel, 10ᵉ éd., Dalloz, 1999, pp. 753-771.
② Th.S.Renoux, Contrôle du règlement des assemblées parlementaires, R.F.D.C, 5-1991, pp.113-117.
③ J.-P.Chaumont, L.P.A., 1ᵉʳ février 1991, n° 14, pp. 21-23.
④ P.Avril et J.Gicquel, Amendement, Pouvoirs, n° 57, 1991, p. 172.
⑤ J.-E.Gicquel, La lutte contre l'abus du droit d'amendement au Sénat, R.D.P., 1997, pp. 1351-1374.
⑥ B.Baufumé, Le droit d'amendement et la Constitution sous la Cinquième République, L.G.D.J., 1993.
⑦ S.de Cacqueray, Le conseil constitutionnel et les règlements des assemblées, Economica et PUAM, 2001.
⑧ Code consititutionnel, Litec, 2001.

IV B 47 実験的法律の合憲性

1993年7月28日憲法院判決　　　　　　　　　　　福岡英明
Décision n° 93-322 DC du 28 juillet 1993　　　（高岡法科大学助教授）
Journal Officiel, Lois et Décrets du 30 juillet 1993, p. 10750
Rec. 204, RJC I-533

〔事　実〕

　大学，大学以外の特別な高等教育機関および研究施設といった高等教育公施設法人の構成，設置条件，管理・運営機関などについては，いわゆる「Savary法」，すなわち「高等教育に関する1984年1月26日法律」（loi n° 84-52 du 26 janvier 1984）が通則を定めていた。その後，「1992年7月20日法律」（loi n° 92-678 du 20 juillet 1992）は，新たに設置される大学がSavary法のいくつかの規定を3年間適用しないことを認めた。しかし，この法律は憲法院に付託されなかったので，その特例措置の合憲性は判断されなかった。次いで，本件の1993年7月6日に採択された「科学的文化的専門的性格の公施設法人に関する法律」は，右の3年間という時間的制限を削除し，特例措置の対象をすべての大学等の高等教育公施設法人に拡大した。すなわち，高等教育公施設法人は，その運営評議会の単純多数により，確定的なものとなりうるSavary法に対する特例的規程を採択することが認められ，所管の大臣への通知から2ヵ月以内に大臣が反対しなければ同意を得たと見なされるとされた。個々の高等教育公施設法人は，独自の組織や運営に関する規則を実験することが認められたのである。これに対して，野党の元老院議員は，各種の公施設法人の創設を法律事項とする憲法34条3項を無視して，高等教育公施設法人の構成的規則が改正されうること，および教育研究職員の表現の自由や大学教授の独立に関する保障が確保されていないことを理由に憲法院に提訴した。

〔判　旨〕

　「憲法院は，憲法，1958年11月7日オルドナンス，高等教育に関する1984年1月26日法律を参照し」，

　「一方では，憲法34条によって法律が公施設法人の諸カテゴリーの創設に関する規則（régles de création）を定めること，文化的科学的専門的性格の公施設法人がこれらの規定の意味で特定の公施設法人のカテゴリーを構成していること，それゆえ立法者のみが構成的規則（régles constitutives）を当然含む創設に関する規則を定める権限を持つこと……を考慮し」，［Con. 6］

「他方では，高等教育公施設法人の規定は問題となっている公役務の要請の範囲でしか人権宣言11条により保障される思想および意見の自由な伝達の権利を制限できないこと，その性質により教育研究職はその役務の重要性において自由な表現と教育研究職員の独立が保障されていることを要請すること，さらに教授に関して，その独立の保障が共和国の諸法律により承認された基本原理に由来することを考慮し」，[Con. 7]

「右に想起された憲法規範的価値を持つ原理を尊重して，時宜に適っていると判断するならば」，「従来の法令を改正もしくは廃止することを決定することは立法者に帰属すること，とくに立法者は，科学的文化的専門的性格の公施設法人の構成的規則の決定のために，公施設法人の自律性の強化が符合していると思われる一般利益という目的に照らして，立法者が定める種々の規則のうちから公施設法人が選択しうると定めることができること，立法者が構成的な規則が一度定められると，その特質に応じて特定の地位が与えられる公施設法人のために特例を承認することは可能であることを考慮し」，[Con. 8]

「立法者は実験結果を考慮して問題となっている公施設法人のカテゴリーの職務の展開に適した新しい規則を後に採択することを可能とする右に定められた規則に対する特例を含む実験を行うことができると定めることができること，しかしながら，これらの実験の性質と範囲，それが企図されうる場合，およびそれが維持，修正，一般化または廃止に通じる評価の対象となる条件と手続を正確に定めることは立法者の責任であることを考慮し」，[Con. 9]

「一方では，提訴された法律の1条3項により1984年1月26日法律の右に分析された条項に対する承認された特例が，唯一，議決をもって職員や利用者の参加を定める義務を除いて，その内容に関して，いかなる正確さも，いかなる制限も配合されていないこと，立法者により述べられた目的，すなわち社会的経済的世界に施される教育の開始と研究活動の発展はこれらの特例の範囲を画定することができないことを考慮し」，[Con. 10]

「他方では，……関係する公施設法人全体に関して，2条6項が実験の開始から三年の期限満了時に，所管の大臣は評価を行わせることができると定めているとしても，大臣は評価を義務づけられていないこと，同項は大臣がこの評価の結果に鑑みて実験を終了させうることが認められる条件を定めていないことを考慮し」，[Con. 11]

「立法者が定めた構成的規則に特例を設けることを命令制定権および関係する公施設法人に認め，また，そのような特例に反対しもしくはそれを終わらせることを所管庁に認めることにより，立法者は憲法34条から引き出される権限を無視し，教育研究職員の自由と独立が構成する憲法的性格の原理に法的保障を配合しなかったこと，それゆえ右に分析された規定が憲法に適合していないことを考慮し」，[Con. 12]

本法の1条，2条および「法律の発効から3年後に，実施された実験に関する報告書が議会に提出されることを指示するにとどめている」3条の規定は，「すでに分析された規定と分離できないので，本法律は全体として憲法に適合し

ないものと見なされなければならないことを考慮し」，[Con. 13]

「以下のように判示する。
1. 科学的文化的専門的性格の公施設法人に関する法律は憲法に違反する。
2. 本判決はフランス共和国の官報に掲載される」。

（1993年7月28日審議）（憲法院院長　ロベール・バダンテール）

〔解　説〕

(1) **本判決の意義**

本判決は，一般的な規定に対して実験的な特例を設けることを認めた点で重要な意義を持つ。ただし，①実験的な特例の枠組みと特例の内容がともに不明確であること，②高等教育公施設法人の構成的規則が憲法34条3項により法律事項とされた「公施設法人の諸カテゴリーの創設」に関する規則に含まれるにもかかわらず，構成的規則に特例を設けることを命令制定権と公施設法人に認めることにより，立法者が憲法34条の立法権を十分に行使しなかったこと，③以上のことから1789年人権宣言11条が保障する教育研究職員の自由な表現と独立および共和国の諸法律により承認された基本的諸原理に由来する教授の独立に対して法的保障がはかられていないことを理由として，本件の法律は違憲とされている。ここでは，紙幅の関係から，①についてのみ検討する。

(2) **実験的法律が認められるための条件**

まず，憲法院は，一般的規定に対する特例を定めることは，その特例が「公施設法人の自律性の強化」という一般利益により正当化される限り可能であるとし[Con. 8]，それを踏まえて，さらに，「立法者は実験結果を考慮して問題となっている公施設法人のカテゴリーの職務の展開に適した新しい規則を後に採択することを可能とする……特例を含む実験の可能性を規定することも可能である」とする[Con. 9]。その根拠として，特例を許容する平等原理だけでなく，立法者の裁量権の尊重原理が適用されていると解される(後掲論文① p.833.)。しかしながら，立法者の裁量権は無制約なものではないので，立法の実験に関しても一定の条件が付されることになる。この点，憲法院は本件の立法の実験が違憲であることを説明する中で以下のように述べている。すなわち，「これらの実験の性質と範囲，それが企図されうる場合，およびそれが維持，修正，一般化または廃止に通じる評価の対象となる条件と手続を正確に定めることは立法者の責任である」[Con. 9]。しかるに，本法は，「実験の開始から3年の期限満了時に，所管の大臣は評価を行わせることができる」と規定するにとどまり，「大臣は評価を義務づけられていない」し，「大臣がこの評価の結果に鑑みて実験を終了させうることが認められる条件を定めていない」[Con. 11]。また，「法律の発効から3年後に，実施された実験に関する報告書が議会に提出されることを指示するにとどめている」だけで，それを義務づけていない[Con. 13]。かくして，憲法院が指摘した欠陥を改善すれば，立法の実験は許容されることになる。たとえば，組合代表委員が存在しない企業あるいは従業員50人未満で組合代表委員の職能を担う従業員代表委員が存在しない企業について，特例的な団体交渉手続を導入することを実験的に産業部門

別協定に認めている「ECレベルの企業および企業グループにおける労働者の情報および協議，ならびに団体交渉の促進に関するに法律」(loi n° 96-985 du 12 novembre 1996)の合憲性を審査した憲法院は，産業部門別協定が1998年10月31日までに3年を超えない期間につき締結されなければならないこと，政府は議会にその施行に関する報告書を1998年12月31日までに提出しなければならないこと，この方式が適用されるのは組合代表委員が存しない場合あるいは組合代表委員の職能を担う従業員代表委員が存しない場合に限られていること，実験の評価が終了したときに適切な新しい準則を団体交渉の当事者が採択しうることに鑑み，同法は合憲であると判示している(Décision n° 96-383 DC du 6 novembre 1996.)。

また，憲法院は，「コミュニケーションの自由に関する1986年9月30日法律を改正する1994年2月1日法律」(loi n° 94-88 du 1 fevrier 1994) に関する1994年1月21日の判決(Décision n°93-333 DC du 21 janvier 1994.)において，立法の実験に新たな条件を付加した。すなわち，同法11条が，1986年9月30日法律が定める正規の手続を踏まずに，6ヵ月を超えない期間，ラジオ放送および地上波テレビ放送の許可を与えることを実験的に認めていることが合憲である理由として，憲法院は，その実験的特例が放送の多元性や集中の透明性と統制に関する規則に反していないことと並んで，立法者が正規の手続は「その厳重さにより暫定的一時的な実験に適合しないと判断した」ことを挙げている。

〔参考文献〕

① Xavier Philippe, Jurisprudence du Conseil constitutionnel, Revue française de droit constitutionnel, 16, 1993.

② Michel Verpeaûx, Decision 93-322 du 28 juillet 1993, Chronique de jurisprudence constitutionnel, juin-aout 1993 (2ᵉ partie), Les petites affiches, 4 mars 1994, n° 27.

③ Michel Verpeaux, Décision 93-333 du 21 janvier 1994, Chronique de jurisprudence constitutionnel, janvier 1994 (1ᵉ partie), Les petites affiches, 29 mars 1995, n° 38.

④ Jérôme Trémeau, Jurisprudence du Conseil constitutionnel, Revue française de droit constitutionnel, 29, 1997.

⑤ Bertrand Mathieu, Précisions relatives au droit constitutionnel de la négociation collective, Recueil Dalloz 1997, 20ᵉ cahier, chronique.

ⅣC 48 裁判官の独立性と身分保障

(α)1967年1月26日憲法院判決
Décision n° 67-31 DC du 26 janvier 1967
Journal Officiel, Lois et Décrets du 19 février 1967, p. 1793
Rec. 19. RJC I-16, GD. 15
(β)1970年7月9日憲法院判決
Décision n° 70-40 DC du 9 juillet 1970
Journal Officiel, Lois et Décrets du 19 juillet 1970, p. 6773
Rec. 25. RJC I-22, GD. 15

横尾日出雄
(名古屋短期大学教授)

〔事　実〕

司法官（magistrat）の身分については，憲法64条3項の規定により，組織法律で定めることが要請されており，これに基づいて，第五共和制憲法施行後に，「司法官の身分に関する組織法律たる1958年12月22日オルドナンス（n° 58-1270)」が制定され，裁判官や検察官等の採用・昇進・懲戒等の司法官の身分全般にかかわる事項が定められた。この組織法律がオルドナンスの形式で制定されたのは，憲法によって定められる諸制度はその審署後4ヵ月以内に設置され，これに必要な立法措置はオルドナンスで定められることが，当初の「経過規定」に規定されていたからである（旧91条1項・旧92条1項）。

政府は，破毀院の改革の一環として，調査判事（conseillers référendaires）を破毀院に設置することとし，1958年12月22日オルドナンスの一部を改正する組織法律案を起草し，国会で採択された。組織法律は，憲法61条により，審署前に必ず憲法院の審査に付託されなければならないことになっており，この組織法律の法文も，1967年1月3日に首相によって憲法院に付託された。憲法院は，この破毀院調査判事が，任期10年で任命され，その期間満了後には政府の職権で転属されるという点が，憲法64条により打ち立てられた「不可動性（inamovibilité）の原則」に反するとして，違憲の判断を下した（本判決(α)）。その後，新たに採択された組織法律の法文では，政府が調査判事を任期満了後に職権で配属させる措置を唯一の例外的な場合に限定することとし，再び付託された憲法院は，この憲法適合性を承認した（Décision n° 67-33 DC du 12 juillet 1967)。

また，大審裁判所の裁判官に支障が生じた場合に，司法官試補（auditeurs de justice）に補充させることができるように，1958年12月22日オルドナンスの一部を改正する組織法律が国会で採択され，憲法61条にしたがって，1970年7月2日に首相によって憲法院に付託された。司法官試補は，国立司法学院修了後その成績によって最初の配属が決定され，身分規程上は未だ司法官たる資格をもたないものであり，憲法院は，このような特別な身分にある司法官試補が裁判の合議に加わることは，「裁判官の独立性の原則」に反するとして，違憲の判断を下した（本

判決(β))。

〔判　旨〕

〈(α)1967年1月26日憲法院判決〉

「憲法院は」,「憲法とくにその46条・61条・64条3項・4項,憲法院に関する組織法律たる1958年11月7日オルドナンスとくにその第2部第2章を参照し」,以下の点を考慮した。

「憲法64条によれば,『裁判官は罷免されない(inamovibles)』。司法官の身分に関する組織法律たる1958年12月22日オルドナンスは,その4条1項でこれと同一の規定を採用し,また同条2項では,このようにして打ち立てられた原則を当然に適用して,『したがって,裁判官は,たとえ昇進の場合であっても,自らの同意がなければ,新たな配属を受け入れることはできない』と明示する。」[Con. 1]

「憲法適合性の審査のため審署前に憲法院に付託された組織法律は,その28条2項の3文で,『本法律4条2項の規定にもかかわらず,調査判事(conseillers référendaires)は,この職務の任期満了により,80条の1に規定された特別執行令(réglement d'administration publique)により定められる条件で,裁判官の職に職権で配属されることができる』と規定する。」[Con. 2]

「この規定により,調査判事がこの職務の任期として法律により定められた10年の期間に達した際に,職権でその配属を行いうるという政府に認められた権限は,裁判官に関しては,憲法の上記原則に適合しない。」[Con. 3]

「破毀院調査判事の職務の暫定的性質から生じる問題と裁判官の不可動性(inamovibilité)の原則とが両立できるような保障を,組織法律が明確にするのでなければ,特別執行令が,当該裁判官の配属の条件を定めることはできない。」[Con. 4]

「このような理由から,憲法院の審査に付託された組織法律の28条2項の3文の規定,さらにこの規定に準拠している限りで80条の1の規定は,憲法に違反すると宣言することには理由がある。」[Con. 5]

「憲法64条3項が要請する形式で,また46条が定める手続を尊重して採択されたこの法文の他の諸規定は,憲法のいかなる規定にも違反しない。」[Con. 7]

以上の点を考慮して,憲法院は次のように判示する。

「1．司法官の身分に関する組織法律の28条2項の3文の規定ならびにこれに準拠する80条の1の規定は,憲法に違反すると宣言される。

2．この組織法律の他の諸規定は,憲法に適合すると宣言される。

3．本判決は,フランス共和国官報に掲載される。

(1967年1月26日審議)」(憲法院院長　ガストン・パルゥスキ)

〈(β)1970年7月9日憲法院判決〉

「憲法院は」,「憲法とくにその46条・61条・62条・64条,憲法院に関する組織法律たる1958年11月7日オルドナンスとくにその第2部第2章,司法官の身分に関する組織法律たる修正1958年12月22日オルドナンスを参照し」,以下の点を考慮した。

「憲法64条によれば,『共和国大統領は,司法権(autorité judiciaire)の独立の保障者である。

……。裁判官は罷免されない（inamovibles）』。」[Con. 1]

「この規定は，とくに，司法権の行使に必要な独立性を裁判所の裁判官に保障することを目的としている。」[Con. 2]

「憲法適合性の審査のため審署前に憲法院に付託された組織法律は，その３条で，1958年12月22日オルドナンス19条最終項を修正する規定，すなわち『司法官試補（auditeurs）は，さらに，特別執行令（réglement d'administration publique）により定められた条件で，大審裁判所を補佐することを求められる』とする規定を含む。」[Con. 3]

「上記の19条最終項に定められた条件で，司法官試補が合議の表決権をもって（avec voix délibérative）大審裁判所の裁判活動に加わることは，この司法官試補の特別な身分を考慮すれば，憲法64条の規定から生ずるような裁判官の独立性の原則と相容れない。」[Con. 4]

「憲法院に付託された組織法律の３条の上記の規定は，司法官の身分に関する組織法律たる1958年12月22日オルドナンス19条最終項を修正しようとするもので，憲法に違反すると宣言することには理由がある。」[Con. 5]

「憲法64条３項が要請する形式で，また46条が定める手続を尊重して採択されたこの法文の他の諸規定は，憲法のいかなる規定にも違反しない。」[Con. 7]

以上の点を考慮して，憲法院は次のように判示する。

「１．司法官の身分に関する組織法律たる1958年12月22日オルドナンス19条最終項の規定は，憲法院に付託された司法官の身分に関する組織法律３条から生ずる案文では，憲法に違反すると宣言される。

２．この組織法律の他の諸規定は，憲法に適合すると宣言される。

３．本判決は，フランス共和国官報に掲載される。

（1970年７月９日審議）」（憲法院院長　ガストン・パルゥスキ）

〔解　説〕

(1)　**本判決の意義・特徴**

これら２つの判決は，裁判官の身分に関する組織法律について，憲法院がその憲法適合性を審査し，憲法の実質的規範に違反するものとしては，はじめて違憲・無効としたものであり，また，「裁判官の不可動性」を厳密に解釈して，その内容を再確認し，憲法64条に由来する「裁判官の独立性の原則」をあらためて確認したものである。

フランスにおける法律の合憲性審査は，第五共和制憲法の下で新たに設置された憲法院の任務とされ，1971年の「結社の自由」判決（Décision n° 71-44 DC du 16 juillet 1971）以降，人権原理に関する多くの違憲判断が下されることによって，憲法院による違憲立法審査が定着してきた。しかし，この判決以前にも，違憲判断がなされた判決が見られ，1960年８月11日判決（Décision n° 60-8 DC du 11 août 1960）は，法律規定についてはじめて違憲判断を下したものであるが，これは憲法の手続的規範に違反することを理由に違憲とされたものであるのに対して，これら1967年判決と1970年判決は，憲法の実質的規範に対する違反，すなわち憲法64条の裁判

官の不可動性と独立性の原則に対する違反によって，法律規定を無効とした最初のものである。この2つの判決は，その後の人権保障に関する違憲判断の判例に途を開き，先述の1971年判決以降の流れにつながるものとして位置づけられる。

(2) 憲法と司法権

憲法64条によれば，共和国大統領は，司法機関の独立性を保障し（1項），司法官職高等評議会によって補佐される（2項）こととなっているが，行政権の首長である大統領が，司法権の独立の保護者でもあるという点は，きわめて特異である。大革命以後いわば憲法的伝統として権力分立の原理に配慮してきたフランスで，第五共和制憲法下の大統領がこのような役割を担うのは，この憲法における大統領の優越的な位置づけによって説明することができる。「憲法の尊重を監視」し，「公権力の適正な運営と国家の継続性を確保する」（5条1項）大統領は，単なる行政権の首長たる地位を超越した存在であり，それゆえに，司法権の独立の保護者として位置づけられているのである。それゆえ，司法官の任命・昇進・懲戒等について憲法上の権限を担う司法官職高等評議会も，大統領が主宰し，1993年7月27日の憲法改正以前は，そのすべての構成員は大統領により任命され（旧65条），このような司法官の任命についての大統領権限の優越性は，憲法院によって再確認されていた（Décision n° 92-305 DC du 21 février 1992）。しかし，この憲法改正以後は，大統領は，司法官職高等評議会の二つの部会それぞれについて，1名ずつ有識者を選任できるにすぎなくなっている。

だが，裁判所の独立性を他の国家機関が侵害することはできない。司法権の独立を保障する場合，具体的には，裁判所の独立性と裁判官の独立性とが区別されるが，この裁判所の独立性は，憲法64条により保障されると考えられ，憲法院もこれを基本的な原理として，権力分立の観点から承認している（Décision n° 80-119 DC du 22 juillet 1980）。すなわち，裁判所の独立性は，裁判という特別な性質の役割のゆえに保障されるものであり，立法府や政府は，こうした役割を侵害することはできず，裁判所の決定事項を非難することも，裁判所に命令を発することもできないし，ましてや裁判所に代わって係争事件を扱うことはできないのである。

また，「司法機関は，個人的自由の守護者」（憲法66条1項）であり，この「司法機関（autorité judiciaire）」には「司法裁判所」しか含まれないが，裁判所による個人の保護の役割は，「行政裁判所」にも拡大される。そして，司法裁判所の独立性は，憲法64条により保障されるが，行政裁判所の独立性については，1872年5月24日法律以来の共和国の諸法律により認められた基本原理によって保障されると憲法院は確認している（Décision n° 80-119 DC du 20 juillet 1980）。

(3) 裁判官の独立性と不可動性

「司法官」には，「裁判官（magistrat du siége）」と「検察官（magistrat du parquet）」とが含まれ，いずれも司法系統の機関に属し，その身分は，憲法64条3項により，組織法律により定められることとされ，一般の公務員より手厚く保護されている。しかし，検察官は，司法大臣を頂点とする職階制の中に位置づけられるため，他の公務員よりは一定の自立性を認められるものの，

政治権力から独立して行動することはできず，裁判官と同様の独立性を保障されてはいない。これに対して，裁判官は，憲法64条4項により，罷免されないことが明示されて，その意に反する転属を禁ずる「不可動性の原則」が認められ，この64条全体の規定から「独立性の原則」が憲法上認められている。

「裁判官の不可動性」の原則は，同意なき新たな転属を禁止する憲法上の原則であり，憲法64条4項を受けて，1958年12月22日オルドナンス4条2項で，『裁判官は，たとえ昇進の場合であっても，自らの同意がなければ，新たな配属を受け入れることはできない』と具体的に規定されている。この原則は，裁判官にとっては，自らが任命された裁判所で裁判官としての職務を継続できる保障となり，裁判を受ける者には，裁判官を転任させて当該事件のために特別に裁判所を設置されることはないという保障となる。また，この原則には2つの意味が含まれ，同意無き昇進や懲戒以外の免職を禁ずるという職務上の不可動性と，現に職務を行使している裁判所の管轄外への同意無き転属を禁ずるという所在上の不可動性が認められる。したがって，裁判官の転属を職権で行う権限を政府に認めることは，この裁判官の不可動性の原則に反することになる。1967年1月26日判決で問題となった破毀院調査判事は，その職務が10年に限定され，再任も延長もなく，任期満了により，本人の意思に関係なく転任を強制されることから，このような規定を設けた組織法律は，この原則に反し，違憲と判断されたのである。しかし，その後は，この不可動性の原則の保障は，憲法院により次第に緩やかに解されるようになり，補欠裁判官（magistrat remplaçant）の制度に関して，各控訴院の管轄内で，控訴院長の決定に基づき，裁判官の転属を行うことを容認し（Décision n° 80-123 DC du 24 octobre 1980），裁判官の転任に関して，裁判官として5年間の実効的な職務遂行を証明できない者について転任の強制を定める規定を合憲としている（Décision n° 92-305 DC du 21 février 1992）。このように，管理上の要請によって所在上の不可動性の保障が狭められており，不可動性の原則は本来の意味を失ってきているといえる。

「裁判官の独立性」の原則は，憲法上の原則であり，裁判官は，法のみに従い，自らの良心と理性に従って判断し，あらゆる圧力から守られて，まったく独立して行動することが求められる。こうした憲法上の独立性は，司法官の身分を有する司法系統の裁判官のみに認められるものであり，司法官としての身分を有するとはいえ検察官や司法省幹部職司法官には認められず，いまだ司法官の身分をもたない「司法官試補」にも，こうした独立性は認められない。司法官試補は，研修中の身分であり，大審裁判所の所長が研修内容によってその資質について評価を下し，この評価が国立司法学院修了時の成績に影響を与え，この成績に応じて最初の司法職への配属が決定されるものであり，独立性を保てる状態にないことは明らかである。それゆえ，1970年7月9日判決で問題となった司法官試補による裁判への参加については，大審裁判所の裁判官に支障が生じた場合に，司法官試補に補充させ，合議の表決権をもって裁判に加えるとする組織法律は，独立性の原則に反するとして，違憲と判断されたのである。しかし，こ

れ以降は，独立性の原則に関する憲法院の判断は多少緩やかになり，臨時裁判官に関して，裁判の職務行使と切り離せない独立性の原則を満たす保障が認められるという条件で，司法裁判官の職務を臨時に行使できる可能性を認めている（Décision n° 92-305 DC du 21 février 1992）。

(4) 組織法律に対する合憲性審査

「組織法律」の性格を有する法律は，「通常法律」とは異なって，憲法61条１項により，必ず憲法院による合憲性審査の対象とされ，46条5項により，その合憲性が憲法院によって宣言された後でなければ審署されないことになっている。したがって，組織法律が憲法院に付託されることは義務的なものであり，「憲法院に関する組織法律たる1958年11月７日オルドナンス（n° 58-1067）」17条１項によれば，「国会によって採択された組織法律は，首相により憲法院に通知される」こととなっている。かくして，組織法律を付託された憲法院は，その法文のすべての規定が，憲法上の実質的規範と形式的規範に適合するかどうか審査することになる。1967年判決と1970年判決では，付託された組織法律が憲法64条に適合するか審査し，調査判事と司法官試補に関するそれぞれの規定が違憲と判断されたのである。

旧92条１項のオルドナンスの形式で制定された組織法律をその後の組織法律で改正できるかどうかという問題が生じたが，憲法院は，1960年１月15日判決（Décision n° 60-6 DC du 15 janvier 1960）で，1958年12月22日オルドナンスを改正する組織法律を合憲として以来，1967年判決と1970年判決も含めて，これを認めており，通常の組織法律の場合と同様に審査している。

これまでに行われた組織法律に対する憲法院の合憲性審査は多数あるが，その約３分の１は「司法官の身分に関する組織法律」が対象となっており，こうした重要な判例が，司法機関の憲法上の地位を形成するのに大きく貢献している。

〔参考文献〕

① L. Favoreu et L. Philip, Les grandes décision du Conseil constitutionnel, 10ᵉ éd., Dalloz, 1999, pp. 197-215.
② Th. Renoux, Le Conseil constitutionnel et l'autorité judiciaire, Economica et P. U. A. M., 1984.
③ J.-C. Car, Les lois organiques de l'article 46 de la Constitution du 4 octobre 1958, P. U. A. M., 1999.
④ F. Luchaire, La protection constitutionnelle des droits et des libertés, Economica, 1987.
⑤ B. Poullain, La pratique française de la justice constitutionnelle, Economica, 1990.
⑥ J. Robert, De l'indépendance des juges, R. D. P., 1988, pp. 5-22.
⑦ Code consititutionnel, Litec, 2001.
⑧ 小島武司・他編『フランスの裁判法制』中央大学出版部，1991年

ⅣC ㊾ 法律による追認

1980年7月22日憲法院判決
Décision n° 80-119 DC du 22 juillet 1980
Journal Officiel, Lois et Décrets du 24 juillet 1980, p. 1868
Rec. 46, RJC I-83, GD. 29

福岡英明
（高岡法科大学助教授）

〔事　実〕

　1977年，大学省は，教育職員の地位に関するあらゆる法令が諮問される大学身分規定に関する教育職員専門同数制中央委員会を設置することとした。この委員会の構成と構成員の任命方式に関して，コンセイユ・デタの総会の議を経たうえで，1977年6月29日のデクレ77－679号（J. O. 30 juin 1977）が定められた。その後，同委員会は，高等教育職員制度の改革に関するデクレ案について諮問され意見を与え，それを踏まえて12のデクレが制定された（後掲論文①note⑵）。しかし，三つの労働組合から提訴されたコンセイユ・デタは，1980年4月18日に1977年6月29日のデクレを取り消した（D. 1980. 602, note M. Toulemonde ; Rec. Cons. d'Et., p. 183.）。このため右の12のデクレとこれらのデクレに基づいて下された決定が無効となるおそれが生じた。たとえば，この間に約5000名の昇格と競争試験による2830名の採用が行われていた（後掲論文② p. 357.）。そこで，1980年6月28日，国会は，「1977年6月29日のデクレ77－679号により設置された……専門同数制中央委員会への諮問の後に定められたデクレならびにこれらのデクレに基づいてなされた行政立法行為および非行政立法行為は追認される」とする単一条文の法律を可決した。これに対して，憲法61条2項に基づいて，1980年6月30日に社会党の元老院議員が，また，同年7月4日に共産党の国民議会議員が，権力分立原理の侵害ならびに立法権と命令制定権の配分の無視を理由に憲法院に提訴した。

〔判　旨〕

　憲法院は，憲法および憲法院に関する組織法律たる1958年11月7日オルドナンス，とりわけ右のオルドナンス第2編第2章中の条項を参照し，

　憲法院の審査に付された法律は，1980年4月18日付けで訴訟に判断を下すコンセイユ・デタの判決により取り消された大学身分規定に関する教育職員専門同数制中央委員会への代表者の任命に関する1977年6月29日デクレ77－679号の規定の追認ではなく，前述の専門同数制中央委員会への諮問の後に定められたデクレの追認ならびにこれらのデクレに基づいてなされた行政立法行為および非行政立法行為（des actes réglementaires ou non réglementaires）の追認を規定していることを考慮し，[Con. 1]

　専門同数制委員会の正規の諮問を経ずに定められたために憲法院の審査に付されている法律により対象とされたデクレを場合によっては取り消すことになる判決ならびにこれらのデクレに基づいてなされた行政立法行為あるいは非行政立法行為を場合によっては取り消すことになる他の判決の結果から，公役務の継続的な運営と職員のキャリアの正常な展開を，立法者が，政府の同意をもって，本件の法律を制定することにより保護しようとしていたことが，議会審議から帰結されるということを考慮し，[Con. 2]

　刑事法の領域を除いて，法律が遡及的な規定を含みうること，それゆえ，1977年6月29日デクレにより設置された大学身分規定に関する教育職員専門同数制中央委員会の諮問を経た後に定められたデクレを遡及的に追認することを，立法者は禁止されていなかったことを考慮し，[Con. 3]

　同様に，憲法院の審査に付された法律により対象とされていたデクレの追認は，これらの法令に基づいてなされた行政立法行為または非行政立法行為が法的根拠を欠くことになったという抗弁を効力のないものとするという効果を持つこと，かくして，立法者はこれらの行為を追認することへと導かれたことを考慮し，[Con. 4]

　両提訴者によれば，憲法院の審査に付された法律の規定が裁判の運営への立法者の介入を含み，権力分立という憲法原理に反することになり，実際，この法律が行政裁判所（la juridiction administrative）で実際に係属している訴訟の拒絶をもたらしうることを考慮し，[Con. 5]

　裁判権の独立（l'indépendance des juridictions）が保障されることならびに立法者も政府も侵害しえないその職務の特殊な性格が，司法権（l'autorité judiciaire）に関しては憲法64条の諸規定から，および行政裁判権に関しては1872年5月24日法律以来，共和国の諸法律によって承認された基本的諸原理から生じるということ，かくして裁判所の判決を破棄し（censurer），裁判所に命令を発し，裁判所の権限に属する争訟の裁判において裁判所に取って代わることは立法者や政府の権限ではないことを考慮し，[Con. 6]

　しかし，これらの憲法規範的価値を持つ原理は，立法者がその権限の行使につき必要に応じ刑事法の領域を除いて遡及的規定によって裁判官が適用することをその職務とする法令を改正することを禁じていないこと，かくして，憲法院の審査に付される法律が実際に係属している訴訟を生ぜしめている事件の内容に介入しているという事実により，この法律が憲法に反すると見なされるものではないことを考慮し，[Con. 7]

　政府の同意があったとはいえ，立法者の権限に留保された事項に属さない行政の行為を追認することにより，憲法院の審査に付された法律が憲法34条と37条の規定を無視したと一方の提訴者が主張したことを考慮し，[Con. 8]

　立法者が，憲法34条の文言によれば，国の文武官に認められた基本的保障に関する原則を定める権限を持ち，一般利益を理由として本件では立法者だけがそうすることができたので，1977年6月29日デクレの取り消しから生じた状況を規律するために，それゆえ，専門同数制中

央委員会の諮問を経た後に定められたデクレならびにそれらに基づいてなされた行政立法行為あるいは非行政立法行為を追認するために, 遡及的規定を定める権限を行使することができたことを考慮し, [Con. 9]

最後に, 憲法院にとってその審査に付された法律の憲法適合性以外のいかなる問題も職務上取り上げる理由はないことを考慮し, [Con. 10]

以下のように判示する。

1. 憲法院の審査に付された行政の行為を追認する法律は, 憲法に適合していると宣言される。
2. 本判決は, 共和国の官報に掲載される。

(1980年7月22日審議) (憲法院院長　ロジェ・フレイ)

〔解　説〕

(1) 本判決の意義

法律による追認は,「法の状態を遡及的に変更する法文により, 立法者がある行政の行為またはある一連の行政の行為を, ある一定の危険または越権訴訟を行う裁判所による取り消しの危険から守ることを可能とする方法である」と定義されうるが (後掲論文③ p.15.), 従来, その合憲性については疑義があった。本判決は初めてこの問題に真正面から答え, 法律による追認が合憲となる条件を示した。憲法院は, これ以降のいくつかの判決で法律による追認が合憲となる条件を精緻にしていったが, 本判決はいわばその出発点となる判決である。また, 本件では, 提訴者が法律による追認は権力分立原理に反すると主張したために, 憲法院は, 司法権と行政裁判権を含めた裁判所の独立に言及し, それが憲法規範的価値を持つことを認めた。ただし, 本稿では, 法律による追認のみを扱う。裁判所の独立については, IVC50の解説を参照されたい。

(2) 法律による追認の合憲性の条件

法律による追認の定義はすでに述べたとおりであるが, それは「事後的追認」(validation a posteriori) と「予防的追認」(validation préventive) に区別されうる。事後的追認は, 行政裁判所により取り消された行政の行為を再び有効とすることであるが, これは権力分立原理および裁判権の独立に反し, 違憲である。このことは, 本判決が, 審査に付された法律がコンセイユ・デタにより取り消されたデクレ自体の追認を定めてはいないとし [Con. 1], あわせて, 裁判所の判決を破棄すること, すなわち, 裁判所が取り消したものを追認することは立法者や政府の権限に属さないとしていること [Con. 6] から帰結される。これに対して, 予防的追認は, 行政裁判所により未だ取り消されてはいないが, そうなるおそれのある行政の行為を追認することであり, 一定の条件を満たせば合憲とされうる。

本件の追認は予防的追認に該当する。本判決が提示した条件は, ①追認される行政の行為がその際, 効力を有していること [Con. 2], ②追認措置に遡及効があることが通常であるが, その場合, 刑事的および行政的サンクションが付加されてはならないこと [Con. 3], ③追認が「公役務の継続的な運営」とか「職員のキャリアの正常な展開」といった一般利益の確保を目的としなければならないこと [Con. 2], ④追認される行政の行為は, 行政立法行為でなければならないが, それが非行政立法行為である場合, 追認は間接的でしかありえないこと [Con. 4], である (後掲書④ p.421.)。ここで, 条件の④に

ついて補足しておくと，提訴者は，憲法が立法者に個別的決定を行う権限を認めていないので，立法者は個別的な決定を追認することはできないと主張したが，憲法院は，追認の対象となっているデクレが，これを前提とした行政立法行為や非行政立法行為（個別的決定）の法的根拠となっていたことを踏まえて，「憲法院の審査に付された法律により対象とされていたデクレの追認は，これらの法令に基づいてなされた行政立法行為または非行政立法行為が法的根拠を欠くことになったという抗弁を効力のないものとするという効果をもつ」と述べた［Con. 4］。つまり，非行政立法行為については間接的な追認のみ可能であり，それは行政立法行為に関する主たる追認から生じる副次的な追認である（後掲論文⑤ p. 1660.）。しかし，この条件は後の判決で緩和された（Décision n° 85-192 DC du 24 juillet 1985）。

次に，本判決以降の憲法院判決の展開を踏まえて，法律による追認が合憲となる条件をまとめると，①立法者のみの権限であること，②一般利益を充足すること，③確定した裁判所の判決を尊重していること，④追認される行政の行為が正確に定められていること，である（後掲論文⑥ pp. 781 et s.）。以下，紙幅の関係から，①と②を中心に論じる。

(3) 立法者のみの権限であること

法律による追認の合憲性を認めるために憲法院が設定した条件の第一順位に「立法者のみの権限」が置かれる（後掲論文③ p. 18.）。立法者の権限は明確な根拠に基づいていなければならないので，憲法の明文規定，とくに法律事項を規定する憲法34条に基づいていることは決定的な根拠となる。本件の提訴者は，法律事項に属さない行政の行為を立法者が追認することは憲法34条違反であると主張したが，憲法院は，「立法者が，憲法34条の文言によれば，国の文武官に認められた基本的保障に関する原則を定める権限を持」つことを追認の合憲性の理由としてあげた［Con. 9］。しかし，立法者は行政の行為を追認するために，憲法34条で規定された権限領域を超えて介入しうる。たとえば，「法律による決定によってしか（法の一般原理に）違背することはできない」（Décision 69-57 L du 26 juin 1969）ので，やむをえない事情から法の一般原理を侵害することは，立法者の行為でしかありえず，立法者の権限を生み出すことになる。かくして，法の一般原理の一つである法の不遡及の原理の侵害についても同様である。あるいは，法律による追認が必然的に遡及的であることから立法者の権限が生じるともいえる（後掲論文⑥ p. 782.）。もちろん，遡及的な法律による追認と法の不遡及の原理との調整は，本判決の「刑事法の領域を除いて，法律が遡及的な規定を含みうる」［Con. 3］という定式により図られる。この刑罰規定不遡及の原理は，行政上のサンクション，とくに税法上のサンクションに拡大され（Décision n° 82-155 DC du 30 décembre 1982），「より厳しい抑圧的措置の不遡及の原理」として定式化されている（Décision n° 97-390 DC du 19 novembre 1997）。また，ある行政の行為が取り消されたことから生じた状況を規律するために，一般利益を理由として，「立法者だけがそうすることができた」［Con. 9］という本判決で示された定式も慣用的な定式となっている。

(4) 一般利益を充足すること

本判決は「公役務の継続的な運営と職員のキャリアの正常な展開を，立法者が，政府の同

意をもって，本件の法律を制定することにより保護しようとしていた」[Con. 2] とし，また，「一般利益を理由として本件では立法者だけがそうすることができたので」[Con. 9]，追認法律を制定したと述べている。すなわち，「公役務の継続的な運営」と「職員のキャリアの正常な展開」が，保護すべき一般利益と考えられている。しかし，追認の正当化事由としての一般利益の審査の精密さについては，判決ごとにばらつきがみられる。ある判決では，一般利益への言及がなされていないことがあり（Décision nº 93-335 DC du 21 janvier 1994），他の判決では，たんに「領土自治体によりなされた議決の取り消しから生じる状況を規律するために」追認がなされたと述べるだけで，一般利益の存在が明確には言及されていないことがある（Décision nº 95-363 DC du 11 janvier 1995）。また，別の事案では，一般利益の内容が説明されずに，その存在が認められたり（Décision nº 94-357 DC du 25 janvier 1995, Décision nº 95-364 DC du 8 février 1995），反対に，一般利益の内容が詳述されることもある。たとえば，1994年1月13日判決では，その結果として社会保障制度の財政的均衡を害する影響をもたらしうる争訟を避けるという意図が立法者の介入を正当化する一般利益という理由を構成するとされている（Décision nº 93-332 DC du 13 janvier 1994）。

また，1994年1月13日判決のように一般利益をきちんと検証することは，追認された措置と追求された一般利益の「比例性の統制」につながる。比例性の統制は，判断の「明白な過誤」の場合にしか，憲法院のサンクションに至らず，また，通常，問題となっている一般利益は憲法の要請と結びつく必要はないので，立法者に十分に広い裁量が認められることになる（後掲論文⑥ p. 783.）。しかし，比例性の統制により，憲法院は一般利益の内容がたんなる「行政の便宜」にすぎなければ，追認された措置を判断の明白な過誤を理由としてサンクションすることになる。たとえば，1995年12月28日判決は，たんなる財政上の利益は一般利益ではないとして，法律による追認を認めなかった（Décision nº 95-369 DC du 28 décembre 1995）。援用される財政的利益が一般利益とされるには，それが関係する公役務の運営に直接的な影響を有しなければならないとされている（Décision nº 96-375 DC du 9 avril 1996）。

このように憲法院は一般利益の認定にしぼりをかけるようになっていたが，欧州人権裁判所に憲法院が合憲と判断した追認法律（Décision nº 93-322 DC du 13 janvier 1994）に関する事件が提起され，実質的に憲法院判決が欧州人権裁判所により非難されたことが，憲法院の厳格な審査への傾向に拍車をかけたと思われる。ちなみに，この事件につき欧州人権委員会は，欧州人権条約6条1項の公正な裁判を受ける権利が侵害されたと提訴者に有利な報告をし（Affaire Zielinski et Pradal c/ France, rapport de la Commission adopté le 9 septembre 1997），1999年10月28日に欧州人権裁判所は，追認は「やむをえない一般利益という理由」がなければ認められず，財政的危険はそれ自体では，立法者が裁判官に代わって争訟を解決することを可能とはしないとした（CEDH, 28 octobre 1999）。

1997年の欧州人権委員会報告後，憲法院は，1998年12月18日の判決において，「立法者はすでに言及された影響を治癒しうる遡及効を持たない措置をとることができた」と述べ，立法者

が問題となっている権利や原理をより尊重する他の解決手段によることができたか否かを審査する手法をとり,「裁判所の判決の財政的影響を予防するという配慮」は「十分な一般利益」という理由をなさないとし, 本件の遡及的措置を違憲と判断した (Décision n° 98-404 DC du 18 décembre 1998)。また, 憲法院は, 先の欧州人権裁判所の判決後も続けて厳格な態度をとり, 1999年12月21日判決において,「立法者が十分な一般利益という目的をもって, その取り消しから生じる困難を予防するために, 行政裁判所に提訴されたある行為を追認することができるとしても, 提訴された裁判所の統制に対するその効果を考慮すれば, それにはこの追認が及ぶ範囲を厳格に定めているという条件がつく。このような追認は, それに違反すれば, ともに人権宣言16条に由来する権力分立原理と実効的な裁判を受ける権利を無視したことで, 追認される行為のあらゆる裁判的統制を禁じることをその効果としえない」と述べ, 本件の追認を違憲と判示した (Décision n° 99-422 DC du 21 décembre 1999)。この判決で, 憲法院は, これまで不十分であった「追認の範囲の厳格な決定」という要請を明確かつ積極的に適用することにより, これまで用いてきた比例性の統制に, 追求された目的に対するとられた措置の適合性の統制を付け加えたと評されている (後掲論文⑦ p. 132.)。

最後に, 追認される行為の違憲性は, それを追認する法律の違憲性をもたらすかという問題について, 憲法院は,「追認される行為は憲法規範的価値を持ついかなる原則にもいかなる原理にも反してはならない」が, それに反する場合, 憲法上の種々の要請を調整することは憲法院の統制を留保して立法者に帰属するとした (Décision n° 97-390 DC du 19 novembre 1997)。すなわち, 違憲の行為の追認のためには, 立法者が提示する一般利益は憲法規範的価値を持たなければならないのである。

〔参考文献〕

① Nguyen Quoc Vinh, Juris-Claseur Périodique, la semaine juridique, 1981, Ⅱ. jurisprudence 19603.

② Léo Hamon, Constitution et pouvoirs publics, Recueil Dalloz Sirey, 1981.

③ Mathias Entiope, Une nouvelle étape dans le contrôle des validations législatives : la nécessité de la constitutionnalité de l'acte validé, Petites affiches, 17 février 1999, n° 34.

④ L. Favoreu et L. Philip, Les grandes décisions du Conseil constitutionnel, 11e édition, 2001, Dalloz.

⑤ L. Favoreu, La jurisprudence du conseil constitutionnel en 1980, Revue du droit public, 1980.

⑥ Bertrand Mathieu, Les validations législatives devant le juge constitutionnel, Bilan d'une jurisprudence récente, Revue francaise de droit administratif, 11(4) juill.-août 1995.

⑦ Didier Ribes et Loïc Philip, Jurisprudence du Conseil constitutionnel, Revue francaise de droit constitutionnel, 40, 1999.

⑧ Bertrand Mathieu, les validations législatives devant le juge de Strasbourg : une réaction rapide du Conseil constitutionnel mais une décision lourde de menaces pour l'avenir de la juridiction constitutionnelle, Revue francaise de droit administratif 16(2), 2000.

IVC ⑤⓪ 行政裁判所の憲法的地位および行政処分を受ける者の防御権

1987年1月23日憲法院判決
Décision n° 86-224 DC du 23 janvier 1987
Journal Officiel, Lois te Décrets du 25 janvier 1987, p. 925
Rec. 8, RJC I-303

永山茂樹
（東亜大学助教授）

〔事　実〕

第一次コアビタシオン下で自由主義的経済政策の推進を目指したシラク首相は、それを可能にするための包括的授権法を、1986年7月2日（授権期間は同年12月31日まで）に成立させた。この授権に基づき、政府は1945年の価格統制令を廃止するオルドナンス（新価格令）を1986年12月1日に発するとともに、授権終了後もそれに効力を与える追認法律案（憲法38条2項）を同月21日、議会に提出した。

新価格令によって新設された競争評議会（conseil de la concurrence）が下す決定に対する不服申立の審理は、行政裁判所たるコンセイユデタが担うことになった。共和国連合の議員らは、それを司法裁判所たるパリ控訴裁判所の管轄下におくことを主眼とする、新価格令を一部修正する法律案を12月9日議会に提出し、同月20日これを可決せしめた。

社会党議員の提訴を受け、翌1月23日、憲法院は新価格令の修正法の審査を行った。憲法院は、行政行為の執行停止権を有しない司法裁判所に不服申立を移送することは、防御権の侵害にあたり違憲であると判断した。同時にこの判決は、行政裁判所制度に憲法的価値を認めた点でも注目を集めた。判決後、87年7月6日法律は、不服申立の審理をパリ控訴裁判所に担わせながら、執行停止権を例外的に付与することで、指摘された問題点を回避した。

〔判　決〕

「憲法院は、憲法および1958年11月7日のオルドナンスを参照し」

①政府への授権期間中に、新価格令を修正する法律を議会が制定した手続、②競争評議会の決定を統制する権限を司法裁判所に移送する点、また③法律によって新価格令の全部または一部を黙示的に追認した点を検討し、そのうち②では、行政裁判所の憲法的地位について言及しながら、移送を違憲と判断し、最後に付託された法律全体について結論を述べた。すなわち、

①　議会手続について

「憲法院の審査に付されたこの法律は、……新価格令の12、15条を修正する」。「憲法41条は『議員提出法案もしくは修正案が法律事項に属さず、または、38条で与えられた委任に反する

ことが立法過程で明らかになった場合には，政府は，不受理をもって対抗することができる。……。』と規定する。」「審査中の法律案に関する議会での議論のなかで，政府は，当然の権限として，不受理をもって対抗しなかった。したがって一連の議会手続は，憲法の否認にはならない。」［Con. 12〜14］

② 行政裁判所の憲法的地位について

「行政権と司法権の分立の原則を一般的に定めた1790年法律10，13条および共和国3年実月16日のデクレは，それ自体憲法的価値を有しない。にもかかわらず，これらは"共和国の諸法律によって承認された基本的諸原理"の多くに現れる，権力分立のフランス的理解に適合する。この原理によれば，性質上司法権に留保される事項を除き，公権力の特権の行使において，執行権を行使する官公庁，公務員，共和国の地方公共団体，もしくはこれらの権限と統制に服する公的組織によってなされた決定を，無効としあるいは変更することは，行政裁判権の終審に属する。」［Con. 15］

「しかしこの原理の適用に当たっては，個々の法律や規則を適用することで，権限に関するこれまでの原則によると，行政裁判権と司法裁判権に分かれるような争訟を生む可能性があるとき，立法者は『裁判のよき運営』(un bonne administration de la justice) のために，管轄権規定を主として利害関係のある裁判権の枠内に統合することができる。」［Con. 16］

③ 競争評議会の不服申立を司法裁判所に移送することについて

この法律は競争法にかかわる争訟総体を「破毀院［最高司法裁判所］の権限のもとに統合し，競争法の適用と解釈の場で現れる相違を回避や削減することを目的とする。」「したがって"裁判のよき運営"の必要から正当化される，裁判権の規定のかかる的確で限定的な修正は，共和国の諸法律によって承認されたと解釈される上記基本原理を否定しない。」［Con. 17〜18］

しかしこの法律は「管轄に服す者から，自己の防御に必要不可欠な保障を奪う結果となる」。すなわち新価格令15条3項は「競争評議会の決定に対する不服申立は，決定の執行を停止しないと規定する。［が］……その執行が回復困難な結果を招くおそれがあり，また主張された取消事由が真摯なもので，異議を唱えられた決定の無効を正当化すると一応見なされるなら，コンセイユデタが申請者の要求に応じて，その決定の執行を停止することを妨げない。」「反対にパリ控訴裁判所は，……執行停止という手段をもたない。」「競争評議会の非裁判機関的性格，評議会が宣告できる禁止命令の広さと罰則の重さ，この命令認可機関の決定に対する不服申立を行う裁判当事者の権利，これらを考慮するなら，異議申立のあった決定の場合によっての執行停止は，防御権（droits de la défense）の必要不可欠な保障を構成する。」「したがって現在審査中の法律の2条は憲法に合致しない。1条は分離できないので，本法律は全体として違憲とみなされる。」［Con. 19〜23］

④ 新価格令の規定について

「オルドナンスの全部または一部の追認が，直接的対象をもった追認ではなく，追認を必然的に意味する［黙示的な］法律から発生することは，原則として妨げられない。」「しかし本件では，…法律の違憲宣言が，この効力を失わせ

る。」[Con. 24～25]

以上より憲法院は，以下のように判示する。
「1．評議会の決定に関する不服申立を，司法裁判所に移す本法律は違憲である。
2．この判決は共和国の官報に掲載される。」
（1987年1月22・23日審議）（憲法院院長　ロベール・バダンテール）

〔解　説〕

(1)　フランス的権力分立と行政裁判所

憲法院は1980年7月22日判決の中で，行政裁判所の議会・政府からの独立を「共和国の諸法律により承認された基本原理」から導いた（80-119 DC 22 juillet 1980　本書・IVC㊾参照）。本件判決の第一の意義は，行政裁判所の司法裁判所からの独立まで踏み込んで，司法裁判所／行政裁判所の「裁判制度の二元制」を憲法的に保障した点にある。

近代フランスにおける権力分立原理の公的採用は，人権宣言16条をもって嚆矢とする。しかし原理の内容は必ずしも明確ではなく，行政事件裁を担うシステムの基本構造も，革命期には流動的であった。では行政府の行為を統制する権限は，権力分立原理に照らした場合，行政裁判権，司法裁判権のいずれに帰属するのか。この問いに対する回答が準備されるには，行政裁判制度が漸次整備され，それに伴って，英米法的な司法権概念に立脚した権力分立概念と異なり，行政裁判権を司法権の領域から除外する「権力分立のフランス的理解」(la conception française de la séparation des pouvoirs) が確立・定着し，行政府や行政裁判所の決定に対する，無効・取消といった形での司法裁判所の干渉は権力分立に背馳するものと理解されるにいたる，時間と論理上の飛躍が必要であった。

行政裁判は1872年以来，コンセイユデタによって担われてきた。他方，第五共和制憲法は，行政裁判所について沈黙している。こうして憲法院は，行政裁判所制度を正当化する規範として，現行憲法上の具体的な条項ではなく，憲法ブロック＝「共和国の諸法律によって承認された基本的諸原理」に依拠したのである。

(2)　管轄権配分の具体的基準

行政裁判所制度の憲法的承認にもかかわらず，具体的適用場面で二つの裁判所間に管轄権問題が生じる。判決は，性質上司法権とみなされる事項を司法裁判所に留保し（この留保は判例上確立したとみなされる），また行政権の「決定」に対する審査の終審として行政裁判所の権限を保障する。しかし解釈の統一性の必要から導かれる「裁判のよき運営」のために，いずれかの裁判所に管轄権を統合することを認めた。したがって行政機関の決定の最終判断権を司法裁判所に委ねることも，立法府の裁量として説明しうることになる。

「主に利害関係のある裁判権」「裁判のよき運営」の基準は，権力分立原理の機械的適用に対する例外として曖昧さが残る。しかし新たな裁判制度の創設は憲法上法律事項でもあり（34条），立法府に対する管轄配分権の推定は合理的と解されている。また競争法のように，競争評議会のほか刑事・民事・商事の司法裁判所が関与する領域で，二元制に伴い危惧される解釈の不一致を統一するためにも，基準には一応の利益が認められよう。

(3)　立法裁量の限界としての防御権

フランスの行政裁判所は，原則的に行政決定の執行停止（le sursis à exécution）を命ずることがないが，例外的にその権限を行使できる（コンセイユデタ1938年11月12日判決など）。本判決は執行停止を被処分者の「防御権」に係わるものとみなし，競争評議会の決定に対する執行停止権が否定された司法裁判所への不服申立は，防御権侵害に当たるとした。これが，管轄権に関する立法裁量の限界として援用されたのである。

防御権の保障が憲法的価値を有することは，1986年の憲法院判決（Décision n° 86-207 DC du 25 et 26 juin 1986）ですでに確認されており，またのちに1989年判決（Décision n° 89-260 DC du 28 juillet 1989）中では，防御権が「共和国の諸法律によって承認された諸原理を構成する」とされた。防御権の承認はEU人権条約などでも規定されるが，その内容に行政裁判における執行停止をあげた点，一連の憲法院判決の意義がある。

もとより英米法的な司法概念を採用した日本国憲法は，裁判を司法権に一元化しており，大陸法的二元制への接近には一定の限界がある。だがフランスの行政裁判所が国民の権利実現といかなる関係にあるかという比較法的検討は，（終審でない）行政裁判機関をもった日本にも意義ある営為であろう。また行政事件裁判において「仮の救済手段」として予定された執行停止がほとんど使われていない裁判の現実を，人権原理の視点から批判的に捉えなおすことの可能性も考えられる。

〔参考文献〕

SOREL Jean-Marc, De l'administratif au judiciaire, Revue administrative, 1988, p. 29； FAVOREU Louis., Revue du droit public, 1989, p. 482.； GAUDEMET Yves., Revue du droit public, 1987, p. 1341； MOUSSERON Jean Marc, "Le Droit Français Nouveau de la Concurrences"（1987）； 奥島孝康『フランス競争法の形成過程』（2001年），村上順『近代行政裁判制度の研究』（1985年），アンドレ・ルー（小島武司他訳）「行政裁判」『フランスの裁判制度』（1991年），ティエールルノー（福岡英明＝植野妙美子訳）「フランスにおける権力分立論の適用への憲法院の貢献」『フランス公法講演集』（1998年），八木眞幸「フランス新競争法の施行」公正取引439号70頁以下など。

V 地方自治・地方分権——解説

(1) フランスの地方自治原理としての「単一国主義」

現行憲法は72条で地方自治の一般原則を定めている。同条1項は、市町村（communes）、県（départements）、海外領土（territoires d'outre-mer）の三者を地方公共団体（collectivités territoriales）として明示することにより、その地位を憲法レベルで保障している。1項後段は「その他の地方公共団体」を法律によって創設できると定めている。

同条2項は、この地方公共団体が「公選制評議会により、法律の定める条件に従って、自由に自己の行政を行う」と定め、住民自治と団体自治の基本を示している。フランスの団体自治の原理はアメリカ流の self-gouvernment（自己統治＝自治）ではなく、あくまでもドイツの selbstverwaltung（自治行政）に類似した概念である「自由行政」にとどまることがここに示されている。それは、「自由行政」の範囲が「法律の定める条件」内に限られることからも分かる。つまりフランス憲法は、地方公共団体に中央政府と並ぶ地位を認めず、主権的（統治的）権限、特に立法権の憲法上での分配を認めていない。これが「共和国の不可分性」（憲法1条。1995年憲法改正までは2条1項）の地方自治原理上の表現である「単一国（Etat unitaire）主義」の中核的な意味なのである。

立法権の中央政府による独占を前提として、地方公共団体の「自由行政」とその権限、財源に関する基本原則を定める権限は、国会に付与されている（34条4項）。憲法院は、地方公共団体関係の法規範定立に関し、国会の法律（loi）と行政府が制定する命令（décret）のうちいずれが当該事項を管轄するのかという争いに多くの判決を下している。しかし本章は、立法権からも保障される地方自治権の内容を主要テーマとする「地方自治・地方分権」を扱うので、立法権と行政権の管轄紛争には余り焦点を当てないことにする。

憲法72条3項はこの「単一国主義」を保障するために、県及び海外領土における政府代表（知事）が「国益、行政上の統制及び法律の尊重に関する任務を負う」と定めている。従来は、この政府代表（知事）が、適法性統制だけでなく政策判断レベルにまで及ぶ事前の合目的性統制である「後見監督（tutelle）」をも行っていた。1982年の地方分権改革は、このような甚だしい中央集権制を改革する目的をもっていた。しかし1982年2月25日の地方分権法判決〔ⅤA⑤〕が示すように、憲法72条3項は単なる適法性統制以上の何かである「行政統制」を政府代表（知事）に求めており、これが地方分権改革の限界となることには注意を払うべきである。

(2) 「自由行政」原理の意義と限界

「自由行政」原理は、単に公選制評議会を有す

る地方公共団体の存在を立法権による侵害から保障するだけではない。それは，地方公共団体が「実質的な権限」を持つことまでも保障する。だが，別の見方をすれば，地方公共団体の持つ権限の「実質性」が完全に失われない限りは，地方公共団体の権限を削減したり，その自主性を制限する立法は全て合憲となる。このような理論は，日本の憲法学の通説的見解である「制度的保障説」に近いものである。1984年1月20日の憲法院判決〔ⅤA53(α)〕は，国会の立法が，その「実質性」が失われるほどに過度に地方公共団体の自主人事権を剥奪したものと認め，この法律を「自由行政」を侵害するがゆえに違憲とした希な例である。

だがほとんどの場合，憲法院は地方公共団体の権限を制限する立法に対して合憲判断を下している。一つには，当該立法がいまだに地方公共団体の権限の実質性を奪うまでには至っていないという理由である。もう一つは，「自由行政」の原理そのものが，その他の重要な憲法原理と対立する時には後者の方が優先されるという解釈を憲法院が採っているためである。1990年5月29日の憲法院判決〔ⅤA53(β)〕は，「国家の諸特権の尊重」の原理が「自由行政」原理に優越することを根拠に，地方公共団体に対し低所得者向け住宅のための義務的支出を制度化した立法を合憲と判断しており，こうした憲法院の考え方を示す典型例といえる。

「自由行政」に優越する重要な憲法原理のうちでも特に尊重されるものこそ，憲法1条に根拠を持つ「共和国の不可分性 (indivisibilité)」原理である。「共和国の不可分性」原理は本憲法判例集の第Ⅰ章でも扱われているが，地方自治・地方分権の限界を示す役割も果たしている。A・ルゥによれば「共和国の不可分性」原理は，さらに「主権の不可分性」，「人民の不可分性」，「領土の不可分性」の三つの要素を含んでいる (André ROUX, *Droit constitutionnel local*, Economica, 1995, pp. 61-109)。

「主権の不可分性」とは，前述の1982年2月25日判決が示唆するように，究極的には自治的ないし始源的立法権が国会に独占され，地方公共団体には決して帰属し得ないことを示す原理である。「自由行政」原理自体が，それが統治権・立法権レベルの分権原理である「自己統治」ではなく，あくまで行政権レベルの分権原理であることを含む概念であるから，その意味では「主権の不可分性」は「自由行政」原理の内容そのものであり，別の憲法原理とは見るべきでないともいえよう。

また「人民の不可分性」とは，コルシカ地方公共団体地位法に関する1991年5月9日判決〔ⅤA52〕が示すように，主権主体の不可分性の中に一定の文化的単一性を憲法原理として残そうという意図が込められた概念である。この点では，本判例集第Ⅰ章で紹介される現代フランスの多文化主義的傾向に対するフランス的反発の一つとして分析できる。だが地方自治権論の視点からは，主権主体の多元化の否定は，フランス憲法学で伝統的な対立であった国民主権に関する対立（ナシオン主権論とプープル主権論）と関わることを見落とすべきでない。なぜならA・ルゥも指摘するように，1991年判決には，国会におけるコルシカ関連立法の際にコルシカ議会から出される意見や法案修正要求の情報取得に関しコルシカ選出の国会議員を特別扱いを

する点で，憲法27条1項の「命令委任（mandat impératif）」の禁止に触れるとする議論が展開されているからである（*ibid.*, p.108）。

また「領土の不可分性」とは，従来は地方公共団体の制度的画一性を意味したが，これはコルシカ特別地位法に関する1982年2月25日の憲法院判決（Décision n° 82-138）が示すように，唯一つしか当てはまるものがない地方公共団体のカテゴリーを憲法72条1項が許容するとする解釈が一般化するようになってからは，憲法規範性を失っている。現在では，地方公共団体自身の独自の判断だけでフランスから分離独立することを禁止することを示す原理としてのみ存続している。

(3) 元老院における地方公共団体の「代表」性

憲法24条3項は，フランスの地方公共団体が元老院で「代表」されることを保障する。実際には，元老院議員選挙人団が県の枠ごとに組織され，それぞれの県選出の国民議会議員のほかにレジオン評議会議員と県評議会議員の全て，そして市町村評議会議員の間で選出される一定数の市町村選挙人から各県の元老院議員選挙人団が構成される。定住外国人に地方参政権を付与する問題は，フランスでは地方評議会議員がこのように元老院議員選挙人団の構成要素となるだけに，選挙権者を国民に限る憲法3条4項との抵触問題を常に惹起する。EU出身外国人への市町村選挙権付与問題は，1992年4月9日のマーストリヒト第一判決〔⇨ⅠA③判決〕で違憲と判断され，そのためこれを認める憲法改正が行われた。

この他にも地方公共団体の元老院「代表」保障規定は，元老院議員選挙人団を県の枠で組織する現行制度のままで，1982年から新たに地方公共団体となったレジオン（régions）の元老院代表権を保障することになるのかという問題を提起する。前述の1982年2月25日コルシカ特別地位法判決では，レジオン枠でも元老院議員を選出できるようにするための選挙法改正が必要との判断が示されたが，同じく前述の1991年5月9日のコルシカ地方公共団体地位法判決では，地方公共団体の元老院での「代表」保障とは，必ずしも地方公共団体のそれぞれのカテゴリーがそれ自身の「代表」を有することを保障されるわけではないこと，すなわちそれぞれのカテゴリーに対応する元老院議員選挙枠を保障されるわけではないことが確認された。

(4) 海外県・海外領土

以上に加えて，旧植民地を処理するために作られた海外県（départements d'outre-mer ; DOM）と海外領土（territoriares d'outre-mer ; TOM）の制度がある。現在海外県は，ガドループ（Guadeloupe），マルチニック（Martinique），ギアナ（Guyane），レユニオン（Réunion）であり，海外領土はニューカレドニア（nouvelle-Calédonie），フランス領ポリネシア，ワリス・エ・フトゥナ（Walis et Futuna），南極大陸内領土である。さらにこれらの他に，憲法上は海外領土の地位を与えられてはいないが，個別の立法により海外県と区別されるほどの独自の制度と権限を認められた結果，それぞれが独自のカテゴリーとして特別な地位を認められるに至ったサン＝ピエール＝エ＝ミクロン（St-Pierre-et-

Miquelon）とマイヨット（Mayotte）がある。この最後の二つは海外地方公共団体（collectivites territoriales d'outre-mer；CTOM）と呼ばれている。海外県に当たる地域はフランス革命以前にフランスに帰属し，1814年パリ条約で確定的にフランス領土となった「旧植民地」だったところであり，すでにかなりの程度フランス化が進んでいる。海外領土や海外地方公共団体は19世紀前半以降のフランスの新植民地政策の結果フランスに帰属するようになった地域で，固有の文化的伝統が強く，独立を志向する傾向も強い。

憲法73条は，海外県の立法制度と行政組織が「その特別の状況によって必要となる適応の措置（mesures d'adaptation）を受けることができる」と定め，原則としてはフランス本土と同一の法律・規則が適用されるが，それぞれの島特有の条件を配慮した修正が認められている。1982年地方分権改革以降は，海外県は同一区画にレジオンが重複して設けられている。1984年7月25日の海外レジオン権限法に関する憲法院判決〔ⅤB54〕は，海外県に対する「適応の措置」が認められる地方公共団体が県レベルに限られるのではなく，海外県とされた特定地域に存する全ての段階の地方公共団体（すなわちレジオンも県も市町村も）であることを認めた上で，こうした海外県に所在する海外レジオンを題材にして海外県の「適応の措置」の性質と限界を論じたところに意義がある。

憲法74条1項は，海外領土が「その固有の利益」を持つことを認め，それを考慮した「特別の制度（organisation particulière）」を持つことを認める。さらに同条2項と3項は，海外領土の地位が「特にその固有の諸機関の権能を規律する組織法」によって定められると規定することで，通常立法による修正から海外領土の特別地位と特別制度を保障する。また特別地位に関わると否とを問わず，海外領土の特別制度を修正する立法には，関係する領土議会に事前に諮問することが義務付けられている。

ニューカレドニアはこうした海外領土の一つであった。しかしここでは独立運動が極めて強かったため，1988年のマティニョン協定で10年後の住民投票を経た後の独立が一度は決定された。にもかかわらずその後の事情変化の結果，1998年のヌメア協定で住民投票の更なる先送りと，その代わりとしての一層の自治権付与が認められた。この自治権付与はすでに通常の海外領土の地位を越えるものであったため，1998年7月20日にヌメア協定の内容を法認する憲法改正が行われた。これが新しい13章の76条と77条である。特に77条1項は，ニューカレドニアに移譲される国家の権限やニューカレドニア諸機関の組織と作用に関する事項，さらには「市民資格，選挙制度，雇用，及び慣習上の身分に関する諸事項」（3号）等が組織法律によって定められるとし，1999年に定められた組織法と通常法律が上記に関する一定事項をニューカレドニア合同議会（Congrès）の「邦法律（loi du pays）」で自治的に決定することを認めたため，ニューカレドニアに関しては（組織法を介してではあるが）憲法自体の明示する一定事項に関する自治立法権がニューカレドニアに認められたことになった。ここにフランスは，憲法自体が国会とニューカレドニア合同議会との間で立法権を直接分配する分権制度，すなわち一種の連邦制を例外的に認めたことになるのである。もっとも

「邦法律」は憲法院による適法性審査を受けなければならないので完全な連邦制とはいえないのであるが，それでも連邦制への移行に繋がりかねないとの懸念が払拭できなかった。しかし，1999年の組織法及び通常法律に関する1999年3月15日の憲法院判決〔⇨ⅤB⑤判決〕は，選挙人資格の制限や住民投票の手続きの点では一部違憲と判断したが，連邦制への移行の懸念については，憲法改正権の無制約性を根拠に，本件のような立法権分有制を簡単に合憲と判断し，それ以上の考察を行わなかった。

(5) 国際化と欧州統合への対応

最後に，今後のフランス憲法判例が地方自治・地方分権の分野でいかなる方向に進むのかを予測してみたい。まず，国際化・グローバル化の進展と欧州統合の深化に伴う「自由行政」原理あるいは「単一国主義」原理の変容，あるいはこうした状況に対する適応不全が予想される。欧州評議会 (Conseil de l'Europe) が1980年に採択し1981年に発効した欧州自治体越境協力枠組み条約（マドリッド条約）と1995年採択・1996年発効の同条約追加議定書は，国境を越えた自治体間の国際協力権を法認し，さらには越境自治体連合組織に法人格を付与するものであった。フランスも，枠組み条約には1984年に加盟し発効させており，追加議定書も1999年に批准し2000年に発効させている。しかし自治体越境協力は，例えばフランスのレジオンがドイツのラントやスイスのカントンといった連邦国家の支邦との間で密接な協力関係を築き，越境的法人格を持つ連合体を結成する可能性がある以上，フランスの自治体も，協力相手である連邦国家の支邦に匹敵する自治権を次第に必要とすることが予想される。そしてそれは，フランスの「自由行政」原理・「単一国主義」原理との摩擦を招かざるを得ない。今後の自治体越境協力の進展は，現在のところ不問に付されているフランス憲法と自治体越境協力関係法規範（条約，協定，国内法等）との関係を，いずれは問題化するようになる可能性を秘めているのである。

また，欧州評議会は1985年に欧州地方自治憲章を採択している。同憲章は1988年に発効したが，フランスは1985年にこれに署名したのみで，2002年2月現在に至るも未だに批准していない。それは，この憲章が国会制定法に対しても一定の自治権保障を義務付け，特にいわゆる「補完性の原理」と呼ばれる「市民に最も身近な当局に権限を最優先に配分する」原理を持っているがゆえに，自治制度のあり方と権限配分は原則として国会の自由な立法事項と考える「単一国主義」原理との矛盾をきたすからである (Cf. Guillaume DRAGO,《Le principe de subsidiarité comme principe de droit constitutionnel》, *Revue Internationale de Droit Comparé*, 2-1994, pp. 583-592)。フランスでも近いうちに同憲章を批准する動きがあるとの情報も聞かれるので，同憲章の批准のための法律の違憲審査が予想される。さらに未だに可決されてはいないが，欧州評議会はレジオンのみならずラントやカントンをも含む地域（＝国家の次に位置する広域公共団体）のために欧州地域自治憲章草案を準備している（1997年に欧州地方・地域自治体会議による採択。決定機関である欧州閣僚理事会は現在まで未採択）。同憲章草案は，より頻繁に「補完性の原理」の文言を用い，またフランスでは「主権なき国家」と

観念される連邦国家の支邦までもその対象とするだけに，同憲章草案が欧州評議会で可決され，さらにフランスでも批准された場合には，憲法訴訟が提起されざるを得ないであろう。

(6) ニューカレドニアとコルシカの特別地位の更なる進展

さらにフランスの特殊な自治体に更なる自治権を付与する動きも，フランスの地方自治・地方分権原理としての「自由行政」・「単一国主義」をいっそう動揺させることになろう。もともと海外県や海外領土は，「自由行政の啓示者」として，フランスにおける地方自治・地方分権の極限を開拓する可能性を秘めた存在だった（Cf. Maurice BOURJOL,《Statut constitutionnel ; Principe de la libre administration》, *Juris-Classeurs, Collectivités territoriales*, Editions Techniques, 1994, F. 23, p. 13）。またすでに1982年の時点で，海外県や海外領土の「適応の措置」や特別地位の進展を評価して,「自己がそうであることを見ようとしない連邦制としてのフランス共和国」という論文を発表した論者すらいる（Thierry MICHALLON,《La République Française, une fédération qui s'ignore?》, *R.D.P.*, 1982, pp.628-688）。前述のヌメア協定後のニューカレドニアの特別地位の憲法規範化は，確かに「単一国家」フランスが一種の「連邦制」へと変貌していく上で，ニューカレドニアがその最も先鋭的なところに位置していることを示すものである。

もっとも海外領土は，多くのフランス人にとってはもはや固有の意味での「フランス共和国の自治体」という意識が乏しい存在である。また過去の植民市政策の「ツケ」として甘受することが正当化されやすい「例外」ともいえる。しかし伝統的に本土（métropole）の地方公共団体の一つと見なされてきたコルシカ島の特別地位の承認は，より深刻な憲法問題をもたらすであろう。すでに1982年2月25日判決でコルシカにしか当てはまらない地方公共団体の新カテゴリーの創設が合憲とされ，1991年5月9日判決では他の本土内地方公共団体と明確に異なる制度も合憲とされていた。この点でコルシカは，画一的な地方制度や法律の画一的適用を要求される本土内地方公共団体と，法律の修正ないし一部不適用までも許される海外県や海外領土との中間に位置する特殊な地位をすでに手に入れているといいうる。

だがそれでも止まない独立運動に対応するために，フランス国民議会は2001年12月18日に更なる特別制度と権限をコルシカに与えるための法案を最終可決した。そして国会議員による提訴を受けた憲法院は，2002年1月17日に一部違憲判決を出している（Décision n° 2001-454 DC du 17 janvier 2002, J.O.du 23 janvier 2002, p.1526）。本憲法判例集では，同判決は新しすぎて本文に入れられなかったので，ここで簡単に紹介しておきたい。

同法案1篇1章1条のうち，地方公共団体に関する一般法典4424条の2第4項として起草された部分は，発効した法律あるいは準備中の法律で，コルシカ地方公共団体の権限行使に関わってコルシカ島の特殊性ゆえにその適用が困難であるとコルシカ議会が判断した場合に,「コルシカ議会は，国会が適切な法律の条文を後に採択してくれることを目指して，万一の場合には現行の規範に違反することをも含むいくつか

の実験を行う可能性を立法府が自らに与えるよう政府に要求することができる」と定める。さらに同部分は，国会の立法によって認められた性質，効力，条件，期限に従ってコルシカ議会がこの「実験」を実施した場合，評価委員会の報告を受けて国会がそれを可決しなかった時に，当該「実験措置」は決められた期限内で効力を失うと定めていた。

同判決は，憲法3条が人民のいかなる部分にも国(民)の主権の行使権を認めないことや，同34条1項が国会のみに法律可決権を与えたと考えられること，さらに国会による他の機関への立法権の委任を認めるには明文の規定が必要で，それは現行憲法の場合，38条による政府のオルドナンスへの委任に限られること等に鑑みて，上記の条文は憲法に違反するとした。そして，「いくら実験的で，違反と見なされ (dérogatoire)，期限が限られたものとはいえ，コルシカ地方公共団体に法律事項に属する措置をとる権限を与える可能性を立法府に認めることになるので，付託された法律は憲法にのみ属する事項に介入した」と判断されたのだった［Con. 18～21］。

ここでは，立法権の中央政府 (特に国会) 独占の原理としての「単一国主義」が再確認されたことが分かる。その結果，憲法院判決に従って修正された法律 (Loi n° 2002-92 du 22 janvier 2002 relative à la Corse ; J.O., 23 janvier 2002, p.1503) は，コルシカ関連立法の際にコルシカ議会への諮問手続を定めるにとどめている。しかしそれでも海外領土並みの諮問権の保障は，コルシカの特別地位がいっそう本土内地方公共団体から離れてきたことを示している。そして地方の実情を根拠に，自治体が国会の立法に何らかの修正を加える「実験」を行うことの合法性は，日本の憲法学上でも大いに論争の的となっているが (例えば，大津浩「日本の地方自治と『自治体憲法学』」憲法理論研究会編『立憲主義とデモクラシー』敬文堂，2001年，201-215頁。同「現代憲法における地方自治権保障の意義と課題」『月刊自治総研』28巻2号，2002年2月，1-28頁)，フランスの場合には，特に2002年1月17日のコルシカ法判決の中でそのような試みが「単一国家」の枠を越えるもの，すなわちフランス憲法学上の意味での「連邦制」の原理に入り込むものという認識が示されている点は興味深い。

以上のように，ニューカレドニアを先頭にして海外県・海外領土による「連邦制」化の一層の進展，並びに本土内地方公共団体の場合にも，コルシカに関わって繰り返し現れるある種のやはり「連邦制」化の傾向に，今後もフランス憲法判例は直面していかなければならないのである。

（大津　浩・長谷川憲）

VA 51 地方分権の本質――地方分権法判決

1982年2月25日憲法院判決
Décision n° 82-137 DC du 25 février 1982
Journal Officiel, Lois et Décrets du 3 mars 1982, p. 759
Rec. 38, RJC I-117, GD. 32

大津　浩
（東海大学教授）

〔事　実〕

1981年に誕生したミッテラン左翼政権は，フランスの自治体を国家の過剰な監督・統制から開放することと広域自治体レジオン（régions）の創設を主目的とする地方分権改革の実現を目指し，1981年7月から「市町村，県，レジオンの権利と自由に関する法律」(Loi n° 82-213 du 2 mars 1982, relative aux droits et liberté des communes, des départements et des régions, J. O. du 3 mars 1982, p. 730)，いわゆる地方分権法の草案の審議を開始した。フランスの保守派と中道派の一部は，フランス憲法の基本原理の一つである「共和国の単一不可分性」を，画一的な地方自治制度の維持，並びに国家役人である県知事（préfet）による自治体の統制制度の維持に見て，激しく抵抗した。下院と上院での4度にわたる読会の結果，最終的に1982年1月28日に同法案が可決されたが，同日，保守派の共和国連合下院議員83名と中道派の上院議員96名により，同法の合憲性審査が憲法院に付託されたのである。反対派の下院議員は，付託の準備過程では多くの論点を設けていたが，最終的にはフランスの伝統的な自治体統制制度である県知事の後見監督制（tutelle）の廃止の一点に絞った。同様に，上院議員の方も国家役人による自治体統制の条件に絞って，違憲性を主張した。

その結果，1982年2月25日に出された本判決では地方自治制度の画一性は論じられないことになったが，この論点は，同時期に策定された「コルシカ・レジオンの特別地位に関する法律」(Loi portant statut particulier de la région de Corse, J. O. du 3 mars 1982, p. 748) に対して，地方分権法判決と同じ日に下された憲法院判決（Décision n° 82-138 DC du 25 février 1982, J. O. du 27 février 1982, p. 696）の中で，憲法院が立法府による画一性原則の緩和の可能性とその限界を示している。

本判決では，憲法72条3項に明示された「政府の代表」による「行政統制」の要請の意味が，すなわち地方分権立法を通じて国家役人の自治体統制制度をどこまで緩和できるかが，「共和国の不可分性」原則の解釈と関わらせて論じられた。その結果，自治体が一時的ではあれ，国家の法律から自由に活動できる余地を認めた規定に限って違憲と判断された。この一部違憲判決を受けて，1982年3月2日にはこの違憲部分を除く残りの規定が地方分権法として官報に公示された。同じく3月6日には，官報にこの違憲判決を考慮に入れた解説の通達が出され，3月

7日には同法の改正文も公示された。しかし結局は、1982年7月22日に新法（Loi n° 82-623 du 22 juillet 1982, J. O. du 23 juillet 1982, p. 2347）が制定され、また同日に以前の通達を廃止する新しい通達が出されることで、憲法院の一部違憲判決に沿った新地方分権法が実現したのだった。

〔判　旨〕

(i) 自治体の違法な議決・行為に対する適法性統制の保障

「憲法院の審査に付された法律の憲法適合性に疑義を差し挟むために、提訴者達は、市町村に関しては同法2条、3条、4条が、県に関しては同法45条、46条、47条が、レジオンに関しては69条、70条が、地方当局の違法な議決や行為について、県やレジオンにおける政府の代表にこれらを行政裁判所に提訴する以外の権限を与えておらず、〔政府の役人は〕この訴えに完全な執行停止の効果を持たせることもないままに〔判決が出るまでの間〕待たなければならない点で、憲法72条2項と3項に反しており、したがって政府の代表はもはや行政統制を行うことも、法律の尊重を保障することも、市民の自由を保護することもできなくなるであろうと主張する」。[Con. 1]

「憲法72条2項の文言によれば、地方公共団体は『法律の定める条件に従って、公選制の評議会によって自由に自己の行政を行う』のであり、また同条3項は『県と〔海外〕領土では、政府の代表が国益（intérêts nationaux）、行政統制（contrôle administratif）並びに法律の尊重の任務を負う』ことを明言している。」[Con. 2]

「適法性の原則は、立法者の権限の尊重と同時に上位の法規範の尊重をも求めており、フランス人民が採択した憲法は、この上位の法規範として、共和国の不可分性を宣言し、領土が完全なままであり続けることを確認し、公権力組織のあり方を確定している。」[Con. 3]

「前述の憲法72条の諸条項からは、法律は地方公共団体の自由行政の条件を定めることができるけれども、それはこの法律が同条3項に列挙された国家の特権の尊重を条件としていること、そしてこれらの特権は、たとえ一時的であっても、その効果を制限されることも奪われることもあってはならないこと、したがって立法者の介入は、憲法72条3項の定める行政統制によって法律の尊重が確保でき、より一般的に言って国益の保護が、さらにはこの目的のために締結される国際取決めの履行と結びついた国益の保護をも確保できるという条件に従うものであることが帰結される。」[Con. 4]

「憲法院の審査に付されている本法3条、46条、69条は、市町村当局、県当局、レジオン当局が可決したり行ったりした議決、決定、行為、契約で、国家の代表から見て違法と評価されるものを、国家の代表が行政裁判所に提訴することを定めている。そしてこの統制が狙っているものは、同法34条§Ⅰの4項と79条5項が明示するように、そして同法5条1項、2項、48条1項、2項、59条6項が意味するように、憲法72条3項に定められた目的の全てである。したがって国家の代表に、問題となる行為の全てを裁判的統制にかける裁量権を与えることで、同法3条、46条、69条は憲法72条3項の射程範囲を制約しなかった。」[Con. 5]

「しかしながらこれらの行為が、国家の代表にそれが伝達される前に当然に執行可能となることで、すなわち国家の代表がその内容を知らず、したがって場合によっては必要となる執行猶予の請求を含む訴訟を行政裁判所に提起することができない時には、同法2条1項、45条、69条§Ⅰの1項は、たとえ一時的といえども、

憲法72条3項が国家の代表に留保している特権の行使手段を国家代表から奪ってしまうことになる。また3条2項，46条2項，69条§Ⅰの3項の諸規定も，国家の代表に義務付けられた20日間の提訴予告期間中に問題となる行為は執行可能であり続けるのに，この期間の満了前に申し立てた訴えは受理不可能として退けてしまうがゆえに，同様の問題を有する。国家の代表は，明らかに違法な行為に対しても，前述した同法の諸条文中にあるこの一時的な行動不能状態の下に置かれ，同法3条5項，46条5項，69条§Ⅰの6項の規定にもかかわらず，国家の代表のこうした不能状態は，法律の尊重や国益の保護が公的自由や個人的自由の保護と結びつかない場合には常に残り続ける。」[Con. 6]

「したがって，憲法院の審査に付されたこの法律の2条1項，3条2項，5条，45条，46条2項，5項，69条§Ⅰの1項，3項，6項は，それが対象とする行為の内容を国家の代表が知ることができ，かつ必要ならば遅滞なく行政裁判所に提訴できるという点で障害となる限りにおいて，憲法に違反するものと見なされねばならない。」[Con. 7]

(ii) その他の規定の違憲性

「これらの規定は，違憲と宣告された規定により改正された旧規定の廃止に関する17条，21条，58条の廃止規定を除き，同法のその余の部分から分離可能である」。[Con. 8]

「本件では，憲法院がその審査に付された法律のその他の条項に関して，職権で合憲性の問題を取り上げる理由はない。」[Con. 9]

〔以上の点を考慮して，憲法院は〕「以下のように判示する。

1. 町村，県，レジオンの権利と自由に関する法律の2条1項，3条2項，5条，45条，46条2項，5項，69条§Ⅰの1項，3項，6項は，現判決の理由付けの中で示された範囲内で憲法に反する。
2. 憲法に反すると宣告され取り替えられた条項のうち，その廃止が表明された17条，21条，58条を除き，本法の残りの条項は合憲である。
3. 本判決は，フランス共和国官報に掲載される。
(1982年2月18・23—25日審議)(憲法院院長ロジェ・フレイ)」

〔解　説〕

(1) 地方分権法の主な改革内容

1981年に誕生したミッテラン(Mitterrand)左翼政権は，従来から懸案であったフランスの地方分権改革を一気に実現しようとして，地方分権法案を作成した。この法案の主な狙いは，第一に，県行政権を国家役人である県知事から県評議会議長(président du conseil départemental)に移すことで，県を市町村と同格の完全自治体にすることであった。第二に，それまで地域開発政策等の国家権限を地方事務分散(déconcentration)する際の受け皿に過ぎなかった広域地方行政単位レジオンを，公選制レジオン評議会を設け，レジオン評議会議長にレジオン行政権を与えることで，レジオンにも市町村自治体・県自治体と同格の完全自治体に昇格させることであった。第三に，従来の国家役人(県知事)による，自治体の政策の適否レベルにまで及ぶ事前の統制(合目的的統制〔opportunité〕)である後見監督的統制(tutelle)を廃止して，新しい国家役人(共和国委員〔commissaire de la République〕)による，原則として事後的な適法性(légalité)統制に限定するところにあった(なお，共和国委員の名称は，1988年に知事に戻されている)。

(2) 一部違憲判決の狙い

　県の共和国委員は，自分が常駐する県とその県域内の市町村が違法行為を犯した場合に，さらにはその県が所在するレジオンの共和国委員を兼ねている時にはレジオンの違法行為に対しても，行政裁判所に提訴することで事後的に法律遵守を強制できたが，共和国委員による自治体の議決や行為の執行停止の訴えが行政裁判所で認められるまでは，自治体の「違法な」議決は執行力を有しつづけることになっていた。さらに県の共和国委員は，もし提訴が必要と判断しても，同法3条2項によって20日間の提訴予告期間は行政裁判所にこれを訴えることができない。つまり県における共和国委員は，情報が伝達されるまでの期間と提訴予告期間の間は，彼が違法と判断する自治体の議決や行為の執行力を停止できないのであり，この点こそ憲法院の一部違憲判決を生む原因となったのだった。この一部違憲判決を受けて，1982年7月22日の新地方自治法では，自治体の議決や行為はそれが共和国委員に伝達されるまで執行停止となるように変更され，こうして自治体の違法行為を国家が見逃す可能性を排除することで，憲法院の考えるところの行政統制の維持という憲法原則の要請を満たすことになった。

　これ以外の点，すなわち県行政権の委譲やレジオンの完全自治体化等については本判決は職権による判断をも行っておらず，結果的に合憲判断が下されたことになる。この一部違憲判決については，憲法院判決の政治的役割に着目して，憲法院は瑣末的な部分でしか違憲判断を下さないことで，実際には大幅な制度改革に合憲性のお墨付きを与えたという評価もある（今関源成・後掲，38頁）。しかし，地方分権の憲法上の限界という視点から見るならば，国の立法から独立した自治体議決の存在を一瞬たりとも認めないことを共和国の単一不可分性の中核的意味として示した点に，なお重要な憲法判例上の意義がある。

(3) 始源的立法権の国家独占原理としての「共和国の単一不可分性」

　そこで，もし本判決を1789年のフランス革命以来フランスで主流であり続けた「共和国の単一不可分性」原理の文脈の中で理解するならば，1982年及びその後現在にまでにいたるフランス地方分権改革の本質と限界が明らかになるであろう。それは，常にフランスで主流であり続けた「国民（ナシオン）主権」の考え方，すなわち自治体であれ有権者であれ，いかなる部分集団からも独立した国民代表による立法を主権者国民の一般意思の表明と見なす考え方から帰結される限界である。すなわちこの「国民（ナシオン）主権」原理は，その主権の単一不可分性のコロラリーとして，自主組織権や自己権限の自主的決定権を意味する始源的立法権（pouvoir normatif initial），ないしはこの立法権を中核とする主権的権限（統治的権限）が，国民代表府及びその直接的指揮下にある国家（中央政府）に独占されるべきこと，またそうした立法は中央政府任命の国家役人の監視の下で全国に画一的に適用されるべきことを要求しつづけたのだった。

　フランス革命初期には，地方常駐の国家役人抜きでこうした中央立法の全国画一的適用を目指した。しかし革命激化の中でこの試みに失敗した後は，フランスは県知事を国家役人とすることで，県庁を通じて中央立法の地方への執行と市町村自治体によるその逸脱に対する監視を行ってきた。加えて，地方的利益に関わる自治体の事務を，一方で純粋に行政的役割に過ぎない点を強調することで，自治体が立法権行使を含む主権的権限（統治的権限）に関与することを極力排除し，他方で地方的利益事務の非効率な

行使や国家的観点から逸脱した運営が結局は国益をも危うくすることを理由にして，自治体の活動に対する「合目的性統制」をもその国民主権原理の中に組み込んできた。最後に，こうした中央政府側の観点から地方的利益及び国益と適法性確保の全てを実現するために画一的な地方制度が必要とされ，中央政府に比肩する「地方政府」となる可能性を秘めた広域自治体であるレジオンの創設は否定されてきた。1982年の地方分権改革までのフランスでは，以上の全ての要素を含んだ概念として「共和国の単一不可分性」が主張されてきたのだった。

しかし第五共和制では，海外県・海外領土の存在を公認することですでに画一性原理は維持できなくなっていた。そこで第五共和制憲法では，同原理は「共和国の不可分性」に縮小されている。本改革では，レジオンの完全自治体化が実現した。またパリ市はすでに1960年以来他の市とは異なる内部組織（20の行政区）を与えられていたが，地方分権法の一環として同年12月に制定された二つの特別法（Lois n° 82-1169 et 1170 du 31 décembre 1982）により，パリのみならずリヨンとマルセイユにも直接公選による区評議会と区長を設ける大都市特別制度も実現されることになった。さらに，本判決と同時に出された「コルシカ・レジオン特別地位法」に関する憲法院判決（Décision n° 82-138 DC du 25 février 1982: 前掲）でも，コルシカのみを対象とする特別な地方公共団体の範疇を国会の立法で設けることも，憲法72条が認めている（市町村，県，海外領土以外の「その他の地方公共団体は全て法律によって創設される」）ことを根拠に合憲と判示された。このように，本判決前後には，すでに「共和国の不可分性」原理は地方公共団体の画一性と矮小性を含まないものになっていたのである。

にもかかわらず，本判決がなおも「共和国の不可分性を宣言し，領土が完全なままであり続けることを確認」する憲法原理に触れつつ，一部違憲判決を出したことの意味を確認すべきである。憲法院が「共和国の不可分性」原理の名において憲法規範と認めた地方分権化の限界，すなわち国家役人たる共和国委員（知事）による適法性統制の監視から自治体の議決や法律行為が一瞬たりとも逃れ得ない制度的な限界を設けておくことは，国家（国民代表）に始源的立法権を独占させておくための絶対条件なのである。つまり前述のフランス憲法史からも分かるように，本来の「共和国の不可分性」原理とは，国と自治体との関係においては始源的立法権の国家（国民代表）独占の原則，換言するなら「地方公共団体に固有の立法権を配分しないこと（non-attribution d'un pouvoir normatif propre）」（GD., 10ᵉ éd., p. 521）という原則を意味することが，本判決で確認されたことになるのである。

「コルシカ・レジオン特別地位法」合憲判決の場合も，単に72条が新たな地方公共団体の範疇を設ける権限を国会に与えているということだけが根拠となるのではなく，一方で地方公共団体の創設や廃止の始源的立法権が国民代表府たる国会に独占され続け，他方で同法は「コルシカ議会」に国会の立法権から自由な自治立法領域を決して認めていない点で，本来の「共和国の不可分性」原理の要求は十分に満たされているからと考えるべきなのである。この判決に対して，憲法院の元メンバーであるF・リュシュール（Luchaire）が『ルモンド』の解説記事に「フェデラリズムには非ず」と表題をつけたこと（28 février-1 mars 1982, p. 1 & 7），あるいは同紙が「コルシカ法案」をめぐる国会審議の記事に「共和国の不可分性のなかの特別主義」という表題をつけたことも（20 janvier 1982, p.

10），地方分権化の限界としての「共和国の不可分性」の意味が1982年の二つの判決で確かに明確化されたことを示すものであろう。

(4) その他の論点

地方分権化領域における「共和国の不可分性」原理の意味を明確化させたこと以外にも，1982年3月2日法とこれに関する本判決はいくつかの重要な論点を提出している。ここでは，そのうちの主要なものを列挙するに止めたい。

まず第一に，憲法73条によりその特殊性を考慮した一般法の「適応の措置」が保障されている海外県（DOM）について，地方分権法1条3項が，その特殊性に適合的な新たな法律が制定されるまで同法の一般規定が海外県にも適用されると規定していたことが問題となる。憲法74条で固有の利益を考慮した特別組織が保障されている海外領土（TOM）とは異なり，海外県はあくまで共通の組織であることが義務付けられる「県」である以上，県評議会の選挙方式などで特殊な制度は保障されえない。従って，3月2日法の「適応の措置」としてこのような特殊制度を設置しようとした法律は，全部違憲判決を受けている（Décision n° 82-147 du 2 décembre 1982, J. O. du 4 décembre 1982, p. 3666）。

次に本判決における一部違憲判断の意味と効力が問題となった。本判決は，県における国家代表（共和国委員）に自治体の議決や行為が伝達される前の執行力発生を違憲としながら，同法自体は何の留保もつけずに「完全に有効」とした。しかしこれでは現実には同法の執行は不可能となる。そこで1982年3月5日の内務大臣通達が，国家代表（共和国委員）への伝達とその受理後に初めて自治体の議決や行為は執行力を持つという留保を同法に付加することになった。

さらに，3月2日法の制定により廃止されるはずだった旧法の規定を，誰がどの範囲で復活させるかという問題も現れた。加えて3月5日通達は，自治体の全ての行為の発効要件を国家代表（共和国委員）への伝達・受理としてしまったため，旧法では知事への伝達と後見監督が不要とされていた行為までも即時執行力を失うことになった。そのため，これでは地方分権「改悪」になるとして，地方議会や市町村長の批判が相次ぐことになった。結局は1982年7月22日法が3月2日法の修正・補足を加えることで問題は解決された。

第四に，通常の憲法院判決は「留保付き合憲判決」を出すのに対して，本判決はいわば「留保付き違憲判決（non-conformité sous réserve）」となっている。さらに旧法の後見監督制を廃止する規定の一部を違憲としながら，その部分をその余の部分から分離可能として，3月2日法自体を合憲とした。そのため，本当にこれらの規定は本体から分離可能だったのかが問題となった。そして7月22日法が制定されるまでは，主要部分が違憲として削除されたままで，果たして3月2日法を公布できるのかも大いに論じられたのだった。

〔参考文献〕

L. FAVOREU,《Les bases constitutionnelles du droit des collectivités locales》, in *La nouvelle décentralisation*, Sirey, 1983; F. LUCHAIRE,《Les fondements constitutionnels de la décentralisation》*R.D.P.*, 1982, p. 15430； 磯部力「フランスの新地方分権法（上）・（下）」『自治研究』58巻5号，40-67頁，同7号，23-41頁； 今成源成「憲法院と地方分権化改革」『早稲田法学』62巻1号，15-45頁； 大津浩「フランス地方分権制と単一国主義」（宮島喬＝梶田孝道編『現代ヨーロッパの地域と国家』有信堂，1988年）44-68頁； 小早川光郎「フランス地方制度改革とその背景」『自治研究』57巻11号，3-11頁など。

ⅤA 52 コルシカ地方公共団体の地位に関する法律の合憲性

1991年5月9日憲法院判決　　　　　　　　　　　佐藤寛稔
Décision n° 91-290 DC du 9 mai 1991　　　　（東北大学大学院博士後期課程）
Journal Officiel, Lois et Décrets du 14 mai 1991, p. 6350
Rec. 50, RJC I-438, GD. 44

〔事　案〕

歴史的にコルシカは，1755年から68年の間，パスカル・パオリの自治政権が独立を遂げた時期を除けば，その他の期間は，イタリア諸国，フランスの支配下におかれていた。この間イタリアが統治していたという事情があり，コルシカの文化にはイタリア文化の色彩が含まれていたため，それが，フランス国内のコルシカの特異性を一層，浮き彫りにしている。さらにコルシカの人々は，侵略者の強襲の恐れから，沿岸部を離れ，山岳の村々に居住せざるを得なかったためその産業は生産性の低い小規模零細農業の低開発にとどまり，若者のフランス本土への人口流失を促進してきた。こうした，コルシカの社会的・経済的・自然的要因が，コルシカ人の外部への閉鎖性と内部的な連帯感の強化──「我々意識」の高揚──に結びついている。

このような事情を持つコルシカの自治要求にこたえるものとして，1982年の当時のミッテラン政権による地方自治改革の一環としてコルシカ・レジオンが創設された。しかし，この改革はコルシカの人々が満足するほどにこの地域の独自性を強調するができず，政府は，激化した政治運動やテロ活動に対処する必要があった。

1991年，時の内務大臣ジョックス等を中心に，コルシカに対して従来のコミューン・県・レジオンとも異なる新たな地方公共団体の地位を付与するための法案が提出された。それが「コルシカ地方公共団体の地位に関する法律」（loi portant statut de la collectivité territoriale loi n°91-428 du 13 mai 1991. 以下，法案）である。法案はコルシカ地方団体に従来のフランス地方自治において例を見ない自治権を認めた。機構面では，通常レジオン議会議長が執行機関を統括するのに対して，議会から選出され，議会に責任を負うコルシカ執行評議会をおき，その長に大きな権限を付与した。文化的側面として，コルシカの人々に対しては，教育課程においてコルシカの言語・文化を採り入れる決定権をコルシカ議会に付与するなど，コルシカの地域的・文化的アイデンティティを高揚させうる内容を持つものであった。とりわけ法案1条に規定される「コルシカ人民規定」をめぐって議会内で激しく対立した。経過は以下の通りである。1990年11月21日，本法案審議開始，同年11月23日，国民議

会を政府原案のまま通過，91年3月22日，元老院で「コルシカ人民」規定を削除，同年3月26日，両院協議会を開催したが不調に終わり，同年4月4日，国民議会で「コルシカ人民」規定を盛込んで再修正したが，元老院は審議を拒否。同12日，国民議会で可決（賛成票276，反対票262）された。同日117人の国民議会議員，同15日に元老院議長と166人の元老院議員によって憲法院に提訴された。

〔判　旨〕

「憲法院は，1958年10月4日憲法，1946年10月27日憲法，1958年11月7日オルドナンス，1959年1月2日オルドナンス1972年1月2日法律」など（11個の法規）を参照し，1.本法案の立法手続きに関して，2.法案1条に関して，3.コルシカ地方公共団体が「特殊な体制（organisation particulière)」を付与されることの憲法72条及び74条との適合性に関して，4.コルシカ選出議員の特別の兼職禁止を定める法案7条に関して，5.コルシカ地方公共団体の元老院への代表の条件に関して，6.コルシカの2つの県の権限に対する侵害に関して，7.教育課程におけるコルシカの言語・文化の注入に関する法案53条に2項に関して，8.選挙人名簿の改定にかかわる法案85条に関して，9.コルシカ議会に法律事項への諮問する権限を付与することに関して，10.コルシカ議会に首相に対してなされる諮問・差止めの権限を付与することに関して，11.コルシカの県において選出された国会議員の地位に関して，12.コルシカ地方公共団体の収入と権限移譲のため生じた財政負担の補償に関して検討した。

そのうち2について

「法案1条は次のように述べている。『フランス共和国は，フランス人民の構成要素たるコルシカ人民が形成する歴史的共同体及び現存する文化的共同体において，コルシカ人民が文化的アイデンティティを保持する権利，さらにその独自の経済的・社会的利益を保護する権利を保障する。島嶼性に由来するこれらの権利は，国の統一性（unité）の尊重と共和国の憲法，法律ならびに現地位の範囲内で行使される。』本規定は「フランス人民に含まれる『コルシカ人民』という構成要素の存在を承認するという点において批判される」「コルシカ人民」の承認は「フランス人民の単一性を要請する1958年憲法前文，共和国の不可分性を要請する同2条，国家の主権の唯一の保持者として人民を示す同3条に適合しない」

「人民」という表現は，フランス人民に用いられる場合，法律の名において，あらゆる下位区分を受け入れない単一のカテゴリーとしてみなされなければならない。

1958年憲法は「フランス人民を，自由な決定の権利が承認されている海外領土の諸人民から区別している」。1958年憲法前文，1789年人権宣言第1文，1946年憲法前文第1文等，2世紀来の多くの憲法条文において「フランス人民」への言及がなされている。「法的概念としてのフランス人民は憲法的価値を有する」。「それゆえ，『フランス人民を構成するコルシカ人民』という立法者の言及は，出自，人種，宗教による区別なくすべてのフランス市民によって構成されるフランス人民のみを承認している憲法に反する」。[Con. 10～13]

「したがって，法案1条は憲法に適合しない。しかしながら，この規定が憲法院に提訴された法案全体から分離できないという結果にはならない」[Con. 14]

3について

コルシカ地方公共団体の合憲性に関して

「1958年憲法74条及び76条による海外領土の特殊性の容認」することは，立法者が新しいカテゴリーの地方公共団体を創設することの障害とはならない。」

しかしながら，新しい地方公共団体を創設する立法者の権限は，「憲法価値を有する規範及び原則に適合させなければならない」し「憲法72条2項に明記されている地方公共団体の自由行政の原理（principe de libre administration）に適合しなければならない」，憲法同条3項が要求するように「国家の特権の尊重を確保しなければならない」。

「コルシカ議会は，直接普通選挙によって選出され，コルシカ地方公共団体の事項を議決によって定める権限を付与されているということ，本法案がコルシカ執行評議会に固有の権限を付与しているものの，同評議会はコルシカ議会から選出され，同議会に責を負うこと，国家代表がコルシカ地方公共団体において，全国的利益の保護，法律遵守，行政監督の任にあたること，同議会も同評議会も法律の領域に属する権限を有するものでないことから，コルシカ地方公共団体の行政的性格を有する特殊な体制（organisation spécifique）は憲法72条に違反するものではない」。[Con. 18～22]

結 論

「1．コルシカ地方公共団体の地位に関する法律の以下の規定は憲法に適合しない，それは法案1条，法案7条のテクスト中で，選挙法典に加えられた369条の2，法案26条のテクスト中2項6項及び7項，法案78条のテクスト中第3パラグラフ及び第4パラグラフである。

2．本判決はフランス共和国の官報に掲載される。」

（1991年5月9日審議）（憲法院院長　ロベール・バダンテール）

〔解　説〕

(1) 「コルシカ人民」規定の違憲判断

フランスは大革命以来，国民的アイデンティティ以外のアイデンティティを公共空間から徹底的に排除してきた。このような強度の国家・国民の単一不可分性を旨とするフランス共和制原理を維持する制度的・非制度的装置が第5共和制憲法の中にも散見される。こうした単一不可分のフランス人民を構成する市民像として一切の宗教的・民族的・地域的属性等を捨象した普遍的市民像が想定される。このような強度の単一不可分性原理は，一般原則として，共和国の地方公共団体は「選出された議会により，法律の定める条件にしたがって自由に行政を行う」という自由行政原理を導き出す。その例外として第5共和制憲法は地方自治に関連して海外領土に対し「海外領土固有の利益を考慮して，特別の組織をもつ」権限を付与した。実際，「フランス人民」とは異なる「海外領土の諸人民」が憲法上が承認され，ニュー・カレドニアの市民権を規定したヌメア協定前文では，「カヤック人民」が明記された。こうした事情の下で，本

来，地方自治の一般原則である自由行政原理に含さなければならない地域であるにもかかわらず，コルシカの独自性を強調しようとする様々な政治的活動は，中央集権国家における最周辺地域からのフランス共和制に対する異議申し立てであるといえよう。本判決は，共和国の単一不可分性原理について，地方自治の観点から視角を切り開くものとして，憲法院判例上最も重要な判決の1つといえる。本判決はいくつか重要な判断を下しているが，特に重要なものは，法案1条の「コルシカ人民」規定に対する違憲判断，およびそれにもかかわらず，コルシカ地方公共団体の設置自体を合憲と解したそれぞれの判断枠組みである。本稿もこれら2つの判断枠組みの検討に重点を置き，その他の判断は以下の記述の中で必要に応じて簡単に触れるに留める。

この「フランス人民の構成要素たるコルシカ人民」という象徴的文言は法案審議過程において様々な論議を呼び，憲法院判決においてもまた，本判決を評釈する論者や文献に引用するもののほとんどが最大の焦点としている。この文言を排斥するために，憲法院は，現行憲法1条（判決当時2条1項）の単一不可分性原理を確認する際に，1789年人権宣言，1946年憲法前文，1958年憲法前文等いわゆる憲法ブロックを構成する主要な法文を総動員し，単一の存在としての「フランス人民」に憲法的価値を承認し，同じく1条の平等原則を用いて憲法は「フランス市民」からなる「フランス人民」以外存在を承認しないという構成を採った。統合と地域分権の同時並行的進行がフランス共和制を揺さぶる状況の中で，憲法院はあえて，フランス憲法史上のテクストの原理原則を打ち出して，フランス共和制理念が想定する典型的な普遍的市民像，フランスにおける主権の淵源となり得る単一の存在を浮かび上がらせたのである。

このような単一不可分性原理と平等原則を表明することによって伝統的フランス共和制理念を確認する構成は地域語・少数言語に関するヨーロッパ憲章をめぐる1999年6月15日憲法院判決（Décision n° 412 DC du 15 juin 1999〔⇒ⅠB⑧判決〕）において同憲章の公共領域において地域語・少数言語の使用を奨励する規定を違憲と判断した際にも用いられ，憲法院判例上確立した判断枠組みとして捉えることができよう。

(2) コルシカ地方公共団体の合憲性

さて，上述のように，本判決は，法案1条でコルシカの独自性を否認したものの，一方で従来のコミューン・県・レジオンとは全く異なるカテゴリーの地方公共団体の創設自体は許容した。こうした「差異の否定」と「差異の承認」が同一の判決内に存在するという矛盾を法的に解決することは極めて困難である。とりわけ，目的と手段の関係を重視する日本の違憲審査に関する学説状況においては目的規定を違憲と解しつつ，その目的を達成するための法案本体を合憲とする本判決の手法は理解しにくいところである。こうした矛盾は，共和国大統領が可決した法律に審書する前にしか憲法院に付託され得ない究極の抽象的審査制ゆえに，違憲判決が直ちに議会に投げ返され，憲法院自体が──積極的にではないにしろ──立法行為に関わっているというフランス特有の違憲審査制度に内在する憲法院の政治性を考慮して理解するしかないであろう。しかし，法案1条と法案本体が分

離可能であるとすれば，憲法72条が法律で新たなカテゴリーの地方公共団体を創設しうることを示唆している以上，新たな地方公共団体の創設自体を直ちに違憲であると解することはできない。しかし，これまでフランスに承認されていない全く新しいカテゴリーの地方公共団体を一地域にのみ創設することが，同一カテゴリーの地方公共団体同士での画一性を要求してきたフランスの地方自治の伝統の下での逸脱といえないか，このような他の地域には存在しない広範な自治権を保障するためにコルシカ地方公共団体に付与された権限が，共和国の単一不可分性原理に反しないかという問題は重要である。前者に関しては，特に憲法院自身がコルシカ・レジオンに他のレジオンとは異なる制度を付与することを規定した1982年のコルシカ特別地位法案に関する1982年2月25日判決（Décision n° 138 DC du 25 février 1982）が参考にされよう。この法案はコルシカ・レジオンに他のレジオンとは異なる制度の創設を求めるものであるが，憲法院は画一性原則違反を退ける文脈で，コルシカ・レジオンが他のレジオンとは別カテゴリーであると述べている。逆にいえば，単独で別カテゴリーの地方公共団体を創設することを憲法院自身が許容していると読み取ることが許されよう。後者については，憲法72条が地方自治の一般原則として決定的に重要な役割を果たした。とりわけ，「政府の代表は，全国的な利益，行政の監督，及び法律の尊重に関する責務を負う」と規定する3項は，伝統的な中央集権体制の維持に密接に関わる内容であるが，それが行われる地方公共団体のカテゴリーに関しては「県及び海外領土」と明記してある。しかしながら，

憲法院はコルシカ地方公共団体の設置に関して合憲判断を導く上でこの3条に照らして解釈を施している。いわば，憲法上明記されない県と海外領土以外で法律によって設定される地方公共団体に自由行政原理の網をかけた判決といえる。

憲法院は，かかる自由行政原理の建前から，コルシカの島嶼性をもってしても許容され得ないいくつかの権限，コルシカ議会とコルシカ県議会議員の兼職禁止規定，コルシカ選出の国会議員とコルシカ議会議員の情報取得特権，コルシカ地方公共団体への国家財政援助方法を違憲と解し，一方で，他の地方公共団体にはないコルシカ執行評議会を持つコルシカ地方公共団体の「特殊な体制」を許容した。

(3) フランスにおける多文化主義的傾向

近年，フランス政治において，理念としての単一不可分性原理（本件で問題となる地方自治制度を支える自由行政原理を当然に含む原理として）——伝統的なフランス共和制モデル——が，法の現実的運用のもとでその内容に変化を見せている。すなわち，普遍的であるはずの市民に実質的に多様性を承認する傾向を示している。本判決は，フランスにおける最近の多文化主義的傾向を最も象徴的に示す事例として位置付けることができよう。

但し，本判決を日本の憲法学に照らして検討するときに以下のようなことを考慮しなければならない。単一民族思想が蔓延していた日本においては，二風谷ダム事件判決（札幌地判平成9年3月27日判例時報1598号33頁，判例タイムズ938号75頁）が，正面からアイヌ民族に属する個人の民族的アイデンティティを承認したように，

公的空間にエトノス的要素を温存させたまま問題を解決しようとする手法を採用する。それに対して，本判決は，決してフランス人民を分割するコルシカの人々が有する地域的・民族的アイデンティティという視角からではなく，徹頭徹尾，「フランス人民」というデモス的存在を憲法上どの様に位置付けるかという観点から判断し，最も典型的な意味での国民国家性への執着を示しているという点である。こうした，公共空間にデモス的要素とエトノス的要素を混在させる――或いは結合させる――日本と，デモス性へのこだわりを見せるフランスを比較する場合には，同じく近年，多様なものを承認しようとする傾向は認められるにしても，両者の近代国民国家のモデルにおいて原理上の差異が読み取られなければならない。個人レベルでの差異を否定しながら，特殊な地方公共団体の創設を許容する本判決の枠組みも単なるご都合主義的なものではなく，そのようなデモス性への執着という国家原理を背景に持つものと受け取れよう。

付記　憲法院は，2002年1月17日の判決（Décision n° 2001-454 DC du 17 jan. 2002）において，コルシカに関する法律について一部違憲としつつも，自治の拡大について認める見解をしめしている（Ⅴ章解説参照）。

〔参考文献〕

C. Carpentier, L.P.A, 1991, n° 82, p. 20. R. Etien, R.A, 1991, p. 234. L .favoreu, R.F.D.C, 6-1991, 305. B . Genevois, R.F.D.A, 1991, n° 3, p. 407, C. Houteer, 1991, n° 74, p. 17 et n° 80, p. 21. F. Luchaire, R.F.D.C, 7-1991.

中野祐二『フランス国家とマイノリティ』・国際書院43頁以下，山元一「《一にして不可分の共和国》の揺らぎ」日仏法学22号1頁，高橋泉「政治・公共領域にとしての〈state〉への執着」上智法学43巻1号33頁，辻村みよ子「統合と文献の中の主権問題」法律時報72巻2号61頁，ジャニーヌ・レヌッチ著『コルシカ島』長谷川秀樹＝渥美史訳（白水社）

とりわけ中野前掲書は，本判決の本格的な検討を行い，且つコルシカの歴史的・文化的側面にも詳しく述べるものとして，本稿執筆においても特に重要な資料となった。

ⅤA 53 自由行政原理による自治権の制度的保障とその限界

(α)1984年1月20日憲法院判決
Décision n° 83-168 DC du 20 janvier 1984
Journal Officiel, Lois et Décrets du 21 janvier 1984, p. 368
Rec. 38, RJC I-180
(β)1990年5月29日憲法院判決
Décision n° 90-274 DC du 29 mai 1990
Journal Officiel, Lois et Décrets du 1er juin 1990, p. 6518
Rec. 61, RJC I-403

大津 浩
(東海大学教授)

〔事　実〕

(α)判決の対象たる「地方公務員の身分措置に関する法律」(Loi n° 84-53 du 26 janvier 1984, portant dispositions statutaires à la fonction publique territoriale, J. O. du 27 janvier 1984, p. 441) は、地方公務員の採用の合理化や身分保障の充実のための全国統一的な制度の実現を目指すものだった。同法は国民議会の最終読会で可決された後、1993年12月23日にジャック・シラク (J.Chirac)、ジャック・シャバンデルマス (J.Chaban-Delmas)、ジャン・チベリ (J.Tiberi)、アラン・マドラン (A.Madolin) 等保守系の国会議員によって憲法院に提訴された。さらに1983年12月27日には、元老院議長アラン・ポエル (A.Poher) からも同法の憲法院への付託がなされたのだった。

憲法院は、本法のいくつかの規定を違憲と判断したが、これらの規定は、法律本体から分離可能な部分と考えられ、本法の公布には支障がないとの結論が出された。しかし本判決は、一部違憲判決に過ぎないとはいえ、憲法72条や34条4項2号が定める「地方公共団体の自由行政 (libre administration des collectivités territoriales)」の原理に基づき、地方自治権を制限する法律を違憲とした初めての事例として注目を集めた。

しかし(α)判決の後、地方自治権を削減ないし制約する国会の立法を、自由行政原理違反を理由に、憲法院が明確な違憲判決を下した事例はない。かえってその他の憲法原理を根拠にして、地方自治権制約立法を合憲とする判決が相次いでいる。そのような原理のうちで特に強力なものが「地方公共団体に対する国家の優越性 (prééminence de l'Etat sur les collectivités territoriales)」及びそのコロラリーとしての「国家の諸特権の尊重」である。この他にも自由行政原理には、「憲法的価値を持つ自由や原理 (libertés ou principes à valeur constitutionnelle)」に対して調和的であることを求められるなどの制約がある。

(β)判決は前者の事例として有名である。本判決は、「住宅への権利を実現するための法律 (Loi n° 90-449 du 31 mai 1990, visant à la mise en œuvre du droit au logement, J. O. du 2 juin 1990)」を審査した。同法は、各県内に財政支援のための連帯資金に基づく生活困窮者用住宅の建設計画を地方公共団体に義務付けたため、元老院議員から、法律制定手続き上の疑義に加えて、地方公共団体の自由行政原理を侵すとして、憲法院への提訴がなされたのだった。しかし憲法院は「国家

の優越性」を理由にして，同法を合憲と判示した。

また後者の事例としては，校舎の建設と維持に関する地方公共団体による独自の私学助成割増しの措置を違憲と判示した1994年1月13日の憲法院判決（Décision n° 93-329 DC du 13 janvier 1994, J. O. du 15 janvier 1994, p. 829）が有名である（本稿では割愛する）。

〔判旨(α)〕
　(i) 地方公共団体の職員人事権に対する法律による制限の合憲性

「憲法72条によって地方公共団体は，『公選制評議会（conseils élus）を通じて自由に自己の行政を行う』のであるが，各地方公共団体は『法律の定める条件に従って』これを行うのである。また憲法34条の文言によれば，『法律は地方公共団体の自由行政とその権限並びにその財源の基本原則を定める』とある。」[Con. 4]

「従って，これらの原則を定めることを条件として，憲法院の審査に付託された法律が，地方公共団体の役人全体に共通の身分保障の制度を設ける目的で，これらの地方公共団体から選出された者で構成される管理センターにその職員の採用と管理の任務を遂行する権限を付与することは可能であった。また，地方当局が地方公務員の採用の新設や廃止を自由に決定し，これら地方公務員の採用とその等級に関する辞令を交付し，公職上の地位や評価や昇進や等級進行の提案について決定権を持ち，公務員に関する一般法の枠内で懲戒権を持ち，法定手続を遵守した後ではあるが職務上の懈怠を理由として解雇できる以上，本法が一定の条件の下で，このセンターへの加盟を地方公共団体に義務付けることは可能であった。加えて地方当局は，管理センターの行為を不服として救済を求める権利を決して奪われてはいない。さらに47条の規定によれば，地方当局が管理職を直接採用することは可能であり，110条1項の規定によれば，各地方当局が自由に用いる協力者〔＝嘱託〕も直接採用できる。従って，3条が規定する正規の公務員資格を欠く役人の採用が制限されることと13条以下の規定が定める管理センターへの加盟の強制は，憲法に反するものではない。」[Con. 5]

　(ii) 新たな公施設法人カテゴリーの創設権限の所在

本法13条3項は，管理センター運営委員会メンバーの構成と選挙方法の決定をコンセイユ・デタのデクレに委ねている。しかし憲法34条は「法律は公施設法人の〔新たな〕カテゴリーの創設……に関する規範を定める」と規定している。「管理センターは，既存の公施設法人のカテゴリーとは異なる新しい公施設法人のカテゴリーである。従って，このセンターの運営委員会の構成に関する規範の策定は立法者の権限に属する。そうである以上，13条3項の規定は憲法に適合しない。」[Con. 6～8]

　(iii) 欠員情報伝達義務と自由行政の原理

「本法23条2項は，『雇用枠に欠員が生じた場合には管轄の管理センターに届け出なければならず，さもなくば任命は無効になる』と規定する。この規範は管理センターに加盟していない地方公共団体や公施設法人にも等しく適用される。」[Con. 9]……「もし管理センターにこれらの情報を伝達することが，管理センターへの加盟を強制されていないものも含めて全ての地方公共団体に要求されうるとするならば，これら加盟を強制されていない地方公共団体に課される制裁は憲法が保障する自由行政〔の原理〕を侵害することになる。なぜならばこの制裁は，42条1項を尊重するならば自己の役人を採用す

る自由を持つはずの地方当局が行った任命行為を無効にしてしまうからである。従って，23条2項第2段落は憲法に適合しない。」[Con. 10]

(iv) 地方公共団体の採用枠削減の自由を制限する規定の合憲性

本法45条は地方公務員採用試験の合格者数と地方公共団体が届出る欠員数とが等しくなるべきことを定め，かつこの試験後1ヵ月以内に，地方公共団体が管理センターの提案する公務員候補者を任命しなかった場合で，この候補者が6ヵ月以内に他の地方公共団体に配属されなかった場合には，管理センターがこの候補者に給与を支払うと定める。それは，この者が地方公務員全体の中に組み込まれることを意味する。そして提案された任命を行わなかった地方公共団体も，97条3項の規定する条件に従って該当者への給与支払いに協力しなければならない。さらにこの97条3項によれば，地方公共団体が採用枠を減らした場合であっても，給与支払い負担は管理センターによって保障され，関係地方公共団体による金銭負担協力も，地方公共団体の該当する公務員給与の半分以下にはならない範囲の追加徴収の対象となる。この負担は，該当者の新たな配属が決まるか，あるいは1年の期間が終了するまで続く。この点が，特に提訴者の違憲主張の理由となっていた……。[Con. 11～14]

「採用枠を減らした場合でも，もし本法97条3項がこうした採用枠の削減を決定した地方公共団体に金銭負担を負わせることは可能であり，そうすることで憲法的価値を持ついかなる規範も原理も侵害することがないとしても，このように採用されなかった役人の給料の重要部分については，45条が規定するような場合を考えた時には同じとはいえない。この条文〔=45条〕と97条を重ねて考えるならば，本法は，管理セ

ンターが課すことを決定した試験に合格した地方公務員候補者の中で，地方当局がその人を任命しなかったということと，こうした〔97条が想定するような〕状況とを同一視している。このような場合にその候補者を提案された地方公共団体に，その採用を拒否する理由の如何を問わずこの候補者の給料の半分以上を負担するよう義務付けることは，〔憲法〕72条に抵触することになるであろう。従って，本法45条3項最終段落は本規定〔=憲法72条〕に反するものといわざるを得ない。」[Con. 15]

(v) 命令制定権による地方公共団体の自主的人事権制約の合憲性

本法110条は，1項では協力者の採用の自由を地方公共団体に認めておきながら，2項と3項では協力者の採用を必要とする市町村のカテゴリー等を定める権限をコンセイユ・デタのデクレに与えている。「本条1項は憲法72条の要求にまさしくかなっている。」[Con. 16～17] ……「立法者が，とりわけその重要性に応じて，1項が規定するような多かれ少なかれ一定数の協力者を採用する可能性を市町村に認める規範を定めることは自由であるが，たとえ一人であれ協力者を採用するためには，命令制定権当局〔=コンセイユ・デタ〕がそのような採用を正当と認めるカテゴリーにその市町村が属することを義務付ける権限を命令制定権当局に認めることは，憲法72条を無視するものであり，従って110条2項は憲法に違反する。」[Con. 18]

「違憲とされた本法13条3項，23条2項第2段落，45条3項最終段落，110条2項・3項は，本法の他の規定から分離可能である。」[Con. 20]

〔以上の考察に基づき，憲法院は〕「以下のように判示する。

1. 以下の規定は違憲である。

13条3項。「この規定は管理センターに加盟していない地方公共団体や公施設法人にも等しく適用される」と理解される場合の23条2項第2段落。「管理センターが提案する人事の任命をしなかった地方公共団体や公施設法人は、97条3項の定める条件で給料支払いの負担に協力する」と理解される場合の45条3項最終段落。地方公務員の身分措置に関する法律の110条2項と3項。

2. 地方公務員の身分措置に関する法律のその他の規定は合憲である。

3. 本判決は、フランス共和国官報に掲載される。

(1984年1月19・20日審議)(憲法院院長　ダニエル・マイエル)」

〔判旨(β)〕

(i) 国益実現の観点からみた国と地方公共団体の間の権限分配決定権の所在

「憲法72条によって地方公共団体は『公選制評議会を通じて自由に自己の行政を行う』が、各地方公共団体は『法律の定める条件に従って』これを行うのである。また憲法34条によれば、『法律は、地方公共団体の自由行政とその権限とその財源の基本原則を定める』とされる。」[Con. 12]

「生活困窮者の住宅への助成のためになされる行動は国益からの必要性に対応するものである以上、これらの規定に基づくならば、こうした計画に関する国家と地方公共団体のそれぞれの権限を定める権限は立法者に存する。この目的で、各県については県の計画の策定を、さらにイル・ド・フランス・レジオンについてはレジオンの計画の策定を、立法者が定めることは自由である。この場合、これらの計画の準備とその実施は、前者の場合には国家と県が、後者の場合にはレジオンにおける国家代表とレジオン評議会議長と県議会議長がこれを行う。市町村がこの計画の準備と実施に単なる協力を行うことにも、また県やレジオンにおける国家代表と当該地方公共団体との間で一致が見られない時に、関係諸大臣に県の計画やレジオンの計画を決定する権限を法律が与えることにも、その障害となるような憲法的価値を有するいかなる原理も規範も存在しない。生活困窮者の住宅のための行動計画の目的についても効果についても、不一致の場合にその計画がコンセイユ・デタのデクレによって中央レベルで決定されることを求めなかったとしても、憲法34条が立法者に与えた権限の範囲を立法者が無視したことにはならない。」[Con. 13]

(ii) 法律による義務的支出と自由行政の関係

本法7条は、住宅のための連帯基金のあり方を定める。それによると、この基金の出資は国家と県によって保障され、県の出資額は少なくとも国と同額でなければならず、レジオンと市町村と家族手当基金及びその他の同類の機関も等しく自発的にこの基金の出資に協力することになっていた。そのため、県はその予算に新たな支出を計上する義務を負い、しかもその額を自ら決定できず、自己の優先的な予算付けが不可能になるような束縛を県に課する点で批判を浴びている。つまり本法では、「基金の支出のあり方が県の財政自治権を実質的に空洞化させ、それを通じてその決定の自治権すら空洞化させる危険がある」というのである。[Con. 14～15]
……「憲法34条と72条の規定に基づくならば、立法者は地方公共団体にとって義務的性格を持つ支出のカテゴリーを定めることができる。しかしながらこのようにして地方公共団体に課せられた義務は、その対象と範囲について明確に定められていなければならず、地方公共団体の

固有の権限を無視することも，その自由な行政を妨げることもできないであろう。」[Con. 16]……「これらの規定全体と，とりわけ県の計画を実施する際に県が参加する協約 (conventions) が果たす役割から導かれることは，住宅のための連帯基金の出資に対する県の協力は少なくとも国のそれと同等でなければならないと規定しても，立法者は地方公共団体の自由行政の原理を侵害したわけではないということである。」[Con. 20]

〔以上の考察に基づき，憲法院は〕「以下のように判示する。

1. 住宅への権利の実現を目指す法律は憲法に反しない。
2. 本判決は，フランス共和国官報に掲載される。

(1990年5月29日審議) (憲法院院長 ロベール・バダンテール)」

〔解 説〕

(1) 自由行政の原理の憲法的価値

フランス憲法学は長い間，地方自治権を立法府による侵害から守るような考え方を採って来なかった。むしろ政府の規則制定権による地方自治権侵害を防ぐために，地方公共団体の組織と権限と財源の基本原則の決定権が立法府にあることを強調することが通例であった。こうした姿勢が変化するきっかけとなったのが，1979年の「ニューカレドニア領土法」に関する憲法院判決 (Décision n° 79-104 DC du 23 mai 1979, J. O. du 13 juillet 1979; Rec., p. 27) であった。もっとも同判決でも，「〔付託を受けた規定は〕権力分立原理も，またそれを具体化し，あるいは地方公共団体の自由行政を保障する諸々の憲法規定をも，無視してはいない」と判示していたに過ぎず，自由行政の原理は法律の合憲性を論証するために援用されていた。にもかかわらず，ここで自由行政の原理に憲法上の価値が初めて認められ，その結果この原理が立法府をも拘束する可能性が認められたことは画期的であった。こうしてフランスでも「自治体憲法（学）」を論じる可能性が生まれたのだった。

(2) 自由行政の原理と地方自治権の「制度的保障」

1979年に自由行政の原理に憲法的価値が認められた後も，憲法院は地方公共団体の権限を縮小したり制限したりする立法に合憲判決を出し続けた。例えば憲法院は，一方で「……法律が定めた規範は，地方公共団体の自由行政を妨げるほど，その租税財源を拘束する効果をもつことはできない」(Décision n° 90-277 DC du 25 juillet 1990, J. O. du 27 juillet 1990, p. 9021, Con. 14) と述べながら，結論においては「地方公共団体の自由行政を侵害するほどにその財源を制限する効果を持たない限り，立法府は……上記の規範を制定できた」(Décision n° 94-358 DC du 26 janvier 1995, J. O. du 1er février 1995, p. 1706, Con. 37) と述べることが通例となっている。

A・ルゥは，憲法72条の自由行政の原理を「本質的に『制度的ないし組織的な性質』」のものと評し，「この原理の中に見るものは，公選制評議会の存在を帰結するような留保条件に過ぎない。従って憲法の条文が保障するものは，『活動』の自由というより，むしろ『存在』する自由である」と述べる。但し彼も，「実質的な権限を与えられた公選制の評議会」を持つべきことを憲法院判決が何度も確認してきたことは認めている（後掲，p. 51-52）。従って，ドイツや日本の憲法学で主流の考え方である「制度的保障説」に近い考え方として，フランス憲法学の自由行政の原理を考えることも，あながち見当違いではないであろう。つまりそれは，個別の権限を立法

による侵害から保障する原理ではないものの，そうした権限の縮小が自治体の「実質的な権限の存在」自体までも失わせるに至った場合には，地方自治権の中核部分に対する侵害として違憲判決を出す考え方である。

(3) 1984年判決と1990年判決の意味

こうしたフランス型の「制度的保障説」から，自治権制約立法に初めて違憲判断を下したのが1984年の(α)判決だったのである。それは地方公共団体の内部人事権という，まさしく最低限の実質的な自治権の保障に関わる事例である。しかも地方公務員の身分保障の点から立法による全国統一的な採用と給与保障の制度化は合憲としつつ，管理センターに参加しない地方公共団体にも欠員情報提供義務を課した点と，定員を削減した地方公共団体に対してまで，一律に配属先の決まらない公務員候補者への給与支払いの負担を強制したことの2点において，当該規定が自治体の人事政策選択権の実質を極限まで失わしめたことをもって，初めてこのような法律に違憲判断を下したのだった。

しかしその後の憲法院は，自由行政の原理を根拠に地方公共団体の権限を削減・制約する立法を違憲とする判断を控え続けている。かえって憲法院は，1990年の(β)判決に見られるように，自由行政の原理に優越する別の憲法原理を持ち出して自治権制約立法を合憲とする傾向にある。(β)判決では，生活困窮者住宅の建設に「国益からの必要性」を認めることで，地方公共団体の自主財政権を強く制約する立法の合憲性を認めている。

フランス憲法学ではこの国益の保護に加えて，国家の統一性と共和国の不可分性，さらにはそのコロラリーとしての主権の不可分性を，国家の優越性ないし国家の特権の尊重の内容と考えている。そして主権の不可分性こそ，突き詰めて言えば1982年の地方分権法判決でも示されたところの始源的立法権の国家（立法府）独占の原則そのものなのである。このように考えると，憲法院判決と自治体憲法学の中にフランス型「制度的保障説」を見出した場合にも，地方自治権の憲法的保障に関してはその積極的意味だけでなく限界性をも見出すべきであろう。そしてこうした限界の基礎にあるものこそ，いわゆる「国民代表制論」によって始源的立法権を中央政府の立法府に独占させ続けている，フランスで主流の「国民（ナシオン）主権」論の理論枠組みであることに再度気づくべきであろう〔⇒V A 51 判決の解説参照〕。

〔参考文献〕
C. BACOYANNIS, *Le principe constitutionnel de libre administration des collectivités territoriales*, Economica / PUAM, 1993; L. TOUVET, J. FERSTENBERT & C. CORNET, *Les grandes arrêts du droit de la décentralisation*, Dalloz, 1999; F. LUCHAIRE,《L'émergence d'un droit constitutionnel de la décentralisation》, *AJDA*, avril 1992, numéro spécial, pp. 25-29; A. ROUX, *Droit constitutionnel local*, Economica, 1995; 大津浩「フランスの自治体憲法学」杉原古稀記念『21世紀の立憲主義』勁草書房，2000年，641－660頁など。

VB 54 フランス本国と「海外県・地域圏」の制度の同一化と「特別の状況・適応措置」（憲法73条）
—— 「ガドゥループ，ギィアンヌ，マルチニークおよびレユニオン海外地域圏に関する権限法律」に関する判例

1984年7月25日憲法院判決　　　　　　　　　　　　　　　　　　長谷川　憲
Décision n° 84-174 DC du 25 juillet 1984　　　　　　　　　　（工学院大学教授）
Journal Officiel, Lois et Décrets du 28 juillet 1984, p. 2493
Rec. 48, RJC I-188

〔事　実〕

レジオン（地域圏）[1]は，1982年3月2日の「コミューヌ（市町村），デパルトマン（県）およびレジオン（地域圏）の権利と自由に関する法律（地方分権化法）」の制定により，市町村，県と並ぶ，正式の完全地方公共団体とされた。この地方分権化法により三層構造とされた地方公共団体の間の権限配分（répartition des compétence）は，1983年1月7日の「市町村，県および地域圏と国との間における権限配分に関する法律」により確立する。

フランス本国（métropole＝コルシカを含む）では，パリ，リヨンおよびマルセイユの三大都市の議会についての独自の扱いが1982年12月31日の法律で規定された同じ日に，後述する海外地域圏議会に関する法律が制定された。

海外（d'outre-mer）のフランス領[2]のうち，1946年3月19日の法律で県の地位を獲得していたガドゥループ，ギィアンヌ，マルチニークおよびレユニオンには，地方分権化法の制定の結果，県と同一の領域を範囲とする地域圏が設置されることとなった。そして，この4地域では，従来の県議会が同時に地域圏議会として権限を行使するように制度化された。しかし，憲法院は，1982年12月2日の判決（Décision n° 82-147 DC du 2 décembre 1982, J.O. du 4 décembre 1982, p. 3666.）で，これを違憲と判断した。そのため同年12月31日の法律は，改めて4海外県と同一の領域に新たに地域圏議会を設立することとした。この地域圏議会の選挙は，翌年2月20日に実施され，本国に先んじて地域圏議会が設立されることとなった。

その結果，本国と異なり同一領域に競合的に設立された二つの地方公共団体の間の権限配分が問題となり，その範囲と配分原則を確立する必要に応えるため制定されたのが1983年6月30日に議決された「ガドゥループ，ギィアンヌ，マルチニークおよびレユニオン海外地域圏に関する権限法律」である。

本判決は，この法律の合憲性について，Louis VIRAPOULLE 他165名の上院議員および Claude LABBÉ 他64名の国民議会議員から提出された二つの提訴に対する判断である。提訴は，上記法律の全44ヶ条の条文が「全体として，とりわけ2，11，14，15，30，33，34，38，40，

41条の10ヶ条が，憲法2, 62, 72, 73条に違反していること」を問うものであった。

憲法院は以下の判旨により，2, 15条と33条の一部を違憲と判断したため，「ガドゥループ，ギィアンヌ，マルチニークおよびレユニオン海外地域圏に関する権限法律」は上記違憲部分を削除し，同年8月2日，la loi n° 84-747 du 2 août 1984 として公布された。

〔判　旨〕

憲法院判決は，以下の3点に関して判断を下した。
(1) 提訴された法律全体の合憲性に関して
① 憲法2条1項，72条および73条の地域圏への適用に関して

憲法院は，73条の留保条件（「その特別の状況によって必要とされる適応措置 (mesures d'adaptation)」）を別にして，本国と同一に海外の地域圏と県とを扱われなければならないと判断した。さらに「72条と73条は，法律により創設された地方公共団体（レジオン）について適応措置の対象とする可能性を排除しない」と判断し，73条の留保条件が適用された結果，本国と異なる措置が，海外の地域圏と県の権限において生ずることについて，憲法2条1項（95年改正後の1条）は「同一でない状況への異なる規定の適用を禁止しない」ので同条の「平等原則」に違反しないと判断した。[Con. 5]
② 憲法62条2項違反に関して

「1982年3月2日のガドゥループ，ギィアンヌ，マルチニークおよびレユニオンのコミューヌ，デパルトマンおよびレジオンの権利と自由に関する法律（n° 82-213）の適用に関する法律」は，1982年12月2日の憲法院判決（DC n° 82-147）により違憲と判断され，公布されなかった。従って，62条違反の申し立てについては却下と判断された。[Con. 8]
(2) 同法律の以下の条文の合憲性に関して
① 同法律2条に関して

2条は，1983年1月7日の法律（n° 83-3）27-II条による保障を除外することになるが，このような除外は，憲法73条の適応措置と考えることはできない。同法律の「2条に従うかつこの条文の全ての帰結としての義務的諮問機関の列挙」の表現は違憲となる。[Con. 12〜13]
② 同法律11条および30条に関して

（11条により）他の構成員を変更しないで，SAFER の理事会への地域圏議会の代表を設けること，および，県議会によりこの問題について行使される権限を侵害することなく，(30条により）健康増進地域圏センターを設置することは，合憲である。[Con. 14〜15]
③ 同法律14条に関して

1983年7月22日の法律（n° 83-663）11条は，範囲を限定して，地域圏と県とに権限を配分していると考えられるので，14条は合憲である。[Con. 17]
④ 同法律15条に関して

15条は，一方で，ガドゥループ，ギィアンヌ，マルチニークおよびレユニオンにおいて，地域圏運輸委員会が，「国内運輸方針に関する1982年12月30日の法律 (n° 82-1153)」16条および17条が対象とする県委員会の権限を行使することを規定しながら，他方で，この法律の27, 29および30条により県および県議会に帰属する権限が，地域圏および地域圏議会により行使されること

を規定している。[Con. 19]

　また，上記の1982年法律16条および17条は，国土全体について，とりわけ国の権限に属する国内運輸政策を実施および策定し，かつ運輸システムの組織および機能に関する問題について諮問することができる地域圏および県委員会を設けた。同法律27条は都市交通の範囲の定義について県議会の見解を規定する。また同法律29条は非都市部の定期公共サービスの組織，および地域圏または全国的利害に結びつかない需要に関するサービスとを県に委ねる。さらに同法律30条は非都市部の公共交通網の近代化のために開発契約を県が国と結ぶことを許可する。[Con. 20]

　もし憲法72条および73条が，海外県の範囲と海外地域圏の範囲とを一致させることを禁止していないならば，結果として，この選択を認めかつこれらの権限を調整する法律は，県が代表している国土の様々な構成部分に関する運輸の構成の問題について，1982年法律の上記の条文により規定された権限の大部分と全ての地域圏との協力形態とを剥奪することはできない。このような剥奪は，これらの県の「特別の状況によって必要とされる適応措置」を越える。従って15条は違憲である。[Con. 21]

　⑤　同法律33条および34条に関して

　33条は，代替として，ガドゥループ，ギィアンヌ，マルチニークおよびレユニオンの地域圏において，1983年1月7日の法律 (n° 83-8) 79条に規定された県居住者会議の権限を行使する地域圏居住者会議を設置する。同法律34条は，国の代表者は地域圏居住者会議の見解に従って居住者の側の立場で補助の配分を決定すると規定する。[Con. 23]

　1983年1月7日の法律79条は，市町村，県，地域圏および国の間での権限配分に関して，住宅問題に関して，県の諸委員会 (des commissions, comités et conseils départementaux) の全てに代替する県居住者会議を設置した。同法は，居住者問題について優先権を定め，地域圏の異なる県の間で国費の配分に関する見解を述べることを，地域圏に認めた。同法律80条は，2項で，地域圏内の県の間の国の補助の配分は地域圏議会の諮問に従い国の代表者により行われると規定し，かつ3項で，県内の国の補助の配分は県議会の諮問に従い行われると規定する。[Con. 24]

　ガドゥループ，ギィアンヌ，マルチニークおよびレユニオンの地域圏を創設する決定の結果として，この法律は，国土の全てにおいて1983年1月7日の法律により規定された地域圏と県のそれぞれの権限を調整することができる。しかし，憲法73条で認められた「特別の状況によって必要とされる適応措置」を越えなくても，居住者問題に関してその権限の重要な部分を国土の構成部分を代表する県から剥奪することはできない。県居住者会議を廃止して，ガドゥループ，ギィアンヌ，マルチニークおよびレユニオンの県から，1983年1月7日の法律79条で，県が有する権限を剥奪する，本法律33条は，憲法72条および73条に違反する。従って，この条文の「かつ，代替として，上記1983年1月7日の法律 (n° 83-8) 79条に規定された県居住者会議の権限を行使する」との表現は違憲である。[Con. 25]

　居住者の立場で国の補助の配分することにつ

いては，上記審査の本法34条が，国の代表者に地域圏居住者会議の見解を受け入れることを規定するならば，1983年1月7日の法律80条3項を廃止しないこの条文は，県に充てられた費用の配分についての県議会の義務的勧告（avis）を維持している。従って，この法律の34条は憲法の上記の条文に反しない。[Con. 26]

⑥　同法律38条，40条および41条に関して

38条は，ガドゥループ，ギィアンヌ，マルチニークおよびレユニオンの地域圏に輸入された商品を輸入税（octroi de mer）との名目で規制し，消費税の率を定める権限を，地域圏議会に委ねた。また40条は，地方消費のために生産され充てられるラムおよび蒸溜酒が規制される税の率は地域圏議会の審議により定められ，この税の収入は地域圏の予算収入となると規定する。さらに41条は，財務法により定められた範囲でガソリン，ハイオクガソリンおよび揮発油について消費特別税率を定める権限を地域圏議会に与え，かつ，この税の収入の一部を地域圏に配分する。[Con. 28]

もし，これらの条文が海外県に現在帰属する諸権限を地域圏議会に移すのならば，海外県と本国の県との間の異なる制度を設置する効果をもたない事になり，上記の条文が目的とする課税は本国では存在しなくなる。海外県のみに特別に課される税に関する諸権限に関しては，本法律はこの制度を変更することができる。従って38条，40条および41条は違憲ではない。[Con. 29]

⑶　同法律のその他の条文に関して

憲法院は，審査に附されているこの法律のその他の条文について，職権により合憲性の問題を取り上げる理由はないと判断する。[Con. 30]

（以上を考慮して，憲法院は，以下のごとく）判断する。

1.　「ガドゥループ，ギィアンヌ，マルチニークおよびレユニオン海外地域圏に関する権限法律」2条および15条の条文；および同法律33条の「かつ，代替として，上記1983年1月7日の法律（n°83-8）79条に規定された県居住者会議の権限を行使する」の語句を含む同法律33条の条文は，違憲である。
2.　同法律のその他の条文は合憲である。
3.　本判決はフランス共和国官報に掲載される。

（1984年7月25日審議）（憲法院院長　ダニエル・マイエル）

〔解　説〕

この判決は，フランスの植民地の歴史とその清算の問題，本国と，海外県・海外地域圏，海外領土などとの今後の関係，および「共和国の不可分性」原理の将来を考える有用な素材である。

⑴　「単一国家主義」と「連邦主義」，「独立」

1958年憲法は，当初12章にフランス共同体の規定を置いた。第二次世界大戦後，多くの植民地が独立する状況の中で，フランスと独立を承認した旧植民地との一体性を保つための方策であった。しかしそのような一体化の試みは，旧植民地諸国の自立化により，その実態が失われたため，フランス共同体に関する12章は廃止され，今日ではフランス語使用（francophone）地域・諸国による定期的会議の開催にまで縮小さ

今日フランス領土を形成している海外諸地域についても，第二次世界大戦後のこれらの政治状況と無縁でなく，仏領インドシナ，アルジェリアの独立後は，海外県＝海外地域圏4地域に見られるようなフランス本国との一体性・同一化を志向する「海外領土」（「　」付きの「海外領土」の表現は，欧州大陸の本国以外のフランス領土の意味で使用する）とコルシカ（まさに「　」付きの「海外領土」）やニューカレドニアのような独立志向を強める「海外領土」とに分裂する傾向がある(3)。

このような相反する二つの傾向に対して，フランスは頑なに「不可分性」の原理を主張するが，欧州統合の歩みの中では「国家」の存在意義が相対化し，逆に地域圏に代表されるような歴史的文化的言語的一体性をもった地域の存在意義が見直されるようになっている。例えば，北アイルランド，バスク，コルシカなどの問題を，国家の枠組みではなく，地域の統合体としての欧州統合という枠組みにより解決しようという試みである。

本国に近接する故に「共和国の不可分性」の原理により自律への改革を限界づけられてきたコルシカも，一連の立法措置により特別な地位を獲得する方向へ踏み出しつつある。このことは，本国から遠く離れた位置にあり，かつ過去の植民地問題の清算の意味をも併せ持つヌメア協定以後のニュー・カレドニアに対する憲法上の特別な地位の付与以上に，「不可分性」原理に深刻な影響を与え，変質をせまる意味をもつと考えられる。憲法院がコルシカ関連立法に関してとってきた「単一国家主義」に基づく判決の対応がいつまで維持されるか，またフランス議会がフランス社会の多文化主義的傾向を反映して「連邦主義」に向けて何らかの舵を切るのかは，欧州統合の行方とともに興味を持たれるものである。

(2) 「海外領土」と本国のずれの補正と特殊性の承認

本題に戻るが本判決で問題となった海外県は，アンシャンレジーム期以来の植民地としてフランス本国との対立と融和の歴史をもち，第二共和制期には奴隷制の廃止とならび本国の制度と同一化する意図で国民議会議員を割り当てられるほどの一体化が進んできた地域である。そして他の海外領土と異なり1946年以来海外県として本国に準じた法的扱いを享受してきた地域でもある。また地域圏とされた区域は，その沿革をアンシャンレジーム期にまで求めることが可能であるが，フランス大革命期の県の創設により，その政治的存在意義の根絶が図られたことは改めて指摘する必要もない事実である。しかし，ナポレオン・ボナパルトが試みた国家権力の代理人としての県知事による地方支配体制が確立すると，地域圏段階の地方制度の復活，いわゆる古典的試みが1871年以降第二次世界大戦まで繰り返し試みられてきた(4)。

しかし今日的意味での地域圏の創設は，従来の県の領域が国土整備，地域振興など社会経済的状況の変化を進めるのにそぐわなくなってきたことに起因する。今日的地域圏の制度は1959年1月7日のデクレによりその外形を示し，1960年6月2日のデクレにより21の地理的範囲（circonscriptions d'action régionale）として姿を現し，1964年3月14日のデクレによりその骨格を

完成させたものである。地域圏の地方公共団体化の試みは，地方制度改革に関する1969年4月27日の法律案の国民投票による否決とドゴール大統領の辞任により停滞するかのように見えたが，1972年7月5日の法律により，知事（prefét de région），議会（conseil régional），経済社会委員会（comité économique et social）を有する地域公法人（établissement public régional）として法律上確立する。しかし本格的な完全地方公共団体として確立するのは，F・ミッテラン大統領の登場と1982年の一連の地方分権化法によるその法的制度的実態の完成を待つことになる。

本件における海外地域圏と海外県との関係が問題になるのは，歴史的地理的文化的一体性を持って成立してきた海外県の存在は，いわば本国における地域圏の領域が持つ性格に類似するにもかかわらず，海外県の特殊性が，本国との制度的同一化の観点から認められず，その要請に対応するために，同一の領域に二つの組織が設立されたことに端を発する。すなわち本国における地域圏は，県の領域を越えかつ歴史的地理的文化的一体性を前提とした領域を前提に設立されたため，県との間での権限管轄の問題が発する余地はあるにしても，同一の領域における二重の完全公共団体の同時存在という問題は生じないのであるが，単一の海外県から構成される海外地域圏ではこの問題が生ずるのである[5]。

現実に，本件の提訴自体が，県議会における多数派と地域圏議会における多数派との相異の反映としての政争という側面をもっていることは否めないように思われる[6]。

憲法院は，1982年12月2日の判決において，海外の県議会と地域圏議会が同一の組織で構成されることを否定し，海外と本国とで共通する問題については，両者の間のずれ（décalage）を極力避ける態度を示した。この憲法院の対応は，同年12月28日の決定において，他の県議会と異なり区単位の比例代表制が採用され，かつパリ県議会と市議会が同一の組織で構成されることを認めた態度とはかなり違うものである。

この脈絡で，憲法院は，憲法72条に基づき議会が法律上創り出す個別の地方公共団体については，その特殊性を容認するように思われる。前述のパリ県＝市議会の事例がそれに当たり，最も古い海外領土であるサン＝ピエール・エ・ミクロン（1536年以来）と並んでマイヨットが1976年12月24日の法律で海外地方公共団体（collectivité territoriale d'outre-mer）とされたのが別の事例である。本国との一体性・同一化を望まぬ他の「海外領土」に関しても，ニューカレドニアの事例のように，憲法改正とともにこの方程式が用いられるとすれば，「連邦主義」への事実上の転換といえるであろう。

〔註〕

(1) 本稿では「レジオン」の訳語として「地域圏」を用いる。

(2) フランスの植民地支配の歴史は，アンシャンレジーム期の16世紀に始まり第一帝政期までのアメリカやインドを中心とした地域における第一期の植民地形成の段階と，1830年のアルジェリア侵攻に始まり，1960年のブラックアフリカ14カ国の独立と1962年のアルジェリアの独立で解体する北アフリカ・ブラックアフリカ・インドシナを中心とする第二期の植民地形成の段階に区分できる（後掲平野「フランス植民地主義の歴史」21頁以下参照）。

初期の植民地である南米ギィアンヌは1612年，カ

リブ海の小アンティーユ諸島に属すマルチニークとガドゥループは1635年，そしてマダガスカル島の東海上に位置するレユニオンは1642年に，フランス領とされた。これらの地域は，植民地化の歴史の中で固有の住民が激減するなかで，白人入植者と黒人奴隷，そして「有色自由人」から住民が形成されることになる。この地域では，植民地経営と奴隷貿易・奴隷制廃止を巡る政治的・歴史的過程を経験する中で，フランス本国との一体化・同一化が，大革命を挟み時間をかけて進められてきた。しかし，第二期において形成された植民地を起源とする地域は，固有の住民が生活する地域を植民地化した故に，仏領インドシナ・アルジェリアなど，激しい独立紛争を経験することになる。その意味で，海外県の状況は，本国との関係を考える際に，ニューカレドニア，仏領ポリネシア，ワリス・エ・フトゥナ，マイヨットなど，19世紀以降にフランス領とされ，第二次大戦後は海外領土として扱われている地域のフランス本国との関係とは，政治的にも歴史的にも異なることに注意する必要がある。

(3) コルシカ問題は，解説で触れたように本国の問題として扱われるが故に「不可分性」の原則により限界づけられてきたが，実は，扱われる海外県と異なり，特殊性または独立を強く主張する住民をかかえるニューカレドニア問題と同一の問題を含んでいる。

(4) 後掲J-P GILLT 編参考書，pp. 8-18 参照。

(5) 海外地域圏における単一海外県状況は，今後の改革，例えばレユニオンでの新海外県の創設により解消する可能性があるが問題状況は変わらない。

(6) 後掲J.FERSTENBERT, p. 621 註5参照。

〔参考文献〕

評釈：J. FERSTENBERT, AJDA, 1984, p.619 et suite.
R. ETIEN, Rev. adm. 1984, p.371 et suite.
L.FAVOREU, RDP 1986, pp.395-495.
参考書：L.TOUVET, J FERSTENBERT, C CORNET, Les Grands arrêts du droit de la décentralisation, 2 édition, Dalloz, 2001, pp.217-223.
François LUCHAIRE, Le statut constitutionnel de la France d'outre-mer, ECONOMICA, 1992.
Alain BOYER, Le statut constitutionnel des territoires d'outr-mer et l'État unitire, ECONOMICA, 1998.
Jean-Paul GILLI, Les aspects administratifs de la régionalisation, Édition Cujas, 1975.
平野千果子『フランス植民地主義の歴史』人文書院，2002。
平野千果子訳・グザヴィエ・ヤコノ『フランス植民地帝国の歴史』白水社，1998。

VB 55 ニューカレドニアに関する特例措置の合憲性と地邦法律の審査

(α)1999年3月15日憲法院判決
Décision n° 99-410 DC du 15 mars 1999
Journal officiel, Lois et Décrets du 21 mars 1999, p. 4234
Rec. 51, RJC I-812
(β)2000年1月27日憲法院判決
Décision n° 2000-1 LP du 27 janvier 2000
Journal officiel, Lois et Décrets du 29 janvier 2000, p. 1536
Rec. 53, GD. 51

南野　森
(九州大学助教授)

〔事　実〕

1853年にフランスに領有され，第四・第五共和政憲法により海外領土（TOM）の地位を与えられたニューカレドニア（以下N-C）では，1969年の「赤スカーフの乱」以降，先住民カナックを主とする独立派と入植者を中心とする反独立派が対立を再び顕在化させるようになる。80年代に入り，武力闘争を伴う対立がいっそう激化し内戦の観を呈するなか，ようやく88年6月，政府，「社会主義カナック全国解放戦線」（FLNKS）および「共和国におけるカレドニアのための連合」（RPCR）の三者間で，いわゆるマティニョン協定が締結された。これを受け，10年後にN-Cの独立を問う住民投票を行うことや，自治権を拡大することを定める法律が，11月6日のレフェランダムで可決された。ところが10年間に締結者の意思は変化し，右住民投票の代替案が検討され（そもそも98年に投票を行っても反独立派が圧倒的多数を占めることは明らかであり，FLNKSはその延長を主張するようになった），98年5月5日，住民投票を15年から20年後に先送りしたうえでN-Cの新たな地位を定める，いわゆるヌメア協定が締結された。7月20日には同協定の実施を可能にするための憲法改正が行われ，76条および77条が新設され，11月8日にはN-Cで住民投票の結果，同協定に対し71％を越える賛意が示されている。

76条は，ヌメア協定承認のための右住民投票の実施を定めたもので，すでに死文化した。77条は，投票の結果協定が承認された場合に，協定の方針を具体化するため組織法律と通常法律が定められることを規定する。そして同条に従って99年2月16日に可決されたのがN-Cに関する組織法律（n° 99-209）および通常法律（n° 99-210）である。両者はただちに首相により憲法院に付託され，3月15日それぞれにつき違憲判決が下された（n° 99-410 DC (α)，n° 99-409 DC。通常法律に対する判決は，同法10条の規定が組織法律によるべき規定であったため，憲法に違背する手続により定められたとして違憲を宣言するにとどまり，本稿では扱わない。なお，組織法律は，N-Cの三つの州議会（Assemblée de province）議員の一部で構成される常設の合同議会（Congrès）が一定事項に関し採択する「地邦法律（loi du pays）」という法形式を創設したが，そうして定立された一つ（LP n° 99-003）が憲法院に付託された。本稿ではこれに対する判決(β)をも解説(5)で扱う）。

本件は，当然に憲法院の審査に付される組織法律をめぐるものであり，それゆえ何らかの争

点が予め付託者によって呈示されているわけではない。本稿では、判旨のうち、重要な理論的問題を提起するはずの、(1)憲法改正の限界に関するもの、(2)かなり特殊な合憲解釈を行ったもの、(3)審署後の法律に対する初の違憲判断を下したもの、(4)立法者の作為義務に言及したもの、を特に選択して論じることとする。

〔判　旨〕

(1) **憲法改正の限界と違憲審査の範囲**

「憲法7，16，89条の規定を別として、憲法制定（＝改正）権力が憲法典の中に、(……)憲法的価値を有する規定あるいは原理から逸脱する内容を持つ新たな規定を挿入することを妨げるものはなにもない」。そしてこの逸脱は、本件のように黙示的なものでしかないこともあり得る。憲法77条1項の規定から、本件組織法律の審査は「憲法との関係においてのみならず、ヌメア協定の定める方針との関係においてもなされなければならない、ということが帰結する。右協定は、憲法的価値を有する規定あるいは原理のいくつかから逸脱するが、この逸脱は、協定の実施に厳格に必要な限りにおいてしか行われ得ない」。かかる法状況の変化を理由として、右組織法律の規定にはすでに憲法院が合憲と判断した規定あるいはレフェランドムにより採択された88年法の規定と同一のものが含まれるにも関わらず、憲法院はその規定全体の審査を行うことができる。[Con. 3～4]

(2) **特殊な合憲解釈——「付表」の解釈**

組織法律188条は、合同議会・州議会選挙の選挙権者として、(a)98年11月8日の住民投票の参加資格を満たす者、(b)付表（tableau annexe）に登録されており、かつ選挙時において10年の在住期間を有する者、(c)98年10月末以降に成人する者で、98年末までに10年の在住期間を有する者、もしくはその親が(a)または(b)に該当する者、を挙げる。189条のIは選挙権者が、合同・州議会選挙のための特別選挙人名簿に登録されるとし、さらに同名簿は、「現行選挙人名簿および投票への参加を認められない選挙人の付表に基づいて作成される」とする。(……) これらの規定から、「付表は常に、大統領選挙、国民議会選挙、市町村議会選挙、欧州議会選挙、レフェランドムについてのN-Cの選挙人名簿に登録されてはいるものの、合同・州議会選挙には参加が認められない選挙人を登載したものであること」、および、合同・州議会選挙の制限選挙人団に加わることになった選挙人を除籍し、新たにN-Cに居を構えるに至り本土レベルの選挙にしか参加し得ない選挙人を登載するため、定期的に更新される、ということが導かれる。この結果「合同・州議会選挙に際しては、その選挙時において、189条のIが言及する付表に登録されており、かつN-Cに10年の在住期間を有する者は、その居を構えた日時にかかわらず、たとえそれが98年11月8日以降であったとしても、これらの選挙に参加することになる、ということが特に帰結する(……)。188，189条は憲法に違反せず、憲法77条により組織法律に与えられた授権に違背するものでもない。」[Con. 29～34]

(3) **審署後の法律の違憲審査**

組織法律195条のI第5号は、「裁判上の更生・清算に関する85年1月25日法律（n° 85-98）の192，194，195条の適用により被選挙権の欠格を宣言された者」が、合同・州議会議員の被選挙権をも持たないとする。85年法の192条は「（商事）裁判所は、自己破産に代えて、商工業企業・農場・法人のすべてまたは一部につき、直接または間接に経営・管理・運営または監督を行うことを禁止することができる（……）」と、

194条は「自己破産または192条所定の禁止の宣告は，公選職の遂行不能性をもたらす。この不能性は，裁判上の清算を宣告されたすべての自然人に対しても同様に適用される。この不能性は，担当機関から関係人にその通知がなされた時点で当然に効果を生じる」と，そして195条（2項）は「裁判上の清算の決定から生じる公選職の遂行不能期間は五年である」と定める。[Con. 35～38]

「すでに審署された法律であっても，それを改正し，補完し，またはその関与領域に影響を及ぼす法律規定の審査に際しては，その憲法適合性を審査することができる。本件法律195条のⅠ第5号は，(85年法の) 192, 194, 195条の規定が関与する領域を，N-C の合同・州議会選挙に拡大するものである。したがって，(85年法の) これらの規定が憲法に適合するかを確認することは憲法院の権限に属する」。人権宣言8条によれば，「法律は，厳格かつ明白に必要な刑罰でなければ定めてはならず，何人も，犯行に先立って定立され，公布され，かつ適法に適用された法律によらなければ処罰されない。刑罰の必要性原理は，公選職の遂行不能性が，裁判官が事案に固有の状況を考慮にいれたうえで，それを明示的に宣告した場合でなければ適用され得ない，ということを含意する。被宣告者が負債の弁済に十分に寄与した場合に，その要求により裁判官が事後的にその不能性を取消す可能性が存在するというだけでは，必要性原理から生じる要請を尊重することにはなり得ない。したがって，公選職遂行の原則として少なくとも五年に及ぶ不能性が，自己破産，192条所定の禁止，あるいは裁判上の清算が宣告されるあらゆる自然人に対し，これらを決定する裁判官が明示的にこの不能性を宣言することなく当然に及ぶとする (85年法) 194条は，刑罰の必要性原理に反する。本条と不可欠なものとして，公選職遂行不能性に言及する同法195条の規定もまた，憲法に違反すると宣言されなければならない。したがって，(組織法律) 195条のⅠ第5号の規定は，憲法に違反する。」[Con. 39～43]

(4) ヌメア協定と組織法律の齟齬

組織法律217条は，N-C の独立に関して2014-19年に行われる住民投票の結果独立が否決された場合，二度目の住民投票が行われ得ること，そして二度目の投票でもなお否決された場合に，協定の署名者委員会が善後策を協議することを定める。(……) ヌメア協定第5点4項は，一度目の投票で独立が否決された場合，三分の一以上の合同議会議員が二度目の住民投票を要求できること，二度目の投票でも否決された場合には，同様に三度目の投票が行われ得ること，そして三度目の投票でもなお否決された場合，協定署名者が事態を協議するために集まると定める。これらの規定から明らかに帰結することは，第一に，初回の住民投票の結果が否決の場合，二度目の住民投票が組織されねばならないということ，第二に，二度目の結果が否決の場合，三度目が行われねばならないということ，そして第三に，署名者委員会は，連続した三度の否決の後でなければ開催され得ない，ということである。ところが217条4項は，署名者委員会の開催を三度目ではなく二度目の投票の後に予定している点で，「憲法77条が，組織法律定立者に対して課している，ヌメア協定の定める方針を尊重し，かつその実施に必要な方式を定めるという義務に違背している。したがって，同項は憲法に適合しないと宣言される」。217条のその他の規定は同条4項と分離し得るものであり，協定の規定に適合する。「組織法律定立者は，二度にわたる否決の場合に三度目の住民投票を予定する憲法上の義務を負う。」[Con. 45～53]

以上を考慮し，憲法院は，以下のとおり判示する。

「1. N-Cに関する組織法律195条のⅠ第5号および217条4項は，憲法に違反すると宣言される。

2. 既述の通りの解釈が留保される限りにおいて，本法律のその他の規定は，組織法律の性格を持つものも通常法律の性格を持つものも，憲法に適合すると宣言される。

3. 本判決はフランス共和国官報に掲載される。」

（1999年3月15日審議）（憲法院院長　ローラン・デュマ）

〔解　説〕

(1) 憲法改正権力の「万能性」

本件組織法律は，いくつかの点において，憲法から逸脱する——つまり憲法違反の——規定を含んでいる。ところが本判決は，98年の憲法改正により新設された77条1項が，ヌメア「協定で定められた方針を尊重し，かつその実施に必要な方式に従って，組織法律が以下の事項につき定める」としていることに依拠し，右法律の審査は憲法との関係においてのみならず，この「方針」との関係においてもなされなければならないと述べた。これは本件審査における「憲法ブロック」に「ヌメア協定で定められた方針」が含まれたことを意味する。ところで，この方針自体重要な点で憲法から逸脱するものであった。N-C固有の選挙への制限選挙の導入や，現地雇用に関する一種のアファーマティヴ・アクションの創設は，端的に平等原則に違反する。「N-C市民権」なる概念や，「カナック人民」の存在を認めることは，共和国の単一性原則との衝突を生じるし，かつて「コルシカ人民」なる概念への言及を違憲とした判決〔⇨ⅤA52〕とも

整合しない。「法律の効力を持つ地邦法律」の制定権限を合同議会に認める規定も同様である。ヌメア協定は，憲法院の指摘を待つまでもなく，第五共和政憲法の重要な諸原則に衝突する規定を含んでいたのである。それゆえ，かかる協定を実施するために憲法改正が行われたのであった。そしてこの改正では，マーストリヒト条約批准のための憲法改正（92年6月25日）がそうであったように，(逸脱されることになる) 既存の憲法規定には手を触れず，憲法典のなかに（逸脱することになる) 新たな規定を増設し，両者を併存させるという手法がとられた。90年代に重用されるこのような改正手法（これを「嘆かわしい習慣（fâcheuse habitude）」と呼ぶ学説もある）は，現行憲法をして，重要な原則と重大な例外が少なからず併存する，とても堅牢とは言えない合わせ細工のごとき体を晒しめるに至っている。そしてこのことの責任の一端は，憲法院にある。マーストリヒト第二判決〔⇨ⅠA4判決〕において憲法院は，「憲法7，16，89条から帰結される（……）制限を別として」との留保を付けながら，しかし「憲法制定（＝改正）権力は主権的である」という，いかにも慎重さを欠く言明で，そのような憲法改正も認められるとしたのである。

本判決はまず，憲法改正がほとんど無制約であるという右判決の定式を繰返すことから始める。ただし，本判決では「主権的」という形容は避けられている。そして新設された77条が，ヌメア協定の方針を尊重して組織法律を定めることとしているのであるから，その審査においては，右方針との適合性審査を行うことが，77条との適合性審査を行うことになるという論理を展開する。この論理はしかしながら，国際協約が法律に優越する権威を持つと定める55条との適合性審査を行うことは，法律と国際協約の

適合性を審査することとは異なるとして，後者の審査権が憲法院にはないとした中絶法判決〔⇨ⅡB⑪〕の前提するはずの論理と容易には整合しないようにも思われる。さらに，本件組織法律のうち，N-Cの統治機構に関する規定の多くは，88年11月のレフェランドムにより採択された法律の規定をそのままに繰返したものであった。62年判決〔⇨ⅥA㊾〕以来の判例によれば，憲法院はレフェランドム法律については，それを「国の主権の直接の表現」であるとして一切の審査を行わない。にもかかわらず，本判決は，ヌメア協定を承けての憲法改正という「法状況の変化により」そのような規定をも改めて審査する余地が生じたという。レフェランドム法律は「主権の直接の表現」である一方で，ヴェルサイユの両院合同会議による憲法改正は「主権的」でなくなった。主権的でないものが，主権の直接の表現物（と同一のもの）に優越するという発想もまた，容易には理解できないものに思われる（さらに，90年1月9日判決 n° 89-265 DCが，レフェランドム法律の規定を変更しようとする通常法律は主権原理に違背するとの付託者の主張を退け，通常法律であれレフェランドム法律であれ，その規定が法律事項に関わる限り通常法律によって変更できるとしていることも合わせ考えれば，62年判決の定式は，いっそうの疑義を生ぜしめるように思われる）。

(2) 合憲解釈

つとに59年判決〔⇨ⅣB㊹〕により創始をみ，その後繰返し用いられてきた「解釈の留保」すなわち合憲解釈の手法は，本判決でも重要な点で用いられている（判旨に掲げなかったものとして，①「N-Cは国会において代表される」と定める組織法律2条3項につき，「国会において各議員は国民全体を代表するのであり，その選挙区の住民を代表するのではない」[Con. 9]として，同項は上下両院議員選挙がN-Cにおいて行われることを確認したに過ぎないと解釈されなければならないとしたもの，②「その父および母が慣習民事身分（statut civil coutumier）を持つ嫡出子，自然子，または養子」にも同身分を認める10条につき，「本規定は，その親子関係が右身分を有する片親との関係でしか確定されない子に対しても同様に右身分を認めるものであると解されなければならない。また，かかる子の親子関係がもう片方の親との関係でも確定されるに至った時は，この親もまた右身分を有する場合にしか，子は右身分を維持し得ないと定めるものであると解されなければならない」[Con. 12]としたもの，そして③現地雇用の保護・促進のための積極的差別措置を認める24条に基づき地邦法律が定める，同措置の恩恵に与るための在住期間につき，それが「N-C市民権獲得のために必要な在住期間（10年）を越えてはならない」[Con. 17]としたもの，の三点がある）が，判旨(2)にまとめた部分は，以下にみるように，もはや憲法裁判官による法律の「書き直し」とさえ呼ぶべき実質を備えている。

N-Cにおいては，先住民が入植者に対して少数者の地位にあり，普通選挙が導入された場合，その意向が投票結果に大きな影響を及ぼす可能性は存在しない。そのため，ヌメア協定の協議に際しては，FLNKSから制限選挙の導入が強硬に主張された。そしてその結果，判旨(2)が確認するような制限選挙制度が導入されたのであるが，問題となるのは，組織法律188条のⅠが定める条件のうち，「付表に登録されており，かつ選挙の時点でN-Cに10年の在住期間を有する者」という条件(b)であった。この「付表」の意義については，二通りの解釈が可能である。第一によれば，付表とは98年11月の住民投票に参加を認められない者の一覧を指す。第二によれば，それはかかる特定のものではなく，毎年更

新されるN-C固有の選挙に参加を認められない者の一覧を指す（前者とすれば，2008年以降，10年の在住期間を有してもなお，98年の付表に登録されていないという理由で選挙権を認められない非N-C市民が生じることになる。後者であれば，99年以降の付表に登録されれば，2009年以降10年の在住期間を満たした時点で，市民権の有無に関わらず選挙権を認められる者が出現する）。審議録によれば，上院でも下院でも，本条については趣旨報告に対してさほど議論が行われた痕跡はない。下院の報告者は，明確に本条の付表が98年作成の付表であることを述べ，その結果「この選挙権が最初に獲得されるのは99年であり，最後に獲得されるのは2008年である」と付け加えていた。上院の報告者はよりいっそう明確に，この付表が98年以降N-Cに居を構える非N-C市民を漸次登録し，10年の居住期間を満たした時点で削除するという意味での変動的付表ではなく，98年に作成された固定的付表であると述べている。そしてこの趣旨を明確にするため，原案では「189条のIの言及する付表」とあったのを削除し，単に「付表」として採択された。189条のIは「投票への参加を認められない選挙人の付表」とのみ定めており，変動的付表を想定させる余地があったからである。つまり審議過程から明らかになる立法意思は，明確に第一の解釈によるものであったのである。にも関わらず，本判決は第二の解釈を採用したうえ，N-Cに「居を構えた日時に関わらず」，さらにそれが「98年11月8日以降であったとしても」と念を押す。そしてこのような，第一の解釈に比べてより制限的でない制限選挙人団の定義こそが「憲法77条の審議録から明らかになる憲法制定（＝改正）者の意思」に合致し，またヌメア協定を尊重することにもなる，とする。しかしながら，上にみたような組織法律188条の審

議録から明らかになることと正反対の理解が，憲法77条の審議録から，あるいはヌメア協定の文言から明解に導かれるわけではない。77条の審議では，この点は正面から扱われていない。かかる憲法院の合憲解釈は，通常のそれとは大いに性格を異にし，それゆえ憲法院も，この点については通常用いられる「このような解釈の限りにおいて」という定式を用いていない。

憲法院の示した付表解釈は，とりわけFLNKSにより厳しく批判された。そしてそれに突き動かされた政府は，本判決の解釈を「中和する」ための憲法改正案を提出した。それは「76条1項にいう協定（すなわちヌメア協定）が言及する付表は，同条が言及する住民投票（すなわち98年11月のそれ）に参加を認められなかった者の一覧である」とする一項を77条に挿入するというものであった。本判決の変動的付表説を覆し，固定的付表説をとることを明確にしようとした右改正案は，RPCR派議員の反対演説を乗越えて上下両院で可決され，2000年1月24日に両院合同会議において採択されることになった。ところが同時に採択に付される予定であった司法官職高等評議会に関する憲法改正案が可決される見込みがなくなったために，合同会議の開催は延期され，いずれの憲法改正案も棚上げになったままである。

(3) 審署後の法律の違憲判断とその効果

85年1月25日判決〔⇨VID66〕において憲法院は，すでに発効している法律であっても，一定の条件のもとにその合憲性を審査し得るという，画期的な自己授権の判断を示した。そして憲法院は，判旨(3)にまとめた部分において，かかる判例を適用し初の違憲判断を下した。85年判決の示した条件に照らし，本件では，85年法の192，194および195条に言及する組織法律195条のI第5号が，85年法の「関与領域をN-Cの合

同・州議会の選挙に拡大するもの」であると判断し，その違憲審査を行ったのである（ただし，組織法律は85年法の拡大ではなく適用に過ぎず，右条件を満たさないとする学説もある）。

85年法は，商事裁判所の判決により裁判上の清算，自己破産もしくはそれに代えて経営等関与の禁止を宣告された者が，自動的に被選挙権を剥奪されることを定めていた（85年1月18日判決 nº 84-183DC は，この規定を職権で取上げて審査することなく「その他の規定」に含めて合憲を宣言した）。講学上「付加刑（peine accessoire）」または「自動刑（peine automatique）」と呼ばれる，主刑の言渡しから当然に生じるこのような制裁は，様々な刑事特別法において定められているが，移民法判決〔⇒ⅡA⑨〕において憲法院は，国外追放決定に自動的に一年間の再入国禁止が付加されることを定める移民法14条を，人権宣言8条の要請に違背するゆえ違憲と宣言した。その後94年3月発効の新刑法典132-17条は付加刑を禁止したが，これは新刑法典に定める犯罪以外には適用されないことになっており，85年法の自動刑はそのままに残っていた。そして97年の総選挙に対する所見（JO du 12 juin 1998, p.8927）において，憲法院は右自動刑につき，次のように述べる：「根本的に言って，（85年法）の定める被選挙権剥奪という自動刑は，刑罰の必要性原理，防御権，衡平な裁判を受ける権利との関係で，重大な留保を要求するものである。この規定は，実際には一つの遺物であり，その維持についてはこれを正当に疑う余地がある」と。にも関わらず，本件組織法律は85年法の規定をそのままにN-C固有の選挙に適用することを定めたのであった。そこで本判決は，明確に85年法の194および195条，そしてそれを準用する組織法律195条のⅠ第5号を違憲とした。

このような違憲判断の効果については，学説が分かれている。憲法62条が憲法院判決に認める効力は，「判決主文の不可欠の支えであり根拠である判決理由にも及ぶ」とするのが憲法院の立場〔⇒ⅥB㉛参照〕であり，学説もこれを一般に承認している。しかし，「憲法院判決は，公権力およびすべての行政・裁判機関を拘束する」（62条2項後段）ということの意味をめぐり，違憲と判断された規定を，他の裁判所はもはや一切適用し得ないと解する者もあれば，逆に憲法院判決にも関わらず引続き適用すべきであるとする者もある。また適用し得ないとする場合でも，遡及効を持つのか，現在係争中の事案からそうであるのか，さらに，立法者は当該規定の改廃義務を負うのか等については，法律のアポステリオリな審査の伝統を持たないフランスでは，いまだ十分な学説の蓄積がない。多元的裁判制度をとり，しかも立法不作為を争う可能性が予定されていない以上，結局は発効後に違憲とされた規定の適用如何については通常裁判官が，またその改廃如何については立法者が，個別に判断することにならざるを得ない。「憲法61条に従って下された（憲法院）判決は，絶対的かつ終局的な性格を持つ」との宣言〔⇒ⅡB⑪〕は，もはや絶対的かつ終局的な性格を持たなくなっていると言えよう。

その後85年法は，2000年9月の商法典改正にあたり，ほとんどが商法典に移転されるに伴って削除された。そしてその際，本判決が違憲と宣言した194条は完全削除され，商法典には移転されていない。また195条も「公選職の遂行不能性」に言及する部分を削除した上で，商法典に移転された。結果として，立法者はかなり早急に憲法院の判断に従ったと言える。

(4) 立法者に対する憲法院の命令？

本判決が示したもう一つの違憲判断が判旨(4)にまとめた部分である。ヌメア協定は，2014-

19年に行われる独立を問う住民投票が三度連続して否決された場合に，協定署名者委員会が事態を協議することを定めていたが，組織法律217条4項は，三度ではなく二度の否決により右委員会が開催されるとした。そこで憲法院は，同項がヌメア協定に違反し，それゆえ憲法77条に違反すると判断した。注目されるのは，Con. 53において，「組織法律定立者は，二度にわたる否決の場合に三度目の住民投票を予定する憲法上の義務を負う」とわざわざ本判決が念を押していることである。憲法院がこのように正面から立法者の具体的な作為義務を確認するのは，おそらく極めて例外的な事例に属する。この点に学説はさほど注目していないようであるが，違憲審査制の民主政における正当性をめぐる議論が一つのブームとなっている昨今のフランス憲法学にいわゆる，それを擁護する有力学説（ファヴォルー）である「転轍手（aiguilleur）の理論」に若干の修整を迫る可能性を孕んでいるように思われる。そして現在のところ，立法者は，三度目の投票を予定する組織法律を定めていない。

(5) **地邦法律の違憲審査（(β)判決について）**

ヌメア協定第2.1.3.点は「合同議会の一定の議決は地邦法律の性質を持ち，このことにより，その公布前に憲法院においてしか争われることがない（……）」と定めていた。憲法77条1項は，組織法律が定めることの一つとして「N-Cの議決機関の一定の種類の文書が，公布前に憲法院の審査に供される条件」を挙げている。そして組織法律は，その第三編第二章（99から107条）において地邦法律の管轄事項を始めとし，その採択手続や憲法院への付託手続等につき定めた。

組織法律99条の定める地邦法律事項のうちの一つが「あらゆる種類の税・手数料の徴収および課税基準に関する規定」であり，99年12月7日に合同議会で採択された地邦法律は，役務給付に対する一般手数料の新設に関するものであった。右地邦法律についてのロワイヨテ諸島州州議会議長による付託に対して下された本判決は，付託理由が，地邦法律の採択手続上の瑕疵を主張するにとどまったことを受け，それ以外の論点を職権で取上げて審査していない。主張された手続上の瑕疵は，組織法律155条および48条に定められた，一定の性格を持つ地邦法律案の採択前の，N-C経済社会評議会およびN-C財政委員会への義務的諮問を，右地邦法律は経ることなく採択されたというものであった。これに対して憲法院は，右地邦法律がこれらの義務的諮問を課される性格のものに該当しないとして付託を退けた。

つまり憲法院は，右地邦法律の違憲審査において，実際にはその組織法律との適合性審査を行っている。このことは最後のCon.において，憲法院が「憲法適合性についてのいかなる問題も職権で取り上げる余地はない」として，通常の違憲審査で用いられる「その他のいかなる問題も」という定式を用いていないこと，さらに判決主文においては「本地邦法律は，憲法に適合する手続に従って採択された」と言うにとどまり，通常の合憲判決のように「憲法に適合すると宣言される」とは述べていないことからも示唆される。そして憲法は，実際には地邦法律の採択手続については何も語っておらず，ここでも，77条が言及する組織法律に適合する手続であるから憲法に適合する手続である，という，(α)判決におけると同様の，入れ子構造の論理が取られている。つとに憲法院は，通常法律に対する初めての判決〔⇒ⅥD64〕において，問題となった通常法律と59年2月4日組織法オルドナンスとの適合性を審査し，同オルドナンスが憲法34条5項の言及する組織法律に相当すること

を理由として，同オルドナンスに違反する通常法律の規定が憲法に違反すると判断していた（同様の論理で合憲判断を示したものに，たとえば96年7月26日組織法律との適合性を審査した⇒ⅢD[37]がある）が，(β)判決は，このような手法を本件組織法律に適用したものであると言えよう。

(6) N-C に関する特例措置の憲法問題

以上みたように，N-C に関する特例措置は様々な憲法問題を提起するにもかかわらず，憲法院は，それがヌメア協定の実施に厳格に必要なものである限り認められるという立場をとった。その結果，フランス共和国の単一性は大きく揺らぐ。これまでその海外領土に過ぎなかった N-C は，本件組織法律により，領土 (territoire) でも国家 (État) でもない，pays(=くに)という独特な地位を持つに至った(棚上げになった2000年1月の憲法改正案においては，仏領ポリネシアに「海外地邦 (pays d'outre-mer)」の呼称が与えられており，その趣旨説明において，N-C も同様とされ，その性格は，territoire と，独立後にフランスと協力関係を結ぶ憲法88条にいう提携国家 (État associé) との間に属すると述べられている。本稿は，そのような pays を「地方」と訳すべきではないと考えた)からである。こうして，憲法学の原理論に関わる重要な問題が，憲法76，77条からなる第13章の表題が示すように，N-C に関する特例措置はあくまでも「過渡的 (transitoire)」なものに過ぎないという理由で，正面から扱われないままに，15－20年後の N-C の独立――すなわち pays から État への変態――が，これらの問題を消滅させてくれるのが待たれているかのような状況がある（ただし，このような「過渡的」憲法改正の結果，たとえ憲法院が「N-C 以外であればどこについてでも違憲と判断するであろう規定を，N-C については認容することに論理的になる」（シェトル）としても，欧州人権裁判所あるいは国連人権委員会はこのような憲法改正に影響されることはない，ということが注意されるべきである）。

〔参考文献〕

評釈として，J.-E. Schoettl, *AJDA*, 1999, p. 324; J.-Ch. Car, *D., somm.*, 2000, p. 199; E. Aubin, *Petites affiches*, 28 sep. 1999, p. 16; B. Mathieu et M. Verpeaux, *Petites affiches*, 21 sep. 1999, p. 8; B. Mathieu et M. Verpeaux, *JCP*, 2000, I 201, p. 139; J.-P. Camby, *RDP*, 1999, p. 653, また *Cahiers du Conseil constitutionnel*, n° 7, 1999, p. 11。付加刑に関する刑法学者の評釈として，G. Roujou de Boubée, *D., somm.*, 2000, p. 117; J.-H. Robert, *JCP*, 1999, I 151, p. 1290。本件組織法律を解説するものとして，J.-Y. Faberon, *RFDC*, 1999, p. 345。N-C に関する法的問題を様々に取上げるものとして，J.-Y. Faberon et G. Agniel (dir.), *La souveraineté partagée en Nouvelle-Calédonie*, Doc. fr., 2000; F. Luchaire, *Le statut constitutionnel de la Nouvelle-Calédonie*, Economica, 2000; Ph. Portet, *RRJ*, 1999, p. 929; O. Gohin, *AJDA*, 1999, p. 500; R. Fraisse, *RFDA*, 2000, p. 77; J.-F. Flauss, *RRJ*, 2000, p. 681; A.-M. Le pourhiet, *RDP*, 1999, p. 1005; Ch. Chabrot（新潟大学法政理論31巻4号，1999年，山元一教授による抄訳が付されている）。地邦法律に対する判決については，L. Bausinger-Garnier, *La loi du pays en Nouvelle-Calédonie*, Harmattan, 2001; O. Gohin, *AJDA*, 2000, p. 252; D. Ribes, *D., somm.*, 2001, p. 1763; D. Ribes, *RFDC*, 2000, p. 352; F. Luchaire, *RDP*, 2000, p. 553。棚上げになった憲法改正案については，J.-Y. Faberon, *RFDC*, 2001, p. 381。邦語では，蛯原健介「フランス憲法院による審署後の法律の『事後審査』」（立命館法学265号，1999年），同「ニューカレドニアにおける最近の自治権拡大に関する覚書」（明治学院大学法律科学研究所年報18号，2002年）など。

VI 憲法院の審査機能と判断手法——解説

本章では，法律の合憲性審査（憲法61条）において憲法院が用いる審査手法と判決の効力にかかわる問題，および法律の合憲性審査以外の憲法院の権限に関係した判決等を取り上げている（54条の条約の批准，承認手続への関与については，別項参照）。

憲法院は，大統領選挙に関して適法性を監視し，異議申立を審理し，投票結果を公表したり（58条），国会議員の選挙に関する争訟を裁判し（59条），また，レフェレンダムの施行に際してその適法性を監視し，その結果を公表する（60条）など，選挙，レフェレンダムに関わる権限を有している。憲法第7章憲法院の中に規定されたこれらの権限以外にも，第五共和制の執行権強化・合理化された議院制の基本的枠組みの保障者として，国会が限定列挙された法律事項（34条）以外の領域に関与しないように監視する役割を与えられ（37条2項，41条），さらに，大統領の障害の認定（7条），緊急事態の発動に際しての諮問（16条）といった国政の重大局面に関与する権限を認められている。これらは法律の合憲性審査に勝るとも劣らない重大な権限であり，フランスの政治制度における憲法院の重要性を表すものである。

(1) 「執行権の番犬」

法律の合憲性審査以外の憲法院の権限は，法律の合憲性審査自体もそうであったが，基本的には，第5共和制憲法の執行権強化の理念を制度的に担保するものである（「執行権の番犬」）。

しかしながら，第5共和制の政治制度自体が制定時の意図どおりには運用されていない（典型的には，大統領直接公選制の導入による影響）のと同様，憲法院も執行権強化＝合理化された議院制（parlementarisme rationalisé）を保障する機関として，必ずしも当初の思惑どおりの役割を果たしているわけではない。

① 国会との関係では，憲法院は，国政選挙に関する選挙訴訟を扱い（58-34 du 12 décembre 1958 は 選挙に関する管轄権限を厳格に解し選挙費用償還請求を排斥した初期の事例であり，58-68/126 du 5 janvier 1959 は国民議会議員選挙を初めて無効とした判決である），議院規則の合憲性を審査し（61条1項），法律事項と行政立法事項の権限配分をサンクションする。国会両院から構成員の資格認定権限を奪い，義務的審査を通じて議院規則に憲法の枠をはめ，法律の一般的管轄権を否定するという徹底した議会封じ込めを目的とする制度の要が憲法院であった。

法律事項・行政立法事項の権限配分に関しては，三つの手続が考えられた。議員提出法律案に対する41条の政府の不受理の異議（議長が同意しない場合に憲法院の審査），議会で表決され審署される以前の段階の法律に対する61条2項による合憲性審査，そして審署後の法律について37条2項の手続（délégalisation）である。憲法院は，このうち61条2項について，法律が行政立法事項を定めているだけで直ちに違憲となることはないとして権限配分の問題に国会議員が関与する道を閉ざした（82-143 DC du 30 juillet

1982)。これによって政府のイニシアティブがなければ、権限配分のサンクションが行われることはなくなった。41条は、79年以降用いられておらず、比較的安定した議会多数派が政府を形成する現在の政治状況の下では、この手続の有用性は失われたといえる（59-1 FNR du 27 novembre 1959 は、41条を憲法院が初めて適用した判決である）。37条2項は、年にほんの数件適用があるだけであるが、この手続において憲法院は、法律事項を厳格に解するのではなく、むしろそれを拡大する傾向を示している。例えば、コンセイユ・デタの形成した「法の一般原則」に関わる条項は、憲法34条に列挙されていなくても法律事項であるとされた（69-55 L du 26 juin 1969）。かくして執行府の番犬としての権限は第5共和制憲法の生み出した政治状況によって陳腐化したが、その制度的な担い手であった憲法院は、法律と行政立法の伝統的な関係を回復する方向を指向すると同時に、法律の合憲性審査権限を強化することによって自己の存在意義を主張するようになるのである。

② 執行府との関係では、憲法院は、大統領の空席（vacance）、障害（empêchement）を認定し（条文上、空席の認定権限はないが、1969年のドゴール辞任、1974年のポンピドゥ逝去に際して憲法院は空席の認定を行った。障害の認定がなされたことはない）、大統領選挙の運営の適法性を監視する役割を付与されている（Décision du 17 mai 1969）。立候補要件の審査、候補者名簿の確定や、選挙運動の監視、異議申立てに対する裁判など、大統領選挙全般に憲法院は関与する。大統領公選制の導入によって、この役割の重要性は増した。

大統領大権として第5共和制憲法の執行権強化を象徴する16条の緊急権発動に関わっても、憲法院は諮問を受けることになっている。しかし、大統領の非常に強力な緊急権は、一度発動されただけにとどまっている（アルジェリア危機に際しての意見が、Avis du 23 avril 1961）。

③ 主権者・国民との関係では、レフェレンダムの適法性を監視し、その結果を宣言することが憲法院の役割である（Décision du 23 décembre 1960）。ド・ゴールは1960年代にレフェレンダムを政治的武器として活用したが、ポンピドゥ以降の歴代大統領はレフェレンダムを使いこなすことはできなかった。最近では、1992年のマーストリヒト条約に関するレフェレンダムが注目されたが、この役割は、レフェレンダムの対象を拡大した1995年の憲法11条改正によって、その重要性を増すことになった。他方、レフェレンダムよって成立した法律に対して憲法院は合憲性審査を謙抑している。この種の法律も、「法律」ではあり国会による改廃の対象となるが、憲法院は、条文の定めと国民主権原理を理由にその合憲性を審査することはない（62-20 DC du 6 novembre 1962）。レフェレンダム法律に対する憲法院の審査を主張する議論もあるが、現段階では、レフェレンダムの準備段階における事前の諮問が重要性を帯びることになる。

(2) 法律の合憲性審査をめぐる諸問題

61条2項による通常法律の初の合憲性審査は権限配分に関わるものであった（61条2項を介して34条違反を問題とする事案 60-8 DC du 11 août 1960）が、今日では権限配分それ自体は61条2項の提訴事由にはならない（前述）。憲法院への提訴権者を国会議員に拡大する1974年憲法改正以降、62条2項に基づく合憲性審査が活性化し、それによって憲法院の性格は変化していく。憲法院は、自己の管轄権限を憲法上明文で認めら

れた権限に限定するなど正面から自己の権限を拡大することに慎重な面もあるが,「憲法ブロック」を自ら拡大し,第５共和制憲法前文に裁判規範性を認めることによって1789年人権宣言だけでなく,1946年憲法前文,さらに「共和国の諸法律によって承認された基本原則」といった曖昧な観念をもそこに取り込み,審査権限の拡大を図ってきた。政権交代直後の改革立法に対する判決は時として激しい非難に見舞われたが,憲法院は,政治に精通した者を含むその構成員の鋭い政治的嗅覚によって絶妙な政治感覚を発揮し,今日の確固たる地位を築いたのである。

(A) 判断手法

憲法院は,フランスにおける初めての実効的な違憲審査制であるが,その定着過程において,「法律は憲法典を尊重するのでなければ一般意思を表明するものではない」と違憲審査を正当化しつつ,「立法者の判断に自己の判断を置換する権限を有するものではない」といった定式で裁判官統治批判をかわす違憲審査のイメージを形成して来た。このイメージは政治階級との関係を意識したものではあるが,しかしながら,二重の基準論や審査基準論といった形で政治部門との関係を定型化して客観化しようとする判断手法を生み出すまでには至っていない。憲法ブロックを構成する準拠規範のなかに価値序列が存在するといった発想も,そもそも存在していない。1981年の政権交代以前の簡略なものに比べれば,判決理由は随分詳細になっているが,人権と,その制約を根拠づける「憲法的価値をもつ原則」（principes à valeur constitutionnelle）との間の比較衡量によって基本的に判決の結論は導かれている。そうした未分化な判決手法のなかで,「解釈留保」と「明白な過誤の法理」がまとまった手法としてよく取り上げられるものである。

① 解釈留保（合憲限定解釈）　憲法院は,しばしば日本における合憲限定解釈に類似する手法を用いて,一定の解釈を示し,その遵守を条件として当該規定を合憲と宣言することがある。いわゆる「解釈留保」（réserve d'interprétation）の手法がこれである。解釈留保の手法は,1970年代後半以降,多くの判決で援用され,また,学説においても肯定的に評価されている。たとえば,G・ドラゴは,解釈留保は合憲・違憲の二者択一を迫るものではなく,違憲性の程度にいくつかの段階が存在することを意味するものであって,憲法に照らして最良の目的のために,いわば議会と憲法院との「絶え間ない連結現象」（phénomène de connexions successives）の発展を促すものであるという（Guillaume Drago, *L'exécution des décisions du Conseil constitutionnel*, Economica, 1991, pp. 148 et s.）。また,T・ディマンノも,「法の穏和な憲法化」という現代立憲主義の要請を効果的に充足させるものとして,積極的に評価している（Thierry Di Manno, *Le juge constitutionnel et la technique des décisions"interprétatives" en France et en Italie*, Economica, 1997, p. 476）。

もっとも,解釈留保の手法は,政治部門や裁判機関などの法適用機関に対して何らかの解釈を迫る効果をもたらすとはいえ,政治部門や裁判機関が必要な対応措置をとらなくとも,あるいは,不十分な対応にとどまったとしても,憲法院がそのことを理由としてそれらの機関を直接的にサンクションすることは困難である。憲法院の解釈に適合する法適用がおこなわれているかについての審査は行政裁判所などの裁判機関にゆだねられているのが現状である。なお,解釈留保は,違憲の疑いのある規定の規範的効

力を制限する「限定解釈」(interprétation restrictive)，解釈によって新たな規範内容を加える「建設的解釈」(interprétation constructive)，行政機関や裁判機関などの法適用機関に対して何らかの指令を差し向け，その機関が法適用にあたって指令の内容にしたがうことを要請し，それを条件として合憲性を承認する「指令解釈」(interprétation directive) という3つの類型に区分されることがある。

　② 明白な過誤の法理　この法理は，行政訴訟における裁量統制の手法を憲法裁判に移植し，立法裁量の統制を実現しようとするものである。日本における明白性の原則に対応するものである。行政裁量と立法裁量の相異を強調して，明白な過誤が犯されることは立法府の場合には考えにくいことを理由に，移植の不適切さを指摘して違憲審査基準としての実効性を疑う批判や，逆に，立法者の判断に憲法院の判断をとって換えるものであって「裁判官統治」に通じる強い審査手法であるという批判がなされている。そうした批判は存在しているが，この法理は，現実に明白な過誤が犯されたことを理由に違憲判断がなされた例が複数存在し（その一つが，85-196 DC du 8 août 1985），平等原則の適用，刑罰の必要性・相当性の判断等の場面で立法裁量を審査する有効な手段として，「明白な過誤」という言葉を用いるかどうかは別にして，憲法院の審査の重要な道具立てとなっている。

　(B)　判決の効力

　憲法院の決定（décision）には行政的な決定と裁判的な決定（判決）とが含まれている。後者にのみ既判力（autorité de la chose jugée）が認められる。国民主権，一般意思の表明としての法律という堅固な伝統の影響が残る政治環境のなかで，憲法院の判決に憲法は絶対的効力（62条2項）を与えた。この効力は，判決主文と，主文を導くのに必要な判決理由にも及ぶと解されている（62-18 L du 16 janvier 1962）。合憲限定解釈における解釈指示にもこの効力は及ぶと考えられる。憲法院の解釈を前提としなければ，法律は違憲となるという意味で主文と密接に関係する部分だからである。したがって，憲法院が行う憲法解釈と法律解釈が，主文の前提となる限りで既判力を持つことになる。

　憲法院の判決は，政治部門，裁判機関によって基本的には尊重されて来た。しかし，判決の既判力，執行の問題が改めて注目されるようになって来たのは，確かに違憲判決であれば，法律（または，違憲とされた条項）は審署されず法令集に登載されないため判決は対世効を持つといえるが，政治的機関の提訴を受けて事前審査を行う憲法院は，自らの判決を有権的に執行する手段を持たないので（憲法院自身による事後審査の欠如），判決理由の中で示された憲法解釈および法律解釈が政治部門および他の裁判所（特にコンセイユ・デタと破毀院）によって遵守されることを制度的にサンクションすることができないからである。極端に言えば，国会が過去に憲法院によって違憲とされた規定と全く同一の規定を採択しても（62条2項違反の事態），提訴権者が政治的理由によって提訴を控えれば，憲法院の違憲審査は回避され，内容上違憲の規定が法秩序の中に組み込まれることになるが，この事態を防止することは憲法院自身にはできないし，他にこれをサンクションする制度的メカニズムも存在していない。裁判所にしても，憲法院と司法，行政両系統の裁判所の間には階層的関係は何ら存在しないので，憲法院とは異なる法律解釈を裁判所が行っても，それを正す法的手段はない。憲法院判決の権威は，法的なサン

クションによって支えられているのではなく，ときに強い非難を憲法院に向けはするが，自発的に憲法院判決を遵守する政治部門と他の裁判所の担い手たちのいわば遵法意識に，その基礎を置いているのである。

判決の効力に関しては，次のような問題がある。

① 同一内容の規定の再審査　過去において憲法院が明示的に審査対象とした規定と同一内容の規定が提訴された場合，憲法院は，その文言・規定の仕方および立法目的が異なる場合でなければ審査を行わない。また，憲法院の審査は提訴事由に限定されず法律全体に及ぶとされているが，明示的に審査の対象とされずに一括して主文で合憲とされた規定には既判力は及ばないと考えられている。

② 政治部門との関係　憲法院判決と政治部門の関係は，事前審査制のため，国会での法案審議の終了直後に，政治的対立の余韻が強く残る段階で判決を憲法院が下さなければならないということもあり，微妙なものである。実際，1981年の政権交代に伴う改革諸立法に対する憲法院判決が強い批判を受け，それ以降，政権交代のたびごとに憲法院批判が巻き起こって来た。しかし，憲法院判決の効力という点では，大統領が違憲判決を無視して法律に審署したり，国会が違憲とされた規定を全く同一の文言で再度採択して公然と判決を否定するような行動をとった例はない。その意味で判決は政治階級によって十分な敬意をもって受けいれられているといえる。1988年には，ロカール首相が憲法問題に対する細心の注意を促す通達を発し，政治行政過程における憲法遵守意識は格段に高まった。

唯一の例外は，憲法院の判断を覆すための庇護権・亡命権に関する憲法改正であった。1993年移民法の違憲判決の後に，それを不満とした保守政府は憲法改正手続に訴え，両院合同会議を招集して憲法改正を実現した。国民投票を行うことなく主権者の直接的関与なしに憲法院の判断を否定することの是非が問題となるかもしれない。憲法院は，国民投票によって成立した法律の合憲性の審査を拒否しているが，その際，国民投票が主権者の直接的な意思表示であり，国民代表の決定は国民の総意と一致しないことがあるということを根拠にしているからである。

③ 他の裁判所との関係　62条は憲法院判決に裁判所も拘束されるとしているが，階層的上下関係が憲法院と司法裁判所，行政裁判所の間には存在しないため（移送手続，上訴手続などは存在しない），憲法院を頂点とする一元的な法秩序が62条の存在によって直ちに成立するわけではない。フランスには，破毀院を頂点とする法秩序，コンセイユ・デタを頂点とする法秩序，そして憲法院が形成する憲法秩序がいわば並列的に存在しているのである。法秩序の統一性も，各裁判所の担い手の意思に依存する。

コンセイユ・デタも破毀院も，例外的な場合を除いて，基本的には憲法院の憲法解釈，法律解釈に従っているようである。また憲法院自身が，他の裁判所の解釈から外れた解釈を控えるようにしていることも，制度的には並列している3つの法秩序の統一性が維持されているようにみえる重要な要因であるようである。

他方，ヨーロッパ統合の進展とともに，欧州人権裁判所，欧州司法裁判所の判例と憲法院判決との整合性の問題も，近年注目されてきている。憲法院が法律の条約適合性審査を行わず，破毀院とコンセイユ・デタがそれを行っていることの問題性も指摘されており，フランスにお

ける法秩序の統一性，整合性をめぐる問題は複雑になっている。

④　一部違憲判決の効力　　法律が全体として合憲であれば，大統領によって審署され，全体として違憲であれば審署されずに終わる。しかし，一部違憲の場合には，当該法律の処理は多少複雑になる。憲法院は，一部違憲の場合には，当該違憲規定が存在しなければ立法者は当該法律自体を採択しなかったであろうというような重要性を当該規定が帯びているかを判断し，そう判断すれば当該規定の不可分性が宣言され，法律自体の審署が不可能になる。他方，一部違憲で不可分性が宣言されない場合には（可分の場合），大統領は，違憲規定だけを削除して法律を審署するか，法律を審署せず，憲法院の違憲判決を踏まえて違憲規定の合憲化を図るべく議会に再議請求を行うかの選択肢をもつことになる。

(C)　事後審査

フランスの違憲審査制度が「事前審査」であることはよく知られている。61条2項には「法律は，その審署前に，共和国大統領，首相，国民議会議長，元老院議長，または，60人の国民議会議員もしくは60人の元老院議員によって，憲法院に付託されることができる」と規定されており，従来は，ひとたび審署され施行された法律を憲法院が事後的に審査することはできないと考えられてきた。しかし，憲法院は，1985年1月25日判決（85-187 DC du 25 janvier 1985）において，「すでに審署された法律の改正，補完またはその適用領域に影響を及ぼすことを目的とする法律の審査に際し，すでに審署された法律の文言につき違憲の申立をすることはできる」と明言し，審署後の法律に対する「事後審査」の可能性を示唆した。その後，憲法院は，いくつかの判決で，すでに審署され施行された現行法の審査を受理し，合憲と判断したほか，1999年3月15日判決（99-410 DC du 15 mars 1999）では，すでに審署された1985年1月25日法の一部規定を審査し，はじめて事後審査による違憲判断を示すにいたっている。もっとも，事後審査が受理されるとはいえ，審査に付された審署前の法律と一定の関係を有する限りでの例外的な審査であることから，その対象となる現行法はおのずから限定されることになる。また，審署前の法律を違憲とするために，審署後の法律の規定が違憲と判断された場合でも，憲法院は，前者の審署を阻止しうるにすぎず，審署後の現行法が直ちに法的効力を失うことにはならないという問題もあり，現行制度のもとでの事後的コントロールは重大な限界をともなうことに留意しなければならない。

憲法院が制憲者の引いた軌道から外れて，人権保障機関，政権交代の保障者，法治国家の主役へと変化してきた軌跡を示す本章の判決等は，抽象的な事前審査というフランス独自のシステムが憲法院の機能増大とともに直面した問題を明らかにし，また今後の変化の方向性を示唆するものである。

(今関源成・蛯原健介)

VI A 56 選挙関係争訟における憲法院の審判領域

1958年12月12日暫定憲法委員会判決
Décision n° 58-34 du 12 décembre 1958 A. N. Gard（1re circ.）
Journal Officiel, Lois et Décrets du 16 décembre 1958, p. 11328
Rec. 87, GD. 1

中村　英（ひでる）
（東北学院大学教授）

〔事　実〕

本件提訴者ルブフ（Rebeuf）氏は，1958年11月実施の，第五共和制下初の国民議会（＝下院）議員選挙にガール県第１選挙区から立候補し落選した者で，同人の得票は，選挙運動費用の一部を国費から償還されるために必要な数（有効投票数の５％）を１票下回ったとされた。そこで，これに対して，提訴者分の有効票が違法に無効とされていて，少なくとも無効票のうち１票は提訴者への有効票である，との判断を求めて訴えた。判決を下したのは，憲法91条７項（同項は他の経過規定とともに1995年の改正で削除）により，憲法院の設置まで暫定的に置かれた，委員長たるコンセイユ・デタ副院長，破毀院院長および会計検査院院長からなる委員会＝暫定憲法委員会（Commission constitutionnelle provisoire）である。

〔判　旨〕

「暫定憲法委員会は，憲法59条および91条，憲法院に関する組織法律たる1958年11月７日オルドナンス，国民議会議員選挙に係る1958年10月13日オルドナンス，……ルブフ氏より提出され，1958年12月４日にガール県事務局に登録され，本委員会に対して，国民議会議員１名の選任のためガール県第１選挙区において1958年11月23日に行われた選挙手続について裁定を求める訴えを参照し，報告担当官（rapporteur）の報告を聴取し，憲法59条，ならびに，憲法院に関する組織法律たる1958年11月７日オルドナンス57条により暫定憲法委員会にも適用される，同オルドナンス32条，33条，35条および39条の諸規定から，本委員会に有効に提訴できるのは，立法議会議員の選出に対して向けられた異議（contestation）のみであること，

〔しかるに，〕ガール県第１選挙区で1958年11月23日に行われた選挙手続に関するルブフ氏の異議は，もっぱら，彼の選挙運動のために彼によって投ぜられた費用の償還を得られるようにするため，提訴者名の〔無効と判断された〕１票が有効であると宣言されることのみを求めていること，したがって，以上のことからしてこの異議は本委員会の権限外であることを検討して，以下のように判決する。

1.　ルブフ氏の訴えは却けられる。

2. この判決は国民議会に通告され，フランス共和国官報に掲載される。」

〔解　説〕

(1)　本判決の特徴・意義

選挙関係争訟に関して議院が従来有していた裁定権を憲法院に移した直後の判決であること，選挙関係争訟に関する憲法院の権限を制限的に解した判決であること，の２点を大きな特徴として指摘できる。本判決の意義は，憲法院にも引き継がれ，基本的には現在に続く，憲法院の選挙関係争訟に関する基本姿勢の一つ（憲法59条による権限を，議員の選任にかかわる範囲に制限するという姿勢）を示した，ということにある。

ただ，制限が生む不都合への対応をみると，本件同様の問題は現在も解決できていないが，いくつかの領域では実質的に制限を緩和した。また，1988年以降の一連の法改正で，選挙経費の規制に関連して，憲法院は選挙結果に，より広範に関与するようになっている。

(2)　伝統からの切断

近代フランスで，「立法議会」議員選挙の結果に関する争訟は，おおむね各議院(一院制下では議会)自体による構成議員の資格審査（vérification des pouvoirs）という形で裁定されていた。これは，議院の自律を反映するものとされ，類似の制度は，たとえば日本の旧貴族院で採られていただけでなく，今日もベルギー，イタリアなどで維持されている。ただ，フランスでは，政治的対立をはらむ議院による裁定制度には，学界のみならず政界からも徐々に疑問の声が拡がり，第四共和制下の政治的で不公平な運用がとくに強く批判され，ついに第五共和制憲法59条は，新設された憲法院にこの権限を移した。

本件判決は，このようにフランスの伝統が切断された直後のものである。

なお，この転換と，その後の第五共和制下での制度整備を経て，主要な議会議員選挙の審判機関は表に示すとおりとなっている。

選挙の種類	審判機関
国民議会議員選挙，元老院議員選挙	憲法院（一審終審）
欧州議会議員選挙，州議会議員選挙	コンセイユ・デタ（一審終審）
県議会議員選挙，市町村議会議員選挙	地方行政裁判所（一審）コンセイユ・デタ（控訴審終審）

(3)　権限の制限的解釈

判決は，費用償還を目的とした得票数の訂正を求められ，これを受理できないとした。憲法院の権限は選挙結果への争訟の審判に限られるのに，提訴者は結果を争っていないという明解な論理である。憲法59条は憲法院に選挙の適法性（régularité de l'élection）の裁定を認めているが，ここで用いられる élection の語を，「一連の選挙手続全体」ではなく，「選出」あるいは「当選」の意味に狭く解した結果だ，と一般に理解されている。

ただし，フランスでは，日本の公選法にいう「当選争訟」と「狭義の選挙争訟」の区別をしていないのであって，上の理解も，日本の「当選争訟」だけを認めるという意味などではない。「狭義の選挙争訟」も含んでいる。たしかに，上の理解からは，新しい権限を付与されない限り，憲法院の権限行使には，訴えが選挙結果を争っていること，また，これと連関して，訴えが選挙結果の告示後になされること，の２点が必要ということになる。しかし，この枠内でも，結果を争う論拠として，「選挙運動」や「選挙管

理」などだけでなく，それらの前提となる，「選挙準備手続」からも問題点を引き出し，憲法院に判断を求めることができる。この結果，一般には他の機関が管轄する争訟に，時として憲法院が関与することにもなる。

例えば，立候補届出をめぐる争訟は，届出を不適法と判断する県知事が届出申請直後（24時間以内）に地方行政裁判所（tribunal administratif）に訴え，短期間（3日内）に裁定を求め，この裁定は一審終審とされる。しかし，県知事と地方行政裁判所の判断で立候補届出を認められなかった者には，選挙結果を争う形で，したがって結果告示の後に憲法院で争う途が残されている。なお，こうした手続は，国民議会議員選挙に関する1958年10月13日オルドナンスですでに規定されていた。

また，選挙人名簿にも例外的に憲法院が関与する。名簿の内容をめぐる争訟（名簿争訟）の管轄は複雑だが，一般的には個々の登録未登録の是非をめぐって争われるため，個人の国籍・年齢・住所などが問題となり，原則的な審判機関は司法裁判所（一審：小審裁判所 tribunal d'instance，上告審：破毀院 Cour de cassation）となる。ただし，名簿を調製する行政機関の誤りを問題とする場合は，例外的に地方行政裁判所が管轄する。そして，組織的で大量な違法登録などの事実が独立の争訟手続で解決されず，問題を含む名簿にもとづいて選挙が実施された場合で，名簿の瑕疵が選挙の公正を害する程度にまで達すれば，選挙結果への争いの場で，憲法院が名簿を検討することになるのである（例えば，1998年2月20日憲法院判決 Rec. 166での一般論としての説示参照）。

(4) 制限の緩和

上にみた程度の権限行使は可能である。しかし，制限的解釈からは，なお不都合が残る。その第1は，裁判拒否（déni de justice）という問題である。

現に，本件提訴者の場合，選挙費用等償還請求に対する内務大臣の拒否処分取消をも別途越権訴訟で求めた。しかし，地方行政裁判所もコンセイユ・デタも請求を認めなかった。この別訴では，取消理由として，票の有効性についての審査が求められが，こうした審査は，選挙結果の告示を問題にすることになり，行政裁判では審査できない問題とされたためである（1963年1月11日コンセイユ・デタ判決 Rec. 18）。これに対して憲法院も，暫定憲法委員会によって下された本件判決の考え方を維持していて（例えば，1993年9月22日判決 Rec. 273参照），結局この領域では，「緩和」は認められない。現在は，5％の得票を条件に国費によって法定選挙費用上限の半分までまかなわれることになって，費用償還は本件当時よりはるかに重要な問題となっている。この問題には法改正によって対応すべきなのであろう。

不都合の第2は，本件の制限的な枠を守ると，選挙をめぐって現実に生じるいくつかの問題では，適時適切に対応できず，公益を大きく損ねるおそれがあるという点である。憲法院の言葉によれば，そうした場合には，同院がそれを受理しないことで，「国民議会議員選挙および元老院議員選挙における憲法院によるコントロールの効果をはなはだしく傷つける危険があり，選挙手続全般の執行を害し，かくして，公権力の正常な作用を毀損しかねない」（1982年4月16日・20日憲法院判決［16日と20日の両日に審議された単一の判決］Rec., 109での一般的説示部分）。

こうした不都合に対処するため，憲法院は，上記のような場合には例外的に受理可能だとし，その論拠を，憲法59条が，憲法院に選挙のコントロールという役割を与えていることに求めた。具体的には，憲法院は，選挙期日を定めるデクレの合法性を，第1回投票以前の時点で審査できるとし（1981年6月11日判決 Rec. 97），選挙争訟の手続を定めるオルドナンスの欧州人権規約への適合性を判断している（1988年10月21日判決 Rec. 183 ただし，たくさんの判決が憲法59条にもとづく憲法院の権限行使で，関係法律の合憲性審査はできないとしている。こうした判断をした比較的最近の例として1997年7月10日判決 Rec. 124参照）。

なお，コンセイユ・デタは，従来関与できないとしていた分野に，近年，とりわけ1993年以降関与するようになった。選挙運営に関する行政決定(たとえば，政見放送に関する関係行政機関の決定)に対する候補者側からの越権訴訟を，一連の選挙手続から分離できる問題であるとして受理するようになっているのである。この結果，憲法院による，上述の例外的な権限行使との間で抵触を回避する必要が生じている。

(5) **選挙経費規制に関連した憲法院の権限**

憲法院は，政治資金や選挙経費を規制するための，1988年3月11日法律から1996年4月10日法律までの法整備の中で，国民議会議員選挙候補者の選挙経費を審査することとなり，1993年以降の審査件数は激増した。この新しい審査の直接の役割は，従来の中心的役割であった選挙の公正の確保ではなく，選挙経費関係規定を遵守させることにある。

新しい審査のもっとも一般的な形は次のとおりになる。国民議会議員選挙に立候補した者は，選挙後，選挙経費の収支報告を，1990年に設置された委員会＝選挙運動収支および政治資金全国委員会（Commission nationale des comptes de campagne et des financements politiques）に提出しなくてはならない。同委員会は，報告を出さなかった者，正当理由でその報告書の受理を同委員会が拒否した者および，同委員会が選挙運動費用の上限を超えたと判断した者について，落選者の場合を含めて，憲法院に訴える。憲法院は委員会の判断に拘束されずに審査し，報告の未提出あるいは上限の超過などを確認すれば，判決の確定時から1年間該当者の被選挙権を奪い，それが当選者である場合は議員としての地位を失わせることになる。

〔参考文献〕

Camby J.-P., Le Conseil constitutionnel, juge électoral, 2ᵉ éd. Paris, Dalloz, 2001. — Charnay J.-P., Le con-trôle de la régularité des élections parlementaires, Paris, LGDJ, 1964.—Couvert-Castéra O., Code électoral commenté, 4ᵉ éd. Paris, Berger-Levrault, 2002.—Delpérée F., Le contentieux électoral, Paris, PUF《Que sais-je?》1998. — Monod A., Le financement des campagnes électorales, Paris, Berger-Levrault, 2000—Philip L., Le contentieux des élections aux assemblées politiques françaises, Paris, LGDJ, 1961. — Perrineau P. et al., Dictionnaire du vote, Paris, PUF, 2001.

ⅥA 57 選挙関係争訟の手続と無効判断の基準

1959年1月5日暫定憲法委員会判決
Décision n° 58-68/126 du 5 janvier 1959　A. N. Drôme（3e circ.）
Journal Officiel, Lois et Décrets du 9 janvier 1959, p. 675
Rec. 108, GD. 2

中村　英（ひでる）
（東北学院大学教授）

〔事　実〕

本件は，ⅥA56と同様，1958年11月実施の国民議会（＝下院）議員選挙に関するものである。扱われるのは別個に提訴された2件の訴えだが，いずれも同一選挙区（デゥローム県第3選挙区）に関するものとして併合された。一方のデゥヴァル（Deval）氏の訴え《訴え①》は，選挙運動の違法などを理由に選挙結果を争うものであり，他方のリュビション（Rubichon）氏の訴え《訴え②》は，選挙に関する調査を求めるものであった。本判決も暫定憲法委員会（この委員会については，ⅥA1の〔事実〕参照）によるものである。

〔判　旨〕

「暫定憲法委員会は，憲法59条および91条，憲法院に関する組織法律たる1958年11月7日オルドナンス，国民議会議員選挙に係る1958年10月13日オルドナンス，……ポール・デゥヴァル氏より提出され，1958年12月9日に暫定憲法委員会事務局に登録され，本委員会に対して，国民議会議員1名の選任のためデゥローム県第3選挙区において1958年11月23日および30日に行われた選挙手続について裁定を求める訴え〔《訴え①》〕，アンリ・デュラン（Durand）氏より提出され，1958年12月11日に本委員会事務局に登録された反駁書（observations en défense），アンリ・デュラン氏より提出され，1958年12月18日，24日および1959年1月3日に登録された追加意見書（nouvelles observations），……リュビション氏より提出された，選挙についての調査が命ぜられることを求める訴え〔《訴え②》〕，投票録（procès-verbaux de l'élection），ならびにその他の文書等であって資料に添付されたものを参照し，報告担当官の報告を聴取し」

リュビション氏の訴え《訴え②》については，

「憲法院に関する組織法律たる1958年11月7日オルドナンス59条〔ママ。正しくは57条〕によって暫定憲法委員会にも適用可能とされる同オルドナンス35条の文言によれば，訴えには，提訴者の姓，名および資格，その当選が攻撃される当選者の氏名，ならびに援用する無効事由を記載しなくてはならないこと，〔しかるに〕リュビション氏の訴えは，訴えを提起した者の資格を明示せず，その手続を非難する選挙の無

効を求めるという正式の申立書を含んでいないこと，したがって，以上のことから，上記立法規定の適用の結果，この訴えは受理できないことを考慮し」

デゥヴァル氏の訴え《訴え①》については，

「この訴えを証明するために提起された他の理由を検討するまでもなく，

当選候補者デュラン氏の指示と累次の言明もあって，レイ氏が，上記候補者〔＝デュラン氏〕の補充者（suppléant〔憲法23条，25条参照〕）として，また商業者手工業者防衛同盟の郡代表者として，第1回投票と第2回投票の間の時期に，選挙区内の同盟加盟者あてに，デュラン氏に投票すること，および，周囲の者に同氏への投票を働きかけること，を要請するタイプ印刷の手紙を送ったこと，ならびに，その内容からして，また通常郵便で送付されたことからして，この手紙は，1958年10月13日オルドナンスの規定が禁じる宣伝手段に含まれるとみなされるべきこと，

本件の配付が大量であること，上位2候補者の得票差が僅少であること，および上位2候補者の公にした政治的主張が近接しているということが原因となって，デゥヴァル氏が，彼の自由にできる時間内に合法的手段で同様の宣伝を効果的に行なう力を欠いていたために，それに対して反撃をしなかった上記の宣伝手段を〔デュラン氏側が〕用いたということは，選挙結果を変えるのに十分な影響を選挙手続に及ぼし得たこと，したがって，以上のことから，本選挙手続を無効にするのは理由があることを考慮し，以下のとおり判決する。

1. リュビション氏の訴えは，受理不能として却けられる。
2. デゥローム県第3選挙区において1958年11月23日および30日に行われた国民議会議員選挙は無効である。
3. この判決は国民議会に通告され，フランス共和国官報に掲載される。」

〔解　説〕

(1) 本判決の特徴・意義

特徴の第1は，《訴え②》について，形式要件を充たさず訴えが不受理とされた事例となり，第2は，《訴え①》について，選挙運動の違法などを理由にした無効判決の事例となっていることである。本判決は，とくに《訴え①》において，無効判断をする際の，考慮要素，判断の手順と基準を示したという意義がある。

(2) 訴訟要件・手続

要件や手続の詳細は，憲法院に関する1958年11月7日オルドナンスの第2編第6章（32条から45条まで）と，同オルドナンス56条をうけた憲法院規則に定められている。

手続は原則2段階で，訴えはまず予備審査（instruction）のため，各3名の憲法院裁判官からなる3つの部（section）のいずれかに付託される。その際，報告担当官（rapporteur）が指名されるが，これはコンセイユ・デタや会計検査院（Cour des comptes）から，報告担当官補（rapporteur adjoint）として派遣される10名から選ばれている。予備審査は，書面により，提訴者と当選者の間で対審的に行われるが，必要に応じ職権調査も行われる。予備審査の結果判決原案ができると，憲法院としての合議の段階に移り，合議は，予備審査をした裁判官を含め全員で行われる。関係した報告担当官補も加わるが，評

決権は持たない。合憲性審査の場合（憲法61条）と異なり、一定期間内の判決を義務づけられていない。

さて本件判決は、《訴え②》の部分について、訴えが、選挙結果の無効を求めていない、提訴者の資格を明示していない、という2点から不受理とした。第1点が不受理理由となるのは、憲法院の権限が選挙結果に関する争訟の裁定に限られるという理解（後年示されたこの理解の例外を含めてⅥAの〔解説〕参照）が前提になっている。第2点は、堤訴権が、「関係選挙区の選挙人名簿に登載された者」か「関係選挙区に立候補した者」に限られるため、資格の明示が必要だからである。

(3) 無効判断の基準

一般に、提訴して選挙結果の無効を求める者は、「選挙準備手続」、「選挙運動」および「選挙管理」に段階や領域を大きく区分できる一連の選挙関係行為の中から、その論拠を摘示することになる。また、この際、それを欠いた場合絶対的な無効原因となる被選挙権の問題は、特に重要である。

まず、「選挙準備手続」に関して、とくに、選挙人名簿や立候補届出をめぐる問題は、例外的に憲法院によって扱われ、例えば、選挙人名簿への組織的で大量な違法登録は、選挙の公正を害するものとして無効原因となり得る（⇒ⅥAの〔解説〕(3)参照）。

次に、「選挙管理」に関して無効原因とされることの多かったのは「投票の管理」、とりわけ、例外的投票形態である郵送投票（弊害が多いとして1975年に廃止）や代理投票（vote par procuration）をめぐるものである。代理投票（選挙法典L71条以下）は、日本の代理投票（公選法48条）とは異なり、その役割はむしろ不在者投票（公選法49条）と同様で、本人が投票日当日投票所で投票できない場合に対応している。ただ、フランスの代理投票は、本人に依頼された人間が、代わって投票日当日投票所で投票するという形態となる。この手続をめぐり、代理投票事由の不存在、本人からの委任の実質や形式の欠陥等が攻撃され、その結果、投票させるべきでなかった無効投票だが、開票の際どれがその無効票であるか判明しない票（日本の選挙用語でいう「潜在無効投票」）が大量に認定されることになった。他の事情で生じた潜在無効投票を含めて、憲法院の扱いには、ある時期変遷があったが、現在は選挙区全体で考え、潜在無効投票総数が、次点者と当選者の得票差を超える場合は選挙結果を無効としている。

なお、「選挙管理」をめぐっては、このような、いわば計量的に導かれる無効判決だけではない。選挙管理に関する重要書類の紛失などの場合は、選挙の公正を適正にコントロールすることがまったく不可能になったとして、選挙を無効にすることになる。

さて、本件の事案は「選挙運動」（propagande）での違反行為の場合で、具体的には、手紙の配付が取り上げられた。当時のオルドナンス（現行選挙法典Ｌ165条もほぼ同様）によって、選挙運動用文書は種類、枚数、大きさ等の規制を受け、本件はこれに反する文書配付とされたわけである。ただし、当然ながら、なんであれ規制違反がありさえすれば無効にするというわけではない。まず、裁定の前提として事実の確認をするが、重視されるポイントは、違反行為の質的・量的な大きさ、当選者と次点者の政治傾向の近接度、両者間の得票差、他の候補による類似違

反行為の有無，違反行為に対抗する他の候補者の行動の余地，などのようである。

本件では，〔判旨〕に引いたように，ほぼこれらすべての事実を点検の上，結局，「選挙結果を変えるのに十分な影響を選挙手続に及ぼし得た」，すなわち，いわゆる「決定的な影響 (influence déterminante)」があったと判断して，無効としたわけである。

(4) 判決の形態

関係規定 (憲法院に関するオルドナンス41条) によれば，憲法院は判決で，争われた選挙結果を無効 (これまでの無効判決数は下院50件，上院3件) とするだけでなく，選挙結果の告示を手直しして別の候補者を当選者とすることもできる，とされている。憲法院は慎重で，これまで実際には「当選者の差し替え」を行なっていないが，原理的にこれを否定しているようではない。日本の「当選争訟」のような状況において可能な場合があるはずである。

なお，下院議員選挙の場合，86年選挙を除いて小選挙区制だが，元老院議員選挙の，原則として県ごととされた選挙区は，圧倒的多数が複数の議員定数 (大選挙区) であり，多数代表制または比例代表制で議員を選ぶ。このため，訴えそのものが，選挙結果全体ではなく一部の当選者の選挙結果だけを争うということがあり得る。そうした場合，憲法院は，予備審査を通じて他の当選者にも問題を発見した場合，請求の範囲をこえて，提訴者の争わない当選者の当選を無効にできるのか，という問題がある (1959年7月9日憲法院判決 Rec., 246は，請求範囲を超えなかった判決例。日本の場合，公選法209条参照)。なお，他方で，提訴者が，複数人の当選を内容とする選挙結果全体の無効を求めるのに対しては，一部の当選者の当選だけを無効にするという実例がある (1996年5月3日憲法院判決 Rec., 69 参照)。

(5) 選挙経費に関連する無効等

憲法院は，近年，憲法59条によってではなく，あらたに整備された組織法律あるいは法律によって国民議会議員選挙候補者 (元老院議員候補者には適用がない) の選挙経費を審査するようになった (⇒VIA56の〔解説〕(5)参照)。

この新しい審査は関係委員会 (選挙運動収支および政治資金全国委員会) の訴え (選挙法典 L 52-15条) をよって行われるものがもっとも一般的だが，別の形もある。従来型の訴えの中で，無効理由として選挙費用の法定上限超過が主張された場合である。この場合，憲法院は必ず上記委員会の判断をまってみずからの裁定を行う。当然ながら，ここでは対象は特定の当選を内容とする選挙結果に限られ，落選候補者は扱わない。反面，提訴者の主張次第で，憲法院の審査は，選挙経費収支報告の有無，収支内容の適正といった点にはとどまらない (1998年2月6日憲法院判決 Rec.,126 は，そうした一例である)。

〔参考文献〕

VIA56の〔参考文献〕参照。

VI A 58 レフェレンダムに関する争訟における憲法院の権限

1960年12月23日憲法院判決
Décision du 23 décembre 1960
Rec. 67, GD. 8（non publiée au J. O.）

井口秀作
（大阪産業大学助教授）

〔事　実〕

　第5共和制憲法はその11条で、一定の事項について政府提出の法律案をレフェレンダム（référendum）に付託する権限を大統領に与えている。ドゴール大統領は、とりわけその在任期間の初期に、頻繁にレフェレンダムを実施した。11条の最初の適用となったのが、1961年1月8日に実施された、アルジェリアの民族自決と自決決定前の臨時公権力組織に関するレフェレンダムである。実施に当たって、政府は60年12月18日に、公的な宣伝手段が認められる政党ないし団体のリストを公表した。Regroupement nationalの議長ジャック・スーステル（Jacques Soustelle）は、このリストへの登載を求めたが内務大臣によって拒否されたので、憲法院にリストへの登録を求めて訴えを提起した。憲法院は、同年12月23日に、レフェレンダムに関する争訟に関しては、投票前には、審理・裁決する権限がないとして、訴えは受理できないと判示した。

　憲法院が自己の権限を限定的に解釈したことについては、学説上批判がある。その後、微妙な差異を伴いつつ、本判決の結論は維持されたが、2000年の大統領の任期を5年に短縮する憲法改正レフェレンダムの際、憲法60条を引用し、レフェレンダムにおいても場合によっては、投票前の争訟を受理しうることを示した（Décision du 25 juillet 2000）。

〔判　旨〕

　「憲法院は、Regroupement national議長ジャック・スーステルが憲法院に当てた訴状……憲法とりわけ60条、1958年11月7日組織法に関するオルドナンス……等を参照し」、「訴えは受理しえない」と判示する。理由は、以下の通りである。

　「1958年11月7日組織法に関するオルドナンスによる憲法院の諸権限は、レフェレンダムに先行する諸措置に関しては純粋に諮問的なものであり、とりわけ、宣伝運動において公的手段を用いることのできる諸組織のリストの作成に関しては、同オルドナンスの47条は、憲法院に、当該リストについての意見を提出する権限を与えているだけであり、また、これに関して政府によってなされた決定に対して提起されうる異

議ないし訴えについて，一般法の原則に対する例外として，裁定する権限をいかなる条項も憲法院に認めていない。」

「確かに，前記オルドナンス50条1項によれば，『憲法院はすべての争訟を審理し最終的に裁決する』ものであるが，この最後の語（「争訟」のこと――筆者註）は，選挙の場合において適用されるべき立法がこの語に与えている意味に理解されなければならず，それは，実施された諸措置に対して，投票終了後に提起されうる争訟だけを指しているのであり，このような解釈は，とりわけ，この条項がオルドナンス第7章の中で占めている位置ゆえに，また，当該条項と同条2項との間でなされるべき比較対照によっても明らかである。同条2項は，『憲法院が諸措置の経過における違法性の存在を確認した場合は，憲法院は，その違法性の性質と重大性を鑑みて，当該処置を維持すべきか，全部または一部の取消を宣言すべきかを判断する』と規定している。」

したがって，以下のように判示する。

「本件の提訴は受理しえない。」

（1960年12月23日審議）（憲法院院長　レオン・ノエル）

〔解　説〕

(1)　**本判決の意義**

フランス憲法史において，レフェレンダムが危険視されてきた理由の一つは，それが，民意よる政治という建前のもとに，実際は，権力の自己正当化手段として機能するという，いわゆるプレビシット（Plébiscite）化の問題であった。第5共和制憲法が11条でレフェレンダムを導入しつつ，60条で「憲法院は，レフェレンダムの適法性を監視し，その結果を公表する」と定めているのは，政府から独立した機関にレフェレンダムの監視権を付与し，プレビシット化を避けようとする配慮であると理解できる。それゆえ，本判決は，レフェレンダムの監視という重要な論点に関わるものであったといえる。とりわけ，本件の事案のように，公的な宣伝手段が認められる組織のリストは，法案に対する宣伝の自由の確保と密接にかかわるだけに，一層重要である。

また，法律の違憲審査の場合，憲法院への提訴権者は限定されており，市民に提訴権は認められていない。これに対して，レフェレンダムに関する争訟は，選挙争訟と同様に，市民による提訴が容認されている。それだけに，本判決において，憲法院が自己の権限を消極的に理解し，訴えを受理できないとしたことは，レフェレンダムの監視という側面だけでなく，憲法院と市民との関係においても，問題が残ろう。

本判決の前提は，憲法院は法によって明示的に与えられ権限のみをもつ，という考え方である。この点は，異論なく受け入れられている。憲法63条を受けて，1958年11月7日組織法に関するオルドナンス（以下，組織法と略）が憲法院の活動を規律している。これによれば，憲法院は，レフェレンダムの諸措置の組織について政府によって諮問され（46条），公的な宣伝手段を使用しうる諸組織のリストについて意見を提出することができる（47条）。次に，憲法院は，レフェレンダムの諸措置を実地で監視する任務が課せられる委員を任命する権限をもち（48条），投票の全体の検査を直接監視する（49条）。そし

て，憲法院は，すべての争訟について審理し，終審として裁決する権限をもち（50条），憲法院は，レフェレンダムの結果を宣言するものとされている（51条）。

これらの組織法の規定からすると，憲法院はレフェレンダムの実施全般に関わるものとされている。しかし，本判決は，投票前においては，争訟を審理・裁決する権限を憲法院は有しないと判断した。しかも，それを，憲法60条の解釈ではなく，もっぱら，この組織法の解釈として示したのである。その点では，レフェレンダムの監視について包括的な定めをしている憲法60条の趣旨から組織法の規定の解釈をするという，本来あるべき解釈手法がとられていないという批判がある。

(2) **組織法50条の解釈**

憲法院の論拠は，組織法が公的な宣伝手段を用いることができる組織のリストに関して憲法院に与えている権限は諮問的なものに過ぎないことと，50条が定める争訟は，投票終了後のものに限定されるという点である。前者については，諮問的権限を与えられているということは，必ずしも，審理・裁決する権限を否定する根拠とはならない。問題は，レフェレンダムに関する争訟について審理・裁決の権限を憲法院に付与している組織法50条の解釈であろう。

憲法院は，50条の権限は，「実施された諸措置に対して，投票終了後に提起されうる争訟だけ」に及ぶとしているが，その根拠となっているのは，組織法第7章の中で50条がおかれている位置と，レフェレンダムの全部又は一部の取り消しを認める同条2項との対比である。本件訴えを投票終了後なら受理できたのか，それとも，憲法院が審理・裁決できるのは，投票終了後に，投票と開票集計についてだけであるのかは，本判決からは明らかではない。後者のように理解するなら，50条の「諸措置」と，明らかにレフェレンダム実施全般を指している46条の「諸措置」との齟齬が問題となろう。また，前者だとしても，本件のような場合に，レフェレンダムで法案が人民によって承認された後では，レフェレンダムの結果を無効にするということは，実際には想定し難いものであろう。

レフェレンダムの公正さを確保するためには，事前の監視こそ必要であることは言うまでもない。もちろん，投票前の政府の諸措置に関する争訟は，排他的にコンセイユ・デタの管轄に属するという反論はありうる。ただ，コンセイユ・デタの審理には時間を要するという限界がある。実際，スーステルはコンセイユ・デタにも提訴しているが，判決が出されたのは，10ヵ月後の1961年10月27日である。しかも，この判決は，暗黙のうちに，投票前にとられた政府の諸措置について審理する権限があることを認めつつ，レフェレンダムによって人民が承認し，大統領が公布した以上，当該法律についての評価なしには，レフェレンダムに先行した行政行為の法律適合性については判示できない，というものであった。しかし，そうだとすれば，レフェレンダムで，法案が反対多数で否決されたときだけ，コンセイユ・デタは政府の諸措置について判断しうるという奇妙な結論となるのである。

本判決の立場が，大統領選挙や議会選挙との関係で，現在も維持されうるかは疑問である。憲法院は，組織法50条が準用されている大統領

選挙については，投票前の選挙運動に関する争訟について訴えを受理している (Décision du 25 avril 1974)。また，議会選挙については，例外的ではあれ，投票前に選挙の適法性について裁決できると判示している (Décision du 11 juin 1981)。

(3) **諮問的権限によるコントロールの可能性**

本判決によれば，レフェレンダムの事前の監視については，憲法院は諮問的権限のみを有することになる。また，そうであるだけに，この諮問的権限は過小評価すべきではない。本件に限っても，確かに，Regroupement national を憲法院が職権で当該リストに付け加えることはできないとしても，組織法47条に基づいて，このリストについて意見を提出することはできたのではないか。

実際の運用の中でも，組織法46条に制約されず，憲法院はレフェレンダムに関するあらゆる法文について諮問を受けるようになっている。憲法院も，このような諮問を拒否していない。このような憲法院への諮問が，レフェレンダムの実施について一定の正当性を付与していることも否定できないのである。

〔参考文献〕

F. Luchaire, *Le Conseil constitutionnel, tome, I*, 2ᵉ éd., 1997, pp. 287-300. J-P. Camby, *Le Conseil constitutionnel, juge électoral*, 2ᵉ éd., 2001, pp. 149-153. L. Philip, Les attributions et le rôle du Conseil constitutionnel en matière d'élections et de référendums, *Revue du droit public*, 1962, pp. 46-101. 樋口陽一「人民投票争訟における憲法院の権限」『議会制の構造と動態』（木鐸社・1974年）183頁以下など。

VI A 59 レフェレンダムによって承認された法律に対する違憲審査

1962年11月6日憲法院判決　　　　　　　　　　　　　　井口秀作
Décision n° 62-20 DC du 6 novembre 1962　　　　　（大阪産業大学助教授）
Journal Officiel, Lois et Décrets du 7 novembre 1962, p. 10778
Rec. 27, RJC I-11, GD. 14

〔事　実〕

　第5共和制憲法は，89条で憲法改正手続を定めている。これによれば，改正の発議権は，大統領と議会の議員に競合して帰属し，改正案は両院で同一の文言で表決されたのち，レフェレンダム（référendum）に付される。但し，大統領が政府提出の改正案を両院合同会議（Congrès）に付託し，そこで5分の3以上の賛成を得た場合は，憲法改正は成立する。1962年秋，大統領の選挙方式を国民の直接普通選挙の方式に変更する憲法改正が実施された。この憲法改正の際，当時の大統領ドゴールは，89条によらず，11条に基づいて，議会の審議を経ずに，憲法改正案をレフェレンダムに付託した。この手続に対して，議会は反発し，ポンピドゥー首班の政府に対する不信任決議を採択した。逆にドゴールは，10月9日に国民議会を解散した。レフェレンダムは10月28日に実施され，有効投票の62.25%の多数で憲法改正案は採択された。11月6日，元老院議長ガストン・モネルヴィル（Gaston Monnerville）は，憲法61条2項に基づいて，レフェレンダムによって承認された法律の違憲判断を求めて憲法院に提訴した。憲法院は，その違憲審査の対象にはレフェレンダムによって承認された法律は含まれず，したがって，提訴に対する審査権を有しないと判断した。この判決に対して，ガストン・モネルヴィルは，憲法院の「自殺行為」と非難した。

　ドゴールは，1969年にも，憲法改正案を11条のレフェレンダムに付託するが，改正案が否決され，大統領を辞職する。11条による憲法改正については，学説でも違憲とする見解が多く，そのため，憲法院による事前の違憲審査制の導入などが提案されているが，95年に実施された11条の大改正の際も，この制度の導入は見送られている。

〔判　旨〕

　憲法院は，「憲法および憲法院に関する組織法についての1958年11月7日オルドナンスを参照し」，「元老院議長の提訴について判断する権限をもたない」と判示した。

　その主要な理由は，以下のようなものである。
　「憲法院の権限は，憲法および憲法第7章適用のための憲法院に関する1958年11月7日組織

法の規定によって厳格に限定されおり，したがって，憲法院は，これらの規定によって限定列挙されたもの以外については決定することができない。」

「憲法61条は，組織法と通常の法律の憲法適合性を判断する職務を憲法院に与えており，したがって，組織法と通常法律は，それぞれ，憲法院の審査の対象となるべき，あるいは，なりえるものであるが，この権限が，レフェレンダムの結果人民によって承認されたものであれ，議会によって表決されたものであれ，法律としての性格を有するすべての条文に及ぶのか，あるいは，反対に，後者の範疇に属するものだけに限定されるのかは明らかにされていない。憲法院を公権力の活動の調整機関とした憲法の精神からすれば，憲法が61条で対象としようとした法律とは，議会によって表決された法律だけであり，レフェレンダムの結果人民によって承認された国民主権の直接の表明である法律ではない，ということが帰結される。」

「この解釈は，憲法の明示的な諸規定，とりわけ，レフェレンダムにおける憲法院の役割を定める60条，および，人民による法案の承認と共和国大統領による公布との間にいかなる手続も規定していない11条からも引き出される。」

「最後に，これと同様の解釈は，『議会によって承認された法律』だけを念頭においている1958年11月7日の前記組織法17条の規定，および，『憲法院が，付託された法律が違憲の規定を有していると宣言し，なおかつ，その規定が法律全体から分離することが不可能であると宣言しない場合，共和国大統領は，当該規定を除外して法律を公布するか，もしくは，両議院に再審議を要求することができる』と定めている前記組織法の23条の規定よっても，明示的に確認されている。」

したがって，以下のように判示する。

1. 憲法院は，元老院議長の提訴について判断する権限をもたない。
2. 本判決は，フランス共和国官報に掲載される。

（1962年11月6日審議）（憲法院院長　レオン・ノエル）

〔解　説〕

(1) 本判決の意義

1962年の10月の憲法改正は，その内容が大統領の選挙方式を国民による直接選挙に変更するという点で，フランスの伝統的な議会中心主義からの転換を明確に示し，フランス憲法史における一大転換点をなすものであった。しかも，その手続が，議会の議決を前提とする89条の憲法改正規定ではなく，議会の審議を要しない11条のレフェレンダムによって改正案を直接国民に付託するものであったため，議会諸政党の激しい反対の中で実施された。このような中で元老院議長の提訴を受けた憲法院は，本判決で，レフェレンダムによって承認された法律については，その違憲審査権が及ばないと判示した。

本判決は，レフェレンダムによって承認された法律の効力に関するリーディングケースという位置づけがなされている。本判決は，学説では概ね支持を得ているが，11条による憲法改正の可否という論点については，少なくとも当時においては，違憲説が圧倒的多数であった。そのことは，レフェレンダムに付託する法案に対

する憲法院による事前審査制の提案へとつながっていくのである。

(2) 「公権力の活動の調整機関」としての憲法院

本判決で、憲法院が、レフェレンダムによって承認された法律については違憲審査権が及ばないとした根拠は、憲法の明示的な規定ではなく、「憲法院を公権力の活動の調整機関とした憲法の精神」である。レフェレンダムは「公権力の活動」ではなく、「国民主権の直接の表明」であるがゆえに、「公権力の活動の調整機関」に過ぎない憲法院の違憲審査の範囲外とされたのである。

第5共和制において憲法院が創設された理由は、いわゆる「合理化された議院制」に関連する。そこでは、憲法院の主要な役割は、議会の権限を枠付けることによって、議会と政府の権限分配を確保することにあった。したがって、本判決の「公権力の活動の調整機関」という憲法院の自らの位置づけは、制憲者意思に忠実であったともいえるのである。

問題は、このような憲法院の自らの位置づけが、今日でも維持できるかである。確かに、「公権力」とは、フランスでは伝統的には、立法府と行政府を意味してきた。しかしながら、いわゆる「半直接制」(gouvernement semi-direct) 段階の憲法においては、人民も、レフェレンダム等によって立法権を行使する限りにおいて、憲法上の機関であり、したがって、「公権力」に含まれるとする考え方もあり得よう。

また、憲法院は70年代以降、違憲審査権を活発に行使することによって、立憲主義の確保の役割を担うことが期待されるようになった。憲法院は、単なる「公権力の活動の調整機関」ではなく、立憲主義の擁護者へと変貌を遂げているのである。それゆえ、92年にマーストリヒト条約批准の承認に関するレフェレンダムによって承認された法律が提訴された際には、憲法院は、審査権は及ばないとする結論は維持しながら、その根拠として、「憲法院を公権力の活動の調整機関とする憲法の精神」ではなく、「憲法によって確立された権力の均衡」を引用しているのである (Décision n° 92-313 DC du 23 septembre 1992)。

(3) 「国民主権の直接の表明」としてのレフェレンダム

憲法院は、レフェレンダムによって承認された法律を「国民主権の直接の表明」と位置づけている。第5共和制憲法は、その3条1項で、「国民〔＝国〕の主権は人民に属し、人民はその代表者によって、および、レフェレンダムの方法によって、主権を行使する」と規定する。この主権規定は、フランス憲法史、憲法思想史、憲法理論史を織りなしてきた、二つに対抗的な主権原理、「国民 (nation) 主権」と「人民 (peuple) 主権」の妥協的な規定であり、これをどちらの主権原理で理解するかについては争いがある。「人民 (peuple) 主権」と理解するなら、レフェレンダムは、まさに主権者人民の「直接の表明」と位置づけられるであろう。しかし、「国民 (nation) 主権」と理解するなら、選挙人団と組織された人民も、国家の機関に過ぎず、レフェレンダムも「国民主権の直接の表明」とは言えなくなる。

しかし、いずれにしろ、フランスでは第3共和制憲法下で、議会制定法も、「一般意思の表

明」として，裁判所による違憲審査が否定されてきたから，本判決のように，「国民主権の直接の表明」であるレフェレンダムによって承認された法律については違憲審査が及ばないとした本判決の立場は，フランス憲法史の伝統的な定式の延長と考えることができる。

むしろ，本判決の中心は，主権の「直接」の表明であるレフェレンダムによって承認された法律と，「間接」の表明である議会制定法という区別にある。しかし，このことは，次の二つの論点を新たに提起する。一つは，89条で，レフェレンダムではなく，両院合同会議によって憲法改正がなされた場合，それも「公権力の活動」として憲法院の違憲審査に服するのか，という点である。とりわけ，本判決が「憲法改正法だから違憲審査権が及ばない」とする論法を採用しなかったので，この点は注目すべき論点である。もう一つは，レフェレンダムによって承認された法律を議会制定法によって改正できるか，という点である。これについては，憲法院は，議会は，レフェレンダムによって承認された法律を，改正，廃止することができることを判示している（Décision n° 89-265 DC janvier 1990）。

〔参考文献〕

J-F. Prévost, Le droit référendaire dans l'ordonnancement juridique de la Constitution de 1958, Revue du droit public, 1977, pp. 5-54 ; B. Mercuzot, La souveraineté de l'expression référendaire : un principe nécessaire au droit constitutionnel, Revue du droit public, 1995, pp. 661-699. ; M. Pernier, Une loi au-dessus de tout soupçon ?, Revue politique et parlementaire, n° 984, 1996, pp. 39-52 ; 樋口陽一「人民投票によって採択された法案の違憲審査」『議会制の構造と動態』（木鐸社・1974年）192頁－202頁，井口秀作「フランス型『立憲主義と民主主義』論の一側面」杉原泰雄先生古希記念論文集刊行会編『二一世紀の立憲主義』（頸草書房・2000年）529頁－546頁など。

ⅥA ⑥ 大統領選挙の適法性審査

1969年5月17日憲法院判決　　　　　　　　　　岡田信弘
Décision du 17 mai 1969　　　　　　　　　　　（北海道大学教授）
Journal Officiel, Lois et Décrets du 18 mai 1969, p. 4975
Rec. 78, RJC V-1, GD. 17

〔事　実〕

　1969年4月，地方制度と上院制度の改革に関する国民投票が実施された。しかし，ドゴールによって構想されたこの改革は，国民の多くの支持を集めることができなかった。その結果，敗北したドゴールはただちに第5共和制の誕生以来務めてきた大統領の職を辞し，6月に大統領選挙が行われることとなった。

　本件は，この選挙における投票前の作業に関連して，憲法院に申し立てられたものである。すなわち，第1回投票に際して，憲法院がポンピドゥー (Pompidou)，ポエール (Poher)，デュクロ (Duclos)，ロカール (Rocard)，ドゥフェール (Defferre)，クリヴィーヌ (Krivine)，デュカテル (Ducatel) の7名からなる候補者名簿を作成したところ，候補者の1人であるデュカテル (旧プジャード的極右) が，クリヴィーヌ候補者 (トロツキスト) は兵役義務を果たしていないので被選挙資格を欠いているとして，彼を含む候補者名簿に異議を申し立てたのである。

　憲法院は，この申立てを受理して審査し，それを斥ける判決を下した。

〔判　旨〕

　憲法院は，「憲法のとくに6条と7条・憲法院に関する組織法を対象とする1958年11月7日オルドナンス・普通選挙による大統領の選出に関する1962年11月6日法のとくに3条・徴兵に関する1928年3月31日法のとくに7条・両議院議員の被選挙資格と兼職禁止に関する組織法を対象とする1958年10月24日オルドナンスのとくに3条・上記1962年11月6日法の適用のための法律特別施行令に関する1964年3月14日デクレのとくに7条・共和国大統領選挙の候補者名簿を確定する1969年5月15日付けの憲法院判決を参照し」，以下の諸点を検討して結論を述べた。

　すなわち，「1．デュカテル氏の異議申立ては，兵役に関する状態を理由に，共和国大統領職へのクリヴィーヌ氏の立候補の適法性を問題にしていること，2．公民権の行使に対するあらゆる制約は限定的にしか解釈しえないこと，3．上記1962年11月6日法3条2項の文言によれば『選挙の運営は選挙法典の1条ないし52条によって定められた諸規範にしたがって組織される』とされていること，また選挙法典L44条

によれば『満23歳以上のすべてのフランス人は，法律によって規定された無能力または被選挙資格の欠如の場合を除き，立候補し選出されることができる』とされていること，さらに法律によって規定されしかも兵役に関する状態を理由に被選挙資格がないとされる唯一の場合は選挙法典 L 45条で定められているが，それによると『何人も，徴兵法上の義務を果たしたことを証明しない限り，選出されえない』とされていること，4．選挙法典 L 45条は，市民に課される兵役義務全体に適用のある徴兵に関する1928年3月31日法7条の諸規定を法典化したものであるが，その1928年法7条の規定によれば『何人も，徴兵法によって課される義務を果たしたことを証明しない限り，公職，同様に選挙による公職に就くことはできない』とされていること，そしてこの規定から，立法者がこれら選挙による公職への就任を，当事者が徴兵法に照らして年齢と状況に対応する兵役義務を果たしているという条件に服せしめようとしていたことが読み取れること，したがってこの条件は，現役として兵役を務めるために召集されたとき，その召集に応じたすべての人によって満たされていること，そしてアラン・クリヴィーヌ氏の場合これに該当していること，5．両議院議員の被選挙資格と兼職禁止の条件に関する組織法を対象とする1958年10月24日オルドナンス3条の規定は被選挙資格を現役兵としての義務を最終的に (définitivement) 果たしたという事実に服せしめているが，このことと上記選挙法典 L 45条の規定との違いは，いかに驚かれようとも，憲法院に共和国大統領選挙に関する先に述べた条件にさらにもう1つの条件を課すことを認めるものではないこと」を考慮して，以下のように判示する。

1．デュカテル氏の上記異議申立ては棄却される。
2．本判決は，フランス共和国官報に掲載される。

（1969年5月17日審議）（憲法院院長　ガストン・パルゥスキ）

〔解　説〕

(1) **本判決の背景・意義**

　第5共和制憲法58条は，「①憲法院は，共和国大統領選挙の適法性を監視する。②憲法院は，異議申立てについて審理し，投票結果を公表する。」と定めている。しかし，その具体的含意には，当初から曖昧なものがあった。そしてその曖昧さは，1962年の憲法改正によって大統領選挙に直接公選制が導入されることに伴い，増すことはあっても減ずることはなかった。

　憲法院は，大統領選挙の全過程，すなわち候補者名簿の作成を含む投票前の予備的な作業，選挙運動および投票の実施に関わる作業，そして投票結果の公表に至るまでのプロセスをすべて監視しかつ統制する。したがって，選挙の適法性の確保が実際にどのようになされているかを的確に理解するためには，監視の具体的なあり方，とくに異議申立てに対する憲法院の審査のあり方が明らかにされなければならない。

　本判決は，予備的作業の段階における審査のあり方の方向性を初めて明らかにしたものであるが，そこで示された審査に対する積極的な態度は選挙の他の段階や場面での審査においても基本的には踏襲されてゆくものである。その積

極的な態度の具体的な姿を，手続的な側面と実体的な側面とに分けて少しく検討することを通して，本判決の内容と特徴を確認することとしたい。

(2) **本判決の内容・特徴**

(a) 手続的側面

憲法院は，そもそも本件異議申立てに対する管轄権を有するのであろうか。当初から議論のあるところであった。憲法院による大統領選挙の候補者名簿の確定は判決という形でなされるが，これに対する異議申立ては憲法62条2項に反しないのであろうか。62条2項は「憲法院判決 (décisions) は，いかなる不服申立てにもなじまない。憲法院判決は，公権力およびすべての行政・司法機関を拘束する。」と定めている。名簿の確定が判決という形式によってなされている以上，それに対する異議申立ては一切許されないとするのが素直な解釈ではなかろうか。もしそうでないとすれば，名簿確定の判決は，そこで用いられている言葉(「判決」)にもかかわらず裁判的性格を持たないことになるからである。実際，そのように解して，本件のような異議申立てを憲法院が審査することは憲法に反して許されないとする有力な見解も存した。

しかし，憲法院は，こうした批判や疑問に答える何らの明確な根拠も示すことなく，本判決で管轄権があることを認めた。このことを正当化する理由としては，消極的なものしか見出しえないであろう。すなわち，立候補の登録事務をつかさどる憲法院以外に，管轄権の帰属を認めることのできる機関はありえないであろうということである。そして，こうした事態がもたらされた原因は，あげて立法者と政府の怠慢に求められよう。法律や命令による事前の手当てが十分になされていなかったからである。憲法院は，こうした怠慢に基づく「欠陥」を積極的な解釈方法によって補完したのである。

ともあれ，本判決によって口火を切られた大統領選挙の適法性審査に関わる権限の拡大は，その後も引続き踏襲されている。憲法院のこの分野における基本的な方向として位置づけることができよう。

(b) 実体的側面

本判決の実体的側面，つまり異議申立てに対する憲法院の具体的判断にはどのような特徴があるであろうか。異議申立て人であるデュカテル氏の主張は，先にも述べたように，クリヴィーヌ候補者が被選挙資格を有するために必要な兵役義務を果たしていないということであった。

この主張に対しては2通りの答え方が考えられる。まず1つは，選挙法典によって定められている一般的条件を満たしているかどうかによって判断する仕方である。つまり，選挙法典L45条によると「徴兵法上の義務を果たした」者には被選挙資格が認められることになるが，クリヴィーヌ氏は兵役には就いていたのでこの義務を果たしていたということになる。これに対して，両議院議員の被選挙資格と同じように，現役兵としての義務を最終的に果たしていることが必要だと解するのが，もう1つの考え方である。そしてこの考え方によれば，クリヴィーヌ氏は被選挙資格を有しないことになろう。

後者については，それを支持する説得力ある議論も存した。例えば，立法者が，議員に選ばれるための資格を大統領に選ばれるための資格

より厳しくすることは考えにくいといった類のものである。しかしながら，憲法院は前者の見解を採用した。そしてその際，重要な役割を果たしたのが，公民権の行使に対するあらゆる制約は限定的にしか解釈しえないとする解釈方法であった。選挙法制全体の均衡の取れた解釈という観点からすれば，確かに憲法院の解釈には問題がないとはいえない。しかし，本件における争点が公民権もしくは選挙権と密接に関わっていることを考慮すれば，憲法院の厳格な解釈方法に基づく候補者に有利な判断をもって憲法に適合しない不当なものと評価することは妥当でないように思われる。

法令の未整備のもとでの判決であるという留保が必要であるが，手続面では権限を広げる方向で積極的な解釈方法を用いながら，実体面では公民権といった重要な権利の制限に対して厳格な解釈手法を採用している点に，本判決の大きな特徴を見出すことができよう。

〔参考文献〕

黒瀬敏文「1995年フランス共和国大統領選挙の展開と結果―制度的観点から―」選挙時報45巻2号26頁以下; J-P. Camby, Le Conseil constitutionnel, juge électoral, 2e éd., Dalloz-Sirey, 2001; B. Genevois, Le Conseil constitutionnel et l'élection présidentielle de 1988, Revue du Droit public, 1989, pp. 19 et s.; R. Etien, Le Conseil constitutionnel et les élections présidentielles, Revue administrative, 1988, pp. 229-237; Cl. Franck, Droit des élections nationales et locales, J. Delmas et Cie, 1988, pp. 57-79.

ⅥB 61 憲法院判決の既判力
——農業指針法 loi d'orientationagricole 事件

1962年1月16日憲法院判決
Décision n° 62-18 L. du 16 janvier 1962
Journal Officiel, Lois et Décrets du 25 février 1962, p. 1915
Rec. 31, RJC Ⅱ-9, GD. 13

矢島基美
(上智大学教授)

〔事　実〕

　1960年8月5日付農業指針法31条2項(以下では,本条項という)によれば,1961年7月1日の時点で,共通の農業政策が充分に実施されるような段階に立ち至っていない場合,政府は,特定農産物の次期基準価格(prochains prix d'objectifs)をデクレによって決定する条件を定める政府提出法律案を提出することとされていた。ここに取り上げる1962年1月16日憲法院判決(以下では,本判決という)は,1962年1月8日,憲法37条2項に基づき,本条項の法的性格に関してなされた首相の審査請求(以下では,本件という)に対して下されたものである。

　実のところ,本条項の法的性格に関しては,本件以前にも,再度に及ぶ紛議が国会—政府間で生じ,そのたびに憲法院の判断が求められるという事情にあった。そのような事態は,直接的には,後述の,第5共和制憲法によってもたらされた「法的革命」に起因している。しかし,当時の国内情勢として,農業指針法の掲げる農業の近代化・高度化政策が厳しい政治的対立ないし緊張を引き起こしていたことは指摘されてよい。

　いずれにせよ,そうした背景のもとで,本条項にかかわる憲法院付託が相次いだ。最初の付託は,1961年9月5日,憲法41条2項に基づき,元老院議長によって行われた。それは,元老院議員によって,特定農産物の次期基準価格をデクレによって決定する条件を定めるための議員提出法律案が提出されたところ,政府が,かかる法律案は憲法34条の法律事項に属さないとして,憲法41条1項に基づく不受理の抗弁(irrecevabilité)をもって対抗したことによる。次いで,同年10月16日,やはり憲法41条2項に基づき,国民議会議長が付託するに及ぶ。今度は,農産物公示価格の決定に関する政府提出法律案に対して,国民議会の生産・流通委員会(Commission de la production et des échanges)で修正案が提出されたところ,この修正案について,再び政府が不受理の抗弁をもって対抗したためであった。

　その結果,憲法院は,議員提出法律案,および,政府提出法律案に対する修正案について,それぞれ1961年9月8日憲法院判決 Décision n° 61-3 FNR,および,1961年10月18日憲法院判決 Décision n° 61-4 FNR において,いずれも憲法34条の法律事項には属さないとする旨,判示した。しかも,後者においては,その判決理由のなかで[Con.4],前者の判決理由を引照し

ていたが，本判決においても，これらの先例を踏まえつつ判断し［Con. 2］，憲法62条2項に定める判決の効力（autorité des décisions）が「その〔判決〕主文のみならず，それにとって必要な支柱をなし，かつ，根拠そのものとなる〔判決〕理由に及ぶ」旨，明示的に判示した［Con. 1］点で，大きな注目を集めるところとなった。

〔判　旨〕

「憲法，とりわけその34条，37条および62条を参照し，

憲法院に関する組織法律を定める1958年11月7日のオルドナンス，とりわけその24条，25条および26条を参照し，

一方で，憲法62条最終文，すなわち，「憲法院の判決は，……公権力ならびにすべての行政および司法機関を拘束する」旨の規定によって対象とされている判決の効力は，その〔判決〕主文のみならず，それにとって必要な支柱をなし，かつ，根拠そのものとなる〔判決〕理由に及ぶことを考慮し，［Con. 1］

憲法院は，1961年9月8日判決において，特定農産物の次期基準価格をデクレによって決定する条件を定める議員提出法律案が命令的性格を有すると判示したが，その理由として，一つには，右法律案の諸条項が，憲法34条の立法府の権限に含まれない事項（価格の事項）に立法府を介入させようとするものであること，もう一つの主要な理由として，農業指針法31条2項の規定，すなわち「1961年7月1日の時点で，共通の農業政策が充分に実施されるような段階に立ち至っていない場合，政府は，次期基準価格をデクレによって決定する条件を定める政府提出法律案を提出する」旨の規定が，憲法34条および37条の規定に優位せず，また，価格の事項についての立法府権限に充分な根拠を与えるものではないことがあり，前示〔1961年9月8日〕判決——農産物価格の決定に関する政府提出法律案に付された修正条項に命令的性格を認めた1961年10月18日判決によって確認されている——は，それにとって必要な支柱をなす前記〔判決〕理由が与える効果を伴って，公権力ならびにすべての行政および司法機関を拘束することを考慮し，［Con. 2］

他方で，法律事項に属さない事項を規律するため，デクレによって改正することが検討されている，憲法施行後の法律形式による規定のすべてについて，命令的性格を有する旨の宣言を憲法37条2項の定めに従ってあらかじめ得ている場合は別として，憲法院が，ある事項が法律事項に属さないと判断するときは，政府がその事項に関して有用であると判断する規定をデクレによって定めることには根拠があることを考慮し，［Con. 3］

農産物価格の決定——憲法院は，前示したところから結論づけられるとおり，命令事項であると判断している——についていえば，先に引いた1960年8月5日付農業指針法31条においてさえ，憲法施行後に前示価格を定めるため制定された法律形式の規定が存在しておらず，問題となっているデクレは必然的に改正されなければならなくなった以上，この事項に関してデクレをもって定めることは何ら妨げられないことを考慮し，［Con. 4］

すでに述べてきたところの帰結として，1960年8月5日付農業指針法31条の規定について，憲法34条の観点から，憲法院による法的性格の審査を提起する首相の請求は，その対象を欠く（sans objet）ものとみなされなければならないことを考慮し，［Con. 5］

次のように判示する。

1.　前示理由により，憲法院には，1960年8

月5日付農業指針法31条の法的性格を判断するよう，憲法37条（2項）に基づき，首相によって提起された請求について宣言する理由がない (il n'y a pas lieu de se prononcer)。

2. 本判決は，フランス共和国官報に掲載される。

(1962年1月16日審議)(憲法院院長　レオン・ノエル)」

〔解　説〕

(1)　本判決の位置

「合理化された議院制」の実現を企図した第5共和制憲法は，議会の立法権限について，法律の所管事項を限定列挙し（34条），それ以外のものはすべて命令事項とする（37条1項）など，フランスの伝統的な立法観念からすれば，「法的革命」とも称される状況をもたらした。いきおい，立法府による権限侵犯，それに起因する立法府ー行政府間の権限配分争いが予想され，そのような紛議の裁定者，いわば「番人」として設置されたのが，ほかならぬ憲法院であった（37条2項，41条2項参照）。

本判決も，そのような立法府ー行政府間の権限配分をめぐる争いの一つにかかわってのものである。そして，それは，結論的には，憲法院の初期判例の多くにみられたように，憲法34条の法律事項を限定的に解し，制憲時に期待されていた役割を果たすことになった。もっとも，そうした憲法院の姿勢はその後，すでに知られているとおり，法律事項を拡大させる方向に転換していくのであって，本判決は，権限配分をめぐるそのような動向を検討するうえで，一つの貴重な素材を提供するものといえる。

しかしながら，本判決の意義は，ファヴォルー (Favoreu, L.) およびフィリップ (Philip, L.) の指摘をまつまでもなく，憲法院判決の効力について明示的な判示を行った点にこそ，求められている。後にみるように，憲法院判決の効力は，フランスの公法学説において一般に，「既判力」(autorité de chose jugée) 概念と結びつけて論じられる傾向にあるが，本判決がその種の効力を肯定したことは，みずからの使命の比重を憲法61条の合憲性審査に移していくこととなる憲法院の判決にとどまらず，通常裁判所の判決，ひいては，これらによって構成される裁判制度のあり様にも，少なからざる影響を及ぼすことになるからである。

ここでは，そうした視点から，主に憲法院判決の効力について述べるものであるが，まずは，本判決がそのような判示を行うに至った事情について瞥見しておく。それは，本解説の主題にとって有益であり，また，必要でもあろう。

(2)　本判決の事情

本件は，憲法37条2項に基づいてなされた付託である。右条項によれば，政府が，実質的にみて命令事項に属する，憲法施行後の「法律形式の条文」(textes de forme législative) をデクレによって改正しようとする場合には，その条文が「命令的性格」(caractère réglementaire) を有する旨の憲法院の判断を仰がなければならない。その際，憲法院は，首相によって付託された当該条文が法律または命令のいずれの性格を有するかを判断し，理由を付した宣言 (déclaration motivée) によって確認する (constater) ものとされている（憲法院に関する組織法律を定める1958年11月7日オルドナンス24条，26条参照）。

ファヴォルーによって「脱立法化」(délégalisation) と呼ばれている，この審査は，したがって第1に，すでに公布されている法律の合憲性審査を事後に行うものにほかならない。その意味で，法律ー命令のいずれかを確定する判断に限られてはいるものの，憲法が法律等の合憲性

審査を事前に限定していることの例外をなしている。同様にして第2に、憲法院が法律―命令のいずれの判断を下すにせよ、そこでは、当該条文の合憲性そのもの――別言すれば、憲法違反か否かの判断が直接求められているわけでなく、また、その結果として、当該条文の効力問題が直ちに生ずるわけでもない。

本件のそのような付託形式からすれば、憲法院にあっては、本条項がいずれの性格を有するかを宣言すればよく、それによって、デクレによる改正の許否という効果がもたらされることになるはずである。しかるに、本判決は、首相の請求はその対象を欠くとした［Con. 5］うえで、判決主文において、首相の請求について宣言する理由がない、というのである。はたして、その結論は、どのような論理によって導かれることになったのか。

この点で意味をなすのが、本判決に先んじて下された憲法院判決の存在であろう。すなわち、二つの先例は、もともと議員提出法律案および修正案の法的性格を審査対象とするものであったが、その判決主文を支える論拠として、本条項の定める農産物価格の決定行為が法律事項たりえないことを掲げていた（本判決［Con. 2］での引照部分を参照）。それゆえ、憲法院判決の効力がその判決理由にまで及ぶことを確認できさえすれば、本件における首相の付託は、前訴とは異なる根拠規定に基づくものであるとはいえ、本条項の法的性格という同一の対象（既判事項）について再訴を行ったものというほかない。ほかならぬ「理由なし」（non-lieu）判決を下したゆえんが、そこにある。

(3) 憲法院判決の効力――「既判力」概念とのかかわりで

本判決の趣意からすれば、憲法院に対する付託においても、前訴判決の既判事項に対する後訴は許されないことになる。そして、いうまでもなく、その趣意は、本件のような権限配分審査の場合に限られるわけではない。そこにいう「判決」、したがって、62条2項にいう「判決」とは、憲法院の判断として示されるもののうち、諮問を受けた際になされる「意見」（avis）以外のすべて――権限配分審査のみならず、合憲性審査において下されるものを指しているからである（判決理由中ではあるが、合憲性審査においてこれを示す判決として、Décision n° 85-197 DC du 23 août 1985）。

さて、判決の上述のような効力は、訴訟法上、いわゆる既判力として理解されているものである。すなわち、一般に、既判力とは、確定判決が、同一の対象（objet）――同一当事者（parties）間の、同一原因（cause）による、同一事項（chose）に関する請求――に対して有する拘束力をいう（民法1351条参照）。本判決が憲法62条2項後段にいう拘束力から導いた憲法院判決の効力についても、はたしてこれと同様に解することは可能なのか。

この点で、これをストレートに議論しにくい固有の事情がフランスにはある。第1に、憲法院の場合、その裁定事項の性質上ほとんどが「当事者」要件を欠き、その意味ではまた、憲法院はそもそも裁判機関なのか、なる問いかけに通底する問題を潜ませている。第2に、フランスの伝統として、複数の裁判所系統――したがって、複数の最高裁判所が併存しており、憲法院は「真の最高裁判所」たりえない。加えて第3に、判例法主義のもとでみられるような先例拘束性が正面から承認されているわけでもない。

にもかかわらず、ファヴォルーらのように、これを肯定する論者が多数を占める。それによれば、確かに、本判決では、「既判力」なる語が

明示的に用いられているわけではないが、それにかかわる判示のあり方は、既判力について通常裁判所が説くものと同様であり、何よりも、憲法院みずから「既判力」なる語を明示的に用いるに至った（既判力は、違憲の宣言がなされた法律についてのみ生ずるとしたDécision n° 88-244 DC du 20 juill. 1988, さらに、これと類似の目的をもつ別の法律にも及ぶとしたDécision n° 89-258 DC du 8 juill. 1989）ことで、それはすでに明らかと考えるのである。

もっとも、そこで説かれる既判力は、上述のように定義づけられた既判力概念そのものといえるのか、議論の余地がある。たとえば、憲法院判決について「当事者」要件を必須のものとはせず、むしろそれゆえに、これに対世効（ファヴォルーらのいう「絶対的既判力」（autorité absolue de chose jugée））を認めていることからしても、憲法院の特殊性に即応した意味づけを施していると思わざるをえない。そして、そのような意味づけは、62条2項後段の趣旨に見合うものともいえる。併存する複数の裁判所系統の間で法解釈を統一する必要性が当然にあり（とりわけ憲法院―コンセイユ・デタ間で権限が競合する権限配分審査の領域において）、かかる使命を憲法院判決に委ねることにこそ、その趣旨があると解されるからである。

そうであれば、62条2項後段の規定をなぞりながら、憲法院判決の具体的な拘束力について論じた方が有益であろう。そこでまず、公権力に対する関係である。ここに公権力とは、議会、政府および大統領を指すが、これらの政治部門においては、いわゆる留保条件付判決の場合を含め、おおむね憲法院判決に対応した措置がとられ、その拘束力が及んでいるといってよい。むしろ法律の合憲性審査の局面においては、ドラゴ（Drago, G.）が指摘するごとく、憲法院と政治部門との「協働関係」（relations de collaboration）さえ見受けられる。

次に、すべての行政・司法機関、なかんずくその最高裁判所たるコンセイユ・デタおよび破毀院に対する関係では、どうか。確かに、通常裁判所において、憲法院判決の拘束力が想到されていないわけではない。しかし、憲法院がそれらの上訴裁判所たりえないこと、また、問題となっているのは同一の条文でないとか、本判決の判示を前提にしても、判決主文を支える理由ではないとかの逃げ口上がありうることなどを踏まえ、憲法院判決の拘束力は及ばないとする態度をとることは可能である。

現に、コンセイユ・デタにおいては、憲法院との間で、判例上の不一致という現象がみられた（たとえば、C.E. Ass., 3 fév. 1967）。それが大きく変化するのは、憲法院判決を明示的に引用しつつ、それにそってみずからの判例変更を行った（C.E.Ass., 20 déc. 1985）ことによる。しかも、そのような積極的な対応は、憲法院の審査に付された規定のみならず、一般的な憲法ないし法律解釈にかかる判示についても拘束力を肯定するなど（たとえば、前者につき、C.E. Ass., 16 déc. 1988,C.E. Ass., 11 mars 1994, 後者につき、C.E., 9 juill. 1986）、さらに拡大する傾向を示している。

これに対して、破毀院にあっては、いくらか事情が異なるようである。コンセイユ・デタの場合と同様に、当初は憲法院判決と衝突するケースがみられ（たとえば、Cass.crim., 8 nov. 1979）、1980年代半ばに憲法院判決を考慮に入れる判決があらわれた（Cass. crim., 25 avril 1985）。ファヴォルーらは、これをもって、破毀院でも憲法院判決の拘束力を認めたものと受け止めているが、他方で、モルフェシ（Molfessis, N.）のように、その判決が憲法院判決を明示的に引照しているわけではないことを踏まえ、その理解

を疑問視する見解もみられる。その意味では，憲法院判決の影響は否定できないものの，憲法院判決を受容するか否かの判断はあくまでも破毀院みずからの掌中にあると考えられていることになろう。

最後に，憲法院自身に対する関係では，どうか。それは，判例変更（revirement de jurisprudence）が認められるか否かという問題に連なる。この点では，現に判例変更が行われており（たとえば，Décision n° 82-143 DC du 30 juill. 1982,Décision n° 87-1026 du 23 oct. 1987），それを踏まえれば，憲法院はみずからの先例の拘束力を認めていないことになる。もっとも，判例変更は権限配分審査などの領域に限られるともいわれ，学説もさほどこれを問題視していない。

(4) **本判決の示唆**

憲法院判決が他の国家機関を拘束するような効力をもつということは，一方で，憲法秩序ないし憲法院による法秩序ないし裁判制度の一元化，他方で，憲法院判例の法源化という問題に結びつく。もっとも，前者については，憲法62条2項を担保する制度を欠くため，とりわけ破毀院の対応にみられるように，なお判例の衝突の可能性を孕んでおり，今後の動向を注視していく必要がある。また，後者についても，先例法理（principe du précédent）が認められず，法規的判決（arrêt de règlement）が禁じられている（民法5条）フランスに固有の事情からすれば，実に奥行きのある議論を要することになるはずである。

翻って，わが国の場合，最高裁判所を終審とする一元的な裁判制度をとり，判例法主義に依拠するわけではない。それゆえ，最高裁判例の拘束力についても「事実上」のものとして説明され，現に判例変更も行われている。憲法裁判制度の彼我の相違を踏まえつつも，フランスの議論から示唆を受ける点は少なくないように思われる。

〔参考文献〕

L. Hamon, Note au S., 1963, p. 303

F. Luchaire, Le Conseil constitutionnel est-il une juridiction ?, R.D.P., 1979, p. 27

J. Rodeville-Hermann, Le principe d'autorité de chose jugée, R.D.P., 1989, p. 1735

L. Favoreu, Le droit constitutionnel jurisprudentiel, R.D.P. 1989, p. 399

G. Drago, L'exécution des décisions du Conseil constitutionnel, Economica-PUAM, 1991

et même, Contentieux constitutionnel français, PUF, 1998

N. Molfessis, Le Conseil constitutionnel et le droit privé, LGDJ, 1997

武居一正「フランス憲法院の性格」法と政治（関西学院大学）32巻2号（1981）235頁

野村敬造・憲法訴訟と裁判の拒絶（成文堂，1987）

樋口陽一・栗城壽夫・憲法と裁判（法律文化社，1988）第一部（樋口陽一執筆），同「『憲法学』の対象としての『憲法』」法学協会百周年記念論文集第3巻（有斐閣，1983）225頁以下（同・権力・個人・憲法学（学陽書房，1989所収））

大河原良夫「フランス憲法院と法律事項（1）～（4・完）」東京都立大学法学会雑誌29巻1号（1988）403頁，同巻2号（1988）229頁，30巻2号（1989）263頁，31巻1号（1990）235頁，同「フランスにおける違憲審査制の役割と限界（上）（下）」法律時報63巻9号（1991）78頁，同巻10号（1991）49頁

蛯原健介「法律による憲法の具体化と合憲性審査（1）～（4・完）」立命館法学252号（1997）30頁，253号（1997）85頁，254号（1997）67頁，255号（1997）195頁

同「フランス行政裁判における憲法院判例の影響（1）～（2・完）」立命館法学263号（1999）148頁，264号（1999）22頁

同「破毀院における憲法院判例の受容をめぐって」明治学院論叢667号法学研究72号（2001）231頁

ⅥB ⃞62 法律事項と命令事項
―― 憲法34条にいう基本原則とその適用

1959年11月27日憲法院判決
Décision n° 59-1 FNR du 27 novembre 1959
Journal Officiel, Lois et Décrets du 14 janvier 1960, p. 441
Rec. 71, RJC Ⅲ-1, GD. 6

村田尚紀
(関西大学教授)

〔事　実〕

　1959年1月7日の賃借小作料に関するデクレは，小麦価格に基いて金納する旨約定する賃借小作契約に関する制度を変更するものであった。同デクレは，そのような約定のある賃借小作契約の場合でも，小麦の一部を他の作物に切り換えることを許す原則を旧農事法典812条に盛り込んだのである。

　これに対して，元老院議員のバジュー (Bajeux) とブーランジェ (Boulanger) が，1959年1月7日デクレの廃止を内容とする賃借小作料の安定化を図る法案を提出したところ，政府は，同法律案が法律事項を逸脱しているとして，不受理の抗弁を行った。こうして元老院議長と首相の間の権限争議となったが，両者の見解は一致をみるに至らず，元老院議長による憲法院への提訴となった。

　1959年11月27日，憲法院は，当該法案が法律事項を逸脱する内容のものであると判断し，政府の不受理の抗弁を正当と認める判決を下した。

〔判　旨〕

　「憲法院は，憲法34条・37条・41条・62条，憲法院に関する1958年11月7日オルドナンス27条・28条・29条，民法，農事法典812条，1959年1月7日デクレを参照し」，以下のように判断する。

　「憲法34条4項は，同条の列挙する事項に関する基本原則の確定を法律に留保している。同規定の文言そのもの並びに同規定と同条2項および3項の規定との間にみられる関連を検討すれば，憲法は，当該事項に関して基本原則を適用するために必要な規範の定立を法律事項に含めていないことになる。当該基本原則の範囲内において右規範を定立することは，37条の規定により，命令権を与えられた唯一の機関の権限である。」[Con. 1]

　「受理の可否が現在議論されている法律案が，命令権の踰越があるとして廃止しようとしている1959年1月7日の賃借小作料に関するデクレは，金納と約定された小作料を小麦価格に関連づけて決定する場合，賃借小作契約の期間中3年ごとに，部分的に小麦価格に代えて，農事法典812条1項に列挙された他の作物のうちの一つまたは複数のものの価格とすることを請求する選択権を両当事者に与えることを目的としている。」[Con. 2]

　「賃借小作料に関する命令権の唯一の主体であることを主張する首相によって提起された当

該法案不受理の抗弁に対抗するために，元老院議長は，1959年1月7日デクレによる所有権および民事上の債務の制度の基本原則の侵害を主張する。」[Con. 3]

「本件において問題となっている基本原則のうち，すべての所有権者の財産の自由な処分および契約者の意思自治および合意の不可変更性は，私人間の契約関係への公権力の必要な介入を可能ならしめるための既存の法律によるそれらに対する一般的な制約（limitations de portée générale）の範囲内において，評価されるべきである。」[Con. 4]

「とくに賃借小作契約の場合，公権力は，なかんずく小作料の計算方法および小作料の変更に関して，上記の原則に抵触することなく，契約の履行に一定の条件を課すことにより，賃貸人および賃借人の意思の自由の領域を制限してきた。」[Con. 5]

「1959年1月7日デクレの諸規定は，既存の規定に修正を行うにとどまるので，当該事項に関して適用される基本原則を変更するものとはみなしえない。」[Con. 6]

「したがって，当該デクレの規定は命令的性格を有し，首相は，その廃止を目的とする上記法律案に対して，憲法41条の定める不受理の抗弁を当然に行うことができた。」[Con. 7]

以上より，次のように判示する。

「1. 元老院議員バジュー，ブーランジェ両氏によって提出された賃借小作契約料の安定化を図る法律案は，憲法34条によって法律に留保された事項に属さない。
2. 本判決は，元老院議長および首相に通告され，フランス共和国官報に掲載される。」
（1959年11月27日審議）（憲法院院長　レオン・ノエル）

〔解　説〕

(1)　第5共和制憲法における法律と命令

憲法上の問題の所在を明らかにするために，まず第5共和制憲法34条・37条・38条・41条・61条を概観しておく必要がある。

周知のように，フランスでは，「法律は一般意思の表明である」とする1789年人権宣言6条以来，法律のほとんど絶対的ともいうべき最高性が原則として認められてきたといわれる。もっとも，「近代憲法の実験室」ともいわれるフランスには，議会が存在しなかった時期すらあり，議会が機能不全に陥っていた時期は珍しくない。機能不全とまではいえない時期においても，その実態が必ずしも原則どおりであったわけでないことはいうまでもない。その意味では，法律の絶対的最高性という原則も割り引いて考えなければならないが，それにしても第3共和制以降の憲法史に限ってみるならば，第5共和制憲法の制定された1958年以前と以後の憲法上の法律概念の相違は顕著であるということができる（参照，後掲・拙著）。

第5共和制憲法に取って代わられた第4共和制憲法は，13条において，「国民議会のみが法律を表決する。国民議会はこの権利を委任することはできない」と規定していた。一定の事項は共和制的伝統によって法律に留保され，その他の事項も法律によって定めることが禁じられていなかったから，法律事項は無制限であった。その一方，命令には留保された領域がなかった。明文で委任立法が禁止されていたから，憲法上，命令の役割は，法律の執行にとどまっていたことになるのである。

対照的に，第5共和制憲法では，34条が法律事項を列挙し，37条が「法律の所管事項以外の事項は命令の性質をもつ」と明文で規定してい

る。法律中に命令事項を定める条文がある場合は，これをデクレ（décret）という命令によって改廃することが可能になり（37条2項），さらに34条によって法律に留保された事項について定める新しい形式の命令としてオルドナンス（ordonnance）が認められている（38条）。したがって，法律に排他的に留保された事項は存在しないことになり，逆に命令から留保された事項はないことになる。

このような制度の下で起こりうる議会と政府の権限争議の解決の手続については，上記37条2項のほか，41条，61条2項がそれぞれ定める。すなわち，41条によれば，表決前の段階において，議員提出法案が法律事項に属さないと判断する政府が不受理の抗弁をし，政府と当該議院の議長との意見が一致しない場合に，いずれかからの請求によって憲法院が8日以内に裁定する。61条2項によれば，首相が，可決後大統領による審署を受ける前の段階の法律について，その違憲性，つまり法律の規定が命令事項を侵害していることの確認を憲法院に求めることができる。37条2項によれば，第5共和制憲法施行以前の法律については，コンセイユ・デタの意見を徴した上で定められるデクレによって改正することができ，第5共和制憲法施行後制定された法律については，憲法院によって当該条文が命令事項を侵害すると判断された場合に，デクレがこれを改正することができる。したがって，政府・議会間の権限争議は，いずれにしても，憲法院またはコンセイユ・デタが裁定することになるのである。

このようにコンセイユ・デタと並んで法律事項と命令事項の区別の基準を確立する役割を担う憲法院が，初めて憲法41条に基づく提訴を受けて下したのが本件判決である。

(2) **憲法34条の「基本原則」**

第5共和制憲法34条は，法律事項のリストを掲げている。2項及び3項は，公的自由の行使について市民に認められる基本的保障や国籍，婚姻制度，刑罰，選挙制度，公務員に認められる基本的保障，国有化等々に関する規範（règles）を法律が定めることとし，4項は，国防の一般組織や地方公共団体の自由な行政，教育，所有制度・物権・民法上及び商法上の債務の制度，勤労の権利および労働組合権・社会保障に関する基本原則（principes fondamentaux）を定めるとしている。34条はさらに予算を法律事項としている（5項）。憲法としては異例に長いといえる以上のリストも，法律事項を限定列挙するものである。そのほかの事項は，上述のように，37条により，命令事項となるわけである。

しかしながら，法律事項と命令事項との境界線はけっして明確とはいえない。すなわち，第1に，規範にせよ基本原則にせよ，いずれも明確なカテゴリーとはいえない。第2に，法律によって規範まで定めなければならない34条2項・3項列挙事項と基本原則以上を定めてはならない4項列挙事項との差異も曖昧である。4項に挙げられている所有権や営業の自由，勤労の権利，組合の自由は，最も権威があるとされる公的自由の分類によれば，2項に挙げられている公的自由に含まれるのである（cf. J. Rivero, Les libertés publiques, t.1, 8ᵉ éd., 1997, p.27 et s.）。

本件で提起されていたのは，まさにこのような問題であった。憲法院は，憲法34条4項について，「当該事項に関して基本原則を適用するために必要な規範の定立を法律事項に含めていないことになる。当該基本原則の範囲内において右規範を定立することは，37条の規定により，命令権を与えられた唯一の機関の権限である」と解釈し，基本原則に関する事項をその適用に関する事項と区別し，後者を排他的な命令事項

とみなしている。この場合，原則の定立とその適用との区別がなお問題となるが，憲法院は，この点に関して明確な基準を与えていない。

ともあれ，憲法院は，以上のような見解によりながら，「本件において問題となっている基本原則のうち，すべての所有権者の財産の自由な処分および契約者の意思自治および合意の不可変更性は，私人間の契約関係への公権力の必要な介入を可能ならしめるための既存の法律によるそれらに対する一般的な制約の範囲内において，評価されるべきである」として，すでに民法上の基本原則が法律によって制約されており，小作料の計算方法および小作料の変更は，あらたに原則を修正するものではないとみる。すなわち，それは，すでに法律によって制約された原則の適用にほかならず，命令事項に属すると判断しているのである。

以上のような判断は，「基本原則とその適用との間の区別は観念的なものにすぎない」(L. Hamon, infra, p.535) との批判を免れないであろう。

さらに，本件は，そもそも憲法34条2項にいう公的自由の行使に関する事項が問題になっている事案ともいえる。したがって，上述の34条2・3項列挙事項と同4項列挙事項との区別の基準が問われていたはずであるが，判決は，この点も明確にしないまま，本件を4項事案としたのである。

(3) 本判決の意義と位置づけ

アメリカ合衆国最高裁判所の1803年マーベリ対マディソン事件判決 (Marbury v. Madison, 5 U.S. 137) に匹敵する1971年の結社法判決〔⇒ⅢA[20]判決参照〕と1974年の憲法改正による提訴権者の拡大（大統領，首相，両院議長のほか国民議会議員60人，元老院議員60人にも法律の合憲性審査を求めることができるようになった）以後，フランスの憲法院は人権保障機関としても機能するようになったといわれるが，それ以前，憲法院に期待されていた主な役割は，国会に対する歯止めであった。行政国家型憲法の構造を維持し，議会を34条の枠の中に押し込めておくことが制憲者の憲法院に期待した役割であった。第5共和制憲法41条2項が発動された最初のケースである本件において，憲法院は，制憲者の期待に応える判決を行ったといえる。

さらに，本判決には，もうひとつ別の歴史的意義がある。判決は，「1959年1月7日デクレの諸規定は，既存の規定に修正を行うにとどまるので，当該事項に関して適用される基本原則を変更するものとはみなしえない」というが，当該デクレが賃借小作料の値上げを容易にするものであったことはたしかである。農事法典は，賃借小作契約に関して，小作人保護と経済的ディリジスム (dirigisme) の観点から，民法上の原則に制約を加えるものであった。したがって，判決は，ディリジスムすなわち経済的自由という原則の制約は法律によらなければならないとする一方で，自由化 (libéralisation) すなわち原則への復帰は，デクレによって行えるとしたことになる (cf. P.-H. Teitgen, infra, pp.148-149.)。つまり，判決は，自由主義をディリジスムよりも優先させ，第4共和制憲法以来の社会共和国理念を後退させる歴史的な転轍機の役割をデクレに付与したことになる（第4共和制憲法から第5共和制憲法への転換の経済史的意味について，参照，後掲・拙著，442頁以下）。

憲法院は，本判決後，憲法41条2項による10件の提訴を受け，判決を出している (Décision 61-2 FNR du 30 juin 1961, Décision 61-3 FNR du 8 septembre 1961, Décision 61-4 FNR du 18 octobre 1961, Décision 63-5 FNR du 11 juin 1963, Décision 64-6 FNR du 22 mai 1964, Décision 66-7 FNR du 21 décembre 1966, Décision 68-8 FNR du 27 novembre 1968, Décision 77-9 FNR du 7 juin 1977, Décision 79-10 FNR du 26 avril 1979, Décision 79-11 FNR du 23 mai 1979)。したがって，憲法41条2項の発動は，第5共和制憲法制定後43年間で11件である。11件中8件が最初の10年間に，残り3件が70年代後半に行われており，その後はまったく発動されていない。本来，この問題に関して憲法院に期待されていた役割の大きさからすれば，その実際の出番は多いとはいえない。もっとも，政府の不受理の抗弁自体は，1959年～1994年の間に計217回行われているから，けっして少ないわけではなく，したがって憲法41条が死文化しているわけでないことは留意されるべきである（cf. E. Oliva, infra, p.54 et s.）。

「革命は可能であったが，革命は起こらなかった」（J. Rivero, Rapport de synthèse, L. Favoreu, infra, p.263）といわれるように，法律事項と命令事項との区別に関するその後の憲法院の解釈が，もっぱら法律事項を制限するものであったということはできない。憲法34条のすべての事項が既存の法律による「一般的な制約」を受けているとは解されていない。しかし，そうであるだけに，一般的な制約が自由とりわけ経済的・社会的自由事項ばかりに認められていることが際立つといえる（cf. M. de Villiers, infra, p.390）。「所有権者の財産の自由な処分および契約者の意思自治および合意の不可変更性」を法律が制約している領域において，命令権に規制を緩和する新たな権限を与えたことになる本判決の第5共和制憲法史上の重みは今日も否定しがたいであろう（cf. F. Luchaire et G. Conac, infra, p.769（Luchaire））。

〔参考文献〕

J. Giffard, note, S., 1960, pp.102-104; L. Hamon, note, D., 1960, pp.533-535; P. de Fellice, Les fermages et la Constitution, G.P., 1960, I, pp.13-14; M. de Surgy, Les difficultés d'application du décret du 7 janvier 1959, relatif à la conversion des fermages indexés uniquement sur le blé, et son incidence sur les contrats en cours, S., 1960, chron. pp.55-62; P.-H. Teitgen, note, Droit Social, 1961, pp.147-149; M. Waline, La jurisprudence du Conseil constitutionnel sur la répartition des matières entre la loi et le règlement, R.D.P., 1960, pp.1011-1031; A.-H. Mesnard, Dix années de jurisprudence du Conseil Constitutionnel en matière de répartition des compétences législatives et réglementaires, A.J.D.A., 1970, pp.259-282; M. de Villiers, La jurisprudence de "l'état de la législation antérieure", A.J.D.A., 1980, pp.387-397; F. Vincent, De l'inutilité de l'article 34 de la Constitution du 4 octobre 1958, A.J.D.A., 1965, pp.564-576; J.-L. Pezant, Le contrôle de la recevabilité des initiatives parlementaires, R.F.S.P., 1981, pp.140-171; D. Turpin, Mémento de la jurisprudence du Conseil constitutionnel, 1997, pp.17-20; M. Waline, Les rapports entre la loi et le règlement avant et après la Constitution de 1958, R.D.P., 1959, pp.699-717; P. Durand, La décadence de la loi dans la Constitution de la Ve République, J.C.P., I, 1470; G. Morange, La hiérarchie des textes dans la Constitution du 4 octobre 1958, D., 1959, chron. pp.21-26; J. L'Huillier, La délimitation des domaines de la loi et du règlement dans la Constitution du 4 octobre 1958, D., chron. pp.173-178; L. Favoreu (sous la direction de), Le domaine de la loi et du règlement, 2e éd., 1981; E. Oliva, L'article 41 de la Constitution de 1958, Initiative législative et Constitution, 1997; F. Luchaire et G. Conac (sous la direction de), La Constitution de la république française, 2e éd., 1987; 大河原良夫「フランス憲法院と法律事項（1）～（4・完）」東京都立大学法学会雑誌29巻1号，2号，30巻2号，31巻1号；村田尚紀『委任立法の研究』（日本評論社，1991年）；ジャン＝メグレ『フランス農業法』副島映一訳（文庫クセジュ，1972年）

ⅥC 63 非常措置権発動のための必要条件
—— 諮問機関としての憲法院

1961年4月23日憲法院意見
Avis du 23 avril 1961
Journal Officiel, Lois et Décrets du 24 avril 1961, p. 3876
Rec. 69, RJC V-1, GD. 10

南野　森
(九州大学助教授)

〔事　実〕

アルジェリア問題が泥沼化するなかで第五共和政の初代大統領となったド・ゴールは，1961年1月，アルジェリアの民族自決を問う国民投票を実施し，本土で75％，アルジェリアで69％の賛成票を獲得した。ところがかねてより政府の民族自決＝独立方針に反発を強めていた一部の現地軍や入植者は，秘密軍事組織OASを作りテロ活動を活発化させるなどし，ついに同年4月22日未明アルジェにおいて，かつて現地軍首脳部にあった4人の退役将軍 (A. Zeller, R. Salan, M. Challe, E. Jouhaud) が，アルジェリア全土に戒厳令を宣言する (アルジェの官庁舎占拠，公式訪問中であった公共事業大臣ほか要人の逮捕なども起こる)。この宣言を受け，ド・ゴールはただちに大統領の非常措置権を定める憲法16条の適用の準備に入り，同日夜，同1項の規定に従って憲法院に対して諮問を行う。翌朝より行われた審議で決定され，大統領に届けられたあと，24日の官報に公表されたのが本件意見である (結局クーデタの試みは，ド・ゴール派だけでなく労働組合や左翼政党，さらに本土およびドイツ駐留軍の大勢がド・ゴール支持にとどまったため，3日後には反乱軍が鎮圧され，失敗に終わる)。

〔意　見〕

「憲法院は，憲法16条，1958年11月7日付憲法院に関する組織法オルドナンス52，53および54条，共和国大統領が憲法16条の適用可能性について憲法院に諮問する1961年4月22日付親書を参照し，

アルジェリアにおいて，指揮権のない将官らが，そして彼らに続いていくつかの軍構成部隊が，憲法上の諸権力に対するあからさまな反乱を開始し，その権限を簒奪していること；彼らが国の主権および共和国の法治主義を無視し，唯一議会および政府の権限によるべき諸措置を発していること；彼らが，共和国政府によって国益擁護のために委託された諸権力の受託者である在アルジェリアの文武の最高機関および閣僚の一人に対してさえ，その職務遂行を不能にせしめ，またその自由を剥奪していること；彼らの自認する目的が，国土全体における権力奪取にあることを考慮し，［Con. 1］

これらの転覆行為を理由とし，一方で，共和国の諸制度が重大かつ直接に脅威にさらされていること，他方で，憲法上の公権力が正常に運営されえないことを考慮し，［Con. 2］

以下の意見を持つ：憲法16条を適用するため

憲法により要求されている諸条件は，満たされている。」

　　（1961年4月23日審議）（憲法院院長　レオン・ノエル）

〔解　説〕

　(1)　憲法院の諮問機関的権限には，大統領選挙および国民投票に関して政府の諮問に答えるものと，16条に定めのある大統領の諮問に答えるものの二種がある。後者は，非常措置権を行使せんとする大統領がそれに先だって諮問する場合のもの（1項）と，この手続きを経た後にとられる個別の諸措置について，大統領が諮問を行う場合のもの（3項）とに区別される。そして本件意見は，前者，すなわち16条1項による先行的諮問に答えたこれまでのところ唯一の事案である（ちなみに，3項所定の個別措置に関する憲法院意見については，1958年オルドナンス53条のような，理由付けおよび公表を義務づける規定はなく，実際，大統領が16条適用の終結を宣言する9月29日までの約5ヵ月間にとった合計16の非常措置についての憲法院意見を知ることはできない）。

　(2)　戦乱や革命，あるいは大規模な自然災害などの重大な非常事態において，国家元首あるいは行政権の首長が，国家の安寧秩序の回復・維持を目的として例外的な権限を行使しうることを憲法上定めている国家はフランスに限られないし，またフランス憲法史にもそのような例は存在する。しかし，16条の規定するメカニズムは，以下の理由により，比較憲法およびフランス憲法史のいずれの観点からも，きわめて独特なものであると言える。

　たとえば，韓国憲法76条は，大統領の緊急命令権について定めるが，これは「国家の安危にかかわる重大な交戦状態に際し」てのものであり，かつ「国会の集会が不可能な場合に限り」認められる（2項）。しかも右命令は，事後的にではあるが「遅滞なく国会に報告」され「その承認を得なければならない」（3項）。そしてこの承認が得られない場合，右命令は「その時から効力を喪失する」（4項前段）。加えてそもそも緊急命令は閣議を経なければならず（89条），首相および関係大臣の副署が必要である（82条）。ところが現行フランスの制度においては，議会の当然集会と16条適用期間中の国民議会の解散の禁止が定められている（4項，5項）だけで，16条の発動決定にも，その後とられる個別的非常措置についても議会が何らかの関与を行うことは規定されていない。また，首相・大臣の副署も明示的に不要とされている（19条）。

　共和暦八（1799）年憲法92条においては，「反乱もしくは国家の安寧を脅かす問題が生じた場合」に「憲法の支配を中断」しうると定められていたが，それは原則として法律によってであり，議会の休会中に限り，かつ最も早い時期に議会を招集することを定める規定を同時に含むことを条件として，政府命令によっても可能とされていたに過ぎない（フランス憲法史における16条のもう一つの先例として時に引用される1814年憲章14条の定める国王の権限は，つまるところ単なる執行命令権に過ぎないと考えうる）。

　16条のこのような個性は，しばしばド・ゴールの憲法思想の直截な帰結であると言われる。大統領中心の強い執行権の確立に執心した彼の憲法思想は，1946年のバイユー演説に端的に表れているが，その中で，彼は次のように述べていた：「もし祖国が危機に瀕する事態が起こるならば，国の独立およびフランスが締結した条約の保障者となる義務は，国家元首にある」と。そしてこの思想は，第四共和政最後の内閣としてド・ゴール政府が提出した憲法改正案——つまり現行憲法の政府草案——においてさらに明

確な表現を得る。すなわち，1958年7月25日に閣議決定された原案において，16条1項相当部分は次のようになっていたのである：「共和国の諸制度，国の独立，領土の十全性あるいは国際協約の執行が重大かつ直接に脅かされるとき，共和国大統領は，首相および両院議長に公式に諮問したのち，これらの状況によって必要とされる措置をとる」と。そこには憲法院への公式の諮問や「公権力の正常な運営の中断」という現在みられる文言はない。憲法院への諮問が追加されるのは，この政府原案が提出された憲法諮問委員会での審議においてであった。審議録によれば，パリ大学のワリーヌが，「憲法院の意見によれば，共和国の諸制度(……)が重大かつ直接に脅かされるとき」とするよう主張し，容れられた。しかしながら，右委員会の修正案を受けた閣議では，「憲法院に公式に諮問したのち」という現在の文言に変更され，可決された。

(3) 16条1項は大統領の非常措置権の発動の要件として実質的要件と形式的要件を定める。実質的要件としては，①「共和国の諸制度，国の独立，領土の十全性あるいは国際協約の執行が重大かつ直接に脅かされ」ていること，および，②「憲法上の公権力の正常な運営が中断される」ことの二つが同時に満たされることを要求している。①には脅威の及ぶ対象として四種が挙げられているが，これらは選択的であり，いずれか一種に対する脅威が存在すれば要件①は満たされる（本件意見も「共和国の諸制度」に対する脅威のみを認定している）。それゆえ，前出の憲法諮問委員会における審議では，たとえばフランスが締結した国際協約に対して，その破棄を主張する勢力が議会多数派を占めた場合，それだけで非常措置権が発動されることになるのかという危惧が呈され，ド・ゴールの意を汲んだ委員により要件②の追加が提案された。「中断」という語は厳格に解するならば極めて射程の狭い要件となりうるものであるが，起草過程ではむしろ「正常な運営」に力点をおくことで，この要件が満たされる場合は少なからずあると考えられていたようである。

形式的要件としては，「首相，両院議長，ならびに憲法院に公式に諮問」することが定められており，2項では，同条の適用に際して大統領が「声明（message）により国民に通告する」ことも定められているが，いずれについても具体的な手続きは定められておらず，本件事例においては，首相・両院議長への諮問はエリゼ宮での面会によって，憲法院への諮問は親書によって，そして国民への通告はラジオ・テレビ放送によってなされた。

16条の適用により生じる効果は，「大統領はこれらの状況によって必要とされる措置をとる」ことができるということと，「議会は当然に開会」し（4項），同条の適用期間中「国民議会は解散されない」（5項）ということである。ただし，3項において，これらの個別的非常措置が「憲法上の公権力に対して，最も短い期間内に，その任務を遂行する手段を確保させようとする意思に則ってとられなければならない」こと，さらに憲法院が「この問題について諮問される」ことが定められている。「意思に則る（être inspiré par la volonté）」とは極めて主観的な表現であるが，学説は一般に，この要件から非常措置権による憲法改正は認められないと解しており，憲法院も，のちにマーストリヒト第2判決〔⇒ⅠA④〕のなかで，「憲法改正が着手あるいは続行されえない期間」が帰結される憲法条文の一つとして16条を挙げており，右のような解釈は確定している（ただし国会議員の発議による憲法改正が（領土の十全性侵害を根拠としない）16条適用期間中に禁止されるかについては憲法は規定して

(4) 本件意見は二つの考慮事由（Con.）を持ち，それによって「憲法16条を適用するため憲法により要求されている諸条件は，満たされている」と結論するのであるが，まず第一のCon.において非常措置権の発動を根拠づけることになる四種の事実（(i)反乱，(ii)権限の違法な行使，(iii)高官や一閣僚の自由剥奪，(iv)権力奪取という目的）を認定し，次に第二のCon.において，認定された「これらの転覆行為を理由として」①共和国の諸制度に対する重大かつ直接の脅威，および②憲法上の公権力が正常に運営されえないということ，の二つが同時に存在するという評価を行うという単純な構造になっている。上述の通り，16条の発動には実質的要件①および②が同時に満たされることが必要であり，本件意見も一見したところそれに従っているように見える。ところが，要件②について，16条1項においては「憲法上の公権力の正常な運営が中断されるとき」とあるところ，本件意見においては「中断」の語が用いられていない。このことは，要件①については本件意見が憲法の文言を忠実に繰返しているのと対照的である。実際，学説においては，4月23日の時点において要件①が満たされていたということに異を唱えるものはないが，要件②がそうであったかについては完全な一致をみない。政府は――閣僚の一人が監禁されていたとはいえ――閣議を持つことができたし，議会も開会できたのであるから，公権力の運営が中断していたとは言い難いとする見解に対して，たとえばデュヴェルジェは，「公権力の正常な運営とは，たんに法的に諸決定を下すということだけにあるのではなく，これらの決定が実質的に適用されうるということ」をも含むとして，16条がたんに「運営」ではなく「正常な運営」としていることに注意を促しつつ，軍隊の一部による反乱は明らかにこの「正常な運営」を妨げるものであるとした。起草過程においても見られた，「正常な」という語を重視することで「中断する」という語を軽視し，そのことにより要件②を柔軟に捉えるこのような解釈が，本件意見においても採用されたものと考えられる。当時の憲法院院長であったノエルが後に回想しているところによると，審議にあたった九名の判事のうち一名が，正常な運営が「中断」されているということにつき異議を唱えたものの，最終的には全会一致で本件意見が採択されたそうである（ちなみに，大統領の国民への声明にいたっては，「共和国にのしかかる脅威」という語句があるのみで，また4月25日の議会への教書では，「共和国の諸制度，国の独立および領土の十全性に対してのしかかる重大かつ直接の脅威」の存在があげられているものの，いずれも「憲法上の公権力の正常な運営」，ましてやその「中断」には触れてさえいない）。

要件②は，しかしながら，実質的な中断を厳格に要求しないものであると解されるならば，要件①にいかほどの限定をさらに付け加えるものであるのかを疑問視する余地がある。実際学説のなかには，要件②は，要件①が充足されば同時に満たされるものであり，無意味であるとするものもある。さらに，本件意見が第一のCon.で挙げる四種の事態のうち，いずれが①を満たし，いずれが②を満たしているのか，あるいは四種が揃うことで初めて①と②が同時に満たされたとする趣旨なのか，四種の事態を認定し，ただちに「これらの転覆行為を理由として」①と②が存在すると述べるだけの簡潔な本件意見からは，明らかにならない。本件意見はそのような意味において，格別の説得力を持たない，いやむしろ，そもそも説得しようという意欲さえ感じさせない，プレトリアンな性格のもので

あると評価することができるだろう。16条の定める憲法院の諮問意見の唯一の実例である本件意見がこのような性格のものに終わったのは、当時の政治状況や、あるいは9名の憲法院判事に占めるゴーリストの比重といった偶然の要素もさることながら、実は、そもそも非常措置権の実定化に内在する、必然の帰結であると考えることができる（後述(6)参照）。

(5) ところで、16条は大統領の個別的非常措置についての統制を定めていない。(1)で述べたように、個別措置についての憲法院意見は公表されない。当然に開会する議会がその統制を行う可能性を否定する規定はないが、4月25日付の議会に対する大統領教書は、次のような一節を含んでいた：「現在の状況において、私は16条の適用が議会の活動に変更を及ぼすことはありえないと考える。議会の活動とは、立法権の行使とコントロールである。それゆえ、政府と議会の関係は、通常の条件において運営されなければならない——それが16条に基づいてとられた、あるいはこれからとられる諸措置に関するものでない限り」（傍点南野）。かかる言明は学説の批判を招いた（アモンはこのような解釈が教書という形式で示されたことから法的意味はないとしたし、後述のRubin de Servens訴訟において国務院の論告委員アンリも右解釈に議会は拘束されないとした。また、のちにデュヴェルジェは、この点で大統領は憲法を犯したと書いている）が、現実の政治はこれに従った。9月12日には政府問責決議案が国民議会において提出されたものの、かねてより学説においても、16条の適用期間中は解散されることのない国民議会が右決議を採択することができるのかについて議論があったところ、下院議長は決議案の受理可能性につき憲法院の判断を求めた。これに対し憲法院は、9月14日決定においてこの問題につき判断する権限がないとし、その後議長は決議案を16条適用期間中は受理しないと決定したのである。

16条を発動する大統領決定については、それが取消訴訟の対象とならないという点で学説・実務ともに一致している。国務院の1962年3月2日判決（Rubin de Servens）は、16条の発動を決定する4月23日の大統領決定は「統治行為の性格を持ち、国務院はその適法性を判断することも、またその適用期間を統制する権限も持たない」とした。16条適用の終結を決定する大統領決定についても国務院は同様の立場をとっている（CE, 13 novembre 1964, Livet et autres）。ただし、16条の適用期間中にとられる大統領の個別措置については、その内容が法律事項にあたるか命令事項にあたるかを区別し、後者については審査権を認め、実際に無効とされたものが数件ある（たとえばCE, ass., 23 octobre 1964, d'Oriano）。

このように16条の非常措置権は実質的にはほとんど統制を受けないものであると言うことができ、それゆえ、その5ヵ月という長期におよぶ適用は激しく批判されることになった。しかしながら実定法には適用の終結に関する規定はなく、発動を決定した大統領が終結を決定しない限り、誰も何もなしえない。法的に残されているのは、議会が大統領を大反逆罪で訴追する手続き（68条）だけである。1993年2月、ヴデルを議長とする憲法改正諮問委員会の最終報告書は、この点につき次のように述べた：「本委員会は本条適用期間がいかに終結するかを規定することが不可欠であると考えた。（両院議長が）その連名の要求により」、「本条適用のために要求されている諸条件がもはや充足されていないことの確認」を「憲法院に求めることができるように改正することを提案する」と。しかしながら、周知の通りこの提案は実現されていない。16条はド・ゴールの思想通りに制定され、運用

され，そしてそのままに残っているのである。

(6) 通常の権力配分・制限規定を変更・捨象し，国家の危機に対処するため，国家元首にいわば「合法的独裁」を行わせようとする非常措置権を実定法で定めるという作業には，内在的な困難がつきまとう。それが濫用されて「合法的クーデタ」の手段とならないよう，発動の要件を限定するのは常識的な発想であるが，そのためにはまず，非常措置権を発動することが認められる非常事態の同定がなされなければならない。まさにここに困難が存在する。非常事態の同定には①国家の危機，②権力配分・制限規定，そして③この規定から逸脱することになるとしても絶対的に擁護すべき上位利益，という三種の要素が必要である。そして通常，危機の定義こそがもっとも重要な問題であると考えられてきた。しかし，危機というものは定義上将来やってくるものであり，それを定義することは「予見できないものを予見する」（ヴデル）という作業になる。客観的な危機の定義はそれゆえ存在しえず，存在しえないものは非常事態の同定に際して決定的な役割を果たしえない。ゆえに，非常事態は，②権力制限規定と③擁護すべき利益との間に解きがたい緊張が存在すると信じられるときに発生するものである，ということにならざるをえない。擁護すべき利益が通常の権力配置によっては擁護されえないと感じられると，「重大かつ直接の脅威」がそれに対して存在すると信じられることになるわけである。つまり，非常事態の認定，さらに非常措置権発動の決定は，典型的に感覚の世界に属する。16条3項が，大統領が国民に対して声明を発することを定めているのは，大統領の感覚を国民に共有させるための手段であると解することができる。そして本件事例でもそうであったように，そこでは法学的術語（国家，憲法，制度）というよりはむしろ情操に訴える言葉（祖国，フランス，三色旗）が用いられる。非常事態が存在するという感覚が広く共有されていれば，非常措置権の発動は――説得の要をまたずに――受容される。そしてそのような感覚共有の創出は，少なくとも短期的には，極めて容易であることを本件意見は示している。

〔参考文献〕

当時の主な学説として M. Duverger,《 L'article 16 et ses limites 》, *Le Monde* du 5 mai 1961; L. Hamon,《 À propos de l'article 16 》, *AJDA*, 1961, p. 663; J. Lamarque,《 Légalité constitutionnelle et contrôle juridictionnel des actes pris en vertu de l'article 16 》, *JCP*, 1962, I, 1711; J. Lamarque,《 La théorie de la nécessité et l'article 16 de la constitution de 1958 》, *RDP*, 1961, p. 558; P. Leroy, *L'organisation constitutionnelle et les crises*, LGDJ, 1966; G. Morange,《 Le contrôle des décisions prises au titre de l'article 16 de la Constitution 》, *D*., 1962, chr., p. 109; 関連資料を集めたものとして F. Hamon, *L'article 16 de la Constitution de 1958*, Doc. fr., 1994; 1959年から1965年に憲法院院長であった者の回想として L. Noël, *De Gaulle et les débuts de la Ve République : 1958-1965*, Plon, 1976; 16条についての最も総合的な研究として M. Voisset, *L'article 16 de la Constitution du 4 octobre 1958*, LGDJ, 1969, 最新のものとして F. Saint-Bonnet,《 Réflexions sur l'article 16 et l'état d'exception 》, *RDP*, 1998, p. 1699; 同じ著者による緊急権の総合的研究として F. Saint-Bonnet, *L'Etat d'exception*, PUF, 2001 がある。邦語では，上村貞美「フランス第五共和政における緊急権」（大阪市大法学雑誌20巻4号，1974年），小林直樹『国家緊急権』（学陽書房，1985年），浦田一郎「フランスの緊急権――緊急命令と1958年憲法第16条を中心として」（ジュリスト701号，1979年），近藤昭三「第五共和国における非常大権について」（九州大学法政研究29巻1＝2＝3号，1963年）など。

Ⅵ D 64 通常法律の最初の違憲審査

1960年8月11日憲法院判決
Décision n° 60-8 DC du 11 août 1960
Journal Officiel, Lois et Décrets du 13 août 1960, p. 7599
Rec. 25, RJC I-5, GD. 7

武居一正
（福岡大学教授）

〔事　実〕

　1960年度補正予算法案の審理の際に，ラジオ・テレビ受信料の徴収率改定の決定権の所在に関して，政府と国会，特に上院，の間に対立が生じた。

　政府，情報相は，フランス・ラジオ・テレビ放送局（以下 R. T. F.）の独立採算を定めた1959年2月4日オルドナンスが，聴取税（taxe）を受信料（redevance pour droit d'usage）に変えたと判断した。すなわち，ラジオ聴取者とテレビ視聴者へ提供された番組の対価が問題であり，従って，受信料の徴収率の改定は専ら政府の権限に属するとした。これに対し上院は，R. T. F. の行政制度の変更は受信料の税的性格に影響を与えるものではないと主張した。受信料は税金（impôt）であり，なされたサーヴィスの対価（rémunération d'un service rendu）ではない。また，対価と考えると民放の存在と両立しなくなる。従って，受信料を国会の許可の対象外とするのは問題外であるとした。

　要するに，問題は受信料の決定権を国会または政府のどちらが持つのかであった。もし受信料が純然たる「租税」であるなら，憲法34条が「あらゆる性質の租税の基礎，税率および徴収の態様」を法律事項としているので，当然国会の権限ということになる。しかし，受信料が「なされたサーヴィスの対価」であるなら，租税ではなく，憲法37条1項からして，命令事項となり，政府の権限ということになる。

　議論の後に法案が両議院間を行き来した末，両院協議会で妥協（折衷案）が成立した。それによれば，1960年度補正予算法に17条と18条を加え，政府に対し年度中に受信料の徴収率の変更権を認めるが，同時に徴収前の国会による許可を条件とし，加えて1960年度の受信料引き上げに伴う収入増加のための暫定勘定を設けることになった。

　政府はこの妥協案を受け入れ，下院は，上院の反対にも拘わらず，4度目の読会で最終的に可決した（憲法45条）。しかし，首相は，直後に考えを変え，問題の2条文による憲法34条および37条の原則不尊重を理由に，憲法61条に基づき憲法院に提訴した。

〔判　旨〕

「一方で，憲法34条では，『予算法は，組織法により定められた条件および留保の下で，国の歳入および歳出を決定する。』こと，他方で，憲法の前記引用の規定で対象とされた組織法である予算法に関する組織法を定める1959年1月2日オルドナンス4条では，『国，地方公共団体およびそれらの公の行政施設以外の公法または私法上の法人のために，経済的または社会的利益において徴収される課徴金（taxes parafiscales）は，大蔵大臣および関係大臣の報告に基づきコンセイユ・デタで審議されるデクレにより設けられる。課徴金設定の年の12月31日以降の徴収は，予算法により毎年許可されねばならない。』ことを考慮し，〔Con. 1〕

これらの規定から，問題の課徴金の徴収は国会による毎年の許可の対象となるのみであり，その際に国会が当該法人の過去の財務管理について統制を行うこと，また，この許可が執行中に更新されると，このように定立された毎年の国会による統制原則および政府が前述の課徴金の設定について前に引用された規定から得ている特権を侵害することになること，このことは命令制定権がこの課徴金に新たな徴収率を設ける場合にも同様であること，を考慮し，

1959年2月4日オルドナンス59－273号1条の規定では，R. T. F. は『自立した予算を付与された，産業的かつ商業的性格の，国の行政施設である』こと，同オルドナンス3条および9条の適用により，R. T. F. はその収益が経営と設備の負担の全部に対処するのを可能にする収入の大部分である『受信料』を受け取ること，を考慮し，〔Con. 2〕

この受信料は，その用途と同様，問題の施設の地位自体を理由に，税金と同視されえず，またそれが設けられる条件およびその統制と取り立てのために定められた態様からして，なされたサーヴィスへの対価と定義されることが更に出来ないものであり，前に引用した1959年1月2日組織オルドナンス4条所定のそれの性質の課徴金の性質を持つこと，を考慮し，

前述の組織オルドナンス4条に定められた原則および上記で分析されたところに従い，この課徴金の徴収は毎年の国会の許可のみの対象とならねばならないこと，従って，『ラジオ・テレビ放送局の受信料率が当該年度のために国会により承認された徴収の許可よりも後に修正されるとき，新たな徴収率に基づき定められる受信料は，1959年12月26日法59－1454号の14条の規定に従い，直後の予算法において与えられる許可の後でなければ取り立てられることができない。』と定める1960年度補正予算法17条の規定は，予算法に関する組織法を定める1959年1月2日オルドナンスの規定に適合するとは見なされえず，よって前記組織法に明らかに言及する憲法34条のそれに適合すると見なされえないこと，を考慮し，〔Con. 3〕

上記の補正予算法18条は，同条の決定する例外の留保の下に，R. T. F. の会計簿の暫定勘定に1960年のこの設定により実現される増収を充当し，かつ1959年12月26日法14条に基づき1961年会計年度のための予算法の審理の際になされねばならない書類審査まで増収分の使用を延期する目的を持つこと，かくして純粋に会計的な性格のこの規定は，前記施設の財務管理へ国会

を介入させ，この介入はこの領域での監督権限を侵害すること，この理由により上記18条は憲法に適合しないと宣言する理由があることを考慮し，〔Con. 4〕

本件において，首相により17条および18条の審査のために提訴された法律のその他の規定に関して，憲法院にとって憲法への適合性のいかなる問題も提起する理由がないことを考慮し，〔Con. 5〕

次のように判示する。
1. 1960年度補正予算法17条および18条は憲法に適合しないと宣言される。
2. 本判決は，フランス共和国官報に掲載される。

(1960年8月11日審議)(憲法院院長　レオン・ノエル)」

〔解　説〕

(1) **本判決の意義・特徴**

本判決の意義・特徴として，先ず通常法律の憲法適合性について憲法院が初めて統制を行ったこと，次いで「租税」，「課徴金」，「なされたサーヴィスへの対価」の区別に取り組んだこと，が挙げられる。

(2) **内容・論点**

(a) 「租税」，「課徴金」，「なされたサーヴィスの対価」の区別について

既に見たように両院協議会では，新たな課徴金の設定（賦課）は勿論のこと，既存のそれの徴収率の引き上げについても，国会の同意が必要であるとの妥協に達した。政府が年度中に徴収率を自由に変更できるとすると，国会の許可は無視されることができ，結局無意味なものとな

る。そこで，年度末までその取り立てを停止し，国会が判断を下すことができるようにしたのである。憲法院は，この妥協案に与せず，年度中に何度も国会が課徴金の徴収について判断するのは「毎年の議会統制の原則」に反するとし，政府が値上げした課徴金の取り立てを年度末まで待たねばならないとすれば，政府の取り組みが無意味なものとなり，新たな課徴金を設定できるものがその徴収率の引き上げを決定できないとすると論理性に欠ける，つまり「政府の権限（prérogative）」を侵すと判断したのである。換言すれば，問題の補正予算法17条および18条が，憲法34条の言及する組織法である1959年1月2日オルドナンス4条の認めるそれよりも過大な権限を国会に付与したことを，違憲と判断したのである。

ところで，本当の問題は，ラジオ・テレビ聴取料の性質を決定することであった。というのは，「なされたサーヴィスの対価」であるとする政府と「租税」であるとする上院の対立に解決を与えねばならなかったからである。

本判決では，憲法院は「課徴金」を二つの対比によって定義づけた。すなわち，得られたお金の用途と問題の法人の法的地位からして「租税」ではなく，また賦課金設定の条件および行われる統制ならびに取り立ての態様からして「なされたサーヴィスの対価」でもない。課徴金とは，そのどちらでもないものなのである。

このように判断することで，憲法院は課徴金の領域を著しく拡大し，結局のところ政府の権限の拡張を容認したと言える。この意味で，憲法院は，後に見るように，立法権と行政権の権限配分の統制において当初は望まれたとおりの

機能を果たしたのである。

本判決で，憲法院の採用した区別の基準は，明快なものとは言い難く，他の裁判所のそれとも異なる独自のものであり，学説の痛烈な批判を浴びた。憲法院は後にこの点に関して判例変更を行い，コンセイユ・デタと同じ考え方を採用することとなった（69年10月24日判決 69-57 L, Rec. 32）。そうして，今度は反対にこの領域での立法権の権限に有利な立場を取るようになったのである。

(b) 通常法律の最初の合憲性統制について

権限が付与されていればいつかは行使されるだけのことで，「初めて」の統制に焦点を当てる意味はない。本判決が忘れられてならないのは，ほんの小さな一歩に過ぎないが，この時点ではまだ影さえ見えない遠い将来の憲法院の活躍を可能にしたいくつかの重要な「判断」をして，着実な歩みを始めたことにある。それらの「判断」とは，①訴えの受理可能性を拡大したこと，②通常法律を憲法の言及する「組織法」を定めるオルドナンスに照らして違憲審査したこと，③合憲性の問題の職権提起権を明言したこと，である。

〔①訴えの受理可能性の拡大について〕　現行フランス憲法の最大の特徴の一つは，「合理化された議院制」の採用であり，立法領域は狭く限定列挙され，反対に執行権に付与された命令制定権の領域は拡大された。憲法制定者の心積もりでは，この合理化された議院制を裁判的に担保し，国会を監視し，狭い領域に国会を閉じ込める手段として，41条および37条2項の手続において活躍を期待されたのが他ならぬ憲法院だったのである。

本件では，権限配分維持のために政府は議員提出法案については41条の不受理の手続を本来ならば用いるべきで，このような権限配分の争いは法律の合憲性審査を定める61条2項の対象外であるはずである。しかも，両院協議会を経た法案は政府の同意を得て可決されており，このような場合でも政府（首相）は提訴できるかどうかという疑問が生じえたはずである。ところが，憲法院はこれらについて何ら言及することなく本案について判断を行い，「暗黙のうちに」このような訴えの受理可能性を認めたのである。こうして，61条2項は首相が命令領域への国会の越権を制裁する手段の一つとなったのである。

(a)の終わりで触れた命令領域の拡張の容認や憲法で定められた本来的なそれ以外に権限配分を確保する方法の暗黙的承認は，政府寄りとの初期の憲法院の印象を世間に与えたのである。この立法権への厳格な姿勢が，国会，特に下院，に対する政府の不信の原因を取り除くことにつながり，当時の政治的状況として政府与党が下院に安定した多数派を擁したことからも，立法権と執行権の間の権限争いが重要でないものとなり，争いそのものが生じにくくなったのである。こうして，この領域での憲法院の役割は少なくとも重要でないものになり，変質して行くことになったのである。憲法院の機能変化は71年の結社の自由判決によって突然生じたものではなく，この他に61年9月14日判決（Rec. 55）や62年11月6日判決（61-20 DC, Rec. 27）など最初の10年間の憲法院の活動が，後の発展の基礎を整えたと思われる。

最後に，20年後の82年7月30日判決（82-143 DC, Rec. 57）で，憲法院は，61条2項の枠内で

命令領域への立法者の越権を制裁するのを拒否して，重要な判例変更を行った。現在では，憲法院は，立法権の拡張を心掛け，立法権と命令制定権の権限配分について全体としてはバランスの取れた判断をしていると考えられている。

② 通常法律を憲法律の言及する「組織法」を定めるオルドナンスに照らして違憲審査したことについて　憲法院は「補正予算法17条の規定は，予算法に関する組織法を定める1959年1月2日オルドナンスの規定に適合するとは見なされえず，よって前記組織法に明らかに言及する憲法34条のそれに適合するとは見なされえない」として，通常法律が組織法を定めるオルドナンスに適合しないことをもって違憲と判断した。

このことは，憲法院が法律などの合憲性統制を行う際に「厳格な意味での憲法」に止まらず，それ以外の規定，ここでは憲法よりも下位規範である組織法を定めるオルドナンス，をも参照するということを示した。このようにして拡大された参照規範が，後に「合憲性のブロック」＝法律などの合憲性統制行使のために憲法裁判官により裁判規範として用いられるいくつかの法文または原則の集合，として理論化されることになるのである。もし違憲審査の裁判規範を拡大することが行われなかったならば，現行憲法にはほとんど人権保障規定がないので，憲法院の果たす役割は極めてささやかなものになったであろう。この意味で本判決は未来へ続く道を整えたものの一つとして大きな存在価値を有する。

③ 合憲性の問題の職権提起権を明言したこと　憲法院は，「本件において，首相により17条および18条の審査のために提訴された法律のその他の規定に関して，憲法院にとって憲法への適合性のいかなる問題も提起する理由がないことを考慮し」と判示した。

これをどう理解するかの学説対立（訴えられた規定についてだけまたはそれ以外の規定についても審査するのかの対立。本判示だけでは，どちらにも解釈できた。）があったが，後に憲法院自身がはっきりと決着を付けることになった。すなわち，「本件において，審査に付された法律に関し憲法への適合性の他のいかなる問題も憲法院にとって《職権》提起する余地がないことを考慮し」との表現で「職権提起権」の保有を明言したのである。

訴状の内容に拘束されず，訴えられた法文「全体」を審査するのは，憲法院にとって目新しいことではなかった。組織法や議院規則の義務的統制においては，行われる統制が付託された規定のすべてに及ぶのは当然である。義務的統制は「客観的憲法秩序維持＝公序」のための強力な仕組みだからである。この義務的統制を規定する61条1項に続けて，2項は「同じ目的で」法律の任意統制を定めている。このことから任意統制も同じ目的＝客観的憲法秩序維持を追求するものと解釈されるから，そう解すれば，提訴された法文の「全体」の合憲性審査を行うことへの径庭は無いに等しかったのである。このように，職権提起権は法的根拠を持つのではなく，統制の目的から演繹されるものなのである。

職権提起には，提訴の不備を補完できる長所がある。ただ，「他のいかなる問題も職権提起する余地がない」との表現が用いられた場合に

は，それは審査の対象とならなかった規定にいかなる場合にも論駁できない絶対的な合憲性のお墨付きを与えることになりはしないか。しかし，判決の既判力は，実際に審査に付され，違憲と判断された規定にのみ及ぶと考えたい（62条1項）。と言うのは，審査に付された法律が，その後の憲法院判例の発展に照らしてみると違憲ということも生じうるだろうからである。また，将来個人に「違憲の抗弁」をなすことが認められる場合（事後統制の採用）も念頭に置いておきたいからでもある。

〔参考文献〕

AVRIL(P.) et GICQUEL(J.), Le Conseil constitutionnel, 4ème éd., Montchrestien, 1998 ; DENIZEAU(C.), Existe-t-il un bloc de constitutionnalité ?, L.G.D.J., 1997 ; DI MANNO(T.), Le Conseil Constitutionnel et les moyens et conclusions soulevés d'office, Economica, 1994 ; DRAGO(G.), Contentieux constitutionnel français, P. U. F., 1998 ; FORMERY(S.-L.), La constitution commentée article par article, 4 ème éd., Hachette, 1998 ; GENEVOIS(B.), La jurisprudence du Conseil constitutionnel, principes directeurs, Les Editions S. T. H., 1988 ; JAN (P.), Le procès constitutionnel, L. G. D. J., 2001 ; FAVOREU(L.), Le principe de constitutionnalité, essai de définition d'après la jurisprudence du Conseil Constitutionnel, in Mélanges Eisenmann, 1977 ; FAVOREU(L.) et les autres, Droit constitutionnel, Dalloz, 1998 ; FAVOREU(L.) et PHILIP(L.), Le conseil constitutionnel, 4 ème éd., P. U. F., 1988 ; FAVOREU(L.)et PHILIP(L.), G. D. C. C., 8 ème éd., Dalloz, 1995 ; FRANCK (C.), Droit constitutionnel, 2 ème éd., P. U. F., 2001 ; MARCOU(J.), Justice constitutionnelle et systèmes politiques, P. U. G., 1997 ; ROUSSEAU(D.), La justice constitutionnelle en Europe, 2 ème éd, Montchrestien, 1996 ; ROUSSILLON(H.), Le Conseil constitutionnel, Dalloz, 1991 ; TROTABAS(L.), La taxe radiophonique : taxe, redevance ou parafiscalité ?, R. S. F., 1961 ; TURPIN(D.), Le conseil Constitutionnel, Son rôle, sa jurisprudence, HACHETTE, 1995 ; TURPIN(D.), Mémen-to de la jurisprudence du conseil Constitutionnel, Hachette, 1997. 野村敬造「フランスの放送役務と憲法評議院」金沢法学，23巻1・2合併号，1981年。

VI D ⑥⑤ 審署後の法律に対する「事後審査」
―― ニューカレドニア緊急事態判決

1985年1月25日憲法院判決
Décision n° 85-187 DC du 25 janvier 1985
Journal Officiel, Lois et Décrets du 26 janvier 1985, p. 1137
Rec. 43, RJC I-223, GD. 37

蛯原健介
(明治学院大学専任講師)

〔事　実〕

ニューカレドニア (Nouvelle-Calédonie) は，第二次世界大戦後，フランス本土の地方公共団体とは区別される海外領土 (territoire d'outre-mer) としての地位に置かれていたが，1980年以降，隣接する仏英共同統治領ニューヘブリデスの独立やミッテラン大統領の誕生を背景として，分離独立を求める運動が激化した。そこで，83年に，海外県海外領土大臣とニューカレドニアの各政党・部族の代表者が会談し，これをふまえて，ニューカレドニアの地位に関する新たな法律が制定された（84年9月6日法）。同法は，国に留保された事項以外のものをニューカレドニアの権限にゆだね，領土閣議による規則の制定を認めるなど，実質的な自治権を拡大するとともに，5年以内に独立の是非を問う住民投票を実施するとしていた。しかし，J.-M. チバウ (Jean-Marie Tjibaou) をリーダーとする「カナク社会主義民族解放戦線」(FLNKS) はより早期の独立を要求し，「共和国カレドニア連合」(RPCR) など反独立派との対立が一層深刻化することとなった。84年11月に実施された領土議会選挙では，独立派が投票ボイコットや投票妨害をはかったため，独立派を支持する有権者が投票を棄権し，反独立派の議席を増加させる結果となった。これに対してFLNKSは，領土の4分の3を制圧し，同年12月にはカナク国の独立と臨時政府樹立を宣言する一方，「カレドニア戦線」(FC) などの反独立派がこれに対抗し，流血の事態となった。

このような事態に直面し，1985年1月，フランス政府は，緊急事態 (État d'urgence) に関する1955年4月3日法，およびニューカレドニアに緊急事態の適用を認める1984年9月6日法に基づいて，緊急事態を宣言した。緊急事態を適用することで，文官当局の警察権限を拡大し，公的自由を制限することができるからである。ところが，55年法は，「12日以上にわたる緊急事態の延長は法律によってのみ認められる」（2条3項）と規定していたため，この期間を超えて緊急事態を延長するには法律の制定が必要であった。そこで政府は，緊急事態の期限切れを目前にして，85年6月30日までこれを延長する法律の制定をこころみたが，可決後，国民議会および元老院の野党議員によって直ちに憲法院に提訴された。憲法院は，提訴後わずか半日で，合憲判決を下した。

〔判　旨〕

　本判決において，憲法院は，憲法，1958年11月7日オルドナンスを参照した。
　報告官によれば，「ニューカレドニアの緊急事態に関する法律を憲法院に提訴した国民議会議員および元老院議員は，本法律の条項を批判し，問題点を強調している。その問題点は，いずれの提訴に共通するものもあれば，一方の提訴のみで取りあげられたものもある。」[Con. 1]
　憲法院は，以下のように考慮した。
《憲法上の明示的規定がない緊急事態の設定に関する立法者の権限濫用について》
　「提訴者の主張によれば，立法者は，例外的または一時的であっても，憲法に定められた場合を除き，憲法上の自由を侵害してはならない。したがって，戒厳令とは異なり，憲法に定めのない緊急事態を法律によって設けることはできない，ということになる。」[Con. 2]
　「憲法34条によれば，法律は，公的自由の行使のために市民に認められる基本的保障に関する規則を定める。この任務の範囲内で，それなくして自由の行使は確保されえない，公的秩序の維持と自由の尊重との必要な調整を実施するのは，立法者の役割である。」[Con. 3]
　「憲法が，36条において，戒厳令を定めていることは，自由の要求と公的秩序の維持を調整するために，立法者が緊急事態制を定める権限を排除するものではない。したがって，1958年10月4日憲法は，そのもとで改正された，緊急事態に関する1955年4月3日法を無効にする結果をもたらさない。」[Con. 4]
《領土議会への諮問の欠如にもとづく理由について》
　「提訴者の主張によれば，ニューカレドニアの緊急事態に関する条項は，憲法74条にしたがい，領土議会に諮問されなければならなかった。」[Con. 5]
　「憲法74条によれば，『共和国の海外領土は，共和国の利益全体における海外領土固有の利益を考慮して，特別の組織をもつ。この組織は，関係する海外領土議会への諮問の後に，法律によって定められ，変更される』。」[Con. 6]
　「ニューカレドニアの緊急事態に関する法律は，1984年9月6日法119条を適用して，ニューカレドニアの共和国高等弁務官（Haut-Commissaire de la République）に対し，改正された1955年4月3日法に定められた権限を1985年6月30日まで付与することを目的とするものである。したがって，憲法院に提訴された本法律は，1955年法と1984年法の二法を適用するものにすぎない。そのような性質であったことから，本法律は，領土議会に諮問されなかったのである。」[Con. 7]
《他の理由について》
　「提訴者によれば，ニューカレドニアの緊急事態に関する規定は，高等弁務官の権限を明確に定めておらず，自由に対する制限や侵害につき，とりわけ裁判上の十分な保障が与えられず，また，法律のみによって定められるべきいくつかの規定が，デクレによって定められている。したがって，それらの規定は，憲法34条，66条および74条に違反する，ということになる。」[Con. 8]
　「これらの理由は，改正された1955年4月3日法および1984年9月6日法119条に由来する緊急事態に関する規定そのものにかかわるものである。」[Con. 9]
　「すでに審署された法律の改正，補完またはその適用領域に影響を及ぼすことを目的とする法律の審査に際し，すでに審署された法律の文言につき違憲の申立をすることはできるが，そ

のような法律の単純な適用が問題となる場合はそうではない。したがって，提訴者が援用した理由は受け入れることができない。」[Con. 10]

《本法律全体について》

「本件では，審査に付された法律の憲法適合性に関して，憲法院が他の問題を職権で提起する理由はない。」[Con. 11]

憲法院は，このように考慮したうえで，以下のように判示する。

「1．ニューカレドニアの緊急事態に関する法律は，憲法に適合すると宣言される。

2．本判決は，フランス共和国官報に掲載される。

（1985年1月25日審議）（憲法院院長　ダニエル・マイエル）」

〔解　説〕

(1)　ニューカレドニアの独立運動と諸改革

1985年1月25日の本件憲法院判決によって，緊急事態を延長する法律は合憲とされ，直ちに審署・公布された。その後，あらためて「ニューカレドニアの発展に関する法律」の立法化がこころみられたが，これも野党議員によって憲法院に提訴された。この法律は，ニューカレドニアに，北部，中部，南部，諸島部の4レジオンを設けるとともに，従来領土議会に認められていた権限の多くを各々のレジオン評議会に移譲すること，また，連合議会の設置などを規定するものであった。ところが，同法の定めるレジオン評議会の議席配分によれば，2.13倍の定数較差が生じることになっており，ヨーロッパ系住民の比率が大きい南部レジオンにおける過小な議席配分が，とくに批判されたのである。

憲法院は，85年8月8日判決（C. C. 85-196 DC du 8 août 1985, Rec. p. 63）において，この議席配分規定を違憲と判断し，さらに，ミッテラン大統領は，同判決で合憲とされた規定を含め，同法全体の再審議を国会に要求した。国会は，南部レジオンの定数を3議席増員した新たな法案を可決したが，依然として1.82倍の較差が生じることになっていたため，再び憲法院に提訴された。これに対して，憲法院は，85年8月23日判決（C. C. 85-197 DC du 23 août 1985, Rec. p. 70）において，若干の不均衡は憲法上許容されるとして合憲判決を出し，この法律は，85年8月23日法として審署され公布された（これら二判決につき，後掲文献⑪535頁以下，⑭，⑮および本書VID 67参照）。

1987年9月に，ニューカレドニア独立の是非を問う住民投票が実施され，98％という圧倒的多数でフランス残留が支持されたが，独立派の投票ボイコットにより，棄権率は40％にのぼった。さらに，シラク政権のもとで，独立派の要求を無視した政策が進められるなか，ウベア島でFLNKSによる駐屯兵人質事件が発生するなど，ニューカレドニアはまたも混乱状態に陥った。

その後，再び社会党が政権を獲得すると，事態を収拾するため，国，独立派，反独立派で話し合いがもたれ，1988年6月にマティニョン協定（Accords de Matignon）が合意された。その内容は，(a)新たな地域制の導入，(b)自治権の縮小および共和国高等弁務官の権限強化，(c)88年11月に国民投票を実施し，今後の制度改革につき国民的合意を求めること，(d)98年に予定される独立に関する住民投票の有権者は88年の国民投票の時点以降の在住者とすること，(e)カナク人とフランス系住民との経済的・社会的格差を縮小するための経済・社会開発の実施，といったものであり，さらに，この協定を具体化する法律が国民投票で承認された（後掲文献⑲参照）。もっとも，マティニョン協定が予定していた住

民投票の実施は回避され，98年にあらためてヌメア協定（Accords de Nouméa）が合意されるにいたった。この協定には，ニューカレドニアの自治権を拡大し，一定の範囲内で立法権の行使を認めること，独立の是非を問う住民投票を将来実施することなどが盛り込まれた。憲法改正や住民投票を経て，99年3月に，これを具体化するための組織法律と通常法律が制定されたが，その内容については，本書ⅤB 55 を参照されたい。

(2) 「事後審査」の受理要件

本件憲法院判決は，審署後の法律に対する事後審査の可能性が示唆された点で，きわめて重要である。すなわち，判旨では，「すでに審署された法律の改正，補完またはその適用領域に影響を及ぼすことを目的とする法律の審査に際し，すでに審署された法律の文言につき違憲の申立をすることはできる」と明言され，事後審査の具体的要件が示されたのである。もっとも，本件に関しては，審査に付された法律の目的は，「すでに審署された法律の改正，補完またはその適用領域に影響を及ぼすこと」にはなく，すでに審署され施行されていた55年4月3日法および84年9月6日法を適用して，緊急事態を延長することに目的があり，したがって，「法律の単純な適用が問題となる場合」に該当すると判断されたため，実際には，審署後の法律に対する事後審査は実施されなかった。

本件判決で明示された事後審査の受理要件は，(a)「審署された法律を改正する法律」，(b)「審署された法律を補完する法律」，(c)「審署された法律の適用領域に影響を及ぼす法律」が審査に付された場合，その審署後の現行法を審査することができる，というものである。これに対して，事後審査が不可能とされる「法律の単純な適用が問題となる場合」，すなわち「適用法律」（loi d'application）の概念は，かならずしも明確ではないが，法改正の場合とは異なり，ある状態を延長したり，ある措置を継続することを目的とし，審署後の法律自体を何ら変更するものではない点に，その特徴がみられるといえよう。

ところで，このような事後審査の受理要件については，学説においてその評価が分かれている。たとえば，P. ワクスマンは，適用法律の場合には事後審査はおこなわれないとする例外を批判し，また，この受理条件につき，「緊急事態に関する法律の付随的審査を回避しうる点で，憲法裁判官にとって好都合なものであったという印象を払拭することはできない」と述べる（後掲文献④ p. 365）。F. リュシェールも，憲法院が正当化困難な受理要件を援用して，緊急事態に関する法律の審査を回避した点を批判するとともに，結果として，個人の自由に対する侵害について十分な裁判的統制が及ぼされなくなったことを危惧している（後掲文献③ p. 367）。さらに，D. ルソーは，適用法律であることを理由に審署後の法律の審査が回避されるとなると，そもそも違憲の内容を含む法律の適用が放置されることになる，として受理要件の矛盾を指摘するのである（後掲文献⑥）。

他方で，憲法院が示した受理要件を肯定的に評価する見解として，L. ファヴォルー＝L. フィリップは，適用法律について憲法院が事後審査を退けるのは憲法61条の趣旨に適合すると指摘し，憲法院がそれまで躊躇していた事後審査の可能性を示唆した点では，これをリーディング・ケースとして積極的に評価している（後掲文献① p. 629）。また，J. フェルスタンベールは，受理要件が満たされる事案の過小性を強調する見解を批判し，その後の判決において事後審査が実施された具体的事例をあげるとともに，憲法院があえて事後審査の可能性を示唆し，そ

の受理要件を提示した事実を肯定的に評価している（後掲文献⑦）。

以上のような学説の相違がみられるとはいえ、事後審査の可能性が示唆されたこと自体については、憲法院によるコントロールの進展として、学説では肯定的に評価される傾向がみられるといえよう。

(3) 「事後審査」の具体例

1985年の本件判決後、憲法院は、受理要件が満たされた若干の場合において、審署後の法律の事後審査をおこなった。

まず、憲法院は、1989年7月29日判決（C. C. 89-256 DC du 25 juillet 1989, Rec. p. 53）において、1970年12月23日法に定められた公益を理由とする緊急収用手続の対象を、鉄道建設にも拡大する趣旨の規定について判断した。その際、憲法院は、審署後の現行法である70年法の憲法適合性を確認する権限を有するとし、実際に審査をおこなったうえ、70年法を合憲とする判断を下したのである。また、96年7月16日判決（C. C. 96-377 DC du 16 juillet 1996, Rec. p. 87）では、1945年11月2日オルドナンスの規定について事後審査がおこなわれ、合憲判断が出されたほか、97年3月20日判決（C. C. 97-388 DC du 20 mars 1997, Rec. p. 31）でも、社会保障法典の現行規定の審査が受理され、合憲と判断された事例もある。

以上紹介したのは、いずれも事後審査によって審署後の法律が合憲とされた事例である。これに対して、99年3月15日判決（C. C. 99-410 DC du 15 mars 1999, Rec. p. 51）では、すでに審署された法律の審査が受理されたのに加え、はじめて事後審査による違憲判断が下されるにいたった。憲法院の審査に付された新たな組織法律は、ニューカレドニア議会および州議会選挙における被選挙権の欠格事項に自己破産者などを列挙していたが、これは、すでに審署され施行されていた1985年1月25日法が、自己破産者などに関して、自動的に被選挙権の欠格事由に該当すると規定していたことを受けたものであった。憲法院は、審査に付された新たな組織法律の規定が、85年法の規定の対象をニューカレドニア議会・州議会選挙に拡大するものである以上、85年法の規定について憲法適合性を審査することができると判断し、実際に、その審査をおこなったのである。そして、憲法院は、85年法が、自己破産、企業経営などの禁止、または会社の清算を宣告された者につき、自動的に被選挙権の欠格事由に該当すると規定していた点を問題にし、1789年宣言8条に基づく「刑罰の必要性原理」に反し、違憲と判断した。さらに、憲法院は、この判断に基づき、新たな組織法律の規定についても違憲と宣言したのである。

(4) 「事後審査」による違憲判断の効力

事後審査による違憲判決が出されたとはいえ、事前審査を原則とする現在の制度のもとでは、審査に付された新たな法律との関係が存在しない限り、憲法院は審署後の現行法を審査することができない。しかも、審署後の法律を単純に適用するにとどまる「適用法律」の場合には事後審査は受理されず、前述した受理要件が課されることになる。

事後審査の受理要件が限定されていることに加え、事後審査によって違憲とされた規定の法的効力も問題となる。すなわち、憲法院は、審査に付された新たな法律の審署・公布を阻止することはできるが、すでに審署された現行法については、かりに新たな法律とのかかわりで違憲と宣告することはできても、実際に、それを無効とし、その法的効力を否定することは困難である。たとえ審署後の現行法が憲法院の事後審査によって違憲とされても、法的にはなお有効なものとして存在しつづけるのであって、か

かる場合には，憲法院の判断に応じて，司法裁判所や行政裁判所がその法律の適用を停止するか，あるいは，議会が問題の法律を改正することによってのみ，問題が解決されることになろう。

なお，とくに一般の裁判所における対応のあり方をめぐって，若干の議論がみられる。一方では，L. ファヴォルーらのように，「いささか大胆にすぎるかもしれないが，〔憲法62条1項の〕文言の一般性ゆえに，憲法院が，ある規定の審査に際して，すでに審署された法律を違憲と宣言した場合，一般の裁判官が後者の法律を適用することはできない」という見方が存在する（Louis Favoreu et Thierry Renoux, *Le contentieux constitutionnel des actes administratifs*, Sirey, 1992, p. 128）。また他方では，J. P. カンビーのように，すべての裁判所に違憲審査権が認められているわけではない以上，司法裁判所や行政裁判所は，憲法院が事後審査で違憲と宣告した規定であってもそのまま適用しなければならない，とする見解もみられる（Jean-Pierre Camby, Une loi promulguée, frappée d'inconstitutionnalité?, *RDP*, 1999, pp. 657 et s.）。もっとも，近年，憲法院判例の影響増大を背景として，とくに行政裁判所が憲法院判例に積極的に対応する傾向にあることを考慮すれば，今後，一般の裁判所が，事後審査で違憲とされた規定の適用を排除することも，少なからず予想されるであろう。

〔参考文献〕
① Louis Favoreu et Loïc Philip, *G. D. C. C.*, 11ᵉ éd., Dalloz, n° 37.
② Claude Franck, *JCP*, 1985, II, 20356.
③ François Luchaire, *D*, 1985, jur., pp. 361 et s.
④ Patrick Wachsmann, *AJDA*, 1985, pp. 362 et s.
⑤ Michel de Villiers, *RA*, 1985, pp. 355 et s.
⑥ Dominique Rousseau, *Droit du contentieux constitutionnel*, 5ᵉ éd., Montchrestien, 1999, p. 212.
⑦ Jacques Ferstenbert, Le contrôle, par le Conseil constitutionnel, de la régularité constitutionnelle des lois promulguées, *RDP*, 1991, pp. 347 et s.
⑧ 蛯原健介「フランス憲法院による審署後の法律の『事後審査』」立命館法学265号34頁以下。
⑨ 蛯原健介「ニューカレドニアにおける自治権拡大とフランス憲法院」（仮題）明治学院論叢法学研究74号掲載予定。
⑩ 大隈義和「フランス憲法院の新動向」北九州大学法政論集17巻3号。
⑪ 坂本茂樹「ニューカレドニア独立問題と憲法院」八千代国際大学国際研究論集1巻1＝2号。
⑫ 市川直子「自決住民投票」文京女子短期大学英語英文学科紀要32号。
⑬ クリストフ・シャブロ（山元一訳）「フランス領ポリネシアとニューカレドニア」法政理論31巻4号233頁以下。
⑭ 只野雅人『選挙制度と代表制』（勁草書房，1995年）368頁以下。
⑮ 只野雅人「フランスにおける選挙制度と平等」山下健次ほか編『フランスの人権保障』（法律文化社，2001年）120頁以下。
⑯ 真下俊樹「フランスのノドに刺さった小骨」エコノミスト1988年1月19日号。
⑰ 北大路弘信＝北大路百合子『オセアニア現代史』（山川出版社，1982年）。
⑱ 小林泉「独立のうねり増す南太平洋」朝日ジャーナル1981年11月13日号105頁以下。
⑲ 勝俣誠「ニューカレドニアの非植民地化と自立化の試み」畑博行編『南太平洋諸国の法と社会』（有信堂高文社，1992年）42頁以下。

VI D ⑥⑥ 解釈留保——地方直接税判決

1968年1月30日憲法院判決
Décision n° 68-35 DC du 30 janvier 1968
Journal Officiel, Lois et Décrets du 1er février 1968, p. 1195
Rec. 19, RJC I-18

蛯原健介
(明治学院大学専任講師)

〔事　実〕

　フランスの地方税の約8割が直接税であり、その大部分を、建築不動産税（taxe foncière sur les propriétés bâties）、非建築不動産税（taxe foncière sur les propriétés non bâties）、住宅税（taxe d'habitation）、職業税（taxe professionnelle）の4税が占めているといわれる。地方税は、18世紀末の革命議会に遡る歴史を有するが、1959年1月7日のオルドナンス制定後、その改革が進められてきた。本稿で取り扱われる68年2月2日法も、地方直接税改革の一環として制定されたものであった。

　1967年12月19日、「地方直接税（impôts directs locaux）の基礎の評価に関する法律案」が国民議会および元老院で採択された後、68年1月2日、憲法61条にしたがい、首相により憲法院に付託された。この法律は、建築不動産につき、(a)住宅用不動産（locaux d'habitation）、(b)職業用不動産（locaux à usage professionnel）、(c)商業用不動産（locaux commerciaux）、(d)工業用不動産（établissements industriels）の4種類に分類し、各々について課税ベースの評価準則を定めるものであった。憲法院が、68年1月30日判決において、憲法適合性を審査したのは、「いかなる命令的措置（mesure d'ordre réglementaire）によっても地方公共団体の租税収入（ressources fiscales）を減少させることはできない」と定めた同法律22条であり、憲法院は、この規定がきわめて抽象的であったことから、法律事項と命令事項を定めた憲法34条および37条に照らして、命令制定権が過度に制約されることのないよう、一定の解釈を加え、これを遵守することを条件として合憲と判断した。いわゆる「解釈留保」（réserve d'interprétation）の手法である。同法律は、共和国大統領によって審署され、「地方直接税の基礎の評価に関する1968年2月2日法律第108号」（Loi n° 68-108 du 2 février 1968 relative aux évaluations servant de base à certains impôts directs locaux）として公布された。

〔判　旨〕

　憲法院は、1968年1月19日付の元老院議長の所見（observation）、1958年憲法（とりわけ34条、37条、61条および62条）、1958年11月7日オルドナンスを参照し、以下のように考慮した。

「憲法34条が、あらゆる性格の租税の基礎、税率および徴収の態様に関する規則の決定を法律事項としているにしても、この権限の行使は、憲法37条（1項）に基づく命令制定権による権限行使を妨げることはできない。」[Con. 1]

「国会で採択された法案の22条および審署前に憲法院に付されたその法文は、いかなる命令的措置によっても地方公共団体の租税収入を減少させることはできない、と規定する。定立される命令的性格を有する条項が、憲法34条の定める法律事項に及び、法律の形式をとるべき諸措置の適用を目的とする場合、それは、立法者の権限に属するものである。しかし反対に、通常は、憲法37条1項により確保された命令事項に属する命令制定機関の権限行使が、その規定によって妨げられる場合には、その規定は、法律と命令について各々の領域を定めた憲法の条項に反することになる。」[Con. 2]

「本件法律22条がきわめて抽象的な表現を用いている以上、憲法院がその範囲を明確にしなければならない。」[Con. 3]

「この規定が対象とする命令的措置は、一部の地方直接税の基礎となる評価に関し、国会で採択された法律に定められた措置に限定されると解すべきである。この限界を遵守する限りにおいて、前掲22条は憲法に適合すると宣言される。」[Con. 4]

「本件において、首相により審査に付された法律の他の条項について、憲法院が憲法適合性に関するいかなる問題も提起する理由はない。」[Con. 5]

憲法院は、このように考慮したうえで、以下のように判示する。

「1．憲法61条にしたがい、憲法院の審査に付された、地方直接税の基礎の評価に関する法律は、憲法に適合すると宣言される。ただし、いかなる命令的措置によっても地方公共団体の税収減を招くことはできない、とする前掲22条は、本法律に定められた措置のみに限定的に適用される。

2．本判決は、首相に通告され、フランス共和国官報に掲載される。
（1968年1月30日審議）（憲法院院長　ガストン・パルゥスキ）」

〔解　説〕

(1)　**権限配分と解釈留保**

本判決は、憲法院が解釈留保の手法を用いて法律の憲法適合性を判断した最初の判決といわれている。本判決で、憲法院は、「いかなる命令的措置によっても地方公共団体の租税収入（ressources fiscales）を減少させることはできない」と定めた、地方直接税の基礎の評価に関する法律22条の憲法適合性を審査した。そこでは、とくに「あらゆる性格の租税の基礎、税率および徴収の態様」を法律事項に列挙する1958年憲法34条、および「法律の領域に属する事項以外のものは、命令の性格をもつ」と定める同37条1項との適合性が問題となっている。

1958年憲法が、本判決で問題となった租税に関する事項などを法律事項として列挙し、それ以外のすべての事項を命令の所管としているとはいえ、憲法院判例は、法律・命令の権限配分に関して、法律事項を拡大する傾向にある。実際、1965年7月2日判決（C. C. 65-34 L du 2 juillet 1965, Rec. p. 75）では、憲法34条以外の条文に

法律事項の正当化根拠を求めることが認められ，さらに，82年7月30日判決(82-143 DC du 30 juillet 1982, Rec. p. 57)では，命令的性格を有する規定を含む法律であっても違憲ではないとの判断が示されている。

ところで，本件では，命令によって地方公共団体の税収を減少させることを禁じた前掲22条の規定が，あまりに一般的・抽象的であり，いかなる租税収入を対象としているのか不明確であった。したがって，憲法院は，憲法37条で保障された命令制定機関の権限が過度に制約されないよう，解釈留保を加え，その遵守を条件として合憲性を認めたのである。文言上は，地方公共団体におけるすべての租税収入に関する命令が対象になると解釈することも可能であったものの，憲法院は，地方直接税の基礎の評価にかかわる，この法律で規定された措置に対象を限定し，それ以外については命令による税収減をおこなう余地を残した。そしてその留保条件は，判決理由中だけでなく，判決の主文にも明示されている。ただし，法律事項を限定しようとした本判決は，前述した憲法院判例の傾向からすれば，例外的な位置にあるものと解されよう。

(2) **憲法院による解釈留保の援用**

本判決で用いられた解釈留保の手法は，1970年代後半以降，憲法院の判例に繰り返しあらわれるようになった。ディマンノによれば，通常法律の違憲審査については，97年2月までに出された判決数243件のうち，34.56％にあたる84件でこの手法が用いられ，また，組織法律については，同じく97年2月までに出された判決数79件のうち，17.72％にあたる14件で用いられたという（後掲文献① pp. 335 et s.）。

解釈留保は，「日本の『合憲限定解釈』に似ている」（後掲文献⑨）といわれるが，ディマンノによれば以下の3つの類型に区分される（後掲文献① pp. 127 et s.）。

(a) 限定解釈

限定解釈（interprétation restrictive）は，違憲の疑いのある規定の規範的効力を制限することで，それを「浄化」（purger）するものであり，日本における合憲限定解釈にもっとも近いカテゴリーと解される。解釈次第では違憲となりうる規定から有害な効果を除去し，または，その合憲性を認めつつも，法的効力を骨抜きにする，という意味で，「中和解釈」ないし「解毒解釈」（interprétation neutralisante）といわれることもある。限定解釈は，当該規定の法的効力そのものを取り除く「無効化解釈」（interprétation annihilante）のほか，法的効力を認めたうえで，一定の解釈を強制する「積極的中和解釈」（interprétation neutralisante positive），一定の解釈を禁止する「消極的中和解釈」（interprétation neutralisante négative）に分類される。

本件1968年判決をはじめ，限定解釈が加えられた事例は多く，解釈留保全体の過半数を占めているといわれる。たとえば，95年の「保安指針・計画法」判決（C. C. 94-352 DC du 18 janvier 1995, Rec. p. 170）において，録画されたフィルムの閲覧が「第三者の権利」を理由に拒否される旨定めていた条項につき，憲法院が，違憲の主張を退けつつも，その理由に基づく閲覧拒否は，閲覧により第三者の私生活が侵害される場合に限定されなければならない，と解釈（積極的中和解釈）した例がある。また，ニューカレドニ

アに関する84年の判決（C. C. 84-178 DC du 30 août 1984, Rec. p. 69）において，公務員採用に関する条項につき，憲法院が，違憲の主張を退けつつも，1789年宣言6条に基づく公職就任の平等原則に違反するような採用の実施を認めるものと解釈されてはならない（消極的中和解釈）としたのも，限定解釈の一例である。

(b) 建設的解釈

建設的解釈（interprétation constructive）とは，提訴者により異議を申し立てられた規定の合憲性を認めるために，解釈によって新たな規範内容を加えるものである。より厳密にいえば，問題となった規定を憲法に適合させるために，その規定に欠けている規範内容をそれに付け加えることを目的とする「付加的建設的解釈」（interprétation constructive additive）と，問題となった規定から憲法に反する規範内容を除去し，その代わりに憲法に適合する規範内容を新たに付け加える「代替的建設的解釈」（interprétation constructive substitutive）は区別される。

たとえば，1989年の「経済的事由による解雇」に関する判決（C. C. 89-257 DC du 25 juillet 1989, Rec. p. 59）において，組合に対する労働者の委任方法につき，審査に付された法律は受領通知付書留郵便で通知することしか規定していなかったが，憲法院が，「付加的建設的解釈」の手法によって，その通知に含まれる事項を明確化し，それが含まれることを条件に当該規定の合憲性を認めた事例があげられよう。また，公務員の身上調書に関する76年の判決（C. C. 76-67 DC du 15 juillet 1976, Rec. p. 35）において，審査官は受験者の身上調書を調べることで評価を補完することができる，とする規定につき，憲法院が，「代替的建設的解釈」の手法によって，「審査官が身上調書の利用を決めるとき，この条文の文言自体から，全受験者の調書をかならず調べなければならないという結果が生じる」ことを条件に当該規定の合憲性を認めた事例もある。ここでは，審査官が受験者の評価に際して調書を調べても調べなくてもよいとする解釈は否定され，調書を利用する場合には，全受験者の調書を調査すべきとする解釈が強制されたのである。

(c) 指令解釈

指令解釈（interprétation directive）は，憲法院が，行政機関や裁判機関などの法適用機関に対して何らかの指令を差し向け，その機関が法適用にあたって指令の内容にしたがうことを要請し，それを条件として合憲性を承認するものである。これもまた，一般的・抽象的な原理を法適用機関に遵守させることを目的とする「抽象的指令解釈」（interprétation directive simple）と，より具体的に法適用の手順を示し，指導することを目的とする「具体的指令解釈」（interprétation directive renforcée）の二種に分類される。

たとえば，マスメディアに関する1994年の判決（C. C. 93-333 DC du 21 janvier 1994, Rec. p. 32）において，憲法院は，放送局の営業許可を更新する視聴覚高等評議会（Conseil supérieur de audiovisuel）の権限につき，「思想と意見の自由で多元的な表明を確保する義務を尊重するよう留意しなければならない」という指令を同評議会に差し向け，同時に，行政裁判所に対しても多元主義の目的を尊重することを求める指令を示した。この指令解釈は，具体的な行動方針を明示した

ものではなく，行動の一般原理ないし憲法的原理を抽象的に示すにとどまっており，「抽象的指令解釈」に属するものといえよう。

他方で，1986年の民営化判決（C. C. 86-207 DC des 25 et 26 juin 1986, Rec. p. 61）では，憲法院は，民営化される企業の価格算定に関する授権法律の規定を審査し，具体的な指令を政府に差し向けた。その規定は，民営化される企業の評価方法および売却価格の決定を政府に授権することを定めていたが，憲法院は，企業買収者から完全に独立した資格ある専門家が価格を算定すべきことなど，「具体的指令解釈」を加えることによって，政府が憲法に適合する方法で民営化に関する具体的措置を定めるよう命じたのである。

(3) 解釈留保と政治部門・裁判機関

(a) 解釈留保の限界

日本では，いかなる場合に合憲解釈の手法を用いることができ，いかなる場合に違憲無効が選択されなければならないのか，すなわち合憲解釈の限界につき，一定の議論の蓄積がみられるのに対し，フランスでは，この種の議論は，かならずしも十分に深められていない。解釈留保が援用されるべきでない領域として，ディマンノが以下の二点を指摘している程度である。第一に，法律は，1789年宣言8条の定める罪刑法定主義に適合するため，十分に明白な表現を用いて犯罪と刑罰を規定しなければならない以上，憲法院は，原則として，あいまいで不明確な規定を違憲無効とすべきである。第二に，解釈留保を加えた結果，財政支出の増加が発生する場合には，これを援用することはできず，違憲無効として政治部門に再検討を促すべきである，というのである（後掲文献① pp. 402 et s.）。

(b) 解釈留保の効果

解釈留保の手法は，一方では，提訴者による違憲の申立を退け，解釈の対象となった規定の審署・公布を可能にする効果をもたらす。他方で，その手法は，政治部門や裁判機関などの法適用機関に一定の解釈を求め，その解釈にしたがうことを条件としてその合憲性を認めるものであり，実際的には，それらの機関に対して何らかの解釈を迫る効果をもたらすことになる。もっとも，政治部門や裁判機関が必要な対応措置をとらなくとも，あるいは，不十分な対応にとどまったとしても，憲法院がそのことを理由としてそれらの機関を直接的にサンクションすることは，現行制度上，原則として不可能である。したがって，解釈留保が何らかの効果をもたらしうるとはいえ，それは，かならずしも絶対的・強制的な性格を有するものではなく，事実上の効果にすぎないのであって，解釈の「名宛人」の取り組みに左右されることに留意しなければならない。

(c) 政治部門・裁判機関の対応

憲法院によって示された解釈留保について，政治部門による積極的対応がみられたものとして，1986年の民営化に関する前掲判決の「指令解釈」が，その後の立法（86年8月6日法）において忠実に再現された事例があげられよう。ただし，法律の審署・公布が阻止される違憲判決の場合とは異なり，解釈留保に対する政治部門の対応が不十分なものにとどまる場合も少なくない。なお，最近では，ニューカレドニアの地方議会における選挙人団に関する規定をめぐって，憲法院判決で解釈留保が用いられたことから生じた問題を解決するため，憲法改正がはか

られている事例が注目される（後掲文献④参照）。

解釈留保に対する裁判機関，とりわけ行政裁判所の対応も，しばしば確認される。1984年の憲法院判決（C. C. 84-179 DC du 12 septembre 1984, Rec. p. 73）で明示された解釈留保にしたがって，コンセイユ・デタが政府による図書館上級監察官の任命を違法とした事例（C. E. Ass., 16 décembre 1988, *Bleton*），あるいは，89年の判決（C. C. 88-248 DC du 17 janvier 1989, Rec. p. 18）で示された解釈留保にしたがって，コンセイユ・デタが視聴覚高等評議会の制裁決定を部分的に違法とした事例（C. E. Ass., 11 mars 1994, *S. A. La Cinq*）などが知られている。

いずれにしても，憲法院の解釈に適合する法適用がおこなわれているかについて憲法院が直接的に審査することが不可能である以上，そのコントロールは行政裁判所などの裁判機関にゆだねられているのが現状である（この問題につき，後掲文献⑥，⑦，⑧参照）。

〔参考文献〕

① Thierry Di Manno, *Le juge constitutionnel et la technique des décisions "interprétatives" en France et en Italie*, Economica, 1997.

② Thierry Di Manno, L'influence des réserves d'interprétation, in Guillaume Drago, Bastien François et Nicolas Molfessis（dir.）, *La légitimité de la jurisprudence du Conseil constitutionnel*, Economica, 1999.

③ Alexandre Viala, *Les réserves d'interprétation dans la jurisprudence du Conseil constitutionnel*, LGDJ, 1999.

④ Jean-Yves Faberon, Le projet de révision constitutionnelle relatif à la Polynésie française et à la Nouvelle-Calédonie adopté par les assemblées parlementaires en 1999, *RFDC*, 2001, pp. 388 et s.

⑤ 蛯原健介「憲法院判例における合憲解釈と政治部門の対応（1〜2・完）」立命館法学259〜260号。

⑥ 蛯原健介「フランス行政裁判における憲法院判例の影響（2・完）」立命館法学264号38頁以下。

⑦ 蛯原健介「破毀院における憲法院判例の受容をめぐって」明治学院論叢法学研究72号236頁以下。

⑧ 蛯原健介「憲法裁判と政治部門・裁判機関による人権保障」山下健次ほか編『フランスの人権保障』（法律文化社，2001年）93頁以下。

⑨ 植野妙実子「憲法院と行政権」フランス行政法研究会編『現代行政の統制』（成文堂，1990年）237頁。

⑩ 篠原正博「フランスにおける地方直接税改革の歴史」富士論叢34巻1号。

⑪ 菊池威「フランスの土地税制」日本住宅総合センター編『欧米諸国の土地税制』（1981年）189頁以下。

VI D [67] 明白な過誤の法理
—— 「ニューカレドニアの制度変更に関する法律」判決

(α)1985年8月8日憲法院判決
Décision n° 85-196 DC du 8 août 1985
Journal Officiel, Lois et Décret du 9 août 1985, p. 9125
Rec. 63, RJC I-234, GD. 38（第1判決）
(β)1985年8月23日憲法院判決
Décision n° 85-197 DC du 23 août 1985
Journal Officiel, Lois et Décret du 24 août 1985, p. 9614
Rec. 70, RJC I-238, GD. 38（第2判決）

今関源成
（早稲田大学教授）

〔事　実〕

　ニューカレドニアは，フランスの旧植民地であり，現在では海外領土 (territoire d'outre-mer) の地位を有しているが，フランスからの独立を主張する原住民族（カナック）と，フランスから入植し定住したヨーロッパ系の住民で，都市部の富裕層を構成し，ニューカレドニアのフランスからの独立に反対するカルドッシュとの間に対立が存在するなど，フランス本国との関係をめぐって不安定な状況にあった。本判決で対象とされた法律は，このニューカレドニアとフランス本国との関係について，カナックに配慮する方向で社会党政権が一定の改善をもたらすべく，フランスとの提携関係を維持しつつ独立するか否かを問う住民投票を1987年12月31日までに実施することを規定する（1条）ほか，ニューカレドニアの政治・行政制度の変更を行うものであった。社会党が制する国民議会と，保守系の勢力が強固な元老院の間では一致点を見出しがたく，両者の間で法案が往復し（navette），両院合同同数委員会がもたれたがそれも不調に終わり，国民議会が単独で本法律を可決した（憲法45条参照）。そこで保守系の議員たちが憲法院に提訴を行った。

　この法律のなかで，とりわけ保守系議員の標的とされたのは，領土議会の選挙制度の変更であった。それは，ニューカレドニアを4つの州 (région) に分け（3条），各州に州会 (conseil de région) を置き，4つの州会の議員がそのまま領土議会 (Congrès du territoire) の構成員となるという仕組みで，北部州，中部州，南部州（ヌメアを含む），ロワイヨーテ（ロイヤリティ）諸島州の各州会の定員を，それぞれ9，9，18，7とするものであった（4条，5条）。したがって，領土議会の定員は43議席となる。

　問題とされたのは，この州会の定員の定め方（すなわち，それは領土議会の定数配分を意味する）の不均衡であった。1議席に対する人口数は，最多の南部州で4727人，最小のロワイヨーテ諸島州では2215人であり，この2州の間には2.13倍の格差が存在する（ちなみに，ニューカレドニアの人口は，145458人であり，これを43議席で単純に割ると人口3383人に1議席の割合となる。この標準値からの偏差は，南部州で1.40，ロワイヨーテ諸島州で0.65である）。

　この議席配分は，機能的に見れば，ヨーロッパ系住民の多い首都ヌメア (Nouméa) の比重を

相対的に低下させるものであった。この点をとらえて保守系議員は，ヌメアを含む南部州の過少代表が意図的に作り出されたものであり，また，それがカナックを有利に扱う「民族的な基準に直接由来する考慮」に基づいている点で，投票の平等の原則（憲法3条3項），および出身，人種，宗教の区別なくすべての市民に法律の前の平等を保障する憲法2条1項（1995年改正により，現在では1条）に違反すると主張した。

これに対して，政府は，ここで問題とされている格差以上の格差がフランス本国の県への議席配分では許容されているなどと主張した。

憲法院は，憲法74条によって立法者に認められる海外領土の組織の決定に関する立法裁量に対して憲法3条の投票の平等の要請が課す限界という問題設定の下で，南部州が過少代表となっている点について明白な過誤の法理を適用して立法裁量の統制を行い，領土議会の定数配分規定を違憲とした。ただし，違憲規定を法律全体から不可分なものとは評価せず，法律が全体として違憲であるとはしなかった（一部違憲，第1判決）。

憲法院の違憲判決を受けて，ミッテラン大統領は，違憲規定を除外して審署することも可能であったが，そうはせずに憲法10条2項により法律全体の再議（nouvelle délibération）を国会に求めた（憲法院に関する組織法律を内容とする1958年11月7日オルドナンス23条1項は「憲法院が，提訴を受けた法律が憲法に反する条項を含んでいると宣言するが，同時に，その条項が法律全体から不可分であるとは認定しない場合に，共和国大統領は，この条項を除いて法律を審署するか，または両議院に再議（nouvelle lecture）を求めることができる」と規定する）。この要求を受けて国会は，南部州に配分される議席を3増加させ，領土議会の議員定数を43から46とする法律の修正を行った。この法案審議も先般同様難航したが，その結果，南部州の1議席あたりの人口数は4052人となりロワイヨーテ諸島州との定数格差は1.83倍に減少した（標準値3162人からの偏差は，南部州1.28，ロワイヨーテ諸島州0.70となった）。

これに対して，保守系議員が再度提訴を行い，主として，改正によっても定数不均衡は解消されておらず，また大統領が国会に求めた再議請求手続が手続の濫用にあたり違憲であると主張した。なお，元老院の提訴状には，単独でも提訴権を有する元老院議長や，憲法院の憲法上当然のメンバーであるジスカール・デスタン元大統領も名を連ねている。

憲法院は，第1判決とほぼ同じ定式を用いたが，今度は改正後の定数配分の合憲性を認め，また手続上の主張も排斥した（第2判決）。

本事案のように，憲法院が違憲とした法律について，国会がその内容を変更した後に，それに対して再度，憲法院判決を尊重していないことを理由に提訴がなされ，それを受けて憲法院が自己の下した違憲判決の内容が正しく国会によって考慮されたか否かを再審査することを「ダブル・アクションの審査（contrôle à double détente）」という。

〔判　旨〕

（第1判決）

平等原則違反について

憲法2条1項によれば，共和国は「すべての市民の法律の前の平等を，出身，人種，宗教を区別することなく保障する。」憲法3条3項によれば，投票は「常に普通，平等，秘密である。」1789年人権宣言6条は，「法律は万人に対して，保護を与えるときも，罰するときも，平

等である。すべての市民は，法律の目からみれば平等であるので，各自の能力に応じて，かつ，各自の徳と才能以外の区別なく，あらゆる位階，地位，公職に等しく就くことができる」と規定する。[Con. 14]

これらの条項は，憲法74条に適合した形で，立法者が海外領土の特殊な組織の枠内で，あらゆる判断要素，とりわけ人口の地理的分布を考慮して，州を設定しその境界を定める可能性に対して障害となるものではない。したがって，法3条は，憲法2条に違反するものではない。[Con. 15]

しかし，領土議会の役割は，海外領土の議決機関として海外領土の単なる行政には限られないので，憲法3条を尊重しつつ海外領土とその住民を代表するものとして，領土議会は，基本的に人口を基礎として選出されなければならない。この代表は，各州の人口に必ず比例していなければならないというものでもないし，他の一般的利益の要請が考慮されないということでもないが，しかしながら，これらの考慮は限定的にしかなされえないものである。本件においては，この限度が明白に踰越されている（manifestement dépassée）。[Con. 16]

したがって，法4条2項に現れる表のなかの，9，9，18，7という数は，憲法に適合しないと宣言されなければならない。ゆえに，第2項は，これらの数と不可分であるため，全体として憲法に適合しないと宣言されなければならない。法4条，5条の他の条項は，憲法に反するものではない。[Con. 17]

以下のように，判示する。
1. ニューカレドニアの制度変更に関する法律4条2項の諸規定は，憲法に違反する。
2. その他の諸規定は合憲である。
3. 本判決は，フランス共和国官報に掲載される。

（1985年8月8日審議）（憲法院院長　ダニエル・マイエル）

（第2判決）
一部違憲判決に対する再議請求手続（オルドナンス23条1項違反）について

この規定は，共和国大統領に，その審署権限の枠内で，裁量的に，副署の留保付ではあるが，行使される選択肢を提供するものである。[Con. 21]

第一の選択肢をとり，共和国大統領が憲法に適合しないと宣言された条項を除いて，表決された法律を審署することを決定する場合には，立法手続は審署によって閉じるので，新たな立法手続に訴えて，場合によっては，憲法に適合しないと宣言された条項にとって代わる条項によって，審署された法律を補完することが必要である。[Con. 22]

逆に，共和国大統領がオルドナンス23条の規定する再議（nouvelle lecture）に訴えることを決定する場合には，この決定の対象は明らかに，違憲条項に代えて憲法院の判決を尊重する新条項を定めて，表決された法律を合憲化することである。この場合は，新たな法律の表決ではなく，進行中の立法過程に，合憲性審査から帰結する追加的な一段階を加えることが問題となる。[Con. 23]

この追加的段階を締めくくるにあたって憲法45条の諸条項を排除することを認めるいかなる憲法規定も存在しない。45条は当然に共和国大統領によって請求された再議（nouvelle délibération）に適用される。組織法律の効力を持つ前引オルドナンス23条の用いる「再議（nouvelle lecture)」という文言は，憲法10条の用いる「再議（nouvelle délibération）」と異なる意味を持つとは解釈されえない。オルドナンス23条は，憲法10条の適用に過ぎないからである。したがって，提訴者たちによって1958年11月7日オルドナンス23条に基づいて展開された様々な提訴事由は排斥されなければならない。[Con. 24]

新4条2項に関して

1985年8月20日に行われた2つの提訴の提訴者たちは共に，立法者は，南部州を代表する議員数を18から21に引き上げただけで，新4条2項において，旧4条2項を違憲とした憲法院判決によって引き出された原則を尊重していないと主張する。実際，このように行われた修正は，住民数と配分議席数の比率に関して非常に重大な不均衡を存続させ，南部州の選挙人に不利益を与え，その他の州を有利に扱ったままである。[Con. 34]

領土議会の役割は海外領土の議決機関として単なる行政には限られないので，領土議会は，憲法3条を遵守しつつ海外領土とその住民を代表するものとして，基本的に人口を基礎として選出されなければならない。しかし，この代表は各州の人口に必ず比例していなければならないということではなく，他の一般的利益の要請が考慮されないというわけでもない。これらの要請を限定的に考慮することは可能である。新4条2項の内容を考慮すると，この限度が明白に踰越されているとはいえない。[Con. 35]

したがって，憲法院の審査対象である法律の4条2項は，合憲である。[Con. 36]

以下のとおり判示する。
1. ニューカレドニアの制度変更に関する法律は合憲である。
2. 本判決は，フランス共和国官報に掲載される。

（1985年8月23日審議）（憲法院院長　ダニエル・マイエル）

〔解　説〕

本判決の提訴事由は多岐にわたるが，憲法院の判断手法の章で扱う関係で，「明白な過誤の法理」を中心に，一部違憲判決の事後処理の問題を付随的に扱うこととする。

(1) **明白な過誤（erreur manifeste）の法理**

本判決は，定数不均衡について，投票の平等に反するとして憲法院がはじめて違憲判断を行った判決である。その際に用いられた手法が「明白な過誤の法理」である。

明白な過誤の法理は，行政訴訟の分野で行政裁判所が用いてきた裁量統制の手法であり，実質的には，行政裁量の行使の適不適（opportunité）を例外的に裁判所が審査することを許すものである。適不適の領域は本来行政裁判所の審査すべき対象ではないが，行政の裁量権行使が一見して明らかに不当な場合にまで行政の裁量を尊重する合理性はないために，裁判所の関与が正当化されるのである。この手法は，憲法院によって憲法裁判の領域に導入され（明示的な最初の使用例は82年の国有化判決であるとされる），平等原則や犯罪と刑罰の均衡等に関わる立法裁量の合理性を審査する場面で法律の合憲性審査基準としても用いられるようになった（この法理の適用例について，GD, p. 626の一覧を参照）。この法理によって初めて法律規定の違憲性を憲法院が結論づけた点に本判決の画期性がある。

日本における「明白性の基準」と同様に，確かにこうした基準は，概して法律の合憲性を導出するための手段として利用され，違憲判決を導くのは難しいとされる。しかし，本判決は，

そうした緩やかな基準によって法律規定を違憲としたわけである。さらにこれ以降，3度の違憲無効判決がこの法理の下で書かれている（GD, p. 642. この説明によると適用例自体は全部で18）。このように，緩やかな基準である明白な過誤の法理が裁判所によって実効的な審査基準としての現実性を手にすると，裁判官の匙加減しだいでどうにでも使える強力な裁判所の武器となる。したがって，明白な過誤の法理に対する，合憲性のお墨付きを与えるだけの形式的な審査に過ぎないという評価は逆転し，この法理は，本事案でいえば定数配分の恣意性を裁判官がコントロールすることを可能とする有用な手段，あるいは，曖昧な推論に基づいて裁判官の判断を国会の判断に取って代える裁判官統治をもたらす危険な法理だといった正反対の評価を受けることになる。明白な過誤の法理は，こうした両義性を有している。

こうした両義性をもたらす原因の一つは，憲法院によるこの手法の用い方がかなり観念的なもので，目的手段の適合性（比例性）判断において立法者が明白な過誤を犯したという言明の内実が何ら明確な説明を伴っていないところにある。本事案に即していえば，第1判決が違憲とした格差（2.13）と第2判決が合憲とした格差（1.83）とで結果の明暗を分けたものは何であるのかが，判決文には何ら示されていない。憲法院がいうように定数不均衡が立法目的によっては正当化される場合があるとして，これを正当化する立法目的は具体的にどのようなものが想定されるのか，どの程度であれば格差は許容されるのか，といった具体的な叙述は判決には全く欠如しており，その結果，判決は，立法者に対しては明確な指針を示しえず，学説からは恣意的な判断だと批判されることになる。

明白な過誤の法理に対して，行政官が単独で行う行政行為についてならば明白な過誤を想定できるかもしれないけれども，数百人の議員が審議決定した法律について一見明白な過誤が起こるという想定は成り立ちえない，したがって，法律を対象とする憲法裁判にこの法理を移植したこと自体が誤りであるといった批判がよくなされるが，むしろ問題は，明白な過誤の法理を立法裁量を統制する手段として，いかに説得力ある基準に練り上げていくかということにあるように思われる。明白な過誤の法理を単なる飾りとしておくのでなく，違憲判断のための実効的な武器として憲法院が活用する以上，判決の「簡潔さ」をよしとするのでなく，憲法院は裁判所として可能な限り論理的で緻密な法的推論を構築すべきである。この点を抜きにしてこの法理を実効化すれば，恣意的な裁判官統治だという批判を憲法院は免れないであろう。

本事案についてダブル・アクションの審査が行われたが，第1判決と第2判決の結論の違いは説明不能とされたり，憲法院はダブル・アクションの審査において2回目の判決で違憲判断を下したことはなく，今回もそうした立法府に対する敬譲的スタンスを確認したのだといった見方が示されている。しかし，日本での議論に照らして言えば，法律の改正によって格差が2倍未満に縮小したので改正の前後で質的な転換がなされて明白な過誤は解消されたという説明をすることも十分可能であろう。結論を導いた論理と論拠を明らかにすれば，不当な批判を未然に防ぐことができ，憲法院の地位は高まることになるであろう。

(2) **大統領の再議請求手続**

保守系議員の2回目の提訴における手続上の主張は以下のようなものである。1958年11月7

日のオルドナンス23条は，一部違憲判決に対して，大統領が nouvelle lecture を求めることを認めるが，これは，憲法10条の「再議（nouvelle délibération）」と異なり，憲法45条の適用（両院の不一致の場合における両院合同同数委員会の召集，国民議会の終局的決定）を正当化するものではない。また，大統領が憲法10条に訴えたことは，手続濫用にあたる。10条は，意に沿わない法律について国会に再考を促すことを大統領に認めるものであり，本事案のように大統領の意向には合致しているが憲法院が違憲とした法律について再検討を国会に求めることを想定していない。よって，違憲判決への対応という本事案の場合には本来憲法10条の手続は使えないにもかかわらず，大統領は国民議会の優越を認める立法手続を使えるようにするために便宜的に憲法10条をもちだしたのであり，これは手続の濫用を構成する。この提訴者たちの論理によれば，違憲判決を契機として上記オルドナンス23条に基づいて大統領が再議（nouvelle lecture）を求める場合には，法文を国民議会と元老院が一致して表決しなければ法律は成立せず，この一致が得られなければ，政府は新たな法案を提出し，全く一から立法手続をやり直し，必要であれば45条の手続で最終的な決着を目指すべきであるというものである。そうなるとコンセイユ・デタの事前の諮問，憲法74条によるニューカレドニア領土議会の事前の諮問などのステップを再度踏まねばならず，政府にとって手続的な負担は相当に重くなる。

これに対して，憲法院は判旨24（第2判決）において，憲法と組織法律の上下関係を確認した上で nouvelle lecture と nouvelle délibération は同義であるとして，提訴者の主張を退けた。ここに現れている対立は，保革の政治的対立であると同時に，元老院の存在意義の主張という制度的な意味合いを強くもっている。海外領土を含めた地方制度のあり方に対する元老院の発言権の確保と，違憲判決後の再議手続における元老院の地位の強化という思惑が提訴の背後には存在していると思われる。いずれにしろ，本判決によって，一部違憲判決の事後処理として行われる再議の手続が明らかにされたことになる。

〔参考文献〕

GD, 11e éd., p. 625.

Léo Hamon, note, AJDA, 20 novembre 1985, p. 609.

François Luchaire, note, Recueil Dalloz-Sirey, 1986, p. 50.

Dominique Rousseau, Droit du contentieux constitutionnel, Montchrestien, 5e éd. 1999, pp. 141 et suiv., et pp. 332 et suiv.

Dominique Turpin, Mémento de la jurisprudence du Conseil constitutionnel, Hachette, 2e éd., 2000, pp. 86 et suiv.

David Dokhan, Les limites du contrôle de la constitutionnalité des actes législatifs, L. G. D. J., 2001, pp. 471 et suiv.

資料(1)　フランス第五共和国憲法略年表

年	月	事　件
1958	5	アルジェリア現地軍を中心とするクーデター発生
	6	3日の憲法的法律によりドゥ・ゴール首相への新憲法制定の授権
	9	28日の人民投票で憲法草案承認
	10	4日　1958年憲法審署
		5日　1958年憲法公布・施行
	12	大統領選　ドゥ・ゴール当選
1960	6	1960年6月4日憲法的法律（第60-535号）による改正
		（フランス共同体に関する旧12章の改正）
1962	11	1962年11月6日憲法的法律（第62-1292号）による改正
		（大統領選出の直接選挙制導入）
1963	12	1963年12月30日憲法的法律（第63-1327号）による改正
		（国会の会期に関する第4章第28条の規定改正）
1965	12	大統領選　ドゥ・ゴール再選
1969	6	大統領選　ポンピドゥ当選
1971	7	結社の自由に関する憲法院1971年7月16日判決
1973	12	職権課税に関する憲法院1973年12月27日判決
1974	6	大統領選　ジスカール＝デスタン当選
	10	1974年10月29日憲法的法律（第74-904号）による改正
		（憲法院への付託に関する憲法第7章第61条第2項の改正・付託権者の拡大）
1976	6	1976年6月18日憲法的法律（第76-527号）による改正
		（大統領が欠けた場合の処置に関する第2章第7条の改正）
1981	5	大統領選　ミッテラン当選
1982	2	5大企業と36主要銀行の国有化
	11	市町村選挙候補者の性差別に関する憲法院1982年11月18日判決
1983	3	地方分権に関する法律（第213号）の制定
	7	公務員制度改革
1986	3	総選挙で社会党敗北　第1次コアビタシオン（シラク首相）
1988	5	大統領選　ミッテラン再選（コアビタシオン解消）
1992	2	欧州連合条約が締結される
	4	欧州連合条約の憲法適合性に関する憲法院1992年4月9日判決
	6	1992年6月25日憲法的法律（第92-554号）による改正
		（欧州連合条約批准のための憲法改正）
1993	2	憲法改正諮問委員会（ヴデル委員会）答申
	3	総選挙で社会党敗北　第2次コアビタシオン（バラデュール首相）
	7	1993年7月27日の憲法的法律（第93-952号）による改正
		（司法官職高等評議会に関する65条の改正，高等法院に関する第9章の改正，第10章の新設）

		8	移民制限法に関する憲法院1993年8月13日判決
1995		5	大統領選　シラク当選
		8	1995年8月4日の憲法的法律（第95－880号）による改正
			（第11条のレファレンダムの範囲拡大，議会の通年会期制導入，不逮捕特権に関する修正，フランス共同体と経過措置に関する規定の削除）
1996		2	1996年2月22日の憲法的法律（第96－138号）による改正
			（社会保障財政に関する改正）
1997		5	ヌメア協定締結
		6	総選挙で左翼躍進　第3次コアビタシオン（ジョスパン首相）
		10	アムステルダム条約締結
		12	アムステルダム条約批准に関する憲法院1997年12月31日判決
1998		7	1998年7月20日の憲法的法律（第98－610号）による改正
			（ニュー＝カレドニアに関する経過規定　等）
1999		1	1999年1月25日の憲法的法律（第99－49号）による改正
			（アムステルダム条約の憲法適合性を確保するための改正）
		7	国際刑事裁判所創設規定に関する憲法院1999年1月22日判決
			1999年7月8日の憲法的法律（第99－568号）による改正
			（国際刑事裁判所の裁判権を承認するための改正）
			1999年7月8日の憲法的法律（第99－569号）による改正
			（公選による公職への男女平等アクセスを促進するための第3条，第4条の改正）
2000		6	公職への男女平等参加促進法制定
		10	2000年10月2日の憲法的法律（第2000－964号）による改正
			（共和国大統領任期を7年から5年に短縮する改正）
2001		3	地方議会で女性議員急増
2002		4	大統領選　第1回投票で国民戦線のルペン躍進
		5	大統領選　シラク当選（コアビタシオン解消）

（辻村みよ子「フランス共和国」樋口陽一・吉田善明編『解説世界憲法集第4版』三省堂251頁以下をもとに作成）

資料(2)　歴代憲法院判事一覧（2002年5月10日現在）

	判　　事	任　命	任　期	任　命　者	
	Charles LE COQ de KERLAND シャルル・ルコック・ドゥ・ケルラン	1959. 2 .20	1959. 3 -1965. 3	Gaston MONNERVILLE ガストン・モネルビル	S
	Georges POMPIDOU ジュルジュ・ポンピドウ	1959. 2 .20	1959. 3 -1962. 4	Charles DE GAULLE シャルル・ドゥ・ゴール	P
	Jean GIRBERT-JULES ジャン・ジルベール＝ジュール	1959. 2 .20	1959. 3 -1968. 3	Gaston MONNERVILLE	S
	Jean MICHARD-PELISSIER ジャン・ミシャール＝プリシエール	1959. 2 .20	1959. 3 -1968. 3	Jacques CHABAN-DELMAS ジャック・シャバンデルマス	A
※	Léon NOEL レオン・ノエル	1959. 2 .20	1959. 3 -1965. 3	Charles DE GAULLE	P
	Louis PASTEUR VALLERY RADOT ルイ・パストゥール・ヴァレリ・ラド	1959. 2 .20	1959. 3 -1965. 3	Jacques CHABAN-DELMAS	S
	Maurice DELEPINE モーリス・ドゥルパン	1959. 2 .20	1959. 3 -1960. 6	Charles DE GAULLE	P
	Maurice PATIN モーリス・パタン	1959. 2 .20	1959. 3 -1962. 3	Jacques CHABAN-DELMAS	A
	Victor CHATENAY ヴィクトル・シャトゥネイ	1959. 2 .20	1959. 3 -1962. 3	Jacques CHABAN-DELMAS	A
	René CASSIN ルネ・カッサン	1960. 6 .18	1960. 6 -1971. 3	Gaston MONNERVILLE	S
	Edmond MICHELET エドモンド・ミシュレ	1962. 2 .17	1962. 3 -1967. 3	Jacques CHABAN-DELMAS	A
	Marcel WALINE マルセル・ワリーヌ	1962. 2 .17	1962. 3 -1971. 3	Charles DE GAULLE	P
	Bernald CHENOT ベルナル・シュノ	1962. 4 .25	1962. 4 -1964. 8	Charles DE GAULLE	P
	André DESCHAMPS アンドレ・デシャン	1964. 8 .27	1964. 9 -1968. 3	Charles DE GAULLE	P
	François LUCHAIRE フランソワ・リュシェール	1965. 2 .23	1965. 3 -1974. 3	Gaston MONNERVILLE	S
※	Gaston PALEWSKI ガストン・パルゥスキ	1965. 2 .23	1965. 3 -1974. 3	Charles DE GAULLE	P

資料

Henri MONNET アンリ・モネ	1965. 2 .23	1965. 3 -1974. 3	Jacques CHABAN-DELMAS	A
Jules ANTONINI ジュール・アントニニ	1967. 4 . 4	1967. 4 -1971. 3	Jacques CHABAN-DELMAS	A
Georges-Léon DUBOIS ジョルジュ=レオン・デュボワ	1968. 2 .24	1968. 3 -1977. 3	Gaston MONNERVILLE	A
Jean SAINTENY ジャン・サントゥネ	1968. 2 .24	1968. 3 -1977. 3	Charles DE GAULLE	P
Pierre CHATENET ピエール・シャトゥネ	1968. 2 .24	1968. 3 -1977. 3	Jacques CHABAN-DELMAS	A
François GOGUEL フランソワ・ゴゲル	1971. 2 .24	1971. 3 -1980. 3	Georges POMPIDOU	P
Henri REY アンリ・レイ	1971. 2 .24	1971. 3 -1977. 8	Achille PERETTI アシル・ペルティ	A
Paul COSTE-FlORET ポール・コストゥ=フロレ	1971. 2 .24	1971. 3 -1979. 9	Alain POHER アラン・ポエル	S
Gaston MONNERVILLE ガストン・モネルヴィル	1974. 2 .22	1974. 3 -1983. 3	Alain POHER	S
René BROUILLET ルネ・ブルイレ	1974. 2 .22	1974. 3 -1983. 3	Edgar FAURE エドガー・フォール	A
※ Roger FREY ロジェ・フレイ	1974. 2 .22	1974. 3 -1983. 3	Georges POMPIDOU	P
Achille PERETTI アシル・ペルティ	1977. 2 .22	1977. 3 -1983. 4	Edgar FAURE	A
André SEGALAT アンドレ・スガラ	1977. 2 .22	1977. 3 -1986. 3	Valéry GISCARD d'ESTAING ヴァレリ・ジスカール デスタン	P
Louis GROS ルイ・グロス	1977. 2 .22	1977. 3 -1984.10	Alain POHER	S
Louis JOXE ルイ・ジョクス	1977.10.22	1977.10-1989. 3	Edgar FAURE	A
Robert LECOURT ロベール・ルクール	1979. 9 . 4	1979. 3 -1989. 3	Alain POHER	S
Georges VEDEL ジョルジュ・ヴデル	1980. 2 .24	1980. 3 -1989. 3	Valéry GISCARD d'ESTAING	P
※ Daniel MAYER ダニエル・マイエル	1983. 2 .21	1983. 3 -1992. 3	François MITTERRAND フランソワ・ミッテラン	P
Léon JOZEAU-MARIGNE レオン・ジョゾー=マリーニュ	1983. 2 .21	1983. 3 -1992. 3	Alain POHER	S

	Pierre MARCILHACY ピエール・マルシラシー	1983. 2 . 21	1983. 4 -1987. 7	Louis MERMAZ ルイ・メルマズ	A
	Paul LEGATTE ポール・ルガット	1983. 4 . 25	1983. 4 -1986. 3	Louis MERMAZ	A
	Maurice-René SIMONNET モーリス=ルネ・シモネ	1984. 10. 10	1984. 10-1988. 8	Alain POHER	S
※	Robert BADINTER ロベール・バダンテール	1986. 2 . 20	1986. 3 -1995. 3	François MITTERRAND	P
	Robert FABRE ロベール・ファヴール	1986. 2 . 20	1986. 3 -1995. 3	Louis MERMAZ	A
	Francis MOLLET-VIEVILLE フランシス・モレ=ヴィヴィル	1987. 7 . 17	1987. 7 -1992. 3	Jacques CHABAN-DELMAS	A
	Jacques LATSCHA ジャック・ラスカ	1988. 8 . 29	1988. 8 -1995. 3	Alain POHER	S
	Jacques ROBERT ジャック・ロベール	1989. 2 . 20	1989. 3 -1998. 3	Laurent FABIUS ローラン・ファビウス	A
	Jean CABANNES ジャン・カヴァヌ	1989. 2 . 20	1989. 3 -1998. 3	Alain POHER	P
	Maurice FAURE モーリス・フォール	1989. 2 . 20	1989. 3 -1998. 3	François MITTERRAND	P
	Georges ABADIE ジュルジュ・アバディ	1992. 2 . 25	1992. 3 -2001. 3	François MITTERRAND	P
	Marcel RUDLOFF マルセル・ルドロフ	1992. 2 . 25	1992. 3 -1996. 3	Alain POHER	S
	Noëlle LENOIR ノエル・ルノワール	1992. 2 . 25	1992. 3 -2001. 3	Henri EMMANUELLI アンリ・エマニュエリ	A
※	Roland DUMAS ローラン・デュマ	1995. 2 . 24	1995. 3 -2000. 3	François MITTERRAND	P
	Etienne DAILLY エティアンヌ・デリー	1995. 2 . 24	1995. 3 -1996. 12	René MONORY ルネ・モノリ	S
	Michel AMELLER ミシェル・アムレール	1995. 2 . 24	1995. 3 -在任中	Philippe SEGUIN フィリップ・セガン	A
	Alain LANCELOT アラン・ランスロ	1996. 3 . 29	1996. 3 -2001. 3	René MONORY	S
※	Yves GUÉNA イヴ・ゲナ	1997. 1 . 3	1997. 1 -在任中	René MONORY	S
	Pierre MAZEAUD ピエール・マゾー	1998. 2 . 21	1998. 3 -在任中	Jacques CHIRAC ジャック・シラク	P
	Simone VEIL シモーヌ・ヴェーユ	1998. 2 . 10	1998. 3 -在任中	René MONORY	S

Jean-Claude COLLIARD ジャン＝クロード・コリアール	1998. 2 .28	1998. 3 -在任中	Laurent FABIUS	A
Monique PELLETIER モニック・ペルティエ	2000. 3 .22	2000. 3 -在任中	Jacques CHIRAC	P
Olivier DUTHEILLET De LAMOTHE オリビエ・デュテレ・ドゥ・ラモット	2001. 2 .26	2001. 3 -在任中	Jacques CHIRAC	P
Dominique SCHNAPPER ドミニク・シュナペール	2001. 2 .26	2001. 3 -在任中	Christian PONCELET クリスチャン・ポンスレ	S
Pierre JOXE ピエール・ジョックス	2001. 2 .26	2001. 3 -在任中	Raymond FORNIA レイモン・フォルニア	A

(2001年5月10日現在の総員60名)
右欄のP，A，Sは，各任命権者（P＝共和国大統領，A＝国民議会議長，S＝元老院議長）
※印は，憲法院院長

《参照》　フランス憲法院サイト
　　　　　http://www.conseilconstitutionnel.fr/missions/liste.htm
　　　　　の表をもとに辻村＝佐藤（寛）が作成

資料(3)　憲法院年別判決件数

1958（ 30件）　　1959（124件）　　1960（ 22件）　　1961（ 22件）

1962（ 22件）　　1963（ 95件）　　1964（ 13件）　　1965（ 22件）

1966（ 13件）　　1967（153件）　　1968（ 61件）　　1969（ 22件）

1970（ 16件）　　1971（ 15件）　　1972（ 14件）　　1973（ 59件）

1974（ 20件）　　1975（ 15件）　　1976（ 28件）　　1977（ 32件）

1978（ 74件）　　1979（ 21件）　　1980（ 31件）　　1981（ 84件）

1982（ 30件）　　1983（ 33件）　　1984（ 23件）　　1985（ 28件）

1986（ 65件）　　1987（ 26件）　　1988（127件）　　1989（ 36件）

1990（ 27件）　　1991（ 28件）　　1992（ 39件）　　1993（823件）

1994（ 38件）　　1995（ 75件）　　1996（ 66件）　　1997（153件）

1998（324件）　　1999（ 32件）　　2000（ 43件）　　2001（ 45件）

*2002（ 18件）

2001年度までの合計3,069件　　*2002年は5月10日現在

（内訳）		
	Décisions DC（Conformité à la Constitution）	455(件)
	D（Déchéances）	15
	I（Incompatibilités）	17
	FER（Fin de Non Recevoir）	11
	LP（Loi du Pays）	1
	AN（Elections législatives）	1978
	SEN（Elections Sénatoriales）	105
	REF（Référendums）	22
	PDR（Elections Plésidentielles）	89
	L（Articles 37 aliéna 2）	191

《参照》http://www.conseil-constitutionnel.fr/tableau/decision.htm をもとに辻村＝佐藤（寛）が作成

資料(4) 判例索引

＜事項別（本書掲載順）＞

I 「一にして不可分の共和国」と欧州統合

Décision n° 76-71 DC, 30 décembre 1976（欧州議会選挙判決）……………………… I A①, 13
Décision n° 91-294 DC, 25 juillet 1991（シェンゲン条約判決）……………………… I A②, 18
Décision n° 92-308 DC, 9 avril 1992（マーストリヒト第1判決）……………………… I A③, 24
Décision n° 92-312 DC, 2 septembre, 1992（マーストリヒト第2判決）……………… I A④, 30
Décision n° 92-313 DC, 23 septembre 1992（マーストリヒト第3判決）……………… I A④, 30
Décision n° 97-394 DC, 31 décembre 1997（アムステルダム条約判決）……………… I A⑤, 36
Décision n° 85-188 DC, 22 mai 1985（欧州人権条約―死刑廃止判決）……………… I B⑥, 42
Décision n° 98-408 DC, 22 janvier 1999（国際刑事裁判所判決）……………………… I B⑦, 48
Décision n° 99-412 DC, 15 juin 1999（地域・少数言語憲章判決）…………………… I B⑧, 54

II 人権総論（基本的権利・平等）

Décision n° 93-325 DC, 12-13 août 1993（移民規制法判決）………………………… II A⑨, 67
Décision n° 97-389 DC, 22 avril 1997（宿泊証明書判決）…………………………… II A⑩, 73
Décision n° 74-43 DC, 15 janvier 1975（人工妊娠中絶法第I判決）………………… II B⑪, 79
Décision n° 2001-446 DC, 27 juin 2001（人工妊娠中絶法第II判決）………………… II B⑪, 79
Décision n° 94-343, 344 DC, 27 juillet 1994（生命倫理法判決）……………………… II B⑫, 87
Décision n° 94-352 DC, 18 janvier 1995（監視ビデオ判決）…………………………… II B⑬, 93
Décision n° 99-419 DC, 9 novembre 1999（連帯民事契約・PaCS法判決）…………… II B⑭, 98
Décision n° 73-51 DC, 27 décembre 1973（職権課税判決）…………………………… II C⑮, 105
Décision n° 82-153 DC, 14 janvier 1983（第三の道判決）……………………………… II C⑯, 110
Décision n° 94-358 DC, 26 janvier 1995（国土整備振興判決）………………………… II C⑰, 116
Décision n° 82-146 DC, 18 novembre 1982（クォータ制判決）………………………… II C⑱, 122
Décision n° 2000-429 DC, 30 mai 2000（パリテ判決）………………………………… II C⑲, 128

III 人権各論（基本的権利・自由）

Décision n° 71-44 DC, 16 juillet 1971（結社の自由判決）……………………………… III A⑳, 141
Décision n° 77-87 DC, 23 novembre 1977（良心の自由判決）………………………… III A㉑, 147
Décision n° 84-181 DC, 10-11 octobre 1984（新聞法判決）…………………………… III A㉒, 153
Décision n° 88-248 DC, 17 janvier 1989（視聴覚法判決）……………………………… III A㉓, 159
Décision n° 94-345 DC, 29 juillet 1994（フランス語保護法判決）…………………… III A㉔, 165
Décision n° 2000-433 DC, 27 juillet 2000（コミュニケーション法判決）…………… III A㉕, 171
Décision n° 83-165 DC, 20 janvier 1984（大学の自由判決）…………………………… III A㉖, 177
Décision n° 93-329 DC, 13 janvier 1994（ファルー法改正法判決）…………………… III A㉗, 183
Décision n° 81-132 DC, 16 janvier 1982（国有化法判決）……………………………… III B㉘, 189
Décision n° 82-139 DC, 11 février 1982（国有化法判決）……………………………… III B㉘, 189
Décision n° 86-207 DC, 25-26 juin 1986（民営化法判決）……………………………… III B㉙, 195

Décision n° 90-283 DC, 8 janvier 1991（タバコ・アルコール中毒対策法判決）……………… ⅢB30, 200
Décision n° 80-127 DC, 19-20 janvier 1981（治安と自由判決）……………………………… ⅢC31, 205
Décision n° 76-75 DC, 12 janvier 1976（自動車車両検問判決）……………………………… ⅢC32, 212
Décision n° 99-411 DC, 16 juin 1999（交通安全法判決）……………………………………… ⅢD33, 218
Décision n° 79-105 DC, 25 juillet 1979（スト権判決）………………………………………… ⅢD34, 225
Décision n° 94-348 DC, 3 août 1994（労働者参加権判決）…………………………………… ⅢD35, 231
Décision n° 94-359 DC, 19 janvier 1995（生存権判決）……………………………………… ⅢD36, 234
Décision n° 97-393 DC, 18 décembre 1997（家族手当判決）………………………………… ⅢD37, 238
Décision n° 98-404 DC, 18 décembre 1998（医療費判決）…………………………………… ⅢD38, 244
Décision n° 99-423 DC, 13 janvier 2000（35時間法判決）…………………………………… ⅢD39, 250

Ⅳ 統治機構・権力分立

Décision n° 86-208 DC, 1-2 juillet 1986（選挙区割法判決）………………………………… ⅣA40, 261
Décision n° 86-218 DC, 18 novembre 1986（選挙区割法判決）……………………………… ⅣA40, 261
Décision n° 89-271 DC, 11 janvier 1990（政党助成判決）…………………………………… ⅣA41, 267
Décision n° 2000-431 DC, 6 juillet 2000（元老院議員選挙制度判決）……………………… ⅣA42, 272
Décision n° 89-262 DC, 7 novembre 1989（議員免責特権判決）……………………………… ⅣB43, 278
Décision n° 59-2 DC, 17, 18 et 24 juin 1959（国民議会規則判決）………………………… ⅣB44, 282
Décision n° 79-110 DC, 24 décembre 1979（予算法律手続判決）…………………………… ⅣB45, 290
Décision n° 79-111 DC, 30 décembre 1979（予算法律手続判決）…………………………… ⅣB45, 290
Décision n° 90-278 DC, 7 novembre 1990（元老院規則判決）………………………………… ⅣB46, 296
Décision n° 93-322 DC, 28 juillet 1993（実験的法律判決）………………………………… ⅣB47, 302
Décision n° 67-31 DC, 26 janvier 1967（裁判官身分保障判決）……………………………… ⅣC48, 306
Décision n° 70-40 DC, 9 juillet 1970（裁判官身分保障判決）………………………………… ⅣC48, 306
Décision n° 80-119 DC, 22 juillet 1980（法律による追認）…………………………………… ⅣC49, 312
Décision n° 86-224 DC, 23 janvier 1987（行政裁判権判決）………………………………… ⅣC50, 318

Ⅴ 地方自治・地方分権

Décision n° 82-137 DC, 25 février 1982（地方分権法判決）………………………………… ⅤA51, 330
Décision n° 91-290 DC, 9 mai 1991（コルシカ判決）………………………………………… ⅤA52, 336
Décision n° 83-168 DC, 20 janvier 1984（自治権判決）……………………………………… ⅤA53, 342
Décision n° 90-274 DC, 29 mai 1990（自治権判決）…………………………………………… ⅤA53, 342
Décision n° 84-174 DC, 25 juillet 1984（海外県判決）………………………………………… ⅤB54, 348
Décision n° 99-410 DC, 15 mars 1999（ニューカレドニア特別措置法判決）……………… ⅤB55, 355
Décision n° 2000-1 LP, 27 janvier 2000（地邦法律判決）…………………………………… ⅤB55, 355

Ⅵ 憲法判断の手法と審査機能

Décision n° 58-34, 12 décembre 1958（選挙争訟と憲法院の権限）………………………… ⅥA56, 371
Décision n° 58-68/126, 5 janvier 1959（選挙無効判断基準）………………………………… ⅥA57, 375
Décision, 23 décembre 1960（レフェレンダムの適法性審査）……………………………… ⅥA58, 379
Décision n° 62-20 DC, 6 novembre 1962（レフェレンダムによって承認された法律の審査）… ⅥA59, 383

Décision, 17 mai 1969（大統領選挙の適法性審査）……………………………………… ⅥA⑥⓪, 387
Décision n° 62-18 L, 16 janvier 1962（憲法院判決の既判力）………………………………… ⅥB⑥①, 391
Décision n° 59-1 FNR, 27 novembre 1959（法律事項と命令事項）…………………………… ⅥB⑥②, 397
Avis du 23 avril 1961（緊急権発動に関する意見）……………………………………………… ⅥC⑥③, 402
Décision n° 60-8 DC, 11 août 1960（通常法律の最初の違憲審査）…………………………… ⅥD⑥④, 408
Décision n° 85-187 DC, 25 janvier 1985（審署後の法律審査）……………………………… ⅥD⑥⑤, 414
Décision n° 68-35 DC, 30 janvier 1968（解釈留保）…………………………………………… ⅥD⑥⑥, 420
Décision n° 85-196 DC, 8 août 1985（明白な過誤の法理第1判決）………………………… ⅥD⑥⑦, 426
Décision n° 85-197, 23 août 1985（明白な過誤の法理第2判決）…………………………… ⅥD⑥⑦, 426

<日付順>

Décision n° 58-34, 12 décembre 1958（選挙争訟と憲法院の権限）……………………………………………ⅥA㊾, 371
Décision n° 58-68/126, 5 janvier 1959（選挙無効判断基準）……………………………………………ⅥA㊾, 375
Décision n° 59-2 DC, 17, 18 et 24 juin 1959（国民議会規則判決）……………………………………ⅣB㊹, 282
Décision n° 59-1 FNR, 27 novembre 1959（法律事項と命令事項）……………………………………ⅥB㊷, 397
Décision n° 60-8 DC, 11 août 1960（通常法律の最初の違憲審査）……………………………………ⅥD㊽, 408
Décision, 23 décembre 1960（レフェレンダムの適法性審査）…………………………………………ⅥA㊾, 379
Avis du 23 avril 1961（緊急権発動に関する意見）…………………………………………………………ⅥC㊳, 402
Décision n° 62-18 L, 16 janvier 1962（憲法院判決の既判力）……………………………………………ⅥB㊶, 391
Décision n° 62-20 DC, 6 novembre 1962（レフェレンダムによって承認された法律の審査）…ⅥA㊾, 383
Décision n° 67-31 DC, 26 janvier 1967（裁判官身分保障判決）…………………………………………ⅣC㊽, 306
Décision n° 68-35 DC, 30 janvier 1968（解釈留保）………………………………………………………ⅣD㊻, 420
Décision, 17 mai 1969（大統領選挙の適法性審査）………………………………………………………ⅥA㊿, 387
Décision n° 70-40 DC, 9 juillet 1970（裁判官身分保障判決）……………………………………………ⅣC㊽, 306
Décision n° 71-44 DC, 16 juillet 1971（結社の自由判決）………………………………………………ⅢA⑳, 141
Décision n° 73-51 DC, 27 décembre 1973（職権課税判決）…………………………………………………ⅡC⑮, 105
Décision n° 74-43 DC, 15 janvier 1975（人工妊娠中絶法第Ⅰ判決）……………………………………ⅡB⑪, 79
Décision n° 76-75 DC, 12 janvier 1976（自動車車両検問判決）…………………………………………ⅢC㉜, 212
Décision n° 76-71 DC, 30 décembre 1976（欧州議会選挙判決）……………………………………… ⅠA①, 13
Décision n° 77-87 DC, 23 novembre 1977（良心の自由判決）……………………………………………ⅢA㉑, 147
Décision n° 79-105 DC, 25 juillet 1979（スト権判決）…………………………………………………………ⅢD㉞, 225
Décision n° 79-110 DC, 24 décembre 1979（予算法律手続判決）………………………………………ⅣB㊺, 290
Décision n° 79-111 DC, 30 décembre 1979（予算法律手続判決）………………………………………ⅣB㊺, 290
Décision n° 80-119 DC, 22 juillet 1980（法律による追認）………………………………………………ⅣC㊾, 312
Décision n° 81-132 DC, 16 janvier 1982（国有化法判決）………………………………………………ⅢB㉘, 189
Décision n° 80-127 DC, 19-20 janvier 1981（治安と自由判決）…………………………………………ⅢC㉛, 205
Décision n° 82-139 DC, 11 février1982（国有化法判決）…………………………………………………ⅢB㉘, 189
Décision n° 82-137 DC, 25 février 1982（地方分権法判決）………………………………………………ⅤA㊼, 330
Décision n° 82-146 DC, 18 novembre 1982（クォータ制判決）………………………………………ⅡC⑱, 122
Décision n° 82-153 DC, 14 janvier 1983（第三の道判決）…………………………………………………ⅡC⑯, 110
Décision n° 83-168 DC, 20 janvier 1984（自治権判決）……………………………………………………ⅤA㊾, 342
Décision n° 83-165 DC, 20 janvier 1984（大学の自由判決）………………………………………………ⅢA㉖, 177
Décision n° 84-174 DC, 25 juillet 1984（海外県判決）………………………………………………………ⅤB㊾, 348
Décision n° 84-181 DC, 10-11 octobre 1984（新聞法判決）………………………………………………ⅢA㉒, 153
Décision n° 85-187 DC, 25 janvier 1985（審署後の法律審査）……………………………………………ⅥD㊾, 414
Décision n° 85-188 DC, 22 mai 1985（欧州人権条約―死刑廃止判決）…………………………… ⅠB⑥, 42
Décision n° 85-196 DC, 8 août 1985（明白な過誤の法理第1判決）………………………………ⅥD㊿, 426
Décision n° 85-197, 23 août 1985（明白な過誤の法理第2判決）……………………………………ⅥD㊿, 426
Décision n° 86-207 DC, 25-26 juin 1986（民営化法判決）………………………………………………ⅢB㉙, 195
Décision n° 86-208 DC, 1-2 juillet 1986（選挙区割法判決）……………………………………………ⅣA㊵, 261
Décision n° 86-218 DC novembre 1986（選挙区割法判決）……………………………………………ⅣA㊵, 261

Décision n° 86-224 DC, 23 janvier 1987（行政裁判権判決）……………………………ⅣC㊿, 318
Décision n° 88-248 DC, 17 janvier 1989（視聴覚法判決）……………………………ⅢA㉓, 159
Décision n° 89-262 DC, 7 novembre 1989（議員免責特権判決）………………………ⅣB㊸, 278
Décision n° 89-271 DC, 11 janvier 1990（政党助成判決）………………………………ⅣA㊶, 267
Décision n° 90-274 DC, 29 mai 1990（自治権判決）……………………………………ⅤA㊼, 342
Décision n° 90-278 DC, 7 novembre 1990（元老院規則判決）…………………………ⅣB㊻, 296
Décision n° 90-283 DC, 8 janvier 1991（タバコ・アルコール中毒対策法判決）……ⅢB㉚, 200
Décision n° 91-290 DC, 9 mai 1991（コルシカ判決）…………………………………ⅤA㊽, 336
Décision n° 91-294 DC, 25 juillet 1991（シェンゲン条約判決）………………………ⅠA②, 18
Décision n° 92-308 DC, 9 avril 1992（マーストリヒト第1判決）……………………ⅠA③, 24
Décision n° 92-312 DC, 2 septembre, 1992（マーストリヒト第2判決）……………ⅠA④, 30
Décision n° 92-313 DC, 23 septembre 1992（マーストリヒト第3判決）……………ⅠA④, 30
Décision n° 93-322 DC, 28 juillet 1993（実験的法律判決）……………………………ⅣB㊷, 302
Décision n° 93-325 DC, 12-13 août 1993（移民規制法判決）…………………………ⅡA⑨, 67
Décision n° 93-329 DC 13 janvier 1994（ファルー法改正法判決）……………………ⅢA㉗, 183
Décision n° 94-343, 344 DC, 27 juillet 1994（生命倫理法判決）………………………ⅡB⑫, 87
Décision n° 94-345 DC, 29 juillet 1994（フランス語保護法判決）……………………ⅢA㉔, 165
Décision n° 94-348 DC, 3 août 1994（労働者参加権判決）……………………………ⅢD㉟, 231
Décision n° 94-352 DC, 18 janvier 1995（監視ビデオ判決）…………………………ⅡB⑬, 93
Décision n° 94-359 DC, 19 janvier 1995（生存権判決）………………………………ⅢD㊱, 234
Décision n° 94-358 DC, 26 janvier 1995（国土整備振興判決）………………………ⅡC⑰, 116
Décision n° 97-389 DC, 22 avril 1997（宿泊証明書判決）……………………………ⅡA⑩, 73
Décision n° 97-393 DC, 18 décembre 1997（家族手当判決）…………………………ⅢD㊲, 238
Décision n° 97-394 DC, 31 décembre 1997（アムステルダム条約判決）……………ⅠA⑤, 36
Décision n° 98-404 DC, 18 décembre 1998（医療費判決）……………………………ⅢD㊳, 244
Décision n° 98-408 DC, 22 janvier 1999（国際刑事裁判所判決）……………………ⅠB⑦, 48
Décision n° 99-410 DC, 15 mars 1999（ニューカレドニア特別措置法判決）………ⅤB㊺, 355
Décision n° 99-412 DC, 15 juin 1999（地域・少数言語憲章判決）…………………ⅠB⑧, 54
Décision n° 99-411 DC, 16 juin 1999（交通安全法判決）……………………………ⅢC㉝, 218
Décision n° 99-419 DC, 9 novembre 1999（連帯民事契約・PaCS法判決）…………ⅡB⑭, 98
Décision n° 99-423 DC, 13 janvier 2000（35時間法判決）……………………………ⅢD㊴, 250
Décision n° 2000-1 LP, 27 janvier 2000（地邦法律判決）……………………………ⅤB㊺, 355
Décision n° 2000-429 DC, 30 mai 2000（パリテ判決）………………………………ⅡC⑲, 128
Décision n° 2000-431 DC, 6 juillet 2000（元老院議員選挙制度判決）………………ⅣA㊷, 272
Décision n° 2000-433 DC, 27 juillet 2000（コミュニケーション法判決）…………ⅢA㉕, 171
Décision n° 2001-446 DC, 27 juin 2001（人工妊娠中絶法第Ⅱ判決）………………ⅡB⑪, 79

資料(5) 事項索引

〔A〕

abandon de souveraineté 主権の放棄…… I A①
abolition de la peine de mort 死刑廃止…… I B⑥
Accord de Matignon マティニョン協定…… V B(55)
Accord de Nouméa ヌメア協定…… V B(55)
affirmative action アファーマティヴ・アクション…… V B(55)
aide de l'Etat allouée aux partis ou groupements politiques （政党に対する）国庫助成…… IV A㊶
Algérie アルジェリア…… VI C(63)
(droit d') amendement 修正（権）…… II C⑲, III A㉗
anonymat 匿名（性）…… II B⑫
apparentement 選挙協力…… IV A㊶
arrêts de règlement 法規的判決…… VI B(61)
Assemblée européenne 欧州総会…… I A①
Assemblée nationale 国民議会…… IV B㊹
assemblée souveraine 主権的議会…… I A①
assistance médicale à la procréation 生殖への医学的介助…… II B⑫
attributions effectives 実質的な権限…… V A(53)
auditeurs de justice 司法官試補…… IV C㊽
autonomie des Assemblées 議院自律権…… IV B㊹
autonomie locale 地方自治…… V章解説
autorisation préalable 事前許可…… III A㉒
autorité absolue de chose jugée 絶対的既判力…… VI B(61)
autorité administrative indépendante 独立行政機関…… III A㉓
autorité de (la) chose jugée 既判力…… 解説, VI B(61)
autorité des décisions （憲法院）判決の効力…… VI B(61)
autorité judiciaire 司法権…… IV章解説, IV C㊾
autorité réglementaire 命令制定権当局…… V A(53)
avis （憲法院の）意見…… 解説, VI C(63)
avortement → interruption volontaire de grossesse

〔B〕

base essentiellement démographique 本質的人口の基礎…… IV A㊵
bicamérisme/ bicaméralisme 二院制…… IV A㊷
bioéthique 生命倫理…… II B⑫
bloc de constitutionnalité 憲法ブロック…… 解説, II B⑪, III A⑳, IV D(64)
budget → lois de finances

〔C〕

caractère de la supériorité des traités sur les lois　法律に対する条約の優越性……………………　Ⅰ B[6]
caractère juste de l'indemnité　補償の正当性………………………………………………………………Ⅲ B[28]
carte de résident　居住者証………………………………………………………………………………Ⅱ A[10]
certificat d'hébergement　宿泊許可証……………………………………………………………………Ⅱ A[10]
Chirac, Jacques　シラク………………………………………………………………………………解説, Ⅳ C[50]
chambre d'accusation　控訴院弾劾部……………………………………………………………………Ⅲ C[31]
circonscription électorale　選挙区………………………………………………………………………Ⅳ A[40]
citoyenneté de l'Union　欧州連合市民……………………………………………………………………Ⅰ A[2]
clause de retrait　撤回条項………………………………………………………………………………Ⅰ A[1]
code civil　民法典…………………………………………………………………………………………Ⅱ A[10]
code de la route　道路法典………………………………………………………………………………Ⅲ C[33]
code électoral　選挙法典…………………………………………………………………………………Ⅵ A[60]
code général des impôts　一般租税法典…………………………………………………………………Ⅱ C[1]
code pénal　刑法典…………………………………………………………………………………………Ⅲ C[33]
cohabitation　コアビタシオン………………………………………………………………………………解説
collectivités territoriales d'outre-mer; C.T.O.M.　海外地方公共団体…………………………Ⅴ章解説
commisaire de la République　共和国委員…………………………………………………………………Ⅴ A[51]
Commission constitutitonnelle provisoire　暫定憲法委員会……………………………Ⅵ A[56], Ⅵ A[57]
Commission européenne　欧州委員会…………………………………………………………………Ⅰ章解説
commission européenne des droits de l'homme　欧州人権委員会……………………………Ⅳ C[49]
Commission nationale de la communication et des libertés ; C.N.C.L.
　コミュニケーションと自由に関する国家委員会………………………………………………………Ⅲ A[23]
Commission nationale des comptes de campagne et des financements politiques
　選挙運動収支および政治資金全国委員会…………………………………………Ⅳ A[41], Ⅵ A[56], Ⅵ A[57]
Communauté économique européenne; C.E.E.　欧州経済共同体……………………………………Ⅰ章解説
Communauté européenne; C.E.　欧州共同体（狭義）……………………………………Ⅰ章解説, Ⅰ A[2]
Communautés européennes;　欧州共同体（広義）………………………………………………Ⅰ章解説
Communauté européenne de défense; C.E.D.　欧州防衛共同体……………………………………Ⅰ章解説
Communauté européenne de l'énergie atmique; C.E.E.A.　欧州原子力共同体……………………Ⅰ章解説
Communauté européenne du charbon et de l'ancier; C.E.C.A　欧州石炭鉄鋼共同体…………Ⅰ章解説
communauté urbaine　広域都市圏…………………………………………………………………………Ⅱ C[17]
Commune（s）　市町村……………………………………………………………………Ⅴ章解説, Ⅳ A[42]
compétance normative　規範的権限………………………………………………………………………Ⅲ D[34]
compétence législative　法律事項…………………………………………………………………………Ⅵ D[66]
compétence réglementaire　命令事項………………………………………………………………………Ⅵ D[66]
compétences consultatives　（憲法院の）諮問（機関）的権限…………………………………解説, Ⅵ C[63]
conception in vitro　体外受精……………………………………………………………………………Ⅱ B[12]
concour de sélection　選抜試験……………………………………………………………………………Ⅱ C[16]
conditions essentielles d'exercices de la souverainetés nationales
　国民（＝国家）主権の行使の本質的（諸）条件（要件）……………　Ⅰ章解説, Ⅰ A[1], Ⅰ B[6], Ⅰ B[7]

conférence des présidents　議事協議会……Ⅳ B [46]
conformité à la Constitution sous réserve　留保付き合憲判断……Ⅳ B [44]
Conseil Constitutionnel　憲法院……解説, 全章解説・判例解説
Conseil d'Etat　コンセイユ・デタ……Ⅳ A [40]
conceil de la concurrence　競争評議会……Ⅳ C [50]
Conseil de l'Europe　欧州審議会……Ⅰ章解説
Conseil de l'Union européenne　閣僚理事会／欧州連合理事会……Ⅰ章解説
Conseil supérieur de la magistrature　司法官職高等評議会……Ⅳ C [48]
Conseil supérieur de l'audiovisuel; C.S.A.　視聴覚最高評議会……Ⅲ A [23]
conseillers référendaires　（破毀院）調査判事……Ⅳ C [48]
conseils élus　公選制評議会……Ⅴ A [53]
constitutionnalité → bloc de constitutionnalité
continuité du service public　公役務の継続性……Ⅲ D [34]
contravention　違警罪……Ⅲ A [24]
contrôle administratif　行政統制……Ⅴ A [51]
contrôle à double détente　ダブル・アクションの審査……Ⅵ D [67]
contrôle de constitutionnalité des engagements internationaux　国際協約（条約）の違憲審査…Ⅰ B [7]
contrôle de la conformité des traités à la Constitution　条約の合憲性（違憲）審査……Ⅰ B [6]
contrôle de légalité　適法性統制……Ⅴ A [51]
contrôle de proportionnalité　比例性の統制……Ⅳ C [49]
contrôle d'opportunité　合目的性統制……Ⅴ A [51]
contrôle restreint　限定された審査……Ⅱ C [15]
contrôle strict　厳格な審査……Ⅱ C [15]
Convention d'application de l'Accord de Schengen　シェンゲン協定付加条約……Ⅰ A [1]
Convention européenne de sauvegarde des Droits de l'homme et des libertés fondamentales
欧州人権条約……Ⅰ B [6]
Convention européenne des droits de l'homme　ヨーロッパ人権条約（欧州人権条約）…Ⅲ C [33], Ⅳ C [49]
Corse　コルシカ……Ⅴ章解説, Ⅴ A [52]
Cour d'appel de Paris　パリ控訴院……Ⅳ C [50]
coup d'État　クーデタ……Ⅵ C [63]
Cour de cassation　破毀院……Ⅵ B [61]
Cour de justice.　裁判所……Ⅰ章解説
Cour européenne des droits de l'homme　ヨーロッパ人権裁判所（欧州人権裁判所）…Ⅲ C [33], Ⅳ C [49]
Cour pénale internationale　国際刑事裁判所……Ⅰ B [7]
corps universitaire（corps des professeurs）　教授団……Ⅲ A [26]
critères objectifs et rationnels　客観性合理性の基準……Ⅱ C [15]

〔D〕

De Gaulle, Charles　ドゥ・ゴール（ド・ゴール）……解説, Ⅵ C [63]
Déclaration des droits de l'homme et du citoyen　（1789年の）人権宣言……解説, Ⅱ章解説, Ⅱ C [15]
déconcentration　地方事務分散……Ⅴ A [51]

448　資　料

décret en Conseil d'État	コンセイユ・デタの議を経たデクレ	ⅢA23, ⅢD34
décret	デクレ	ⅥB62
déficit démocratique (deficit de la démocratie)	民主主義の赤字	Ⅰ章解説, ⅠA1, ⅠA5
déni de justice	裁判拒否	ⅥA56
dénonciation de la Convention	条約の廃棄	ⅠB6
départment d'outre-mer; D.O.M.	海外県	Ⅴ章解説, ⅤB54
dépenses électorales	選挙費用	ⅣA41
devoir de réserve	自制義務	ⅢA21
diagnostic prénatal	出生前診断	ⅡB12
dictature légale	合法的独裁	ⅥC63
dignité humaine (dignité de la personne humaine)	人間（格）の尊厳	Ⅱ章解説, ⅡB12, ⅢD36
discours de Bayeux	バイユー演説	ⅥC63
discriminations positives	積極的差別是正措置（ポジティヴ・アクション）	ⅡC15, ⅡC17, ⅡC18, ⅡC19
dispositif	判決主文	解説
domaine de la loi	法律事項	ⅢD34
domaine du règlement	命令事項	ⅢD34
droit à la vie	生命に対する権利	ⅡB11, ⅡB12
droit à l'éligibilité	被選挙権	ⅡC18
droit au logement	住宅への権利	ⅢD36
droit au recours	裁判を受ける権利	ⅢC33
droit au respect de la vie privée	私生活の尊重への権利	ⅢC32
droit civique	公民権	ⅥA60
droit constitutionnel local	自治体憲法	ⅤA53
droit d'asile	亡命権（庇護権）	ⅠA1, ⅡA9
droit de grève	ストライキ権	ⅢD34
droit de propriété	財産権	Ⅲ章解説, ⅢB28
droit de s'exprimer en français	フランス語で表現する権利	ⅢA24
droit de suffrage	選挙権	ⅡC18
droit d'interpellation	不審尋問権	ⅠA1
droit pénal	刑法	ⅢC33
droit répressif	刑事法	ⅢC33
droits collectifs	集団的権利	ⅠB8
droits de la défense	防禦（御）権	ⅢC31, ⅢC33, ⅣC50
droits fondamentaux	基本的権利	Ⅱ章解説, Ⅲ章解説
Duverger, Maurice	デュヴェルジェ	ⅥC63

〔E〕

École nationale d'administration	ENA（国立行政学院）	ⅡC16
École nationale de la magistrature	国立司法学院	ⅣC48
égale accès aux emplois publics	公職への平等なアクセス	ⅡC16

égalité de suffrage　平等選挙……ⅣA[40]
égalité devant la loi　法（法律）の前の平等……ⅠB[8], ⅣB[43]
égalité devant les charges publiques　公的負担の平等……ⅡB[14]
égalité devant le suffrage　選挙権の平等……ⅣA[42]
égalité réelle　実質的平等……ⅡC[17]
élection　選挙……Ⅳ章解説, ⅣA[42]
élections politiques　政治的選挙……ⅡC[19]
élément moral et élément matériel de l'infraction　犯罪の主観的要素と客観的要素……ⅢC[33]
éligibilité　被選挙資格（権）……ⅥA[60]
élection au suffrage universel direct　直接普通選挙……ⅠA[1]
élections présidentielles　大統領選挙……ⅥA[60]
embryon　胚……ⅡB[12]
emploi de la langue française　フランス語の使用……ⅢA[24]
engagements internationaux　国際協約（国際取極め）……解説, ⅠA[1]
empreintes digitals　指紋……ⅡA[10]
enseignement privé　私学教育……ⅢA[2]
enseignants-chercheurs　教員研究者
erreur manifeste　明白な過誤……Ⅵ章解説, ⅡC[15], ⅡC[16], ⅣA[40], ⅣC[49], ⅥD[67]
établissement public　公施設法人……ⅢD[34]
État associé　提携国家……ⅤB[55]
état d'urgence　緊急事態……ⅥD[65]
État de droit　法治国家……解説
État unitaire　単一国家（主義）……ⅤB[54]
exceptions d'irrecevabilité　不受理の抗弁……ⅣB[46], ⅥB[61]
exceptions d'inconstitutionnalité　違憲の抗弁……ⅥD[64]
expression → liberté d'expression

〔F〕

famille　家族……ⅡA[9], ⅡB[14]
femme　女性……Ⅱ章解説, ⅡB[11], ⅡC[18]
fonction publique　公役務……ⅡC[16]
fouille des véhicules　自動車検問……ⅢC[32]
frontières communes　内部的（隣接）国境……ⅠA[1]

〔G〕

Giscard d'Estaing, Valéry　ジスカール・デスタン……解説
gouvernement semi-direct　半直接制……ⅥA[59]

〔H〕

haute trahison　大反逆罪（大逆罪）……ⅥC[63]
hébergeur　プロバイダー，接続業者……ⅢA[25]

〔I〕

immunité parlementaire	議員特権	ⅣB㊸
impôts directs locaux	地方直接税	ⅥD㊽
inamovibilité	（裁判官の）不可動性	ⅣC㊽
incompatibilité	兼職禁止	ⅥA㊿
incompétance négative	消極的無管轄（消極的無能力）	ⅡB⑭, ⅢD㊴
incompétence négative du législateur	立法府の消極的権限の逸脱	Ⅳ章解説, ⅡC⑰
indivisibilité de la République	共和国の不可分性	解説, ⅠB⑧, Ⅴ章解説
indivisibilité de la souveraineté	主権の不可分性	Ⅴ章解説
indivisibilité du peuple	人民の不可分性	Ⅴ章解説
indivisibilité du térritoire	領土の不可分性	Ⅴ章解説
indépendance des juridictions	裁判権の独立	ⅣC㊾
influence déterminante	決定的な影響	ⅥA㊼
institution de prévoyance	共済制度	ⅢD㉟
institution de retraite complémentaire	補足退職年金制度	ⅢD㉟
institution de retraite supplementaire	再補足退職年金制度	ⅢD㉟
instruction	予審（予備審査）	ⅥA㊼
interruption volontaire de grossesse	人工妊娠中絶	ⅡB⑪
intégration européenne	欧州統合	ⅠA④
intégrité physique	身体の一体性	Ⅱ章解説
intérêt général	一般（的）利益	Ⅲ章解説,Ⅳ章解説, ⅡC⑮, ⅢB㉘, ⅢB㉚, ⅣB㊼, ⅣA㊵, ⅣC㊾
inviolabilité du domicile	住居の不可侵	ⅢC㉜
inviolabilité parlemenraire	議員不逮捕・不訴追特権	ⅣB㊸
irrecevabilité → exceptions d'irrecevabilité		
irresponsabilité parlementaire	議員免責特権	ⅣB㊸

〔J〕

juridiction	裁判権・裁判機関	Ⅳ章解説
juridiction administrative	行政裁判権（所）	ⅣC㊾, ⅣC㊿

〔L〕

langue de la République	共和国の言語	ⅠB⑧
laïcité	ライシテ	ⅢA㉑, ⅢA㉗
légalité des délits et des peines	罪刑法定主義	ⅢA㉒, ⅢA㉕, ⅢC㉛, ⅢC㉝
législateur	立法府（者）	Ⅳ章解説, ⅢD㉞
liberté contractuelle	契約の自由	ⅡB⑭, ⅢD㉟, ⅢD㊴
liberté d'aller et venir（liberté de circulation）	移動（往来）の自由	ⅡA⑨, ⅢC㉜, ⅢC㉝
liberté d'association	結社の自由	ⅡC⑮, ⅢA⑳
liberté de communication	コミュニケーション（表現）の自由	ⅢA㉔, ⅢA㉕
liberté de communication audiovisuelle	放送の自由	ⅢA㉓

liberté de conscience	良心の自由	ⅡB⑪, ⅢA㉑
liberté de l'enseignement, (liberté d'enseignement)	教育（教授）の自由	ⅢA㉖
liberté d'expression	表現の自由	ⅢB㉚, ⅠB⑧
liberté de la presse	新聞の自由	ⅢA㉒
liberté de mariage	婚姻の自由	ⅡA⑨, ⅡB⑭, ⅢC㉜
liberté d'enseignement	教育の自由	ⅢA㉑, ⅢA㉔, ⅢA㉗
liberté d'entreprendre	企業活動の自由（企業の自由）	ⅢB㉚, ⅢD㊴
liberté fondamentale	基本的自由	Ⅲ章解説, ⅢA㉒
liberté individuelle	個人的自由／人身の自由（身体的自由）	Ⅱ章解説, ⅡA⑩, Ⅲ章解説, ⅢC㉝
liberté économiques	経済的自由	ⅢB㉚
libertés publiques	公的自由（公の自由）	Ⅱ章解説, Ⅲ章解説, ⅥD㊻
libertés universitaires	大学の自由	ⅢA㉖
libre administration	自由行政	Ⅴ章解説
libre administration des collectivités locales ou territoriales	地方公共団体の自由行政	ⅢA㉗
libre administration des collectivités territoriales	地方公共団体の自由行政	ⅡC⑰, ⅤA㊺
limitation de la souveraineté	主権の制限	ⅠA①
limitation de la souveraineté et transfert de la souveraineté	主権の制限と移（委）譲	Ⅰ章解説, ⅠA②
logement social	社会住宅	ⅢD㊱
Loi Debré	ド（ドゥ）ブレ法	ⅡA⑩
loi de finance	予算法（律）	Ⅳ章解説, ⅣB㊺, ⅥD㊷
Loi d'orientation pour l'aménagement et le développement du territoire	国土整備振興指針法	ⅡC⑰
loi d'orientation de l'enseignement superieur	高等教育基本法	ⅢA㉖
loi de validation	追認法律	ⅣC㊾
loi du 1er juillet 1901	1901年7月1日法律	ⅢA⑳
loi du pays	邦法律（地邦法律）	解説, Ⅴ章解説, ⅤB㊺
loi d'habilitation	授権法律	ⅢB㉙
loi promulguée	審署後の法律	ⅤB㊺, ⅥD㊻
loi relative à l'emploi de la langue française	フランス語保護法	ⅢA㉔
loi référendaire	レフェレンダムで採択された法律	ⅠA②
loi (s) bioéthique (s)	生命倫理法	ⅡB⑫
loi Savary (la loi sur l'enseignement supérieur)	サヴァリ法（高等教育法）	ⅢA㉖
Loi Toubon	トゥーボン法→フランス語保護法	ⅢA㉔
lois de commission	委員会立法	ⅣB㊻
lois expérimentales	実験的法律	ⅣB㊼
lois ordinaires	通常法律	解説
lois organiques	組織法律	解説
lois sans commission	委員会抜き立法	ⅣB㊻

〔M〕

magistrat	司法官	Ⅳ章解説, ⅣC㊽

magistrat du parquet	検察官	IV章解説, IV C 48
magistrat du siège	裁判官	IV章解説, IV C 48
majorité qualifiée	特定多数決	I A 5
mandat	議員の職務権限	IV B 43
mariage → liberté de mariage		
mesures d'adaptation	適応措置	V B 54
mesures exigées par les circonstances	状況によって必要とされる措置	I B 6
minorité (s)	マイノリティ	I B 8
Mitterrand, François	ミッテラン	解説
monople de fait	事実上の独占	III B 29
motif（des décisions）	判決理由	解説, VI章解説
motif d'intérêt général suffisant	十分な一般的利益	III D 39

〔N〕

nationalization	国有化	III B 28
nécessité et la proportionalité des peines	刑罰（罪刑）の必要性と比例性（均衡）	III C 31, III C 33
nécessité publique	公の必要	III B 28
Noël Léon	ノエル	VI C 63
non-rétoactivité de la loi répressive	制限的法律（刑罰法規）の不遡及	III C 31
Nouvelle-Calédonie	ニューカレドニア	V章解説, V B 55, VI D 65
nouvelle citoyenneté	新しい市民権	I A 2
nouvelle délibération	再議	VI D 67

〔O〕

objectif de (à) valeur constitutionnelle	憲法的価値をもつ目的	解説, I A 2, III章解説, III A 22
observation transfrontalière	越境監視	I A 1
office	職権	II C 18
OFPRA (Office Français de Protection des Réfugiés et Apatrides)	難民無国籍保護局	I A 1
ordonnance	オルドナンス	III B 29, VI B 62
ordonnance ordinaire	通常法オルドナンス	IV B 44
ordonnance organique	組織法オルドナンス	IV B 44
ordre public	公序（公共の秩序）	III章解説, III A 23

〔P〕

parité	パリテ（男女同数）	解説, I章解説, II章解説, II C 19
Parlement européen	欧州議会	I章解説, I A 1, I A 2
parlementaire en mission	政府に任務を委嘱された議員	IV B 43
parlementarisme rationalisé	合理化された議院（内閣）制	IV B 44, VI D 64
partis politiques	政党	IV章解説, IV A 41
pays d'outre-mer	海外地邦	V B 55
peine accessoire	付加刑	V B 55

peine automatique	自動刑	ⅤB55
pluralisme	多元性	ⅢA22
	多元主義	ⅢA25
plébiscite	プレビシット	ⅥA58
Polynésie française	仏領ポリネシア	ⅤB55
possibilité de disposer d'un logement decent	しかるべき住宅を利用する可能性	ⅢD36
poursuite transfrontalière	越境追跡	ⅠA1
pouvoir constituant	憲法制定（＝改正）権力	ⅠA4, ⅤB55
pouvoir d'initiative	発議権	ⅠA5
pouvoir discrétionnnaire	立法者の裁量権	ⅣB47
pouvoir normatif initial	始源的立法権	ⅤA51
pouvoir réglementaire	命令制定権	ⅢD34
pouvoirs exceptionnels	非常措置権（緊急権，国家緊急権，非常事態権限，非常大陸）	ⅥC63
Préambule de la Constitution de 1946	1946年憲法前文	解説, ⅢA20, ⅢB30, ⅢD39
Préambule de la Constitution de 1958	1958年憲法前文	解説, Ⅲ章解説, ⅢA20
prééminence de l'Etat sur les collectivités territoriales	地方公共団体に対する国家の優越性	ⅤA53
préfet	県知事	ⅤA51
premier ministre	首相	解説
Président de la République	共和国大統領	解説, Ⅳ章解説, Ⅵ章解説, ⅥA59, ⅥA60
Président de l'Assemblée nationale	国民議会（下院）議長	解説
Président de Sénat	元老院（上院）」議長	解説
présomption d'innocence	無罪の推定	ⅢC31, ⅢC33
principe de confiance légitime	正当な信頼の原則	ⅢD39
principe d'égalité	平等原則	Ⅱ章解説, ⅡC15, ⅡC19, ⅢA27, ⅢB30, ⅢD35, ⅢD39
principe d'égalité devant la loi	法の前の平等	ⅡC17
principe de la participation des travailleurs	労働者の参加原則	ⅢD35
principe de (la) subsidiarité	補完性の原則	Ⅴ章解説, ⅠA5
principe de l'égalité de traitement	待遇の平等原則	ⅡC16
principe de l'Etat unitaire	単一国主義	Ⅴ章解説
principe de non-duplication	非重複性の原理	ⅠA1
principe de non-rétroactivité de la loi	法（律）不遡及の原理	ⅣC49
principe de non-rétroactivité des peines	刑罰規定不遡及の原理	ⅣC49
principe de nécessité des peines	（刑罰の）必要性原理	ⅤB55
principe de valeur constitutionnelle	憲法規範的価値を有する原理	Ⅲ章解説, ⅢD34
principe d'indivisibilité de la République	共和国の不可分性の原則	Ⅰ章解説, ⅡC17
principe du précédent	先例法理	ⅥB61
principe du respect de la dignité de la personne contre toute forme de dégradation あらゆる形態の侵害からの人間の尊厳の保護		ⅡB11
principes fondamentaux reconnus par les lois de la République 共和国の諸法律によって承認された諸原理		解説, Ⅲ章解説, ⅢA20, ⅢA21, ⅢC32
principe général de proportionnalité par rapport à la population 人口比例原則		

………………………………………………………………………………… ⅡC⑰,ⅣA⑩,ⅣA㊶
principe général du droit　法の一般原理………………………… ⅢD㉞,ⅣC㊾
privatization　民営化………………………………………………… Ⅲ章解説,ⅢB㉙
procédures abrégées　（国会審理における）略式手続………………………… ⅣB㊻
procédures d'adoption simplifiée　（国会審理における）簡易採択手続………………… ⅣB㊻
procédure de codécision　共同決定手続……………………………………… ⅠA⑤
procédure électrale uniforme　単一選挙手続き………………………………… ⅠA①
procédures pénal　刑事訴訟手続き……………………………………………… ⅢC㉛
promulgation　審書……………………………………………………解説,ⅠA②
propriété, les propriétés, droit de propriété　財産権…………………… Ⅲ章解説,ⅢB㉚
propriété publique　公的財産権……………………………………………… ⅢB㉙
protection de la santé　健康の保護…………………………………………ⅢB㉚
protection sociale　社会的保護…………………………………………… ⅢD㉟
Protocole n° 6 additionnel（à la Convention européenne de sauvegarde des Droits de l'homme et des lib-ertés fondamentales）　第6附属議定書……………………………… ⅠB⑥

〔Q〕
quota（s）　クォータ制…………………………………… Ⅱ章解説,ⅡC⑱,ⅡC⑲

〔R〕
référendum　レフェレンダム……………………………解説,ⅥA㊽,ⅥA㊾,ⅥA⑩
régime semi-présidentiel　半大統領制…………………………………………… 解説
régime semi-direct　半直接制……………………………………………………… 解説
régions　レジオン，地域圏……………………………………… ⅤA㊿,ⅤA㊿
région d'outre-mer　海外地域圏……………………………………………… ⅤB㊿
règlement d'administration publique　特別執行令…………………………… ⅣC㊽
règlement d'assemblée　議院規則…………………………………… Ⅳ章解説,ⅣB㊹
règularite　適法性………………………………………………………………ⅥA⑩
représentation des collectivités territoriales　地方公共団体の代表…………ⅣA㊷
réserve d'interprétation　解釈留保（合憲解釈）… ⅡB⑭,ⅢC㉝,Ⅵ章解説,ⅣA⑩,ⅥD㊻,ⅤB㊺
réserve de reciprocité　大統領の免責特権………………………………… ⅠB⑦
respect de l'être humain dès le commencement de la vie　生命の始まりからの全ての人の尊重… ⅡB⑪
respect des prérogatives de l'Etat　国家の諸特権の尊重…………………… ⅤA㊼
responsabilité pénale　刑罰の一身専属性………………………………… ⅢC㉝
responsabilité　責任……………………………………………………… ⅡB⑭
rétention administrative　行政留置……………………………………… ⅡA⑩
révision constitutionnelle（révision de la Constitution）　憲法改正
　　……………………………………………… 解説,Ⅰ章解説,ⅠA④,ⅠB⑥,ⅠB⑧,ⅡC⑲

〔S〕
saisine　付託・提訴（憲法院への申し立て）………………………………… 解説

saisine directe	直接提訴	ⅢC㉛
sans papiers	サン・パピエ（滞在許可証のない外国人）	ⅡA⑩
séance publique	（国会の）本会議	ⅣB㊻
sécurité juridique	法的安定性	ⅢD㊴
sécurité routière	交通安全	ⅢC㉝
Sénat	元老院	Ⅳ章解説, ⅣA㊷, ⅣB㊹
séparation des pouvoirs	権力分立	Ⅳ章解説, ⅣC㊿
service minimum	最少役務	ⅢD㉞
service public constitutionnel	全国的な公役務	ⅢB㉙
service public national	国家的な公役務	ⅢB㉙
sex	性別	ⅡC⑱
situations différents (différence de situation)	異なる条件	ⅡC⑮
sous réserve	留保つき	ⅢA㉒
souveraineté nationale	国民（＝国家）主権	解説, Ⅰ章解説, ⅠA④, ⅣA㊵
souveraineté populaire	人民主権	Ⅳ章解説, ⅣA㊶
statut de Polynesia française	ポリネシア・フランスの地位	ⅡB⑪
suffrage indirect	間接選挙	ⅣA㊷
suffrage politique	政治的選挙	ⅡC⑱
suffrage universel	普通選挙	Ⅳ章解説, ⅥA⑯
suffrage universel direct	普通直接（直接普通）選挙	ⅣA㊵
supériorité des traités sur les lois	法律に対する条約優位	ⅡB⑪
suppléant	補充者	ⅥA㊼
supra-constitutionnalité	超憲法規範性	解説, ⅠA②, ⅠA④
supranationalité.	超国家性	Ⅰ章解説, ⅠA⑤
sursis	執行停止	ⅣC㊿
sûreté	安全	ⅢC㉜
Système d'information Shengen	シェンゲン情報システム	ⅠA①

〔T〕

taxes parafiscales	課徴金	ⅥD㊽
terminologie officielle	公認用語	ⅢA㉔
territoire d'outre-mer; T.O.M.	海外領土	Ⅴ章解説, ⅤB㊺, ⅤB㊻, ⅥD㊽, ⅥD㊿
Traité sur l'Union européenne/ Traité de Maastricht.	欧州連合条約／マーストリヒト条約	Ⅰ章解説, ⅠA②
Traité de Nice	ニース条約	Ⅰ章解説
Traité d'Amsterdam.	アムステルダム条約	Ⅰ章解説
transfert de compétences	権限の移（委）譲	ⅠA①
transfert de la souveraineté	主権の移譲	Ⅰ章解説, ⅠA①
transparence	透明性	ⅢA㉒, ⅢA㉕
tutelle	後見監督	Ⅴ章解説

〔U〕

unanimité	全会一致	ⅠA⑤
unicité du peuple français	人民の単一性	ⅠB⑧
Union européenne. UE	欧州連合	Ⅰ解説3, 4, ⅠA⑤

〔V〕

valeur constitutionnelle	憲法(規範)的価値	ⅠA②
validation legislative	法律による追認	ⅣC㊾
Vedel, Georges	ヴデル	ⅥC㊿
vérification des pouvoirs	資格審査	ⅥA㊽
vie commune	共同生活	ⅡB⑭
vie privée	私(的)生活	Ⅱ章解説, ⅠB⑧
vie publique	公的生活	ⅠB⑧
vote après débat restreint	略式審議後の表決	ⅣB㊻
vote bloqué	一括表決	ⅣB㊻
vote par procuration	代理投票	ⅥA㊾
vote sans débat	審議なき表決	ⅣB㊻

〔W〕

Waline, Marcel	ワリーヌ	ⅥC㊿

〔Z〕

zones prioritaires du développement du territoire	優先振興区域	ⅡC⑰

資料(6)　主要参考文献一覧

(I)　フランス憲法院関係・仏文文献目録

1　シンポジウム記録・雑誌特集

Association française des constitutionnalistes (éd. Louis Favoreu), Le Conseil constitutionnel et les partis politiques (journées d'études du 13 mars 1987), Economica, 1988.

Association française des constitutionnalistes, Vingt ans de saisine parlementaire du Conseil constitutionnel (journée d'études du 16 mars 1994), Economica, 1995.

Association française des constitutionnalistes (sous la dir. de Bertrand Mathieu et Michel Verpeaux), La constitutionnalisation des branches du droit : Actes de l'atelier du IIIe Congrès de l'Association française des constitutionnalistes, Economica, 1998.

Centre d'études et de recherches comparatives constitutionnelles et politiques et l'Institut européen des droits de l'homme (sous la dir. de Dominique Rousseau et Frederic Sudre), Conseil constitutionnel et Cour européenne des droits de l'homme (actes du colloque de Montpellier, 20-21 janvier 1989), STH, 1990.

Colloque des 25 et 26 mai 1989 au Conseil constitutionnel, La "Déclaration des droits de l'homme et du citoyen" et la jurisprudence, Presses universitaires de France, 1989.

Conseil constitutionnel, Le Conseil constitutionnel a 40 ans, L.G.D.J., 1999.

Cour de cassation et Groupe d'études et de recherches sur la justice constitutionnelle de l'Université de droit, d'économie et des sciences d'Aix-Marseille, La Cour de cassation et la constitution de la République (actes du colloque des 9 et 10 décembre 1994), Presses universitaires d'Aix-Marseille : la Documentation française, 1995.

Laboratoire d'études du droit public, Centre de recherches administratives et politiques de la Faculté de droit et de science politiqué de l'Université de Rennes I et l'Association française de sociologie du droit (sous la dir. de Guillaume Drago, Bastien François et Nicolas Molfessis), La légitimité de la jurisprudence du Conseil constitutionnel (colloque de Rennes, 20 et 21 septembre 1996), Economica, 1999.

Rapports français au IIe Congrès mondial de l'Association internationale de droit constitutionnel, Droit constitutionnel et droits de l'homme, Economica, 1987.

Université de droit, d'économie et de sciences sociales de Paris, Conseil constitutionnel et Conseil d'État (colloque des 21 et 22 janvier 1988 au Sénat), L.G.D.J. : Monchrestien, 1988.

　Pouvoirs, Le conseil constitutionnel, n°. 13, 1980

2 著書

Aguila Y., Le Conseil constitutionnel et la philosophie de droit, L.G.D.J., 1994.

Andriantsimbazovina J., L'autorité des décisions de justice constitutionnelles et européennes sur le juge administratif français, L.G.D.J., 1998.

Ardant P., Décisions du Conseil constitutionnel, coll. Que sais-je ? , Presses universitaires de France, 1990.

Avril P. et Gicquel J., Conseil constitutionnel, 4ᵉ éd., Montchrestien, 1998.

Balat J.-C., La Nature juridique du contrôle de constitutionnalité des lois dans le cadre de l'article 61 de la constitution de 1958, Presses universitaires de France, 1984.

Blacher P., Contrôle de constitutionnalité et volonté générale, Presses universitaires de France, 2001.

Cacqueray S., Le Conseil constitutionnel et les règlements des assemblées, Economica, 2001.

Camby J.-P., Le Conseil constitutionnel, juge électoral, 2ᵉ ed., Dalloz, 2001.

Conac G. et Maus D. (dir.), L'exception d'inconstitutionnalité, L'Éditions STH, 1990.

Coulon R., Des droits de l'homme en peau de chagrin : le droit des étrangers dans la jurisprudence du Conseil constitutionnel, l'Harmattan, 2000.

Denizeau C., Existe-t-il un bloc de constitutionnalité?, L.G.D.J, 1997.

Di Manno T., Le Conseil constitutionnel et les moyens et conclusions soulevés d'office, Economica, 1994.

Di Manno T., Le juge constitutionnel et la technique des décisions "interprétatives" en France et en Italie, Economica, 1997.

Dokhan D., Les limites du contrôle de la constitutionnalité des actes législatifs, L.G.D.J, 2001.

Drago G., L'exécution des décisions du Conseil constitutionnel : l'effectivite du contrôle de constitutionnalité des lois, Economica, 1991.

Drago G., Contentieux constitutionnel français, Presses universitaires de France, 1998.

Dupuy P.-M., Droit international et droit interne dans la jurisprudence comparée du Conseil constitutionnel et du Conseil d'Etat, Panthéon-Assas, 2001.

Esplugas P., Conseil constitutionnel et service public, L.G.D.J., 1994.

Favoreu L., La politique saisie par le droit : alternances, cohabitation et Conseil constitutionnel, Economica, 1988.

Favoreu L. et Renoux T., Le contentieux constitutionnel des actes administratifs, Sirey, 1992.

Favoreu L. et Philip L (éd. et comment.), Les grandes décisions du Conseil constitutionnel, 11e éd., Dalloz, 2001.

Favoreu L. et Philip L., Le Conseil constitutionnel, 6e éd., coll. Que sais-je ?, Presses universitaires de France, 1995.

Favoreu L., Les cours constitutionnelles, 3e éd. mise a jour, coll. Que sais-je ?, Presses universitaires de France, 1996.

Favoreu L. et al., Droit constitutionnel, 4e éd., Dalloz, 2001.

Favoreu L. et al., Droit des libertés fondamentales, 2e éd., Dalloz, 2002.

Franck C., Les fonctions juridictionnelles du Conseil constitutionnel et du Conseil d'Etat dans l'ordre constitutionnel, L.G.D.J., 1974.

Frangi M., Constitution et droit privé : les droits individuels et les droits économiques, Economica, 1992.

Gaïa P., Le Conseil constitutionnel et l'insertion des engagements internationaux dans l'ordre juridique interne, Economica, 1991.

Genevois B., La Jurisprudence du Conseil constitutionnel : principes dirécteurs, STH, 1988.

Hamon L., Les Juges de la loi : naissance et role d'un contre-pouvoir, le Conseil constitutionnel, Fayard, 1987.

Jan P., La saisine du Conseil constitutionnel, L.G.D.J., 1999.

Jan P., Le procés constitutionnel, L.G.D.J. 2001.

Jan P. et Roy J.-P. (dir.), Le Conseil constitutionnel vu du Parlement, Ellipses, 1997.

Josse P., Le rôle de la notion de travaux préparatoires dans la jurisprudence du Conseil constitutionnel, L.G.D.J., 1998.

Luchaire F., Le Conseil constitutionnel, Economica, 1980.

Luchaire F., La protection constitutionnelle des droits et des libertés, Economica, 1987.

Luchaire F., Le Conseil constitutionnel, Tome 1, Organisation et attributions, 2ᵉ éd. ref., Economica, 1997 ; Tome 2, Première partie, Jurisprudence, L'individu, 2ᵉ éd. ref., Economica, 1998 ; Tome 3, Deuxième et troisième parties, Jurisprudence, L'Etat, 2ᵉ éd. ref., Economica, 1999 ; Tome 4, Econonica, 2002.

Mathieu B. et Verpeaux M., Contentieux constitutionnel des droits fondamentaux, L.G.D.J, 2002.

Melin-Soucramanien F., Le principe d'égalité dans la jurisprudence du Conseil constitutionnel, Economica, 1997.

Meunier J., Le pouvoir du Conseil constitutionnel : essai d'analyse strategique, L.G.D.J., 1994.

Moderne F., Sanctions administratives et justice constitutionnelle, Economica, 1993.

Molfessis N., Le conseil constitutionnel et le droit privé, L.G.D.J., 1997.

Ould Bouboutt A. S., L'apport du Conseil constitutionnel au droit administratif, Economica, 1987.

Pauliat H., Le droit de propriété dans la jurisprudence du Conseil constitutionnel et du Conseil d'Etat, Presses universitaires de France, 1994.

Ponthoreau M.-C., La reconnaissance des droits non-écrits par les cours constitutionnelles italienne et française : essai sur le pouvoir créateur du juge constitutionnel, Economica, 1994.

Poullain B., La Pratique française de la justice constitutionnelle, Economica, 1990.

Renoux T., Le Conseil constitutionnel et l'autorité judiciaire : l'élaboration d'un droit constitutionnel juridictionnel, Presses universitaires d'Aix-Marseille, 1984.

Richir I., Le Président de la République et le Conseil constitutionnel, Presses universitaires de France, 1998.

Rivero J., Le Conseil constitutionnel et les libertés, 2ᵉ éd., Economica, 1987.

Robert J., La garde de la République : le Conseil constitutionnel raconté par un de ses membres, Plon, 2000.

Rousseau D., Droit du contentieux constitutionnel, 6ᵉ éd., Montchrestien, 2001.

Rousseau D., La justice constitutionnelle en Europe, 3ᵉ éd, Montchrestien, 1998.

Rousseau D., Sur le Conseil constitutionnel : la doctrine Badinter et la démocratie, Descartes & Cie, 1997.

Roussillon H., Le Conseil constitutionnel , 4ᵉ éd., Dalloz, 2001.

Roux A., Droit constitutionnel local, Economica, 1995.

Ruéda F., Le contrôle de l'activité du pouvoir exécutif par le juge constitutionnel, L.G.D.J., 2000.

Turpin D., Le Conseil constitutionnel : son rôle, sa jurisprudence, 2ᵉ éd. mise à jour, Hachette, 2000.

Turpin D., Contentieux constitutionnel, 2ᵉ éd. mise à jour, Presses universitaires de France, 1994.

Viala A., Les reserves d'interpretation dans la jurisprudence du Conseil constitutionnel, L.G.D.J., 1999.

Viola A., La notion de République dans la jurisprudence du Conseil constitutionnel, L.G.D.J., 2002.

(II) フランス憲法院＝憲法判例関係・邦文文献目録

1 著書・翻訳書

阿部照哉編『比較憲法入門』（有斐閣，1994年）
小嶋武司＝渥美東洋＝清水睦＝外間寛編『フランスの裁判法制』（中央大学出版部，1991年）
司法研修所『欧米諸国の憲法裁判制度について──米国，西ドイツ及びフランスにおける憲法裁判制度の機能と歴史的，政治的背景』（法曹会，1990年）
辻村みよ子『人権の普遍性と歴史性──フランス人権宣言と現代憲法』（創文社，1992年）
辻村みよ子『市民主権の可能性』（有信堂，2002年）
野村敬造『憲法訴訟と裁判の拒絶』（成文堂，1987年）
樋口陽一『権力・個人・憲法学──フランス憲法研究』（学陽書房，1989年）
樋口陽一『比較憲法（全訂第3版）』（青林書院，1992年）
山下健次＝中村義孝＝北村和生編『フランスの人権保障──制度と理論』（法律文化社，2001年）
和田英夫『大陸型違憲審査制』（有斐閣，1979年）
J・シュバリエ＝J・ロベール＝T・ルノー＝L・ファボルー＝A・ルー／植野妙実子編訳『フランス公法講演集』（中央大学出版部，1998年）
ルイ・ファヴォルー／山元一訳『憲法裁判所』（敬文堂，1999年）

2 論 文

新井誠「フランスにおける政府委嘱任務と議員免責特権──憲法院判決に至る一連の事件を素材として」法学政治学論究43（1999年）
飯野賢一「フランスの憲法院と違憲審査を行う裁判官の正当性」早稲田法学会誌49（1999年）
市川直子「分離住民投票に関する法律と憲法院」法学研究論集（1999年）
今関源成「フランスにおける"違憲審査制"の問題点──政権交代と憲法院」法律時報57－6（1985年）
今関源成「憲法院と地方分権化改革」早稲田法学62－1（1986年）
今関源成「最近の憲法院をめぐる議論」法の科学16（1988年）
今関源成「挫折した憲法院改革──フランスにおける法治国家（Etat de droit）論」高柳信一古稀『現代憲法の諸相』（専修大学出版局，1992年）所収
今関源成「第五共和制の基本的枠組み」奥島孝康＝中村紘一編『フランスの政治』（早稲田大学出版部，1993年）所収
今関源成「90年代のフランス憲法院」憲法理論研究会編『憲法50年の人権と憲法裁判』（敬文堂，1997年）所収
今田浩之「フランス憲法院の性格論の性格」阪大法学41－4（1992年）
今田浩之「フランス憲法院と『共和国の諸法律により承認された基本的諸原理』」阪大法学43－4（1994年）
植野妙実子「憲法院と行政権」フランス行政法研究会編『現代行政の統制』（成文堂，1990年）所収
植野妙実子「政治の中の憲法院：フランス憲法院の政治的意義」中央大社会科学研究所研究報告9（1991年）所収
植野妙実子「憲法裁判官の任命」法学新報103－2＝3（1997年）
植野妙実子「憲法裁判官の正当性──ファボルーの論文から」比較憲法史研究会編『憲法の歴史と比較』（日本評論社，1998年）所収

江藤英樹「フランス憲法院の改革動向」明治大学大学院紀要法学篇31（1994年）
江藤英樹「フランスにおけるプライヴァシーの保護と公の秩序の維持について――『安全に関する法律』および憲法院判決を素材にして」法学研究論集5（1996年）
江藤英樹「フランス憲法院判決と『法律に対する条約優位の原則』」法律論叢72－2＝3（1999年）
江藤英樹「フランスの違憲審査制をめぐる憲法規範論の再検討」法律論叢74－2＝3（2001年）
江藤英樹「フランスにおける言語権問題に関する憲法院判決とそれをめぐる憲法論議の考察」法律論叢74－4＝5（2002年）
江原勝行「憲法秩序体の保障における《抽象》と《具象》の狭間――フランスの違憲審査制度に関する改革のベクトルを巡る」早稲田法学77－2（2002年）
蛯原健介「法律による憲法の具体化と合憲性審査――フランスにおける憲法院と政治部門の相互作用(1)～（4・完）」立命館法学252～255（1997～1998年）
蛯原健介「憲法院判例における合憲解釈と政治部門の対応(1)（2・完）」立命館法学259～260（1998年）
蛯原健介「フランス行政裁判における憲法院判例の影響(1)（2・完）」立命館法学263（1999年）
蛯原健介「フランス憲法院による審署後の法律の『事後審査』――その可能性と限界」立命館法学265（1999年）
蛯原健介「破毀院における憲法院判例の受容をめぐって――ニコラ・モルフェシによる批判的検討」明治学院論叢法学研究72（2001年）
蛯原健介「現代フランスにおける憲法裁判と立憲政治」憲法理論研究会編『立憲主義とデモクラシー』（敬文堂，2001年）所収
大河原良夫「フランス憲法院と法律事項(1)～（4・完）」東京都立大学法学会雑誌29－1，29－2，30－2，31－1（1988～1990年）
大河原良夫「フランスにおける違憲審査制の役割と限界(上)(下)」法律時報63－9～10（1991年）
大河原良夫「フランス憲法院と条約」東京都立大学法学会雑誌34－1（1993年）
大隅義和「フランス憲法院の新動向――『ニューカレドニアにおける緊急事態』判決（1985年）を素材として」北九州大学法政論集17－3（1990年）
大津浩「フランスの自治体憲法学」杉原泰雄先生古稀記念論集『21世紀の立憲主義』（勁草書房，2000年）所収
大津浩（編著）「家族，生命倫理と自己決定権――2001年度日仏公法セミナー東海大学セッション」東海法学27（2002年）
大山礼子「憲法院の権限拡大」ジュリスト944（1989年）
岡田信弘「フランス憲法院の成立と展開」明治学院大学法律科学研究所年報5（1989年）
岡村美保子「生命倫理と法――憲法院の判断」ジュリスト1058（1994年）
奥島孝康「フランスの企業国有化法と憲法院判決」法学教室21（1982年）
奥田香子「組合代表がいない企業における協約交渉を可能にする法規定の合憲性――憲法院1996年11月6日判決」労働法律旬報1418（1997年）
小原清信「マーストリヒト条約及びフランス憲法改正の問題点と憲法院判決」久留米大学法学16＝17（1993年）
小原清信「フランス公法判例研究：いわゆるトゥーボン法違憲判決の研究」久留米大学法学27（1996年）
北川善英「フランス憲法院に関する二つの研究」法律時報54－7（1982年）
北川善英「フランス憲法院と人権保障」長谷川正安編『現代人権論』（法律文化社，1982年）所収
北川善英「フランスにおける『憲法裁判』」法の科学15（1987年）
北原仁「フランスの公務員のストライキ権と憲法院判決」早稲田大学大学院法研論集23（1981年）
北原仁「フランスにおける平等原則――憲法院判決を中心に」駿河台法学創刊号（1988年）

清田雄治「フランス憲法院による『法律』の合憲性統制の『立法的性格』」法の科学20（1992年）
清田雄治「フランスにおける所有権の憲法的保障とその限界」山下健次編『都市の環境管理と財産権』（法律文化社，1993年）所収
小林真紀「フランスにおける合憲性審査基準の変容」上智法学論集45－3（2002年）
近藤昭三「フランス憲法院と国有化問題」比較法研究45（1983年）
坂本茂樹「フランス憲法院における違憲審査制の機能変化について」法律論叢54－5（1982年）
坂本茂樹「ニューカレドニア独立問題と憲法院」八千代国際大学国際研究論集1－1＝2（1988年）
杉原泰雄「フランスにおける違憲立法審査の歴史と理論」一橋大学研究年報法学研究4（1962年）
杉本篤史「フランス第五共和制憲法評議会の原型(1)(2)」早稲田政治公法研究46～47（1994年）
滝沢正「公役務の継続性の原理――憲法院1979年7月25日判決」判例タイムズ504（1983年）
滝沢正「フランスにおける憲法の最高法規性に関する一考察」上智法学論集41－3（1998年）
武居一正「フランス憲法院の性格」法と政治32－2（1981年）
武居一正「フランス憲法院に関する諸法令（試訳）」法と政治33－2（1982年）
只野雅人「選挙区と『国民主権』・平等選挙――フランス憲法院判決を素材として」一橋大学研究年報法学研究33（2000年）
建石真公子「憲法ブロックとマーストリヒト条約――改正後の憲法に対するマーストリヒト条約の違憲審査に関するフランス憲法院1992年9月2日判決について」法の科学21（1993年）
建石真公子「フランスにおける生命倫理法と憲法――生命倫理法の特徴と憲法院判決について」宗教法15（1996年）
建石真公子「国際刑事裁判所の提起する憲法上の課題――国際刑事裁判所規程条約に関するフランス憲法院違憲判決を素材として」愛知学泉大学コミュニティ政策学部紀要3（2000年）
田中舘照橘「フランスの憲法審査院(上)(下)」時の法令531～532（1965年）
田中舘照橘「フランスの裁判所と違憲審査制(上)(下)」時の法令543～544（1965年）
辻信幸「裁判官統治論に関する歴史的考察」北大法学論集52－1（2001年）
辻村みよ子「ミッテラン時代の憲法思想――フランスの改憲動向をめぐって」日仏法学19（1995年）
辻村みよ子「憲法学の『法律学化』と憲法院の課題――政治と法・人権をめぐるフランスの理論状況」ジュリスト1089（1996年）
辻村みよ子「フランス第五共和国憲法（翻訳・解説）」樋口＝吉田編『解説世界憲法集（第4版）』（三省堂，2001年）所収
土屋和恵「国有化法と適法性原理――憲法評議会1982年1月16日裁決を中心にして」山形大学紀要社会科学16－1（1985年）
土屋和恵「判事の支配に関する一考察――憲法評議会1987年1月23日裁決」山形大学紀要社会科学28－1（1997年）
富井幸雄「裁判機関性の基準――フランス憲法院の性格論をめぐって」中央大学大学院研究年報16－Ⅰ－1（1987年）
富井幸雄「フランス憲法院と緊急権――憲法保障論の視点から」新防衛論集15－3（1988年）
中川剛「フランス第五共和国憲法における憲法評議会」大阪府立大学経済研究10（1959年）
中村睦男「フランスにおける人権の保障」公法研究38（1976年）
中村睦男「フランス憲法院の憲法裁判機関への進展」北大法学論集27－3＝4（1977年）
中村睦男「フランスにおける私学助成をめぐる憲法問題」今村成和退官『公法と経済法の諸問題・上巻』（有斐閣，1981年）所収
中村睦男「フランス憲法院の役割と機能――国有化法違憲判決を契機に」法学セミナー329（1982年）
中村睦男「フランス憲法院」法学セミナー増刊『今日の最高裁判所』（日本評論社，1988年）所収

中村睦男「フランスにおける大学教授の独立——憲法院1984年1月20日判決をめぐって」北大法学論集39－5＝6下（1989年）
糠塚康江「フランス社会と平等原則」日仏法学22（2000年）
糠塚康江「『地域・少数民族言語に関するヨーロッパ憲章』とフランス憲法」関東学院法学10－2（2000年）
野村敬造「フランスの違憲立法審査制——1946年の制憲議会で採択されたシステム(1)(2)完」28－1，28－3（1956年）
野村敬造「フランス第五共和制憲法と憲法評議会」憲法研究所編『最高裁判所に関する研究』（法律文化社，1963年）所収
野村敬造「第五共和国憲法と結社の自由」金沢法学18－1＝2（1973年）
野村敬造「フランス憲法評議院と妊娠中絶法」金沢法学19－1＝2（1976年）
野村敬造「フランス憲法評議院の最近における二つの判決」金沢法学20－1＝2（1977年）
野村敬造「選挙及び国会と内閣の関係に関するフランス憲法評議院の最近の判例」金沢法学21－1＝2（1978年）
野村敬造「公務員の給与減額に関する憲法評議院判決」金沢法学22－1＝2（1979年）
野村敬造「フランスの放送役務と憲法評議院」金沢法学23－1＝2（1981年）
野村敬造「憲法評議院と基本的人権」金沢法学24－1（1981年）
野村敬造「自動車検問に関するフランス憲法評議院判決」今村成和退官『公法と経済法の諸問題・上巻』（有斐閣，1981年）所収
野村敬造「フランスの立法手続と憲法評議院」金沢法学24－2（1981年）
野村敬造「憲法評議院と選挙関係訴訟」金沢法学25－1（1982年）
野村敬造「フランスの国有化法の合憲性審査(1)～(3・完)」ジュリスト769～771（1982年）
浜田豊「フランスにおける財政と憲法原理——憲法院の1980年度予算法律違憲判決をめぐって」大谷正義古稀『国家と自由の法理』（啓文社，1996年）所収
樋口陽一「人民投票訴訟についての憲法院の権限」および「人民投票によって採択された法案の違憲審査」ジュリスト別冊『フランス判例百選』（有斐閣，1969年）所収
樋口陽一「憲法学の『法律学化』をめぐって——第五共和制におけるフランス憲法学の新傾向」国家学会雑誌95－3＝4（1982年）
樋口陽一「二つの『自由』または『公正』の対価——1984年フランス新聞法制を素材として」小嶋和司退官『憲法と行政法』（良書普及会，1987年）所収
樋口陽一「人権の宣言から裁判的保障へ——『遅れてやって来たフランス』からの比較違憲審査制論への発信」ジュリスト937（1989年）
深瀬忠一「フランス第五共和制憲法の成立とその基本構造」ジュリスト194（1960年）
深瀬忠一「フランスの憲法審査院—その性格と実績」ジュリスト244（1962年）
深瀬忠一「フランス人権宣言200年記念・憲法院主催シンポジウム」ジュリスト938（1989年）
福岡英明「フランス第五共和制の国民投票」高岡法学12－1（2000年）同『現代フランス議会制の研究』（信山社，2001年）
藤田晴子「フランス憲法院の特徴」田中二郎追悼『公法の課題』（有斐閣，1985年）所収
水鳥能伸「フランスにおける亡命権論議の一考察——亡命権に関する1993年8月13日の憲法院判決と同年11月19日の憲法改正を中心に」広島法学18－4，19－1（1995年）
水鳥能伸「フランスにおける欧州議会選挙に関する一考察——憲法院判決の評価を中心に」広島法学20－2（1996年）
水鳥能伸「訳出資料——フランス憲法院をめぐる諸論争」安田女子大学紀要28（2000年）
光信一宏「フランスにおける外国人の選挙権(1)(2)」愛媛法学会雑誌20－3・4（1994年）

村田尚紀「フランスにおけるコミュニケーションの自由と法律の留保——憲法院1996年7月23日電気通信規制法違憲判決覚書」関西大学法学論集48－2（1998年）
室井敬司「フランスにおける法律の合憲性統制の法的性質」東京都立大学法学会雑誌27－2（1986年）
森保憲「フランス憲法院に関する一考察」中央大学大学院研究年報18－Ｉ－1（1988年）
森保憲「フランスにおける憲法裁判所による憲法解釈とその限界づけ—— Yann AGUILA の所説をもとに」法学新報103－2＝3（1997年）
矢口俊昭「フランス憲法院の構成」香川大学経済論叢51－6（1979年）
矢口俊昭「憲法院の議院規則に対する違憲審査」香川大学経済論叢53－3（1981年）
矢口俊昭「現代フランスにおける国際取極の違憲審査」小林直樹還暦『現代国家と憲法の原理』（有斐閣，1983）所収
矢口俊昭「国有化判決の意味」法律時報55－5（1983年）
矢口俊昭「憲法院と平等原理——判断方法を中心として」芦部信喜還暦『憲法訴訟と人権の理論』（有斐閣，1985年）所収
矢口俊昭「フランスの憲法裁判」芦部信喜編『講座憲法訴訟（第1巻）』（有斐閣，1987年）所収
矢口俊昭「フランス憲法院判決の進展」香川法学7－3＝4（1988年）
矢口俊昭「フランス憲法院と通常裁判所」芦部信喜古稀『現代立憲主義の展開(下)』（有斐閣，1993年）所収
矢口俊昭「フランスにおける憲法裁判の現況」ジュリスト1037（1994年）
矢口俊昭「フランス憲法院と組織法律」香川法学14－3＝4（1995年）
矢島基美「フランスにおける違憲審査の現状——1990年憲法院改革法案をめぐる議論のなかから」比較法研究54（1992年）
矢島基美「1990年フランス憲法院提訴権改革法案——憲法的法律ならびに組織的法律」徳山大学論叢37（1992年）
山崎文夫「不法移民労働者と社会保障の権利——憲法院1993.8.13判決」労働法律旬報1353（1995年）
山本浩三「フランスにおける法律の審査」磯崎辰五郎喜寿『現代における「法の支配」』（法律文化社，1979年）所収
山本浩三「憲法院と議員の資格争訟」覚道豊治古稀『現代違憲審査論』（法律文化社，1996年）所収
山元一「《法》《社会像》《民主主義》——フランス憲法思想史研究への一視角(1)」国家学会雑誌106－1＝2（1993年）
山元一「《80年代コアビタシオン現象》以降のフランス憲法論の一断面——『法によって捕捉される政治』という定式をめぐって」清水望古稀『憲法における欧米的視点の展開』（成文堂，1995年）所収
山元一「『法治国家』論から『立憲主義的民主主義』論へ——ドミニク・ルソーの『持続的民主主義』」憲法理論研究会編『戦後政治の展開と憲法』（敬文堂，1996年）所収
山元一「現代フランス憲法学における立憲主義と民主主義」憲法問題13（2002年）
和田英夫「フランス憲法院の改革——特に《新機関》の創設論議と比較最高裁判所論を中心に(1)～(3・完)」法律時報48－9～11（1976年）
和田英夫「フランス憲法院と人権の保障(1)(2)——『結社の自由』判決の検討とその後の動向」法律論叢50－2～3（1977年）
和田英夫「西ドイツ・イタリア・フランスの憲法裁判所管見——大陸型違憲審査制の国々を尋ねて(1)～(5・完)」判例時報869，870，872，873，875（1977～1978年）
和田英夫＝坂元茂樹「フランス憲法院の最近の判決について——車両検問違憲判決を中心に」法律論叢52－1（1979年）
和田英夫「フランス憲法院と違憲無効判決の分析——ファヴォルーの違憲判決無効事由の統計的分析を中

心に」法律論叢61 – 6（1989年）

和田英夫「『法律』の性格と違憲審査——デュギー『公法の変遷』における」法律論叢65 – 2 = 3（1992年）

3 翻訳論文

ジャック・ロベール／樋口陽一訳「1981年5月以降のフランスの憲法状況の推移」日仏法学13（1984年）

ジャック・ロベール／樋口陽一訳「フランスの政治状況の進展——共存（1986 – 1988）と大統領選・下院選（1988）」日仏法学16（1988 – 1989年）

ジャック・ロベール＝樋口陽一「ジャック・ロベール氏に聞く」ジュリスト1037（1994年）

ジャック・ロベール／辻村みよ子解説・訳「フランス憲法院と人権保障」法学教室185（1996年）

ジャック・ロベール／辻村みよ子訳「基本的人権の擁護者としてのフランス憲法院」日仏法学21（1998年）

ジャック・ロベール／滝沢正訳「第五共和制の行方」日仏法学21（1998年）

ジャック・ロベール／山元一訳「少し距離をおいて見た憲法院の九年間」日仏法学22 （1999年）

ジョルジュ・ヴデル／近藤昭三訳「フランス憲法院の判例」自治研究57 – 1（1981年）

パトリス・ジェラール／伊藤洋一訳「フランスにおける違憲審査」ジュリスト856（1986年）

パトリス・ジェラール／樋口陽一訳「政権交代と『共存』をめぐる憲法論上の諸問題——フランス第五共和制憲法のゆくえ」法律時報58 – 2（1986年）

ブノワ・ジャンノー／深瀬忠一訳「フランス第五共和制における憲法的・政治的変化——とくに1981年ミッテラン政権以後について」ジュリスト827（1984年）

ミシェル・トロペール／長谷部恭男訳「違憲審査と民主制」日仏法学19（1995年）

ルイ・ファヴォルー／樋口陽一＝山元一訳「憲法訴訟における政策決定問題－フランス」日仏法学会編『日本とフランスの裁判観』（有斐閣，1991年）所収

（蛯原健介作成）

編集代表　辻村みよ子（東北大学教授）
編集委員　糠塚康江（関東学院大学教授）
　　　　　山元　一（東北大学教授）
　　　　　只野雅人（一橋大学助教授）
　　　　　大津　浩（東海大学教授）
　　　　　今関源成（早稲田大学教授）
判例委員　鈴木眞澄（山口大学教授）
　　　　　建石真公子（愛知学泉大学助教授）
　　　　　清田雄治（愛知教育大学教授）
　　　　　福岡英明（高岡法科大学助教授）
　　　　　長谷川憲（工学院大学教授）
　　　　　蛯原健介（明治学院大学専任講師）

　　　　　　　フランスの憲法判例

2002年（平成14年）9月30日　　　第1版第1刷発行

　　　　　編　集　　フランス憲法判例研究会
　　　　　発行者　　今　井　　　貴
　　　　　　　　　　渡　辺　左　近
　　　　　発行所　　信山社出版株式会社
　　　　　〒113-0033　東京都文京区本郷6-2-9-102
　　　　　　　［営業］電　話 03（3818）1019
　　　　　　　　　　　ＦＡＸ 03（3818）0344
　　　　　　　［編集］電　話 03（3818）1099
　　　　　　　　　　　ＦＡＸ 03（3818）1411
　　　　　　　　　　　　　Printed in Japan

　　　　©フランス憲法判例研究会，2002.
　　　　印刷・製本／松澤印刷・文泉閣
　　　　ISBN 4-7972-2229-8 C3332

- 日本国憲法制定資料全集　芦部信喜・高橋和之・高見勝利・日比野勤 編著
- ドイツの最新憲法判例　栗城壽夫・戸波江二・石村修 編　六〇〇〇円
- ドイツの憲法判例〔第二版〕　栗城壽夫・戸波江二・根森健 編　近刊・予価 六〇〇〇円
- 情報社会の公法学　川上宏二郎先生古稀記念論文集　二〇〇〇〇円
- 基本的人権論　ハンス・マイアー 著・森田明 編訳　一八〇〇円
- 憲法学再論　棟居快行 著　一〇〇〇〇円
- 国法体系における憲法と条約　齊藤正彰 著　一〇五〇〇円
- ヨーロッパ人権裁判所の判例　初川満 訳著　三八〇〇円

― 信山社 ―